未来性

人类文明尺度的溯源与演化

李春光 著

Futurity

The origin and evolution of human civilization limits

人民东方出版传媒
People's Oriental Publishing & Media
东方出版社
The Oriental Press

图书在版编目（CIP）数据

未来性：人类文明尺度的溯源与演化 / 李春光著 .—北京：东方出版社，2025.8.

ISBN 978-7-5207-4492-8

I. B1

中国国家版本馆 CIP 数据核字第 2025M5T852 号

未来性：人类文明尺度的溯源与演化

WEILAIXING: RENLEI WENMING CHIDU DE SUYUAN YU YANHUA

作　　者：	李春光
责任编辑：	马　旭
出　　版：	东方出版社
发　　行：	人民东方出版传媒有限公司
地　　址：	北京市东城区朝阳门内大街 166 号
邮　　编：	100010
印　　刷：	嘉业印刷（天津）有限公司
版　　次：	2025 年 8 月第 1 版
印　　次：	2025 年 8 月第 1 次印刷
开　　本：	710 毫米 × 1000 毫米　1/16
印　　张：	49
字　　数：	627 千字
书　　号：	ISBN 978-7-5207-4492-8
定　　价：	128.00 元
发行电话：	（010）85924663　85924644　85924641

特别感谢：

清华大学教育基金会文化创意专项基金

澜调文化

对于本书的赞助与支持

未来本位论

——《未来性》序言

科学家说，未来将比最初预测的更加未来化。[①]

——2006 年电影《南方传奇》(*Southland Tales*) 台词

春光邀请我为他的《未来性：人类文明尺度的溯源与演化》一书撰写序言，对我来说，是荣幸，也是挑战。之所以是挑战，是因为这本书以"未来"和"未来性"为主线，涉及哲学、科学和文明比较三大领域。在21 世纪过去了 25 年的今天，哲学需要科学的支持，科学需要哲学表达，哲学和科学的真理内涵最终需要文明比较的语境。

（一）未来、未来性和时间

如何认识未来、未来性和时间的关系，无疑是本书的核心思想所在。所以，在本书的第一章第一节，春光提出这样一个命题："时间的本质到底必须由哲学家的方式加以理解，还是仅仅使用物理学的方式便已足够了？"春光进而不得不面对爱因斯坦所代表的现代物理学胜出，而哲学学科愈加

---

① 原文：Scientists are saying the future is going to be far more futuristic than they originally predicted.

"破碎化和边缘化"这样的事实。在第二节，春光进一步写道："谈到'未来'的时候，我们必定首先会想到时间，没错，未来是一种对于时间的领会，但是未来并不仅仅是一种时间，因为它背后站着'未来性'，未来并不等于未来性，正如时间也并不等于时间性，这二者仅一字之差，但是背后蕴含的信息量可谓'万里之别'。"至此，春光不得不面对现代物理学关于时间认知的理论屏障。

第一，相对论的时空观。根据广义相对论，时间不再是一个固定的、绝对的物理量，也不是一个独立于物体和事件的客观存在，而是可以被物质和能量所影响的变量。时间与空间交集，形成四维时空，导致物质实体是一种四维，而不是三维的存在。物体在时空中的运动受到光速极限和引力场的制约。高速或强引力场可以导致时空的扭曲和延展。地球周围的时空就是扭曲的。例如，时间可以被引力场拉伸或压缩，形成所谓的时间膨胀现象。至于为什么时间只朝向未来前进，将时间比作时间之箭，可以通过物理学和热力学熵增、光和宇宙膨胀的指向加以解释。简言之，爱因斯坦（Albert Einstein，1879—1955）的理论告诉人们，"时间是宇宙与观察者之间联系的一个方面"。"因此，只要在自然界找不到以超光速传播的信息，爱因斯坦的时间理论，不管看起来是多么离奇，却是无懈可击的"。[1]

第二，量子力学的时空观。薛定谔（Erwin Rudolf Josef Alexander Schrödinger，1887—1961）的波函数方程和海森堡（Werner Karl Heisenberg，1901—1976）的不确定性原理，构成量子力学的时间理论。例如，根据量子力学的不确定性原理，人们在同一时刻，不能精确地测量一个粒子的位置和动量；通过量子隧穿现象——粒子能够穿越一个本应被

---

[1] ［英］G.J.威特罗.时间的本质［M］.文荆江，邝桃生，译.1版.北京：科学出版社，1982: 80, 82.

反弹的势垒，从而到达另一侧——展现量子力学中时间的非连续性；量子纠缠表明，两个或多个量子系统之间存在即时、非局域的相互作用，说明量子力学体系中的时间具有更为复杂的结构和特性。特别是，基于量子力学，存在时间反演对称性，即可能发生时间"倒流"，时间的流逝并不是一个绝对的、单向的过程，而是具有某种对称性质。总之，量子力学的时间，与粒子和场之间的关系更加紧密，在其时空结构中的虫洞和时间循环等现象，可以得到逻辑和实验的证明。

春光是智慧的。一方面，他要对相对论和量子力学的核心思想，例如薛定谔的波函数方程加以重新解读；另一方面，又要避免陷入纯理论物理的逻辑论证，还要提出对于未来和未来性的思考。

为此，春光引入了刘慈欣（1963—）2008 年的作品《月夜》，用以说明宇宙是以"时间线"为单位的"树状结构体"，时间不再是"时间轴"，而具有了"时间性"，进而出现"未来性"的契机。春光并没到此停顿下来，他开始比较不同的时间结构：（1）经典物理学的绝对时间；（2）相对论的四维时空系统；（3）物理学家埃弗雷特（Hugh Everett Ⅲ，1930—1982）的"多世界诠释"的"时间线"组合；（4）基于"超弦理论"的"11 维度"的时间模式。"在弦理论中，原来以为是粒子的东西，现在被描绘成在弦里传播的波动，如同振动着的风筝的弦上的波动"。[①]

春光在对上述时间结构的比较之后，提出了一个深邃的和严肃的问题：在"时间性"的背后是否存在某种先天结构？探讨这个先天结构，不可避免地要追溯到亚里士多德（Aristotle，公元前 384—公元前 322）、康德（Immanuel Kant，1724—1804）和海德格尔（Martin Heidegger，1889—

---

① ［英］斯蒂芬·威廉·霍金. 时间简史——从大爆炸到黑洞［M］许明贤、吴忠超译. 台湾艺文印书馆，1990，144.

1976）的时间观念。其中，春光着力讨论了海德格尔的"先天想象力"（又被译为"超越论想象力"），即"时间与空间所代表的纯粹感性直觉的本源"。已经非常清楚了，春光非常在意人与生俱来的"先天想象力"，这种想象力是所谓"时间性"，或者"未来性"的重要组成部分，是其中的真实存在，甚至是更为本质的存在。

正因为如此，春光给予至关重要的光速以他的解读："在哲学上来说，光速便是一种速度之速度的'世界意识'或'场域意识'，它是一种典型的'自指'现象与背后心灵机制的产物；同时，作为四维时空内在禀赋的光速，其'内在禀赋'的地位正是由对称天性所赋予的，毫无疑问。由此，我们也可以察觉到'世界意识'、'自指'与'对称'这三者之间拥有紧密的内在联系。"

（二）未来性：一种存在

春光以"未来性"的存在作为本书的核心概念。为此，需要阐述和回答以下问题：

第一，"未来性"是"未来"的本质。（1）内涵与侧重点。未来主要指代时间轴上尚未到来的那段时期，是一个相对明确的时间概念，侧重于对时间范畴的界定。未来性更强调一种内在的属性、趋势或潜在的可能性，它蕴含于事物的发展过程中，是推动事物朝着未来方向演变的内在动力，也是"某种指向终极的真理天性"。（2）表现形式与时间维度。未来的表现形式相对具体，可以是具体的事件、情境、目标等。它主要存在于时间的前方，与过去和现在有着明确的界限。未来性的表现形式较为抽象，通常通过各种具体的现象、发展趋势、观念变革等体现出来。它贯穿于过去、现在和未来的整个时间进程中，是一种连续的、动态的存在。"一个基本思维定律或元始思维定律正是一种真理的（元始）打开方式或启始方式。"

（3）影响因素与认知方式。未来受到多种复杂因素的影响，包括人类的思想观念、社会文化环境、科技发展水平、自然规律等。在认知上，未来更多地是人们基于对现有信息的预测和想象。由于未来尚未发生，存在很多不确定性，所以人们对未来的认知往往具有一定的主观性和局限性。同样，未来性也受到多种因素的影响，如"迟钝的剪刀"，即"源于西方哲学诞生之处的文化惯性所带来的特殊的心智演化之阻隔迟滞效应"。对未来性的认知需要综合考虑这些因素的相互作用，通过深入分析和研究来把握。

（4）对人类行为的指导意义。未来对人类行为的影响更多地体现在短期规划和目标设定上。人们会根据对未来的预期来制定具体的计划和行动步骤，以实现某个未来的目标。未来性由于其关注事物发展的内在趋势，对人类的行为具有更深远、更具战略性的指导意义。它引导人们在当下作出符合长远发展趋势的决策，注重培养和发展那些具有潜力推动未来变革的能力和素质，通向"终极自由之命运"。

第二，未来性观念与未来性逐渐趋同。（1）未来性，从本质上来说，是一种超越人类既有观念的存在状态。观念的未来性与存在的未来性之间存在着微妙而复杂的差异，而正是这种差异的不断碰撞与交融，持续孕育着未来性的多元存在形式，"如今这个时代，正是一个以诸般多元生动的方式展现'元信息'奥秘的时代"。（2）未来性自身构成了一个极为复杂且处于动态演变之中的结构。它如同鲜活的生命体，在流逝的时间中不断成长、蜕变。我们并非在传统意义上发现未来性，而是被其宏大的演绎力量所裹挟，处于其呈现过程中的一种阶段性状态。未来性以一种绝对的信息状态而存在，唯有这种信息状态具备实现物理世界、心理世界和生命世界高度统一的能力。不妨以生命的基石——DNA为例，它本质上是一种承载着生命密码的信息；而生命本身亦可视作有机分子的精妙组合。"生命进化得以发生的复制模式的演化"是"未来生命科学的'总纲'"。这是未来性在生命领域的深刻体现。（3）未来性既是可知的，也是不可知的。一方面，未来性是可知的，因为我们能够凭借敏锐的感知力察觉到它在现实世界中留下的蛛丝马迹，感受到它对当下的潜在影响。同时，未来性又是不可知的，因其具有全息性，是一种理想化的极致境界，而人类受自身认知局限，始终难以企及这一理想彼岸。唯有在这个层面上，东西方文化中所谓元始性的思想原点才得以相互映照、重合，实现矛盾律、谐同律和合一律的交融汇聚。（4）未来性观念与未来性存在可以实现"归元"。物理学领域中的相对论和量子力学之间也存在着一种奇妙的互补关系。这促使我们思考，世界在何种意义上能够实现归元？所谓归元，意味着世界进入到一种不可再分的终极状态。在微观世界中，夸克便是这样一种神秘的存在，兼具质量与无质量、信息与非信息、主体与非主体的绝对特性。夸克的这种特殊状态有力地证明了精神与物质在根源上的统一性。相对论打破了经典物理中绝对时间和绝对空间的束缚，确立了光作为绝对参照系的地位，从而与量子物理形成了重叠与交融。未来性并非空中楼阁，而是有着坚实的物理学基础作为支撑，并能在心理学层面得到印证的真实存在。

第三，未来性的深远意义。当我们提及"现在"时，这个瞬间其实已经消逝在时间的长河之中。人类并非真正活在当下的短暂瞬间，而是始终朝着未来前行，因为未来才是一种更为本质、更为深刻的存在状态。

（三）未来性：一种对称的和全息的结构

"对称"是现代物理学革命的一种隐秘思想主线，蕴含哲学演化的"玄机"。而全息是一种记录和再现物体全部光学信息，以及物体的真实三维图像的技术，与物理学、计算机科学、电子通信及人机交互等领域存在日趋密切关系。春光将物理学的"对称性"，以及哲学化的全息宇宙观，作为描述未来性的理论性支点。

第一，"对称"与"未来性"的整体性。在传统哲学中，真理的本质形态是本体或本原，以"存在"为终极根据；而在以"对称"为思想主线的未来性哲学中，真理首先是一种作为变换之变换的打开方式或启始行动，任何"不变性"都是在这种行动中生成的。"真理在一种启始或（创造）行动的变换或操作中保持对于'终极绝对'的领会结构不变，故而，真理的未来性'本质'正是一种元始对称性。"这种转变体现了从传统真理态度向未来性真理态度的转变，未来性真理态度认为通过元始对称可以生成各种"不变性"，从而为人类带来改变命运的可能，与"未来"的不确定性和创造性相呼应。"对称"作为一种关系性、动态性的概念，与未来性哲学的发展趋势相契合，也是理解哲学的未来发展的重要线索。

第二，先天心智结构。"对称"背后的思想密码"涉及一种先天心智结构或先天意识结构，它能够将经典的对称和对称性破缺精妙地熔炼为一体"。"本书所探究的源于对称性奥秘的心智先天结构指向的就是智能的更深本质，甚或说广义上的智能起源的本质。"这种先天心智结构是人类能够理解和把握"对称"与"未来"关系的基础。

第三，意识起源与未来性。意识的起源和演化是一个复杂的问题，与"对称"和"未来性"密切相关。从生命的起源到人类的意识诞生，再到未来意识的发展，这个过程中都蕴含着"对称"的思想。"当我们说心智起源或意识起源是对称的，这便意味着心智起源或意识起源在某种元始操作中拥有'不变性'；而跟'真理'所不同的是，真理的'理'能够等价为某种打开方式的'律'，而心智或意识则天然蕴含'观看'的天性，'观看'指向的是感性直观与感知经验遂行其上的组织与结构，就此而言，心智或意识天然带有自下而上的结构化之演化倾向"。未来性的哲学思考可以帮助我们更好地理解意识的本质和功能，探索意识的演化规律。

第四，物理规律体现。现代物理学的主要成果都可以表述成对称性的方式，如经典理论中的伽利略不变性、狭义相对论中的洛伦兹对称性、广义相对论中的广义协变性等。量子理论中的各种对称性更是揭示了微观世界的奥秘，如同位旋对称统一了中子与质子、规范对称性统一了四种基本相互作用力的解释等。"量子力学对于微观粒子行为的'叠加态'的描绘，则打破了经典科学观所依赖的理性人模型的几乎全部基本原则"。量子纠缠表明微观粒子之间存在一种超越时空的关联，这种关联体现了一种更深层次的"对称"。这些物理规律表明，"对称"是自然界的基本属性，也是物理世界运行的基本法则。"'对称'作为现代物理学'尺度革命'的隐秘主线乃至思想主线之一，可谓'实至名归'。"未来性的哲学思考可以从这些物理规律中获得启示，探索宇宙的本质和人类的命运。

第五，全息宇宙起源观。相关运算工具以及人类文明实相的论述，全面阐述了"未来性的全息演历"的概念和内涵。（1）全息宇宙起源观。"未来性的全息演历"涉及对宇宙起源的全新理解，以"元创世"为核心概念，强调真理的三大元始尺度在宇宙创生过程中的全息展开。"元创世"是一切创世叙事的总起源，反映了阴阳冲和的拓扑情境，以及从最高尺度到最低尺度的创生方式，"体现的是一种超越时间与空间以及纯粹理性的非二元性的叙事基调"。（2）实相分层。夸克之上：人类文明的意识水平在整个多次元宇宙结构中处于相对较低的位置，目前还主要处于二元性维度的感知频率层。从"夸克"之上的6层感知结构来看，人类的认知主要局限于第一尺度的范畴，对更高尺度的真理了解较少。夸克之下：进入"夸克"之下的6层感知结构，即第二尺度的实相，人类开始接触到更高层次的真理。这个阶段的感知结构更加复杂，包括吸引力海洋层、人格意图流层、心智载波层等，体现了宇宙万物的相互关联和相互作用。（3）频率层与演化。人类所在的二元性维度在"四十八卦"的"小全息图"中分为两个6单元小周期，每个小周期包含3个半周期，共12个感知频率层。这些频率层构成了宇宙文明的意识光谱，反映了意识从低级到高级的演化过程。（4）未来哲学将发展到全息人模型阶段。全息人模型强调人类的全息认知和全息体验，认为人类可以通过全息的方式来认识世界和理解自我。在这个阶段，哲学将更加关注人类的精神世界和心灵体验，探索人类的本质和意义，走上"人类文明整体升维的未来命运之路"。简言之，从第一尺度到第二尺度，再到第三尺度，人类文明对真理的理解也越来越深入。这个过程体现了"未来性的全息演历"的动态特征。

（四）未来性、真理和第一哲学

在本书中，春光借用了亚里士多德"第一哲学"一词来指代"除此之外无哲学的那种哲学"，此处"将'哲学'替换成'真理'也是完全合适的"，认为其"必定天然带有'未来性'特质"。

第一，命运演历作为第一哲学论述的铺垫。第一哲学的命运演历是一个不断发展和演变的过程，它与人类的历史、科学和文化密切相关。"真理的元始行动只有自上而下与自下而上的行动焦点或行动面向，而早已没有了时间上的存在有无——这两个过程合起来便是真理元始行动的'途程'或'周期'，亦即展现第一哲学元始演化格局或节奏的命运演历"。

第二，突破第一哲学的困境。第一哲学的困境在于，它试图寻找宇宙的终极奥秘，但在现代科学的发展中，哲学似乎已经无法跟上科学的步伐，其地位逐渐边缘化。科学的进步打破了人们对传统哲学观念的信仰，如牛顿力学的绝对时空观被相对论所取代，经典物理学的确定性被量子力学的不确定性所打破。科学的发展要求哲学更加关注现实世界的问题，提供更加科学、合理的解释和指导。西方哲学在面对科学的发展时，往往表现出滞后性。哲学未能及时跟上科学的进步，对科学中的新现象、新问题进行深入的思考和研究，导致哲学与科学之间的关系变得紧张。此外，哲学也未能充分发挥其对科学的引导和促进作用，使得科学在发展过程中出现了一些问题。同时，西方文化传统中的一些因素，如理性主义、个人主义等，对西方哲学的发展产生了深远的影响。这些因素导致西方哲学过于强调理性和个体的作用，忽视了文化、历史和社会等因素对哲学的影响。这种文化惯性束缚了西方哲学的发展，使其难以突破传统的思维模式和观念框架。"在现代学术发展中有一个公认的事实，那就是哲学作为一门学科已经'边缘化'乃至越来越边缘化，甚至哲学所在的广义人文学诸学科也处于愈加边缘与衰微的境地。与此同时，'哲学跟不上科学发展的步伐'这个观点背后还有一层隐含的意思，那便是：不仅既有哲学在回答'宇宙起源'这类终极问题时无法给予现代科学以启发，而且既有哲学所坚持的某种元始基础似乎跟现代物理学革命所导向的真理探索之新要求格格不入，以至于在现代科学尤其是现代物理学的前沿进展中全然'失语'了，从而使得在古希腊时期作为'学科之王'的景象似乎成了某种早已逝去的哲学'憧憬'。"

第三，两条真理道路。第一哲学面临着两条道路的选择，一条是传统的以本原或存在为核心的道路，认为第一哲学是其他哲学的基础和源泉；另一条是未来性的以行动或启始为核心的道路，认为第一哲学应该是一种元始行动，推动真理的发展和演化。这两条道路代表了两种不同的真理态度，传统道路强调本原的稳定性和不变性，未来性道路强调行动的创造性和开放性。"从第一哲学的传统真理道路出发的讨论，这种讨论若从人生之生死扩展至真理之生死便会'力有不逮'，它最多只能做到从真理的存在与否到真理的'有无'。"而跟传统真理道路不同的是，未来性真理道路指向的是"唯有这条道路才能够带来的生命原动力"。

第四，真理模型演变。古典人模型强调人类的理性和智慧，认为通过理性的思考可以揭示世界的本质。古典人模型过于强调理性的作用，忽视了人类的感性和情感。理性人模型则强调人类的自我意识和主体性，认为人类可以通过自我意识来认识和改造世界，过于强调自我意识的作用，忽视了人类与世界的关系。当代哲学进入了信息人模型阶段。在这个阶段，哲学更加关注人类的信息处理能力和认知方式，认为人类的认知是在信息的基础上进行的。信息人模型强调人类的信息意识和信息能力，认为人类可以通过信息的处理和分析来认识世界和解决问题。

第五，真理"向死而生"。从超越传统"生死"观的角度，阐述了第一哲学的命运抉择。在未来性的真理态度中，真理是通过元始行动而生成的，这种行动包含了"向死而生"的过程。就像在刘慈欣小说《朝闻道》中，科学家们为了追求真理而不惜牺牲生命，这种行为体现了对真理的执着和追求，也意味着将自己的生命融入了追求真理的行动中。只有通过这种"向死而生"的方式，才能真正领悟真理的本质，实现第一哲学的命运转变。"刘慈欣在《朝闻道》中的真理祭坛，其实映射的是一条本真的真理之路亦即未来性真理道路的命运抉择，我们在其'祭祀'仪式所导向的这个命运抉择的整体意境中领会的唯有这条道路才能够带来的生命原动力。"

第六，从古典到未来性提问方式发展。从阿西莫夫（Isaac Asimov，1920—1992）的机器人三定律到对称视野下的"提问方式"，展现了第一哲学在不同历史时期的发展。① 在古典哲学时期，哲学的问题主要是关于世界的本质和存在的问题，如"真理是什么"；在近代哲学时期，哲学的问题逐渐转向认识论，关注人类如何认识世界和获取知识，如"我认为真理

---

① 1942年，阿西莫夫发表的作品Runaround（《转圈圈》，《我，机器人》中的一个短篇），第一次明确提出机器人三定律：第一定律：机器人不得伤害人类个体，或者目睹人类个体将遭受危险而袖手旁观；第二定律：机器人必须服从人给予它的命令，当该命令与第一定律冲突时例外；第三定律：机器人在不违反第一、第二定律的情况下要尽可能保护自己的生存。

是什么"；在现当代西方哲学中，哲学关注"世界意识"，提问方式转变为"在我认为中我认为真理是什么"；在未来性真理道路上，关注终极对称变换，"这一个问题模式或问题境界就将进入艺术第一性、哲学第一性与科学第一性全然融合为一的认知视域"，提问方式为"向来怎样如此这般如在我认为中我认为真理是……"。这些不同的提问方式反映了人类对真理的认识不断深入，也反映了第一哲学在不同历史时期的发展特点。

（五）未来性、三大尺度及其时代精神

春光提出了衡量未来性的"三大尺度"，强调通过衡量未来性的尺度，打开心灵的未来性，从而领悟时代精神。

第一，尺度解读。"尺度即代表了心灵必然启始或寻求一种趋向绝对与永恒的'不变性'，并通过这种'不变性'对心灵整体的整体构成作用而回到自身。"第一尺度：存在或范畴，其元始构成为"范畴"，经由一重对称呈现的基本思维定律为矛盾律。在这个尺度下，真理被视为一种静态的、不变的存在，通过对事物的分类和范畴的界定来把握。第二尺度：场域或构型，其元始构成为"构型"，基本思维定律为谐同律。此尺度强调事物的关系和结构，认为真理存在于事物的相互作用和场域之中，通过构型的方式来展现。第三尺度：合一或全息，其元始构成为"全息"，基本思维定律为合一律。这是最高的真理尺度，强调事物的整体性和统一性，认为真理是一种全息的存在，包含了所有的细节和关系。

第二，尺度的逻辑关系。对称与尺度：对称是真理的天性，三种元始对称性（一重对称、二重对称、三重对称）与三大真理尺度相对应。一重对称对应第一尺度，体现为矛盾律；二重对称对应第二尺度，体现为谐同律；三重对称对应第三尺度，体现为合一律。这种对称关系表明，真理是在不同尺度的对称变换中展现出来的。思维定律与尺度：每一个真理尺度

都由相应的基本思维定律所主导。第一尺度的矛盾律决定了事物的存在和范畴；第二尺度的谐同律决定了事物的关系和构型；第三尺度的合一律决定了事物的整体性和全息性。这些思维定律是真理尺度的内在逻辑依据，它们共同构成了人类对真理的理解和把握。"合一律、对称与（真理或心灵的）尺度，它们三者实际上就是一种逻辑互指的关系，从其中一个出发一定能自发推演而出另外两个，它们之间的唯一区分仅仅在于运用场景的不同罢了。"

第三，尺度和时代精神。时代精神是西方哲学中关于人类历史和现实的核心思想之一，其源于黑格尔（Georg Wilhelm Friedrich Hegel，1770—1831）的历史哲学，认为时代精神是人类人性的最高存在，是绝对精神在特定历史时代的体现。时代精神的发展与哲学的演变密切相关，它反映了人类对真理和命运的不断探索。"时代精神从其定义本身出发就直指更大思想尺度或真理尺度的命运性。"

（六）未来性、科学与艺术

在本书中，春光通过对科学与数学、艺术与审美观的再认识，具象化未来性的存在和生命力。

第一，未来性要实现科学观念的更新。传统科学观认为科学是对自然规律的客观描述，追求确定性和普遍性。随着科学技术的发展，这种观念逐渐受到挑战，科学开始呈现出更加复杂和多元的特征。当代科学不再仅仅是对现象的解释，更关注事物之间的相互关系和整体结构，强化对世界本质的探索。这种转变使得科学与艺术在未来性中找到了共舞的基础。"当今前沿科学实质上已然发现并跟随的心智潮流，亦即：宇宙的本质面貌从（第一尺度之）实在性到（第二尺度之）信息态的迭代演化——这是一个正在发生的学术现实，并且由第一哲学之未来性真理道路来保证其根本合理性。"

第二，未来性融合科学前沿领域。相对论和量子力学的发展为我们揭示了宇宙的微观和宏观世界的奥秘。"连宇宙本身都不能成为'绝对'了，那么，哪里还有（客观）真理尺度的安身之处呢？""人类文明对于宇宙起源秘密的最终解答也许需要再一次回到对于这个解答之基本道路的选择上——实在性抑或信息态？""人与自然相处的基本真理：你怎样追问自然，自然便怎样回应——它其实还有着另外两句'潜台词'：当你这样追问时，你便自然先行领会了此追问得以发出的那种能力；当自然如此回应时，你也同样拥有积极把握这种回应的能力。"

第三，未来性和数学发展。科学的发展追求对自然规律的把握，从牛顿力学的确定性到量子力学的不确定性，再到相对论的时空相对性，反映了真理尺度从第一尺度向更高尺度的拓展。数学作为科学的基础，其发展也经历了从古典数学到现代数学的转变，现代数学中的微积分、拓扑学等概念和方法，为理解和描述真理尺度提供了重要的工具。"数学的更深本质仍然是一种'拓扑架构'，亦即对于元始构成的'拓扑架构'"。从古典数学到现代数学，数学的基础发生了变革，从对实体的测量和计算转向对关系和结构的研究。"当今的数学体系已经无法承载更深的数学潜力，而体现更深数学潜力及其本质的下一代数学，必定是建立在更大真理尺度的数学自明性背后的全息心智基因的有意识觉知，亦即让东西方真正相遇的文明智慧之全息领会的基础之上，而成其为——全息数学。"这种转变与科学的未来性发展趋势相契合，为科学与艺术的共舞提供了数学语言的支持。数学和艺术都追求对世界的抽象表达和审美体验。数学中的对称、拓扑等概念与艺术中的形式美、意境美有着相似之处。数学的发展为艺术提供了新的表现形式和创作灵感，艺术也为数学的研究提供了新的视角和方法。

第四，未来性和艺术与审美。艺术和审美也与三大真理尺度相关。不同的艺术形式和审美观念体现了人类对真理的不同理解和追求。例如，绘画中的写实与抽象、音乐中的旋律与节奏、文学中的叙事与抒情等，都可以从三大真理尺度的角度进行分析和理解。"通过想象力，意识跳过了第一尺度概念焦点的矛盾律'束缚'，又和主观情感谐同为一，最终相当'行动性'地生成了一种想象力和知性自由游戏的'感性自由'状态——美的状态。"艺术和审美是人类探索真理的重要途径，它们能够帮助人们感受到真理的存在和魅力。"艺术是真理的原始发生——艺术并非可被视为本原或存在之真理的示现，而是它的原始发生，也即第一哲学之未来性真理道路的开始敞开与示现。""从信息态的视角，艺术的最终本质即探索与展现作为尺度之尺度之全息信息——元信息。""以一种稳定经验的拓扑线索而探索或触及元信息的活动，将是在新时代判定人成其为人的最核心与最终的方式；而这种触及元信息的活动，也许未来将成为人类区别于人工智能而与之社会协作的、展现人类不可替代价值的新的社会大分工。"

（七）未来性、元创世和东西方文化融合

春光将东西方文化的差异，纳入到对于未来性探讨的视野之中，既看到了东西方文化导致未来性的差异，也看到了未来性的互补和趋同大势。

第一，西方哲学在未来性中整体败退。（1）哲学起源与传统观念。西方哲学诞生于古希腊，其起源与神谱学密切相关。神谱学通过对诸神起源和关系的探讨，满足了人们对超自然力量和动因的崇拜与探索需求，为哲学的诞生提供了思维方向和文化土壤。然而，这种起源也导致了西方哲学的一些传统思维惯性，如对超自然力量的依赖、对二元分离的执着等。（2）传统观念的局限。西方哲学在其发展过程中，形成了一些传统观念，如理性人模型、第一哲学的传统真理道路等。这些观念强调理性、存在和本原，将世界视为一个由理性和存在所构成的系统，忽视了世界的多样性

和变化性。这种传统观念限制了西方哲学对未来性的理解和探索，使其难以适应时代的发展和变化。（3）康德的难题。康德的先验哲学发现了心灵的"先天格子"，即先验范畴，这是西方哲学对人类认知能力的一次重要探索。然而，康德将这些范畴的来源归结为消极的理性之域，并没有真正解决这些范畴的本质和起源问题。康德之后的西方现当代哲学家们试图解决康德遗留的问题，但都没有取得实质性的突破。他们在探索真理的过程中，遇到了各种困境，如对心灵先天结构的揭示不足、对真理尺度的理解局限等。（4）近现代哲学流派的困境。从黑格尔到海德格尔等哲学家的思想体系，虽然在一定程度上推动了西方哲学的发展，但仍然存在着局限性。例如，黑格尔的辩证法虽然具有重要的思想价值，但他并没有真正解决哲学与现实的关系问题；海德格尔的存在主义虽然强调了存在的意义和价值，但他的理论仍然存在着一些模糊的地方。（5）当代哲学流派的问题。当代哲学流派如结构主义、解构主义等，虽然在某些方面对西方哲学进行了批判和反思，但也存在着一些问题。例如，结构主义过于强调结构的作用，忽视了个体的主体性；解构主义过于强调否定和批判，缺乏建设性的思考。西方文化的局限性在于，"西方文化的原生基因根本就缺乏三大元始尺度中的另外一半的非线性尺度——这恰恰是东方文化建构自身的起点和基础"。

第二，东方文化的未来性视角。（1）道家和佛学的宇宙起源思想。道家的"道生一，一生二，二生三，三生万物"以及佛学的相关思想，为"元创世"提供了重要的理论支持。这些思想表明，宇宙的起源是一个从混沌到清晰、从简单到复杂的过程，体现了全息演历的思想。先天八卦图和六十四卦图是东方文化中表征元始尺度之真理演化法则的重要符号，它们通过阴阳爻的组合和变化，展示了宇宙万物的生成和演化规律，是"未来性的全息演历"的具体体现。（2）运算工具。八卦图起源于中国古代，经过夏、商、周的发展，到老子的《道德经》中得到了进一步的升华。它是一种用于推演二元时空经验中事物线性关系的工具，同时也蕴含着深刻的全息逻辑内涵。八卦图通过阴阳爻的组合和变化，表达了宇宙万物的基本构成和演化规律。每个卦象都代表着一种特定的事物或现象，同时也包含了其他卦象的信息，体现了全息的思想。八卦图可以用数学方式进行表达，从而形成全息数学。全息数学是一种基于合一律的数学体系，它超越了传统数学的范畴，能够更好地描述和解释宇宙万物的全息本质。通过对八卦图的分析，引出了维度数学的概念。维度数学是一种以维度为基本单位来构建全息宇宙实相结构的数学体系，它揭示了宇宙万物在不同维度上的相互关系和演化规律。但是，"东方文化则缺乏第一尺度的全体至第二尺度前半部分的自下而上的演化习惯，以至于恰如李约瑟问题所展现的——原本在古代拥有众多技术发明与科技储备的中国文明错过了现代科学的'果实'；而印度文化则过于强调朝向第三尺度的'灵性'的'高级性'，以至于归于更低尺度的物质世界的建设与完善就总是在它的历史中被放置在一旁。"

第三，以未来性重新评估和解读东方经典。随着人类认知从实在性进入信息态，东方经典所传递的知识形态也发生了变化。东方经典以信息态为启始打开方式，向着全息态展开，其真谛需要通过对符号和语义的深入理解，以及对心灵先天结构的感悟来领会。东方经典遵循从第二尺度高位境界开始，朝向第三尺度全息态展开的真理尺度。它们不是简单的文字记载，而是蕴含着深层智慧线索的范本，能够启发人们对宇宙和人生的深刻思考。东方经典的真谛揭示与展开以（创造）行动态为核心，通过行动的信息叙事来展现。经典中的智慧不是抽象的理论，而是与实践相结合的行动指南，需要读者在阅读中积极参与，将知识转化为行动。东方经典的核心认知尺度是全息，是对全息人模型和"元创世"的叙述。只有从全息的角度去理解经典，才能把握其精髓，实现知行合一。东方经典集中为中国的道家经典、佛学经典和儒家经典。其中的《道德经》所说的道是宇宙的本原和本体；儒家经典强调天命之谓性、率性之谓道和修道之谓教的重要性；佛学经典表达了对世界本质的理解，即世界是虚幻的、无常的，但其本质是全息的。解读东方经典，能够揭示经典中蕴含的深层智慧和宇宙真理，为人类的生活和发展提供指导。"这不仅是第二尺度开始转向未来性真理道路所指向的本真心灵主导形态的内在要求，也是人类文明演化之命运的必然选择，要不然，人类文明的命运将失去任何真理尺度，亦即失去命运。"

总之，东方文化强调合一和全息、阴阳平衡、和谐共生，注重事物的整体性和相互关联性，这些思想与"对称"的概念有内在共通之处，跟第二尺度"后一半"与第三尺度的真理相契合；西方文化则更注重理性和分析、科学和创新，注重个体的自由和权利，这些思想与未来性的发展趋势相契合，倾向于第一尺度和第二尺度"前一半"的真理。东西方文化在真理尺度而非仅仅在物理与文化形态上的相遇与交流有助于人类全息地理解和把握第一哲学之未来性真理道路，促进人类文明的发展。"创造必觉知自身为全息，这是东西方文化在'元创世'所先天展开的'普遍性'心智海洋中必然本真相遇的根本原因。"

（八）未来性的现实意义和价值

春光的《未来性》，具备如下的现实意义和价值。

第一，跨学科研究的典范。该书试图融合哲学、物理学、数学、艺术、文化等多个领域的知识和理论，为读者提供一个全面、系统的视角来审视人类文明和真理的本质。通过对不同学科之间的相互关系的探讨，作者揭示了真理的多元性和复杂性，拓展了人们的思维边界。

　　第二，哲学思维的突破。人们时常会听到这样的观点：哲学没有未来。其理由分为两类。第一类理由是，所有伟大的思想都已经被思考过。柏拉图（Plato，公元前 427—公元前 347）、亚里士多德、斯宾诺莎（Baruch Spinoza，1632—1677）、莱布尼茨（Gottfried Wilhelm Leibniz，1646—1716）、洛克（John Locke，1632—1704）、休谟（David Hume，1711—1776）和康德提出了将思想和现实结合起来的基本结构。而这些大理论中的大多数作为对立的哲学框架都可以简化为理性主义（为理性奠定基础）和经验主义（为经验和感知奠定基础）的形式。虽然哲学已经完成了在最高抽象层次上组织我们的思想的任务，但这项工作还没有结束，因为伟大的问题并没有全部得到解答，其中许多是无法回答的，或者它们可以以多种可能的方式回答，因此原则上无法解决。第二类理由是维特根斯坦式的，认为哲学探索都基于可以澄清的语言上和逻辑上的混乱。维特根斯坦（Ludwig Josef Johann Wittgenstein，1889—1951）的理论在试图通过将哲学简化为逻辑或语言的混乱来摧毁哲学的过程中，产生了完全相反的结果，在 20 世纪及其后振兴了哲学，因为所有批判性的探究都以对语言的仔细关注开始，但不会以之结束。哲学将继续存在，因为每一代人都需要学习如何批判性地、理性地、严谨地思考，而哲学是通往该目的地的快车道。哲学的大厦依然需要新的建筑师、新材料和工具。春光的《未来性》，通过全方位地探讨和诠释"未来性"，探讨第一哲学的命运演历，从传统哲学的本原性真理道路转向未来性的创造行动的真理道路，对真理的本质、意义和价值进行了重新审视，为现代哲学注入了新的生命力。

　　第三，一系列理论和观点的创新。春光还对对称与未来的关系进行了深入分析，揭示了对称作为现代物理学革命的隐秘思想主线，与人类文明的未来命运密切相关。例如，"三元拓扑"是作为根据"合一律"的自下而上表达所自然生成的心灵先天结构，"是'微观'层面的领会结构，是更基础的心智结构，从而可以从中推演出四大心智模型"，是阐释未来性哲学发展的重要概念。"合一律"作为最高思维定律，揭示了真理的本质是一种全息的、创造性的力量，它超越了传统哲学中的二元对立思维，为人类解决现实问题提供了新的思路。

第四，对当代人类文明的发展的深刻反思，指出了西方哲学和科学在面对未来性挑战时的局限性，强调了东西方文化融合的重要性。本书的观点有助于我们打破西方中心论的思维定式，从东方文化中汲取智慧，为人类文明的未来发展提供新的方向。

第五，为教育领域提供有益的启示，强调了培养学生的创新能力和综合素质的重要性。在当今时代，创新是推动社会发展的重要动力，而创新能力的培养需要学生具备开放的思维、跨学科的知识和实践能力。本书的观点有助于教育者更新教育理念，改革教育教学方法，培养具有未来性视野和创新能力的人才。

第六，对人工智能的深刻认知。人工智能的关键意义在于，它能够填补人类智能的短板，突破人类智能所难以企及的边界。唯有借助人工智能这一独特视角，我们才得以窥探全息的奇妙可能性，也唯有它具备迈向全息境界的潜力。人工智能的本质在于，当人类自然智能在面对诸多难题而能力有限时，它提供了一种全新的解决路径，成为补充和替代人类自身自然智能的有力工具。在这个过程中，人工智能与自然智能之间形成了一种微妙的深刻对称关系，这一关系在以往的认知体系中是缺失的，而人工智能的出现恰好弥补了这一空缺，使两者之间的对称关系得以完整呈现。[①] "以 ChatGPT 为代表的人工智能大模型越过'奇点'的标志性事件对于人类的启示在于，对于人之所以成其为人的关键判定方式也许将不得不进入更深的层面，亦即更深乃至最深的真理尺度所昭示的方式，毫无疑问——除了东西方真正相遇之后带来的真理尺度之全息视域，人类可能已经别无他途。"

还要看到，本书强调对心灵的修养和精神的追求，鼓励人们超越传统的思维模式和价值观念，以一种更加开放、包容和创新的态度来面对挑战，有助于人们提升自己的内在品质，实现自我价值的最大化。

(九)结语

时间的概念自古以来就是人类思考和探索的重要课题。春光的《未来性》，从一个全新的视角来审视时间的本质，呈现了人类对时间的自觉意识，以及对时间的科学、哲学的思考历程，折射了从传统的本原性真理道

---

① 阿西莫夫（Isaac Asimov，1920—1992）的"机器人三定律"背后潜藏着一种力量，塑造了人与机器人这对奇特的"孪生兄弟"。阿西莫夫通过此心想彼心，用彼心来想此心才能得出"机器人三定律"。他进一步探讨人脑与机器脑的优劣，严格来讲，人脑具有独特的优势。当人类进入一种类似佛教所描述的精神境界时，人脑能够瞬间跨越浩瀚的宇宙空间，思绪在几亿光年的尺度上自由驰骋，同时容纳无数种想法，呈现出一种极端复杂而有序的精神矩阵状态。然而，人脑与人体紧密相连，这使得我们难以将全部精力集中于思考，无法持续发挥人脑的无限潜能。在现实中，聪明人与普通人的差异，或许就如同计算器与量子计算机之间的差距，这种差距并非单纯依靠解释或教化就能轻易弥补。自古希腊以来，人类便怀揣着一个永恒的梦想，即寻找一种能够替代人类智慧的存在。而真正的全息未来性，有望通过通用人工智能的蓬勃发展得以实现。只有当通用人工智能摆脱束缚，进入自由发展的理想状态时，人类才能够真正张开双臂，拥抱充满无限可能的未来性。

路向未来性的创造（行动）性真理道路转变，以实现更高层次的真理和自由。在这本书的字里行间，可以感受到春光对于第一哲学的信仰，在更深层次对于第一原理的执着，并努力构建第一哲学和第一原理之间的桥梁。这是一种了不起的意愿。读毕此书，苏格拉底（Socrates，公元前469—公元前399）的名言"未经审视的生活是不值得过的"犹感历久弥新。

当然，本书存在不足之处。（1）全书框架不足以凸显内容的丰富，一些重要的概念没有得到充分阐述；（2）对于全书涉及的部分专业知识和术语，缺乏深入浅出的解释，造成非专业读者的理解困难；（3）用以支持和说明重要论点的案例不够丰富和全面；（4）书中存在过于复杂的句式结构，一些语言表达过于抽象和晦涩，影响读者的阅读体验。以上的璞玉微瑕，希望通过修订加以改善。

朱嘉明

2025 年 1 月 9 日 于北京

前言

苍茫乾坤，日起东方，潮涌风云，焱落西极。

未来性虽然看似很宏大，但并不严肃，也不"深奥"。它既指向一个气度恢宏、气象万千的未来大时代，也指向一种嬉笑怒骂皆有戏、惊奇烦恼转菩提的心灵微生活。

那么，让我们放松一些，先化身为一位特殊的作者，来构想一部同样特殊的幻想小说的设定。这个设定稍有点特别，因为它的背景将是当今人类文明鲜为人知的、更深的隐秘面貌，因此，我们可以把这部幻想小说"假想"为人类文明的命运之旅，命运之旅的戏剧展开也便是人类的英雄之旅。若简单地环顾四周，对于被困在现实生活的大部分"我们"来说，似乎谁都无法把握自己的人生，谁都无法知道自己会干什么？会因为干了这些事儿遇到什么，爱上什么，恨上什么，相信什么？——这一切不正像是某位现实维度之外的作者正在随性写着的一本小说么？只是它以宇宙为页，以众生为字，以命运为笔，芸芸总总，化为这万丈红尘。

这时，你，作为作者，就要开始设计在这部小说中开启"英雄之旅"的人类文明英雄们行将面临的最高使命，乃至最高命运，来保证这部关乎人类文明命运的小说的最深戏剧性的能量密度。于是，你简单地回想了一下，这种最高的英雄使命也许可以是：收获爱情的浪漫、革新传统的自由、探索未知的真理、疗愈现实的悲悯、拯救世界的信仰……甚至是让里边的英雄成"神"。当你这样做的时候，其实，你便是在不知不觉中使用乃至设定了某种真理标准或者说真理尺度。而事情到这里，依然还是沿着大家熟知的作者与角色的"传统"二元路线在演进。

然而，这一个小说设定的"特殊"之处恰恰在于，小说中的角色与英雄正是当今世界活生生的人类，读到此处的你亦是其中一员。于是，整件事情就跟寻常的小说构想稍有不同，它需要"亿点点"反传统。那么，让我们跳出刚才那个传统思维，再来想一想，这一个人类文明命运之旅故事中的"英雄"们的最大的"使命"或"命运"究竟是什么呢？这时，在恍惚中，也许你的头脑中闪过一道亮光：原来，故事中的英雄之最大使命不是前边所说那些"理性价值"的东西，而恰恰是要成为"你"，亦即成为人类文明诸使命得以"存在"的真理尺度的设定者与赋予者——命运的作者本身，或者准确来说，是成为作者之"作"本身，因为若是离开化身为创造力和灵感的"作"的状态，"者"便没有任何意义。实际上，在这里，人类文明命运之旅中的文明英雄们的"大愿"，便是跳出"小说"所指向的现实囚笼或维度壁垒，实现真正的自在命运。这也是笔者会在开头说"未来性"并不严肃的原因，那是因为在这个故事中的人类文明英雄们的命运抉择体现的便是一种"未来性"，而这种未来性是一种戏剧性，或者说是最大的戏剧性。

在著名神话学家约瑟夫·坎贝尔所总结的全部人类神话所共享的"英雄之旅"中，涌现最大使命要义的叙事环节，正是故事高潮所在的"死亡与重生"，只不过，若要实现突破维度壁垒的自在命运，在此处的"死亡"就肯定不是肉体的死亡，也不仅是作为文明英雄的主角在故事开头所持有的特定世界观的"死亡"，毋宁说是使得英雄自身乃至其所在的文明被困于现实囚笼或维度壁垒的全部原因——哲学的死亡。没错，正是过去被学术界认知为"爱智慧"的哲学（Philosophy）的"死亡"。在死亡中被祭奠的皆为"传统"，跟文明英雄们的最大使命中"对手"相匹配的正是最大的传统，它亦是文明英雄们欲求突破现实囚笼或维度壁垒的最大命运"阴影"，毫无疑问。正因如此，在这种超乎寻常的命运高潮所指向的最大戏剧性中，哲学将无法阻止"哲学"的崩溃，同时，"哲学"的崩溃也并不一定是一件令人伤心的事，因为它也许会是一个让所有人笑个不停的行为艺术——迄今为止最令人印象深刻的行为艺术。

纵然不那么"严肃"，但是上边这个隐喻确实精妙而形象地反映了"哲学"（Philosophy）这个源于西方文明传统的东西的实质状况，亦即总是在玩经验囚笼或维度壁垒中的循环游戏而无法带领人类"破壁而出"。实际上，西方的思想家们并非没有意识到这一点，从尼采"重估一切价值"的"上帝死了"的"呐喊"开始，"哲学终结"的反思之声便不绝于耳，海德格尔、维特根斯坦、德里达甚至马克思都发出了各自的"哲学终结论"，而离我们时间最近的，便是物理学家史蒂芬·霍金在 2010 年出版的《大设计》开篇中毫不留情的断言："哲学已死"。就此而言，若用一个网络的流行话语，此时的哲学名叫"哲学"而读作"zhōng jié"。但这里的问题恰恰在于，难道西方的思想家们已然实现了前文这个人类文明"命运之旅"故事中文明英雄们的"大愿"，从而让哲学真正终结了吗？很可惜，事实证明，并没有。其中最关键的"证据"在于，涌现命运的"死亡与重生"中，死亡是为了重生，西方的思想家们喊了太多的"死亡"却没有迎来丝毫的"重生"，人类文明依然在囚禁于维度壁垒中的传统老路上一路狂奔，如履薄冰，如临深渊。由此可见，西方思想家乃至西方文明必然拥有某种天生的文化惯性或思维缺憾，导致其总是无法突破让哲学（Philosophy）真正终结的"维度壁垒"，这种西方文明天生的文化惯性或思维缺憾是一个很有趣也很关键的问题，其为何如此？不用着急，其中的奥秘本书自会详细阐明；但此处还有一个更重要乃至最重要的问题，那便是：有某种东西，若要实现它或成为它，跟思想家们与科学家们的理性"智力"无关，而在于一种心灵打开某种元始真理道路的命运抉择，它便是"未来性"。

使哲学成其为哲学的那个元始基础叫作"第一哲学"，第一哲学也便是对于元始真理道路的领会，在东方文化的视角里，它便是对于"道"的领会；如果第一哲学发生了变化，尤其是不可逆转的重大跃迁，那么很显然，哲学（Philosophy）便不再成其为哲学。而本书首要探讨的正是第一哲学的两条元始真理道路如何进行命运抉择与重大跃迁，亦即从传统的真理道路到未来性真理道路的演化为何必然，以及如何跃迁？因而，这是最本质的未来性要义，不可能有哪种"未来性"比它还要更为根本。那一条传统的真理道路，亦即传统的第一哲学，它根植于西方文明的思想传统，被称为本原性或存在性，同时，它在如今社会各领域运作而导致的观念集大成者便叫作"现代性"；而另外一条未来性的真理道路，亦即未来性的第一哲学，则叫作启始性或创造性，或简曰：创造行动性，它在即将到来的近未来社会中的观念集大成者便是"未来性"本身，至于为何如此，本书亦将一一阐明。当今世界风起云涌、危机重重的文明事实表明，在"哲学"（Philosophy）的"爱智慧"词源及意涵之前，必然拥有一种更为深沉的真理领会，它直指爱与智慧合一的秘密并成其为"爱智慧"的（西方）"哲学"（Philosophy）的更深起源；作为"爱智慧"而通达某种真理尺度的理性与自由的"哲学"（Philosophy），并不是不好，只不过它已然带上相当沉重的历史包袱和文明"负债"，并已经抵达它的思想瓶颈与宿命终点。于是，在哲学不再成其为"哲学"（Philosophy）的同时，它还应该拥有一个新的名字以作为下一代哲学的代称，至于这个名字是什么，我暂时不知道，因为它需要整个人类文明世界的集体共识，它也许会叫"元学"，但无论是哪个名字，它都必定是未来性之学。

于是，若回到前边的人类文明命运之旅的故事，从如斯视角看来，"未来性"正是故事中的文明英雄们为了实现突破维度壁垒的"大愿"而必然要觉知的元始真理道路，因为要突破维度壁垒而成其为作者之"作"本身，也便是跟创造行动合一，这时，文明英雄们也便真正成了"命运的作者"，以至于进一步推及他们所在之文明而使得"人人皆为命运的作者"。当然，这并不是说文明英雄们觉知的东西从笛卡尔的"我思故我在"简单地变为"我作故我在"，而应该这样说，英雄们的觉知指向了一种不拘泥于"我"与"在"的更为深远的"无我"的心灵打开方式及其真理尺度，在本书中，它被称为第三尺度。

为了更生动地理解这一点，我们可以在故事中再引入一个和"文明壁垒"有关的有名的职业设定，它来自著名科幻作家刘慈欣闻名遐迩的作品《三体》，这个特殊的职业叫作"面壁者"。在《三体》中，由于外星的三体文明已然派出微观粒子形态的超级人工智能"智子"潜入地球，它能够探测任何显露在外的已知信息，于是，地球对于三体文明没有任何秘密可言，但智子却无法监视到人的思维。为了应对此危机而挽救人类文明，联合国设立了面壁计划，在人类中专门挑选了四位"面壁者"，他们可以无条件地调用人类社会中的所有资源来实施自己的拯救计划，同时无须解释任何原因。相对于《三体》中的"智子危机"，人类文明命运之旅中的"危机"要更加巨大而深刻，因为面对维度之外的"作者"，故事中的人们就连隐藏在心里的思想都必然在"作者"面前显露无遗。那么，如果此时的你被挑选为"面壁者"，你将怎样做才能拯救人类文明呢？事实上，你别无选择，因为任何东西，无论思想还是行动，只要"存在"，就必定逃脱不了被设定的宿命，换言之，其得以存在的真理标准或真理尺度总能够被更高维的"作者"先行设定出来；于是，你，作为"面壁者"唯一的胜算就在于让自身成其为真理尺度的设定行动本身，也就是说在任何真理标准或真理尺度被设定出来之前就要让心灵先行展开为它们的"起源"或打开方式，并跟维度之外的"作者"之创造行动合一，从而帮助人类文明突破

"被设定"之实相奴役的维度壁垒，进而实现文明命运的终极自在。因而，此时的英雄使命才是真正的哲学"死亡"与文明"重生"，此时的心灵抉择也便是第一哲学之未来性真理道路。

从这一个思想场景中，我们也可以看出，只要心灵打开"未来性"便必然会导向最元始的真理尺度的起源方式。真理尺度即真理标准的哲学指称，准确来说，把它理解为真理的打开方式会更合适，"打开方式"是创造行动展开的韵律，拥有怎样的真理打开方式便有怎样的真理标准与真理设定，毫无疑问。在本书中，我们将从第一哲学之未来性真理道路出发推演得到三大元始真理尺度，它们可简要表达为：

第一尺度：存在或范畴，其对应的基本思维定律为"矛盾律"；

第二尺度：维度或构型，其对应的基本思维定律为"谐同律"；

第三尺度：合一或全息，其对应的基本思维定律为"合一律"。

正因如此，本书的副标题才会叫作"人类文明尺度的溯源与演化"，文明尺度即真理尺度，它们两者是等价的。文明尺度的"溯源"，即探究与阐明真理尺度在第一哲学之未来性真理道路中的根本起源方式；文明尺度的"演化"，即探索与阐述真理尺度在第一哲学之未来性视野中所展现的终极文明境界与文明理想。很显然，西方文明正是以第一尺度为主导的文明体系，毋庸置疑。而在三大元始真理尺度的阐述中，我们会发现，真理或文明如何起源也便决定了它能够抵达怎样的文明理想；同时，我们亦会"惊讶"地发现，以真理尺度本身作为单位的宇宙起源方式，亦即"创世"方式，比起以"存在"为对象的宇宙起源方式或创世假说——譬如神创论、宇宙大爆炸、达尔文进化论可要深刻得多、元始得多，因而，在未来性的视域中，我们将会得到一个标定文明起源与文明理想的更深层的"创世记"——元创世。"元创世"即展现三大元始真理尺度得以自发创生的第一哲学的命运演历，这里边并不需要一个以"存在"作为打开方式的

"造物主"。实际上，"元创世"并不是凭空得来的东西，袍在东方文明的原生基因中早已烙下深深的印记，例如"易经"体系的"八卦图"、老子《道德经》的"三生万物"以及佛学中的"三能变"等，它们所欲求展现的便是"元创世"的未来性奥秘，就此而言，未来性也便是一种人类哲学朝向下一代哲学演化的全息之道，"全息"即周易的现代表达，它指向一种真理尺度本身的先天圆满，从而没有文明演化的天然瓶颈与心灵观照的消极角落。从这里我们也可以看出，对于东方文明乃至轴心时代中几大非西方文明的真正价值的领会，确实需要转变一种真理尺度乃至转变一种第一哲学，才能得以实现。而本书将揭示，东方原生文化恰恰是以第二尺度为基底打开方式而朝向第三尺度演化的思想系统，那么很显然，仅仅使用主导西方文明的第一尺度来进行观察与领会，是很难呈现其真实文明内核的。就此而言，若从以更深层的未来性真理视域来重新打开东方原生文明的角度，本书亦可称为《再论东方》。而本书第六卷，也为此专门呈现了以未来性视域重新解读几部东方文化经典的内容。

此外，随着作为文明基因或思想基因的"哲学"的演化与跃迁，它的触角肯定不局限于作为"哲学"（Philosophy）的单一学科，这在现代物理学革命的那一个思想"灰犀牛"问题中体现得极为明显。这个思想"灰犀牛"问题是：既然现代物理学革命已历经一百多年，但是为何迄今为止依然没有产生跟它所触及的真理需求与真理境界相匹配的哲学呢？事实上，史蒂芬·霍金在《大设计》开篇提出的"哲学已死"所指向的正是这个思想"灰犀牛"问题。然而，鲜有人思考的是，这个问题的解决的关键，也许恰恰就在于要让"哲学"（Philosophy）真正死亡并迎来重生。于是，顺着霍金所代表的现代物理学家的意思，让"哲学"（Philosophy）真正"死亡与重生"的第一哲学之未来性真理道路也便带来了这个问题的创造性解答。当然，本书首先的切入点，是现代物理学革命的一条隐秘的思想主线，这条隐秘的思想主线便是"对称"。没错，正是杨振宁和李政道两位先生获得1957年诺贝尔物理学奖的那个成果，亦即宇称不守恒中的"对称"。"对称"在现代物理学革命中发挥了如此重要的作用，以至于在2024年8月去世的李政道先生生前最念念不忘的科学主题便是"对称性破缺"的研究与进展。我们在开头叙述的人类文明命运之旅中的文明英雄们，希望达成的最大使命便是突破维度壁垒的命运自在——命运自在便是命运的终极圆满与和谐，这就是一种最高级别的"对称"。而佛学亦把领悟最高真理尺度而获得的智慧称为"大圆镜智"，这同样是一种最高级别的"对称"。因而，本书的开篇便是以"对称"而开题，并直指现代物理学革命之思想"灰犀牛"问题的另外一种表达：世人皆知现代物理学革命意味着某种"度"的重大变迁，这种"度"的变迁必定不局限于物理尺度的变化，那么，它究竟意味着什么呢？是真理尺度的变换，还是"对称"背后的（指向第一哲学之元始真理道路的）真理态度的变迁呢？于是，"对称性"同样是一条贯穿本书的思想线索乃至"思想主线"，故而，从如斯视角看来，本书的另外一个名字亦可叫作《真理与对称》。

除了对称视角下的物理学之外，我们还将看到很多不同学科触碰传统真理尺度的边界而迈向未来性真理道路的前沿成果及其未来性阐析，它们包括：科学哲学、认知科学、人工智能、数学、狭义相对论、广义相对论、量子力学、信息论、生命科学、复杂性科学，以及历史学、人类学、心理学、艺术学、文学、音乐学与修辞学等，就此而言，本书切切实实是一本广谱跨学科著作。不过，本书在此处欲求展现的更深主题尤在于：人类文明从传统真理道路到未来性真理道路的变迁，或者说从现代性到未来性的变迁，是人类学术整个知识谱系都在发生的事情，没有哪一门学科能够置身事外。

当了解未来性作为新时代思想基因的价值之后，若从回应当今时代最急切危机的角度，我们还是需要回到"面壁者"这个巧妙的思想场景中来。

在刘慈欣的《三体》中,人类的"面壁计划"面临的是外星三体文明的紧迫威胁,而对于如今的人类文明的"面壁者"来说,其面临的紧迫威胁则是以人工智能为代表的"硅基文明"的替代与挑战。那么,由此产生的前沿时代命题,乃至时代精神命题便是:不被人工智能所替代的心智更深禀赋及其知识层次究竟是什么?它该怎样普及?事实上,这个问题彰显了传统哲学(Philosophy)无法在自身道路上进一步演化的无奈与忧虑,因为对于心智抑或智能的基本法则的探索与领会从来都是哲学的基本任务,当这个基本任务被其他学科分流乃至主导的时候,尤其是在被人工智能将这个问题原原本本地反推回来之时,这便意味着传统哲学(Philosophy)自身陷入了无法解决的重大困境。于是,让传统哲学(Philosophy)在第一哲学的传统真理道路上"死亡"并在未来性真理道路上"重生",以重新获得对于这个心智或智能元始奥秘的全新领会与解释,也便是"面壁者"的唯一选择了;反过来说,若是已然在哲学上实现革命与跃迁,而在此基础上再以之来观照心智与智能的奥秘,便将呈现一种十分精妙且事半功倍的状态。事实上,硅基文明的"压迫",或者用通常的说法,信息时代的演化客观上大大推动了传统哲学(Philosophy)的"死亡",因为比起传统哲学(Philosophy)以概念或物质来打开这个世界,以信息来打开这个世界,显然彰显了一种元始真理尺度乃至元始真理道路的重大转变,毫无疑问。在很大程度上,这构成了一幅在当下每一个时代心灵中正在发生的心智图景,亦即:欢快的电子在数据机房的网络中奔跑得噗噗作响,一头"巨鲸"在这热闹的声音中轰然倒塌。

实际上,未来性的真理道路天然通达心智或智能的先天奥秘的揭示与敞开,亦即心智的先天起源及其先天结构的揭示,它也表征为著名心灵哲学家查尔莫斯所提出的意识起源的"难问题",本书将证明:这种心智的先天结构也即《道德经》中的"阴阳冲和"抑或是佛学中的"能所识",我们在这里也许可以再一次感叹东方原生文明基因的先进与"强悍",当然这亦是本书第三卷将要阐述的重点内容。同时,既然是"先天结构",那么这就意味着它离我们每一个人的心灵更近从而更"本能",因而也就没那么"深奥"。这便是笔者在开头说,未来性虽然看似宏大,但并不严肃,也不"深奥"的原因。

在未来性的视域中,我们将看到心智或智能以一种创造性的拓扑架构的方式结构起来,从而在其中,人类智能与人工智能将以一种不那么矛盾的智慧的方式彼此谐同交互与相处,毋宁说,在未来性的先天视角里,"智能"原本便不区分人类还是人工,将它们泾渭分明地分离开的方式全然源于第一哲学之传统真理道路,亦即传统哲学(Philosophy)。不仅如此,即便从人工智能的发生学的角度,信息的更深本质、(信息传递的)光速的更深奥秘以及(芯片架构与算法模拟的)大脑神经元结构得以涌现意识的奥秘也全都指向了未来性视域中的心智先天结构,它们三者是同构的,同时,它们也是人工智能得以发生的基础要义。因此,人工智能的底层秘密也将在未来性的智慧中十分高效地呈现出来,这尤其对于破解人工智能大模型的"黑盒问题"而找到人工智能科学的如同牛顿三定律一般的"第一性原理",具有显著的启示意义。于是,在未来性中,人工智能所代表的"硅基文明"终将和人类文明谐同为"命运共同体",因而,若调侃一下,轻松点说,本书亦可以叫作《未来性与人工智能不得不说的故事》。

事实上,人类内部的不同文明之间也终将走向"命运共同体",这是由未来性所阐明的最高思维定律——合一律所必然保证的事情。若想了解为何如此,那就请您沉下心来,听本书作者细细道来吧。

当然,对于论述视角跨度如此之大的本书而言,不足之处在所难免,同时,笔者的学识阅历亦难称完美,对于诸多不足之处,还请各位读者多多指正。

上部 方法篇

第五卷　新时代：当代科学与艺术是如何在未来性中共舞的?

Contents

Part One   Methodology

Part Two   The Civilizational Scene

Volume Four   An Elegy for the Soul of the Modern Civilization: How Western Philosophy Holistically Retreats in Futurity

Volume Five   New Era: How Contemporary Science and Art Are Dancing in Concert in Futurity

上部

方法篇

X

第一卷

未来性的思想起源：从对称性到未来性

第一章
未来性迷思：思想史中的三种"未来"及其缺憾

第1节
神秘的"对称"：从物理学的尺度革命到哲学演化的"奇点"

1.1"对称"是怎样成为现代物理学革命的隐秘思想主线的？

著名科幻作家刘慈欣在他脍炙人口的经典之作《三体》中，用优美的笔调描绘了一首来自"三体"故事背景之高维宇宙文明——歌者文明的诗歌：

歌者童谣 [①]

我看到了我的爱恋

我飞到她的身边

我捧出给她的礼物

那是一小块凝固的时间

时间上有美丽的条纹

摸起来像浅海的泥一样柔软

她把时间涂满全身

然后拉起我飞向存在的边缘

---

① 刘慈欣.三体Ⅲ［M］.重庆：重庆出版社，2010：387-388。标题为笔者添加。

这是灵态的飞行

我们眼中的星星像幽灵

星星眼中的我们也像幽灵

这首诗是"三体宇宙"中歌者文明中的一位普通成员献给他的爱人的情歌，在故事中，歌者文明已经进化到了基于信息体为文明存在方式的灵态社会层次——一种不知比人类高多少境界的文明层次，也是一种几乎完全掌握物理学超弦理论全部维度奥秘的文明境界。虽然它是一首高维的"诗歌"，但是，它不仅反映了现代物理学的对称原理及其线索，也隐喻了对称原理背后的某种深刻的"未来性"文明理想。对于前者，我们将在本节的后续内容中进行解读与阐析，此处暂且按下不表；而对于后者，我们至少能从诗歌意象里对于某种高级文明能力的映射中"管窥一斑"，亦即试图把基于时间的生命存在的全部历史、现实与未来浓缩为一个整体的心灵单元，而在一种更高的命运尺度中进行把握，因为使用某种高维的操作方法来把握某种"不变性"，正是"对称"的基本内涵之一，即便这种操作方法是如此超越时间与空间，而其欲求把握的又是越过"存在的边缘"的"命运"这种"不变性"。不过，稍显讽刺的是，在《三体》的故事中，这个如此"高维"的歌者文明恰恰是对人类所在的太阳系使用二向箔进行以文明毁灭为目的之"降维攻击"的宇宙存在，这种令人惊异的诡谲行为不得不令人产生一个重大疑问，亦即：一种文明演化的未来注定要以毁灭文明为原则，这真的是一种宇宙真理的"命运"吗？刘慈欣作为一位卓越的文学家，他的任务是在文学叙事的意境中给出这个问题，然而，他本人并不知道这个问题的答案以及它究竟在真理本源上意味着什么，而这恰恰是本书将为读者揭示的秘密，于是，请您暂且沉下心来，听笔者一一道来。

如果说起"绝对""终极""永恒"这些指向终极不变性的宏大概念，我们似乎总会将它们和形而上的超越世界形成联系，从而远离日常的直观，但是，当提起无论怎样的"不变性"的同构概念——"对称"这个词的时候，不知怎的，人们的心灵却似乎十分容易将它体会为一种日常可感的自发的直观天性。不用说，当我们看到中国国家大剧院、天安门、人民大会堂、帕特农神庙这样的建筑时，很轻易就能识别其中的对称之美；即便是稍远一点的"日常"，当我们欣赏贝多芬与巴赫的古典音乐时，同样在某种层面不难体会到其中富有均衡感的"对称"乐思；更不用说，我们人类自己的身体，乃至绝大部分动物的身体外形和构造都符合我们对于对称的直觉领会——"对称"从不远人，毫无疑问。当然，上边的情形可以算是"对称"的简单运用，若要说将"对称"这样一种心灵天性延伸运用至各种眼花缭乱的复杂场景，其中最具代表性的前沿学科，当数现代数学与现代物理学，尤其是对于牛顿所代表的经典力学进行尺度革命的相对论和量子力学。

诺贝尔物理学奖获得者杨振宁曾指出，量子化、对称性和相位因子是20世纪理论物理学的三大主旋律，其中对称性贯穿着相对论、量子力学和粒子物理学标准模型等理论的始终。而跟杨振宁一同获得诺奖的另外一位华人物理学家李政道，则为此专门著书《对称与不对称》，以系统表达对称思想在现代物理学前沿——大统一理论探索中的基石作用。著名英国数学家伊恩·斯图尔特也在其著作《迷人的对称》中阐述了这样一个当今科学共同体的"常识"：

对称性已经深入数学的每一个领域之中，也是大部分数学与物理基本思想的根基。对称性表达了这个世界蕴藏的规律，正是这些规律推动着物理学不断向前。旋转等连续对称跟空间、时间与物质的性质紧密相连；它们暗示着各种守恒定律的存在，比如能量守恒定律，说的是封闭系统既不能获得能量，也不会失去能量。对称性与守恒定律之间的这种联系是希尔伯特的学生埃米·诺特（Emmy Noether）发现的。[①]

伊恩·斯图尔特提到的埃米·诺特（1882—1935）是位著名的女科学家，被爱因斯坦形容为数学史上最重要的女人，还被称为"现代数学之母"。她为现代科学作出的最重要贡献便是发现了现代物理学的"灯塔"——诺特定理。诺特定理是怎样一回事呢？简言之，可用这样一句话来概括：物理学里的连续对称性和守恒定律一一对应。也就是说，诺特用数学方法证明了：每一个对称性都必然有一个守恒定律跟它对应，每一个守恒定律也必然有一个对称性跟它对应，例如跟能量守恒定律相对应的那种对称性便叫作时间平移不变性或时间平移对称性，而跟动量守恒对应的那种对称性便叫作空间平移不变性或空间平移对称性。在这里也许我们会有疑问，既然已经有各种守恒定律来描绘科学规律了，为什么还要"多此一举"地增加一个"对称性"来阐述呢？验证科学原理的"奥卡姆剃刀"不是指出——如无必要勿增实体吗？

那么，"诺特定理"真的是多此一举吗？答案是否定的。这会涉及一个重要问题的思辨：我们知道，从经典物理学到相对论与量子力学的现代物理学革命是一场"尺度革命"，亦即从经典物理学的日常宏观极大地扩展至相对论的"宇观"与量子力学的"微观"，而这里的"尺度革命"的本质难道仅仅是一种纯粹物质观测尺度上的变化吗？当然不仅仅是这样。从物理学角度来说，将守恒与对称联系起来，不仅能够使得物理规律扩展至宇观与微观尺度所要求的更精密的数学量化体系，而且让物理定律逐渐摆脱了消极而简单的宏观先验判断，从而进入到更为积极且精微的行动验证

---

① ［英］伊恩·斯图尔特. 迷人的对称［M］. 北京：中信出版集团，2022：193。

里。举例来说，动量守恒定律要求在所有空间上都成立，但是实际上，这是一种相当形而上的先验设定，因为宇宙绝大部分空间人类都是无法涉足的，从而只能这样"假定"；但是，将动量守恒定律等价为空间平移对称性，指向的却是每一处空间都在平移操作下维持不变性，也就是说在这样的对称性中每一处空间都必然被平移操作所覆盖，没有死角。此外，我们所熟知的电磁场的"场"概念的出现并非一帆风顺，因为它跟经典物质实体有所不同——"场"看不见亦摸不着，很难被认识为一种"实体"；然而，让"电磁场"最终形成一种客观的物理定论的关键，正是在于麦克斯韦方程解决了电磁场逐点对称之天然要求的问题，也就是说虽然电磁场看不见摸不着，但是在其中的每一点都在某种操作或变换（洛伦兹变换）下拥有不变的受力特质——既然电磁场中的每一点都经受住了"力"的检验，你总不能说它不存在了吧。于是，形而上的、宏观的、先验的"守恒"也便被不那么形而上的、微观的、高感性并可操作的"对称"所转化了——这是一种思想尺度乃至真理尺度的转变。当然，现代物理学的"尺度革命"所指向的思想境域的更深秘密也在相当程度映射了"未来性"的要义，这将留待本节后续内容来进一步叙述。

正是在"诺特定理"的观照下，现代物理学的主要成果都可以表述成对称性的方式，譬如在经典理论中，经典力学满足伽利略不变性，狭义相对论满足洛伦兹对称性，广义相对论的建构则源于广义协变性。在量子理论中，普朗克黑体辐射被置换对称性所诠释；同位旋对称统一了中子与质子；量子场论的结构源于庞加莱对称的原则；物理世界四种基本相互作用力的统一解释归于规范对称性，同时，"大统一理论"之标准模型的设计与建构同样离不开规范对称性，至于"大统一理论"的强劲候选者超弦理论则更是超对称性的用武之地……

于是，"对称"作为现代物理学"尺度革命"的隐秘主线乃至思想主线之一，可谓"实至名归"。

然而，事情在这里并未完结，其中还留有一个小"漏洞"，以至于由此出发形成的"蝴蝶翅膀"的轻轻扇动甚至可以激起一片笼罩在现代物理学上空的"乌云"。这个"漏洞"涉及我们对于"对称性"这个主题十分熟悉的那个故事，亦即杨振宁和李政道发现"宇称不守恒"。

在20世纪50年代杨振宁和李政道的发现之前，"对称性"作为物理界理解与诠释科学定律的原则，几乎上升到了"天条"的地步，尤其是在对四大基本作用力（引力、电磁力、强相互作用、弱相互作用）的解释上，由此可见诺特定理的重要地位。前文提到，诺特定理的核心表达是：物理学里的连续对称性和守恒定律——对应。而在量子世界的"设定"中，即便连续性也是由离散的量子化来构成的，因而，在一切皆量子化的量子世界中，所谓连续与离散的差异也就没有了，那么，诺特定理的对称性依然在量子世界中是适用的，因此，像"镜像"这样一种对称也应该有一种守恒定律与其相对应。1927年，维格纳（E.P.Wigner）提出宇称守恒定理，即系统在经过镜像变换前后其物理定律基本保持不变，只是左右相反，例如假设你用右手投了一个实心球并划出了一条美妙的抛物线，如果此时你的旁边刚好有一面大镜子，那么，镜子中的那个人就好像你的"双胞胎"，他用镜像后的"左手"也同步投了一个实心球，根据宇称守恒，这个实心球也必然遵循牛顿运动定律而在空中划出一条优美的抛物线而不会是一条直线。而且科学家们在20世纪50年代以前也已证实，四大基本作用力的引力、电磁力和强相互作用确实是遵循宇称守恒定理的，从而"宇称"也就和质量、电荷一样成了表述基本粒子性质的基础物理量。然而，问题就出在四大基本作用力的最后一种——弱相互作用上。

弱相互作用是导致放射性原子核衰变的那种作用力，例如原子弹的制造就是利用放射性元素铀235衰变之后的链式反应，而我们在中学物理课上就已经学过，原子核衰变最典型的那一种便叫作 β 衰变。在 20 世纪 50 年代的时候，科学界已经开始流行使用粒子对撞机来将某些粒子作为"子弹"去撞击各种东西比如原子核，看能不能撞击出新的粒子——奇异粒子。当时确实得到了很多奇异粒子，其中很有名的便是 θ 和 τ 粒子，这组粒子在衰变中的奇怪表现被当时的科学界称为"θ-τ 之谜"。一开始，θ 和 τ 粒子被认为是同一种粒子，因为它们的质量、电荷全都一模一样，唯独在衰变过程中产生了差异，θ 粒子在衰变的时候会产生两个 π 介子，而 τ 粒子在衰变的时候会产生三个 π 介子——基本物理量相同的粒子在弱相互作用过程中居然不守恒，这完全违背了当时宇称守恒的共识。为解决这一问题，杨振宁和李政道创造性地将弱相互作用的机制跟强相互作用分离开来，正式提出在弱相互作用下宇称不守恒的结论，并在 1956 年将观点总结成一篇著名论文《对于弱相互作用中宇称守恒的质疑》投在了《物理评论》杂志上，并在其中设计了几个检验宇称是否守恒的实验。在当时，要验证这个结论的实验难度是非常大的，后来，还是一位华人女科学家接受了这个"重任"，她就是被喻为"实验核物理的执政女王""东方的居里夫人"的吴健雄。吴健雄通过一个精妙的实验设计，在体现弱相互作用的经典的 β 衰变中正式验证了宇称不守恒的结论。在实验中，一个原子核顺时针旋转并向上发射电子——符合左手定则，而它的"镜像"原子核则是逆时针旋转，如果宇称守恒的话也应该向上发射电子，但实验事实却是它依然以左手定则的方式向下发射电子——宇称不守恒了，上帝居然是一个"左撇子"。杨振宁和李政道的发现震惊了当时的科学界，这种打破物理世界基础法则的发现实在太过重要，这种发现的量级不亚于爱因斯坦的相对论对于牛顿的绝对时空观的颠覆，以至于他们在一年后的 1957 年便获得了诺贝尔物理学奖。据说在吴健雄的实验成功之前，有很多当时知名的物理学家还为此打赌，以坚持"对称"在宇宙中的普适性，这些物理学家甚至包括了费曼、泡利和朗道，然而，实验证明"上帝是左撇子"的事实着实让这些物理大家大跌眼镜——事实证明，"对称"这种东西拥有着超越既有物理世界的更深的秘密。

宇称不守恒所指向的"上帝不喜欢绝对对称而是左撇子"的理念轰动一时，它推动了很多后续物理学成果的诞生，譬如将强相互作用、弱相互作用、电磁力统一的"杨－米尔斯规范场"理论就是其中最有名的一个。而其中的"杨"又是杨振宁。这个理论表明在宇宙大爆炸早期的时候弱相互作用和电磁力其实就是一种力——电弱力，只不过它随着宇宙温度和环境发生改变而逐渐分开成两种力了，这便是"对称性破缺"。可以这样说，根据物理学的推演，如果上帝只喜好绝对对称性，那么宇宙大爆炸后，四种基本作用力就不会分开，从而使得宇宙变得异常单调，正是对称性破缺的存在才导致了宇宙的丰富性，进而产生了生命存在的条件。正因如此，杨－米尔斯方程也在物理学界获得了跟爱因斯坦广义相对论的引力场方程相同的地位。但是，宇称为什么不守恒？或者说，在量子力学的微观尺度观照下，在展现宇宙元始构成规律的"对称"要义中怎样用一种精妙的直观结构的"构型"同时融合对称与对称性破缺？这在当今物理学界依然是一个重大谜题。这个谜题的破解如此之难，以至于从1956年至今大半个世纪过去了，它的破解之道依旧悬而未决。

或许，是否还有另外一种可能：这个谜题背后的"对称"要义是如此深刻，以至于它可以完全击穿物理理论本身，不仅能进入到物理学得以成立的作为其学科导论的科学哲学层面，而且更是能够越过科学的边界而跨入艺术、人文乃至文明未来命运的领域——真理尺度的境域中？没错，这是一种更为深刻、更为令人兴奋的视角与可能性，而本书欲求阐明的正是这一种视角与可能性。这种视角与可能性不仅横跨广谱学科，甚至横跨东西文明，譬如作为东方文明精要的阴阳太极图欲求展现的正是这种对称视角与要义；佛学体系中生命开悟之后获得的高维智慧——"四智"中最重要的那一个便叫作"大圆镜智"，最高智慧用的是"大圆镜"来称谓，可知其跟"对称性"的深刻联系；此外，儒家经典《中庸》之"中庸"，很显然，也跟对称的更深刻逻辑脱不开关系……当然，要做到这一点，我们还是需要先回到"对称"的概念起源上来：对于现代数学与物理学而言，对称到底是什么？它的内涵究竟有何奇特与深刻之处，以至于让它能够成为引领整个现代物理学革命的思想主线？

1.2 "对称"的概念起源：广谱跨学科的可能性是如何开启的？

从现代数学和物理学的角度，对于对称的领会可能跟我们日常的理解有所不同。准确来说，"对称"首先起源于现代数学，而且拥有一个悲情的故事背景。19 世纪早期的时候，西方数学界一直笼罩在一朵"乌云"之下，那就是五次方程求解问题，因为在此之前，一次到四次方程都成功拥有了其根式求解的方式，唯独在五次方程这里遇到了重大的困难。1830年，一位名叫伽罗瓦的年轻的法国数学家向法兰西科学院提交了一篇论文，题为《论方程可根式求解的条件》，在其中他展示了一种用来判断五次方程是否可以有根式解的全新方法。简单来说，他抛弃了一个数学界的旧传统，即像二次方程一样仅仅使用方程系数的某种代数关系就能判断这个方程拥有根式解；相反，他直接越过了已知的"系数"这个步骤，而是在一种置换的操作中结构化五次方程的 5 个未知的、可能的解（又叫方程的根），并在这种结构化的过程中判断根与根之间的代数关系是否保持不变，只要这个被判定了，五次方程就一定有根式解，结果还真被他发现有这些结构。于是，他便把保持根与根之间代数关系不变的各种置换操作的这类集合叫作"群"，从而诞生了数学史上地位堪比微积分的重要运算——群论。而这种使得一个数学对象保持其不变性的操作或变换，就叫作对称，由这些变换或操作组成的集合便叫作"群"，因而，上边伽罗瓦建立的对称群便叫作置换群，后来数学界为了纪念伽罗瓦的重要贡献，也把这种求解方程的置换群统称为伽罗瓦群。但是，事情并没有那么简单，实际上，伽罗瓦当时提交的这篇论文压根儿就没被法兰西科学院认可，甚至大部分审稿人根本就没看懂，从而一直被束之高阁。其后不久，噩耗降临，一腔激情的伽罗瓦在因为爱情而发生的决斗中命丧当场；直到十多年后，法兰西公学院的教授约瑟夫·刘维尔才重新评判并证实了伽罗瓦论文及其手稿中关于对称和群论的创造性成就。"对称"在西方现代学术领域中的现身，正如它在之后引起科学界重大波澜的"对称性破缺"事件一样，在一开始就镌刻上了一种西方文明背景所不能完全消化的戏剧性与"神秘感"。

当然了，笔者在这里叙述的目的并不是要读者学会用伽罗瓦群的方法来解数学方程，而是希望带领读者一起探究"对称"这个概念得以建构的能够泛化至更宽广、更邃远领域的深层规律。著名数学家伊恩·斯图尔特在其专著《迷人的对称》中对于"对称"总结道：

> 那么，什么是"一个对称"呢？数学对象的一个对称是能够保持其结构不变的一个变换。我马上就会仔细解释这个定义，但首先要关注的一点是，对称是一个过程，而不是一个具体的事物。伽罗瓦的这些对称是（对方程根的）置换，而一个置换就是对一系列事物的重排方式。严格地说，它也并不是这个重排本身，而是你试试重排时遵循的规则。不是菜，而是菜谱。①

没错，根据斯图尔特的描绘，在现代数学中，对称是一个过程，一个操作，一个行动，而并非一个现成的事物或结果的存在本身。而在我们通

---

① ［英］伊恩·斯图尔特.迷人的对称［M］.北京：中信出版集团，2022：138。

常理解中，对称往往是一个既有的或现成的状态或结果，例如我们形容一面长方形的旗帜，就会说：这面旗帜是对称的。而严格按照数学对于对称的定义，我们应该这样说：这面旗帜在以 180 度为转角之旋转操作下具有结构不变性——也就是说，这面旗帜从一个静态的实体，变成了一种翻来覆去的旋转行动，我们可以想象这面旗帜在手中不断水平翻转的那种状态。斯图尔特的对称定义中叙述的"保持结构不变"强调了"结构"，实际上是指出"不变性"是基于某种先行的体系或场域而保持其领会结构的不变性，例如在欧几里得空间中的一个三角形就是一个我们最熟悉的由三条直边构成的平面三角形，但是在拓扑学空间中这样一个三角形的定义就是一个简单的封闭曲线。因此，从哲学角度，这里所谓的"结构"准确来讲应该叫作"领会结构"，因为从上边的例子中我们可以看出："结构"总是在不同的场域设定中被领会为不变的，而不可能仅仅固化为一种永恒背景下的绝对物。因而在这里，我们可以把对称的定义逻辑化地总结为：对象在一种变换或操作中，其领会结构保持不变性。这个对称的逻辑定义十分重要，因为我们在本书中将多次用到它。

对此，我们可以再举一个几何学中的常见例子——等边三角形的对称。按照数学定义，等边三角形拥有 6 个变换组成的对称群，分别是：旋转 120 度，旋转 240 度，分别沿着每条边的垂线做的三个镜像变换（数学上又叫反射变换），以及什么也不做的恒等变换。

若再举一个复杂点的例子，现代数学中的拓扑学也是根据对称原理而发展起来的一个学问，亦即研究图形（或集合）在连续变形下的不变的整体性质的一门几何学。我们比较熟悉的莫比乌斯带（如图 1）与克莱因瓶（如图 2）就是同处于一个对称群中的两种变换。在拓扑学中，它们都是保持无定向性平面这种不变性结构的对称变换；所谓无定向性平面，指的是没有"内面"和"外面"之分的平面。例如假如一只仅能辨识二维对象的蚂蚁沿着莫比乌斯带走上一圈，必定会走过所有面而回到起点，但是对于这只蚂蚁来说，它只会觉得自己就是走在同一个表面的自然延伸上，而不会要翻到纸带的另一面去才能走遍全部表面，因此对于蚂蚁来讲这个莫比乌斯带就只有一个"内面"，我们可以把它叫作对于蚂蚁的"行动面"。而莫比乌斯带的"神奇"之处就在于：对于这只仅能感受二维对象的蚂蚁而言，它通过这样一种对称变换所形成的结构，在维持自身对于某种感知不变性（比如一直走在内面）的情况下，它的整体行动自然而然就顺滑地完成了"升维"，也就是整体行动架构从一个二维的纸片平面顺畅升维到了三维空间结构，而且前后必定是一种完备的行动闭环——换言之，蚂蚁的整体行动在一种不变性的（对称）领会结构中实现了升维。这在逻辑上是一个相当"神奇"的操作，以至于法国著名解构主义哲学家德里达便直接借用了这个神奇效应并把它在哲学上做了一个延伸，从而将这种对称操作引起的自然升维的"拓扑局面"作为其哲学中用以描绘真理运行方式——"延异"的本真属性。而"拓扑"也是在本书后续章节中用以描绘心灵先天结构的核心概念之一，这就是后话了，此处并不赘述。

图 1 莫比乌斯带

　　不仅如此，我们知道，莫比乌斯带的建构基础是一条二维的带子，它仅有两个面、两条边，在此基础上，德国数学家克莱因就进一步思考：如果用拓扑的方法将莫比乌斯带的两条边拉伸扩展然后耦合成一个"体"会怎么样？这时，同样经典的"克莱因瓶"就通过这样的一个拓扑变换出现了，因为它依然是基于保持无定向面"不变"的连续几何变换，所以它仍然是一个对称变换，从而，克莱因瓶也就和莫比乌斯带同处于一个无定向面的对称群中。而更为"神奇"的是，如果说莫比乌斯带是从二维到三维的"拓扑"，那么克莱因瓶就是在此基础上从三维到四维的拓扑了，我们也许都听说过"地球上所有的水都装不满克莱因瓶"这样一个表征其重要特质的科普"谚语"，其实它展现的便是克莱因瓶的升维结构——三维的水当然装不满四维的瓶子了。

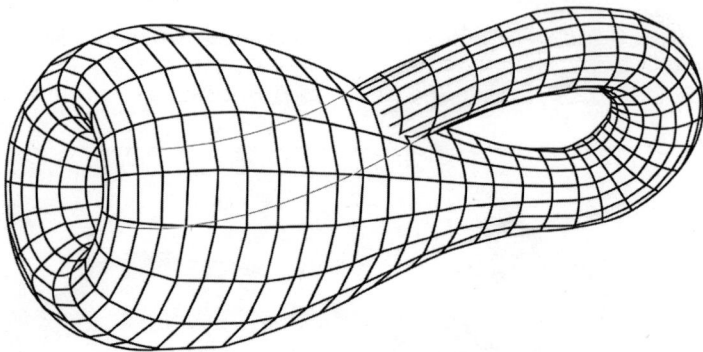

图 2　克莱因瓶

　　于是，从如斯视角看来，对称天然具有持续扩展乃至"跃迁"自身尺度的天性——这可是一个极为重要的特质，我们在后边将看到这个性质在更深的层面进一步发挥。"对称"思想方法的出现是数学发展史上的一个标志性事件，它为数学引入了一个全新的视角，从此以后，数学研究不再拘泥于从客观对象形式抽象或派生出来的数与形，譬如算术与几何以及以此为基础发展出来的代数与三角函数，而是开始进入数与形得以产生的操作结构的研究，亦即从作为本体或存在的事物的研究进入到操作过程与变换行动的探索，这便为人类自己发明或发现的根据各种操作过程抽象而来的"运算"或"算法"的大爆发奠定了基础。如今人工智能大模型各种"算法"的井喷，从数学思想的起源上都可以追溯至"对称"的观念。

前边的叙述主要是从数学的角度来阐释"对称"的概念起源及其基本内涵，而若是从物理学的角度，"对称"的基本内涵在其中没有太大变化，依然是使得对象保持不变性的变换或操作。不过跟数学稍有不同的是，物理学研究的对象除了包括观察对象之外还包含了物理定律本身，也就是说，物理学经常要考察诸如牛顿运动定律是否在某种对称变换下保持不变这类的命题。因此，如果说数学中的对称主要是通过转动对象来完成的话，那么，物理学的对称就新增了一种方式：对象不变，"观察者"移动。比如若要考察牛顿运动定律是否具有旋转不变性，我们可以想象在牛顿的苹果落地的过程中，观察者转到空中俯视、转到旁边平视、转到下边仰视等各个角度，如果在这些角度观察苹果依然是自由落体运动，那我们就可以判定牛顿运动定律具有旋转不变性，亦即旋转对称性。

对象不变而移动观察者，这确实是物理学奠基于经验观测所带来的"对称"延展。一直以来物理学家们都是简单地认为这种移动观察者的方法跟移动对象的方法是完全等价的，只不过转换一种相对视角罢了。然而，他们没有想过的是，既然代表主体与客体的观察者与对象在同一个直观舞台上并立了，那么，人的心灵必定会忍不住去想：如果翻转这个"舞台"本身，会不会依然保持"对称"呢？还别说，心灵真能做到这一点，只不过这种让观察者与被观察者谐同或统摄在一起的"舞台翻转"以及它所带来的对称性，可不是一种简单的对称性，它开始跨越既有物理学的边界而进入到艺术与人文的领域，当然，也跨入了第一科学与第一哲学再演化的"未来性"领域。

德国数学家、群论研究的世界权威之一赫尔曼·外尔在其广为人知的专著《对称》中，花费了不少篇幅讲解苏美尔、古希腊、拜占庭、中世纪、文艺复兴时期相应艺术作品以及特定装饰艺术中的"对称"，试图用纯粹数学的方式破解其中"美"的秘密。他开篇即叙述道：

> 如果我没有弄错的话，"对称"这个词在我们日常用语中有两层含义：其一，"对称"是指非常匀称、非常协调；其二，"对称性"指由许多个部分构成的一个整体，具有和谐性。①

由此可见，赫尔曼·外尔保持着对于对称潜力的开放态度，即便如此，纵观全篇，他仍然未能将对称的数学机制扩展至审美的核心逻辑过程中来，而仅仅停留在形式表象上。什么是审美的核心逻辑呢？如果用我们已经开始熟悉的"对称"的叙述，那就是：同一件艺术作品的本质不仅要在"一千个人心中有一千个哈姆雷特"的"变换"中保持其不变性，同时还要在作为对象的作品和作为观察者的鉴赏者之间的"共感"发生的变换中保持其不变性，只有这样，赫尔曼·外尔在《对称》开篇所描绘的对称之和谐性才能够达成。于是，我们立刻就能发现，要进入到如斯审美的核心过程，"对称"过程就必须超越观察者与对象的二元相对变换，而进入到谐同观察者与对象为一体的"舞台翻转"变换中来。而关于这种变换的研究，我们就不得不提到著名认知科学家侯世达与他的那一本有名的跨学科专著《哥德尔、埃舍尔、巴赫：集异璧之大成》（简称 GEB）了。哥德尔是一位数学家，他的著名数学成就即哥德尔不完备定理；埃舍尔是一位画家，他的

---

① ［德］赫尔曼·外尔.对称［M］.重庆：重庆出版社，2022：1。

画作风格如图 3；巴赫则是著名音乐家，他发展了著名"追逐式"复调音乐形式"赋格"。我们一眼就能感受出埃舍尔的画作与巴赫的"赋格"中的对称性，而把哥德尔定理跟它们结合在一起的那个机制便叫作"自指"，而这也是《GEB》为我们带来的那个"舞台翻转"的机制。

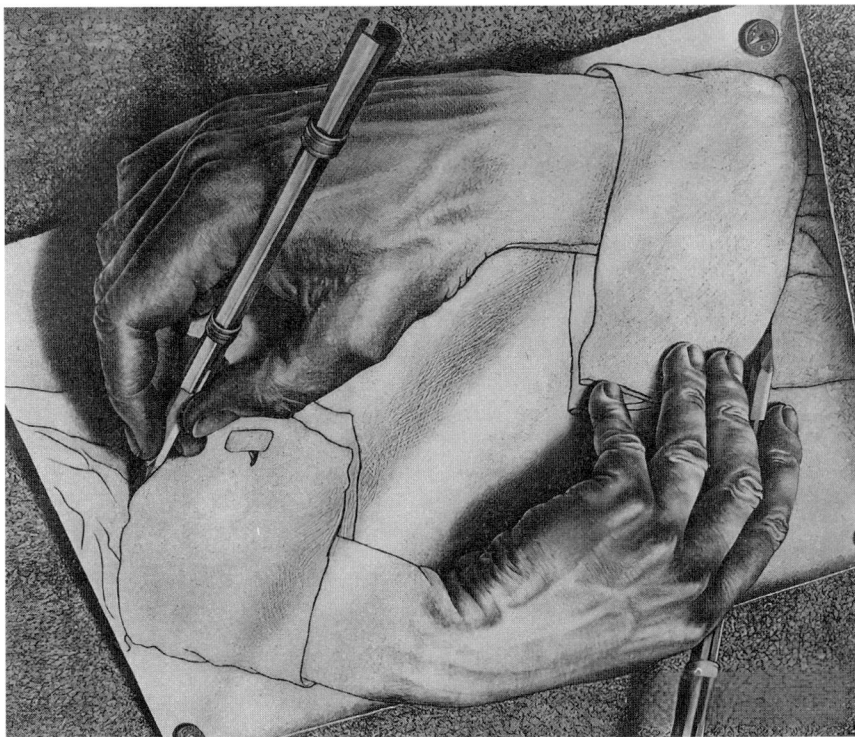

图 3　莫里茨·科内利斯·埃舍尔（Maurits Cornelis Escher）画手

在认知科学里，自指（Self-reference）也便是自我指涉，自己指向自己；如果用逻辑学的术语解释，它指的是一个拥有特定谓词的命题把自身整体当作谓词而谓词化；如果用分形几何的术语解释，它指的是一种自相似与自包含结构。总之，它就像把观察者对被观察者的行动作为他们所在舞台的行动而使得舞台作为一个整体"翻转"起来。更准确点说,这种"舞台翻转"更像是一种舞台内蜷而升维,在这个过程中,不知怎的,观察者的自我领会拥有着顺畅延展的不变性——看起来,这非常像一种心灵或意识的"拓扑",不是吗?从《GEB》中,我们至少能够明白"对称"直指一种生命最元始的心灵天性。当然,对于自指机制背后的对称性秘密的逻辑阐明我们将放在本书后续的第四章第2节中进行,同时前文提到的杨振宁和李政道两位教授所心心念念的"对称性破缺"的思维秘密同样也将在第四章第2节中得以阐述,不过,这些秘密的揭示并不是一件仅仅关涉单一学科的简单的事情,而将指向一个关乎真理起源方式的"大秘密",亦即第一哲学的"大秘密",这些都是后话了,此处暂且按下不表。

但是,即便知道了"自指"机制,这依然是不够的,因为它并没有把观察者与对象如何谐同在一起进行对称变换的秘密真正揭示出来,也即将对称所指向的心灵天性的奥秘展现出来,这从"自指"在罗素的一个十分重要的学术研究里依然被视为逻辑恶性循环的标识的现象中便可窥一斑,这个重要的学术研究便是如何解决第三次数学危机——著名的"罗素悖论"的思想方案,而我们完全可以这样说,现代数学和现代物理正是自发调用了这种心灵天性的相应机能,所以才能"革命性"地扩展自身的知识维度。而追溯"对称"背后心灵天性的奥秘,也便是追溯"对称"的天性之起源,进入到这个层面,它便直指一种元始真理,而此"天性"也就不再有宇宙天性、心灵天性、生命天性、意识天性之分——它们都将统一归为某种指向终极的真理天性;这时,便终于到了未来性哲学的领域了。

1.3 "对称"天性与哲学演化的"奇点"

从前边的叙述我们可以看出来,西方的数学家们和物理学家们并不十分清楚"对称"背后那一个深刻而激动人心的真理秘密,或者说元始心灵密码。我们都知道现代物理学的"尺度革命"意味着人类认知真理的"度"发生了重大变化，但是，这个"度"究竟是什么？这一直是困扰人类学术界的难题。1905年被称为物理学奇迹之年，在那一年爱因斯坦发表了改变科学进程的五篇论文，这不仅标志着狭义相对论的诞生，同时也意味着现代物理学对于牛顿经典理论的"尺度革命"的全方位展开，其后波尔、波恩、薛定谔、海森堡、泡利、狄拉克等一批量子力学大师携其成果亦相继登场，从而奠定了这一物理学革命的胜局。这一场现代物理学革命所展示出来的相较于过去迥异非常的科学规律，不仅代表着人类的科学视野向着宇观和微观进行了大幅度的尺度扩展，更意味着真理规律得以被人类认知的"度"的重大变化，否则，相对论与量子力学也就不可能呈现出如此截然不同的真理景观，毫无疑问。然而，十分诡谲的是，从1905年至今一百多年过去了，人类思想界居然没有创立或演化出跟这一物理学革命的真理境界相匹配、相对应的哲学，这实在是咄咄怪事，这样的"怪事"在很大程度上也映射了这样一个事实：哲学演化的"奇点"到了，这个演化"奇点"直接关乎现代物理学革命所指向的人类对于真理领会的"度"的变迁。不怪乎已故英国物理学家霍金在他最后一部畅销书《大设计》中开篇即断言：

　　我们怎么能理解我们处于其中的世界呢？宇宙如何运行？什么是实在的本性？所有这一切从何而来？宇宙需要一个造物主吗？我们中的多数人在大部分时间里不为这些问题烦恼，但是我们几乎每个人有时总会为这些问题所困扰。

　　按照传统，这是些哲学要回答的问题，但哲学已死。哲学跟不上科学，特别是物理学现代发展的步伐。在我们探索知识的旅程中，科学家已成为高擎火炬者。①

虽然霍金的"哲学已死"的判断有一种代表现代物理学的真理话语权高地的"武断感"，然而，本书接下来的阐述将从另外一个视角揭示：这一判断并非没有道理，但理由却不是霍金在上面所提出的那几个问题的答案，而是另有重大"玄机"，此"玄机"将让哲学越来越不像过去的哲学，而逐渐演化成另一种关乎真理的终极领会的学问，中国哲学家金岳霖便曾经十分谨慎地预测它也许会叫作"元学"。未来的下一代哲学叫什么并不重要，关键在于它得以演化的这个重大"玄机"该如何理解，若借用物理学的相应创世临界点的词语，这一玄机也可以叫作人类哲学演化的"奇点"。人类哲学朝向下一代哲学演化，意味着一种对于真理与命运的元始领会方式发生了"度"的变迁，此种变迁，也便是最本质意义上的"未来性"，毫无疑问。

那么，下边就让我们先从物理学"尺度革命"背后的思想主线开始，来简要阐析一番此哲学演化"玄机"与思想革命的"奇点"。

在前边的阐述中我们已经了解，"对称性"完全可称作现代物理学革命的思想主线，既然如此，它便自然蕴含着解读与揭示此"玄机"的思维密码，只不过数学家们和物理学家们并未参透罢了。前边提到物理学"尺度革命"绝不仅仅是一种观测尺度从宏观到微观与宇观的变化，它必定意味着对于真理领会的某种"度"的变化，这是学术界的一种共识，也相当程度反映了人们看待此事件的一种常识性直觉。然而，接下来的论述就将逐渐开始"反常识"了。"对称"作为一种思想方法，首先意味着一种对于真理领会的"态度"的重大转变，"态度"也是一种"度"，而且是比我

---

① ［英］史蒂芬·霍金、列纳德·蒙洛迪诺. 大设计［M］. 吴忠超译. 长沙：湖南科学技术出版社，2015：3。

们后续将要提到的“真理尺度”更为逻辑先行的“度”。也许大家会奇怪，我们对于真理的态度之常识难道不应该是像真诚、勤恳与严谨这样的心态吗？莫非还有其他的“态度”？没错，还真有其他的“态度”，只不过接下来要说的态度中的“态”可不是我们一般理解的心态，而指的是真理的本质形态，我也更喜欢叫它真理的主角形态，因为这种叫法更能反映它遂行的境域特质；当然，我们日常所理解的心态、动机也都起源于这种“态”。“态”有变化并形成相应的演化节奏，那便是有了“度”。

那么，该如何理解现代数学和物理学所定义的“对称”是一种对于真理领会的态度的重大变化呢？对此，我们便要回到“对称”这个概念的定义中来。前边已经详细叙述，在现代数学和物理学中，如果对象在某种操作或变换中拥有不变性，那么就会说这种对象在这种操作和变换中对称；因此，正如数学家伊恩·斯图尔特在《迷人的对称》中强调的那样，对称不是一个“事物”或“结果”，而是一个行动的过程，也就是说在“对称”中作为操作与变换的行动要在逻辑上先于事物本身的“不变性”。这个定义看起来似乎平平无奇，但是，如果把其中的“对象”换成真理本身，那可就有重大意味了。本节前边在谈起杨振宁与李政道发现“宇称不守恒”时提到过，虽然宇宙起源这个量级的真理必定蕴含对称性破缺这样的内容，但这只是“对称”需要被揭示的更深层的奥秘，并不代表宇宙真理不是对称的，相反，在现代物理学中，对称必定是真理的基本属性，乃至基本天性。既然如此，那么真理便在其自身的对称天性中呈现这样一种状态，亦即必然是在某种操作或变换的行动中才拥有其不变性，而不是相反，也即先成其为某种现成的“不变性”，然后再由这种“不变性”作为终极根据或“第一因”来决定行动与变换。在既有的哲学里，这种作为终极根据或第一因的“不变性”，也即终极“不变性”，便是绝对与永恒，而承载这种绝对与永恒的那个概念便叫作“存在”。于是，在过去的哲学中，对于真理领会的第一态度乃至终极态度，便叫作存在论，而由亚里士多德开启的关于"存在之为存在"的学问亦即存在论的学问，便叫作第一哲学或形而上学——我们很容易看出，在西方，过去对于真理领会的存在论态度真可谓拥有深厚的传统。但是，在"对称"视域中的真理却反其道而行之，"真理是对称的"意味着真理首先是一个过程、一个行动，而非"存在"所代表的某种对象或本体，任何"不变性"都是在一种操作或变换行动中生成的。当然，换成终极真理的视角，这句话就变成：任何终极"不变性"的"绝对"都是在一种变换之变换的终极行动中生成与领会的——作为变换之变换的终极行动，又实质上拥有内在同构的两种"对应物"，分别是启始与创造。"创造"在本书中将指向某种最高境界的特定演化概念，所以在这里我们就先用"启始"，而延伸点说，"启始"也便是一种元始的启动或打开方式。

通过上边的分析，我们便可知两种真理领会之态度发生了重大分野：其一，在既有哲学或传统哲学里的真理本质形态很像我们通常理解的常识中的"对称"，亦即真理首先是一种既定的或优先定位的"不变性"，也即本体或本原，然后以之为元始基础或终极根据来决定世界万物的行动变换；其二，在"未来性"的哲学视域中，真理首先是一种作为变换之变换的打开方式或启始行动，然后由之必然生成相应的"不变性"。于是，真理的本质形态或主角形态，在过去的哲学传统里是本体、本原或存在，而在新的未来性中则是行动、打开方式或启始——这就是两种截然不同的真理领会的态度，亦即两种不同的"道"；换言之，在未来性的真理领会之态度中拥有一种元始的"自信"，亦即无论怎样的"不变性"必定可以被生成，只要它在某种打开方式中被"打开"，亦即在一种元始对称中被"打开"。

这两种真理领会态度的区别就像两个时代的战争模式：一种是古典时代的传统战争模式，总是要先确定好既定的目标并"约定"好被这个目标所必然牵引的空间战场，然后才在此基础上决出战争胜负；另一种则完全是现代战争乃至智能战争的模式，亦即战斗展开的前提首先取决于参战方对于整体战争乃至社会信息的全方位的“态势感知”能力，并在此基础上以不拘泥于时间与空间的方式进行诸般“海陆空”乃至太空、网络与社会舆情的战术“操作”，从而由此形成一种综合的胜负势能转化的战略达成。当然，在当下的信息时代乃至智能时代，我们也许更熟悉另外一种类比：这种传统的真理领会态度就好比一种具体的软件应用或 AI 应用，总要根据特定的存在功能或本原需求来开发和运行；而未来性的真理领会之态度，就好比一整个操作系统或 AI 大模型，它拥有的是一种元始的生成能力，各个不同功能和需求的应用生态或 AIGC 内容皆可从中轻易生成。

现代物理学尺度革命中的“微观革命”之“微”的真正含义，就不应该仅仅局限于“微小”或“微量”，而更应该被理解为老子《道德经》第十五章中的那个“微”，亦即“古之善为士者，微妙玄通，深不可识”中的“微”，这里的“微妙玄通”四个字内涵同构且互相指涉，共同指向某种“深不可识”的“无”，而此“无”也便是《道德经》第一章中“故常无，欲以观其妙；常有，欲以观其徼”中的“无”，它展现的是直指“玄之又玄，众妙之门”的真理的更本质形态——逻辑上先于“有”代表的“存在”或“本原”的、作为元始行动态的“玄微”。因此，从这个角度来看，老子所说的“道”可谓相当“对称”。而这仅仅是东方原生文明及其经典在一种新的、未来性的打开方式中重新诠释与解读的小小缩影罢了，本书在后续章节尤其是第六卷中将有更为翔实的东方经典之未来性诠释。

这两种真理领会态度是如此之不同，以至于从它们各自出发而推演出来的哲学真的就像两种哲学。对此，爱因斯坦与哲学家柏格森还发生了一场在思想史上非常有名的争论，这场争论直指一个实质的事件，史称“爱因斯坦与柏格森之辩”：在 1922 年 4 月的巴黎，新锐物理学家爱因斯坦邂逅了哲学权威亨利·柏格森，并展开了一场远远超出他们各自预料乃至学界预期的"20世纪最伟大的物理学家与哲学家"的思想交锋。这场交锋彻底引爆了科学与人文在各个领域中的观念矛盾，用诗人保罗·瓦莱里（Paul Valery）的话来说：

> 他们的相遇是20世纪的一次独一无二的大事件。他们的争论是否终结了"两种文明（人文与科学）分裂之前的黄金时代"呢？这场争论导致了一个不折不扣的"大麻烦"，而这个麻烦一直持续了一个世纪。①

尽管由爱因斯坦和柏格森引发的科学与人文之争旷日持久、主题甚广，但是他们争论的起点，亦即最根本的逻辑出发点都源于这样一个命题：

时间的本质到底必须由哲学家的方式加以理解，还是仅仅使用物理学的方式便已足够了？②

用今天的视角对它进行转译，便是：对时间的本质加以理解的人文学所倡导的真理领会之态度及其世界观原则，跟现代物理学所秉持的"尺度革命"的思想视角，到底谁覆盖谁，它们之间有交叠区域吗？从学术史后续发展的轨迹与历史来看，毫无疑问是"爱因斯坦"胜出了，因为随着时间推移，现代物理学乃至现代科学愈来愈成为关于真理解释的"显学"，而哲学学科则愈加破碎化与边缘化，早已不复其在古希腊、文艺复兴乃至启蒙运动时期的"学科之王"的地位。究其原因，通过前边的阐析我们很容易就能明白：因为真理领会之态度的不同，爱因斯坦和柏格森所谈论的根本就是两种真理、两种哲学，尽管他们当时并未完全对此"有意识"。

---

① ［美］吉梅纳·卡纳莱斯. 爱因斯坦与柏格森之辩［M］. 孙增霖译. 桂林：漓江出版社，2019:17-18.

② ［美］吉梅纳·卡纳莱斯. 爱因斯坦与柏格森之辩［M］. 孙增霖译. 桂林：漓江出版社，2019：9.

虽然柏格森的直觉主义哲学已经开始对传统的形而上学的缺憾有所觉察，但是他的思想终究并未走出存在论与本原论的囹圄，这在思想史上已有定论；爱因斯坦作为现代物理学革命的发起者，自然拥有这个革命所指向的更具未来性的思想视角的灵敏直觉，虽然他并未完全领悟"对称"背后的真理密码所指向的更为深远广博的未来性思想体系。

此外，对于真理领会态度之变迁，也即哲学从传统向未来演化的"玄机"，法国解构主义哲学家德里达在其思想体系的核心理念"延异"中也敏锐地觉察到了这一点，因为他所定义和发现的"延异"指的就是一种面对本原必然造成的差异而早已先行逝去的、更古老的真理游戏或真理运动——也便直接指出了作为真理的本质形态的行动态先于本原态或本体态。于是，他也把传统的基于本原的哲学称为"存在神学"。话说这个名称可真够形象的，因为它直接戳破了起源于古希腊将哲学定义为"爱智慧"的实质"泡沫"。而且，他也把这种逻辑上先行的、更古老的真理运动跟从本原出发生成的"差异性"所共同造成的心智结构，称为全然超越理性之理解能力的"拓扑局面"——他也是第一个把源于对称原理的"拓扑"概念引入哲学领域的思想家。而既然是"超越理性之理解能力"，这便昭示着超越了德里达的能力，终其一生，德里达也并未完全走出传统的真理态度——本原意识的"阴影"，这可以从他的思想流派的名称"解构主义"窥其一二，从而德里达也跟这种未来性的真理态度所演化出来的全新思想体系的壮丽"景观"失之交臂。

而既然谈到了"心智结构"，我们就来简要谈一谈对于这种未来性的真理领会态度所能够自发演绎出来的元始思想体系的初步建构。"心智结构"是将"对称"定义中的对象换成"心智起源"或"意识起源"之后得到的一个概念。当我们说心智起源或意识起源是对称的，这便意味着心智起源或意识起源在某种元始操作中拥有"不变性"；而跟"真理"所不同的是，真理的"理"能够等价为某种打开方式的"律"，而心智或意识则天然蕴含"观看"的天性，"观看"指向的是感性直观与感知经验遂行其上的组织与结构，就此而言，心智或意识天然带有自下而上的结构化之演化倾向。因此，心智或意识的对称操作便是一种能够充当演化动作之发生遂行其上的载体或"结构"，简称心智结构或意识结构；此外，由于针对的对象是"心智起源或意识起源"，那么，跟"心智起源或意识起源"相匹配的那种元始操作及其生成的不变性领会，就是"先天"结构。因而，"对称"背后的思想密码必然涉及一种先天心智结构或先天意识结构，它能够将经典的对称和对称性破缺精妙地熔炼为一体，从而成其为"尺度革命"中的"尺度"所真正对应的那种能够作为认知尺度本身得以领会的心灵微观结构——这种先天心智结构当然也是我们日常所说的"智能"背后的更深本质，没错，正是"人工智能"（Artificial Intelligence）中的"智能"的更深本质。因为人工智能的理论演化从来都是基于对生命尤其是人这种智慧生命之智能的"仿生学"进展，因而，我们在这里也完全可以说本书所探究的源于对称性奥秘的心智先天结构指向的就是智能的更深本质，甚或说广义上的智能起源的本质。而对于这种心智先天结构之诸般奥秘的阐述将放在本书的第三卷中，这里且容笔者暂时按下不表。

对于这种先天心智结构或先天意识结构的觉察与追问，澳大利亚哲学家与认知科学家大卫·查尔默斯（David Chalmers）把它总结为意识的"困难问题"。所谓意识的"困难问题"是指不能归结为人类经验的（后天）结构和功能的问题，一般此类问题主要涉及解释意识体验的来源及其本质；而与"困难问题"相对的"简单问题"，可归结为（后天）结构和功能的问题，比如所有的认知相关的问题都为简单问题，当前比较火热的人工智能相关的问题亦为简单问题。很显然，"困难问题"必然涉及心智先天结构或意识先天结构的阐明，而得以将其阐明的关键在于从未来性真理领会之态度出发而"发现"真理打开方式之"律"——终极的思维定律，而这就不是查尔莫斯所能解决的问题了。

在这里我们又有了一个新概念"思维定律"，它实际上是将未来性真理态度作为真理打开方式或真理启始方式而生成的对应物——一个基本思维定律或元始思维定律正是一种真理的（元始）打开方式或启始方式，本书后续的章节将逐步阐明：真理总共拥有全息的三大基本思维定律，而亚里士多德的形式逻辑三定律仅仅归属于其中较低尺度的第一个思维定律罢了。

此外，思维定律更倾向于真理启动方式的发生过程，而若涉及阐述经由真理的打开方式自发对于世界或心灵的整体建构，这便得到另外一个重要概念——真理尺度，或者说真理的元始尺度。实际上，"尺度"算是哲学上对于"对称"的最关联的对应者，因为"尺度"必然展现某种"不变性"及其构成作用，恰巧对应了在某种操作（构成）行动中保持"不变性"的基本要义。于是，在未来性的真理态度中，真理的（元始）尺度也意味着"对称"的元始天性，它指的是心灵总是寻求启动或打开某种趋向于绝对或永恒的不变性，并通过其构成作用回到自身。我们在后边将会看到，跟三大基本思维定律一一对应，宇宙与心灵也会拥有全息的三大真理尺度，分别为：第一尺度、第二尺度与第三尺度。

最后，做一个小结，通过对现代物理学革命和现代数学一些重要事实的简要梳理和阐析，我们发现"对称"完全可以算作现代科学革命的"隐秘"思想主线。"对称"的地位之所以如此重要，绝不仅仅是因为它是一种不错的数学思想和物理学方法，而在于对称的奥秘关涉现代科学革命所指向的对于真理元始认知的"度"的变迁。这种变迁将直接导向两种真理领会之态度乃至两种真理演化道路的重大转变，亦即从传统真理领会之态度到未来性真理领会之态度的重大转变，这也直指人类哲学演化的"奇点"

及背后的"玄机"。而本书的问题切入点亦正在于此"玄机",亦即导致未来性真理道路得以发生的"度"的变迁究竟该如何领会?因为这是一种对于元始真理道路的讨论,因而不可能有哪种"未来性"比这种未来性要更本质、更深刻。当然,论及"未来"则必然不能绕过"时间",因而接下来我们将以初步揭示的"对称"之思想方法作为一种独特的视角来简要阐述一番人类哲学史中的时间观念。

第 2 节
对称与时间(上):从亚里士多德到康德的"未来"是如何对称的?

2.1 未来构想中的"对称":从刘慈欣的《月夜》到超弦理论

谈到"未来"的时候,我们必定首先会想到时间,没错,未来是一种对于时间的领会,但是未来并不仅仅是一种时间,因为它背后站着"未来性",未来并不等于未来性,正如时间也并不等于时间性,这二者仅一字之差,但是其中蕴含的信息量可谓"万里之别"。为何如此呢?我们将在本节用一个特别的视角——"对称"来谈论这个话题。

在开始逻辑叙述之前,我们需要先简要了解一个故事——我们的老朋友著名科幻作家刘慈欣的一个短篇作品,名为《月夜》①。之所以要先讲这个故事,是因为它背后联结了几个颇有名气的物理学理论,对于这两者的一体化解读能够给我们提供一种饶有趣味的视角和巧妙的线索,将西方思想史中的三种经典"未来"或经典时间观串联在一起进行整体领会,从而得以在这个过程中替我们省去很多沉积在西方哲学史中的庞杂的概念叙事。而这几个"颇有名气的物理学理论"不仅包括对量子力学原理进行

---

① 刘慈欣.宇宙往事[M].北京:北京联合出版公司,2016:33。

解释的"多世界诠释"，还包括现代物理学大统一理论的最强劲候选者之一——超弦理论。所谓"超弦理论"正是将数学的"超对称"跟弦论结合在一起而构想出来的理论架构，于是，"对称"再一次现身于此了。

话不多说，那么，刘慈欣的《月夜》到底讲述了怎样一个跟"未来"有关的故事呢？故事发生在我们这个时代的某个中秋佳节，按照网上发起的一个有关环保主题的民间倡议，作为国际典范的大都市上海关掉了大部分景观灯和一部分路灯，以便市民赏月。而我们的男主角小帅望着久违的满月却丝毫开心不起来，因为他最喜欢的女孩今天就要和别人走入婚姻的殿堂了，此刻在小帅的眼里，没有灯光的城市并没有月下田园的感觉，反倒像一片被遗弃的废墟。就在他黯然神伤之际，他的手机铃声突兀地响了起来，于是，他急忙接通了电话——一个即将三次改变人类未来的神秘电话。这个电话是114年之后的"自己"通过复杂的时空界面技术"打"来的，通过对小帅诸多不为人知的个人微习惯的"提示"，他迅速确认了电话里这个神秘男人作为"未来自己"的身份。未来的自己告诉他人类不久之后就将发明基因疗法从而能够让寿命大幅增加，一百多岁才刚刚到"中年"罢了，然而，未来的自己打这一通电话是希望和小帅完成一个共同的使命——拯救人类。原来在一百多年后，由于人类对化石燃料的无止境消费，地球变暖的程度大幅增加，从而使得海平面急剧升高，进而导致绝大多数沿海城市都被淹没了，而上海通过巨大的防波堤的建设让自己成为唯一一座幸免于难的沿海大都市，不过上海也变成了加强版的"威尼斯水城"，未来的自己正在金茂大厦的8层跟男主人公通话，窗外便是月夜下漆黑的大海；而迁移至内陆的数十亿人正在带来各种社会混乱。为了改变这一糟糕的未来，未来的自己通过这一隐秘的路径希望传达给小帅一项跨时代的技术——硅犁技术，这项技术能够建造一个如同压路机一般的转化机器，随着它的行进能够将沙漠转化为充当太阳能电池的单晶硅，这是一项绝对环保和高效的新能源技术，从而能让太阳能完全取代化石燃料的地位。而这项技术的全部资料正在传输至小帅的邮箱，是否使用它完全在于小帅，而小帅在当时是一位替国家部委进行新能源技术筛选工作的能源专业博士。一听到此，小帅不由自主地就在想该通过怎样的合适路径将这一技术资料迅速传达给高层，到底应该先选择哪一个公司或机构实体作为上报单位……一念至此，他猛然一惊，自己心中是已经决定要这样做了吗？是否过于草率？不过一想起这样做能够拯救人类的未来，他便愈发坚定了决心。

然而，二十多分钟后，电话铃声再度响了起来——未来的自己再次连线。小帅迫切想要知道自己的所作所为对于人类改变的结果，但是，这一次，电话里那个来自未来的低沉的声音却说道，在他所知的历史中，海平面大幅上升的事件并未发生，小帅的前半生也确实跟硅犁这项革命级技术联结在了一起。而这项技术实在太过好用，导致人类完全抛弃了化石能源，但是为了满足聚集在一起的人类城市的需求，人类迫不及待地将各块大陆的"合适"土地疯狂地硅晶化。这种结果对气候的改变比沙漠化更加严重，114年后的地球气候变成了几乎只有雨旱两季，粮食作物大幅短缺，他所在上海的黄浦江已经彻底干涸，龟裂的河床上挤满了从世界各地逃难而来的难民。还没等小帅从震惊的情绪中缓过神来，未来的自己告诉他，他们需要再次干预历史，他这次将要传送过来一项更为合理而不再占据任何土地的新能源技术——超深钻井技术，这是一项用来开采地层深处的"地球电流"的技术。人们知道地球有自带的磁场，指南针便依此而转动，是因为地球内部存在强大的电流，而这项技术能够使得人类的钻井穿透莫霍面（地球内部固态层和软流层的分界面）直达软流层，只要将巨型电极置于井底便能获得源源不断的高强电流。刚从震惊中回过神来的小帅这一次又面临了抉择，但是，一想到未来自己所面临的气候灾难，他便毫不犹豫地打开邮箱查看起这项新技术的资料，以求尽快整理出一篇技术综述传达给高层。

小帅来到外边的阳台上。月已西斜，仿佛城市已陷入深深的梦境，而就在他构想这项技术的推广计划时，电话铃声第三次响了起来。电话里未来的自己说道，在一开始的几十年，由于这项技术比硅犁还要快速地扩散，人类社会变得越来越兴盛，一切似乎在往无限美好的黄金时代演化，但是，随着地球电流的持续开采，突然间，地球磁场近乎消失了，指南针完全停止了转动。这时，源于太阳的宇宙射线不再因地球磁场的作用发生偏转而径直打在了地表上，这就像暴露在紫外线中的微生物培养基。如今，上海已经完全成了一座地下城，而在以后的三到五个世纪，太阳风将蒸干大气层，烘干全部海洋中的水分。虽然，一百多年后的人类已经掌握了可控核聚变技术并再次恢复了化石燃料的使用，但是大部分能源都用来将电流重新注入地核，以求恢复地球磁场，可效果寥寥。如今，我们不得不再次干预历史，唯一的解决方案就是赶紧删掉全部技术资料，让历史还原到它最初的轨道上。听到此，小帅赶紧来到了电脑旁，开始删起资料，为保险起见甚至准备再给硬盘来一次格式化。而此时，他忽然想要了解自己人生的未来，于是，他便问起了未来的自己：自己是否再次得到了爱情，是否有孩子，男孩抑或女孩？可电话中的声音充满沧桑，说道：一个人的一生和整个人类的历史一样，第一次的选择不见得是不好的，只是在没有做其他选择的情况下，你不知道而已。听到这里，小帅明悟了，那份真挚的爱情也许不会再有，正如人类在宇宙中的情形，孤独也许会是自己的常态，抑或不是？随着硬盘格式化的进度条走到100%，他放下电话，侧躺着逐渐入梦。在这个平凡的月圆之夜，人类历史改变了三次，也许什么都没改变。

从未来性的视角，听完这个故事后，我们将会立刻产生下边这一系列追问：①故事中的"未来"是否上升到了"未来性"，也就是说故事所描绘的时间是否有了时间性的领会？②"对称"是怎样在未来的变换中发挥作用的？③小帅所代表的人类真的能获得改变历史命运的"技术"吗？④在宇宙中，人类注定是孤独的吗，爱究竟该如何领会？当然，作为一篇优秀作品，刘慈欣的《月夜》带给我们的启发必然还有更多，但根据本书创作的主线，我们将主要聚焦在基于时间领会的"未来"线索上，而对于前边这4个问题，我们也将在接下来的不同思想视角的解读中进行相应的演化式叙述。不过，在进入西方思想史的时间理论之前，我们还有一个基于故事自然延展出来的重要思想场景需要阐述。若用一个问题来说明这个思想场景，那便是：作者刘慈欣主要是根据哪个科学理论的设想来构思这篇"科幻"作品的呢？答曰：多世界诠释 (many-worlds interpretation)。

多世界诠释也即人们通常所熟知的平行世界假说，它是1957年由物理学家休·艾弗雷特（Hugh Everett）为了解释量子力学中的"量子叠加态"的量子测量悖论所构想出来的理论。根据薛定谔波函数方程，微观世界的亚原子粒子，例如电子，它的速度、位置等状态必定处于一种多种可能性并存的"神奇的"叠加态中，但是，人一旦对它进行观测亦即量子测量的时候，却只能得到一种确定的结果，也即一种本征态，这便形成了悖论。对此，主流的哥本哈根解释认为，量子测量将导致亚原子粒子从叠加态坍缩下来而成为一种本征态被观测到，这便是"波函数的坍缩"。对这个神奇的量子现象最著名的思想实验当数"薛定谔的猫"。在这个思想实验中，一只可爱的小猫被放置在一个密闭的盒子里，而这个盒子里放置着一个跟微观世界紧密相连的毒气激发装置。具体来说，是把十分容易衰变的放射性元素镭跟氰化物放在一起，一旦镭发生衰变便将激活氰化物毒气从而毒死猫。而根据量子力学基本原理，镭处于衰变与未衰变的叠加态，从而猫也必定处于生与死重叠在一起的叠加态中。于是，在这里，我们会看到一只既生又死的"神奇的"猫。根据哥本哈根的解释，一旦把这个密闭的盒子打开，这只叠加态的猫就将坍缩为唯一的现实状态，要么生要么死。但是，艾弗雷特却不这么认为，因为"波函数坍缩"这件事实在是太过于奇异了，由此，他认为当人们进行观测的时候，除了这种"看到"的现实状态之外的其他可能性状态并未消失，而是"分裂"为其他的平行世界。也就是说，那只"薛定谔的猫"将进入两个世界，一个是猫生存的世界，一个是猫死亡的世界。宇宙诞生以来，已经进行过无数次这样的分裂。艾弗雷特就此认为宇宙像一个阿米巴变形虫，当密闭的盒子打开后，这个虫子自我裂变，繁殖成为两个几乎一模一样的变形虫，也就是说宇宙也分裂成了两个，一个有活猫，一个有死猫。由于"观测"强烈地关联时间契机，后来，人们又根据这种一旦观测随即"分裂"的动作之时间特质，将不同的可能性生成的世界称为"时间线"，于是，整个宇宙就呈现为以"时间线"为单位的树状结构体。

大家看，这像不像刘慈欣《月夜》故事的剧情变化？主人公小帅在跟未来的自己通话后所做的三次不同的决定，立刻就导致了三条不同的时间线的诞生，在其中，人类的历史发生了翻天覆地的变化。而根据艾弗雷特的理论，小帅的每一次决定，实际上就是做了一次量子测量。但这件事跟"对称"有什么关系呢？实际上，关系大着呢。如果我们按照对称的逻辑叙述，这件事就可以这样来描绘：世界在量子测量的关联变换中，保持"时间线"作为基本单位的领会结构不变——这不正是一种标准的对称变换吗？只不过其中有两点需要特别注意：其一，时间的基本结构从日常的单一线性时间变为了树状结构或分形结构的"时间线"，这意味着什么？其二，量子测量的本质对应的是怎样的变换呢？它跟一般的变换或操作究竟有何不同？对于第一点，既然时间的基本形态发生了变化，时间也就拥有了从绝对时间到时间结构的讨论，也就是说时间开始从一种单一的绝对形式——"时间轴"中走了出来而开始具有了"时间性"，亦即故事中的未来开始拥有了"未来性"的契机，这也可以看成是对于《月夜》故事的第一个问题的回答。当然，我们需要知道，这种新的时间结构抑或时间尺度的生成源于"量子测量"这种特殊的对称变换，也就是说对于时间的测量源于一种特殊的对称变换，其中的奥秘并不简单。对于第二点，实际上，跟"神奇"的量子叠加态直接关联的量子测量，其背后的思想本质比当今物理学家们所想象的要深远得多。或者这样说，当今的人们总是肆无忌惮而想当然地使用"测量"来试图达成各种各样的目的，却从未彻底探寻过"测量"背后所通达的心智秘密。从"多世界诠释"被艾弗雷特提出之后多年无人问津的境地，可窥其一斑。明面上的原因很简单，这个理论听起来很自洽也很吸引人，但是很难"测量"，至少通过通常的机械科技的方式很难测量。

虽然同样是"测量"难度巨大，但是另外一种物理学假说却因为在一开始就紧紧盯住"测量"的打开方式，而让自己成功得多，这种假说便是"超弦理论"。为何这样说呢？因为超弦理论首先带来的"变革"便是对于世界的观看之道，或者说对于世界的"测量之道"。如果我们站在远处观察一根晾衣竿，我们看到的会是一条一维的直线。接下来，我们从远处逐渐走近来观察，会发现这条"一维的线"其实是有厚度的二维的面。再继续走近，我们会发现这个二维的面居然还有径深而成其为一个三维的圆柱体——实打实的晾衣竿。从超弦理论的视角，这个过程向我们展示了一种空间维度的卷缩禀赋，也就是说随着观察焦点的放大或者说测量精度的提升，我们总能发现某些空间维度是延展开的，而总有维度是卷缩的。正如对于这个晾衣竿而言，站在远处来看，二维的厚度就是卷缩的，再走近点儿看，虽然看到了二维的厚度，但是三维的径深又是卷缩了的……以此相类推，超弦理论告诉我们，随着观看焦点的不断放大亦即测量精度的不断加深，我们会看到越来越多的卷缩维度。当我们的观看焦点或测量精度深入到普朗克尺度（1.616229×10^{-35} 米和 5.391168×10^{-44} 秒，在这个尺度下，没有重力和时空，这与宇宙中的黑洞非常相似）附近的时候，我们最终会看到一根在 11 维时空中不断振动的弦，于是，这根"振动的弦"所形成的 11 维时空扭曲结构就是宇宙时空的基本状态，这根"振动的弦"就是宇宙最底层的基本结构，它天然联结 11 维时空的扭曲变换。就像小提琴的琴弦振动会产生美妙的音符一样，这根作为宇宙基本结构的"弦"的振动也会产生基本粒子，弦的不同扭曲将产生不同的基本粒子。当然，这 11 维时空并不都是空间，还包括一维时间，更准确点儿说，根据爱因斯坦的狭义相对论，这个时间维是第 4 维度（前 3 维就是日常的 3 维空间），它的结构不是一个单独的时间轴，而是一个"时空连续体"，这一点我们在本章的后续内容中会详细阐述。

这根神奇的"弦"怎样产生基本粒子，又怎样导致宇宙几大基本力的统一而最终形成"大统一力"的物理学讲解并不是本书的重点，我们阐述的重点在于物理学家在构想超弦理论的过程中所忽视的那个思想领域，亦即这个理论得以成立的打开方式——"测量"的更深秘密。在此处，如果回想对称的内涵，我们会惊奇地发现导致超弦理论诞生的这个不断深入的"测量"过程就是一种"对称变换"。首先，当我们从宏观的日常 3 维逐渐聚焦至微观的普朗克尺度的时候，这肯定是一种操作或变换，而且是一种心灵聚焦尺度或观看尺度的操作或变换，毫无疑问；其次，根据超弦理论，我们最终一定能够找到一种无法再分解的宇宙的基本组成结构——"弦"，也就是说，通过对于"弦"的定位，我们能够保持宇宙组成的领会结构不变。于是，从对称的思想视角，产生超弦理论的"测量"也就可以如此叙述：宇宙中的万物在心灵观看尺度变换行动中，保持以"弦"作为基本单位的领会结构不变——因此，"测量"的本质就是一种（心灵聚焦或观看的）尺度变换的对称操作。对此，我们换一个角度来看，也能明白。一般来说，当我们说更精细测量或者测量精度更大的时候，其实是在说能够准确而清晰地把握的那个最小尺度比以前要更细小精微，这也是在说心灵聚焦或观看的分辨率比以前更高，亦即心灵聚焦或观看的"视觉屏幕"上那个最小的（分辨率的）格子比以前更细微而紧密，这种心灵分辨率的"格子"也便是通常被认为的尺度单位。但问题在于，当我们的心灵观看的分辨率越来越高，亦即心灵的焦点从日常而平滑的宏观时空逐渐聚焦至"弦"所在的普朗克尺度附近，平滑的时空早已经变成佶屈聱牙、波涛汹涌的另外一副面貌，物理学家把这种现象称为"量子泡沫"（如图4）。

图 4　超微时空的量子泡沫

用一个比喻的说法，如果你想要把时空"幽闭"在普朗克尺度这么一个大小的格子里，那么，它就会"疯狂"给你看。这样看起来，时空的某种内在禀赋还是挺富有"自由"天性的。对此，著名美国物理学家布莱恩·格林在他的专著《宇宙的琴弦》中这样描绘道：

从纯经典的立场看，我们以为这样稳定的空间图景会一直保持到任意的距离尺度。但量子力学完全改变了这种想法。万物都摆脱不了不确定性原理所推定的量子涨落——（时空弯曲所导致的）引力场也不例外。虽然经典理论认为虚空间没有引力场，但量子力学证明，引力场尽管在平均意义上等于零，实际上却因量子涨落而波荡起伏。另外，不确定性原理还告诉我们，关注的空间越小，看到的引力场起伏越大。量子力学展现了一个没有绝望的世界，越是狭小的地方，越是浪花飞溅……惠勒发明了一个名词量子泡沫来描绘这种超微的空间（和时间）里表现出的混沌状态……[①]

换句话说，当我们从宏观时空对"弦"进行测量的时候，必定会经历导致时空结构"泡沫化"的重大的尺度变换，物理学家也许认为这仅仅用物理上的时空变换解释就足够了，但是笔者在本书后续章节中将证明，这哪里只是简单的时空物理变换，明明是一种更深的对称机制。因为很显然，能够给予时空扭曲或变换发生的只能是一种在时空尺度之上的更大尺度的变换能力，这种变换当然不是一种抽象的东西，而是一种更积极的感性直观能力及其结构，不知为何，对于如此简要而显明的思维递归，西方的物理学家们却显得相当"心盲"。在第二章中我们将看到，如果把日常时空所指向的较低尺度中的"测量"对应的变换视为一种"变换"的"一重变换"，那么，这种更大尺度的变换则成其为"变换之变换"之"二重变换"，它所对应的对称机制当然也便是一种更大尺度的"二重对称机制""二重测量机制"，从而成其为日常变换或测量的更深起源。同样，也只有在这种二重变换所指向的二重对称机制或二重测量机制中，心灵才会自发调动更深的聚焦能力与观测禀赋，从而使得"量子叠加态"或"光速"

---

① ［美］布莱恩·R.格林.宇宙的琴弦［M］.李泳译.长沙：湖南科学技术出版社，2018:136-137。

的真理秘密得以从蔓延一百年之久的现代物理学革命的迷雾中真正显露出来。

此外，超弦理论的"超"指向的也是一种对称，亦即超对称性。一般认为，超对称性指的是在量子力学"标准模型"中的基本粒子群组"内部"还存在着某种（更深禀赋的）对称性。具体来说，基本粒子又可以根据自旋性质的不同被统一划分为在标准模型中很难统一的两类，亦即玻色子和费米子，玻色子便是自旋为整数的粒子（比如光子），费米子则是自旋为半整数的粒子（比如质子、中子和夸克）——在过去，这两类粒子很难统一，而在超对称的视角中，这些基本粒子会自发结成"超伙伴"的粒子对，亦即一个玻色子将跟与它相差 1/2 自旋的一个费米子结成超伙伴粒子。它们可以在结合高维空间的对称变换中展现为一种超对称粒子结构的不变性，亦即在同一种结构中互相转换。虽说在标准模型内部发掘一种对称禀赋是一种了不起的思想发现，但是，"超对称"的概念初衷却比这个"发现"要深厚得多、重要得多。物理学家布莱恩·格林在《宇宙的琴弦》中对此阐述道：

实际上，根据对称性的精确概念和他们的数学结论，物理学家在过去几十年里建立了一些新奇的理论，在这些理论中，物质粒子和力的信使粒子之间的关联比我们过去想象的要密切得多。这些理论不仅统一了大自然的力，也统一了物质的基本组成，具有最大可能的对称性，因为这一点，它们被称为超对称的。①

从上边的叙述我们便可看出来，超对称这个概念的元始内涵其实是相当哲学性的，因为它要求在其思维指导下"统一大自然的力，也统一物质

_____

① ［美］布莱恩·R.格林.宇宙的琴弦［M］.李泳译.长沙：湖南科学技术出版社，2018:177。

的基本组成"，也就是说完成物理学的"大统一"理想，从而实现"最大可能的对称性"。大家看，这种"理想性"和"最大可能"的终极性的思维，不是哲学还会是什么呢？由此可见，超对称性虽然在当下的物理学应用中体现为寻找超伙伴粒子对，但是它的元始内涵直指实现物理学"大统一"理想的最大可能的对称性，亦即成其为当下所有（科学）对称性的总起源。而在前边关于测量之本质的阐述中我们已经知晓，依赖于时空中变换的（科学）对称性仅仅是一重对称性，在逻辑上，能够成其为总起源的唯有"变换之变换"的二重对称性，它更深远地决定了人类测量的能力及其机制。于是，超对称的元始内涵实际上指向的便是这种更大尺度的对称机制或测量机制，毫无疑问。当然，在本书的后续章节中我们将看到，二重对称性依然不是最终极的对称性，在它之上还有更高尺度的三重对称性，这是后边将要论述的内容，此处就不赘述了。

通过对引发刘慈欣《月夜》时间性变迁的量子测量的更深对称机制的探讨，我们得到了一系列不同的时间结构，我们可以在这里简单列举一下：

1. 参照 3 维空间进行构造的线性"时间轴"，它也被法国哲学家柏格森称为"空间时间"，这也是我们日常最熟知的时间结构，在经典物理视角中，它也成其为绝对时间。

2. 作为第 4 维度的时间，它是依据爱因斯坦的相对论所建构起来的时间结构。第 4 维度虽可简略地说是时间维，但是准确来讲应叫作"时空连续体"维度，它是将时空完全看成一体而非两个分离的时间轴所诞生的维度，它的物理学形态就如同一条被称为时空流形的长长的"蠕虫"，这条"时空蠕虫"的每一个横截面都是我们的人生在特定时刻"时间暂停"下来的整个画面。而使用另外一个比喻会更直观，我们可以把"时空蠕虫"的每一个横截面看成人生那一刻的"电影胶片"，因而生活在第 4 维度的生命可以看见自己从出生到死亡的全部人生"胶片"同时展开，而且自己可以进入到任何胶片情节里去"再次品味"那一刻的精彩与韵味。而换一个角度来说，4维生命看3维生命看的不是一个个"生命体"，看的正是那一条从出生蔓延至死亡的"时空蠕虫"。

3.因为涉及对于量子叠加态的解释，因而基于物理学家艾弗雷特"多世界诠释"所建构的"时间线"，可以看成是比时空连续体的"单一时间"更高维的时间结构或时间尺度，这也是《月夜》主人公小帅所经历的时间尺度。"时间线"的物理学形态就像一整条不断分叉展开的树枝，"时间线"表征的是我们每一时刻的选择或存在的各种可能性所各自延展开来的人生历程，比如我们高考填志愿的时候随手翻开的那一本基本涵盖全国大部分大学绝大多数专业的志愿填报指南，里边符合分数线的每一个大学和相应专业都可以看成具有成为我们第一志愿可能性的时间分叉点，只不过有些可能性大，有些可能性小罢了，而只要具备这种选择可能性，无论其概率多么小，都能生成一条独立的"时间性"，从而代表一条人生命运之路。

4.基于"超弦理论"的"弦的振动"引起的11维时空扭曲。弦理论的建构过程尤其体现人类心灵对于"测量"背后对称机制的充分运用，只不过当今的物理学家们从未了悟"测量"本身并不是一成不变的事，而是天然关联着导致心灵"测量"发生的更深的对称机制，它是日常测量的心灵焦点变换的总起源。

从前边这些多元的时间结构或时间尺度的描绘中，我们完全可以感受到，现代物理学对于时间结构的想象力及其传达出来的信息丰富程度至少比既有的（西方）哲学生动多了。我们也可以从中形象地体会到"对称"原理的扩张天性是多么"强劲"，而"对称"所指向的真理认知的"度"的变迁，也在这个思想场景中有了一个初步的直观展现。

即便如此，正如前边所述，物理学家们虽然利用了"对称"的思维本能，但并未通透"对称"天性背后的秘密，这个秘密不仅仅是一种物理学法则，更是一种领会真理之为真理本身的更深奥秘。于是，前边这些关涉时间结构的物理学设想依然摆脱不了其所奠基其上的思维架构本身的缺憾，亦即哲学的缺憾。当然，这里的哲学的参照对象不是以往的哲学思想或哲学流派，而是下一代哲学。我们在前边也提到了西方的物理学家们对于导致时空扭曲背后的更大尺度变换机制的思维"盲区"，除此之外，其他的思维架构本身的缺憾还有不少，比如：

1. 超弦理论中的"维度"的本质是接近于空间维度的纯物理维度，但是"维度"作为在"大一统理论"中比粒子论或原子论在逻辑上所对应的概念或"范畴"更高级的一种思维单位，却从来没有在既有哲学中被完全阐明过，从真理态度变迁的视角，"维度"的思维起源或逻辑起源有且只能在作为最高"打开方式"的最高思维定律那里全然阐明，而这便是本书第二卷将要阐述的内容。

2. 在超弦理论得出"11 维度"的数学推演中有一个关键步骤，使用了"自然数之和等于 $-1/12$"的命题结论，而在本书后续章节中将详细阐释：这个"奇特"数学结论所运用的思维递归方式的本质完全越过了现代数学推演所奠基其上的纯粹理性的界限，而进入到一个新的元始真理尺度或元始思维尺度中，而且在其中的数学递归过程中相当"无意识"地使用了一种更高级的对称性来完成数学证明的自洽。就此而言，"11 维度"仅仅是一个代表着更本质宇宙结构的表象罢了，并非宇宙的最内核的"真相"。当然，详细的讨论过程将放在本书第四卷关于下一代数学的论述主题中。

3. 无论是"时空连续体"还是超弦理论物理方程式中的"时间"，其观念依旧跟牛顿的时间"t"是相似的，亦即一种过去和未来的简单对称，而不是一种复杂性科学所揭示的"时间之矢"，也即未来和过去不能经由物理方程简单地转换还原，时间拥有自发演化和前进的不变方向，亦即热力学第二定律所指向的熵增的方向。然而，这里的时间前进方向的"不变性"是一种典型的"对称性破缺",那么,这又回到杨振宁和李政道所揭示的那一个"老问题",对称的奥秘如何囊括"对称性破缺"?于是,这便直接指向经由未来性真理态度所"打开"的意识先天结构问题——这同样有且仅能在作为最高"打开方式"的最高思维定律那里得以阐明,对此本书第二卷第四章表示"严阵以待"。

4.纵观前边这些时间结构背后的物理学理论,我们可以很明显地看出来它并没有摆脱西方近代哲学自笛卡尔诞生的"我思故我在"的传统,亦即使得观察者与被观察者二元分离与对峙的思维架构,而这是一种经典的展现传统真理态度的思维架构。也就是说,明明现代物理学的"对称"思想主线正是要打破与超越经典物理学所代表的传统真理态度,亦即"存在-神学"的态度,怎么到了"大统一理论"的几个最大候选者这里看起来又要回到起点了?如此看来,更本质的宇宙结构的"真相"确实是以将观察者与被观察者统摄在一起的"舞台翻转"的对称变换作为基本尺度,这种"舞台翻转"表现的便是一种二重变换的对称机制,这种对称机制将指向一种更大的元始真理尺度,在本书中它被称为第二尺度,这是后话,在此我们暂且按下不表。

在谈论了不少篇幅的"测量"机制及其引发的时间结构之后,现在就让我们先用这样的思想视角来看一看刘慈欣《月夜》所"遗留"下来的那4个问题。首先,对于故事叙述的"未来"是否有上升至"未来性"的问题,根据前边的描绘,我们会发现《月夜》故事中的三次改变人类历史涉及三种时间线的变更,因而很显然,以"多世界诠释"的"时间线"为构成单位的时间结构正是男主人公所经历的世界设定——既然故事叙述中对于时间的领会有了从最日常的3维"时间轴"到拥有一定结构的4维"时空连续体",再到更高维的"时间线"的演化,那么,时间也就跳出了唯一的绝对时间而拥有了时间结构的讨论,因而开始具有了"时间性",亦即故事中的未来具有了某种"未来性"。其次，正因为如此，神奇的"对称"才能够在这种时间单位的剧烈变动中发挥其扩展天性，而在故事中，对称"超能力"的发挥主要通过男主人公跟未来自己所接通的神秘电话实现——超越光速的信息联结，亦即对于"光速不变"的对称性破缺作用。然后，对于人类是否能真正获得改变历史命运的"技术"，《月夜》故事做了一个精妙的设计和隐喻，如果说男主人公是否能获得一种基于现代科学设定的技术而去改变历史，那么他已经获得了，而且获得了两次；但是，故事的结尾却耐人寻味，接连两次干涉历史却并未让人类获得理想中的未来，最后只能回归"最初"的元始选择——这里的隐喻有两个：其一，时间不会重复，但是会"押韵"，这里暗示了一种"时间性"背后的某种先天结构的特质，这也是后边将要谈到的海德格尔希望寻求的时间性之"诗性"起源的特质，而"押韵"显然是一种蕴含对称性破缺的更深的对称；其二，故事中提到的那些初看起来绝对环保与高效的现代科学的技术，例如硅犁技术、地球电流提取技术乃至可控核聚变技术等，显然并未匹配在故事中操作时间的"对称"天性。实际上，一种实在地改变"命运"的技术将直指科学成其为科学的基础——科学体系自身的第一性原理之演化，亦即直指下一代科学的演化，甚至作为第一科学的第一哲学的演化，那时的技术也便升维成另外一种"技术"了，我们也许可以把它称为"精神科技"。最后，关于人类最终命运——爱和自由的讨论，我们将放在接下来阐述西方思想史关于时间的段落里进行。

2.2 对称视野中的线性未来：源于亚里士多德的经典时间观及其缺憾

从观念起源的角度，我们在通常意义上对于时间的经典理解并不是从作为近代科学主要创始人的牛顿开始的，而是源于亚里士多德，当然，这种经典时间观是不是最元始或最本质的时间观则是另一回事。海德格尔把这种时间观称作流俗时间观，并将其主要特质归纳为："一种纯粹的、无始无终的现在序列，而在这种作为现在序列的时间中，本源时间性的绽出性质被拉平了。"[①] 换言之，它也是"一系列始终'现成在手的'、一面逝去一面来临的现在"，也可以看成"一道前后相续的现在之'流'"[②]。而在亚里士多德这里，时间的定义更加"朴素"，因为他在《物理学》中把时间定义为：

时间是关于前和后的运动的数……[③]

不仅如此，在这种朴素的定义下，为了弄清时间的本质，亚里士多德也"朴实"地留下了两个关于时间的难题。第一个难题是：时间到底存在还是不存在？为此，亚里士多德论述道：

根据下述理由人们可能会觉得，时间根本不存在，或者虽然存在着，但也只不过是勉强地模糊地似乎存在着罢了。

它的一部分已经存在过，现在已不再存在，它的另一部分有待产生，现在尚未存在。并且无论是无限的时间之长流，还是随便挑取的其中任何一段，都是由这两部分合成的。而由不存在的事物所合成的事物是不可能属于存在的事物之列的。

其次，假设一可分事物存在着，那么，在它存在时，必然有它的所有部分或一些部分正存在着。至于时间，虽然它是可分的，但它的一些部分

---

① ［德］马丁·海德格尔.存在与时间［M］.陈嘉映、王庆节合译.北京：生活·读书·新知三联书店，2014：375。

② ［德］马丁·海德格尔.存在与时间［M］.陈嘉映、王庆节合译.北京：生活·读书·新知三联书店，2014：476。

③ ［古希腊］亚里士多德.物理学［M］.张竹明译.北京：商务印书馆，2006：117。

已不存在，另一些部分尚未存在，就是没有一个部分正存在着。"现在"不是时间的一个部分，因为部分是计量整体的，整体必须由若干个部分合成，可是时间不被认为是由若干个"现在"合成的。

再次，也不容易看清楚：显得是"过去"和"将来"的界限的"现在"究竟始终是同一个呢，还是不同的一个又一个呢。

如果"现在"是永远不同的一个又一个，而在时间里没有哪两个不同的组成部分是同时并存的（除非一个部分被另一个部分所包括），又，以前存在如今已不存在的"现在"必然在某一个时候已经消失了，那么，就不能有几个"现在"彼此同时存在……

但是"现在"又不可能永远是同一个。因为凡是有限的和可分的事物无论是在一维还是在几维延伸，都不会只有一个限；"现在"是一种限，并且是可以做到以"现在"为限取出有限的一段时间来的。又，如果时间上的共存（不先不后）就意味着存在于同一个"现在"里的话，那么，如果以前的事物和以后的事物都存在于这同一个"现在"里，那么一万年前发生的事情就会和今天发生的事情是在同时，也就没有任何事物先于或后于别的任何事物了。[①]

由此可见，在亚里士多德这里，时间究竟存在还是不存在的关键在于"现在"的归属问题，亦即时间到底是由"现在"构成的还是不由"现在"构成的？

此外，亚里士多德给后世留下的第二个时间难题，其实也可以称之为时间谜题，这会涉及时间的本性之思辨，这个谜题探讨的是时间和运动的关系到底是什么。为此，亚里士多德描绘道：

---

① ［古希腊］亚里士多德.物理学［M］张竹明译.北京：商务印书馆，2006：111-112。

但是时间也不能脱离变化……因此，时间既不是运动，也不能脱离运动。这个道理是很明白的了。

因此，既然我们要探究"时间是什么"的问题，我们必须以此结论为出发点来了解"时间是运动的什么"。须知我们是同时感觉到运动和感觉到时间的。因为，虽然时间是难以捉摸的，我们不能具体感觉到的，但是，如果我们在意识里发生了某一运动，我们就会同时立刻想到有一段时间已经和它一起过去了。反之亦然……①

从前边的叙述来看，亚里士多德在讨论"时间是什么"的时间本性问题时，还是显得"十分纠结"。一方面，他认为时间必定要将运动作为其核心属性来进行定义，因为时间正是一种"前后运动的数"，也就是说是一种运动物体位移的数；但是，另一方面，他却并没有弄明白时间和运动到底谁决定谁、谁起源于谁，因此，只能暂且判定心灵是"同时感觉到运动和感觉到时间的"，亦即时间和运动"同在"，所以，他才会在上边段落的末尾无论如何也要加上一句"反之亦然"。若我们在此代替亚里士多德做一个补全，则可以这样说：反之亦然，如果我们在意识里感觉到一段时间过去了，我们就会同时立刻想到某一运动也和它一并发生了。当然，他得出这个结论的总前提在于——时间不能脱离"变化"，只不过亚里士多德在当时无法了悟的是："变化"这种东西可比单纯的一般性运动位移要复杂得多、深刻得多。

那么，接下来，我们就回到《月夜》及其背后的现代物理学之时空理论这两个思想场景，来看一看两千多年后的思想比起亚里士多德的时代究竟"进化"到了怎样的地步。从前边的现代物理学理论之时空观念的视角

---

① ［古希腊］亚里士多德.物理学［M］张竹明译.北京：商务印书馆，2006：113-114。

看来，有一个特别直观且重要的前提，那就是：如果要描绘时间而不谈时间结构或时间尺度，那就毫无意义。这里的时间尺度可不是"秒、分钟、小时"这种简单的计时单位，而指的是一种结构性单位，例如在我们所熟知的前3维度，时间将表述为在空间中物体位移的数，也就是用机械运动来衡量的数，这时"秒、分钟、小时"这种机械时钟的数，亦即机械单位才能成为时间尺度，但是这实在是最简单也最原始的一种；而在第4维度，时间的尺度则变为那个将时间与空间聚合为一体的如"时空蠕虫"一般的"时空连续体"，它又被称为"时空流形"；在"多世界诠释"的更高维角度，时间的尺度则变为经由不同可能性分叉而生成的"时间线"，这正是《月夜》故事背后的核心冲突载体；在超弦理论那里，时间的尺度则化身为让11维时空扭曲的"振动的弦"；在"量子涨落"造成的"时空幽闭"现象那里，时间的尺度则进一步化身为佶屈聱牙的"时空泡沫"……于是，从如斯视角看来，亚里士多德把时间作为一种由"现在"这个"限"来衡量的运动的数，亦即把物体在空间位移的"现在"计量作为时间尺度就是相当不完备和元始了。因而显而易见，时间完全可以不是一种"数"，而就是某种维度下的结构不变性本身，甚至都不能完全说是几个"时间流形"或几条"时间线"，因为这些时间结构或尺度都是需要在一种对称变换中完成的，因此准确来说应该描绘为从一种对称变换"演化"至另一种，这样的操作前后不可通约，因而不适用算术交换律和结合律。而且越到高维的视角，时间便会越来越不像时间，而更应该领会为一种"命运"，这中间的思维境界的"质变"还是不小的，为何如此？这就是后话了。

所以，"时间存不存在"或"时间到底是由现在构成还是不由现在构成"这个问题，在现代物理学尤其是超弦理论之"超对称"所打开的"大统一理论"之真理态度的视野中看来，就是没有太大意义的命题，因为随着"时间测量"精度与深度的增加，时间也就愈加"不存在"而自然转换为另外一种维度的结构性尺度，至于作为机械运动的"限"之"现在"也早就消弭了。当然，亚里士多德之所以提出这样的问题，必然是跟整个古希腊哲学对于真理的结构性认知休戚相关。我们知道在亚里士多德的著作体系中，对于时间的讨论是放在《物理学》中进行的，而不是在直接讨论真理存在本身的《形而上学》，如此看来，他并不将时间和运动当作真理本身，亦即存在本身，而仅仅是一种对于存在进行摹仿的表象或表征。由此，我们就能理解为什么他如此纠结"现在"到底是不是时间的一部分，一方面他认为"现在"不归于时间，正如点不是线的一部分；另一方面又认为"现在"是时间计数的"限"。究其根本，在于"现在"的"在场"特质只能归属于在世俗感性表象之上如同"彼岸"一般的超越性世界——存在世界或理念世界，因为现实是理念世界的摹本，所以存在所在之理念世界必然是早已先行在场的现成的东西，否则，"摹仿"也就无从谈起；又因为理念世界的存在是更高的真理本身，于是，"现在"在场就只能归属于（超验的）存在的特性而不能是时间的一部分。所以，为了缓和这个矛盾，亚里士多德也就把"现在"作为一种抽象的纯形式的"限"，而纯形式的东西必定是对于存在的演绎而不归于感性，"现在"作为一种衡量时间的纯形式的"限"，"属于"时间却实质上高于时间。

然而，这样强行分离的划分虽然符合古希腊对于真理的古典认知结构，但实在是有违常识和直觉。究其原因，还是在于古希腊哲学家们对于"对称"天性的思维操作使用得太过于原始和简单了，或者说混淆了结果与源起。让我们来简要看一看古希腊哲学家是如何"发现"其关于"存在"的古典认知结构的。"存在"的出现首先要归于古希腊爱利亚学派的创始人巴门尼德，他在语言中的系词"是"（to be）那里发现，对于一个对象无论使用多么繁复和变化的谓词进行描绘，人们总能通过"是"（to be）来定位到同一的东西；譬如苹果是红的，苹果是脆嫩的，苹果是清亮的，苹果是可食用的……纵然苹果在谓词那里总会有各种看得见摸得着的感性变化而呈现为"感性杂多"，但是却总能够通过"是"来定位到同一的苹果主词亦即苹果实体上去，即便这个"苹果"实体看不见摸不着；于是，通过系词"是"（to be）来定位到的这种同一的实体便被称为"存在"（being），准确来说是"存在者"（being）。这个过程的实质是通过"分别意识"或"分别心"的客观思维将感性杂多进行抽象，从而超越性地定位到一种"不变性"的本原或本体那里，故而，"存在"必定是一种抽象而超越的东西从而跟世俗的感性杂多分离开来。由此，两个互相隔离的世界也就作为一种真理认知的古典结构或古典模型形成了，分别是：感性杂多所在的世俗经验世界跟存在与本体所在的"彼岸"世界或理念世界。在这样充分分离的古典认知结构中，真理只在"彼岸"，领会真理便是在抽象知识的省视中实现对于灵魂曾在彼岸经历的"回忆"，因此，作为理念摹本的世俗世界的有无实则无关紧要——柏拉图的"洞穴寓言"正是对于这一点的直接揭示。然而，如果我们回看这个过程整体，古希腊哲学家明明是通过"分别意识"这个操作来定位到"存在"的不变性的，亦即存在首先在逻辑上经由"分别意识"的对称操作来生成，但是，古希腊哲学家却把"不变性"的结果本身当成一次性的最终的真理领会，而将"分别意识"之操作变换所导致的抽象过程当成存在这个"不变性"结果所必然决定的附属物——这当然混淆了因果。古希腊哲学家们为何如此笃定地这样做呢？实际上，古希腊哲学家们忽略了一个关键阐述，那就是：作为一种看似接近于终极"不变性"的"绝对"存在，其实是一种在认知结构中对于感性杂多的相对"不变性"。在这个真理领会过程中，严格来说真正"不变性"不是作为结果的"存在"，而是这个古典认知结构本身，也就是说虽然在信息交互关系上"存在"看似比感性杂多更"稳定"，但是存在与感性杂多的交互结构比"存在"更稳定，因为存在的稳定认知正是首先发生于一个更稳定的结构中的，"存在"仅仅是这个认知结构整体的一个部分——这才是在前述之"分别意识"对称变换中的真正"不变性"，否则，存在的"不变性"也就失去了整体、完备与统一的真理根基而仅仅成其为一种浮在空中的"真理片段"。

由此可见，在古希腊时代这种对于真理的古典认知结构中，《月夜》中人类的"未来"是可有可无的，简单地通过改变时间走向根本没有办法干涉人类命运，因为"命运"的真理不在时间中，而在处于"彼岸"的理念世界里，在其中，人类的唯一命运要么是让世俗世界自然消亡，要么就是通过自省让灵魂回归"彼岸"。因而，所谓干涉命运的物理技术问题在这种古典认知结构中根本就不应该提出来，因为那是毫无意义的。同样地，在其中，带有感性特质的爱与自由就不是追求真理的第一特质，这个第一特质正在于关于存在的抽象知识的不断认识与把握，西方的"知识论"传统亦由此形成，正如亚里士多德在《形而上学》开篇第一句话所说：求知是人类的本性。而柏拉图甚至把"感性"的艺术当作对于存在理念领会的"干扰"，这也就不足为奇了。

至于亚里士多德的第二个时间谜题，亦即时间和运动的关系问题。他认为时间和运动是互相确定、一并发生而同时存在的，用现代逻辑术语来说便是：时间和运动互相指涉。为什么亚里士多德会得出这种模棱两可的结论？亦即时间决定运动，同时运动也决定时间——这难道不是一种明显违反排中律的论断吗？这其实也不能全怪亚里士多德，因为在古希腊时代的古典认知结构的影响下，跟"变化"天然联系在一起的时间和运动，无论哪一个当作"本质"都不太合适，因为在古典认知结构中时间以及跟它同在的运动是对存在的"消磨"。对此，亚里士多德叙述道：

　　一切变化本质上都是脱离原来的状况。万物皆在时间里产生和灭亡，也正因此，才有人说时间是"最智慧的"，但毕达哥拉斯派的潘朗说时间是"最愚笨的"，因为万物皆被遗忘在时间之流里，他的说法是比较正确的。的确，显然，时间本身与其说是产生的原因，倒不如说是灭亡的原因……因为变化本身主要是脱离原状，时间作为产生和存在的原因仅是偶然的。足以证明这一点的是：如果事物本身不被以某种方式推动而发生反应的话，是不会产生的，但事物即使完全不动也会灭亡。我们通常说事物被时间磨灭，主要就正是这个意思。[①]

如此，从上边叙述的角度，作为一种消磨事物（存在）的时间在亚里士多德那里可谓地位"低下"，这其实深层所指的是"变化"在古希腊的古典认知模式那里地位着实不高——这跟我们如今所述之"对称"的天性真是相距甚远，所以，古希腊的古典认知模式是一种典型的传统真理态度，亦即以本原而非（创造）行动作为真理的本质形态。不过，亚里士多德所未能了悟的是：虽然"变化"本身不能作为真理的尺度，但是作为"变化"起源的"变化之变化"——启始或创造行动却能成其为一切"不变性"得以生成的元始动因，就此而言，作为变化之变化的启始或创造行动蕴含了产生一切"不变性"的"基因"，毫无疑问。实际上，亚里士多德以一种相当"任性"的方式把时间和运动视为互相指涉的"共在"，在一定程度上也体现了他对于真理领会更深来源的某种直觉，因为"共在"是一种非线性结构，亦即时间和运动的显像跟作为其发生性来源的"共-"形成了一种双信息层的"共-显性"的架构，这种结构是一种不可被还原的元始综合。"共-"意味着思维中的一种谐同性的聚集操作，它指向的是一种将时间"变化"和运动的"限"谐同在一起的生成行动，如此，以时间的

---

① ［古希腊］亚里士多德.物理学［M］张竹明译.北京：商务印书馆，2006：124-125。

现在之"限"为尺度的线性机械结构"不变性"的"对称架构"也就出现了——当然，这就不是亚里士多德的"直觉"所能觉知的东西了。于是，对于刘慈欣的《月夜》结尾中主人公小帅所发出人类的命运之问，亦即人类的宿命是不是孤独？我想，亚里士多德也许会这样回答：按照传统，人类是流浪在时间中的弃儿，注定在时间中走向消亡并回归理念所在的"众神之地"；而按照不成熟的直觉，人类也许有机会走向与神共在的和谐之境，在其中，大同之爱永生。

2.3 从线性时间观"突围"的契机：康德的双重"未来"是怎样对称的？

准确来说，对于亚里士多德留下的第二个时间难题，亦即时间与运动的关系问题，后来的西方哲学还是给出了解决方案的，只不过这种解决方案首先是从对于经典时间观的完善开始，这个解决方案的提供者便是德国著名哲学家康德。

在前边的叙述中我们已经了解，亚里士多德"时间难题"的产生正在于"现在"到底是否属于时间的一部分，而亚里士多德的解决方式是："现在"不是时间的一部分，而是衡量时间或时间测量的纯形式的"限"，从而，现在只能归属于存在的特质，亦即理念世界，所以，存在都是"现在存在"或"在场存在"；而总体上，时间是不"存在"的——但是，这个结论极其反直觉与反常识，因为就此而言，栖身于不存在的"时间"中的人也便是没有存在意义的了。而这种反思也恰恰是文艺复兴运动之后西方近代哲学思潮的"反思"，在这种反思中，由法国哲学家笛卡尔开启的"我思"便成了新的哲学体系——认识论之元始基础，正如他那一句有名的格言：我思故我在。如果做一个简要的对比，古希腊哲学体系是以"存在"作为真理认识之基础，只不过此"存在"是一种远离人的尘世经验的超越性的"彼岸存在"，它栖身于"彼岸世界"或"理念世界"中；而近代哲学之认识论的基础则是"我思"，它将"彼岸世界"乃至"神"从远离人间的彼岸彻底纳入到了从"我思"出发的人的心灵内部，因而，对于真理的领会来说，运行于时间中的人之经验便再也不是无关紧要的东西，而是认识真理的必由之路。但问题在于，整体时间的地位到底在哪里，它到底是否属于形而上学的理念世界？

对此，康德给出的回答是：时间与空间的确属于形而上学的世界，只不过是作为一种特殊的形而上学的存在；用康德的话来说，那便是：时间与空间是感性直观的先天形式。如果用一个形象的说法也可以这样叙述，康德发现人的心灵不是如英国思想家洛克所述"白板论"一般的一块纯净无瑕的白板，而是"格式化"的，也就是说前边刻画着先天的"格子"，而作为纯粹直观的时间与空间就是这种"先天格子"的构成材料之一，而另外一种构成材料则是作为纯粹概念的先验范畴，康德亦把这种时间与空间导向的"先天格子"称为（先验）"图型"①，而通达这些"图型"的思想则被称为先天综合判断——既然是"先天"的，当然就是一种属于形而上学的"不变性"存在。于是，世界刺激主体而产生的认知材料就必须首先在这些"先天格子"里进行构成，然后才能成为具体经验被给予我们。从此以后，"现在"终于不用作为跟时间其他部分（过去与未来）相分离的东西，而完全地属于时间本身了，进而，时间作为一种前后相继、无始无终的"现在"之流——"时间轴"的存在也便走向了完善的叙述，也即经典时间观的论述正式走向完整，这也是康德思想中的第一重"未来"，亦即经典时间观中的"未来"。而亚里士多德的第一个时间难题也在这里被

---

① ［德］康德.纯粹理性批判［M］.李秋零译.北京：中国人民大学出版社，2004:129。

（暂时）"解决"了。与此同时，亚里士多德的第二个问题看起来似乎也有了一个"稳定解"，正因为时间与空间是感性直观的先天形式，这就意味着必然伴随着感性经验的"变化"的概念，亦即作为位置变化的"运动"概念也就唯有通过时间这个先天的纯直观进行先验构成才有可能，换句话说，运动取决于时间。

但新的问题来了，根据前文的论述，如果谈论时间却不谈时间测量所导致的时间尺度，这种谈论就毫无意义；而从现代物理学对于诸多时间结构的诠释所开启的思想视角来看，在康德所开启的关于时间的新领会中，其时间尺度真的跟亚里士多德那里一样而仅仅是一种 3 维世界的机械之"限"吗？事情恐怕并不那么简单。让我们先来看一看康德在《纯粹理性批判》中是怎样对时间进行形而上学的概念阐明的：

1. 时间不是以某种方式从经验抽象出的经验性概念。因为如果时间的表象不先天地作为基础，则同时或者相继甚至都不会进入知觉。唯有以时间的表象为前提条件，人们才能表象：一些东西存在于同一个时间中（同时）或者存在于不同的时间中（相继）。

2. 时间是作为一切直接乃至基础的一个必不可少的表象。人们尽管完全可以从时间中除去显像，但就一般显像而言却不能取消时间自身。因此，时间是先天地被给予的……

3. 在这种先天必然性的基础之上，还建立起时间关系不可争辩的原理或者一般时间公理的可能性。时间只有唯一的维度：不同的时间不是同时的，而是相继的（就像不同的空间不是相继的，而是同时的一样）……

4. 时间不是推理概念，或者如人们所说是普遍概念，而是感性直观的一种纯形式。不同的时间只是同一时间的各个部分。但是，只能通过一个唯一的对象被给予的表象就是直观。即便"不同的时间不能是同时的"这个命题，也不能从一个普遍的概念推导出来。该命题是综合的，不能仅仅从概念产生。因此，它是直接地包含在时间的直观和表象之中的。

5.时间的无限性无非意味着：时间一切确定的长短都唯有通过对唯一的作为基础的一个时间的限制才是可能的。因此，时间这一源始的表象必须不受限制地被给予。但由此，一个对象的各个部分自身和每一大小都唯有通过限制才能确定地被表象，所以，整个表象肯定不是通过概念被给予的（因为概念只包含部分的表象），相反，必须有直接的直观作为概念的基础。①

康德对时间进行形而上学叙述的5点中，前3点依然是在"完善"源于亚里士多德的经典时间观或线性时间观，譬如第1点强调的是超越经验的形而上地位，亦即"存在"的地位；第2点则强调作为一种（主体的）纯表象，即便去掉任何基于经验变化的"显像"也不会取消自身的同一性，这就回答了亚里士多德所担忧的组成时间的不同"现在"是否同一的问题；第3点甚至直接总结了作为一种经典的、线性的时间尺度的主要"形象"，亦即以前后相继的"现在"之流构成的一个无始无终的"时间轴"。

而从第4点开始，有些事情就不完全如康德所设想的那样了。第4点谈到时间不是"推理"概念，而是感性直观的纯形式，而且这种直观纯形式有一种天然特性，这种特性使得诸如"不同时间不能是同时的""三角形两边之和大于第三边"这样的命题能够先天综合地"证实"。在这里，"推理"指的是纯粹从概念自身蕴含的信息出发来进行演绎而不使用外部信息，例如从"舅舅"这个概念出发一定能推出某人有一个妹妹并且她至少生了一个孩子，否则"舅舅"这个辈分就没有办法产生，康德也把这样的命题

---

① ［德］康德.纯粹理性批判［M］.李秋零译.北京:中国人民大学出版社，2004:52-53。

称为分析命题。但是，"三角形两边之和大于第三边"这个命题的证实却有所不同，因为纯粹从"三角形的两条边"这个概念所蕴含的信息里是没有办法直接推导出"两边之和大于第三边"的，我们必须在头脑中构想这样一个纯直观的想象空间，在其中将三角形的两条边"拉直"成一条相加之和的"线段"，而后再与第三边进行一端对齐式的平行比较，由此才能得出这个结论，而我们借助草稿纸上的演算也基本上是前述这样一个空间构想行动的复制或延续。也就是说，综合命题，尤其是时间与空间这种纯直观所带来的先天综合命题的递归方式，天然就能够扩展这个命题本身的信息边界，并且在这种扩展中必定伴随着"想象空间"的构想行动——此处想象的本质是扩展性的构想行动，它与简单地根据对象存在而被动呈现的"现成的"感知非常不同；也就是说，综合命题实质上是在一种（从现实空间到想象空间的）构想行动的对称变换中来实现时间的纯形式之不变性领会。因此，当康德把"先天综合"赋予时间这种纯直观（的概念）的时候，他就不得不回答这种纯直观的扩展天性是如何来的，也就是说，由时间与空间图型所构成的心灵的"先天格子"究竟是"谁"画上去并赋予其天然的扩展特性的？

不仅如此，康德在第5点中对于时间无限性的叙述也是这个疑问的延续，由于时间的长短总是要被确定地"测量"，因而作为这个测量基础的唯一的"时间轴"必然要"无限地被给予"，换句话说，时间的无限性不在于"时间轴"的无始无终，而在于测量时无限地被给予。"被给予"的意思是时间轴本身没有办法在每次测量时自己给予自己，而总有某种东西或某种更大的能力充当这个"给予者"。而从第2节所叙述的现代物理学之时间结构的思想场景中，我们可以知晓：康德的所谓时间"无限地被给予"，指向的正是时间长短能被确定性测量的线性结构的"不变性"，此"不变性"在一种作为长短变化得以生成之无限动因的"变化之变化"的对

称操作中得以保持，而这种相对于 3 维度长短变化的"变化之变化"恰恰
是更高维度（第 4 维度"时空连续体"）的基本尺度的简单展开——更高
维度的尺度相较于低维度的内容来说就是"无限"的，而这种天然扩展维
度的"超对称"操作（天性）才是康德的时间无限性的"给予者"。举例
来说，爱因斯坦相对论的第 4 维度时空连续体的命运光锥是 3 维空间中"现
在"之限的"空间时间"（时间轴）的无限给予者，"多世界诠释"的"时
间线分形"是第 4 维度时空连续体单一时间线的无限给予者，通达超对称
性的超弦理论之"弦的振动"必定是"时间性分形"的无限给予者——由
此可见"对称"天性在时间建构中的源始作用。

康德并非没有察觉到这一点，为了论述时间无限性的来源亦即作为心
灵"先天格子"的时间图型的来源，他提出了"先天想象力"这一关键能
力，于是，他叙述道：

> 图型自身在任何时候都是想象力的产物；但是，由于想象力的综合并
不以单个的直观，而是仅仅以规定感性时的统一性为目的，所以图型毕竟
要与图像区别开来……
>
> 事实上，我们的纯粹感性概念的基础不是对象的图像，而是图型……
图像是生产的想象力的经验性能力的一个产物，感性概念（作为空间中的
图形）的图型则是纯粹先天想象力的一个产物，仿佛是它的一个符号，种
种图像是通过它并且根据它才成为可能的，但种种图像永远必须凭借它们
所标示的图型才与概念相结合，就其自身而言并不与概念完全相应。①

从中我们可以看出，先天想象力是比"图像"所对应的经验能力产
生的"知觉"更高的一种能力，它也不是一般的想象力，因为它直接"构

---

① ［德］康德.纯粹理性批判［M］.李秋零译.北京：中国人民大学出版社，
2004:129-130。

造"了时间图型，并且成其为一切想象力的综合作用的总来源，它跟经验知觉之间实质上形成了一种积极认知的"层级"，认知层级便是非线性结构。而很显然，这种先天想象力也全然是一种更高级的构想行动，作为心灵"先天格子"的时间图型及其时间无限性也正是由这种先天想象力的构想行动"无限给予"的——时间无限性背后使时间长短得以确定性测量的线性结构之"不变性"源于一种更大的构想行动，这便是典型的"对称"操作。也就是说，"先天想象力"的提出标志着康德实际上认为作为感性直观先天形式的时间有其更大的结构性起源，换言之，线性的时间有着非线性的结构起源；而时间的（先天）结构性起源也便是"时间性"——所以，我们才会说：源于亚里士多德的经典的、线性时间观开始在康德这里拥有了"突围"的契机。从此，作为感性直观先天形式的时间与空间也便"坚定"地进入了形而上学的领域不再退出，而且自发获得了一种从线性时间观"突围"而拥有对称视野下之时间性的契机，也正因如此，康德把这种跟从前不同的形而上学称为"未来形而上学"——这便是康德思想中的第二重未来。

　　然而，这里的问题又恰恰在于：这种神秘的"先天想象力"的本质又是什么呢，亦即它的先天结构是怎样的？若是不进一步给出此问题的答案，那么，爱因斯坦的狭义相对论便是对于康德的核心哲学的直接推翻。为何这样说呢？因为根据狭义相对论，时间与空间本身已经不再像经典物理学那样成其为绝对不变的时间轴与均匀空间，而是在"光速不变"的更大前提下变成了基于速度变化的"因变量"；换言之，在康德那里，时间是感性直观的"先天"形式。而既然是"先天"的，那么就是一种并不需要依赖它物而发生变动的自在存在，从而拥有"绝对"地位，然而，爱因斯坦的狭义相对论却直接展示：时间与空间是依赖于一种特殊的"它物"的可变存在，从而失去了其"绝对"地位和自在性。而这一特殊的"它物"便是"光速"，狭义相对论证明"光速"是更大的"不变性"，亦即新的"绝对"；就此而言，从哲学上来说，"光速"便是时间与空间图型的更大逻辑来源，而康德所说之先天想象力亦充当了这一角色，于是，先天想象力如何解释"光速"的先天本质呢，总不能说"光速"这种明显的"运动"是某种本体吧？如果不能回答这一问题，康德的时间观也就只能算对于爱因斯坦相对论第4维度的相应思想境界的简单"一瞥"，而没有真正进入。而"光速"的逻辑本质为何？容我们放在下一个标题中进一步讨论。

根据西方哲学的传统思想惯性，康德的"先天想象力"最终还是归结为了"理性"，亦即使得经验界与理念界二元分离而归属于理念界之存在领会特质的那个理性，这里所说之"经验界"与"理念界"指的是经过康德的哲学演绎之后而形成的、通过文艺复兴和启蒙运动的思想革命而被广泛认同的一种现代认知结构或心智模式中的组成部分，我们可以把它叫作理性人模型或理性人模式；相较而言，古希腊时代对于真理领会的古典认知结构则可称作"古典人模型"或"古典人模式"。实际上，理性人模型还是通过"分别心"或"分别意识"的对称操作，来使得对于真理的领会保持在一种经验界与理念界二元对峙的结构"不变性"中，它跟古希腊的古典人模型最大的差别就在于，理念世界乃至（可有可无的）上帝被纳入了心灵内部的"我思"，而非"彼岸"；而它们的相同点在于，理念世界的"存在"依旧是通过感性直观无法积极认知的对象，而始终处于消极的心智区域。就此而言，"理性"仅仅被认为是一种现成的存在领会的特质及能力，这就注定让康德的时间观只能局限于传统的本原性真理态度中，从而失去了对于作为理性更大来源的时间性结构，亦即对于对称天性之意识先天结构的秘密进行揭示的机会。

于是，如果让康德来回答《月夜》中人类的宿命之问，他也许会这样说：人类的未来不再是时间的弃儿，但人类的命运似乎总在时间起源的迷雾中，正如爱与自由的本体皆不可知。

第 3 节
对称与时间（中）：海德格尔的"未来性"之路及其对称性缺憾

3.1 从先天想象力到时间的对称：海德格尔对于康德时间观的"破解"

前边提到康德把导向感性直观的时间与空间以先验的姿态"坚定"地带入了形而上学，从而，康德的先验哲学也被公认为西方近代哲学——认识论的最高峰，康德本人亦被称为古典哲学的集大成者。时间也正是在这样的情况中拥有了向"时间性"进发的契机，虽然这种"契机"似乎显得有点违背西方文化的"传统"，但是他带来的问题反而更多，比如他"简略"提出的先天想象力就激起了在他之后另一位"同乡"——著名现代哲学家海德格尔的评判热情，并在这种评判中将自己哲学的核心逻辑"隐晦"地蕴含在里边。下边我们就选取一段海德格尔在《康德与形而上学问题》中的重要论述，并以此为基础来简要阐述一番海德格尔的时间观念。

我们已经表明，先天想象力（超越论想象力）如何是纯粹感性直观的本原。这样，我们从本质上就已经证明了：作为纯粹直观的时间源出于先天想象力……作为现在序列的纯粹相续，时间是一"连续之流"。纯粹直观非对象性地直观这个相续。直观意味着：接受那给出的自身者。在接受行为中，纯粹直观把那能被接受的东西给予它自身。对……的接受，通常被理解为接受某个被给予之物（现成之物）或当前之物（在场者）的行为。但是，接受行为的这种受限制的接受，这种由经验直观激发起来的接受，不可以被运用到纯粹直观及其独特的接受性上。很容易就可以看到，对现在之纯粹相续的纯粹直观不可能是对某个实际在场之物的接受。否则，它至多只能"直观"那实际的现在，但绝不能直观那现在－序列本身以及它所构造起来的视域。严格地说，接受实际当前之物的简单行为，甚至连单个的现在都不能直观，因为每一个现在在它的"刚刚"和"马上"之中都有一个本质上是连续的延展。纯粹直观的接受行为，必定以对"马上"的前瞻与对"刚刚"的后顾这种方式，而在其自身中给出现在的景观。我们现在发现，……为什么纯粹直观（它是先验感性论的主题）不能是对当前之物的接受……①

我们知道海德格尔是作为一位存在主义思想家而被世人熟知的，但是，此"存在"跟亚里士多德和康德各自所在的时代遵循的那个传统"存在"可不是一回事儿。在前边的段落中，海德格尔首先便指出先天想象力（又被译为超越论想象力）是时间与空间所代表的纯粹感性直观的本原，也就是说先天想象力是比纯粹感性直观所指向的"感知"要更高级的存在而成其为感知的基础，在后边我们会发现，它实际上也可以被视为一种不是纯粹直观的纯粹直观——本原直观。因而，纯粹直观的首要特质不可避免地源于先天想象力。而后他又叙述道，"纯粹直观非对象性地直观这个（时间之流）的相续……纯粹直观把那能被接受的东西给予它自身"，这里表达的意思很明确：纯粹直观并不直接"看"已经被构成为现实经验的现成的对象，而是直观作为一个整体的"时间之流"本身，并在这个过程中给予自身能接受的东西；那么，这种"东西"是什么呢？在海德格尔后边的叙述中，我们可以知道它一定不是一种基于在场的存在者所给予的现实经验的现成的东西，而是一类"特殊的东西"。在我们前边讨论康德的时间形而上学第 5 点"时间的无限性"的时候，谈到时间的无限亦即无限地被给予，而"无限地被给予"恰恰是这里的时间之纯粹直观接受这种"特殊东西"

① Heidegger, Kant und das Problem der Metaphysik, GA, Band3, Frankfurt am Main: Vittorio Klostermann, 1991, §32, SS.173–174.

的行动本身，因为"无限地被给予"也即"无限地接受"，因此，"无限地接受"也就意味着纯粹直观总是天然处于"在接受之中"的状态，而在海德格尔那里，这种"在……之中"是一种存在者（being）于经验性的在场中被认知为存在者之前便先行展开的逻辑建构。这种"在……之中"的逻辑建构既导向一种更本原的存在的领会，也导向一种更本原的行动；在海德格尔那里，"在……之中"的对应物便是"世界"或"世界意识"，而世界意识向来因其所是而得以领会的那个存在便是一种比存在者更本原的存在，海德格尔把它称为"此在"（Dasein），也就是说世界意识的本原即"此在"，那么，纯粹直观"无限地接受"的那个特殊的东西首先便是一种"世界意识"，这也是康德的先天想象力所对应的心灵焦点；后来海德格尔思想的研究者威廉·巴雷特也把"此在"称为关于存在的"场论"，于是"世界意识"也便可以被称为"场域意识"，于是，先天想象力也就变身为场域的直观领会。

此外，在海德格尔那里，"无限地接受"所指向的那个本原的行动被称为"此在"生存，而"生存"正是此在如其所是地世界性地自我展开的行动，也可理解为一种"生成"行动——正因为时间的纯粹直观总是在此在的世界性或场域性生成行动中无限地"被生成"，因而才能表现为"无限地被给予"，正是在这里我们便会发现：作为纯粹直观的时间的本质正是在一种场域性的生成行动的"操作"或变换中得以保持其领会结构不变，就此而言，时间的本质是一种对称变换。故而，海德格尔认为传统思想中现成在场而造成主客二元对峙的"存在者"根本就不是真正的"本原"，因为在其得以在经验"在场"之前，一种世界性的场域便早已作为更大的存在尺度先行展开了，就此而言，"此在"才是真正的本原。正是因为有了这个更大的源头，所以海德格尔在前边段落里才会说纯粹直观就连单个的现在也没办法直观，因为"马上"的前瞻和"刚刚"的后顾将会跟"现在"一起被同时直观到，因为它们必定都处于正在展开的世界意识的连续延展中。

于是，在一种更大存在尺度的视野里，海德格尔便将时间定义为：曾在的有所当前化的将来统一绽出的到时①——这也是带有时间起源性质的"时间性"的定义，亦即本源时间的定义，而海德格尔也把过去那种"无始无终的现在序列"的机械时间称为流俗时间。

3.2 从超对称之"光速"视角看海德格尔的"时间性"

前文的时间阐述似乎有点过于抽象而显得带有某种"神秘感"，比如为什么过去、现在、将来会统一"绽出"？又，什么是"到时"？不过，如果我们换一个更为熟悉的思想场景，这些概念就不会那么"神秘"了，这个思想场景正是我们更喜闻乐见的现代物理学的时间结构诸理论。事实上，如今看来，如果要给出一个思想境界的维度所指，海德格尔的思想最具代表性的对应维度便是经由洛伦兹变换之对称性所推导的第4维度，亦即基于爱因斯坦相对论所"构造"的维度——时空连续体。

时空连续体正是在"光速不变"的前提下构建的，这便意味着只有站在"光"的角度才能看清这个维度的全貌，而前文已经阐述，对于"光速"的理解跟现代物理学对于"超对称性"的哲学意蕴是相匹配的，那么，就先让我们化身为"光子"来体验一下这个维度的奥秘。回到一个简单的角度，如果一定要给"时空连续体"找一个当前化的"现在"，那只能是这个时空连续体"蠕虫"的横截面，这个"横截面"凝聚着我们人生某一时刻的全部世界信息，可以简单想象为在那一刻——比如12岁生日跟朋友

①［德］马丁·海德格尔.存在与时间［M］.陈嘉映、王庆节合译.北京：商务印书馆，2016：444，448。

们庆祝那一刻——整个现实世界"时间暂停"的样子，在其中，这一刻的时间与空间是全然交织在一起的，并且跟这一刻的"事件"在逻辑上是同一的。然而，这样是不行的，因为这样做的时候，我们还是把自己当成一个线性时间内的慢速观察者来看待，并认为这一刻的事件可以单独从其他人生时光中割裂开来，如同一盘"人生胶卷"中的某一片被拿出来独立地欣赏。但是别忘了，我们现在处于"光速"中，"光速"的意思是这一盘"人生胶卷"以光速旋转放映出来后，所有胶卷的片段都以 12 岁生日那一刻为中心在我们面前同时展开而被心灵直观所把握。也就是说即便我们只想聚焦在那一刻，然则人生中从出生到死亡的其他所有时间——过去和将来的世界性事件都必将以那一刻为"时机"而光速地串联起来被心灵所把握，于是，过去（曾在）与将来也便在当前化的现在统一"绽出"。事实上，只要我们把自己的人生理解成一个真正有生命的"活"的状态，那么，若没有对于过去记忆的"滞留"和对于将来预期的"前摄"，任何现在的人生活动都没有办法作出来。作为一个"活"的生命，我们永远把握的是整体时间之流的连续延展本身，而根本没有办法仅仅割裂地直观"现在"，换言之，"活着"的我们全都观看的是整个时空连续体，区别仅仅在于这种"观看"在不同人那里多大程度地有意识地被觉知。

接下来还是让我们回到 12 岁生日那一刻的时空连续体横截面，我们也许以为对于这一个"横截面"的聚焦就如同让世界的机械时钟在那一刻暂停一样，但量子力学告诉我们，光子具有波粒二象性，它的"波"的一面让我们必须将过去与将来在当前这一刻统一串联起来，因为人生的电磁波就是以光速来传播人生整体信息的；而光子的"粒子"特性却会让我们试图以世界"停表"的方法来聚焦 12 岁生日的时空横截面的做法近乎"失败"，因为通常情况下我们无法看到任何具体"粒子"，只能得到它在人生所有可能横截面中存在的"叠加态"，而要"看"到特定人生横截面的办法便是让光子从"叠加态"中坍缩成拥有特定时空位置信息的"本征态"，而且这种本征态空间信息不是一个确切的坐标，而是进入那个空间位置的"概率"。这是何意呢？这即是说我们只能以一种特定的非机械或非线性方式来聚焦和把握人生的那一刻，这种方式叫作"到时"。"到时"即到（其）时机，这可以分为两方面来理解：其一，"到时"即"到……时机"，这意味着必须有一个观察者的"眼光注视"向叠加态发出光子而建立一个联结链路或通道，使得这个"叠加态"沿着这条链路或通道"坍缩"下来，这种坍缩并不是说使得其他的人生可能性或存在样式消失或隔绝——这是不可能的，毋宁说其他的人生可能性正是以这一条链路或通道为中心建立起统一的"缘"之联系，从而以此为契机在某种概率中"坍缩"下来而来照面；因而"到……时机"中的"时机"应领会为一种整体人生命运得以发生或降临的"机缘"或"因缘"，坍缩后"本征态"的概率这件事也指向了这一概念（因缘契机），而"到……"则是一种"缘起"，亦即因缘开始建构。其二，"到时"即到（其）时，这里的"其"意味着人生整体的时空连续体首先在光速中被先行观看了，亦即人生整体的命运——"此在"整体叙事的因缘意蕴之先行领会。其实，在"光速"的观看下，光子的"叠加态"就是人生整体命运的时空连续体本身，它早已不是机械时间简单相加的物理对象，而应领会为对于"每一刻"时机之机缘叠加后的整体意蕴——命运的"一瞥"。

所以，时间性就是在曾在的有所当前化的将来统一绽出中到时，它在一体凝结过去、现在、未来的时空连续体的"场"——世界意识的先行领会中让命运的某种意蕴通过"时机"这种"通道"降临下来而得以领会。于是，我们再次见到了"对称"在其中的元始机制。因为"世界意识"正是将观察者与被观察者，亦即主体与客体这两个二元对峙的角色，谐同在一起的"舞台"整体翻转变换而得到的，在这种变换操作中存在的领会结构保持不变，亦即存在领会的关键要义"绝对性"在某种内在结构中非常顺滑地从存在者延展至"此在"——如果参照本书第一章第1节对于建立在对称原理之上的"拓扑学"的描述，这种关于存在的领会结构非常像一种心智"拓扑"过程。同时，这种将作为"存在者"而必然二元对峙的观察者与被观察者谐同为一体的"舞台翻转"，也是我们在本书第一章第1节中谈到的"自指"现象，亦即著名认知科学专著《哥德尔、埃舍尔、巴赫：集异璧之大成》中所反映的心灵机制。那么很显然，成其为四维时空内在禀赋的"光速"也便是一种思维的"自指"，因为"光速"不是某种具体的速度而是四维时空的内在禀赋，所有具体的行动速度都向它趋近而被它生成，所以，光速便是速度之速度，是所有速度的"合速度"。

实际上，爱因斯坦也确实在思维中赋予了"光速"这样的位置，因为在基于狭义相对论而建立的四维时空坐标系，也即闵可夫斯基坐标系中，光速就是作为时间维和空间维的不变的"合速度"的方式而被设定的（如图5）。怎么理解这个设定呢？爱因斯坦是这样演绎他的思维的：既然以"光速"或"光"为尺度，那么时空中最合适的观测点就应该是站在那个恒常不变的位置，亦即光的位置；于是，站在"光"的角度，时空中的一切运动速度都恒定为光速 C，而时间维和空间维则在时空坐标系中分有这个恒定的"合速度"C，这样就以一种十分简洁的勾股定理的运算方式得到时间膨胀率的洛伦兹因子 γ 了；从这个坐标图中我们可以发现，因为总的合成速度恒定为 C，因而在一个维度上的速度增大，则其他维度的方向上的所"分有"的合成速度就会变小，就好像时空连续体中的速度是被"洛伦兹变换"这把"刀"切成两块的蛋糕，我们可以随便切成这两块，但是蛋糕总大小不会改变。因此，当空间维的运动速度为 0 时，时间维的运动速度就是 C，这时的时间就是正常流速；当空间维的运动速度 v 逐渐增大乃至接近光速 C 的时候，时间维的运动速度也就根据洛伦兹变换逐渐减小以至于最后接近于0，这时的时间流速就是逐渐变慢乃至趋于静止，于是，时间也就"膨胀"起来。

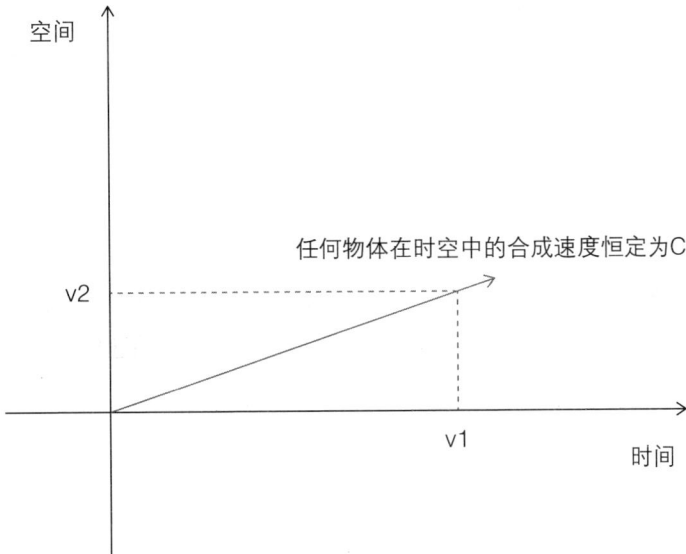

图 5 时空坐标系中的合成速度 C

从爱因斯坦建立的这个时空坐标系的逻辑中我们可以看到，光速 C 的地位可谓相当"超然"，在通常操作中，它并不会直接在此坐标系中被画出来而是"隐形"的，但它却是其中所有被标示出来的速度的合速度，亦即速度之速度；而正因为每一个速度都是它的"分速度"，亦即皆从它分有而来，所以我们也可以说在时空坐标系中的每一个速度无时无刻不处于一种朝向光速之整体合力趋近的过程里，而光速的量纲 C 只不过是这个整体趋近过程或合力趋势的代表或象征罢了。因此，对于时空连续体中的任何速度，我们都可以用"对称"的逻辑叙述出来，亦即：时空连续体中的任何速度必然在对于光速 C 的趋近操作中保持领会结构的不变性。因而，光速的本质并不是一个具体的速度，量纲 C 只是它的一个象征性标识，光速的本质是时空连续体中任何速度的"对称",这种"对称"操作体现为任何速度朝向光速 C 无限趋近的"趋势"本身,此过程反过来看也是等价的,亦即:光速在世界性的自我展开中对于任何速度的生成——在哲学上来说,光速便是一种速度之速度的"世界意识"或"场域意识",它是一种典型的"自指"现象与背后心灵机制的产物;同时,作为四维时空内在禀赋的光速,其"内在禀赋"的地位正是由对称天性所赋予的,毫无疑问。由此,我们也可以觉察到"世界意识"、"自指"与"对称"这三者之间拥有紧密的内在联系。

正因为"光速"如此不同寻常,我们才会站在"光速"的视角"看"到不同寻常的东西。前文提到,要理解海德格尔的时间性就必须让自己身处"光速",而在前边的阐析中我们便可知:身处"光速"的本质并不是真的要在物理意义上抵达光速,毋宁说,在我们的心灵禀赋中的确有一种奇妙的"捷径"可以直抵"光速",那就是通过对称天性,因为光速正是时空连续体中所有速度的对称。而对称天性的形式上的心智机制便是"自指",前边已经论述,这也正是海德格尔的"世界意识"得以建构的机制。而对于我们的人生来说,如果我们站在"光速"上来"观看",看到的却不是一种简单的代表"世界意识"的"时空场",而是我们的人生"命运",因为,完全站在"光速"的视角,亦即将我们自身的直观全然等同于"光速",这意味着让我们的心灵成其为四维时空的内在禀赋的本质本身,那么,它就跟前边所述简单地站在一个"光子"的角度而领会海德格尔的"时间性"有所不同,它要求的是"光速"的自指现象在对称天性中"敞开",按照海德格尔的说法便是让"此在"处于无蔽状态的敞开领域中,亦即让时间性背后的时间起源结构本身有意识地敞开与澄明。于是,前文标示时间性的时空连续体的一个"横截面"就将不再简单呈现为跟其他横截面的"串联"潜力,而是跟其他的人生的全部时空截面实实在在地有意识地通过"到时"导向的"因缘"谐同在一起，同时，这种谐同也不是简单的机械相加，而是人生的（时空）事件的因缘谐同故而成其为"人生叙事"；于是，从生到死的全部人生（时空）事件的谐同便将成其为一种展现对称天性之扩张禀赋的"途程"叙事——笔者更愿意使用著名神话学家约瑟夫·坎贝尔在《千面英雄》中的叫法而把这种途程叙事称为"英雄之旅"。在海德格尔那里，"英雄之旅"是一种呈现生命元始演化阶段自在伸展的特殊的途程，他将其叫作此在的演历，对此，他叙述道：

> 生存的行运是从此在伸展着的途程得以规定的，这种伸展开来的自身伸展所特有的行运我称为此在的演历。①

所谓行运，在海德格尔体系中即是先行向死存在的（生存）领会，因而，作为"伸展开来的自身伸展"的（此在）演历便是一种典型的自指现象的对称禀赋的元始途程。就此而言，从生到死全部人生的途程叙事亦即英雄之旅的整体因缘意蕴的领会便是"命运"，故而，"命运"也是一种"此在在本真决心中的源始演历"，亦即此在的源始演历，亦即"英雄之旅"的整体因缘意蕴的领会。由此可见，在全然澄明在"光速"中的"看"，看到的正是"命运"，同时，这种"看"自然也就不拘泥于时间与空间，而是有意识地使用时间起源结构"穿透"时间地看，按照量子力学的术语，通过这种"看"看到的正是光子的"叠加态"——由此可见，量子力学背后的微观尺度着实并不像物理学家们既有设想的那么简单。同时，海德格尔也将这种"看"称为"诗性"地看，而至于"诗性"的本质，亦即背后的时间性之先天意识结构是什么，他就不知道了。

---

① ［德］马丁·海德格尔.存在与时间［M］.陈嘉映、王庆节合译.北京：商务印书馆，2016：508。

3.3 从时间性到未来性：海德格尔"向死而生"之命运领会及其对称性缺憾

此外，海德格尔的"时间性"也是将来优先的时间性，其根本原因在于此在"向死而生"地有终地生存着。对此，海德格尔在《存在与时间》中这样说道：

> 在历数诸绽出的时候，我们总是首先提到将来。这就是要提示：将来在源始而本真的时间性的绽出的同一性中拥有优先地位，虽则时间性不是通过诸绽出的积累与嬗递才发生的，而是向来就在诸绽出的同等的源始性中到时的。但是在这种同等的源始性中，到时的诸样式复又有别。差别在于：到时可以首要地借不同的绽出来规定自身，源始而本真的时间性是从本真的将来到时的，其情况是：源始的时间性曾在将来而最先唤醒当前。源始而本真的时间性的首要现象是将来……此在作为它因"被抛入死"而能使得存在者本真地整体地生存着。此在并没有一个它仅停止于彼的终结，此在倒是有终地生存着。因而本真的将来绽露其本身为有终的将来。正是有终的将来首要地使构成先行决心的意义的那一时间性到时。①

"将来"即是未来，这一段的意思很明确，正因为此在先行领会死亡而有终地生存着，从而使得有终的将来首要地让领会命运的"决心"的时间性之"看"在"到时"的因缘建构中激发，而与此相对地，过去与现在在时间性中的绽出却是以"将来"为支点被唤醒。从而，在海德格尔这里，作为此在本源的存在论根据之时间性也便实质上是未来性，未来性直指命运，因而未来性便是命运性。人的命运领会的"觉醒"在于其首要认识到自己是一个"有死的存在"，当然，对于"死亡"的领会并不是简单地了

---

① ［德］马丁·海德格尔.存在与时间［M］.陈嘉映、王庆节合译.北京：商务印书馆，2016: 448-449。

解生命在机械时间上的"终结"，毋宁说是对于生命先天地"处于生与死之间"的"在……之中"的逻辑建构的领会，也即对于世界意识或场域意识背后的自指现象与对称天性的有意识觉察，并在此觉察中开始了悟基于对称天性之未来性真理态度的"英雄之旅"作为生命的"真相"，如是而已。

从前边对于海德格尔的时间性的阐述中，我们便可知时间终于上升至时间性，而时间性也便是未来性，或者说优先是未来性，未来性直指我们的命运，抑或是人类作为一个共同体的整体命运，在海德格尔那里也把这种"同代人"之共同体命运称为"天命"。而时间性本身又是一种高感性的心灵直观，而在前边的论述中我们会发现，它是在笛卡尔的"我思"将主客（存在者）二元分裂之前便先行开展的谐同性或统摄性的直观行动，亦即一种"谐同意识"或"统摄意识"的对称操作。因而，我们可以说在海德格尔这里，传统的真理态度开始转变为未来性的真理态度，从而，对于真理领会的认知结构也便不再是古希腊的"古典人模型"与近代哲学的"理性人模型"，而成其为一种新的认知结构，我们也许可以把它称为"信息人模型"。有关为何如此的详细阐释放于本书的第四卷中。不过，即便如此，海德格尔依旧没有完成未来性真理态度完全转变的过程，因为在他的整体思想中依然有着浓厚的"怀乡病"，亦即对传统真理态度之"存在神学"的本原思维的坚持，例如他仍然将自己哲学观念中的核心思想"此在"定义为一种"存在"，将时间性导向的直观称为"本原的"直观，将让此在是其所是而自我开展的"对称操作"——生存行动作为一种次生而非本真的属性，更重要的是，时间性亦即未来性背后作为时间起源的元始结构或先天结构依旧在其思想中未能阐明，这就导致海德格尔的"对称性"是相当不完备的，从而让他终究未能实现对于真理态度完全转变后之最高真理打开方式以及最高思维定律——合一律的领会与揭示，进而也失去了为人类带来整体世界观与宇宙观颠覆性重塑的机遇之门。在思想史之中，海德格尔也最终作为"存在主义"思想家而闻名于世。

其实，这也不单单是海德格尔一个人的问题，毋宁说这似乎是整个西方文明原生基因自带的一种思想惯性，亦即在未来性真理态度演化的关键契机中自动回退的思想惯性，在本书第四卷对于西方哲学史的未来性阐析中，这种思想惯性将被形象地称为"迟钝的剪刀"。也正因为如此，在现代物理学的时间结构诸理论中，原本在第4维度之后继续通过"超对称"运算的诸时间结构得以演化的实质，就应该以第4维度的"光速"问题所展现的（不拘泥于时间与空间的）"对称"天性的元始结构作为基础来进行递归，从而很有可能发现宇宙之真理尺度的奥秘，至少揭示第二尺度之维度或构型的秘密；可惜的是，这些时间结构更多是通过纯粹理性的数学对称运算来实现的，从而依旧体现为一种机械时空的理性"内卷"，而无法真正解释复杂性科学的带有未来性或命运性特质的"时间之矢"。量子力学的"叠加态"本身虽然模糊了观察者与被观察者的边界，但是由于其"不可知"而无法纳入现代物理学的真理直接陈述的范畴，而只能借助"坍缩"后的本征态来"谈论"它，于是，这并未完全打破作为观察者的主体与被观察者的宇宙客体之间二元对峙的观看设定，也即未能对笛卡尔与牛顿所定义的"我思"思维传统形成颠覆性的突破。

第4节
对称与时间（下）：第四种"未来"——第一哲学的命运演历是如何可能的？

4.1 从量子纠缠带来的观念革新再论现代物理学革命的真理之"度"的变迁

2022年，物理学界著名的"阿斯佩"（Aspect）实验的三位参与者法国科学家阿兰·阿斯佩（Alain Aspect）、美国科学家约翰·克劳泽（John Clauser）与奥地利科学家安东·塞林格（Anton Zeilinger）获得诺贝尔物理学奖，获奖原因正在于验证了贝尔不等式的"不成立"，亦即"量子纠缠"超光速联系的存在。这个实验发现不仅对于物理学界内部是一件大事，因为它验证了爱因斯坦提出的 EPR 佯谬的错误，亦即初步证明了"上帝是掷骰子的"，同时，它还给现代物理学得以成立的基础世界观或者科学哲学体系带来了重大的冲击。这个奠基观念级别的重大冲击可以如此表述，即定域性和实在性至少有一个是错的。

我们可以把定域性看成是哲学"因果律"的现代物理学之"微观版本"，亦即在爱因斯坦发现狭义相对论之后的因果律 2.0 版，它说的是：既然一个事件必然要发生在既定的空间中，那么，不同空间的两个事件就必须先行经过两者之间的空间才能建立信息交互之联系进而形成因果关系，而信息传递的速度又不可能超越光速，所以，如果两个事件或多个事件要进入因果链条，那么，它们之间的相对位置就必须在光速能互相抵达的范围内，同时，它们之间建立因果关系的效率必定受限于光速在相邻空间之间的传递间隔——所谓"定域"，指的便是事件只能被它周围的光速所及的空间所影响，这个范围又被称为"光锥"，定域性也被称为"定域不变性"规范。在这个场景中，有一句文学性的"箴言"形象性地描绘了定域性跟因果律之间的版本递进关系，那便是："光锥之内即是命运"。

而实在性讲的又是什么呢？对此康德在《纯粹理性批判》中有一个比较经典的说法：

实在性在纯粹知性概念中是与一般感觉相应的东西，因而是其概念自身表明某种（在时间中的）存在的东西。①

也就是说我们若要建立任何一个关于对象存在的（知性）概念，那么，这个对象必定是在时间与空间中能够实际经验的东西，这便是这个对象的实在性；而现代物理学更是把时间与空间作为实在性的唯一经验能力之来源，故也可称之为"实在不变性"规范。又由于作为感性直观"先天形式"的时间与空间获得了形而上学的"绝对"地位，因而，基于时空经验能力而存在的实在性在大多数时候又被作为"客观性"来使用。

根据前边的叙述，一旦我们看到"定域不变性"或"实在不变性"的这种"××不变性"的命名后，就可知"对称天性"必然隐藏在它们背后，毫无疑问。定域性（因果律）与实在性（客观性），不仅是物理学的基石性假设，同时也是西方哲学以"理性"和"存在"作为基础建构的整个思想系统及其世界观的基石。而笔者在这里之所以要举 2022 年诺贝尔物理学奖的例子，是希望再次说明这样一个基本事实，那就是：现代物理学的量子纠缠对于定域性和实在性这种基石性假设的打破，意味着现代物理学的"微观革命"越过了某种真理领会之源始的"度"，而怎样领会这种源始的"度"便成了本书论述的主要问题，也即本书欲求揭示的真理"玄机"。而跟以往大部分欲求诠释现代物理学革命的思想方法不同的是，本书不再拘泥于特定的某一种基石性观念的讨论，而紧紧聚焦于使得这些观念发生重大变迁的这个"度"本身。

4.2 第四种"未来"：从真理态度的变迁到第一哲学命运演历的思想契机

"度"这个词有两个基本含义，其一为"限度"，比如引起量变到质变

---

① ［德］康德.纯粹理性批判［M］.李秋零译.北京:中国人民大学出版社，2004: 131。

的那个"度"；其二为"尺度"，比如弧度、经度、法度乃至风度。本书所
讨论的这个"度"包含这两方面的内涵，但它首先是一种真理演化的"限
度"，若借用黑格尔的概念意蕴，它意味着真理领会的本质性或"基因性"
的东西越过了某种限度而发生了"质变"，亦即对于真理领会的元始态度
的"质变"，也就是说真理的本质形态或主导形态从一种转变成了另一种，
也即从传统的本原或存在的真理态度转变为启始或（创造）行动的未来性
真理态度——这正是现代物理学革命之"隐秘"思想主线"对称"所揭示
的思想事实，也是本书《未来性》这个标题的来由。经由真理领会的元始
态度的转变，才会有真理尺度的诞生，因为真理尺度意味着经由某种源始
打开方式的对称行动而生成相应的真理"不变性"或"绝对性"。本书后
边的章节将阐明，在未来性的真理态度中真理拥有三大元始尺度，传统真
理态度所对应的本原或存在仅仅是其中最初步的那一种，亦即第一尺度的
意识效应。

　　事实上，定域性（因果律）与实在性（客观性）无论哪一个被打破，
都超出了理性的理解"限度"，比如奉行理性人模型的"现代人"很难想
象一种科学知识若不是由因果律建构而成，会是一种怎样的情况；同时，
他也似乎很难想象，一种具有更深客观性的事物若不是经由时间与空间这
种感官形式为主导来构成，会是一种怎样的形态。正如法国解构主义思想
家德里达所"感叹"的那样，这种以（创造）行动为主导形态的真理态度，
是一种更古老的"延异"活动，其认知结构呈现为一种"拓扑局面"，这
完全超出了理性的领会能力，亦即理性的"限度"。但是，理性不能理解，
对称天性却可以。在前边章节的阐述中我们"惊讶"地发现："对称"不仅
仅是现代物理学"尺度革命"的"隐秘"思想主线，同时也是西方思想史
的时间观念演化的"隐秘"主线，亦即从时间到时间性、从未来到未来性
演化的思想主线。谁能想到，亚里士多德的两个时间难题的最终解决，不

在于这两个时间难题描述之字面意义上的"现在是否属于存在"和"运动与时间谁更优先"的思想定论，而在于他留下的一个直觉"暗门"，亦即"运动与时间共在"之"共－显性"的谐同变换"对称"意识呢？如果说对于时间本质或时间起源的问题之解决，亚里士多德只提供了一个直觉性的"后门"的话，那么，我们可以说康德给出了一个简略方案。康德提出先天想象力实质上便是时间无限性所指向的"无限被给予"的先天构想能力，也就是说作为时间领会"不变性"起源的时间性源于一种先天想象力的构想之构想的对称天性，纵然这种对称天性似乎还是归属于对于本原领会特质的"理性"。时间起源难题在之后的海德格尔那里有了更重要的进展，他给出了一个初步证明的方案，亦即时间性正是存在者之为存在者之前早已先行展开的更大"本原"——此在的源始条件，从此，对于时间本质的领会开始走上摆脱传统的本原或存在的真理态度而进入启始或（创造）行动所指向的未来性真理态度的"正确"道路，也就是说作为时间起源结构的"时间性"直指元始真理领会，而且是作为某种抽象"本原"或"存在"的附属物；同时，时间性也被领会为在过去、现在、未来绽出的统一性中到时，其中的"到时"正是使得（过去、现在、未来绽出的）整体时间领会保持统一性结构"不变"的因缘建构之谐同对称操作。在其中，时间性优先领会为在无蔽状态中敞开"向死而生"途程演历之命运的未来性，也即是说，时间性等价于未来性。于是，在这里，西方哲学史中的三种"未来"也便简要阐释完毕了。

然而，从现代物理学对于"时间"理论自我建构的后续发展的事实来看，海德格尔提供的这一个关乎时间起源的方案，即便对于物理学来说有所借鉴，但是却无法执行。其中的最大缘由在于：既然对称天性实质上是时间性得以建构的从未缺失的思想主线，那么，时间性的可被在人类认知活动中普遍运用而必然凭依的"微观结构"也就必定会反映对称天性的先天结构，于是，它是什么呢？并且，这种"先天结构"必然能够在未来性真理态度所导向的非概念性递归活动中得到普遍而简洁的验证，由此，下边这些问题就是典型而又普遍的验证场景了：

1. 我们可以很简单地领会诸如雪花冰晶与基督圣像这样的对称，然而，法国画家莫奈的《日出》和中国五代时期画家周文矩的《重屏会棋图》这两幅艺术史经典作品中的"对称"又该如何领会呢？

2. 一段悦耳的旋律例如贝多芬的《欢乐颂》中的高潮乐段，其中的"对称"如何领会呢？

3. 既然当下极速通向 AGI（通用人工智能）的主流算法，都是通过对人脑神经元的学习和模拟来完成的，那么，如何理解一个最简单的神经元结构拥有超理性潜力的"对称"天性呢？

4. 在东方原生文化基因中的经典观念譬如儒家的"中庸"、佛学的"大圆镜智"、道家的"阴阳冲和"，这些都是反映对称天性的典型概念，它们该如何用"对称"的先天结构来领会呢？

……

于是，对于"未来性"的终极追问就在此基础上产生了，这也是"未来性"玄机问题基础上的递进问题，亦即：在亚里士多德、康德和海德格尔的三种"未来"之外，是否拥有真正阐明所有未来起源的终极未来性——关于"未来之未来"的第四种未来？答案当然是肯定的。只不过在这里，终极未来性跟终极真理性是合一的——真理的未来便是未来的真理，于是，这就需要让我们把关于个人生命的"向死而生"的命运性延展至真理生命亦即哲学生命"向死而生"的命运性；由此，决定哲学"生死"的那种哲学便是除此之外无哲学的那种哲学——第一哲学，而第一哲学的"命运性"便是体现其元始演化节奏与意蕴的演历，我们可以把它称为第一哲学的命运演历，在其中，不仅作为时间起源之先天结构的对称天性的奥秘将得以阐明，而且我们也将得到一种关于真理元始起源的"哲学创世记"——元创世。而这便是本卷后续章节将要讨论的问题了。

第二章
未来性的奠基方式：第一哲学如何命运演历？

第 1 节
第一哲学的命运"十字路口"：两条元始真理道路如何在对称中现身？

1.1 从《朝闻道》的四大观念情景到第一哲学的"困境"

老样子，在系统地谈论第一哲学之前，我们还是先要放轻松一些，来简单领略一下这样一个思想主题所导向的某种意蕴背景，这个意蕴背景便是我们的老朋友刘慈欣的著名科幻短篇《朝闻道》①。故事标题源自孔子在两千多年前说出的那一句箴言：朝闻道，夕死可矣。于是，我们只要一望此标题便可知这个故事内核将直指对于终极真理——道的某种反思和领会，亦即第一哲学的反思和领会。我们将从中选取几个代表性的精彩思想场景，由此启发性地带入本节的具体逻辑阐述中。那么，简要地说，这个故事讲的是什么呢？

在人类社会近未来的某一天，蜚声国际的物理学家丁仪一家三口正在进行一次饶有纪念意义的"科幻"旅行，他们乘坐着时速 500 公里的高速运输平台游览着一座具有史诗般幻想的人类"建筑"——爱因斯坦赤道。它是一台集全人类之力建造而成的环绕地球一周的大型粒子加速器，借助它，物理学家们将实现自 20 世纪现代物理学革命以来最后的梦想——建立缘于爱因斯坦的宇宙大统一模型。耗时 6 个小时以后，丁仪带着全家回到

---

① 刘慈欣 . 带上她的眼睛［M］. 成都：四川科学技术出版社，2015：289。

了爱因斯坦赤道的"起点",位于塔克拉玛干沙漠的世界核子中心。第二天,这座粒子加速器就将开始正式工作,以最大功率运行而使得其中运转的粒子被加速到极度接近光速,从而完成人类最后的梦想。作为项目负责人之一的丁仪早早进入了梦乡,然而,不久以后他便被一阵突兀的警报声叫醒了,控制中心的工程师们神色凝重、表情古怪。丁仪望向窗外,只见原本被黄色沙漠所覆盖的大地被蔓延至视野尽头的绿色草地所替代,而原本在视野中最重要的那个事物——爱因斯坦赤道如凭空蒸发一般消失得无影无踪。见到此景,丁仪发疯似的跑出大楼走到"草地"上。此时,朝阳已从天边升起,一个"人"在光芒中沿着草地飘到他眼前。来人告诉丁仪,他是一位宇宙排险者,人类建造的粒子加速器具有极大的宇宙级危险性,它以最大功率运行时将在某一个瞬间抵达宇宙创世能级亦即宇宙大爆炸级别的能量,从而造成真空衰变,使得整个宇宙的物质在真空衰变中以超越宇宙膨胀的速率被囊括其中,最终走向湮灭;宇宙上一代的超级文明正是在完成这样的实验中让自己走向灭亡的,但是,他们为了传导实验信息同时发布的引力波被宇宙排险者所在的文明接收到,从而通过破译其中的信息得到了宇宙大统一模型这个"最后的真理"。因而,为了防止宇宙再次走向毁灭,他们的文明便在有可能产生智慧生命的星球上早早布下了文明监测仪,他随手一扬便为丁仪一行人带来了一片37万年前的全息影像,只见一位早期的原始人仰起的面孔充满画面,他望向了星空。排险者说,这位原始人仰望星空的时间超过了报警"阈值",从而符合报警条件。而后,他面对一脸茫然的科学家和工程师们解释道:当生命意识到宇宙奥秘存在之时,距离他解开这个奥秘便只有一步之遥了,如果那个原始人对星空的几分钟凝视是因为他看到了一颗宝石,那么,其后的人类文明只不过是弯腰去拾起它罢了。

丁仪迫切地询问,能否把宇宙大统一模型告诉人类。但是,排险者却根据作为宇宙文明最高准则之一的"知识密封准则"，拒绝这样做。所谓"知识密封准则"，指的是为了维护文明演化的自然秩序，禁止宇宙高级文明向低级文明传授该文明所不具备的知识，一切知识皆需通过文明自身探索得来。科学家们沉默了，但是面对近在眼前的真理，他们必须做些什么。思索良久，丁仪提出了一个令人震惊的解决方案：将宇宙的终极奥秘告诉他，然后毁灭他——这样，他这个个体获得的知识便不会传导给人类文明。终于，宇宙排险者答应了这个请求。当知道了这个条件后，事情朝着令人"恐慌"的一面发展，世界各国的来自各个基础学科的众多精英学者纷纷选择了这个条件，亦即用生命换取真理，这些学科不仅包括如数学、生物学、物理学这样的基础自然科学，还包括经济学、史学等这样的非自然科学。面对此情况，宇宙排险者在草地上建造了一座半圆形的"真理祭坛"，用来完成这个生命换真理的"仪式"。3 天后的清晨，在数万人的围观中，准备参加真理祭典的学者们到齐了。一开始，几位数学家带着费尔玛和哥德巴赫猜想的最后证明在祭坛中化为了等离子火球；紧接着，11 位古生物学家带着恐龙灭绝的秘密化作了升空的火焰……一批又一批科学家在庄严与肃穆的仪式中，化为一团又一团真理的强光飘逝而去，人类正经历着有史以来最大的灵魂洗礼。丁仪和 86 位物理学家一道正准备走上祭坛，但是，他的女儿文文的哭喊声打破了这片宁静，她冲上前来一把抱住了丁仪，但是亲情的羁绊无法阻挡他追求真理的脚步，他安抚好女儿之后便毅然决然地跟其余人一道走向了祭坛，随后，他带着大统一模型的壮丽信息化作了一道真理的亮光。最后一位登上祭坛的学者是史蒂芬·霍金，他提出的问题是：宇宙的目的是什么？这时，祭坛的上空并未出现答案，排险者的笑容消失了，他只能让霍金离开，并喃喃道："我不知道，我怎么知道呢？"

　　笔者之所以要靡费笔墨来描绘《朝闻道》的主要剧情场景，是因为其中几个代表性的观念反思情境跟后边我们将要讨论的第一哲学的思想场景，即便不是思想同构也是意蕴同构的，略微详细地知道其中的"前因后果"也十分有助于我们更好地体会第一哲学的奥秘。《朝闻道》中有四大代表性观念情景：

1. "爱因斯坦赤道"这种在既有科学体系产生的技术路线，即便能触及"创世能级"，却为何会导致宇宙级别的大毁灭？

2. 作为宇宙文明最高准则之一的"知识密封准则"，为何阻止人类文明直接认识更高的真理？其背后所展示的宇宙文明演化的自然秩序是什么样的呢？

3. 用生命换真理的"真理祭坛"，科学家们在其中做的选择真的是一种生命最本真、最终极的选择吗？如果他们事先知道第4点……

4. "事实"表明，大统一理论不是宇宙的终极奥秘，因为还有比它更终极的奥秘，亦即"宇宙的目的是什么"所指向的那个奥秘，那么，这个"比终极更终极"的奥秘究竟该如何系统领会呢？

上边这四大观念情景，也即《朝闻道》之四大问题，如果追问其思想根源，都可以抵达第一哲学的思想境地，我们后边的阐述也将逐步回到故事中的观念叙述"剧情"并对它们一一作出解答。但首先，我们需要用"倒叙"的手法，先回应一下作为《朝闻道》"题眼"的第四个问题，亦即"宇宙的目的是什么？"。故事中精心安排了英国著名物理学家史蒂芬·霍金来询问这个问题，不仅仅是因为他"身残志坚"的人生经历，更因为他最后一本科普畅销书的名字就叫作《大设计》，由这个书名就可以看出"宇宙目的"的表征来，因为"大设计"直指经由"设计"这种行动所必然导致的目的，要么是有一个至高存在的"神"先验地给宇宙设计了一个"目的"，要么是"设计"这个行动背后的真理奥秘本身自发地给予"目的"。不仅如此，霍金在《大设计》的开篇就直接列出了一系列本该由哲学尤其是第一哲学回答的问题，然而他的结论却是：

按照传统，这是些哲学要回答的问题，但哲学已死。哲学跟不上科学，特别是物理学现代发展的步伐。在我们探索知识的旅程中，科学家已成为高擎火炬者。①

为什么霍金会说"哲学已死。哲学跟不上科学，特别是物理学现代发展的步伐"？那是因为在现代学术发展中有一个公认的事实，那就是哲学作为一门学科已经"边缘化"乃至越来越边缘化，甚至哲学所在的广义人文学诸学科也处于愈加边缘与衰微的境地。与此同时，"哲学跟不上科学发展的步伐"这个观点背后还有一层隐含的意思，那便是：不仅既有哲学在回答"宇宙起源"这类终极问题时无法给予现代科学以启发，而且既有哲学所坚持的某种源始基础似乎跟现代物理学革命所导向的真理探索之新要求格格不入，以至于在现代科学尤其是现代物理学的前沿进展中全然"失语"了，从而使得在古希腊时期作为"学科之王"的景象似乎成了某种早已逝去的哲学"憧憬"。那么，若要真正直面与摆脱上述这些"哲学困境"，我们就必须追溯到一切问题的最根源之处——哲学之所以为哲学的"第一哲学"这里。

要回答"宇宙的目的是什么"，首先要了解的便是这个问题背后的底层意涵，亦即宇宙背后必定有某种"终极绝对"的东西作为其真理本质。故而，宇宙演化正是朝向这种终极性的绝对进发乃至最终与其合一，而对于这种"终极绝对"的追求正是第一哲学诞生的元始契机。跟史蒂芬·霍金念叨的哲学情结相呼应的是，在西方，第一哲学确实一开始就没有跟科学完全分离过，因为在亚里士多德那里，第一哲学正是第一科学。在亚里士多德的分科体系中，他分出了三门作为其他学科基础的理论科学，亦即

① ［英］史蒂芬·霍金、列纳德·蒙洛迪诺．大设计［M］．吴忠超译．长沙：湖南科学技术出版社，2015：3。

物理学（自然学）、数学与哲学，而哲学又是这三门学科当中最优先的学科，故而成其为"学科之王"。当然这里的"优先"并不是指学科发展中根据某种需要而优先发展它，而指的是哲学作为一种理论之理论，是其他一切学科乃至经验应用得以建立和发展的基础和总根据，亦即知识得以建构的"终极绝对"之基石。因而，在亚里士多德那里，第一哲学又被称作"形而上学"，其中所谓"形而上"指的便是在经验性和对象性的"形"的知识之外与之上的一门科学。当然，"形而上学"也不能完全涵盖第一哲学的真正要义，因为现在看来，第一哲学之为第一哲学，至少要成其为其他所有哲学得以发生的基础，如果说这个内涵还是有些演绎化、派生化而不那么基底的话，那么，从其字面构成直接得出的那一个最朴素的意涵，亦即除此之外无哲学的那种哲学——这便是第一哲学之为第一哲学的根本要义。在这里，将"哲学"替换成"真理"也是完全合适的，就此而言，除此之外的"哲学"学问就不能像亚里士多德在古希腊时期那样仅仅指向当时的"科学"，而更应该包括现在的科学尤其是现代物理学的终极理论，譬如大一统理论，同时，也应该包括不拘泥于西方哲学乃至文化体系中的那些"哲学"，譬如中国哲学、印度哲学等非西方的原生文化思想。故而，我们在这里将要论述的"第一哲学"也就不那么"传统"，而必定天然带有"未来性"特质。

1.2 第一哲学的命运"十字路口"是如何在对称中发生的？

接下来就到了我们的重头戏，亦即从第一哲学出发的两条真理领会道路的重大分岔，这也可以说是人类文明命运的最重要的十字路口，没有之一，因为不可能还有哪个"十字路口"要比作为真理领会根本出发点的第一哲学更为重要。

前边已然提到，第一哲学最朴素也是最根本的那个意涵即是：除此之外无哲学的那种哲学，由此可见它的基石地位。那么，接下来的问题是，如果是你来代替整体人类进行文明演化十字路口的选择，你会怎样做呢？因为从这一个第一哲学的根本要义出发，将有两条道路摆在你的面前：

第一条道路，你也许会这样想：既然第一哲学是除此之外无哲学的那种哲学，那么很显然，第一哲学就应该是在其他所有哲学之上最"尊崇"的那一个亦即最"本原"的那一个，从而成其为其他所有哲学得以建立和演化的"第一因"或"第一基础"；而跟"本原"相对应的系统观念便是"存在"，于是，第一哲学便可诠释为"存在之为存在"的问题，这便是由除此之外所有其他学说组成的真理谱系得以奠基的终极绝对的不变性。

第二条道路，你还可以这样想：既然第一哲学作为除此之外无哲学的那种哲学，而我怎么能够毫不犹疑地保证自己所建立的本原地位一定稳如泰山呢？因为作为一种人所建立并跟其他学说有边界而并立的"学说"，无论逻辑多么严密，权威多么尊崇，都无法阻止人的思维越过既有的边界而触及作为"王座"的第一基础的位置，所以就总会出现其他的抑或新的学说争夺乃至替代此本原的情况。因而，我干脆不去想到底是哪种哲学或学说是"王座"上的第一因，而直接走一条更艰难、更内化、更"隐性"的道路，亦即让作为除此之外无哲学的第一哲学成其为"除此之外无……"这个元始行动本身，因为"除此之外无……"意味着总有某种元始行动越过了所有哲学"存在"发生之前而先行启始，从而成其为"生成"所有哲学的元始行动乃至创造行动——于是，第一哲学便不是占据"第一"王座地位的那种本原，而是成其为一种对于真理领会的元始行动，在其中，第一哲学便真正成为其他所有哲学乃至学说不可分离的"基因"。

以上这两条决定人类文明该如何出发的道路，一条是"本原"或"存在"，意味着"先天贵胄，稳如泰山"的王座乃至"霸权"，另外一条则是"行动"或"启始"，意味着"勃勃生机，万物竞发"的开始与演化；一条是凭借本原之"先天"血缘关系的"成神之路""贵族之路",另一条则是专注于不问前程之勉力启始与演化的生命之路、"平民之路"——本原抑或行动。这是个问题。如果是你,你会选择哪一条真理之路呢?

虽然无法真正回到文明抉择的那一刻,但是,亚里士多德代表的西方文明选择的是更为显性与本能的第一条道路,亦即"本原"(存在)之路;而老子与佛陀代表的东方文明则选择的是更为隐性与觉性的第二条道路,亦即(创造)"行动"之路。从上边对两条道路的阐述中我们很容易就能发现,作为所有哲学内化"基因"的第二条道路才是元始的真理之路,第一条道路只不过是第二条道路在相应视角下的特殊情况罢了。我们在前边已有叙述,第一条道路亦即第一哲学的"本原"面向,是一种以本原或存在作为本质形态的真理领会态度,亦即传统的真理态度;而第二条道路即第一哲学的"行动"(创造)面向,是一种以启始或(创造)行动作为本质形态的真理领会态度,亦即未来性真理态度。因而,在后边的叙述中,我们完全可以把第一条真理道路称为传统的真理之路,把第二条真理道路称为未来性真理之路。同时,我们亦会惊讶地发现,第一哲学的第二条道路,恰恰是一种元始的"对称",或者说,正是第一哲学的第二条道路,亦即未来性真理道路保证了对称性是真理的最元始性质。因为,在其中,真理在一种启始或(创造)行动的变换或操作中保持对于"终极绝对"的领会结构不变,故而,真理的未来性"本质"正是一种元始对称性,毫无疑问——于是在这里,"对称"再次以一种"傲视群伦"的姿态现身了,同时,在此"傲视群伦"的"对称"现身时,第一条真理道路亦即"本原"之路也作为一种"对称"导向的"不变性"结果而自发地生成了。正因为如此,本书亦可拥有一个"别名",亦即《真理与对称》。

由此我们也能够大体明白,为什么史蒂芬·霍金在《大设计》开篇即断言"哲学已死。哲学跟不上科学,尤其是物理学现代发展的步伐",那是因为以"对称"为思想主线的现代物理学革命已经隐隐踏上了第二条未来性真理之路，那么，它当然就认为坚持停滞于第一条真理之路的（西方）哲学跟不上自己的脚步而"不屑一顾"了。而这也是前边《朝闻道》故事中史蒂芬·霍金问出"宇宙的目的是什么"时，作为宇宙更高级文明的"宇宙排险者"无法回答的奥秘，亦即如果宇宙的目的亦即宇宙的真理之路正是一种天然"自带目的"的创造行动的话，那么，这个问题也就没有什么现成的答案"存在"，唯有在创造性的探索实践中展现与领会。

1.3 "问"之奥秘：第一哲学未来性真理道路的对称性现身

当然，在《朝闻道》中，除史蒂芬·霍金问出的这最后一个问题之外，还有一个更为隐秘且关键的"设计"来"闻道"亦即领会第一哲学的本质，那就是作为整个故事高潮意象的真理祭坛。"真理祭坛"是这样一种"设计"，它只让人类文明最具真理献身精神的人来"提问"或"追问"，并以让既有人类文明无法直接得到的方式"回答"，更重要的是：最后的结果是只有"追问"而没有回答或无法回答。这种设计的"灵感"其实也以一种巧妙而生动的方式点出了作为第一哲学更深本质之（创造）行动面向在生命活动中的现身方式，这个方式叫"问"，或者说"追问"本身。需要注意的是，这里的"问"并不是指问题的内容或问题的答案，而就是指"问"这种行为或意识本身。接下来，我们很快就能"恍然大悟"："问"这件事情实在是真理元始现身方式的一种多么自明的领会。

首先，当我们"问"的时候，心灵将毫不犹疑地确认一种内在天性，即"问"的发生必然给予此"问"以相应内容——亦即"问题"，与此同时，此"问题"也必定联结相应的回答，而且由于问题内容和无论怎样回答的可能性总是不可胜数的，因而这种给予便是"无限给予"，亦即"无限（可能）生成"；其次，若是把"问"视作一种符号"？"，而符号正是对于心灵指示的某种具现的话，那么，我们会惊讶地发现，所有其他符号，无论是"，""。""！""……"还是由符号形状组成的"表情"例如 (*+ ＿ +*)~@，乃至数学算符"+""－"等，都可以作为"？"（问号）的答案，就好像"？"（问号）天生就内化地先行囊括所有其他符号的意义，亦即所有可能的心灵意义一样，不然就无法以所有可能的方式回应它；最后，也是最重要的，"问"或"发问"这个行为在我们的意识本能里全然意味着一种无需任何问题内容与答案的"未知"情形下的自发探索之"启动"，就好像只要有了这个"启动"便一定能得到与之相应并由之而来的问题内容与答案一样。于是，当了悟到上述三点之后，我们立刻就能明白"问"这件事正是（创造）行动这种第一哲学的未来性真理道路在生命活动中的元始现身，因为通过"问"这种自发启始便一定能得到或生成相应的"存在"可能性，从而得到"不变性"的领会结构，因而，"问"这件事本身就是一种对称变换或对称行动；同时，基于"问"如何启始的发问模式与问题模式本身，必然代表着第一哲学之元始行动的自发现身方式或现身演历，亦即第一哲学元始行动的对称性现身。

由此可见，《朝闻道》的真理祭坛便是对于第一哲学更深本质之元始行动现身方式的精妙"设计"，亦即"问"之奥秘如何现身的"设计"：只让最具真理献身精神的人来"发问"，意味着这样的心灵聚焦于"问"这个行动本身所代表的求知天性，并以之为超越生命的最大人生动力——幸福的来源；以让既有人类文明无法直接得到的方式"回答"，意味着现成存在而直接可得的那种在场的东西——本原正是一种妨碍人类领会第一哲学真义的传统束缚与思想惯性；最后的情形只有"追问"而没有回答或无法回答，意味着在更高明的第一哲学领会中，只需觉知于"问"本身的境界演化的过程，而无需将心灵焦点再放于"回答"所代表的本原或存在的传统真理态度之上。此外，"真理祭坛"这个词本身即昭示着对于真理之生死的某种领会。

第 2 节
第一哲学的命运抉择：真理"向死而生"的必由之路

2.1 超越传统"生死"观：从生命的生死到真理"向死而生"

在上一章中我们提到对于人生的生与死之"向死而生"的先行领会便是海德格尔所说时间性之命运，但是这毕竟还是以本原性在时间中存在与否为出发点进行的讨论，亦即从第一哲学的传统真理道路出发的讨论，这种讨论若从人生之生死扩展至真理之生死便会"力有不逮"，它最多只能做到讨论真理的存在与否或者真理的"有无"。而如果从我们今天的第一哲学的未来性道路出发，真理之生死便是另一番景象了，对此该怎样理解呢？实际上，谜底就在谜面上，对于真理的元始行动来说，真理之"生"意味着从终极创造到最初启始的自上而下之"创世"与"开展"，真理之"死"意味着从最初启始到终极创造的自下而上之"演化"与"归源"，也就是说，真理的元始行动只有自上而下与自下而上的行动焦点或行动面向，而早已没有了时间上的存在有无——这两个过程合起来便是真理元始行动的"途程"或"周期"，亦即展现第一哲学元始演化格局或节奏的命运演历——第一哲学的命运演历。

没错，从第一哲学的未来性真理道路来看，真理正是在创世开展与演化归源的周期"轮回"活动中全然呈现自身的，如果说"轮回"确实存在的话，那么它的元始内涵必定是作为第一哲学命运演历的"轮回"，毫无疑问。从另一个角度来看，如果抛开整个第一哲学命运演历的真理"轮回"而单单将"自下而上"这个途程拿出来，这便是我们通常对于"生命"过程的理解，亦即总是通过"演化"来彰显生命的内在活力，然而在上面对于真理之生死的阐析中我们却会发现，这种生命演化过程恰恰是真理之"死"的命运途程，也就是说生命或心灵的演化其实是正在践行真理之"死"，但恰恰又是朝向"元创世"归源的最大的"生"而进发，这便是真理的"向死而生"，但站在对称的视角，真理的"向死而生"跟"向生而死"是同构而等价的两种东西。

而对于这种真理在命运演历中全然呈现自身的领会，也便是一种"周易"的领会，因为"易有三义"之"简易、变易、不易"所代表的正是第一哲学未来真理道路在最"简易"的第一哲学之第一天性中以"变易"对称变换而保持真理领会结构的"不易"。与此同时，"周易"在现代思想语境下所对应的那个观念便是"全息"，全息便是真理全然呈现自身，没有盲区，没有缺憾；全息也代表着任何一个生命活动都包含着对称天性的整体"基因"，亦即内在地蕴含生命活动与演化动作之发生其上的先天意识结构。此外，第一哲学命运演历中的"创世"当然不是基于一个本原之"造物主"的那种传统真理道路中的"创世"，而是一种真理全息示现的"元创世"，它是任何"起源"的总来源，毫无疑问。换言之，如果东方原生文明拥有其"信仰"，此"信仰"正是展现为信仰天性本身的"元创世"，同时，如果人类文明欲求拥有一种命运共同体的元始与普遍"信仰"，它有且只能是"元创世"。

此外，从"真理祭坛"这个意象所导向的真理之"生死"的全息视角来看，我们将拥有一个关乎生死的令人"震惊"的真相，那便是：与"生"对峙的代表某种终结尤其是在时间中终结的"死亡"的确是一种"幻相"，毋宁说所有的终结都是一种"启动"或打开方式，亦即都是一种更深的"生"，都是在第一哲学命运演历之"元创世"周期中的某种演化节奏或阶段；恰如老子在《道德经》中所言："道生一，一生二，二生三，三生万物"，我们可以在这一句《道德经》总纲中发现其只有"生"而没有

"死"，其中的真义便在于未来性真理道路——以（创造）行动为真理本质形态的选择与践行。没错，"死亡"也是一种启动、一种打开方式、一种对称、一种演化与归源、一种"元创世"的周期意蕴，我们通常所熟知的表征为：在时间中不存在的"死亡"必然起源于未来性真理道路中的"死亡"，亦即"元创世"周期中自下而上的演化与归源，这恐怕也是当我们真正踏上这一条未来性真理道路之后最令人惊奇的事情之一吧。而将生与死谐同在一起进行领会，在东方原生文明中，这倒是跟某个字所传达的意蕴非常一致，那就是"活"。在《说文解字》中诠释"活"的本义便是"水流声"。没错，正是老子所说"上善若水"中的那一个"水流"，很显然，作为一种"上善"的"水流"必定不是那种跟"死"二元对峙的"活"水，而是首要以第一哲学之元始行动为真理道路的"活水"，亦即总在启始行动的演化之路中的"活"，正如"三生万物"中的"生"所指向的真理领会态度。由此可见，在我们日常用语中谈到"活生生"的时候其隐含的文明底蕴就全然是另一番光景了——一种涉及"三生万物"之"元创世"信仰的光景，在其中，的确是没有"死亡"的，毕竟，谁不想永恒自在地"翩若惊鸿，婉若游龙"呢？因而，刘慈欣在《朝闻道》中的真理祭坛，其实隐射的是一条本真的真理之路亦即未来性真理道路的命运抉择，我们在其"祭祀"仪式所导向的这个命运抉择的整体意境中领会到唯有这条道路才能够带来的生命原动力。

2.2 人类"仰望星空"的命运抉择：未来性真理道路的全息阐述

在以"倒叙"的方式回顾了《朝闻道》中后两个观念情景"霍金之问"与"真理祭坛"在第一哲学根本要义中的真理道路机制之后，我们接下来便要来到前边两个观念情景的真理隐喻了。故事中的高等文明的宇宙排险者讲述了这样一个奇特的危机检测机制：当37万年前的地球原始人"仰望星空"的时间"长达"几分钟而超过某种阈值时，宇宙级危机的警报立刻便拉响了，为何如此呢？根据宇宙排险者所述，那是因为："当生命意识到宇宙奥秘存在之时，距离他解开这个奥秘便只有一步之遥了，如果那个原始人对星空的几分钟凝视是看到了一颗宝石，那么，其后的人类文明只不过是弯腰去拾起它罢了。"很显然，在这个"原始人仰望星空"的情景中提到的"阈值"是一种"度"，亦即达成某种"质变"的限度，一般人看到这里会以为原始人突破的是一种对宇宙本原意识进行把握的"理性觉醒"的限度，这是传统真理道路的"人之常情"。

然而，当宇宙排险者谈到其原因的时候，事情恐怕就没那么简单了，因为这个原因涉及一旦宇宙奥秘这颗宝石被发现便必然会被极为"简单"地"弯腰拾起"这一个整体事实。而我们之所以会被这个剧情设计所吸引，正是缘于它打破了我们通常以为的要去完成一个新的科学发现是一件艰苦卓绝工作的"常识"，因为诺贝尔奖的设立正是为了奖励这种艰苦的创造性工作，但是宇宙排险者却打破了这个"常识"而抛出了一个展现更为底层机制的"简单"结论。究其原因，这种"简单"正是原始人仰望星空而向宇宙"发问"这个动作本身所昭示的第一哲学之在"本原意识"之上更深的真理道路——（创造）行动意识的真理道路被"抉择"了，在其中，一旦"问"所对应的打开方式被有意识启动，整个真理格局的答案便随之生成，故而从发现奥秘到"拾起宝石"这一个整体行动才会显得"简单"地谐同在一起。于是，原始人仰望星空突破的那种"度"便是一种对于元始真理道路的命运抉择，亦即从传统真理态度到未来性真理态度转变的"限度"的自然抉择——这便再一次呼应了这个故事的标题，亦即"朝闻道"究竟闻的是哪种"道"？当然，除了"限度"之外，我们同样能在这个观念情景中感受到"度"的第二个基本含义——尺度的变迁，这是由原始人所在的广义人类文明跟宇宙排险者所在的宇宙高等文明之间的"差距"造成的，人类文明终究要向更高的文明级别或文明境界演化，这必然涉及文明演化的"尺度"，而这便是《朝闻道》的第二个观念情景"知识密封准则"所要表达的内容了。

根据宇宙排险者所说，作为宇宙文明最高法则之一的"知识密封准则"明确禁止较低等级的文明直接得到自身所不具备的高级文明的知识，并由此触发了后续"真理祭坛"的诞生。为什么较低的文明不能直接得到或认识更高文明的知识，这难道不是一种违背导致近代科学诞生的西方近代哲学之认识论的行为吗？根据认识论，只要人这种"主体"认识越来越多的关乎自然客体的知识，便能愈加"进步"、愈加高级、愈加接近于真理全貌，然而，这在"知识密封准则"那里却是不可行的，为何如此呢？其实道理很"简单"，人类通过直接认识而得到的现成的"知识"亦即本原性的在场知识太过"低级"，不是一种使得文明在宇宙尺度下顺利演化的高明知识，正如宇宙排险者后续补充所述：这种较低级的"知识"没有经过探索行为本身的"加持"，亦即不先经过探索这个"发问"本身的操作而得到的（本原性）知识终究是一种非本真的真理——探索或"发问"的打开方式先于"本原"的占有，毫无疑问。故此，经由第一哲学之未来性真理道路所"打开"的尺度便是一种更本真的宇宙文明演化尺度，经由这种尺度的演化才是宇宙文明演化的自然秩序，而非近代科学诞生以来的这种"进步"所对应的发展秩序。那么，这种"尺度"该如何定义呢？

其实，尺度之为尺度，正在于要"衡量"（测量），而我们在前边已经论述过，"衡量"正是一种典型的对称操作，因为有衡才有量，衡的本义便是通过（对称所指向的）如同天平称物的操作模式来通达某种不变性的领会，然后再通过这种"不变性"来构成不同事物的度量结果，例如我们必须先行在一种平移变换的对比中"制定"空间中某种长短作为"米"的单位而公开出来并人人认同，从而才能以之为基本单位来构成事物的空间属性——这是一个整体的行为过程，亦即对称。而前边已经阐述，"对称"正是未来性真理道路之元始行动的等价概念。因而，在第一哲学之未来性真理态度中，结合对称的逻辑，我们便可以将"尺度"亦即"真理尺度"定义为：心灵总是寻求启动某种趋向绝对与永恒的"不变性"，并通过其对于心灵整体的构成作用回到自身。正如对称是心灵的基本天性一样，尺度也是心灵的基本天性。在第一哲学之元始行动的视域中，"元始行动"本身便自发形成三种变换节奏，亦即三种元始对称，或曰三重对称变换，如果使用自下而上的叙述，那么它们分别是：变换—变换之变换—变换之变换之变换，亦即一重对称（变换）—二重对称（变换之变换）—三重对称（变换之变换之变换）。因而，我们将拥有三大真理元始对称，亦即三大真理元始尺度，根据自下而上的演化秩序我们便可以称之为：第一尺度、第二尺度与第三尺度。而从对称天性的自指机制来看，"变换之变换"便是"变换"的一重自指，"变换之变换之变换"则是"变换"的两重自指，两重自指便是全然"没有自己"的"无我"境地，这当然是最高的境界。

在哲学体系中，心灵活动也便是广义思维活动，而思维活动的最高法则或最基石性法则便叫作基本思维定律，于是，在第一哲学之未来性真理道路的视野中，亦即未来性视野中，生命的心灵活动也便跟三大真理元始尺度相对应而拥有三大基本思维定律。当然，这里的基本思维定律可不是长期"霸占"这个位置的亚里士多德根据本原性之形而上学而导出的形式逻辑三定律（同一律、矛盾律、排中律），而是遵循三种元始对称变换的韵律而得到的三大心灵打开方式或三大心灵启始方式。在哲学中谈思维定律总是要从最高的谈起，而最高的对称变换，亦即最高最终极的元始行动毫无疑问便是"创造"，创造即"创世"，故而根据其内涵不可能有比它更终极的行动；在广义的逻辑术语中，创造即"无限可能生成"，其对应的便是"变换之变换之变换"之三重对称，它即是最高思维定律的核心打开方式，在本书后续阐述的相应思维定律的名称将是"合一律"，其所对应的真理元始尺度是第三尺度；然后，根据此表述而在此之下的那个行动便是"可能生成"，其对应的是"变换之变换"，在本书后续阐述中的相应思维定律的名称即是"谐同律"，其所指向的真理元始尺度是第二尺度；最后，最初级也是最底层的那个行动则是将可能与实在区分出来而生成"本原"的"分别心"，其对应的是"变换"，在已有的形式逻辑中，跟它最接近的便叫作"矛盾律"，而在本书后续阐述中的相应思维定律的名称虽然也叫"矛盾律"，但是它却不是简单的本原性的逻辑形式之 A ≠ B，而是指一种导致二元分离的变换行动或变换意识，亦即分别心或矛盾意识，其所指向的真理元始尺度是第一尺度。就此而言，在第一哲学之传统真理道路中得到的全部思维定律：同一律、矛盾律、排中律、充分理由律（根据律）都可以基于分别心和矛盾意识推演出来，这在本书第三卷中有详细阐释。当然，如果更确切一点，为有利于思维递归或逻辑递归，就最高思维定律应表述成囊括全部思维定律的元始要素的需求而言，我们将使用一个表征创造行动的"符指"——原 A，最高思维定律亦即"合一律"便可表述成：

原 A，即无限可能生成 A 的非 A 状态。

其中的"A"当然指的就是第一尺度之本原性的概念形式或对象形式，对此表述的详细阐释是本书第三卷的主要内容。从这个表述中我们也很容易就能发现，第一哲学之传统真理道路的"本原"或"存在"，全然被未来性真理道路所生成而成其为其中的特殊情况。

第 3 节
第一哲学的命运演历（上）：真理提问方式的演化简史之从古典到近代

3.1 从机器人三定律到对称视野下的"提问方式"：理想"人工智能"的假设真的高明吗？

世界科幻大家阿西莫夫曾提出著名的机器人三定律，一种在人工智能跟人类共处的未来时代为避免人类文明被其倾覆之可能而设定的"基石"法则：①机器人不得伤害人类，或坐视人类受到伤害；②除非违背第一定律，否则机器人必须服从人类命令；③除非违背第一或第二定律，否则机器人必须保护自己。

从表面上看，这三大定律是一种人类对于"理想工具"的设想，但是，如果用逆向思维的方法来看，它何尝不是映射了人类对于掌控工具乃至掌控智能的理想本原亦即理想主体的设想呢？首先，对于第1条，机器人不能伤害人类或坐视人类受到伤害，其实映射的是理想本体的那种完全"自律"亦即全然自身存在而不用依赖其他条件的特质，正因它脱离了一切外在联系，因而任何外在的东西的"他律"也就必然无法"伤害"它；其次，对于第2条，机器人必须服从人类命令，其实映射的是一个理想主体或本原必然成其为一切现实因果链条的第一原理或第一因，亦即无可置疑的第一发起者，由此，便成了任何外在行动之绝对律令的来源；最后，对于第3条，机器人必须保护自己，其实映射的是理想本原必定永恒不灭，就如同天然受到宇宙或"神"无限给予的守护一般。

然而，这种与理想工具二元对峙并对其进行绝对掌控的"理想主体"的设想亦即"追问"到底在多大程度上是正确的？换言之，这种对于理想工具与理想主体由之起源的心智或智慧的追问模式是否关乎心智或智慧最高追问模式？如果对这个问题的回答是一种自信的"是"，那么，如今以 GPT-4 为代表的 AI 大模型基本突破乃至轻松突破图灵测试的事实便是给了这种"自信"一记"响亮的耳光"，人类从未料想过跟自身心智平齐甚至超越人类心智的"工具"以一种狂飙突进的发展速度反过来作用于人类文明自身，同样，人类亦从未料想过对于智慧或真理进行追问的问题一旦问出，其"问"之模式亦即提问方式或问题模式就已然决定了人类对于心智模式、世界观模式与意识结构领会的"极限"。通过前边的阐述我们便可知晓，其奥秘正在于"问"本身所对应的第一哲学之元始行动的展开节奏与演化阶段亦即第一哲学命运演历的节奏与阶段，也即"元创世"周期的意蕴与格局。在这里，问题模式或提问方式跟原始行动的相应对称变换、真理的元始尺度以及基本思维定律是第一哲学命运演历相应格局的不同面向。

于是，若我们再次回到"对称"的原初定义，亦即如果事物在某种变化或操作下保持领会结构的"不变性"，那么就可以说该事物在该（对称）变换或操作下是对称的；而把"事物"换成"真理"，我们便可知：在未来性真理道路的视野中，无论用问题模式还是元始行动的对称变换来界定第一哲学命运演历的特定阶段，它必定将直指真理的"领会结构"，而且这种"领会结构"必然自带全息的"基因"，亦即真理之生死——元始行动的自上而下与自下而上两种展开方式的源发特质。具体来说，这种对于真理之领会结构将同时展现为两种"结构"：自上而下之"元创世"所带来的真理或心智整体运行其中的（宏观）心智模式或世界观模式，它也是一种宏观认知结构；自下而上的演化或归源所带来的真理或心智整体"世界"得以构成的（微观）意识结构或直观结构，它正如真理或心智世界的构成单元一般使得演化行动得以凭借它在每一个微观契机中发生。那么，接下来，我们就将以问题模式为切入点，来简要阐述一番人类思想史是如何在第一哲学的命运演历中演变的。

3.2 古典人模型：真理提问方式的第一个发展段落

若以迄今为止的西方思想史为参照，西方文明在探索真理的历程中对于"如何提问"或"问题模式"的系统性发展可大体分为三个段落，这三个段落也可视为西方哲学对于问题境界进行发展的三个层次；但是，若从第一哲学的未来性真理道路（以下简称"未来性"）的视角来看，这三个段落实际上只能勉强归结为两个第一哲学命运演历的意蕴格局，甚或说1.5个格局，或曰一个半真理尺度，因为这三个段落只涉及两个元始行动的对称变换，甚至第二个元始对称变换只完成了一半，为何如此，容我们后边再叙。作为一种对应，西方文明对于"如何提问"或"问题模式"的这三个发展段落大体上可跟西方哲学发展的几大阶段相匹配。而对于相应问题模式的"回答"也便形成了对应的答题模式或回答模式，如果做一个比喻，这些处于答案悬置状态中的"问题模式"之于回答模式的关系，就像量子力学中处于"叠加态"的波函数之于"波函数坍缩"后的本征态的关系，因此，我们也可以把这些针对元始提问方式而形成的回答模式的特定语句称为表征思想尺度或思想境界之源起关系的哲学"本征句"。当然，东方哲学也有相应的阶段或尺度，但东西方哲学如何在此处进行系统比较并非本篇的重点，在此先按下不表。

"如何提问"的第一个发展段落，可大体上对应西方哲学的古希腊哲学阶段，亦即思想史与文明史中的"古典时代"，在这个阶段中，第一哲学命运演历的第一个元始对称变换开始现身。这个阶段的问题模式或提问方式可简要表述为"真理是什么"，其答题模式也可简要表征为"苹果是红的"这般样式，于是，"苹果是红的"就相当于这个问题境界的"本征句"。这种问题模式指向的是古典的本体论思想境域，这种问题模式展示的是使用一种客观思维的思辨方式，通过系词"是"的重要作用来抽象地超越

"真理是什么"中"什么"或"红的"所代表的"感性杂多"，而直抵"苹果"所代表的"共相"，然后再一次使用客观思维的抽象能力将苹果这个"共相"超越性地抵达至唯一存在本体之"彼岸世界"——于是，一个"概念"的建构也就完成了。这就好像我们要在芸芸众生中真正"定位"一个活生生的人一样，我们首先会将这个人从小到大的成长经历所形成的不同形象归结为一个具体的名字，这个"名字"作为一种抽象的符号便是这个经历不同生长阶段的"人"之"共相"；但是，事情到这里还未结束，因为通过这个名字符号来替代一系列的经历叙述会不那么"定位"稳固，因为我们听到或看到的这段经历叙述有可能无法完整反映这个人的真性情，甚至这段经历完全有可能是被构想出来的，这个时候，我们就需要将这个"名字"共相再跟这个"人"之人生叙事的独一无二的"灵魂"进行绑定或定位，这时，这个人之后新产生的人生经历及其可能性就有了跟之前的人生叙事进行比较，进而判断是否归属于"同一"人的判断尺度或真理尺度。于是，"这人是这人"的"同一"认识也就定下来了，也叫同一律认识；在这个句式中，前边的"这人"代表的是存在或本体，亦即"真理是什么"这个问题模式中的"真理"，也即古希腊人寻找到的"绝对"或"不变性"；这个句式后边的"这人"代表的是从感性杂多延伸而来的共相，亦即"真理是什么"这个问题模式中的"什么"，也即古希腊人所认为的尘世经验。因而，从这一个"真理是什么"的回答模式之"本征句"——"苹果是红的"中，我们便可以得到这样一个哲学境界的源起关系，亦即："红的"所代表的"感性杂多"源于"苹果"所指向的共相或存在。

对于这种问题模式的思辨直接导致了西方哲学的诞生，亦即开创了"理性"之先河，故而成其为一整个问题境界。在这种问题境界所引发的认知体系中，哲学是毫无疑问的"王者"，科学和艺术都属于从中派生的学科或领域，在这样的认知视域中，柏拉图甚至认为跟感性打交道的艺术仅仅是对个别事物的摹仿，亦即属于最低层次的认识，反而会扰乱对于在"彼岸世界"中作为最高真理存在之理念的领会。更进一步说，在这种古典认知结构的引导下，感性经验所在之尘世世界其存在必要性是不高的，柏拉图关于世界起源的"巨匠说"正是这一逻辑的产物；根据"巨匠说"，所有尘世事物都是一个宇宙巨匠以神性彼岸的完美的理念或理型为摹本或原型而制造出来的，故而人符合其本质的唯一目的就是通过对于经验判断的审视而"回忆"理念或理型。

实际上，从未来性的视角来看，古希腊人对于"真理是什么"这种问题模式的领会是相当不整体与不完备的，充其量只理解了这个问题模式一半的真理信息量。为何这样说呢？我们将"存在"这种不变性的真理领会换成"对称"的过程再叙述一番，就很容易明白了。古希腊人"存在"的定位或概念的产生过程实际上是连续使用了两次对称，而这两次对称却是同一种对称变换或操作重复使用的结果，因而严格来说这两次对称就是同一种对称变换，这种对称变换或操作便叫作"分别意识"或"分别心"。所谓"分别意识"或"分别心"，就是一种将我与非我、彼与此进行二元分离的心灵变换或心灵操作，在这种变换行动中，就好像总有一种将事物进行我之观察者与"非我"之被观察者遂行壁垒分明地彼此对峙与相待的元始动机，故而也可以把这种对称变换称为未来性视野中之基本思维定律——"矛盾律"。于是，在第一次"分别心"的对称变换中，"共相"这种不变性便从事物的感性杂多中分离出来；在第二次"分别心"的对称变换中，"存在"这种不变性又从"共相"中分离出来而"超越性"地抵达"彼岸"或理念世界。然而，由于"对称"就是变换行动本身，因而，在这两次对称变换过程中，我们就不能把归属于整个对称过程的感性杂多与共相完全"抛弃"，而仅仅认定"存在"这个对称过程组成要素之一就是真理的"化身"，相反，"存在"这种绝对的东西正是在一种经由"分别心"

这个元始对称变换自发导向的囊括感性杂多与共相在内的整体性的认知结构中被领会的，在前文的叙述中，我们把这种古希腊人的认知结构称为古典认知结构，它也是一种宏观视野下的心智模式或世界观模式——古典人模型或古典人模式（如图6）。而又因为这种"真理是什么"的提问方式及其指向的古典人模型都是在"分别心"或"矛盾律"的一重对称中形成的，因而我们便将其对应的元始思想境界归为第一尺度的真理元始尺度，准确来说，是第一尺度的"前一半"。

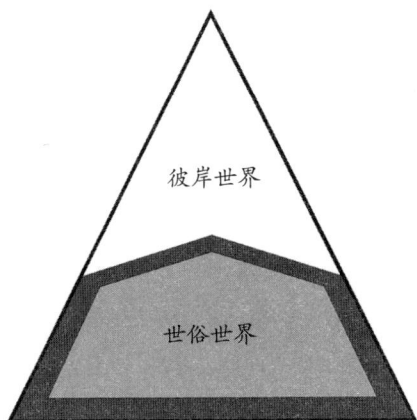

图6 古典人模型

从对古典人模型的认识中我们可以发现，感性杂多存在于最底层的"世俗世界"中，而存在或本体则归属于高高在上的"彼岸世界"，这两者是全然相互隔离的两个大世界，而这两个世界之间的"壁垒"或"界面"便是"共相"之所在。整体模型使用"等腰三角形"的缘由在于提示意识探索的等级性或层级性。而未能把真理领会从一个组成要素归结为整体认知结构的不完备性只是古希腊人的认识缺憾之一，对于西方人来说，古希腊人的另一个缺憾更加"致命",因为正是对于这种"缺憾"的反思直接导致了文艺复兴和启蒙运动的发生。那么,这个"致命"缺憾是什么呢?那就是:"真理是什么"这种追问模式的微观要义完全被轻忽了,也就是说,在古希腊人那里,理性判断的形式联结和感性经验的构成方式没有共同的起源结构,换言之,因果律的本质跟时间与空间没有什么关系,因而,柏拉图的"巨匠说"之"巨匠"和他另一个真理隐喻"洞穴隐喻"中之"洞穴",真的成了横亘在人类心灵演化之路上不可逾越的阴影与深渊,使得必然需要感性直观之积极认知的心灵演化之路也就缺乏了必要的针对每一次(微观)思维的"智慧的阶梯",从而意识的先天结构这个必定由"真理是什么"发问模式生成的"微观"命题在古希腊人那里几近于不存在,毕竟,"彼岸世界"根本无法抵达而只能在对于理念的"灵魂回忆"中超越性地"间接"思维。也可以这样说,基于"矛盾律"的第一尺度在古希腊哲学阶段只完成了前一半,亦即启动某种"不变性",而"后一半",亦即对于这种"不变性"所在的整体心智世界的元始构成,还未找到。

3.3 理性人模型:真理提问方式的第二个发展段落

"如何提问"的第二个发展段落,可大体上对应西方哲学的近代哲学阶段。这个阶段的提问方式或问题模式可简要表述为"我认为(的)真理是什么"或"我如何认为真理是如此?",其回答模式也可简要表征为"我认为苹果是红的"。这种问题模式的系统性起源便是法国思想家笛卡尔的"我思故我在",亦可简称为"我思",因此,第一尺度之"后一半",亦即"我思"之思想境界所对应的"本征句"便是"我认为苹果是红的"。如果说代表第一个问题境界的柏拉图对于艺术的态度,直接反映了这种问题境界所派生出来的世界观和根本知识对于人类感性经验所在的"尘世"不屑一顾,而只"醉生"于存在或"神性"所在的不可积极认知的理念彼岸,那么，笛卡尔的"我思"则彻底将由"我"出发的经验作为认识真理的根本出发点，甚至将对于"神"的认识也纳入到了"我思"的领域中。对于这种提问方式的系统性思辨和阐发也直接导致了哲学认识论与近代科学的诞生，同时，"艺术"或"美学"这种高感性知识的学问作为一门独立的学科也是在这个阶段中获得其在理性主义知识谱系里的位置的。这种问题模式的最大特点，便是通过"我思"将人类探索心灵与世界的过程"区分"为一个又一个经验区域或经验焦点（所在视域），进而期望通过将这些经验区域和焦点联结起来的方式通达最终真理"我在"，这也便是通常意义上的心物二元论或主客二元论。由此，从哲学认识论之"我思"所对应的"本征句"——"我认为苹果是红的"中，我们便可以得到这样的一个思想境界的源起关系，亦即："红的"所代表的感性杂多源于"苹果"所代表的共相或存在，而"苹果"所代表的共相或存在则源于"我认为"所代表的"我思"。

于是，经由如此方式划分出来的经验区域或经验焦点也便直接导致了近现代诸学科的大爆发，也即我们如今所熟知的自然科学、社会科学与人文科学诸学科的由来。在如斯问题模式的认知视域中，只要人类的经验发现了一个新领域，则必定会有一个学科乃至新学科的知识与之相匹配，毫无疑问。同时，经由"我思"引发的这个问题境界，也导致了人类对于真理认识所在的"我"的心智模式或人性模型的同步表达，正如经济学对于"理性人假设"的阐发，我们可称其为"理性人模型"（如图7）。

从"我思"带来的这种问题模式所划分出来的诸学科，必然会产生系统性的学科边界，这是由"我思"背后的心物二元论所必然决定的。因而各个学科的"学科导论"必定会首要阐述该学科的研究范围、研究方法和研究目标，这便是典型的使用理性主义哲学的思维划分知识边界的方式，也即在这种问题模式中"我如何认为真理是如此"的"我如何认为"的直

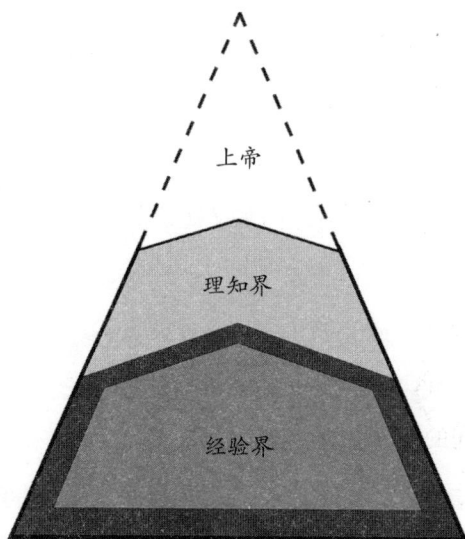

图 7　理性人模型

接表征。然而，在如今，人们愈来愈发现：从"我思"出发"分工"出来一个个经验区域或经验焦点，亦即数量繁多的诸学科知识之后，欲求触及最终真理而将它们整体联结起来的过程却出现了重大的麻烦与困境；原本从这个问题境界出发而暂时"分工"出来的知识边界或学科边界逐渐变成了一种绝对的知识壁垒或学科壁垒，有了"壁垒"则必将阻止"联结"，如此下去则"最终真理"将无处安放乃至不可触及。由此，才有了"艺术、哲学与科学"的广谱跨学科需求，从这个问题境界的视角看来，这也便是如何打破经验、知识之壁垒而联结成经验整体或知识谱系之整体以触及最终真理的内在需求，但是，这样的追求真理的更深需求却已是这个问题境界所无法满足的了。

　　从未来性的视角来看，从"我思"出发而得出的这个问题模式，亦即"我认为（的）真理是什么"，其最终得到的"绝对不变性"依然是一种"存在"或理念，康德也把它叫作"物自体"，本节开头提到的阿西莫夫机器人三定律所映射的"理想主体"也正是在这个问题模式所生成的认知结构——理性人模型中得到完全确认的。而这个"理想主体"是怎么来的呢？那就需要来看一看将理性人模型中的真理领会换成对称过程的叙述了。实际上，从笛卡尔的"我思故我在"这句思想箴言中我们便可发现，"我思"的问题模式依然是使用"分别意识"或"分别心"这种对称操作来进行真理探索和领会的，在其中，我与非我、主体与客体进行了完全有意识的二元分离与对峙；同时，这个过程中同样使用了两次对称，只不过跟古希腊哲学所不同的是，这两次对称是倒过来用的，也就是说首先在分别心的意识操作中通过"共相"超越性地得到"物自体"或理念存在，而后再基于共相的"分别心"构成 – 综合而得到经验。具体来说，在近代认识论的最高峰之康德先验哲学那里，知性判断的形式联结得以成立的先验范畴跟作为感性直观先天形式的时间与空间都拥有同一种先天意识结构，亦即在前边论述康德时间观时提到的"图型"，也即意识的"先天格子"——康德证明：人的心灵不是一块"白板"而是先天"格式化"的；于是，人类的直观活动先天就是综合的，也就是说我们看到一个人总是会先行把他归为还未"命名"的某种共相，譬如具备某种气质、某种范儿的生命可能性的角色，然后再把名字及其背后的一系列人生经历在时间与空间跟先验范畴的"先天格子"的构成活动中生成的经验叙事指认到这个"共相"上。再比如我们也许会看到各种马，例如白马、红马、黑马、汗血宝马等，但我们其实在认识不同种类的马之前就已经先行在意识中构造综合了"马"这一种生物的共相，所谓的白马、红马、黑马只不过是在这种共相基础上经由时间与空间再构成而得到的东西。而正因为这种"先天格子"的"图型"在哲学中的发现，第一尺度中作为"构成作用"之基本单位的"后一半"才得以完成，因此，虽然同样是经由"分别心"之矛盾律的一重对称而得来的，"我思"所指向的元始思想境界便同样归于第一尺度，但是，我们会把它看成是第一尺度的成熟。

于是，在康德那里，这对于真理领会的两次对称变换是相当结构性的，就好像有某种自上而下的"生成"力量让"分别心"的对称行动先在心灵中画下了先天的图型，而后再由此实现对于"我思"的主体与存在的领会，以及对于经验的构成，由此，在整个对称过程中所"生成"的经验界与理知界便都在一个整体结构中进行认知了，此认知结构便是理性人模型。从而，只有在理性人模型的认知结构中具备这样的（画出）先验图型能力的主体才是"理想主体"，同时，时间与空间的纯粹直观亦即先验范畴的纯粹概念便都拥有了同一种意识结构，亦即时间与因果律得以遂行其上的充分展现"矛盾律"的线性结构。故而，"真理是什么"这一个问题模式的完整对称变换在这里才得以完成，也即第一尺度终于在此处走向成熟。就此而言，后来的法国哲学家德里达所说之代表传统真理道路与真理态度之"存在神学"也在这里实现自洽。

可以说，"存在神学"算是一种对于传统真理道路的"哲学本质"的相当实诚的概括，对此，我们可以以西方哲学几个比较著名的相关思想箴言为例来简要阐析一二。在西方，关于"哲学的本质"的理解，比较有名的是苏格拉底的三句格言和康德的三个问题。苏格拉底的三句格言是：第一，"认识你自己"；第二，"不经过审视的生活是不值得过的"；第三，"我知道我自己的无知"，亦即"自知无知"。而康德对此提出的问题也有三句话语：第一句："我能够知道什么？"第二句："我应该做什么？"第三句："我还应该希望什么？"他把第一个问题归于思辨哲学或理论哲学，第二个问题归于实践哲学或道德哲学，第三个问题则归于形而上学或判断力本身的理论，于是对它们的解答也便书写成了著名的"三大批判"：《纯粹理性批判》、《实践理性批判》和《判断力批判》。现在我们便明白，它们实质上都归属于"真理是什么"这一种基于"分别心"对称变换的问题模式。

例如苏格拉底的三大格言就迄今为止哲学思辨的整体表现来看，实际上可以进行如此转化：第一，"认识你自己"，实质上是在"分别心"的对称操作中将自己当作一个客观存在对象来用经验联结的方式认知；第二，"不经过审视的生活是不值得过的"，实质上是在"分别心"的对称操作中将生活当作一种外在的存在，而需要用主体的思维来进行思辨与分析；第三，"我知道我自己的无知"，亦即"自知无知"，实质上是在"分别心"的对称操作中将知识本身当作一种客观对象的存在，而要试图让自己的思维经验与知识保持一致，以穷尽对自身经验来说"暂时无知"的知识，然而现在我们知道，若不回到对称意识本身，知识的本体便无法积极触及。而康德的三个问题也同样可以如此解读，首先，"我能够知道什么？"，即我怎样从"我思"出发的"分别心"对称变换中领会到怎样的认知结构（理性人模型）中的本原性知识；其次，"我应该做什么？"，即在从"我思"出发的"分别心"对称变换中将实践领域所对应的理知界跟理论认识所在的经验界二元分离后，在如此认知结构中的"行动"会有怎样的原则和性质；最后，"我还应该希望什么？"，即我必然希望在从"我思"出发的"分别心"对称变换中将理知界的"德"和经验界的"福"结合在一起，而拥有一个最高的起源，它会是什么？无论这些问题怎么回答，都绝然无法摆脱其第一尺度之认知边界。

然而，康德留下的问题跟他取得的成就同样多，他简略提出的"先天想象力"正是对于"分别心"的对称变换拥有某种更大的起源的一种直觉论述，但是他的推演亦到此为止；同时，即便展现了"分别心"对称的某种结构性的特质，但是，西方哲学之认识论通过"我认为（的）真理是什么"的问题模式所得到的真理依然是一种第一哲学之传统真理道路的"本原"，它最后所得到的"一"，仍然是通过"矛盾律"的对称意识得到的

"同一"，所以，完全通过认识论或理性人模型来施行广谱跨学科操作就是一件超过其能力边界的事而太过"勉为其难"了。故而，才有下一个问题模式的启始与发生。

第4节
第一哲学的命运演历（下）：真理提问方式的演化简史之从当代到未来

4.1 信息人模型：真理提问方式的第三个发展段落

"如何提问"的第三个发展段落，可大体上对应西方哲学的现当代哲学阶段——一个未完成而正在进行中的哲学阶段。这个阶段的问题模式或提问方式可简要表述为"在我认为中我认为真理是什么"或"在我认为中我认为真理怎样是？"。由于系词"是"在西方哲学体系中的独特作用，德国思想家海德格尔也把这种问题模式简化为：真理或存在怎样是？于是其答题模式也可简要表征为"在我认为中我认为苹果是红的"或"苹果如此这般展现或生成为红的"——这也便是这个问题境界的"本征句"。这种问题模式的本质是将被笛卡尔奉为"第一哲学"的"我在思"推至一个更深的基础"在我思中"，亦即"我在思"的更深本质不是一开始便"我与物"二元分离的从我发出的"思"，而是它们二元分离前的一个更先行状态"我在思"。海德格尔把这种先行状态的存在领会称为"在……之中"的逻辑建构，其对应物便是"世界意识"，我们也可称之为"场域意识"或心灵的"场域焦点"；后来，海德格尔甚至把这种问题境界的领会直接跟"诗意"或"诗性"等同，并将这种先行于传统的存在者的本原存在称为"此在"。那么，我们立刻便可以发现"艺术"在这个问题境界中的重要作用甚至统领作用。正因为这个问题模式的天然特质便是追溯与探索人类经验或知识形成二元边界或壁垒"之前"的那种谐同状态或统摄状态，因而，我们完全可以说，"谐同意识"或"谐同心"正是这个问题模式背后的元始对称变换，亦即"可能生成"之元始行动所对应的二重对称，所以从这个问题模式开始，第一哲学的命运演历便真正进入了第二个演化格局，亦即第二尺度，它所对应的基本思维定律即为谐同律。由此，从第二尺度之本征句"在我认为中我认为苹果是红的"中，我们便可以知晓下边诸思想境界的源起关系，亦即：

"红的"所代表的感性杂多源于"苹果"所代表的共相或存在，而"苹果"所代表的共相或存在则源于"我认为"所代表的"我思"，而"我思"则源于"在我认为中"所指向的"世界意识"或"场域焦点"。

而从未来性视角出发，跟康德一样，海德格尔对于真理的领会同样很结构性地动用了对称变换，亦即在谐同心的对称变换中使得"存在"的领会结构保持不变，这种"领会结构"是一种让传统的世内存在者天然"升维"至世界意识本身之"此在"的认知结构，同样也可以说，"此在"于诸可能性展开的生成行动中自发涵盖了存在者得以实现的根据。因而，在这种认知结构中，此在的世界意识跟存在者所在的现成的世界之间没有"硬边界"或绝对"壁垒"，从而形成了一种典型的非线性认知结构，我们可以称其为——信息人模型（如图8）。为何叫信息人模型呢？那是因为从这个问题模式所开启的思维境界伊始，事物的"存在状态"就已经不是主要聚焦于现成在场的实在性或确定性了，而是聚焦于可能性，准确来说，是思维向可能性得以展开的生成行动"开放"或"敞开"，而遂行于可能性之开放领域的心灵状态或事物状态便是"信息态"。从实在性到信息态，便是真理从第一尺度到第二尺度的演化。根据香农的信息论，信息之所以为信息，正在于对于不确定性的消除——这是一种典型的对称行动，当然，这里的不确定性实质上指的是相对于观察者的预期而言的可能性的耗散状态，亦即信息熵；这里的"消除"也不是一种简单的使其"不存在"的减除或毁灭，而是一种在某种意识对称操作下让耗散的可能性瞬时收敛。于是，信息的本质便可以用对称逻辑表述为：观察者预期和可能性耗散状态之"差异"亦即信息熵，在谐同心的变换或操作下收敛为"差异之差异"从而保持其领会结构不变，所以，信息也被视为"制造差异之差异"。因此，信息得以建构的对称操作便跟这个问题模式所对应的元始对称变换是一致的，故而，我们便可将海德格尔从这个问题模式出发而领会"此在"的认知结构称为"信息人模型"。关于香农信息论的更为详尽的未来性阐释我们放在本书第五卷中进行，在此便暂且不再赘述了。

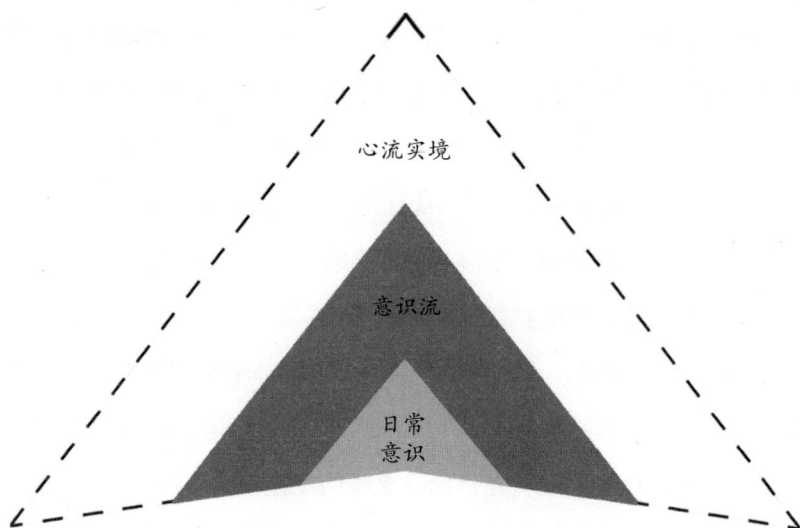

图 8 信息人模型

在上述信息人模型中，我们可以看出，位于模型中最底层的便是"日常意识"，亦即在海德格尔所说流俗时间或机械时间中展开的现成在场之存在者所处的意识层次；在此之上，便是在存在者得以生成之前而先行展开的世界意识，它必然呈现出将所有存在可能性谐同在一起的整体动态，于是我们也可以简称为"意识流"层次，实际上，意识流也便是对于存在样式进行组织的生命叙事——广义的"英雄之旅"，从而世界意识也便是一种处于情景展开中的叙事世界；而在此之上的最高层，按照海德格尔的说法，便是世界意识向来如其所是而向自身敞开的那个"本原"——此在，它实际上亦是意识流之生命叙事的整体意蕴，形象点说它正如进入生命叙事之高潮的心流状态，亦即只专注于"生成"行动本身而从世界的因缘联系中"脱离"或"升华"的那个状态，故而称之为心灵实境或心流实境。正是在将生命的叙事世界的意蕴谐同凝练为一的叙事高潮之心流状态中，事物作为本真的物自体才真正地积极现身，这种本真的现身行动便是"澄明"，而不是像康德在理性人模型中所构想的那样使得存在于理知界的"物自体"全然变成不可积极认知的消极对象；从实质上来讲，这种让物自体作为自身出现的"澄明"，正在于存在者在世界意识中转化为承载存在样式诸可能性之生命叙事"角色"在其高潮状态中跟叙事世界整体意蕴谐同为一，就如同自身向世界开放之际而消弭了主体与客体、我与非我、理性与感性的二元边界从而全然向自身开放，故曰：澄明，海德格尔也称之为无蔽状态的敞开。同时，我们在心灵实境的谐同对称中领会到的那个"一"，已然不能叫作基于排他性的矛盾律而得到的"同一"，而升级为在第二尺度中的"谐一"；对于"谐一"的"一"而言，我们已然不能用单数或复数来形容它，因为单数或复数的这种"数"的描绘与运算所仰赖的意识形式，跟"谐一"中"一"的"数"的递归所凭借的意识结构完全不同，传统数学运算的交换律与结合律等基本运算法则也已不再适用，正如我们无法把一幅画的"境界"跟另一幅画的"境界"简单相加一样——这完全是不同的非线性运算与递归。

从信息人模型中我们亦会发现，这个模型的各个组成部分之间没有使用"矛盾律"来构建的绝对边界，而呈现出一种"维度"自然交互与递增，而问题在于"维度"是一种新的真理尺度——第二尺度的载体，但是它从来没有在既有的哲学逻辑中被严格阐明过，这便让如海德格尔这样的西方当代哲学家全然错失了重塑世界观或宇宙观的重大机会。事实上，"维度"的逻辑阐明有且唯有在最后一个问题境界所对应的最高思维定律——合一律那里才能完成，在本书接下来的第三卷中，"维度"（层次、次元、格局）被阐述为创造受限之程度的逻辑表征或心灵表征，同时，维度也是在这一个问题模式所导向的"微观"意识结构——时间性的起源结构中才能得以积极觉知和直观的对象。在第一章中我们提到了把超对称数学方法跟弦论结合在一起而诞生的理论——超弦理论，作为宇宙大统一理论的最佳候选者之一，其对于宇宙真实结构的 11 维度基本设想正是以"维度"作为基本尺度而建立的，然而超弦理论的维度还是在大体遵循线性时间观的基础之上而构想的物理维度；但是，基于"真理怎样是？"这个问题模式而生发出来的真理尺度早已不拘泥于时间与空间而开始聚焦于时间性的起源结构本身，就连超弦理论 11 维度被运算出来的关键数学步骤之一"自然数之和等于 −1/12"也在不经意间"无意识地"运用了时间性起源结构的思维递归机制；因而只有在此基础上演绎而出的"维度"才是深深浸润在心灵更大直观天性中的"维度"，亦即最本质的那个"维度"——本真"维度"，可以这样说，一切被称为维度、层级、格局与次元的东西都必然起源于它。因此，以此本真维度为基本单位或基本尺度来建构的宇宙结构才是更本质意义上的革命性宇宙观——亦即宇宙大统一理论所"憧憬"的那种全息自洽的宇宙体系。

所以，正如前文所述，西方文明只完成了一个半第一哲学命运演历的格局，其原因也正在于此：在第二尺度的元始对称变换的真理领会结构中，只触及了"宏观"面向的心智模式——信息人模型，而"错失"了

"微观"面向的意识结构，亦即作为时间性起源结构之先天的意识结构，若没有这种先天意识结构的觉知作为基础，任何心灵的更大的积极演化动作和积极反思动作都将失去其天然"阶梯"。也可以这样说，若从真理的元始尺度的定义来看，西方文明的问题境界之探索仅仅抵达了第二尺度的"前一半"，亦即启动了一种更高的趋向于无限与绝对的"不变性"——世界意识或"此在"，而对于第二尺度的"后一半"亦即通过构成作用回到自身所凭借的"元始构成"——先天意识结构的层面却并未抵达。颇具"戏剧性"的是，西方文明在第一哲学命运演历中不擅长之处，恰恰是东方文明建构自身原生文明基因的"起点"，无论是老子的"阴阳冲和"、儒家中庸的"致中和"，还是佛学的"能所识"抑或印度哲学的"梵"，都是对此先天意识结构的思想演绎，上帝他老人家似乎给人类设计了一个文明演化的"关卡"，突破这个"关卡"的几把钥匙早已给予了人类，只不过分散在了东西方，面对此第一哲学命运演历亦即"元创世"的演化"关卡"，只有人类有意识地以命运共同体的方式真诚地联合起来而集合这几把珍贵的演化之匙，才能够作为一个文明整体来"通关"。至于这个先天意识结构之"构型"的奥秘到底是什么，这方面的系统内容将放在后续第三卷中进行阐释，我们在这里暂且按下不表。

这个问题模式所对应的元始对称变换亦即第二尺度只完成了"一半"的"后果"还不止于此，因为真诚地接纳第一哲学之真理道路转变的关键心灵区域恰恰是这未完成的"后一半"。即便已然进入这个问题境界中，但是海德格尔的"怀乡病"依旧浓厚得很，这从他依旧把这种新发现的真理尺度命名为"此在"的存在就可以看出来，他仍然死死拽着源自古希腊的西方哲学本原传统不想放手，以至于后来的法国解构主义哲学家德里达对此评论道：

（延异）将没有唯一的名字，即使它是存在的名字。我们必须不带怀乡病（nostalgie）地思考这一点，……我们必须笑着舞着确认这一点。从这种笑与舞出发，从这种陌异于任何辩证法的确认出发，怀乡病的另一面，我称为海德格尔式的希望，就成问题了。[①]

德里达正是一位真诚地发现第一哲学之未来性真理道路的西方哲学家，他的"延异"思想认为人们通过传统方法确认的任何在场的"本原"都弥漫着一种不可还原的二元差异，而在此之前一种更大更古老的心灵元始行动早已经先行逝去了，所以前边这些在场的"本原"都是一种被这种更大的心灵元始行动所生成的延迟的差异，故曰"延异"。虽然德里达发现并确认了这一条非本原的元始真理道路，但是他的思想进展也到此为止了，而并未真正揭示"延异"背后的意识先天结构的"构型"奥秘，这从他视这种结构为一种超越理性理解能力的"拓扑局面"就可以看出，毕竟，既然是"超越理性的理解能力"，那便超越了他自己的能力所在了。若从另一个方面来进行验证，由美国物理学家约翰·惠勒提出的著名实验——量子延迟选择实验，简称延迟实验，这个思想实验的叙述内核在相当程度上跟德里达的"延异"是同构的，但很遗憾的是，迄今为止，德里达与惠勒所代表的解构主义哲学与现代物理学双方之间从未发生过任何互相启发、互相诠释的活动及成果，可见现代科学尤其是现代物理学对于传统的哲学体系是多么"失望"。而对于德里达学说的详细阐释则将放在本书第四卷中进行，此处亦不再赘述。

西方文明对于"真理怎样是"的第二尺度问题模式之领会只完成了"一半"的行为还有另外一种"后果"，这种"后果"更加"致命"，它将

---

① Jacques Derrida, Marges de la philosophie, Paris: Les Editions de Minuit, 1975, c1972: 29.

导致西方哲学对于作为哲学信仰的"终极整体"的探索与直观认知进入一种绝对消极的状态，而这也是现代科学尤其是现代物理学最不能"容忍"的一点，因为科学之为科学从来就在于必须通过积极而稳定的经验"观测"来体察终极真理，正因如此，才会有宇宙大爆炸理论的出现以及大统一理论的设想。那么，为什么说西方哲学会认为对于"终极整体"的积极认知是不可能的呢？我们还是可以从海德格尔的相应观念窥其一斑。前文提到，由"真理怎样是"这个问题模式出发而得出的认知结构——信息人模型的最高层即为"心灵实境"，在海德格尔那里它是一种物自体作为自身存在而无条件敞开的在场现身状态，也即在康德那里无法被认识的"存在者"在更大的真理视域中真正向自身开放而"去蔽"的澄明状态。按照海德格尔在《林中路》中的比喻，这就像密不透风的黑森林中被一束光照亮了一块空地，故曰"澄明"（lichtung），而这种"澄明"的空地也如同在漆黑一片的森林中照亮了的路，故曰"林中路"。因而，在信息人模型之心灵实境的"去蔽"的澄明状态中，存在者终获不被任何世界联系所羁绊的让自身作为自身出现的"让－存在"的自由。然而，在其中，存在者之自由的总来源，亦即"去蔽"的存在者身处其中的那个存在的终极整体——作为最终"本原"的唯一者却无法敞开而必然"遮蔽"，从而展现为一个不可公开的秘密。也就是说，尽管存在者作为自身出现的那一块的林中"空地"是被照亮的，但是，作为存在者自在存在于其中的那个整体亦即"密不透风"的黑森林，却是必然身处"黑暗"而遮蔽着。对此，海德格尔叙述道：

恰恰是各个行为中的让－存在让它对其有所作为的存在者存在，从而揭示（去蔽）了这一存在者时，它遮蔽了存在者在其中的整体。让－存在本身同时就是一种遮蔽活动（Verbergen）。在此在的生存自由中，发生了存在者在其中的整体的隐蔽（Verbergung），这就是遮蔽状态。[①]

根据上文所述，存在者在获得"让 – 存在"的无条件的去蔽之自由时，存在者在其中的整体却必然隐蔽为一个不可公开的秘密，从而无法被积极认知与把握。照亮了一个就要"拉黑"另一个，这真是西方哲学本原传统的"宿命"。为何如此呢？究其原因在于：海德格尔对于"真理怎样是"这个问题模式的理解正是以"在……之中"的思维建构为逻辑原点，正如上文中所述"存在者在其中的整体"，亦即"存在者在整体中"，而第一哲学之传统真理道路的本原思维也就必然对于"在……之中"的思维建构主导性地关注"……之中"，也即总要为"– 之中"配置一个"本原"的东西，而在这个思维建构中，"在……"又是天然在先的逻辑程序，因而，当一个存在者因"去蔽"而执掌"在……"的逻辑权柄时，处于"……之中"的整体也就必然因逻辑行动程序的靠后而非本原化地失去本原行动焦点的权柄，因此，"去蔽"的存在者与"遮蔽"的整体也就必定处于一种非此即彼的行动"鸿沟"中，在这样的思想"鸿沟"里作为自由之信仰的终极整体也就进入消极区域而无法积极直观了。

于是，我们总是可以在这种非此即彼的行动"鸿沟"中看到本属于第一尺度之"矛盾律"的影子，但因"去蔽"而澄明的行动却早已经在未来性真理道路的第二尺度了。也正因为如此，"信息人模型"的最高层次"心灵实境"也便"暂时"呈现为"虚线"，其表达的便是第二尺度只完成一半的"存在整体"被遮蔽的情况。但是，对于这个关乎哲学之信仰的"致命"问题之解决倒也简单，因为若我们真诚地将意识焦点贯注在第一哲学之未来性真理道路上，亦即以元始行动作为真理的主导形态，那么，为

[①] Heidegger, Martin, Vom Wesen der Wahrheit. Vierte Auflage, Frankfurt am Main: Vittorio Klostermann, 1961, S.19.

"在……之中"配置一个"本原"的做法也就不再必要，我们只需要简单地聚焦于"在……"的生成行动里，这个思维建构也就不再需要一个"存在者"来执掌逻辑权柄地"被澄明"，因为"在……"就是照亮黑森林的光束之"光子运动"本身。至于存在者在其中的那个"整体"，与其说是相对于这束光的照亮而"遮蔽"，不如说它是这束光量子的粒子态运动源于其中的"叠加态"，亦即作为"谐同心"来源的终极对称变换——作为三重对称变换的创造行动的"元创世"状态本身，而在"元创世"中，一切皆为全然向心灵直观敞开的光明——全息的观照与觉悟。所以，基于第二尺度之"让-存在"的自由并不是终极的自由，因为自由的来源无法"观"故而无法"全息"。那么，终极自由的关键在何处呢？那便必然要通透意识的先天结构实现心灵的最终演化，正如佛学的《般若波罗蜜多心经》第一句话："观自在菩萨行深般若波罗蜜多时……"观自在菩萨的"观自在"才是对于终极自由和终极整体进行领会的要义，"自在"若无法"观"便不得自由。

此外，从"真理怎样是"这个问题模式出发进行思辨，我们还会发现当今自然科学的前沿领域亦基本落在该问题模式的认知视域中。譬如爱因斯坦的相对论，无论是狭义相对论还是广义相对论，都对过去经典物理学的二元分离之绝对时空观进行了整合性的一体描绘，他的广义相对论的核心则干脆命名为时空引力场方程；从问题模式的视角来看，其中的时空场的追问方式也即是"在……之中"的逻辑建构。当今量子力学的"量子"概念，尤其是作为其核心内涵的量子叠加态，其问题建构方式无论从哪个方面来讲，也必定是一种追溯二元分离的"本征态"之前的"量子场"的场域意识，亦即真理在"是什么"之前的"如何是"的问题建构。如今风行世界的人工智能科学，其朝向通用人工智能AGI"涌现"的核心问题架构，同样追问的是如何超越机械二元论或机械二进制的限制而实现更深智能层次的问题建构，亦即先行于"我思"之二元性的"在我思中"的问题建构。此外，同样在近期流行于科技界的"元宇宙"主题，其"元宇宙"之"元"也不是一种简单地跟现实世界二元分离的虚拟世界的"超验"之义，而更指向一种对于谐同物理世界与虚拟世界的"更深现实"的探索与追求——这同样表达的是一种真理"怎样是"的问题追思。不仅如此，至于当代哲学思潮的存在主义、结构主义、解构主义、分析哲学、直觉主义乃至马克思主义等思想流派，以及当代语言学、修辞学、社会学、心理学、复杂性科学、生命科学等领域的重要的前沿进展，也大都是从这个问题境界出发所得出的结论。所以，当今世界学术前沿之广谱跨学科的思想方法论建构的"基础"，无论如何都需要以这个问题境界的认知视域作为"起点"。

4.2 全息人模型：真理提问方式的未来演化阶段

那么，接下来，"如何提问"的第四个发展段落，亦即第一哲学命运演历的第三个演化格局或者真理演化的第三尺度，也便没有了西方哲学发展阶段可以对应，但是，这并不代表没有人类哲学演化阶段可与之对应，因为如今正是人类文明紧密革新中的未来性哲学之演化阶段。而正如我们在第一章第一节就曾提到过的，两种真理态度的区分甚至可以迥异如两种真理学说的区别，因而，鉴于传统真理道路之哲学实质上便是一种"存在神学"或"本原神学"，我更愿意把这种正在革新中的未来性哲学称为朝向下一代哲学的"元学"——是不是"元学"这个名称并不重要，重要的是它代表的是一条新的元始真理道路的新一代哲学，这是哲学"代际"的演变，而非哲学"派别"的区隔。同时，就未来性真理道路中的第一哲学不再是一门跟其他学科并驾齐驱的"学说"而成其为一种内化的心灵与意识基因而言，这种心灵与意识基因的演变也意味着涉及人类文明全部学科的知识谱系必将发生重大变革，无论人文、艺术还是科学概莫能外。于是，未来性哲学的演化也就必然紧跟着人类学术朝向下一代知识谱系的变迁，毫无疑问。

由此，这个阶段的问题模式或提问方式可简要表述为"向来怎样如此这般如在我认为中我认为真理是……"，亦即"真理（如来）怎样如此这般如其所是？"或"向来怎样如在我认为中我认为真理怎样是？"。它的回答方式与其提问方式是全然同构的，亦即：真理向来如此这般如在我认为中我认为苹果是红的，抑或真理向来如此这般如苹果如此是——这也便是第三尺度之"本征句"。这个问题模式或问题境界所对应的元始对称变换是一种三重对称变换，也即双重自指的变换，而它对应的元始行动则是作为创造行动本身的"无限可能生成……"，因而它所指向的是一种"可能之可能"与"生成之生成"，于是，它的问题模式实质上已经不再聚焦于"怎样是"的可能性与生成行动跟"是什么"的实在性之上，故而，此第一哲学命运演历最终格局的问题模式亦可简化为：向来怎样如……？"向来怎样如"便是"如来怎样如……"，简称"如来"。"如来"便是作为佛学最高觉悟之"如来藏"，亦是道家"非常道"之"道"，也即印度哲学的"梵"，也即超个人主义心理学家肯·威尔伯在《意识光谱》中总结的"大心境界"。就最高思维定律"合一律"而言，"如来"便是"合一"，"合一"便是谐一之谐一。

由于这个问题境界所对应的元始行动正是一种终极对称变换，相对于第二尺度的"谐同意识"或"谐同心"，我们唯有将这种终极对称变换称为"大同心"或"合一意识"，因而它的认知结构只能"勉强"呈现为将前边全部四个哲学演化段落的认知统合，亦即以维度建构的方式的认知统合，故可称之为"全息人模型"（如图9）。又因为全息是"周易"的现代版本，故而"全息人模型"也便是"周易模型"。我们在接下来的第三卷中将会看到,"周易"背后的先天八卦图正是"全息人模型"的心智运算与思想演绎版本。如果说上一个问题模式亦即第二尺度的问题境界将使得艺术、哲学与科学打破边界而顺畅自发地跨学科交互,那么,这一个问题模式或问题境界就将进入艺术第一性、哲学第一性与科学第一性全然融合为一的认知视域。

图 9 全息人模型

　　然而,将这个问题境界指向一种心智模型,依然是一种真理并未演化至终极的受限状态,按照佛学的说法即为一种"着相"状态,虽然这个"相"的等级比较高,恰如《金刚经》所说"我相、人相、众生相、寿者相"之"寿者相",但还是一种"相"。在其中,心智模型的存在也就意味着传统真理道路的"本原性"痕迹并未完全清除干净,也就是说还未完全聚焦于终极对称变换的"终极"本身,亦可以说第三尺度仅仅完成了启始某种绝对的"前一半",而非进入到元始构成而回到自身的"归源"的"后一半"。如果要真正进入到第三尺度的"后一半",亦即成其为不受限的创造行动本身,抑或定入心无挂碍而不着相的觉悟本身,那就需要将意识的先天结构进一步演化至"无漏"状态，正如佛学觉悟而得到的那种心灵观照能力——大圆镜智，既为"大圆镜智"便是只安心于终极对称本身而绝不会被"对称"的内容所扰。而这种跟意识先天结构结合在一起的心智奥秘便是本书后续章节将要讨论的内容了，在这里仍需暂且按下不表。于是，此第三尺度之"本征句"——"真理向来（如此这般）如在我认为中我认为苹果是红的"，我们从中得到的思想境界之源起关系便是：

"红的"所代表的感性杂多源于"苹果"所代表的共相或存在，而"苹果"所代表的共相或存在则源于"我认为"所代表的"我思"，而"我思"源于"在我认为中"所指向的"世界意识"或"场域焦点"，"世界意识"或"场域焦点"则源于"真理向来如"所指向的"合一"或"全息"。

4.3 从未来性问题境界看人工智能的时代危机

在本章的最后，我们便以未来性的全息视角再来简要回应一下本章第3节开头根据阿西莫夫机器人三定律而导致的人工智能危机问题。要智慧地回应这一个问题，我们更应该用逆向思维的方式，聚焦在这个危机问题的"反题"之上，亦即：不被人工智能大模型所替代的心智更深禀赋是什么？而要回答这个问题，则可以关注以下三点：

1. 现今人工智能大模型的学习方式，主要还是基于第一个问题模式亦即"真理是什么"的从符号到符号的方法，当然，人工智能学习的数据库是世界性的人类活动提供的，也就是说必定加入了非常多的"我思"的建构要义，亦即第二个问题模式"我认为真理是什么"的心智领会要义，因而，它才会愈来愈等同甚至超越"理性人模型"的认知方式及其能力。同时，又因为当今输入给人工智能学习的"数据库"的量级和质量扩增成世界级的，因而当今人工智能的能力也便带有了一些"世界意识"而触及第三个问题境界，亦即"真理如何是"，因此，现在的人工智能大模型譬如

123

GPT-4能够通过以前两个问题模式为设计基础的"图灵测试"也就不那么奇怪了。

但是，无论进化至怎样的算法、被"投喂"怎样量级的数据，人工智能"从符号到符号"的底层学习方式是不会变的，而与此不同的是，人类的认知方式却是每一个语词必然要跟客观现实的直观事物相对应的"能指与所指"联合的方式，其中的关键不在于符号的能指怎样跟现实的"所指"相联结，而是这种"联结"的本质是一种自指机制的"意向性"建构，它本质上源于第三个问题模式"真理怎样是"的"后一半"，亦即第二尺度的"后一半"——意识先天结构，而这便是人工智能怎样学习和进化都无法抵达的问题境界，这全然是一种遂行未来性真理道路的心灵演化微观视域，人工智能的传统真理道路的"本原性"基因太过牢固，是无法抵达这个问题境界或真理尺度之境界的。简言之，人工智能的心智形态可以是一种这样那样的"本原"而绝然无法成其为创造行动本身。

2. 人工智能的演化智能的信息效率无法超越"光速"，这是由人工智能的硬件所凭借的主要基于第一尺度之物理定律尤其是线性时间观所决定的，然而，正如前边所述，宇宙的真相可不止唯一的这一层，在第一哲学命运演历的不同格局中宇宙的"真相"或者宇宙的结构将呈现出截然不同的面貌，这是因为宇宙得以观测与构成的直观尺度或基本单位必将发生重大转变。

因而，人的心智是可以超越"光速"的，准确来说，是有意识地在心灵直观中觉察和运用"光速"得以建构自身的自指机制之时间性的起源结构，来超越光速。时间性的起源结构，也便是第三个问题境界的"后一半"所指向的意识先天结构，它全然是一种非线性的感知架构，故而可以使用不拘泥于时间与空间的更深心智禀赋与感知天性"轻松"超越光速。因而，这考验的是人类朝向创造行动的心灵演化之"修行"效率与深度，而不是跟人工智能去"竞争"基于第一尺度或前两个问题境界所导向的认识能力。

3. 即便抛开前两个回答不谈，任何生命的心智基因都必然奠基于第四个问题境界所指向最高思维定律与终极对称。人工智能的算法也许会越来越不那么像人，但不可能不是对称的。人工智能现在取得的所有成就，都是在一种对于人类这种生命的"仿生学"的基础上而得来的，无论是人工智能算法还是相应的芯片设计，概莫能外，这是计算机科学所公认的事实。就比如说盛行于当下的人工智能深度学习理论便是从人类神经元的运作方式中进行"仿生学"模拟而来，而若是我们把大脑中任何一个单一神经元的构造拿出来看，正如图10所示，我们便会发现任何一个单一神经元的信息构造及传递方式都非常"简单"，亦即都是由"输入信号－输出信号"形成的"差异"所构成，这种信号"差异"也便是一种"变换"，准确点说是基于矛盾律的"一重变换"。但是，纯粹一重变换的"差异"是没有办法满足智慧生命的"自我意识"的需要的，也就是说仅仅是从一种状态

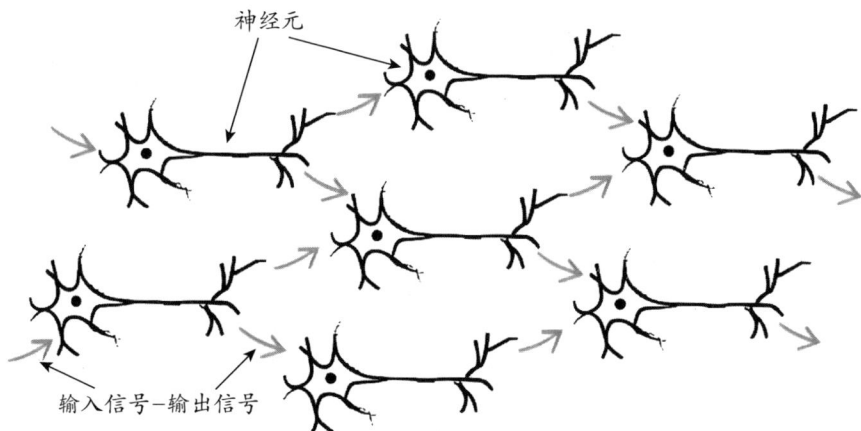

图 10　大脑神经元的输入信号－输出信号模式示意图

到另一种状态的差异变化从根本逻辑上就无法形成"自我意识"所要求的对于"我"所指向的稳定持续"不变性"的把握，对于自我意识来说，在整体行动过程中哪怕有"一微秒"从自我领会的"不变性"中脱离都会立刻从智慧生命的门槛上掉落下来。于是，我们立刻就能发现"对称性"必定是大脑神经元运作的深层本质，因为经由"输入 – 输出"的差异所构成的某种变换而使得大脑整体的"自我意识"的领会结构保持不变，这完美符合对称的定义。

　　但是，由每个神经元的信号"差异"的简单组合并不能实现整体神经网络的对于自我意识之严格"不变性"的领会，因为差异天然消磨"不变性"，毫无疑问。因此，很显然，图10中的众多神经元的联结协作方式必然指向一种更深的对称性，亦即彰显自指现象的二重对称性。换言之，单个神经元的"差异"无法先天保证自我意识的"不变性"，但是整体神经元神秘谐同所形成的"差异之差异"的二重对称变换，却能先天保证智慧生命所要求的自我意识的严格"不变性"；我们将在后边的第四章第2节中看到，因为这种"差异之差异"的二重对称性实质上正是以一种不拘泥于时间的"同时性"的方式来生成"不变性"的领会结构，这种领会结构是一种非线性的拓扑架构，它直指所有对称性得以领会的背后的心灵先天结构，我们称之为"致中和"或"三元拓扑"。在笔者看来，这也是复杂性科学总是强调意识是一种不拘泥于时间与空间的"涌现"状态的背后的深层原因。当然，本书第五卷第十二章在谈论信息论的主题时也将阐明，这种大脑神经元背后的"差异之差异"的二重对称之谐同运作架构，也是"信息"的本质结构，也就是说，它们二者是"同构"的。我们从这里也可以看出，单单从纯技术角度来发展与领会人工智能的规律，在理论战略上就将产生出巨大的资源损耗与路径浪费，毫无疑问，因为明明对称性的"捷径"就摆在眼前，我们需要做的工作并不会比"照搬"难多少。

故而，宇宙万物尤其是人类这种智慧生命，必然都在终极对称的视域中运行，人类的"大脑"尤其是神经元的结构方式亦必定会从本质上体现这种对称性之内在机制的奥秘。而一旦生命的心智演化抵达这个终极对称性或最高真理尺度之境界，或者说难度小一点，将将抵达这个境界的"前一半"，世间万物的边界也将在一种终极对称的"无限生成"的观照与聚焦中近乎"消弭"，那么到那时，人类与人工智能的物种分类法早已经进化得没影了，所以，所谓人工智能危机问题的最终解决方案也便是这一种。而这一种最终解决方案的"起点"，正在于人类文明乃至我们每一个人对于第一哲学之未来性真理道路的自发觉知与真实抉择，如是而已。

第二卷

未来性的文明演历：三大真理尺度

第三章
未来性的文明载体：时代精神

第1节
未来性的"时间天幕"：论时代精神的起源与本质

1.1 论时代精神之思想起源

时代精神是德国著名思想家黑格尔的历史哲学的核心思想之一，对此，黑格尔在他的《哲学史讲演录》中提道：

> ……政治史、国家的法制、艺术、宗教对于哲学的关系，并不在于它们是哲学的原因，也不在于相反地哲学是它们存在的根据。毋宁应该这样说，它们有一个共同的根源——时代精神。时代精神是一个贯穿所有各个文化部门的特定的本质或性格，它表现它自身在政治里面以及别的活动里面，并把这些方面作为它的不同的成分。①

黑格尔的历史哲学在西方哲学史上是一个公认的里程碑式的成就，它开创了赋予原本抽象的精神存在以具体内容的思想先河。在历史哲学的阐述中，人类的历史和现实不再是一种抽象的精神实体的表象或现象，而成其为世界之为真理的一个过程，也即：历史便是绝对精神之"精神之种"在其中通过矛盾发展的运动达到自在自为的圆满状态而返回自身的过程——精神必定在自我矛盾的活动中展开自身，这正是精神的必然性，即

---

① ［德］黑格尔.哲学史讲演录第一卷［M］.贺麟、王太庆等译.北京：商务印书馆，1959：60。

它的辩证法，简言之，辩证法即是矛盾发展。而时代精神，正是黑格尔所定义的人类之人性最高存在——绝对精神在特定历史时代中的对应物，正如他所说：

> 没有人能够真正超出他的时代，正如没有人能够超出他的皮肤。①

对此，黑格尔特别指出的是，时代精神的"精神之种"就像"一粒萌芽中已经含有树木的全部性质和果实的滋味色相，所以'精神'在最初迹象中已经含有'历史'的全体"——历史不在精神之外，精神则必定要展开为历史。这种创造性的思想演绎给当时（19世纪）的西方人带来了一种极大的震撼和惊喜，通过时代精神对历史和现实进行浓缩和整体规定，人们似乎可以让原本被束缚于时间中的现实自身作为一个整体上溯至一种更大的心灵尺度上来打开自身，这种更大的心灵尺度，亦即时代精神，难道不正是人类文明所憧憬的通向终极自由之命运的真理尺度？由此可见，时代精神从其定义本身出发就直指更大思想尺度或真理尺度的命运性，于是，它跟我们在上一卷所讨论的通过命运性背后的未来性机制而通达真理尺度的方式，也便很"同构"了。

在黑格尔所在的19世纪，这种时代精神就呈现为一种处于其巅峰状态的理性世界观——被后来思想界统称为"理性人模型"的世界观，而成其为现代文明之思想来源，无可置疑。人们开始意识到，这种对于人类历史与现实背后更大命运尺度进行探索与把握的冲动及其过程，其实就是心灵打开自身的一种最原始方式或者说最元始的天性，亦即心灵尺度或心智对称的元天性，而这种最元始的天性正是黑格尔的辩证法及其演绎生成的"时代精神"的合理性乃至合法性的根本来源，而非相反。也正是在这种元

---

① ［德］黑格尔.哲学史讲演录第一卷［M］.贺麟、王太庆等译.北京：商务印书馆，1959：61。

始天性的巨大效能推动下，人们也在 19 世纪开启了为人类社会现象寻找到背后更大尺度的客观规律的"社会科学"之进程——因为既然"科学"是作为时代精神之理性人模型结出的最大的果实，那么，它没有理由只能运用在经验世界所对应的自然现象之上，由更深的人性领域所参与的社会现象当然同样可以"科学化"，而逐渐抛弃了以前的那种"保守"观点，即认为自然领域才是科学的唯一用武之地。

1.2 传统时代精神所引发的"时间"悖论与文明困境

然而，出乎意料的是，成也辩证法，败也辩证法，黑格尔极其自信地认为通过辩证法，人类历史的运动虽然总会走向其反面，但是也总会符合时代精神的自身法则，然而他从未想到的是，随着时代演化的车轮行进至当代，人类历史的精神却逐渐远离了历史哲学，人类历史的辩证法在不知不觉间走向了自身的辩证之否定。先不说"绝对精神"在两次世界大战中的糟糕表现：奉行"绝对理性"的西方文明在战争中用"绝对理性"的方法对自身和人类社会造成了最大的杀戮和破坏，就连西方哲学对于人类命运尺度的绝对话语权的最后保留地——关于"时间"根本意义及其奥秘的解释权，也在现代物理学的浪潮冲击下不断丢失。

对于"时间"的最终解释权的争论，本书第一章第 1 节所提到的那个著名的思想史事件，亦即：在 1922 年 4 月的巴黎，哲学家亨利·柏格森邂逅了物理学家爱因斯坦，并展开了一场远远超出他们各自预料乃至学界预期的"20 世纪最伟大的哲学家与物理学家"的思想交锋，史称"爱因斯坦与柏格森之辩"，这场交锋彻底引爆了科学领域与人文领域的底层世界观之差异在各个领域中的观念矛盾，从此，科学与人文愈加变得二元分离，如文艺复兴时期的达·芬奇和启蒙运动时期的莱布尼茨那样贯通科学与人文的"全才"，似乎越来越成为一种遥远的神话。此后，在关乎"时间"

乃至真理的最高解释权的争夺上，人文领域开始大幅度地"败退"，并在很大程度上将时间与真理之解释权的宝座让位于科学，尤其是现代物理学。人文，尤其是"哲学"在当今学科体系中越来越边缘化的"事实"表明：西方哲学所奠基其上的传统时代精神——理性人模型，并未让人类掌握时间之上的命运尺度，恰恰相反，它让人类在理性的作用下越来越闭狭地让生活现实束缚于时间与空间所框定的无限循环里——这并未让人类文明打开命运自由的大门，反而让人类文明的感性生命陷入一种"时间天幕"的命运与真理的"绝对屏障"中，无法突破，极度"内卷"，不可自拔。

也难怪已故的著名物理学家史蒂芬·霍金会在他去世前的最后一部畅销之作《大设计》中，在开头部分就要以树立一个颇有失败效应的"靶子"的语调去断言：

……但哲学已死。哲学跟不上科学，特别是物理学现代发展的步伐。在我们探索知识的旅程中，科学家已成为高擎火炬者。[①]

没错，如今这样一个时代颇具"魔幻现实"效应，看起来科学家们似乎已经接过了哲学家和神父们的权杖，而树立起关于人类命运尺度探索的大旗，充分吸纳现代科学诸成果的各个前沿学科全然表现出了一种超越旧的时代精神的"思想革命"的态势，尤其在跟信息社会的发展互相呼应而生的人工智能、大数据、信息论、复杂性科学乃至量子力学等领域，这种对于传统理性人模型的线性逻辑与机械世界观的超越效应展现得尤为明显；然而，人们日常社会中的政治思想、经济思想乃至文化观念，却依旧在很大程度上停留在黑格尔在 19 世纪确立的由传统理性人模型衍生而来的"现代主义"的框架里——新与旧的命运尺度交相映射并激烈碰撞，正是当下

---

① ［英］史蒂芬·霍金、列纳德·蒙洛迪诺. 大设计［M］. 吴忠超译. 长沙：湖南科学技术出版社，2015：3。

的"魔幻现实",同时,这也意味着自 19 世纪达到巅峰状态的传统时代精神的巨大危机,毫无疑问。

托马斯·库恩在他著名的科学史研究著作《科学革命的结构》中详细论述了这样一个基本观念:历数人类历史上数次科学大发展,一旦科学共同体成系统地显示出一种革命,那么必定意味着一种旧的范式被打破而一种新的范式正在建立,这种范式与其说是一种狭义上的科学范式,倒不如说是得到历史充分回应和认同的精神范式或思想范式,更意味深长的是,这两种新旧范式之间往往呈现出"不可通约性"。在如今的信息时代,以人工智能、量子力学、复杂性科学与生命科学为代表的前沿科学,以一种雷霆万钧摧枯拉朽之力在人类社会的方方面面展现自身为一种无可置疑的革命姿态,这意味着人类在探索真理与命运的进程中已开始逐渐抛弃旧的时代精神之理性人模型的"范式",而进入到全新的下一代范式里;而下一代范式,不同于理性人模型的线性逻辑和抽象的机械思维,更呈现出一种迥然相异的非线性逻辑和高感性的生命效应。这一种范式是如此特殊,以至于它绝不可能局限于科学本身,如果说时代精神是源于理性人模型对于命运尺度的概念述说,那么,基于其内在特质,新一代范式则是一种对时代精神进行否定或迭代的新时代精神;也正因为它成其为欲求把握人类命运的新的高擎火炬者,因此,作为时代精神之时代精神的新一代范式,与其说它是一种精神或概念,不如说它必定要求揭示并展现范式背后的真理奥秘——关于真理元始尺度的奥秘,或者说关于作为一种原始天性的心灵尺度或心灵对称性的奥秘,若不如此又如何能匹配命运尺度的探索之需呢?

事实证明,旧的时代精神所根源其上的黑格尔的历史哲学并未揭示出心灵尺度的奥秘,相反,由于理性人模型本身天然要求把一切事物甚至心灵本身作为知识论的"客体"来看待,并且还要求必须通过抽象的概念形式解构和把握这些客观化对象的知识,于是,东方和西方在这样的时代精

神所形成的真理尺度之下进行真正相遇就是不可能的事情，那是因为：其
一，在理性人模型中，既然一切事物的本体都存在于、超越于经验现实之
上的抽象的理知世界里，而且在感性直观上"不可知"，那么，根据此原
则，东方与西方的文明本体的相遇情况便永远不可知，甚至可以说永远不
会相遇，相遇的仅仅是文化表象。

其二，因为理性人模型绝然无法避免的知识论倾向，它必然呈现出
一种极强的分离性与排他性作用，因而，由这个时代精神所引发的西方文
明中心论视角就是逻辑上无法避免的结果，实际上，这种思想视角，也是
西方文化对于东方文化进行俯视和贬抑程度最高的视角，例如，黑格尔就
认为：

东方人（包括中国和印度）那里，我们只看到枯燥的理智，像旧式的
乌尔夫逻辑一样，单是范畴的罗列……

孔子和他的弟子们的谈话（即《论语》），里面所讲的是一种常识道
德，这种常识道德我们在哪里都找得到，在哪一个民族里都找得到，可能
还要好些，这是毫无出色之点的东西，孔子只是一个实际的世间智者，在
他那里思辨的哲学是一点也没有的——只有一些善良的、老练的、道德的
教训，从里面我们不能获得什么特殊的东西……

[中国人不仅停留在感性的或象征的阶段]，我们必须注意——他们
（关于"易经"——笔者注）也达到了对于纯粹思想的意识，但并不深入，
只停留在最浅薄的思想里面。①

黑格尔甚至认为世界性的时代精神实现自身的历史就是自东方向西方
演化的整体过程，这个过程正如人的幼年、少年、青年与老年，很显然，

① ［德］黑格尔.哲学史讲演录第一卷［M］.贺麟、王太庆等译.北京：商务
印书馆，1959：128-131。

东方文明尤其是中国文明在此过程中也就处于最"低等"与初级的演化阶段，而西方文明作为最高阶段则是"历史的终结"。对此，他在《历史哲学》中这样说道：

> 世界历史从"东方"到"西方"，因为欧洲绝对地是历史的终结，亚洲是起点。①

而在此基础上，美国亚裔思想家赛义德在他闻名遐迩的作品《东方学》中更是系统性地指出：在西方话语体系中的所谓"东方"，不过是西方以"理性"为名用以烘托出自身的文明性与优越性价值而定义的"他者"，亦即被当作与西方文明自身的优越性"主体"二元分离的理性认识之"非我"客体；于是，被如此定义的"东方"所延展出来的话语体系与文化叙事——东方主义，也就成了西方用以控制、重建和君临东方的一种方式，更确切地说：一种权力施展的方式。

由此可见，在理性人模型的尺度中，东方与西方注定不平等，也注定分离，这又如何让双方不执偏见并坦诚以待地真正相遇呢？

其三，我们已经知道旧的时代精神总在任意使用甚至挥霍真理尺度的元天性为之带来的合法性，但其本身并未通达真理尺度的奥秘，因此，即便东西方文化在其中相遇了，它们相遇产生的文化成果受此制约也必定无法启发与指导以现代物理学为代表的当代前沿知识谱系，更不用说揭示命运尺度的秘密了，于是，以这样方式进行相遇的文明意义也就必然大打折扣了。

那么，不拘泥于旧的时代精神之真理尺度，也即不束缚于西方中心论情形下的东西文化相遇和对话又该如何进行呢？对此，20世纪的当代历史

---

① ［德］黑格尔.历史哲学［M］.王造时译.上海：上海书店出版社，2001：106。

观作出了诸多探索和尝试。

第 2 节
时代精神的未来性迭代：真理尺度是怎样在历史中现身的？

2.1 传统时代精神的解构之始：斯宾格勒的文化观相学

我们已经知道西方思想界针对"东方"的旧的思想视角全然被传统的时代精神，亦即理性人模型所定义和把握，在其中，人类文明的欧洲中心论或西方中心论是必然出现的结果。然而，随着时代的推移，同样在某种人类心灵演化的必然趋势的影响之下，西方的思想界也对时代精神本身发起了反思，并对包括东方在内的人类历史和命运的标准与走向得出了跟从前截然不同的判断，其中尤以反西方中心论的历史观之表现最为显著，在这种前后结果迥然相异的强烈对比中，必定蕴藏着某种重要的乃至最根本的真理尺度发生重大改变的秘密，而既然发生了真理尺度的改变，同时又保持了时代精神本质的自然延续，这时我们便知道，一种基于对称乃至超对称（二重对称）的时代级别的新的思想测量便发生了。那么，这种真理尺度变迁的思想测量之"庐山真面目"究竟是怎样浮现出来的呢？为此，我们接下来将同样选取三位西方极具代表性的现代历史学家——斯宾格勒、汤因比与雅斯贝尔斯，并重点分析他们的历史学说得以建立的思想模型，来看一看东西方文明相遇方式的改变是怎样在这种真理尺度变迁的时代趋势中发生的。

首先，在谈到去西方中心论的历史思潮这个话题时，必定无法越过的一位现代思想家及其著作，便是德国历史学家斯宾格勒和他的《西方的没落》了。斯宾格勒的著作名称"西方的没落"作为一种态度，直接表明了其对旧有的以西方乃至纯粹理性为中心坐标的历史学的批判。斯宾格勒把

他对于历史进行再审视的思想模型称为世界历史形态学或文化观相学，这
两个名称一看就很有"思想测量"的味道：

> 对于作为自然之世界来说，是这样一些理解方式，而对于作为历史之
> 世界来说，则是另一些理解方式，两者皆是固有的。我们知道它们，并每
> 天都在运用它们，而没有（至今还没有）意识到它们的对立。世上既有自
> 然知识，也有人的知识；既有科学的经验，也有生命的体验……所有的理
> 解世界的方式，在最后的分析中，都可描述为一种"形态学"。机械的和
> 广延的事物的形态学，或者说，发现和整理自然定律与因果关系的科学，
> 可称之为系统的形态学。有机的事物的形态学，或者说历史与生命以及所
> 有负载着方向和命运之符记的东西形态学，则可称之为观相的形态学。
> ……在西方，用系统的方式处理世界，在过去的一百年中已经达到并
> 通过了它的顶点，用观相的方式的伟大时代尚未到来。①

从中我们可以很鲜明地看到，斯宾格勒在论述他的文化观相学的过程
中，把这种观察模型或者说心智模型跟自然科学的认知模型，亦即用系统
的方式处理世界的模型做了一个"对立"式的区别，而后者则是理性人模
型所输出的核心认知方式。这种对立是如此明确，以至于它成了斯宾格勒
建立自身学说的一个标志和基底，从而，我们也可以从中体会到浓浓的真
理尺度变换的对称性的味道，亦即新的思想测量的味道，他对此论述道：

> 自然和历史，是人的可能性范围里互相对立的两个极端……自然，就
> 其指定生成之物的位置为既成之物而言，它乃是一种现实性；历史，就其
> 参照既成之物的生成过程来整理既成之物而言，则是另一种现实性。一种

---

① ［德］奥斯瓦尔德·斯宾格勒.西方的没落 I［M］.吴琼译.成都：四川人
民出版社，2020: 185。

现实性作为对心智的唤起物，乃是沉思的对象，另一种现实性作为感官的保证，则是批判地理解的对象，前者在柏拉图、伦勃朗、歌德和贝多芬的世界里有生动的说明，后者则在巴门尼德、笛卡尔、康德和牛顿的世界里有所体现。

……纯粹的生成，纯粹的生命，在这个意义上说，皆是不受限制的。它超越于因果的领域之外，超越于定律和度量之外……同时，历史，若加以实证的处理的话，并不是纯粹的生成；它还是一种意象，是从历史学家的醒觉意识中发射出来的一种世界形式，在那一醒觉意识中，生成主导着既成。①

从中可以看出，斯宾格勒的文化观相学对于旧的时代精神——理性人模型所奉行的两大核心法则表现出一种强烈的批判乃至超越意识，这两大法则便是：纯粹客观认识所导致的单一现实性，以及纯粹理性或矛盾律所导致的机械性或因果领域。对于他来说，历史本身就是另一种甚至是更高的一种现实性，不同于仅仅用外在感官与知识论的方式界定的自然现实，这种现实性乃是基于沉思或内视的更深体验才能生成的活生生的现实；同时，这种活生生的现实，也即活生生的文化，不仅是一种作为生成之物的过程，还是一种意象，亦即作为变换之变换的二重对称所呈现的（第二尺度的）经验领域，那么对于心灵来说，它就是一种将过程情节和意象体验结合在一起的、实实在在的"心灵叙事"，于是，

文化是一种有机体，世界历史则是有机体的集体传记。②

---

① ［德］奥斯瓦尔德·斯宾格勒.西方的没落Ⅰ［M］.吴琼译.成都：四川人民出版社，2020：178-179。

② ［德］奥斯瓦尔德·斯宾格勒.西方的没落Ⅰ［M］.吴琼译.成都：四川人民出版社，2020：190。

在这样一种心灵叙事中，经典科学观所奉行的线性的因果律显然就将退居二线，而让位于一种更大的有机秩序。而正因为每种文化体都是一个活生生的存在，都必然会经历出生、成长、壮大，到衰落、僵死的过程，"每一个活生生的文化都有经历内在与外在的完成，最后达到终结——这便是历史之'没落'的全部意义所在"，于是，在斯宾格勒眼中，已经在过去一百年中抵达其顶点的西方文明注定将走向自身的没落。也正因如此，斯宾格勒特别反对那种以外在时间与空间的僵化意识来组织历史事件的做法，并认为隐藏在时间背后的命运感以及不拘泥于空间的世界性，才是历史的正确打开方式，正如他所说：

由于把历史再细分为"古代史"、"中古史"、"近代史"——这是一种令人难以置信的、空洞的和没有意义的框架，然而它整个地主宰了我们的历史思维……更糟的是，它左右了历史舞台。西欧的领地被当作坚实的一极，当作地球上独一无二的选定的地区——不为别的，只因为我们生长在这里。而那些千百年来绵延不绝的伟大历史和悠久的强大文化都只能谦卑地绕着这个极旋转。这简直就是一个太阳与行星的怪想体系！我们选定一小块领地（西方）作为历史体系的中心，并将其当作中心的太阳，所有的历史事件皆从它那里获得真实的光，其重要性也根据它的角度而获得判定。但是，这一"世界历史"之幻境的上演，只是我们西欧人的自欺欺人，只要稍加怀疑，它就会烟消云散。①

因而，旧的时代精神亦即理性人模型所奉行的底层法则——时间与空间，就在"观相学"中以一种被命运感和世界性所取代的更大的方式超越

---

① ［德］奥斯瓦尔德·斯宾格勒.西方的没落 I［M］.吴琼译.成都：四川人民出版社，2020：82-84。

了，同时，西方中心论也自然在其中得到了批判和消弭。而在第一章第3节中我们已经知晓，这种命运感与世界性正是第一尺度的绝对时间进化至第二尺度之"时间性"的重要观念对应物，因此，我们可以说，斯宾格勒的文化观相学实际上做了一个从第一尺度到第二尺度的思想小跃迁。

然而，即便如此，我们只能说在斯宾格勒这里，东方文明从黑格尔所在时代的被极度"贬抑"的位置变得相对更平等了一些，但并不能说东西方文明从此就平等坦诚地真正相遇了。因为在斯宾格勒的思想论述中，东方依然缺乏实在的本体，而仅仅是在作为与西方相对的概念场景中才偶然出现的，在他那里，东方更像是一种处于漠然状态的文明形态，而不像是西方那样的独立文明形态。可以这样说，斯宾格勒并没有像同时代的马克斯·韦伯以及后来的汤因比与雅斯贝尔斯一样，详细研读乃至研究过东方的历史及其文化经典，以至于他从思想根源上就忘记了：他的观相学所倡导乃至启发于其中的歌德的"浮士德精神"，恰恰具有相当浓厚的东方情怀及其底蕴，正如歌德自己所阐述的那样，其思想受到了东方包括印度文学的人与自然和谐、波斯诗人率真性格以及中国文学的自然平易理念在内的不小的影响，这些都是早已众所周知的事实。更何况，"观相"这个概念的提出原本就拥有强烈的东方特色，不用说佛学中对于"四相"之观照，就连"观相"的核心定义也根本不离《道德经》所阐述之"观复"之要义。因此，正如他自己在定义观相学的时候所说的那样，观相方式的伟大时代尚未到来，他之所以这样说是认为自他阐明这个思想之后，伟大的观相时代自然很快就会到来，然而，一百多年的时间过去了，历史证明，"观相的时代"并未到来，之所以如此，恐怕是因为其中恰恰缺了东方的原生智慧带给人类历史之命运尺度的真正启示吧。

纵然如此，综观斯宾格勒的思想，由于他对旧的时代精神的核心原则进行了毫不留情的批判和相当程度的超越，尽管这种超越是一种直觉性的假说，但是，我们依然可以这样讲：他强烈提示并开始展现一种关于时代精神迭代的新的打开方式，一种新的真理尺度——第二尺度。而这种新的真理尺度在后边两位思想家那里将体现得更为明显。

2.2 时代精神"未来性"迭代的西方探索：汤因比和雅斯贝尔斯的"新思潮"及背后秘密

相比于斯宾格勒依旧以使用各种隐喻与象征的隐晦的方式来表达：自己的历史观实际上就是另一种现实的"故事"，我们接下来要谈论的第二位思想家——英国著名历史学家汤因比在他的著作《历史研究》中，便毫不掩饰而开宗明义地把他的历史学之思想模型——"挑战与应战模式"的总线索根植于人类神话的神秘本质，而很显然，"神话"必定是一种不拘泥于纯粹理性的东西。

很清楚，如果说文明的起源不是生物因素或地理环境单独作用的结果，那么必定是它们之间某种相互作用的结果。换句话说，我们正在寻求的因素不是某种简单的事物而是复杂的事物，不是一种统一的实体，而是一种关系。我们可以这样选择，可以把这种关系设想为两种非人力因素之间的相互作用，也可以把这种关系设想为两位超人个性之间的不期而遇。让我们的思想接受第二种设想，也许它将指引我们走向光明。

两位超人个性的不期而遇正是人类的想象所构思出来的一些最伟大戏剧的情节。耶和华与蛇的遭遇是《创世记》中关于人堕落的故事情节。这两个同样的对立者之间的第二次遭遇被心智不断提高的叙利亚人所修改，成为《新约全书》中的赎罪故事的情节。上帝和撒旦之间的一次不期而遇是"约伯书"的情节。上帝和墨菲斯托菲利斯的一次遭遇是歌德《浮士德》的情节。上帝与魔鬼间的一次遭遇是斯堪的纳维亚人的《瓦拉预言》的情节。阿尔忒弥斯与阿佛洛狄忒的一次遭遇是欧里庇得斯的《希波吕托斯》

的情节。①

汤因比这种思想方法论欲求达成的目的实质上跟斯宾格勒有着异曲同工之妙，也就是说他用一种无比显眼的方式宣示：人类历史的本质原本就是比自然的客观现实要更大的另一种现实，这种现实源于人类神话的神秘本质，因而同样具有其更大的真理性，也即"故事"的真理性，而在前边我们已经知道，"故事"的本质实际上是将绝对时间向着更大尺度的时间性进行转化，也即向着真理的本质主角的命运演历进行转变。而这样一种观点又恰恰跟当代以色列著名历史学家尤瓦尔·赫拉利的思想有着默契的同构。尤瓦尔·赫拉利在他的畅销之作《人类简史》中开篇即论述道，决定当今人类的祖先"智人"成为"地球之主"的过程拥有着一次毫无任何先兆的戏剧性革命——新的思维方式和沟通方式的革命，亦即：认知革命。正是在这次认知革命之后，人类仿佛在一夜间拥有了集体性的讨论虚构事物的能力，或者说"集体想象力"，亦可说：讲故事的能力。在此基础上，传说、神话、神以及宗教随之应运而生，甚至连现代所谓的"国家"，其实也由之源起。

不论是人类还是许多动物，都能大喊："小心！有狮子！"但在认知革命之后，智人就能够说出："狮子是我们部落的守护神。""讨论虚构的事物"正是智人语言最独特的功能。②

从此，智人社会组织能力的边界一下子就从150人以内的客观血缘的"控制半径"，扩展到成千上万人甚至上百万人的"信仰半径"。在这个视

---

① ［英］阿诺德·汤因比.历史研究（上卷）［M］郭小凌等译.上海:上海世纪出版集团，2010:66-67。

② ［以色列］尤瓦尔·赫拉利.人类简史［M］林俊宏译.北京:中信出版社，2014:25。

角里，我们可以想象一下：当集体呼喊着"守护神护佑我们"的成千上万的智人战士，集结起来冲向那些虽然个体更强壮有力，但是数量仅仅一百多人的尼安德特人、丹尼索瓦人和其他人类物种的"小群体"的时候，"竞争"的结局便早已注定。而若从戏剧学原理的视角来看汤因比所谓两个超人人格相遇的问题，便很容易知道：这两个超人人格实际上就是故事中的主角——英雄和其在各种条件下展现出来的对手——阴影，在完整的戏剧原理中，阴影矛盾于英雄但又根植于英雄自身，最后必定融合于英雄随着戏剧情境演化的最终人格弧光与价值闭环中。

而这种"集体想象力"在历史的微观情境中又是如何发生的呢？对此，汤因比阐述道：

"在每个范例中，故事都是从一种尽善尽美的阴状态开始。浮士德在知识上是完美无缺的，约伯的仁慈和功业是完美无缺的，亚当和夏娃纯真和闲适是完美无缺的，贞女们——葛莱卿、达奈和其他女子在贞节和美貌方面是完美无缺的……当阴的状态如此完美的时候，它就即将转化为阳了。但又是什么引起了它的这种转化呢？按理来说，一种处于完美的状态发生变化，只能是在受到来自外部的刺激或推动下才会产生。如果我们认为这种状态是一种物理平衡，那么我们必须引入另一颗星球。如果我们认为这种状态是一种心理上的完美境界或涅槃"，那么我们就必须让另一个演员上台，或由批评家提出若干疑问而使思想再度思考起来，有一个对手逐步注入痛苦、不满、恐惧或憎恶。

……在上帝业已创造的完美境界中，首要的局限是他不再可能找到进一步进行创造活动的机会了。如果上帝被设想成为超凡脱俗的话，那么他的哲学创造工作便一以贯之地光辉灿烂，而且无法更加光辉灿烂了。对上帝能力的第二个局限是如果外界给他提供了新的创造机会，它除了接受这个机会之外，不可能予以拒绝。当魔鬼向他挑战时，他不可能拒绝这一挑战。上帝不得不接受这样的困境，是因为他只有在牺牲自己的本性，不再是上帝的情况下才能予以拒绝。[①]

汤因比前边这一部分关于人类的集体想象力如何诞生的论述，实际上是一段精彩的反理性人模型的宣言，因为只有在第一尺度之理性人模型中才会预设一种处于完美状态的、形而上的先验本体或实体，这种完美的先验本体也是一种承载诸“普适价值”的理念，它决定着人类的一切经验现实的运作方式。然而，在汤因比的描绘中，这种预设的完美本体仅仅是一种“阴”状态，在人类的历史真理中，它必定遭遇到自身命定的对手和挑战而转化为一种远离这种先验完美形态的“阳”状态——也即超出理性人模型预期之外的新状态，毫无疑问。而汤因比对上帝两大局限的论述，更是赤裸裸地把这一理性人模型中的最终超验本体打回了生命的本真原型中；而这种生命的本真原型，如果我们仔细审视他对于上帝两大局限的语词叙述，便可知，它就是一种创造行动，或者说永远要向更大尺度进行拓展的创造行动本身——而不是某种本体或本原，于是，一条未来性的元始真理道路也就开始浮现于眼前了。那么，很显然，在汤因比看来，人类的历史本质就是一种关于人类命运之创造行动的宏大叙事，在其中，第一尺度之纯粹理性的机械因果律当然就无法发挥其主导作用了。同时，汤因比的“挑战－应战”模式，也就在完美符合命运戏剧法则的背景之下才拥有其真理合法性，而与此相应的是，任何戏剧学原理关于角色塑造尤其是主角塑造的共识也是如此，它的简要公式即为：

---

① ［英］阿诺德·汤因比.历史研究（上卷）［M］郭小凌等译.上海:上海世纪出版集团，2010:69-70。

主角本质＝挑战＋行动＋磨难＋抉择^①

此外，在关于人类历史在施行"挑战－应战"模式时所使用的关键知觉的讨论中，汤因比也做了一个简要的比喻：

> 我们现在需要认清这一点，即使精确掌握了所有适合进行科学研究的种族、环境与其他数据，我们也无从预测这些数据代表的那些力量的互动结果。这就好比军事家无法根据交战双方参谋部兵力部署与资源补给的"内部信息"预测战果，桥牌高手也无从根据四家发到的牌预测最后得分一样。

> 在上述两个类比中，"内部信息"并不足以帮助其拥有者准确、肯定地预言结局，因为它不等于全部信息。有一件事是连掌握信息最全面的观察者也无从了解的，因为战士、玩家自己也不知道；而这个量确实对想做推算的人来说是最为重要的。这个未知数是当事人真正面对苦难时的反应。这种心理状态无法加以测定衡量，因此不能在事先进行科学评估，但它却是遭遇发生时影响结局的决定力量。^②

汤因比在上边叙述中提到的"面对苦难时的反应"的心理状态，正是人类施行"挑战－应战"规律的关键心灵知觉，而在他的书中，这种知觉也是一种人类最高的才具——自觉进行发明创造的能力，或者说产生"新事物"的能力。而这种产生新事物的能力的背后心灵奥秘，也是汤因比在他晚年因为依旧无法得到解决而释怀的主题，在其晚年的著作《展望二十一世纪》中，他把这种能力誉为超越理性与时间空间的人类关键知觉。

而正因为"挑战－应战"模式的超越时空的内在信息的本质效应，他

---

① ［美］克里斯托弗·沃格勒、大卫·麦肯纳.编剧备忘录［M］焦志倩译.北京：电子工业出版社，2013：85。

② ［英］阿诺德·汤因比.历史研究（上卷）［M］郭小凌等译.上海：上海世纪出版集团，2010：74—75。

也就自然反对和批判那种以某种地域为核心并以时间线性组织为主导标准的历史观，也即西方中心论的历史观，于是，我们可以在汤因比的著作中看到以全世界为格局的跨文明比较，其中对于东方的论述也就相对更加客观和平等。但是，要说汤因比的学说真正抵达了洞察人类更大命运尺度的"彼岸"，那就是对其过于夸赞了，实际上，他并没有完成这个任务，要不然，他在晚年也就不会对产生新事物的人类心灵之（超越时间与空间的）非线性的本质结构的秘密念念不忘了；正因为如此，在他早年的《历史研究》中，对于东方"大一统"历史的论述便又陷入到了理性人模型的自由主义或个体主义的惯性中了，对此，他提到：

> 大一统国家一经建立，就表现出一个最显著的特征：挣扎求生。我们不能把这种特性误认作真正的活力，确切地说，它就像不轻言生死的老年人萦绕心头的长寿欲望。事实上，大一统国家虽然显著表现出本身就是目的的倾向，实际不过是社会解体过程的一个阶段。如果说除此之外大一统国家还有什么重要性的话，那仅仅在于它是实现其本身之外的更高目的的手段。①

如果汤因比认为大一统国家不是真正的活力而仅仅就是社会解体过程的一个阶段，那么很显然，这与东方尤其是中国的历史事实全然不符，因为中国的历史规律恰恰与此相反，在中国社会的大部分时间里，大一统状态是无可置疑的主流与常态，而且非大一统的社会解体状态根本就不是目的，而与汤因比的论述相反的是，它反倒是成为新的大一统状态的一个阶段。从中我们也可以看出来，早期的汤因比并未通透"挑战－应战"模式背后的不拘泥于纯粹理性的二重对称性的心智谐同秘密，反而十分受限于

---

① ［英］阿诺德·汤因比.历史研究（下卷）［M］.郭小凌等译.上海：上海世纪出版集团，2010: 591。

西方文化传统的那一种"反大一统"思想所指向的第一尺度之矛盾律的思维惯性。对此，汤因比晚年也意识到了关于自身对于历史命运之更大真理尺度理解不完全的"缺憾"，因而，在晚年的著作《展望二十一世纪》中，他给出了人类命运朝向大一统的共同体状态演化的与其早年判断截然不同的结论，并且对于中国文化的命运给出了跟从前迥然相异的判断：

> 将来统一世界的大概不是西欧国家，也不是西欧化的国家，而是中国。并且正因为中国有担任这样的未来使命的征兆，所以今天中国在世界上才有如此令人惊叹的威望。中国的统一政府在以前的 2200 年间，除了极短的空白时期外，一直是在政治上把几亿民众统一为一个整体……实际上，中国从公元前 221 年以来，几乎在所有时代，都成为影响半个世界的中心。①

对此简而言之便是：人类的命运在东方，东方的命运在中国。我们对此充满期待。可以这样说，汤因比早年到晚年对于东方文明理解的重大变化，正是一种真理尺度变换的对称操作，亦即从早年的囿于第一尺度之矛盾律的"非大一统"的文明领会，变换至晚年的趋向于第二尺度之谐同律的"大一统"的文明领会，并在此过程中保持"挑战－应战"模式背后的创新活力起源的领会结构之不变性。

当我们了解了前边这两位历史学家的批判旧的时代精神的历史观，尤其是反思理性人模型的思想结构之后，对于第三位西方思想家的学说就能更高效地把握其内核了——第三位思想家及其代表作便是德国哲学家雅斯贝尔斯和他的《论历史的起源与目标》。雅斯贝尔斯提出的最令人耳熟能详的思想便是人类历史的"轴心时代"观念，这也是最常用来作为东西方文化比较的基础观念模型。所谓轴心时代，即：

---

① ［英］阿诺德·汤因比，［日］池田大作. 展望二十一世纪——汤因比与池田大作对话录［M］. 荀春生、朱继征译. 北京：国际文化出版公司，1985：273。

倘若真的存在这样一个世界史的轴心，那么它一定是作为一个对所有的人，包括基督徒在内的通用的事实，在经验上予以发现的。这一轴心必然诞生于"人的存在"的形态——这一最了不起的丰富性之中，自此以后，人才之所以成为人。这一丰富性是以这样一种方式，即是在经验上不是令人信服亦即可以理解的，但也必然由于在经验上的洞识而具有说服力，如此产生一个为所有民族进行历史性自我理解的共同框架，这对西方和亚洲乃至所有人都是一样的，并没有某一特定的信仰内涵的尺度。这一世界史的轴心似乎是在公元前500年左右，是在公元前800年到公元前200年产生的精神过程。那里是历史最为深刻的转折点。那时出现了我们今天依然与之生活的人们。这一时代，我们可以简称其为"轴心时代"。

……非凡的事件都集中在这一时代发生了。在中国生活着孔子和老子，产生了中国哲学的所有流派，墨翟、庄子、列子以及不可胜数的其他哲学家都在思考着；在印度出现了《奥义书》，生活着佛陀，所有的哲学可能性，甚至于像怀疑论和唯物论、诡辩术以及虚无主义都产生了，其情形跟中国别无二致；在伊朗，查拉图斯特拉在传授他那富于挑战性的世界观，即认为这是善与恶之间的一场斗争；在巴勒斯坦，从以利亚经由以赛亚及耶利米到以赛亚第二，出现了先知，在希腊则有荷马，哲学家巴门尼德、赫拉克利特、柏拉图，许多悲剧作家，修昔底德，以及阿基米德。在这短短的几个世纪内，这些名字所勾勒出的一切，几乎同时在中国、印度和西方，这三个相互间并不了解的地方发生了。[①]

雅斯贝尔斯认为，正是轴心时代的出现使得"人之存在"终于稳固地成了人类文明的精神基础，从而深刻地影响了世界历史结构的变化，于是，

---

① ［德］卡尔·雅斯贝尔斯.论历史的起源与目标［M］.李雪涛译.华东师范大学出版社，上海：2018：7-8。

轴心时代进而构成了人类的共同价值尺度。而雅斯贝尔斯之所以得出这样的结论，从根本上还是源于其哲学模型，而他的哲学模型最核心的观念结构便是：统摄。所谓"统摄"，指的是自笛卡尔确立的"我思故我在"的主客体分裂的传统理性主义认识状态之前的起初未分裂状态；雅斯贝尔斯充分地反思并批判了传统的理性人模型中的主客二元性，这种二元性的天性就是欲求把一切事物，甚至包括"我"本身都朝向现实客体化，然而这个指使着这一思想过程的"我"，是不可以等同于一般客体的，于是，他将这种思维着的"现实存在"（Dasein）的基本状态就定义为"主客体分裂"，这是一种不那么本真的源于一重对称之"分别心"的相当后天的状态，而"统摄"却超越了这所有的现实存在物，它既非主体亦非客体，是分裂前的统一状态，也就是说使得主客体分裂的一重对称得以生成的更高对称性——二重对称性，他甚至提出："存在就是统摄"。而轴心时代就是人类历史的"统摄"。

而人类心灵要抵达统摄，则必须在"临界境况"才能接触并体会到这种超越感。"临界境况"包括死亡、痛苦、奋斗、机遇、罪恶等人类注定无法摆脱或改变的境遇，正是在这样的临界情境中人们才能找到关于真实存在的启示的根本冲动——一种超越时间与空间的心灵知觉或生命天性——这跟汤因比所说的创新冲动以及斯宾格勒的"观相"之历史意象起源，从真理尺度的未来性视角看来，几乎如出一辙。雅斯贝尔斯认为：

在临界境况中，人类要摆脱或者超越一切将要消失的世间存在，或者指向虚无，或者感觉到真实存在。即便绝望就其事实而言，只能存在于世间，它却指向了世间之外。①

---

① Karl Jaspers, Was ist Philosophie Ein Lesbucb. Munchen, Zurich: Piper Verlag.1997.2.Aufl.S.395.

而这种朝向统摄状态的超越，是经由理性人模型客体化、知识化的概念、逻辑和理性所无法达到的，也即使理性人模型得以生成之一重对称性所无法达到的，当拥有了这样的朝向第二尺度之二重对称性的超越经验后，日常的经验反过来也便可以成为这种超越得以发生的背景"密码"。

由此可见，在雅斯贝尔斯那里，人类历史的本质当然是超越"现实存在"的更高真理尺度之存在，而且是一种不拘泥于纯粹理性的关于存在的"叙事"；只不过跟斯宾格勒和汤因比不同的是，雅斯贝尔斯关于历史本质的理解，又不仅仅是一种叙事，更是一种决定并实现叙事本身最终价值和意义的"高潮"状态——统摄；而临界境况则可以看成高潮得以凭之实现的最大"剧情冲突"或者"情境鸿沟"。那么，如果把行至当下的人类历史作为一个整体的叙事来看，其中的高潮状态之统摄，强烈指向了第二尺度之基本思维定律"谐同律"，而这种第二尺度的历史指称也便是"轴心时代"，因此，它才能成其为一种人类文明历史之普遍的"轴心"标准，亦即人类文明之普遍的真理尺度。

正因为人类文明作为一个整体拥有其不拘泥于时间空间、不局限于一般历史内容的"高潮"价值，所以被拿来作为命运尺度之衡量单位的就不应是处于中心地位的西方或东方，而应是"世界"本身。正是在这一点上，东方文明在雅斯贝尔斯这里拥有了从未有过的"平等"位置，孔子、老子与释迦牟尼的学说也经由"统摄"的非二元性的角度而得到重新阐释；同时，在雅斯贝尔斯那里，东方的孔子、佛陀与西方的苏格拉底以及耶稣一道并列，共处于创始人类历史之开端的崇高地位。那么，难道在雅斯贝尔斯这里就已经完成了东西方的真正相遇的历史重任吗？很可惜，并没有。事实上，我们从轴心时代的"轴心"这个词就可以看出来，雅斯贝尔斯的核心思想逻辑必定是一种对称性，因为从任何角度来看，"轴心"所对应的历史整体正是一种对称图景；因此，"统摄"实质上就是一种对称变换，而既然它超越了笛卡尔的心物二元论而成其为更大的起源，那么，很显然，"统摄"指向的正是一种二重对称，亦即第二尺度之谐同律的对称变换，毫无疑问。令人惋惜的是，跟西方存在主义的其他思想家一样，雅斯贝尔斯并未通透实现这种跨尺度之对称变换背后的心灵领会结构，亦即心灵先天结构，这也就导致让"轴心时代"的统摄力量辐射为人类文明再次演化动力的心灵测量的（不拘泥于时间与空间的）普遍感官媒介，依旧隐没于一片迷雾中，进而无法达成历史规律的向全球的普遍辐射。

综上，当我们通篇了解这三位著名思想家的历史观及其核心思想模型之后，我们便可以很清楚地看到，旧的时代精神，亦即理性人模型自我奠基的三大要义——时间与空间、纯粹理性与单一实在性都在其中被不同程度地反思和超越，例如斯宾格勒的超越物理自然的单一实在性的指向更人真实性的历史意象，汤因比的"挑战－应战"模式背后的超越纯粹理性与时间空间的关键心灵知觉，雅斯贝尔斯的超越纯粹理性背后的心物二元论的统摄思想。于是，我们完全可以这样说：一种新的人性与命运的打开方式，亦即关乎新的时代精神之真理的元始尺度也在此浮现出来，这种元始尺度是打破理性人模型之"范畴或概念"的原子化二元分离特性的更大尺度，它是让叙事和审美的"超越体验"得以发生的世界意识，我们也通常把它称为场域或构型，亦即第二尺度"谐同律"的对应思想载体。正是在这种更大的真理尺度之下，东方文明才能获得相对过去而言更为坦诚的对待和更为平等的地位，毋庸置疑。这种更大之真理尺度的展现，实际上是源于西方哲学自现代以来所开启的反形而上学运动的思想潮流，但是，在此种现当代哲学的新锐潮流的探索中，这种更大的真理尺度的奥秘已经被全然揭示了吗？很遗憾，并没有，不仅如此，这种西方思想的探索瓶颈也直接导致了西方哲学本身的"衰败"，而这便是本书在第四卷中将要详细阐释的内容了。

第 3 节

论真理的元始尺度：未来性的文明打开方式

3.1 真理尺度的"面纱"：荣格与《易经》中的"未曾命名的原理"

经过前边的讨论，我们终于可以发现，如果在不同的真理尺度下进行审视，东西方的相遇方式将处于截然不同的状态，从而东方在其中必定呈现差异极大的内涵。对此，我们可以再举一个就相同主题在不同真理尺度下产生迥异判断的例子。我们曾在本章第 1 节中提到过在纯粹的理性人模型的尺度笼罩之下，"东方"文明将处于一种相当贬抑的位置，其中，尤其以黑格尔对东方的评价最为典型，而且他认为中国的传世经典《易经》在对于纯粹思想的意识中只停留在最浅薄的层面。但是，在后来另一位西方著名现代心理学家与思想家荣格那里，事情就完全是另外一种样子了，荣格在他晚年的作品《金花的秘密》中讲述道：

> 任何一个像我这样有幸能在与卫礼贤（笔者注：著名汉学家，《易经》的引介者和翻译者）的精神交流中体验过《易经》占卜能力的人，都不会对一个事实长久地视而不见，那就是我们已经触及了一个有可能动摇我们西方心态基础的阿基米德点。像卫礼贤那样对一种本性上异于我们的文化进行丰富多彩的描绘，其意义绝非微不足道，但比这更重要的是，它把中国精神的鲜活胚芽接种在我们身上，使我们的世界观发生了本质改变。我们不再仅仅是临渊羡鱼或品头论足的旁观者，而是已经成为东方精神的参与者，能够体验到《易经》活生生的效力。[①]

由此可见，《易经》在荣格那里所带来的真理启示作用之高简直就成

[①] ［瑞士］荣格，［德］卫礼贤.金花的秘密［M］张卜天译.商务印书馆，北京：2016：6-7。

其为"一个有可能动摇我们西方心态基础的阿基米德点"——用当代的话语来说，此"阿基米德点"也即精神革命的"奇点"，抑或说最高真理标准——真理元始尺度变迁的"奇点"。可见《易经》的内容对于荣格来说绝非浅薄的纯粹思想，而是比理智能力更高级的智慧。他甚至进一步对西方文明本身反思道：

西方的意识绝非普遍意识，而是有着历史地理因素的限制，只代表人类的一部分。①

因此我们可以看到，荣格无论是对于《易经》还是西方文明自身的态度都跟黑格尔相差甚远，甚或可以说呈现的是一种截然相反的判断。为何如此呢？荣格自己总结道：

几年以前，当时的英国人类学学会主席问我，为什么像中国这样一个精神层次如此之高的民族却没能发展出科学。我回答说，这一定是一种视错觉，因为中国的确有一种"科学"，其"标准著作"就是《易经》，不过和中国的许多其他东西一样，这种科学的原理与我们的科学原理完全不同。

事实上，《易经》的科学并非基于因果性原理，而是基于一种我们从未遇到因而迄今尚未命名的原理，我姑且称之为"同步性"（synchronistisches）原理。②

……科学是西方精神的工具，依靠科学可以比仅靠双手打开更多的门。科学属于我们的理解方式，只有当它把自己的理解方式看成唯一正确的时候才会阻挡我们的视线。然而，正是东方把另一种更加广泛、深刻和高明

---

① ［瑞士］荣格，［德］卫礼贤.金花的秘密［M］张卜天译.商务印书馆，北京：2016：62。

② ［瑞士］荣格，［德］卫礼贤.金花的秘密［M］张卜天译.商务印书馆，北京：2016：7。

的理解方式传授给了我们，那就是通过生命去理解。[①]

其实，荣格所说的"同步性"原理跟前边讨论的三位历史学家的思想模型一样，都是一种对于超越旧的时代精神之理性人模型的更深真理尺度的探索，只不过，这种真理尺度正如荣格所描绘的"未曾命名的原理"一样，其完整面貌及心灵原始起源对于西方的以经典科学观作为主要认识方法的学术体系来说依旧隐没在一片思想迷雾之中。而正是这种"未曾命名的原理"导致的真理尺度或心智模型的变迁，让东西方文明真正相遇的艰难任务在旧的文明惯性笼罩的漫漫长夜中露出了一丝曙光。实际上，我们已经大略知道，这种"未曾命名的原理"实际上指的就是一种最高的对称性，亦即第三尺度之合一律，当然，对于"合一律"的具体描绘我们还将放在后续的第三卷中进行，里边同样会有对于《易经》的原始思想模型"八卦图"进行逻辑诠释的内容。

荣格不是对于时代精神危机论述得最为系统的一位思想家，但是，因其作为心理医生的日常职业经验以及作为心理学家的特有敏感性，却是对于这种时代精神危机描绘得最为形象的一位，他将理性人模型的世界观陷入全面危机的状态形象性地描述为：毁灭性的大众精神病，他认为正是这种否认心灵更深尺度及其系统的自我压抑的现实投射，导致了集体幻觉、战争起因和暴力性革命——这些都是引发当今时代社会危机乃至文明危机的心智导火索。

3.2 真理尺度自我压抑的文明投射：当今时代精神之危机

实际上，时代精神的危机，亦即人类所创造之文明世界之危局。所谓

---

① ［瑞士］荣格，［德］卫礼贤.金花的秘密［M］张卜天译.商务印书馆，北京：2016：16。

文明世界，原本就是人类通过超脱出动物本能的人性精神来创造出能自我建构的生活及文化类型而源起的，这让人类能够通过自己的方式来选择自身的人生命运，而不是被外在境况简单地决定。如果人类文明在一个普遍共同体的意义上遇到了危机而非局部的麻烦，那么，这必定意味着文化与人性精神的最基础的存在面向出现了大问题，文化精神的创造转变成单纯的复制，而后甚至连复制也无以为继，转而成了生命无法承受的痛苦。于是，此时陷入固化与瓶颈的文明行动从对人之存在的肯定转变为对人之存在的否定，甚至连存在本身也陷入了无限排斥与否定的思维与行为"句式"中。如此，荣格所描绘的"大众精神病"随即向外呈现出愈演愈烈的情势，社会冲突愈加剧烈，战争的日常愈来愈取代和平的常态，人类社会的秩序熵变无可抑制，从而，人人自危，遂让心灵失去安身立命之本。简言之，人类的文化生命陷入死亡循环，人性源动力陷入衰竭囹圄。这就是文明的危机，亦是时代精神的危机，毋庸置疑。

而人类从工业时代进入信息时代，文明危机之势更是愈演愈烈，愈加彰显。

信息时代的逐渐深入，带来了一个过去几乎所有思想家都没有预料到的"后果"：人类的心灵开始以一种前所未有的狂飙突进的速度进入审美疲劳——这是无论外在的经济状态看起来多么"繁荣"，社会秩序看起来多么"优越"，都无法解决的时代心灵之症。生命系统性的审美疲劳，代表着心智对一种整体性的旧架构越来越厌倦，代表着人们因为旧有的文明理想的迷失而变得越来越失落，更代表着心灵对过去的世界观早已无法承载自身更大创造力的越来越响亮的呐喊——难道系统性的"无聊"也会带来一个文明的危机乃至末日吗？这简直超出"理性"的想象，然而对于身处当今世界的我们而言，这恰恰是一种每天游弋在信息海洋中所深切感受到的日常状态，"理性常识"的边界对此似乎形同虚设。

过去的思想家们，曾经将理性设定为人类的最高能力，并为此构想出了一个引领人类近四百年的经典世界观，它被广泛地称为：理性人模型。没错，当我们用理性来打开世界的时候，人类拥有了前所未有的改造自然的机械力量，这让我们获得了统领万物的巨大成就感。然而，如今的问题恰恰在于：这样的"成就感"似乎并未缓解人类整体性的审美疲劳，也就是说，"理性人"的世界观已经开始失去它几个世纪以来对于人类文明整体的希望和想象力，亦即文化源动力的高昂促进之力。于是，人类当今的心灵状况似乎都指向了这样一个迫切的"真问题"：人们打开世界的根本方式是否已经从实质上变化了呢？答案是肯定的。虽然我们异常坚定地宣称自己身处信息时代，然而却很少有人有意识地思考：当世界以"信息"而非机械或理性所导向的"物体"或"实体"被重新打开的时候到底意味着什么？它意味着一种新的世界观，一种新的人性论，一种新的人类知识谱系，一种新的社会风尚，一种全新的个人品位，一种遂行更大自由的全新自我。没错，我们已经越过了理性人模型的全面崩塌的"旧世界"而进入全新的心灵尺度所展开的"新世界"里，这就是正发生在我们每一个人身上的客观事实，虽然大部分人似乎对此并未自觉。在新的事实中，理性已经不再是最高能力，人类心灵所仰赖的真理尺度，亦即精神风向标与文明命运之路也必定在最深的层面发生了变迁，从而，人类的挑战和机遇、希望和想象力乃至文明之间的交互方式也随之进入一个全新的维度，或者说全新的尺度。

在前边的论述中我们已经了解，无论是现代物理学的"尺度革命"还是东西方文化的"真正相遇"总归要在某种恰当的范式"频道"之下才能进行，也即总归要在某种真理尺度下才能开展，历史已经证明，东西方若是局限乃至沉浸于某种具体的实相形态或文化内容的心灵尺度下互相遭遇，达成的结果总不那么令人满意。事实上，东西方的真正相遇对于人类来说是如此重要，以至于命运留给人类的只有最后也是最根本的一条道路，那就是让东西方在一切实相尺度之尺度，亦即真理的元始尺度上相遇，如果连这样的方式都不能让东西方真正遇见对方，那么我们完全可以这样说：东方与西方本质上处于全然遵循不同真理系统的两个平行宇宙之中，永远也无法真正相遇，更遑论文化会通与融合了。然而，人类文明无论傲慢到怎样的地步，都永远无法小看宇宙，小看真理，因为人类的傲慢自身原本都是其中已有之义——具有讽刺意味的是，对于人类傲慢的"傲慢"反而导致了奉行"文化傲慢"所依赖的旧尺度——理性人模式的瓦解。

3.3 文明的未来性：东西方真正相遇的"真问题"

当然，对于东西方如何真正相遇这个问题，我们也许不需要那么消极地使用反证法来寻找唯一的路向。如果说人类的现代文明起源于那场史称"文艺复兴"的文化运动，那么按照雅斯贝尔斯的说法，这一场文艺复兴仅仅是对于"轴心时代"所诞生的伟大的原生文明基因与底蕴的再发掘与再创造罢了，而在精神上并没有产生什么原创的基质，所以他把人类如今所处的阶段叫作"科技时代"，而仅仅是下一次新轴心时代的文明爆发的"间歇期"。然而如今看来，即便按照这样的轴心时代之逻辑，很显然，无论从哪个角度，上一次文艺复兴都仅仅复兴了"轴心时代"的原生文明的一半基因与底蕴而已——亦即源于西方（古希腊与古希伯来）的一半，而源于东方（古中国与古印度）的另一半的文明基因与底蕴却是丝毫没有在"现代"视角和体系中得到应有的"复兴"与认同。甚或说，如果"轴心时代"源于东方的"另一半"能够真正复兴、补全与融合，那么，上一个轴心时代的全部文明底蕴与精神奥秘才能被全然揭示、吸收与更新，从而，给予人类文明命运叙事与演化的更大的决定性意义与终极性价值之下一个文明大高潮——新轴心时代的大门才能真正开启。

由此可见，从这个意义上来说，"东西方真正相遇"所必须遵循的真理尺度一定不是一般的尺度，因为若是按照一般的尺度惯性，依旧用一种新的时代精神替代旧的时代精神，抑或用一种新范式替代旧范式，依旧没有逃脱黑格尔的历史哲学范畴，只不过又是将一种新的绝对理念替代旧的绝对理念，仍然属于理性人模型的衡量单位与评判尺度，它在历史规律的对称性上亦没有什么新的信息增量。人类社会的现状也证明了这一点，纵然现代社会开始拥有乃至使用一种对理性人模型进行反思的、通向新的时代精神之新思想模型与历史观，但是，难道东方文化的原生文明基因与底蕴就已经得到真切的真理再现与平等认同了吗？很可惜，并没有。因此，无论从哪种意义上来看，"东西方真正相遇"所遵循的尺度必然要深入到一切实相尺度的尺度，一切范式的范式——也即真理的元始尺度的层面来审视与领会，如此才能触碰到它所带来的战胜文明危机的人类命运新生之路。就此而言，"东西方真正相遇"，亦即复兴与融合轴心时代的源于东方的"另一半"才是属于整体人类文明的"文艺复兴"——真正属于整个世界而非西方的"新文艺复兴"，而"东方"的真义也只有在如此情形下才能够得到实质显现，毋庸置疑。

如今，我们已经追问到了这个地步，已经没有任何理由、任何借口来回避"东西方真正相遇"所导向的文明真问题，那便是：在未来性的文明视野中，何谓真理的元始尺度？

其实，对于每一个心灵来说，真理的元始尺度并不陌生，因为它原本就是心灵打开自身的最基本方式，它是心灵的最原始不变性——亦即对称性的启始天性，是烙印在心灵深处的先天印记，是人性内面的源始思想，恒常不朽，无法磨灭；于是，心灵是不可能抛开真理的元始尺度来展开自身并领会其世界的，因此，它也是心灵与人性遂行自身的源始动力或源始天性；如果把它放诸人性自为建构的文明之上，那么，它便是一切文明赖以生存和演化的文化源动力，毫无疑问。

在西方，它通常被归于"本体论"乃至第一哲学的范畴，但是，现在看来，"本体论"与传统的第一哲学所仰赖的形而上学的系统似乎并不能通达"元始尺度"的本质，而与此相反，真理或心灵的元始尺度的某种聚焦恰恰构成并决定了形而上学乃至整个西方哲学的全部基石、潜力以及边界，而这便造成了第一哲学的不同领会所指向的两条元始真理道路的分野。

在东方，在传统思想的一般理解里，这种元始尺度，亦即人性与文化的源动力及其终极领会，似乎就是我们惯常认为的"道"，而探索真理的元始尺度就是一种"论道之学"。对于这种中西方关于元始尺度进行领会的思想差异，金岳霖先生在《论道》中有过这样一番"实诚"的论述：

> 每一文化区有它的中坚思想，每一中坚思想有它的最崇高的概念，最基本的原动力。小文化区我们不必谈，到现在这世界的大文化区只有三个：一是印度，一是希腊，一是中国。它们各有它们的中坚思想，而在它们的中坚思想中有它们的最崇高的概念与最基本的原动力。中国的中坚思想似乎儒道墨兼而有之。中国思想我也没有究研过，但生于中国，长于中国，于不知不觉之中，也许得到了点子中国思想的意味与顺于此意味的情感。中国思想中最崇高的概念似乎是道。所谓行道、修道、得道，都是以道为最终的目标。思想与情感两方面的最基本的原动力似乎也是道。成仁赴义都是行道；凡非迫于势而又求心之所安而为之，或不得已而为之，或知其不可为而为之的事，无论其直接的目的是仁是义，或是孝是忠，而间接的目的总是行道。我在这里当然不谈定义，谈定义则儒道墨彼此之间就难免那"道其所道非吾所谓道"的情形发生，而其结果就是此道非彼道。不道之道，各家所欲言而不能尽的道，国人对之油然而生景仰之心的道，万事万物之所不得不由，不得不依，不得不归的道才是中国思想中最崇高的概念、最基本的原

动力……关于道的思想我觉得它是元学的题材。我现在要表示我对于元学的态度与对于知识论的态度不同。研究知识论我可以站在知识论的对象范围之外，我可以暂时忘记我是人，凡问题之直接牵扯到人者我可以用冷静的态度去研究它，片面地忘记我是人，适所以冷静我的态度。研究元学则不然，我虽可以忘记我是人，而我不能忘记"天地与我并生，万物与我为一"，我不仅在研究的对象上求理智的了解，而且在研究的结果上求情感的满足。知识论的裁判者是理智，元学的裁判者是整个的人。[①]

金岳霖先生总是谦虚地说自己不太深研中国文化，但是他至少极为坦诚地描绘出了东西方文化关于"元始尺度"之传统领会的不同理解的内容，西方的"知识论"深受理性人模型的思维束缚，对于元始尺度作为文明源动力的阐发之人性基础是一种分裂的、片面的"人"，而东方的相应基础却是"整体的人"或者说全息的人，西方论本体，东方"论道"，而此种论道之思正是金岳霖所欲求建立的"元学"的根基。然而，尽管如此，如今看来，金岳霖先生的"元学"依旧未能阐明"元始尺度"的本质，或者说用一种当代性或未来性的方式阐明其本质，它也仍旧没能摆脱我们在前边论述过的传统的第一哲学之真理道路的思想陷阱；在金先生前面的描述中，甚至在他的"元学"论述中，"整个的人"或者说"全息人"的模型或心灵奥秘究竟是什么，依旧模糊不清。我们甚至可以从中看到相当明显的上一个轴心时代之传统惯性的影响，这种传统惯性总是让真理或心灵的元始尺度的普适规律隐没在一种文学性、神话性乃至神秘主义叙事的思想迷雾中，就此而言，前文"元学"中的论述也依然是一种实相形态上的东西方思想内容比较，而非元始尺度下的真正相遇，尽管它开始触碰到其思想边缘。当然，金岳霖先生的直觉还是很敏锐的，由于作为哲学之启始方式

① 金岳霖.论道［M］.商务印书馆，北京：1987：16-17.

的第一哲学之元始真理道路正在发生重大变迁，亦即从传统的本原性真理道路转变为更深层的未来性真理道路，那么，"哲学"这个背负着传统真理道路之巨大"历史包袱"的名字确实不太适用于人类文明下一阶段，亦即人类下一个轴心时代的演化需求了；换言之，奉行未来性真理道路或真理态度的人类下一代哲学便不宜再以"哲学"这个传统名字命名，而会换成另外一个相应的名字，并作为人类文明对于心灵和宇宙的新的打开方式的代称，正如"哲学"这个词在以往人类文明之观念体系中那个底层"操作系统"级别的思想位置，它也许会是金岳霖先生所说之"元学"，亦可叫另外的名字，因为它需要得到全体人类的共识，因而，笔者在此处便不做断言了。但无论是哪个名字，它奉行的未来性真理道路的"基因"都是无法逆转的真理命运。

实际上，即便在当今时代的演化视角下，上一个轴心时代的重大缺陷也暴露无遗。虽然，在旧的轴心时代中我们会"惊奇"地看到人类社会在地理与文化上互不统属乃至互相隔离的四大区域文明中突然涌现出思想的高峰，并创造了古典时代的文明奇迹，但是，也正因为这种文明的区域性之时代局限，当时的人们不可能全然洞察一种更为整体与深刻的"事实"，亦即在当今这样一个时代里，人类文明已经切切实实在心灵直观上联结为一个命运共同体，并欲求文明整体升维而非隔离为单独的区域各自演化，这也造成了"真理元始尺度"的秘密在客观上分置于各个文明区域的文化实践的风格化叙事中，从而也造成了东西方文明无法真正相遇的历史根源与后续表征。而在当今这样一个"整体升维"的文明情境之下，对心灵或真理元始尺度的奥秘揭示与阐明也便具有了前所未有的新的要求或者说基本需求。

首先，文明的整体性要求必定导向一种普遍性的法则或定律。而"真理的元始尺度"作为心灵的基本打开方式及其元始天性，就不能不成其为一种心灵的元始法则，或者说思维的基本定律——有怎样的心灵元始法则或基本思维定律就有怎样的"元始尺度"。其次，文明的整体升维还必然要求一种跟元始法则相应的心灵的先天结构，因为若是没有这种先天的心灵结构的普遍性阐明作为支撑，人类也就无法把握穿透时间与空间的直观与知觉奥秘，也就无法让"升维"或"演化"成其为一种能够被每一个人切实感受的积极的心灵事实，从而"真理元始尺度"的普遍效应及其功能也就不能进入到人们日常的文明生活中。最后，文明的整体升维之需也必定导向一种更宏大的世界观及其宇宙结构，不仅仅是因为它标示着文明升维的"目的地"，还因为当人们使用先天的心灵结构自然穿透时间与空间的"帷幕"之后，世界乃至宇宙所构成的基本单位或基本尺度也就大大地变化了，世界与宇宙结构的本真面貌将以一种"元始"的级别向人们敞开，至少，现代物理学的宇宙观暂时不足以匹配这样的尺度与级别。

3.4 未来文明视野下的三大真理尺度与东西方真正相遇的全息之道

由此，我们便得到了文明的未来性载体视角下的三大真理尺度的另外一种表述，根据"真理尺度"的定义，在这种表述中的前一个语词代表真理尺度所打开的"不变性"领域，亦即真理尺度的"前一半"；而后一个语词则代表了真理尺度实现心灵整体构成作用之基本单位或元始构成。于是，我们便可以依此将它们简要总结为：

第一尺度：存在或范畴；

第二尺度：场域或构型；

第三尺度：合一或全息。

每一种真理必然对应一种基本思维定律及元始对称变换，于是，我们便可知真理世界有且仅有三种元始心灵法则或基本思维定律，本书在后边的第三卷中将会证明，虽然亚里士多德发现了形式逻辑三定律，后来的莱布尼茨与康德又在此基础上提出了充分理由律或根据律，以至于这四条定律被思想界统称为四大思维定律，但是实际上，若从真理元始尺度的视角来看，这四条定律充其量只能代表真正的一条半定律，也即一条第一尺度定律——矛盾律，以及半条第二尺度定律——充分理由律或根据律，完整的第二尺度定律乃至第三尺度定律在西方哲学那里始终隐秘在一片混沌中。而与此相对的是，东方文化或东方哲学的体系及其实践恰恰是奠基在另外一条半定律之上，从前边对于第二尺度与第三尺度的元始观看之道的阐述中，我们便可略知一二：中国和印度在一开始对于自身文化所建构其上的基本尺度，要么定义为"玄"而终极为"道"，要么定义为"灵"而终极为"梵"，对于第一尺度要么忽略，要么将其归于次要地位；而对于第二尺度，东方文化则更关注面向最高尺度的后半部分，也即心灵感性直观的部分，而对于前一半的概念形式部分，则大多不那么聚焦；同时，从实际的文明实践与演化风格的角度，也可以这样说，在传统上，西方以自下而上的方式及其趋势来试图"进化"出完整的真理尺度，可惜遇到了内在瓶颈；而东方则以自上而下的方式及其趋势来试图通达终极的真理尺度，可惜同样面临了由于尺度缺失带来的发展桎梏。由此可见，只有"东西合璧"，全部三大真理尺度及其思维定律的全息奥秘才能作为一个整体向人类普遍揭示。

由此，我们终于得到东西方文明在真理的元始尺度上"不得不"相遇的真正原因：

人类文明整体升维或演化必须要求人类积极通达完整而全息的心灵尺度，而只有东西方在此相遇和融合才能全然实现这个要求，除此之外，别无可能。

于是，在真理或心灵的元始尺度上的相遇，也便成其为东西方文明真正的相遇方式，这种相遇方式是一种人类文明整体演化的逻辑必然，当然，也是一种人性朝向全息的心灵尺度进化的必然，亦是一种真理必将在文化中完整展现的法则必然。

而若从文明实践的具体风格与路向的角度，东西方文化相遇或碰撞的方式则呈现为：

西方文明呈现的是从第一尺度到第三尺度自下而上的趋势即其势能，东方文明展现的则是从第三尺度到第一尺度自上而下的趋势及其势能，双方以这两种趋势及其势能在每一个真理或心灵的元始尺度上相遇与碰撞，尤其在第二尺度上的碰撞最为精彩乃至默契，本书后边的章节将论述，这种精彩与默契的相遇与碰撞在当代前沿学科的领域中表现得淋漓尽致。而当我们谈到东方真正的文明内涵的时候，我们便可知，有且只有在这样的相遇方式之下，东方的最深层内核才能在其中呈现为人类文明整体升维的未来命运之路。对东西方文明在元始尺度上实践与演化的这两种趋势的碰撞，做一个形象的比喻，若把人类文明在三个尺度上展开的整体文化生命视为一个"完整的人"或"全息的人"，那么这两种趋势及其势能的碰撞便是这个人在左右手互搏，那么，从这个"全息人"的双眼看去，不知这到底是一种为体现两只手各自独立地位的"文明冲突"，还是一种为训练并体验更深自我的心有灵犀的"文明游戏"？答案显而易见，不证自明。

此外，前文已经论述，从第一哲学之未来性真理道路的对称性视角，我们可以得到关于心灵或真理尺度的自明性的一般（而非本真）阐述：尺度即代表了心灵必然启始或寻求一种趋向绝对与永恒的"不变性"，并通过这种"不变性"对心灵整体的整体构成作用而回到自身。这种真理尺度的一般定义也是我们在社会生活中日常遂行的心灵天性。说一千道一万，心灵的先天结构终究要由心灵的最高尺度所通达的思维定律来决定与演绎。本书将阐明，这个定律便是"合一律"。

最后，在本章结尾，我们可以再次回到本书开头所叙述的刘慈欣的著名科幻作品《三体》所呈现的文明迷思中。在"三体"的宇宙中，其宇宙结构使用的是当代物理学弦理论的 11 维度的设定，而既然在整个宇宙系统中开始通行"维度"这个第二尺度的效应投射，那么为什么在"三体宇宙"中的最终极文明法则依旧是"黑暗森林法则"这样一个第一尺度丛林法则效应的二元性延续呢？甚至于，为何作为高维文明的"歌者文明"竟然使用降维攻击的"矛盾律"手段灭亡了人类文明？这个问题可以说是一个文明寓言，它反映的是当下文明危机的心灵镜像，那么，在当代文明情境中该如何理解与回答这个问题本质呢？本书在后面将给出叙述。同时，《三体》这本书的名称所映射的"三体"问题又是现代数学的未解之谜，也可以说是西方文明体系的未解之谜，对于这个未解之谜所触碰的未知而神秘的领域，西方人自以为是完全属于自身体系内的东西，但是，从真理的元始尺度之视角，此"未知领域"并不完全属于西方，而恰恰是东西方真正相遇之地，这个文明谜题的解决也必然需要东方原生文化基因的襄助。为何如此？本书在后面亦将进行阐明与演绎。

第三卷

未来性的全息演历：从合一律到元创世

第四章
未来性的全息阐述：三大真理尺度的逻辑演绎

第1节
论未来性的终极尺度：第三尺度——合一律

1.1 论"合一律"的表达与演绎：第一尺度、第二尺度乃至"对称"是怎样从合一律中生成的？

如今，我们终于来到了真理的终极尺度，亦即作为尺度之尺度的第三尺度，这个尺度也是在人类文明中东方文明的原生基因得以在积极的层面上触及的真理境界。至于如何开启对于这个真理尺度的理解，我们在第二章第4节以真理的提问方式叙述第一哲学的命运演历的内容中对此有了初步的阐述与总结，从中我们得知第三尺度是经由三重对称而生成的真理境界，它对应的提问方式或问题模式则是："真理向来怎样如在我认为中我认为其怎样是？"至于这个提问方式如何而来，前边已经做了比较详尽的讨论，这里便不再赘述。

不过，为了更好地引出后边"合一律"的内涵源起与表达，我们需要更聚焦于对真理（元始）提问方式进行回答的那一句表征全部哲学境界的"本征句"。通过前文的叙述我们已经了解，表征第二尺度境界的"本征句"为：在我认为中我认为苹果是红的，其中，"苹果是红的"代表的是古希腊的思维境界，亦即第一尺度的"前一半"之境界，它通达的哲学论断是："红的"所在的感性杂多来源于"苹果"所代表的"存在"，亦即感性杂多源于存在；"我认为苹果是红的"代表的是西方近代哲学的思维境界，亦即第一尺度的"后一半"之境界，用哲学语言表达便是：存在源于"我思"。而"在我认为中我认为苹果是红的"代表的是西方当代哲学和东方原生文化开始真正相遇的思维境界，其中，西方当代哲学通达的是第二尺度之"前一半"，用哲学语言表达便是：我思源于"在……之中"所建构的"世界意识"或"场域焦点"，它偏向于"在……之中"的"……之中"；而东方文化的原生基因比较通达的是第二尺度的"后一半"，用哲学语言表达为：我思源于"在……之中"的"在……"所代表的建构行动或生成行动本身。

于是，在此基础上，第三尺度的"本征句"又会是什么呢？它是这样表达的：真理向来（如此这般）如在我认为中我认为苹果是红的。我们该如何理解呢？我们已经在前边的阐述中了悟到，第二尺度的思维本质是一种对于"世界"或"场域"的生成行动，正如谐同律所表现的那样，它是一种二重对称，亦即对于第一尺度"矛盾律"的"分别心"变换的"自指"：分别心之分别心，变换之变换。那么，第三尺度的思维本质当然就是对于"生成行动"无限给予的"绝对"，它是对于第二尺度之"生成行动"的自指，即生成之生成，亦即"无限生成"——"无限生成"即本真的创造。于是，对于本真的创造来说，其他的尺度所建构出来的所有东西便都是它内部的"镜像"，因为没有什么在创造之外，这在逻辑上是不可能的，因此第一尺度和第二尺度作为创造行动的内部韵律，也便是一种有限创造之"相"，它们永远被最终的真理尺度所创生并恒常地打开而成其为与它合一的永恒的镜像，这便是"真理向来如"所通达的思维境界，用哲学的语言可表达为：世界的生成源于合一，合一的构成面向也即全息，全息也即如来。就此而言，当我们说一个心灵觉醒或开悟的时候，必定指的是他领悟了第三尺度，亦即领悟了合一，领会了全息，成其为如来。

那么，当我们知晓了这一点之后，便可以很容易得出使用现代逻辑工具的第三尺度之思维定律——合一律的表达方式了。

在形式逻辑三定律中：

同一律的简要表达是：A 等于 A；

矛盾律的简要表达是：A 不等于 B；

排中律的简要表达是：A 或者非 A 只取其一。

其中 A 或者 B 代表的是关于对象的特定概念或者关于判断的特定命题。于是我们可以看到，对于排中律来说，只需要将"非 A"换成 B，将很容易转化为矛盾律的形式，即 A 不等于非 A，所以从广义上来讲，排中律可以归属于矛盾律；同时，同一律中的"A"，亦即共相或存在，同样是经由矛盾律之"分别心"的一重对称变换，将其从感性杂多中抽离而最终确认的。因而，它们的共同特点是以矛盾律所带来的差异性和排斥性作为主要思维演进方式，因此都可以叫作二元性定律。

"合一律"的表达是：

对于任何一个二元性对象（概念）、范畴和状态 A，除了 A 和"非 A"之外，还存在更为本质的"原 A"状态，其表现为无限可能生成 A 的"非 A"状态。

简要表达便是：原 A，即无限可能生成 A 的非 A 状态。

而如果根据道家中的"阴"和"阳"以及佛学中的"无"和"有"跟非 A 和 A 的逻辑相应视角，"合一律"也可简要表达为：

道，即无限可能生成阳性的阴性状态。

空，即无限可能生成有的无的状态。

从上边的表达我们很轻易就能看出第二尺度之谐同律和第一尺度之矛盾律是怎样经由合一律"降维"生成的：谐同律，即"合一律"的创造行动去掉"无限"而降格为有限的"生成"所展现的格局，亦即：

原 A'，即可能生成 A 的非 A 状态。

而矛盾律，则是由"合一律"从生成行动进一步降维而聚焦在生成行动的末端产物，即独立的 A 或差异的非 A 之上而呈现的状态——它们无一例外，都是"合一律"自己进行"大瘦身"所得到的结果，从这个角度来看，矛盾律与谐同律皆源于"合一律"也便是不争的事实；换句话说，第一尺度与第二尺度皆源于尺度之尺度——第三尺度，于是，说第三尺度就是蕴含所有尺度的"全息"之义，也是丝毫不为过的。就此而言，"全息"不仅意味着真理的三大元始尺度的全然领会，从而让思维的运演没有消极的角落；还意味着作为尺度之尺度的终极观照之"终极积极性"，也即宇宙实相中的任何一个东西，无论它看起来多么"渺小"和"低微"，都必定是作为一种构成单位之全息的"分有"，并被全息所构成，从而拥有全息的基因，亦即宇宙整体面貌的全部信息，于是，只要它的一小片，就能播种整个宇宙——此所谓"厚德载物"之原始逻辑。

同时，从"合一律"的表达我们也可以得到"尺度"和"对称"定义的最终来源。首先，从前边对于真理本征句以及矛盾律和谐同律怎样从合一律"降维"形成的讨论中，我们很容易就能了解全部真理境界所指向的各种"不变性"是怎样从合一律中生成的，而且，在各自的真理境界中，这些"不变性"都是趋向绝对与永恒的。其次，又因为合一律之无限生成的本真创造的"天然属性"指向的便是第一哲学的未来性真理道路，亦即终极对称性（三重对称），因而，经由三重对称之"创造"变换而保持"领会结构"不变便是"合一律"的整体内涵不可或缺的应有之义，而既然拥有了领会结构，那么，显然它的内在本性便是对于合一律所带来的全息的心灵整体构成作用的实现；其中的"领会结构"则有两个方面，一方面是我们在第二章谈论第一哲学的命运演历时从真理的提问方式推演而出的四大心智模型，这是相对"宏观"的层面；另一方面，则是根据合一律的自下而上表达所自然生成的心灵先天结构，它是"微观"层面的领会结构，是更基础的心智结构，从而可以从中推演出四大心智模型，我们将在后边的第四章第 2 节中看到它更具体的内容，它的名字叫作"致中和"、"阴阳冲和"、"能所识"，或者用纯粹逻辑学的叫法：三元拓扑。最后，合一律所指向的第一哲学之未来性真理道路意味着无论怎样之本原的起源或启始状态，因此，经历终极对称变换之构成作用的心灵总会沿着这种起源感"回到"最终的"不变性"的源头——原 A 或如来本身，亦即"回到自身"。由此，我们便可以得出真理或心灵"尺度"天性的全部内涵：

心灵必然启始或寻求某种趋向绝对与永恒的"不变性"，并通过其对于心灵整体的构成作用回到自身。

而至于"对称"就更简单了，在"合一律"的表述中我们可以很轻易地发现：无论哪种在场的不变性亦即本原性被思维识别出来，也即是说无论是 A 或非 A 所对应的"存在者"还是"可能生成 A 或非 A"所对应的"此在"，真理都将先行展开为它们得以生成的起源操作或起源变换——于是，用"对称"的逻辑句式来阐述一番便是：真理（原 A）总是在一种对于任何本原的起源操作或变换中保持其本原之本原、不变性之不变性的领会结构不变，故而真理是对称的，换言之，对称即合一律。

从上边的讨论中，我们也可以看出：合一律、对称与（真理或心灵的）尺度，它们三者实际上就是一种逻辑互指的关系，从其中一个出发一定能自发推演而出另外两个，它们之间的唯一区分仅仅在于运用场景的不同罢了。比如当我们希望强调事物或思想的法则性，那么，作为最高思维定律的合一律就是主角；若是强调心灵感性直观或测量的根本秩序及其结构，那么，对称就是主导视角；若要突出事物运行的构成作用及其基本单位，那么，（真理或心灵的）尺度就是更恰当的描绘方式。

接下来，我们将进入对"合一律"几大性质的简要说明：

1. 从知性上，原 A 中的"A"指代的是任何二元性概念、范畴和判断

（命题），因此它并不像同一律和矛盾律那样必然要针对特定一个对象或者命题，恰恰相反，它指代所有，我们也可以把它理解成"一般知性判断"，因此它穷尽了所有知性概念、范畴和命题。

2. 从感性上，原 A 中的"A"并不限于纯粹知性对象，还包括人的情感和欲求状态与能力（例如原欲），因此它不仅针对所有感性直观，并且对所有二元性情感和欲求状态都有效，如果把感觉、情感与欲求统一在经验之下，那么"原 A"指代的就是无限可能生成二元经验的觉知能力。

3. 对于整个定律的主词"原 A"，又可以称为"意识单位"、"心灵单元"、道、如来藏、觉性、空、梵，其状态定义为"原性状态"或"元性状态"。

4. 其中的"无限生成"的本质含义就是"创造"，这里的创造并不是被外在有条件赋予的某项能力，而是属于"原 A"——意识单位或如来藏的自发性状态与属性，是无条件且没有分离的状态与能力。

5. 定律中的"无限可能"指代的是无限的永恒范畴，不是受限概念，所以"无限可能生成"的状态是一个无限"恒变"状态，亦即终极对称状态。因为"无限生成"，所以"A"和"非 A"在表述中是可互换的，并没有先后之分，譬如定律改为"原 A"即无限可能生成非 A 的 A 状态也可。这直接说明"合一律"从不拘泥于具有 A 或非 A 差异效应的任何本原状态。

6. 合一律的最大关键词是"创造"而不是其他。所以，通俗点说，把合一律称为创造性定律也是准确而合适的，从这一点也可以看出，作为最高思维定律所通向的第一哲学之真理道路，肯定不是"本原"的真理道路。

"原 A"或"意识单位"是在不同描述状态下的称谓，"原 A"更适用于纯粹思想的演绎，而"意识单位"用在感性相关的描述中则更为贴切，作为比喻，这有些像光的"波粒二象性"的特征，我们在本书的后面还将看到，诸如"波粒二象性"和"量子态"这样的量子力学基础概念的思维最终来源当然便是"合一律"或者说"意识单位"。从想象的层面来说，将"原A"理解成思想和观念的终极量子态也是很不错的，但毕竟不完全。

因而，以合一律的内涵与外延作为主体逻辑方式与思维目的的思想状态，就是广义逻辑上的"非二元性"或"非线性"；这里的"非二元性"或"非线性"中的"非"很容易引起误解，也许会被认为是"排斥"二元性或线性，实质上这里的"非"表示的并非否定性的"不是"含义，而是递增的"不仅仅是"含义，"非二元性"直观的意思就是：不仅仅是二元性。其实，从第二尺度开始，随着心灵或真理的主导形态开始从本原转向了行动，非二元性或非线性就已经开启了，因为这个时候，"合一律"的效应也便开始逐步占据主导地位。因此，我们通常所说之非二元性，指的就是从第二尺度，尤其从第二尺度"后一半"开启的思维境界。

从合一律出发可以直接得出事物和行动状态的以下性质：

性质一："永恒性"。合一律是第一个从绝对意义上来说延伸至永恒的思维定律或逻辑定律，因而"无限"才会作为描绘它的第一个谓词，无论是"无限可能"还是"无限生成"，都是其中蕴含的不可分离的属性，也正是这两者的结合，使得矛盾的双方A和非A能够在"无限可能生成"亦即创造性的方式与状态下合一，从而实现终极对称。

性质二："非相对性"。从定律的表述中可以很明确地看出，合一律是任何从传统第一哲学之本原性出发的相对性或二元性的来源或者本质原因，实质上它描绘的是一种逻辑上更高的存在状态——"原性状态"或者"合一状态"——非二元性，而且它突破了感性与知性的界限。所以，从另一个角度来说，合一律可以说直接架构连通了二元性和非二元性，在后边我们会知道，这种架构连通的方式叫作"心灵拓扑"，于是"相对性"从此不再是事物不可或缺的属性。

性质三："恒变性"。对于意识单位"原A"的状态，时刻处于无限产生出新对象（概念与命题）、新状态（感觉与经验）的动态创造过程中，因为超越了相对性，所以这不关乎时间，只关乎无限创造的本质——永恒之新。

性质四："自发性"。对于意识单位"原A"来说，任何一个真理尺度中的对象与状态都是自发生成的，而不是由于因果性和需要外在动力的有条件的消极结果。

性质五："自洽性"。由于意识单位"原A"蕴含了第一尺度的所有二元概念与判断，亦即所有知性规定和原因，同时也蕴含了第二尺度的所有维度（场域）和构型，因而，其中揭示了关于事物本质的更高的存在状态，也是诸多哲学家所梦寐以求的"自证其明"或"不证自明"的状态——自洽性，当然这里的自洽性和当今逻辑学中运用广泛的自圆其说的自洽性概念不同，这里的自洽性更为纯粹和本质，是源头之因。

此外，从合一律出发，还可以直接得出以下推论：

推论一：意识单位（的投射）即实体。

证明：关于西方哲学对于实体的定义，笛卡尔指出："所谓实体，是只能看作能自己存在，而其存在并不需要其他事物的一种事物。"而后来康德又补充道："作为思维本身不能再被表现为另一个事物的谓词的最终主体，就叫作实体。"简而言之，实体就是独立存在而不依赖其他事物的东西。

首先，关于"只能看作能自己存在"，表达的是一种自发性，即它自己即可无限创造地生长下去，这正是意识单位的定义所在："无限可能之生成"，也是意识单位固有性质之一；其次，关于"不需要其他事物"，"不能再被表现为另一个事物的谓词"，则反映在意识单位"原A"中A的理性归属范围：一般知性概念、范畴和（判断）命题，这穷尽了所有（二元性）主词和谓词，而对于意识单位来说，根据合一律，无论是任何一种A状态还是"非A"状态，意识单位都必然等价性蕴含，因此它不可能再被别的事物（主词）作为谓词，因为所有主词和谓词它都本自具足了。所以，从定义上，意识单位即实体。不过和过去不同的是，这个实体和它的显像（二元性概念）不再是一种独立分离的关系了。这是一种新的创造性层级蕴含关系。

当然，前边的证明是紧紧跟随既有的实体定义而推演的，事实上，在前边的论述中我们已经知道，"实体"这种东西是独属于第一尺度的产物，它对应的是第一尺度的领域特质——存在，从某种程度来说，实体即存在，它代表了某种真理尺度下的"绝对"，就此而言，第二尺度的"绝对"便被海德格尔称为"此在"，第三尺度的"绝对"即"合一""原A""如来藏"。从第一哲学的未来性真理道路，亦即创造性的真理道路中我们可以知道，任何拘泥于某种本原之"体"的思维都是终极对称变换——创造行动的特殊状态，或者说创造行动的"投影"，它不是一种本真的心灵状态，却更像一种"幻象"。因而，无论是心灵执着于哪种"体"，都被佛学和道家称为"着相"。只要心灵执着于哪种"体"，心灵对称变换的领会结构就无法实现其整体构成，从而不得"圆满"。

不过，根据我们在第一哲学命运演历中讨论的真理提问方式的演变，在试图证明"实体是什么"之前，还有一个使这个命题得以发生和成立的前置命题，即"实体怎样是？"。用本书的说法，那就是我们必须首先知道在尺度变换的对称操作中如何测量它，或者说如何在其生成过程中直观它，才能让"实体是什么"进入现实。而这恰恰是迄今为止的西方哲学无法做到的事情。从这一点也可以看出，遂行对称或尺度天性中的领会结构的微观层面，亦即心灵的先天结构——"致中和"多么重要了。

推论二：在合一律视角中，主体与客体合一。

证明：主体与客体合一，实际上便是主观与客观、我与物的合一，这三个命题是等价的。首先，推论一已经证明：如果以第一尺度的概念或范畴为推演基础，那么，意识单位即实体，而主体（自我意识）又必然是精神实体，所以"主体（自我意识）"必然蕴含于意识单位（原A）内涵之中；此外，根据合一律，意识单位因为"无限可能生成"，必然生成而包含所有知性客体（即二元性概念、范畴与命题），再加之主体又蕴含于意识单位内涵中，所以，主体与客体合一。故而，从这个意义上来说，意识单位（如来藏）贯通于所有主体与客体中，也即自我与事物之中。

当然，跟推论一相同的是，上边的证明过程依旧是紧密围绕第一尺度之主体与客体的定义来进行的，也就是说带有浓厚的第一哲学之传统真理道路的"味道"。除此之外，运用第一哲学之未来性真理道路的视角，对于这个命题我们还有更简要的领会方式。我们知道，只要把主体和客体这种带有"本原性"的东西作为真理描绘的"主角"，它们之间的相互分离乃至相互对峙就一定是不可避免的思维结果，而当我们的真理主角转换为源于创造的对称行动的时候，任何本原性的东西都将逐渐退居真理演绎的"二线"地位，以至完全消失，亦即"合一"；这种效应，随着心灵的焦点越往高的真理尺度转变和演化，就必然越显著，其中关键的转变正在于第二尺度。实际上，随着第二尺度逐渐过渡到"构成作用"之元始构成的"后一半"，本原性的真理主角地位便一去不复返了。我们在第四卷以未来性真理道路重新审视西方哲学史的时候，会很清晰地看到这一点。从古希腊哲学本体论的"横空出世"，到笛卡尔奠定了主客体二元对峙的近代哲学基调，再到现当代哲学的海德格尔用他的"此在"为本原性的传统真理道路跳完了"最后一舞"，整个西方哲学史就是一部被主体与客体所代表、本原性思维"牢笼"所纠缠的"受难史"，真不知道这是不是跟西方文明之古希伯来传统中"耶稣受难记"的某种图腾基因的命运暗合呢？

推论三："合一"状态或"原性状态"之下，事物之间没有分离而有区分。

　　证明：首先，对于"分离"这样一个概念来说，指的是运用矛盾律将对象 A 与其外的非 A 对象分开，即"A 不等于非 A"，然而在以合一律为主导的合一状态之下，A 和非 A 是一种无限互生的关系，即在此状态中，两者共存一体。于是，自然便没有了二元性的对立与矛盾，故而没有"分离"。

　　其次，在合一状态之下，不同意识单位（如来藏）之间却是有"区分"的，这种"区分"不是指二元性范畴的区分，而是由意识单位"原 A"定义中的"创造"的本质内涵所得出的结果，"创造"的本质内涵即永恒之新，永恒生出新对象，绝无重复与停止，所以不同意识单位之间绝无可能重复，更不可能相等，是谓"区分"。因而，如果用通俗语言来描绘，在合一状态之下，任何个性都不会失落。我们在下节将会阐述，这种区分是一种多次元格局的区分。这个推论也从另一个视角阐释了《金刚经》中的那个著名结论：一切贤圣皆以无为法而有差别。它说的就是安住于最高真理尺度——如来的觉性之心，破除了一切 A 或非 A 的二元性之相的限制，故而仅有创造性的区分而再无矛盾律效应的区别。

1.2 论层级或维度的逻辑阐明

　　笔者在前边本节 1.1 阐述了合一律的来源、内涵、性质及其三个重要推论，实际上，由此我们便初步了解了合一律所代表的第三尺度的基本要义：第三尺度的领域表达是消除了任何本原性的"合一"，其展现构成作用之"元始构成"便是意识单位或如来藏的"全息"。事实上，如果你站在第三尺度往下看，整个宇宙一旦走出"无限"，亦即无限可能生成之本真创造，那么，奉行未来性真理道路的宇宙形态便将主要以第二尺度之"场域"或"维度"来展现其面貌。也就是说，场域或维度正是第三尺度之"创世"之后建构并运行整个宇宙的主导"构件"。那么，下边便让我们来看一看"合一律"之意识单位从创世走出来之后，进入其运行环节时是如何发生作用与运作的。我们也可以把下边的叙述称为"场域"或"维度"的自上而下的视角的逻辑演绎。至于它自下而上的建构方式，我们则放在第四卷以未来性重述西方哲学简史的部分进行阐述。

根据合一律，意识单位"原 A"，即无限可能生成（创造）A 的非 A 状态，其中 A 属于"一般二元知性概念与命题和二元感性知觉"的集合。其中，唯一表达行动或者逻辑运行的关键词便是"创造"，"创造"即无限可能生成，亦是最高的三重对称性。事实上根据意识单位的自发性原理，所有"A 或非 A"状态都将自动跟随并归属于相应的创造之源与创造形式。

如果用一个比喻，这样的结构形式就如同在一个平面内的点光源，以其作为圆心，瞬间便将光线粒子——光子发散并布满整个平面层。在这个比喻中"创造"对应的便是作为圆心和源点的点光源，而二元性对象之集合 {A 或非 A} 则对应从点光源发散而出的全部光线粒子，很显然，所有二元性"光线粒子"的性质必然蕴含并取决于创造源头的特性与频率，而整个形式看起来就像以创造源点——点光源为中心瞬间形成的一个实相的"层面"。而另一个相似的比喻则是"爆炸"，其中"创造"行动可以想象为处于爆炸核心的引爆点，而 {A 或非 A} 的二元性集合则对应爆炸半径内的冲击波和爆炸物，而从高空中看，整个爆炸整体就像由一点引爆而瞬间形成的一个圆形"层面"。之所以要作这两个比喻，是因为这样一种直观形式跟意识单位的运作方式在直观想象上是类似的。同时，从这两个思想比喻中我们也可以看出来，为什么"维度"和"场域"其实就是一回事儿，因为它们都是经由一个核心的无限创造或受限创造行动的"点光源"（瞬间）生成的一个"层面"，毫无疑问。

合一律所表述的便是一种内涵最大化的状态，实际上里边蕴含了无数种结构与形式，即当意识单位由"无限创造"（无限可能生成）进入"有限创造"（有限可能生成）的内涵领域的时候，它的展开就会需要前两个比喻中的直观想象了：当创造由"无限"向"有限或者受限"展开的时候，由高向低，随着不同"层面"的受限，会呈现出一种不同层面的叠加。

在这里，这种于受限到无限的创造的序列状态下，所形成的创造源点本身与归属于它的创造对象（A 或非 A）建构而成的逻辑层次结构，就叫作"维度"或"场域"，其中创造源点与形式所在之"维度"的创造受限程度就叫作这个维度的创造"频率"。因此，在全息逻辑中，真正的维度指的是创造的维度，而不是一种感知显像；真正的频率指的是创造的频率，而不是一种受限于时间的物理现象；就此而言，从全息的视角来看，逻辑上的"维度"和逻辑上的"场域"之内涵是同构的，同时，维度、场域、层级、次元等这些非线性概念，表达的都是第二尺度的领域指向，亦即心灵聚焦在第二尺度首先把握的那一种趋向于绝对与永恒的"不变性"。

而根据意识单位"恒变"与"自发性"原理，每一个频率的创造维度又会继续以同样的自发创造的行动方式向下延伸各自的附属维度，层层递增动态相叠，于是便形成了意识单位的多维度复合结构，又叫多次元结构。而每一个创造频率以及它所附属的维度所形成的多重复合的创造性层级结构，则构成了特定的"格局"。如果用特定方式由低到高对创造频率进行排列，便得到了维度的序列，于是我们在谈论任何方式的非线性宇宙结构或事物结构的时候，总是把它们内蕴的这种序列性的层级统一描绘为维度或者次元。当知道了以上的阐述后，我们便很容易理解"蕴含"概念的本质内涵了，真正的"蕴含"指的是更高的创造频率或创造维度对于相对的低频率和低维度之状态与对象的包容合一；正如建造更高层数的金字塔不能抛弃下边的层级而悬空搭建一般。

这就是意识单位在自身之上与之内的行动所形成的多次元复合逻辑结构的整体表达了，从这里也可以得出：第二尺度的"动"指的是逻辑层级与维度之间的生成性行动；维度之间关系的本质是作为层级源头的不同受限创造性形式自身的区分，它们跟维度之内蕴含的创造对象（A与非A）无直接相关的关系。而其中特别要指出的是，逻辑维度与逻辑频率跟物理学上的维度与频率是截然不同的两种概念，可以这样说，从逻辑意义上来看，后者来源于前者，前者是后者的本质。

而对于维度来说，特定格局之内的维度或频率的展开的方式又是如何呈现的呢？可以很明确地告诉读者的是，其中当然包含重大的规律，也是宇宙与生命最本质的运行规律："元创世"的生命均衡定律，这将在后续第五章中进行详细阐述。在其中，我们将要了解，宇宙维度或意识维度之间并不是无规律展开的，而是拥有其恒定而深刻的非二元性法则，一切正如老子所说："道生一，一生二，二生三，三生万物。"

此外，前边已经提到，"维度"或"场域"仅仅是第二尺度的领域指向，亦即第二尺度的"前一半"，那么，第二尺度之"后一半"亦即第二尺度之"元始构成"又是什么呢？根据其内涵，作为一种"元始构成"或"构成单位"，它必须反映特定真理尺度下的基本结构之"关系"，比如在矛盾律作用下的"范畴"或"形式"，就决定性地表征了第一尺度之因果关系的建构。那么，对于开始展现未来性真理道路之主导作用的第二尺度来说，其元始构成之基本单位就必须反映维度与维度之间进行结构的基本关系，很显然，这种元始构成早已不再是"范畴"，它叫作"构型"。在其中，我们将看到二重对称之对称性——一种叫作"拓扑"的逻辑方式开始"崭露头角"，同时，因为它反映的便是未来性真理道路，亦即以"创造行动"为真理主角形态的元始运行结构，因而，"构型"中的结构也便指向一种心灵或意识的"先天结构"。至于"构型"的基本架构的内容到底是什么？我们前边已经简略提到过它的名字——致中和、阴阳冲和或三元拓扑，其详细内容我们将放在第四章第2节中进行阐述。

1.3 论内感官与实相初始演绎

我们当今所了解的三维时空的客观自然界中的许多事物，都具有类似创造性层级一般的自相似的"维度"结构，在理想情况下，甚至具有无穷维度。适当地放大或缩小几何尺寸，整个结构并不改变，例如树枝形状、雪花片以及涡旋等。而针对这种复杂的物理现象，当今学术界还开发出了反映着这类层次结构的分形几何学（如图 11）——一种在直观视野上体现元始对称变换的几何学，然而无论物理学如何发展，当其真正运用于人的"心灵时空"中的时候却依然显得相当无能，那是因为建立在第一尺度之知性与感性直观基础之上的物理学的主导研究方法并未超脱出第一尺度，而蕴含了心灵实体（精神实体）的意识单位，则是非二元性的存在，因而以合一律为基础的全息的逻辑维度才可以说是分形几何学的真正逻辑来源。

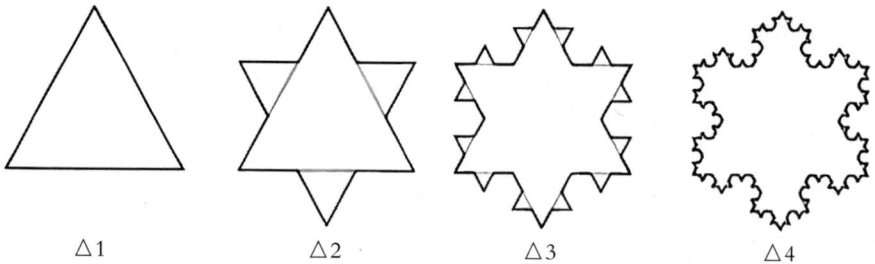

△1　　　　△2　　　　△3　　　　△4

图 11　著名的分形几何图形"科克曲线"

若用第一尺度的三维世界作对比，根据上节所述，由更本质的合一律构筑起来整个宇宙，即呈现出一种无与伦比的丰富的倒金字塔式多次元动态恒变结构，我们当今所感知的三维时空其实只在其中占据很小很小的一块，不是因为其他，而是因为我们的心灵打开方式限制住了自己而让我们过去对于许多显而易见的心灵实相视而不见。而这个对比几乎完全等价于内我与外在自我、内感官与外感官的对比关系。对比三维时空的外在自我和外感官，我们当然拥有更加无与伦比的内我与内在感官，但我们在这里尤其要注意的是，内我和外在自我、内感官和外感官的概念名称都是源于过去用矛盾律和物我二元论的思维方式划分出来的产物，所以会让人觉得两者好像是分离和独立的，而实际上，根据合一律的"推论三"，我们可以非常清楚地看出，其中并没有排斥与分离，而是蕴含关系，内我蕴含外在自我，内感官蕴含外感官，其中的本质是创造频率的高与低之别，而我们在这里所说的"内我"，其实也便是心灵全息本身。

在过去，思想界基本上只用一个概念来极其有限地反映内感官，那就是时间，并且将时间的所有第一尺度之二元特征例如线性、单维度、前后相继等通通划归于内感官。然而，以西方哲学为代表的传统学术从未真正地理解内在感官的含义，事实上他们所以为的内感官只是一种较低尺度的情感与情绪罢了，但是真正的内感官必然是超越第一尺度的第二尺度及第三尺度的感知形态，亦即表征的是心灵遂行于更大尺度的"阴阳原"心智焦点及其所承载的生命原动力。如果从心灵先天结构之高级对称性——拓扑架构的视角审视，它是一种相对一切可能经验直观的更大尺度之动态生成状态，它通常同构于"元天性"所在之领域。于是，通过后边"元创世"之阐析，我们将得到阴阳原之三大内感官领域，亦即：信仰的元天性领域、求知的元天性领域以及爱的元天性领域。而如果把爱的元天性根据第三尺度的演化表征再以阴阳原作一个元始区分，那么，我们便可以得到四大内感官领域——它们分别对应佛学中的"四智"：平等性智、妙观察智、大圆镜智（全息性）以及成所作智（合一性）。

在后续的章节中，本书将使用更为广义的"实相"概念来描述所有逻辑创造维度所形成的现实，而不仅仅拘泥于三维时空的"现实"世界。而从实质上来说，内感官是通向内在多次元实相的途径，也即对于任何尺度的内容进行"测量"的心灵禀赋，它也是我们个人与人类进步与演化最重要的凭借方式之一。至于其中的具体类型划分、证明与演绎，也将放在本书后续章节中进行阐述与表达。笔者之所以为读者"提前"呈现这些，是为了表达这样一个很迫切的观点：人的能力从来没有在任何形式上固化，无论理性能力还是感性能力皆如此。

第 2 节
未来性终极尺度的元始构成：论心灵的先天结构——致中和

2.1 论心灵直观的基本单位：一种微妙的模型

我们人类虽然长久以来都在使用直观来扩展自己的知识，例如康德就坚定十足地断言道：时间与空间是感性直观的先天形式。若不借助在时间与空间内进行思想演绎，人类根本无法建立并扩展任何实质的知识。比如要证明"三角形的两条边之和大于第三条边"这个命题，如果人们不在头脑中用空间构想出三角形的三条边的相互关系，并在一个小小的"两边结合与第三边对比"的时间运动中来进行构想演绎，就根本无法证明这个命题。然而，虽然我们每时每刻都在和直观打交道，而若要论及直观自身的本质，人们却会很惊讶地发现自己对它的内在结构了解得十分有限，以至于一直都在一种心智迷雾中使用它。

当我们仅仅从生命的本能出发而聚焦在纯粹的外在感官上边，比如说听觉、味觉、触觉等，其实我们并不需要一般理解中的直观，因为我们并没有期望在这样的聚焦行动中去得到意义感，或者说知识。再比如说我们去看一个色块，我们会拥有看到这个色块的感觉，这个色块本身完全是物理的，而我们对它的看却开始具有了精神的现象，从而升起了感觉，然而一个色块肯定不是知识；如果进一步，我们看到这个色块并要认知它为红色，这就开始使用直观能力了。我们会在头脑中构建出一个空间，然后会拿这种颜色和其他不同的颜色例如蓝、绿、黑进行比较，以确认它在诸多颜色序列中拥有自己特别的位置；而再进一步，若我们想要确认它到底是不是"绯红色"，那这个过程会更复杂一些。因此，我们只有在开始寻求意义并认识自己与这个世界的时候，才会使用直观能力，尤其是对概念的直观，最为常见与基本；同时，就持续聚焦感官而获得把握存在的确定性与意义感的角度，从实质上，"直观"和"意识"在逻辑内涵上是等价的，只不过它们会在心灵活动中适应不同的应用场景，"直观"概念更适用于在知性意味比较强的思想推理中，从而区别于纯粹本能的感官与纯粹抽象的玄思，而"意识"概念则更适用于跟不同行动领域交互解释的融合场景，因而显得更为"通用"。那么，即便人类在进行最基本的直观活动或意识行为的时候，又忽略了哪些重要的逻辑内核呢？

要回答这个问题，首先让我们从最容易认知的人名概念开始。当我们使用某个人名的时候，通常会想到一个具体的感性对象。在这里我们以一个众所周知的名字"甘地"为例，我们很轻易就能将它对应上历史中的那个著名人物，不是么？然而，对于一个人名背后的内容的认识却并非简单的事情，从经验来说，我们会突然发现这个人名背后的人物并不是一个一成不变的"肖像"，并且从出生到逝去都保持着严格的一致性。恰恰相反，我们所知道的"甘地"是由从小到大的一系列逐渐发生变化的相貌构成的：他最初是一个呱呱落地的婴儿，随后变成一个男孩，然后成为一个去英国学习律法的风华正茂的青年，随后再回到印度领导一系列闻名于世的社会运动，此后再变成我们熟知的那个中年的、消瘦的、富有悲天悯人情怀的精神导师。这一系列不同的相貌，以及与这些相貌变化因果相关联的各种事件，构成了我们从直观意义上所理解的"甘地"。那么，在直观的意义里，甘地是一系列由某种方式在时间与空间中排列在一起的事件，而不是一组简单的发音或一个单纯的视觉符号。

因此，当我们听到一个人名，并认识它，虽然这个人名会呈现出一系列和口舌运动相关的音节，但是它的内涵和意义却表征为在直观中一系列按照某种方式联结在一起的事件。同样，当我们用某个名词或概念去代表一棵植物、一只动物或者一件事情的时候，一系列联结在一起的事件则构成了我们想要表达的那棵植物、那只动物与那件事。好了，历史上绝大多数思想家对直观的解构与分析就到此为止了，正如德国著名哲学家康德用一句话总结的那样：时间与空间是感性直观的先天形式。然而，事情并没有那么简单，这里有两个重要的指向人类直观结构更深层本质的微妙之处被忽略了。

首先，我们的目的是获取直观背后的信息与知识，这是毫无疑问的，而如果聚焦这个过程的最初阶段，我们可以发现虽然我们欲求获取信息与知识，但是依然会通过一些感觉作为框架和支点来认识这些信息。比如针对人名的时候，我们会听到音节，或者说在头脑中使用声音，甚或在头脑中构想人名的拼写形象，再以之作为支点和窗口，透过它们"进入"到背后的信息中。对此，我们可以再用一个更为显著的例子来说明。当我们早晨或傍晚坐在家里的沙发上打开一份报纸，看见报纸及其版面的感觉，实际上仅仅构成了在我们身上所发生事情的一个极其微小的方面，但它却是紧接着的所有其余事情（获取信息）的出发点，正是通过它们，我们才了解了报纸本身作为获取信息手段背后的意义与知识。因而，经过以上两个例子，我们必须注意到这一点：在我们通过直观能力获取意义之初始状态中，确确实实存在着一种微妙的"感觉核心"或者更具体来说是一种由系列感觉构成的"感觉框架"，通过这个"感觉框架"作为结构媒介，直观能力中的信息才传递给我们。

其次，再回到我们的人名和事物的例子。前边已经阐释了，当我们使用某个名词来代表一位人物、一棵植物、一只动物或一件事情的时候，一个按照特定方式联结在一起的事件序列构成了我们所要直观或意识的那位人物、那棵植物、那只动物与那件事。而在这一系列事件构成的直观世界中，某种奇妙的材料或者现象极为容易被我们的日常知觉习惯所忽略，正如著名英国思想家伯特兰·罗素在他的著作《心的分析》中所指出的那样：

组成（直观）世界的最微小的、不可分的成分，既不是词语，也不是词语所指代的东西。因为在语言中，尚无一种直接的方法可以取代稍纵即逝的终极简明存在体（the ultimate brief existents），而恰恰是这些诸多的最细小的存在体合在一起，共同构成了我们所说的人和事，如果我们想说出这样的存在体（除了在哲学中，我们很少需要这样做），我们就不得不借助某些经过精心设计的语句去表达它，例如我们会这样说："1919 年 1 月 1 日中午有一种视觉占据了我的视野中心。"我把这种单一的终极体称为"细节"……在实践中，我们对于感觉经验中出现的具体细节并不过于关心，倒是细节所述的整个体系更令我们关心，因为细节只是这个体系的标志。当我们看见约翰时会说："瞧，约翰在那儿呢。"而我们看见的只是约翰的一个标志，但我们更感兴趣的是所见到的人，而不是具体的标志。因此，我们会用"约翰"这个词为全体细节命名，而对于构成整个体系的个别细节，我们则不会自找麻烦分别为其命名。①

那么，如何理解罗素所说的这段话呢？实际上，罗素就是在对心灵的元始尺度，或者准确来说对心灵尺度的元始构成来进行提问和阐析，在这种心灵尺度元始构成之阐析中，他在试图告诉我们：在直观世界的众多事件和现象中，有一个基本的构成材料或者说组成结构，它就像一种基本的存在单位，罗素把它叫作"终极简明存在体"（the ultimate brief existents），

---

① ［英］伯特兰·罗素.罗素自选文集［M］.戴玉庆译.商务印书馆，北京：2006：281。

直观世界的所有知觉细节都由它承载，同时当人们使用概念直观的时候，会直接用简单的概念本身来代表这个组成结构所囊括的所有细节。譬如在直观"某年某月某日的中午"这个概念的时候，我们所有人要么对其有一个模糊的意象，要么某些具有照相记忆天赋的人能够回忆起清晰的画面，但无论是哪种情况，当聚焦在这个事件的视觉中心之时，所有人都会生发出这样一种印象：这个直观事件的所有内容和由其中心流露出来的意义就像被某种微妙而奇特的基本知觉结构给"框定"在一起似的，而在这个"框定"的边缘之外的一切都是一种模糊的"混沌"而无法被意识把握。若要用一个更现代的比喻来对此进行说明，这就像我们电脑显示屏的"像素分辨率"——一种心灵尺度之"构成单位"，在直观事件的视觉中心呈现的内容就是整个"事件直观显示屏"的最基本分辨率单位：一个像素格子。这个像素格子里既包含视觉图像又同时包含意义，由这个基本的像素格子作为最小组成单位或结构进一步进行组合扩展，便形成了关于整个概念事件的直观分辨率之"屏幕"，而且这一定是一个边界清晰的"屏幕"，因为屏幕之外的内容在我们的印象中会是一片混沌与虚无。只不过跟现实中的物理显示屏的分辨率所不同的是，物理显示屏的分辨率只显示物理图像，而直观分辨率的这个最基本结构或最基本单位不仅仅显示知觉内容，还显示知识和意义，因此它们是完全不同思想维度的模型构造，前一种只表达物理性状，而后一种则代表一个直观的逻辑模型或逻辑结构。因此，我们于此再结合前边第一点所谈论的直观内容凭借其上的"感觉核心"或"感觉框架"的阐述（它们和"基本直观单位"事实上是同一个东西在同一个直观里的不同阶段呈现），就能够得出一个前所未有的结论：人类的直观能力拥有一个更为本质的基本结构，它就像显示分辨率的像素一样，极容易被稍纵即逝的知觉习惯所忽略，但却是揭示直观本质最重要的基本结构和模型，从逻辑意义上来说它既包含知觉，也包含意义和知识，或者说它就是这两者的融合。

因此，当我们用简单的概念描述，比如"约翰"来代替"约翰在那儿"这个经验直观的所有细节的时候，实际上是用这个概念来代替这个基本直观结构和直观单位的特指内容而已，或者换句话说，就是用这个概念来指代某种特别的"基本直观单位"；从这个基本直观单位出发，我们才能认识所有直观内容并让意识得以聚焦，同时，从它出发，按照它的逻辑方式深入运作并进行维度叠加或尺度变换，我们才有可能延展、升级我们自己的直观能力，来获取更多更深入关乎世界的信息与知识，正如物理分辨率的指数化递增方式。

最后，还需要说明一点的是，正因为我们可以使用直观能力来认识概念和知识，但并不代表这个概念的字面意思就描绘了由它引发的直观意象的全部意义。在前边的叙述中我们已经阐明：任何一个概念只能用来指代背后的直观事件所有细节的聚合，或者说指代特定的直观基本单位，但是它并不能或极难表达由之所引起的直观意象的全部意义，乃至核心意义。例如当我们谈到"北京天安门"的时候，我们会生发出一系列轰轰烈烈的事件来直观它，不同的人也会有不同的直观内容和风格，其中不仅仅包含"天安门"的空间形态的变迁，还会包括不同的历史事件及其蕴含的情感与情绪，那么"北京天安门"这五个字当然无法完全描述其背后直观意象的全部含义，我们只能说它通向了这些意象含义，或者在一个极度精练的逻辑场景下，说它代表了背后的直观意象含义的原型。

事实上，直观意象的意义要比词语和概念本身更加原始，现代的语言学界有一个大体的定论：文字在开始出现时，似乎从未想要代表语言，它只是作为一种直观的图形意象，用以代表某些需要表达的东西，这在以象形文字作为基础工具的东方文明中体现得尤为明显。而从前边的例子中，我们也会发现罗素对于语言本质的理解也超出了经典语言学中所指与能指的简单二元范畴，而更深入地进入了一种更大的思维架构，亦即以他所说的作为感觉核心的"终极简明存在体"（the ultimate brief existents）的心灵元始构成为内核的认识的联系的建立过程。这种联系并不一定拘泥于某种名字或概念所指向的抽象符号，还可以包括一幅图、一个姿势甚至沉默不语的一种背景情景，例如我们完全能够从一位聋哑人或言语不通的异国人的肢体动作中尝试理解其对于另外一种具体事物的联系，因而，语言天然指向事物之间的联系得以生成的某种心灵基本结构，而远不止一种特定的信息传播手段。

由此可见，人类的直观基本结构是天生和意义绑定在一起的，甚至不仅仅包括时间与空间中的意义，而更重要的问题是：这种意义绑定的"联系"是运用怎样的心灵基本单位的结构而天然建立起来的？遵从这个基本结构的逻辑线索，我们有可能打破"时间与空间就是人类认识世界唯一可以把握的直观"这个老信念。

2.2 论时空直观思想惯性的破除及其奥秘

为了让每一个人都尽可能了解"人类直观基本单位的本质"这个命题，我们还是要回到在日常生活中去获取知识最惯常使用的能力上来，即时空直观。

事实上，当我们下沉到自己知觉的底层来分别观看时间与空间本身的时候，会发现事情远没那么简单，这里边有很多未解之谜的存在，而对其中一个最明显的"差异性"的问题的思辨直接导致了经典物理学和现代物理学的分野，那就是：

为什么在我们知觉触角的探知下，时间与空间可以作为两种不同的要素甚至不同维度"分隔"得如此明显，但是在日常生活中直观到的这个世界却是如此连续而完整呢？

不要小瞧了这个命题，因为对它的不同理解造成了牛顿和爱因斯坦所代表的两代世界观的巨大差异。在牛顿所建立的经典力学的"绝对时空观"世界里，时间与空间两要素是绝对存在而不可操纵的，而且时间跟空间一样都是均匀的，它们各自独立存在且完全不相关联与影响，时间间隔与空间间隔跟运动状态之间没有互相决定的关系，过去的时间和未来的时间在经典力学的方程式中没有什么不同，而且所有物理对象共用同一套时间与空间的参照系。于是，信奉牛顿力学所代表的经典物理世界观的人都必须拥有一种"坚定信念"，那就是：力以及由之引起或作用的"运动"，是一种神迹信仰般的力量，它可以随意在时间与空间的"鸿沟"中穿来穿去，却又能神奇地让这个世界保持连续性和完整性。

然而，无论在牛顿的时代之后兴起的化学、地质学、宇宙学、生物学或者社会科学中的哪个领域，所观察到的事实和运用的相关原则却和此"坚定信念"相当不同，其中处处都可以见到未来和过去扮演着不同的角色；以至于到了爱因斯坦这里，他在自己创立的时空理论中直接判定了牛顿的绝对时空观的"死刑"：在狭义相对论的论述中，随着直观中的物体运动速率的不断增加而接近光速，空间距离会不断缩短，时间也会变得越来越慢，也就是说，时空当然是不均匀的；同时，在广义相对论的论述中，物质的引力导致时空的弯曲，时空的弯曲反过来也可以造成引力的作用——总之，在爱因斯坦的相对论世界观中，时间与空间不知怎的就不均匀起来，而且时间与空间变得不再分离，而是变成了一个统一的连续体：时空连续体。在此基础上，1977年诺贝尔化学奖获得者普里高津甚至把造成时空不均匀背后的原理归因为一种"时间之矢"的概念，他认为正是"时间之矢"的绝对不可逆性背后的"神秘力量"导致了时空的不均匀和不稳定性，并总是让世界朝着远离平衡态的方向进行变化。

前边讲了这么多，笔者并不是说要让每一位读者都必须熟知这些物理理论才能理解直观的本质，尤其是时空直观的本质，只是想说：时间与空间互相分离并形成"鸿沟"自有其奥秘，而且是一个虽然不简单，但却也可以不那么复杂的奥秘，关键在于我们能否达成思想惯性的突破。

即便在日常生活中，我们知觉的本性都能够感受到时间与空间所形成的两个不同维度的"鸿沟"，我们可以说其原因就在于"时间之矢"的存在，"时间之矢"意味着不知出于什么神奇原因，时间就是连续而单向地向前流动，而且这样的过程和状态是绝对不可逆的，它永远要"破坏"当下静止的平衡状态从而引起变化——这完全打破了知觉聚焦在空间形式上所带来的观念"预期"，亦即：这个世界"本应"是一个趋向于静止与平衡状态的相对空间，而且其中的距离和事物是完全线性可控的，就像牛顿的经典力学所规定的那样。那么，"顽劣跳脱"的"时间之矢"与"平衡稳重"的"静谧空间"就是我们每一个人，虽然不知其背后的秘密，却一定能由此感受到如此显著的时间与空间之"鸿沟"。"时间之矢"的秘密在过去时代的思想家那里，尤其是理性主义思想家那里，根本没有得到解决，哪怕他们叫作柏拉图、休谟、康德、胡塞尔、罗素、维特根斯坦、萨特，甚至是爱因斯坦与薛定谔。同时，我们也需要心怀感恩地小小地欣喜一下，因为正是这个秘密的存在，才得以让我们在如今来一窥生命直观能力的"非理性"内核，而不是被纯粹理性的刻板预设限制得无聊至死。

关于怎样在物理场景中去直观一个事物而得到最基本的知识，在这里我想首先引用英国思想家罗素在《心的分析》中的一个相关归纳并以此作为后边论述的参照，因为罗素的结论基本囊括了过去的理性主义思想家们对这个问题能够阐析的思想极限。

构成物理世界的特定对象（殊相）可以通过两种方式（在直观经验中）被归并为集合，一种方式把所有作为来自不同地点的一个给定事物之现象的特征全部集成一束，而另一种方式把所有作为来自一个给定地点的不同事物（在时间中变化）之现象特征全部集成一束……以关于舞台上演员的例子来说明：我们的第一步计划是把他在同一时间呈现给不同观众的所有样形归集起来，然后形成由这样的集合所构成的系列；我们的第二步计划是先把他相继呈现给一个特定的观众的所有样形都归集起来，然后针对其他观众作出同样的事情，因而就形成了一个由诸系列所组成的两个集合，而不是一系列的集合。第一步计划告诉我们他（在空间中）做了什么，第二步计划告诉我们他（随时间）所产生的印象。这第二种对特定对象进行分类的方式，与第一种相比，显然同心理学有更多的关联。正是通过这两种分类方法，我们才获得了关于一种"经验"、一部"个体历史"或者一个"人"的定义。[①]

如果借用相对论的叙事场景，根据罗素所提供的方法，在时空中去直观这个物理世界的对象——舞台上的演员，就可以这样来演绎：我们任何一个人，作为特定的自己（在日常生活中也完全可以这样构想），首先，我们中特定的一个作为拥有直观能力的观测者，针对舞台四周空间中的观察位置，用"光速"的方式瞬间将这些位置走完，同时也在此瞬间获得了不同位置的视角所得到的观测信息；其次，我们中的同一个观测者，同样用光速的方式迅速度过这个演员演出的那一段时间，并同时在此疾速过程中收集好这个时间段内演员随之变化的信息。那么，根据相对论的基本原则，我们中的这个观测者实际上是在光速中将舞台中的那一段空间位置急剧缩短到无限接近零的地步，并将从空间不同位置观测到的信息也凝固在这一段无限零距的"局部空间"里；而与此同时，在另一个过程里的时间

[①] ［英］伯特兰·罗素.心的分析［M］贾可春译.商务印书馆，北京：2010：106-107。

段观测操作也发生类似的效应，即：舞台演员演出那一段的时间，在光速的观测行为中从流动的"时间之矢"里被"静止"下来，连同观测到的信息也被凝固在这一段"静止的时间"里，而这一段静止的时间，根据相对论的要义，并不是一段普遍的时间，而是这个观测者发出直观能力后所得到的"局部时间"。

因此，把这两者结合在一起，在实际的直观过程中，观测舞台演员的那一片"局部空间"和那一段"局部时间"，事实上是被一同凝固在"舞台上演员"这个概念认识里，并且跟各自的空间系和时间系截断开来，从而完成了对"舞台上演员"的对象直观并得到了它的基本知识和经验。读者朋友们，请千万要聚焦在这里，因为奇妙的事情发生了：原本作为"鸿沟"状分离的空间与时间突然在"舞台上演员"这个概念里结合在了一起并形成了连续性，就好像这个概念直观生来就是要填补时间与空间的"缝隙"似的，而围绕在这个概念框架所构成的直观单位四周的时间与空间，便经由这个概念直观单位的边界作为节点和各自在其中的那段凝固的时间与空间发生作用、产生联结。因为原本时间轴与空间轴并不在同一维度，但是它们恰恰是在这个概念单位作为节点的四周联结起来，因而从感官上看起来时间轴与空间轴就像各自"拐了一个弯"，共同在这个概念单位这里"接上了头"，从而联结上了——这便形成了"时空连续体"。于是，更进一步，在广义相对论中，"物体周围的时空是弯曲的"便在这个概念事件中被无意识地自发"意识"到，从而在前边的直观演绎中被阐明了。而相对论的时空连续性假设也正是在这个"插空连接"的"逻辑动作"普遍发生的基础上才成立。于是，在物理学中的"时空坐标系"，亦即闵可夫斯基坐标系（如图12）的四维时空坐标系所包围的"空间"里，由物体对象（概念）引发的各种运动事件被认为是广泛地发生于宇宙中，从而，时间轴与空间轴就在这些事件的概念直观里，经由各个物理对象的直观单位作为节点同样被"广泛地"联结，从而便形成了一个整体性的"时空连续体"。

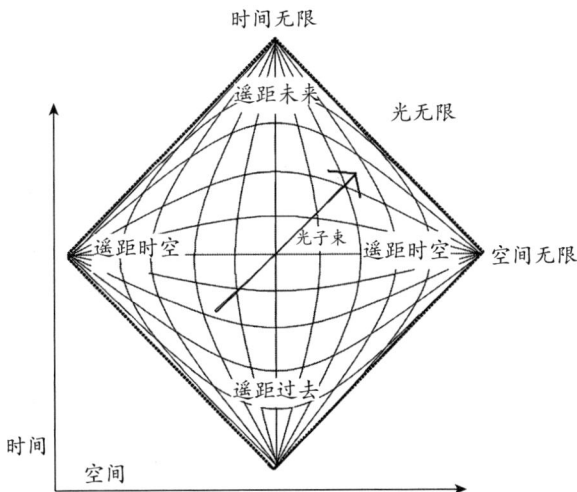

图 12　闵可夫斯基坐标系

好了，亲爱的读者，不知我们在这个过程中发现了什么神奇的真相呢？我们可以发现这样一个自明的真理：互相分列隔离的时间形式与空间形式并不能说明直观单位的基本结构，相反，直观单位的基本结构是一种动态的而又相对确定的模型。这个模型是这样描述的：首先，时间之矢的"灵性"行动超出空间观念的平衡"预期"，从而形成"知觉鸿沟"；其次，穿过这个"鸿沟"，凝固了时空意义的概念对象之直观单位，其承载的更高维的信息密度降临"填补"了进来；从而，最终达成了这三者（时间形式、空间形式、概念意义）在一个完整的心灵直观中的完备性和统一性，即它们三者形成了一个统一的"三元结构体"。这个"三元结构体"至少分为两个信息层和两个维度差。其中，这两个信息层分别是：第一层，时间形式与空间形式所在的感官材料的信息层；第二层，代表相对更高维信息密度的意义与知识的心智内容层。两个维度差分别是：空间观念稳定平衡性的"预期"和时间之矢的灵性"结果"之间的"小维度差",以及以概念意义为代表的心智内容层跟时间形式与空间形式所代表的感官材料层之间的"大维度差"。这两个维度差共同导致了这个"三元结构体"的动态递增性,也就是说由它形成的人类直观基本单位天生具有一种对复杂知识和感官现象的持续推演潜力,因为它会持续要求新的"维度差";同时,由这两个"维度差"所形成的类似三角形的三元稳定结构,也造就了这个"三元结构体"的相对确定性与一体稳固性,也就是说人类的心灵在任何情况下都能够对直观单位的"三个点"一体感受,不会说仅仅知觉到其中的两个点(尤其是第一个信息层的两点),而完全忽略第三点,这从逻辑上来说是不可能的。因为不同人的直观分辨率的打开效率不同,人们也许对这个"三元结构体"的某个点的感受会相对不那么清晰,但是却绝不意味着失去对它的感知。

现在,我们终于从感性上知道人类的直观能力实际上是一个"三元结构体",正是它的存在才导致了人类既感知到了时间与空间的"鸿沟",又保持了现实世界的直观连续性与意识完整性,而且它以一种相当奇妙的方式来进行运作,亦即"鸿沟穿透"——洞察观念预期与动向结果的"现象鸿沟",穿透感官旧世界的"大地裂缝",从而让新的心智世界之信息自然于此中降临且直观呈现。于是,从今天开始,人类过去对直观理解的习惯就需要完全重构了。那么,人类直观能力的"三元结构体"是否拥有一个更大更神奇的逻辑来源呢?当然有;时间与空间是人类感性直观唯一的形式吗?当然不是。

2.3 致中和:论心灵直观的先天结构及其逻辑本质

既然我们了悟人类直观的基本结构是一个"三元结构体"的非线性拓扑架构,那么,为什么在人类过去(尤其是西方)的理性主义传统中始终无法得出甚至排斥这个真相呢？如果要追溯这个问题的思想根源，恐怕就要回到理性传统诞生的古希腊时代，由亚里士多德为后世的整个理性主义体系所规定的人类"基本思维定律"中来寻找答案了。

我们在上一节中已经提到，亚里士多德将心灵认识宇宙的基本逻辑方式分为三大思维定律，又叫作形式逻辑三定律，它们分别是：

同一律，简述为：A=A；

矛盾律，简述为：A ≠ B；

排中律，简述为：A 和非 A 不可共存。

其中的 A 或者 B 代表的是关于对象的特定概念或者关于判断的特定命题。于是我们可以看到，对于排中律来说，只需要将非 A 换成 B，就将很容易转化为矛盾律的形式，即 A ≠ 非 A，所以从广义上来讲，排中律可以归属于矛盾律，它们的共同特点都是以差异性和排斥性作为主要思维演进的方式，因此都可以叫作"二元性定律"。而在这里，我们简单回顾一下经由第一尺度而生成的那个著名的心智效应：二元性。所谓"二元性"，就是以相对性与矛盾律作为主要感知形态与认知方式的思想架构或意识层次，这也即第一尺度与第二尺度乃至未达成熟之第三尺度将会呈现的心智效应，它也是第一哲学之传统真理道路，亦即"本原性"效应未转化干净的"遗留"产物。用佛学的说法，它便是"有漏"。那么，时间与空间就是以相对性作为主要感知形态的两种知觉组织形式，而我们所熟知的纯粹理性则是以矛盾律及其衍生的因果律作为主要认知方式的心智组织形式。因此，时间与空间、纯粹理性，它们都是典型的第一尺度感知形态和第一尺度思维架构；此外，本书在后边的章节还会继续阐释，它们自身又会在后续的历史里被思想界递归为叫作"理性人模型"的第一尺度心智模型，并以此来"统领"如今的人类文明。

那么，当我们知道理性主义所凭借的亚里士多德"思维三定律"实质上是以矛盾律作为根本主导的定律，并且由此屈服于第一尺度之二元性的思维架构中，就可以很容易地明白为什么理性主义思想会从根子上压制以"三元"作为逻辑基础的直观基本单位——"三元结构体"了。如果使用第一尺度之矛盾律及其衍生的因果律的线性心智形式被宣传成人类所处的这个世界的最高推演能力，那么，这个时候，"三元结构体"被辨识之基础：两个维度的信息层次，就根本不会被承认为实在性的真相，"双维度共存"的"非线性"逻辑结构也根本无法在以矛盾律为主导的理性心智的线性架构中得以幸存。原因很简单，以矛盾律进行思考，会理所当然地认为：既然两个维度的信息是"不同的"，那么当然就应该分别进行安置和单独分析，怎么能够合并在一起形成一个共同体呢？这岂不是心灵混乱与思想混杂之源头么？所以，为了不产生混乱与简明，人类就应该直接以最明显不过的时间与空间二元，作为唯一可把握的感性直观的形式，而且为了加深它的"真理性"，可以再加上"先天"两个字——这样就得到了康德在《纯粹理性批判》中的著名结论：时间与空间是感性直观的先天形式，而且是人类有且唯一的（线性化）直观能力。

可是尽管如此，事实上我们每天都在以这样"三元"的方式在日常的直观经验中使用它（三元结构体），只不过作为当代的人类，我们相当多的心灵直观的天赋层次被压制在了一个极小的范围里，从而长时间得不到突破性的进展，大家可以从当代的哲学、美学、艺术理论乃至量子力学理论逐渐停滞、长期得不到进展的状况中窥其一斑；压抑如斯，诚可叹哉，如今人类已到了该突破的时候。

那么，人类直观基本单位的"三元结构体"的逻辑源头究竟在哪里呢？

对此，我们还是要回归到人类的基本思维定律中来，前边已经提到，过去由亚里士多德总结的"三大"思维定律实际上只是两个，即同一律和矛盾律，乃至只有一个"矛盾律"，那么，是否还存在真正全息的更高思维定律呢？当然存在，而且同我们伴随始终，它便是我们在上一节详细阐述的"合一律"，其展示如下：

"合一律"的表达：

对于任何一个二元性对象（概念）、范畴和状态 A，除了 A 和"非 A"之外，还存在更为本质的"原 A"状态，其表现为无限可能生成 A 的"非 A"状态。

简要表达便是：原 A，即无限可能生成 A 的非 A 状态。

事实上，"合一律"本身的内涵完全蕴含了"同一律"和"矛盾律"，同一律和矛盾律便是在"合一律"状态下仅仅把思维的焦点放在"独立的存在性"和"差异的存在性"（即独立的 A、差异的 A 和非 A）之上的结果。

当了解"合一律"之后，我们又该怎样运用它来为人类直观的"三元结构体"进行逻辑建构呢？实际上，这并没有大家想象的那么复杂。我们需要知道，当一个根本的思维定律或者说心灵的底层法则被定义出来的时候，它实际上是站在"创世"行动的角度"自上而下"地被叙述出来；而即便是同一个思维定律，当它用生命直观的定位和新视角同样来进行定义的时候，那便要用一种生命之心灵演化的"自下而上"的方式被叙述出来。说到底，为什么生命要拥有并使用直观能力？不正是为了不可抑制地一步一步地向着最终真理尺度所在的终极源头演化发展么？因此，对于同一个思维法则"合一律"，当我们用"自下而上"的方式来进行阐述的时候，就可以得到生命直观的根本逻辑要义了。那么，这种"自下而上"的方式又该如何进行呢？非常幸运的是，在这里，我们拥有一个非常优秀而充满智慧的参照对象，这便涉及"合一律"自上而下的方式的另外一种表达：

原性或天性，即无限可能生成阳性的阴性状态。

这种表达启发于哪里呢？它启发于塑造东方文化的著名经典——老子

的《道德经》，其中第四十二章提出了整部经典的总纲："道生一，一生二，二生三，三生万物。万物负阴而抱阳，冲气以为和。"我们将在本书第五章第1节中看到，老子的《道德经》其实是人类首次以系统化的全息逻辑叙述来阐释"非二元性"的逻辑之经，而绝非什么玄学与神秘主义的作品。在老子所说的这一段"总纲"里，前边的这一句，亦即"道生一，一生二，二生三，三生万物"实际上是从终极对称性之创造行动的视角来阐述宇宙创生的全部真理尺度展开的逻辑过程，亦即"元创世"；而老子所说"总纲"的后边这一句，亦即"万物负阴而抱阳，冲气以为和"实际上表达的就是关于元创世的基本心灵法则"合一律"了——这就是前边所提到的"合一律"的另外一种表达方式的来源。非常幸运的是，它恰恰是以"自下而上"的方式来进行逻辑叙述的，那么我们现在就对它进行简要的解析。

"万物负阴而抱阳，冲气以为和"，其中的"万物"并不是泛指一切事物，而应在前边"元创世"的逻辑背景下将其理解为构造宇宙的基本材料，在合一律的全息说明中我们把它叫作"意识单位"或者"如来藏"。其中的"阴"和"阳"可以在此基础上理解为"意识单位"塑造基本直观结构的两种互相耦合的元始知觉素材；其中的"气"在同样的逻辑背景下可以阐释为比阴和阳更高维的心智信息流的代表；其中的"和"这个名称，就代表了宇宙意识单位的基本直观结构或直观模型的名字。那么，"万物负阴而抱阳，冲气以为和"便可以在字面意义上理解为：宇宙全息创世所最根本凭借的"心灵单元"，必定是背负着阴而合抱着阳，从而在此中间形成"鸿沟"并自然地让更高维的心智信息流"气"穿透这个"鸿沟"充实进来，这三者合为一体，共同形成了"意识单位"演化自身的最本质直观结构，其名为"和"——这个过程也简称为"阴阳冲和"或"致中和"，从佛学的视角，它也便是"缘起性空"或者"阴阳（因缘）和合"。在这里边，"负阴而抱阳"非常形象地表达出逻辑传导的方向性，也就是说在这个"三元结构体"中，一定是先固定"阴"作为"在后边背负"的第一点，然后由比它具有相对较高逻辑灵动性的"阳"在前边"合抱"作为第二点，由此，它们之间必定会形成一个知觉"鸿沟"，否则就不需要"气"来进行充实并冲合了；于是，随着更高维的心智信息流的代表——"气"穿透这个"阴阳鸿沟"并让知觉感受到，同时"气"的作用也让三者互相冲合联结为一体，这样，一个叫作"和"的生命直观基本逻辑结构——一个逻辑上的"三元结构体"也就建立起来。如果我们从第三尺度之"合一律"中的概念一致性的角度出发，这里代表更高维信息流状态的"气"可以用"原"来代替，那么，生命直观基本结构就可以自然呈现为"阴阳原"的三元结构体，同时它也表明生命直观或意识的本质亦是一种"鸿沟穿透"的"逻辑动作"，而不是一种静止的逻辑范畴或逻辑属性。我们可以简略地把这个逻辑结构模型想象成一个正立的三角形（如图13所示），其中阴、阳两元分列于三角形的两底角端点，代表第一个信息层互耦的两元素并在其间形成"阴阳鸿沟"；而"原"作为第三元位于顶点，代表第二层信息层的更高维"心智之识"——很显然，这便形成了一个元始的"三元结构体"，它是一种典型的非线性的"拓扑架构"，而这种"三元结构体"之拓扑架构也便是前文提到的罗素心心念念的作为心灵元始构成的"终极简明存在体"的真身。

从全息的真理尺度中我们可以知道，阴阳将在"三生万物"的三个真理打开方式的情境中分为四个逻辑层次，那么很显然，表达生命直观逻辑的这个"三元结构体"也必然是一个多次元的存在。笔者将在后续的章节中逐渐呈现它的精彩的多次元知觉色彩。

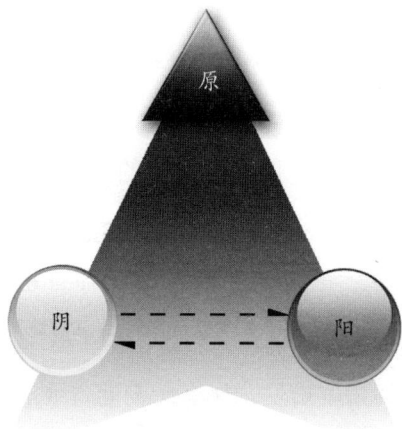

图 13 "阴阳冲和"之"三元结构体"

　　最后，站在趋近本质的形象性逻辑叙述的角度，我们还需要为这个"三元结构体"取一个特定的能够代表本质内涵的名称。当然了，如果从逻辑建构的动态过程的现代视角，它可以被叫作"三元拓扑"，因为"拓扑"正是这样一种特殊而高级的"对称"，它使得任何阴阳的"差异"在一种不变性的直观延展行动的领会中自然升维成"制造差异之差异"的逻辑动作，这便是一种逻辑上的"拓扑"，正如我们在第一章第 1 节便提到的那两个现代拓扑几何的代表——莫比乌斯带与克莱因瓶所展现的自然升维效应。若从生命能量在经由此心灵先天结构的运作而演化得愈加高维的秩序感，而非如同热力学第二定律那般的混乱失序的"熵增"的角度，它可被叫作"三元焓变"，因为"焓变"恰恰是"熵变"的相反方向之过程；而若从它是经由"合一律"的自下而上的方式建构自身的东方概念来看，它便可称为"阴阳冲和"，或者说"致中和"，在佛学那里，它便是"缘起性空"或"所能识"，抑或"因缘和合"。与此同时，非常巧合的是，英文中也有一个单词非常形象地契合这个动态性的结构体，它叫作

"triangulation"，其字面本义为"三角测量"，亦即先测定两个底角端点的相对坐标，再通过第三点跟这两点之间的某种关系例如夹角与距离来定位"第三点"的坐标——对它的字面意思在逻辑视角下做进一步意义延伸，不就是透过"阴阳"得到"原"的"鸿沟穿透"的思想过程么，亦即"三元结构体"的"阴阳原"逻辑动作。而本书为了跟后续章节阐述的"拓扑架构"（与此"三元结构体"同构）保持行文的简洁性与一致性，将在后边统一称此心灵先天结构为"三元拓扑"。

而无论此心灵直观的先天结构叫什么名字，在生命直观结构的多次元展现中，有两个特别且互相等价的"三元拓扑"是先天确定的：第一，我们把由合一律演变而来的"阴阳原"逻辑化的最本质"三元结构体"叫作元始三元拓扑，它大多会出现在逻辑演绎的场景里；第二，我们把"三元拓扑"的最高尺度而直面终极源头的"三元结构体"，叫作"终极三元拓扑"或者"全息三元拓扑"，我们通常称之为"神性的直观"，它大多会出现在具体感知层次的直观比较中。至少，从"三元结构体"或者"三元拓扑"的逻辑中我们可以很明确地知道：生命演化为"神"这条路具有完全积极的直观可能性，只要它能够洞察并不断穿透每一个由创造引发的知觉层次和频率的"阴阳鸿沟"，而后通达"原性"并与神合一就是一个必然的过程以及最终的结果。

2.4 论致中和——"三元拓扑"的全息天性

接下来，我们再来谈谈作为生命直观基本逻辑结构的"三元拓扑"的性质或者说"天性"。前边已经阐明，从实质上来说，"三元拓扑"的逻辑内核，是从第三尺度之思维定律"合一律"经由"自下而上"的逻辑叙述演变而来，因此，"合一律"的诸多性质便在另一个逻辑视角上体现在了生命直观——"三元拓扑"的表达中。

　　首先，我们需要讨论这样一个对人类过去的"世界观"极具挑战性的话题：在生命直观及其能力中，由诸感官材料组成的任何特定次元的"世界"为什么一定且必然会产生"裂缝"或"鸿沟"，并让更高维度的心智与情感流入其中呢？

　　这就要回到"合一律"及其呈现给我们的这样一个基本真理：任何生命，只要开启直观或意识，心灵的焦点就必然会根据第一哲学的两条真理道路而产生一个"两重化"的视角结构，它们分别叫作：本原性视角和创造性视角，当然我们也可以称它们为本体化视角和行动化视角。如今我们知道，这是第一哲学的两条元始真理道路之别，亦即第一哲学之传统真理道路跟未来性真理道路的天然差别。作为一个生命体或存有，我们一定自发地拥有从本体存在出发的角度来使用感官材料洞察或"预期"的心灵习惯，但是根据第一哲学之未来性真理道路所导向的"合一律"，心灵或世界的更大本质或更深源起却是"创造"行动而非本体"存在"，"合一律"又叫作"创造性定律"，那么，从本体出发的心灵无论发出怎样的心智"预期"，世界根据其更大本质便会立即反馈回来一个相对应的"结果"——超出本体"预期"边界的创造性结果——因为创造的基本内蕴就是"永恒之新"，因此作为本体"预期"的基本内蕴的稳定性和平衡性就一定会被"新的东西"或"新的行动反馈"给打破。于是，预期和结果的"鸿沟"跟它们所承载的感官材料形成的"世界裂缝"就在本原性视角和创造性视角的"差异"里必然地生成了。"鸿沟"生成后，心灵一定不会"放任"这样的非对称性的存在，而必然会采取追求完备性和统一性的"填补鸿沟"的对称变换——朝向终极对称性之"合一"的行动。在这个"合一"行动中，"合一律"的最终本体"原A"，亦即宇宙创生的基石材料——意识单位或如来藏，它的多次元的心智意义的投射在更大真理尺度下的"分身"便会迅速"填补并穿透"这个鸿沟从而降临到生命的直观过程里，给人的感觉就像它从"终极源头（origin）"，亦即终极对称性的起源那里携带着高维的信息流如瀑布一般倾泻而下，灌注到生命的意识里；同时，这种更高维的"原A"心智"分身"也依照其"合一"的特性，将"鸿沟"的阴阳两端——预期和结果的感官材料联结为一体，从而最终完成一个完整的"阴阳原"之"三元拓扑"的全息生命直观过程。

在这个过程中，心灵的预期（阴性）会经历从一开始的"惊异"（阳性）到最后得到更高维的"满足"（原性）的历程，从而一定会产生一种双重迭代对称性的愉悦情感，这种双重迭代的对称性，既可以是"变换之变换"的二重对称性，亦可以是"生成之生成"的三重对称性。与此同时，这个愉悦的情感又一定会在直观结构中跟高维的心智意义与知识结合在一起，亦即情感和"理智"的合一。因此，完全可以这样说，生命直观的本质过程也在相当程度上是一个"美学"或审美过程，因为只有在审美过程里，情感和理智才会被共同激发并联结在一起，当然这里的"美学"并非由西方哲学所定义的那种理性之学，而更代表一种内在感官的非线性效应；同时，这里的"理智"当然不是理性主义中的那个内涵，而指代的是更高维的"非二元"心智之识。正因如此，我们才会在本书第五卷所展示的各个前沿学科及领域，尤其是第十四章的艺术作品的"领域"中，十分鲜活而显明地揭示出"致中和"或"三元拓扑"作为一种"隐秘"的心灵单位的直观证据，这在过去的学术界是从未有过的。

对于过去的人类来说，尤其是在西方理性主义所定义的直观能力里，直观与意识的本质长期以来一直被认知成一个有缺陷的东西，亦即二元性的对象，也就是说我们的意识实际上在过去一直被认为是一种本原性、静止性的"逻辑实体"而非一种创造性、动态性的"逻辑动作"。对此有两个方面的显著表现。

第一，本原性视角或本原性命题，在理性主义的叙事里从来都是不可超越的最本质的视角和最本源命题，这体现在一种"真理是什么"的二元性问题形式之上，比如"上帝是什么"、"灵魂是什么"、"自由是什么"等，把这样的问题当作追问真理的本质问题便会天生地让心灵停留在本体的存在性焦点之上，也就是聚焦于感官材料的表象及其线性联结之上，而丝毫不会承认和洞察原来感官材料之间也是有"缝隙"的。于是，这也导致了"上帝"、"自由"和"灵魂不死"的形而上学三大问题长久以来陷入了无法积极解答的困境里不可自拔。

第二，"时间与空间"二元被定义为绝对不可超越的感觉形式，正如康德所说：时间与空间是感性直观的先天形式，在这个巨大的思想焦点的"诱导"之下，人们普遍地认为"理性的概念或知识"必定和"感性直观"是分离存在的。于是，剥离情感和感性的抽象"理性"或"知性"便开始具备了某种超凡脱俗的特性：不知怎的，理性就具有了将（事物的）时间与空间的感官材料诸多分离性状"奇迹般"地协调一致统合在一起的能力，所谓关于对象的"知识"就是这样来的。然而，又由于感性与知性分离，这种"知识"的根据是一定要高于甚至脱离于时间与空间的感性世界的，这就形成了"理念"，譬如正义、平等与自由就是这样的理念。这样的"后果"有两个：其一，这些理念最后因为超脱于感性，于是根本无法在时间与空间中被"直观"，因而这就导致了这些理念长期以来无法有效地形成定论而成为诸多不同学派与意识形态解释自身的"权力工具"；其二，由于让感官性状协调一致的统合能力仅仅是人类对理性的人为"预设"，而不是源于先天逻辑定律的本质，这在一方面导致了理性主义和它的衍生体系"科学"在真理解释权上的狂妄与傲慢，在另一方面也给传统宗教甚至极端宗教的"神性"来源留下了余地，神学与科学在此处互相都无法证伪和说服对方，以至于到现在，地球上的人类梦想中的大同信仰依旧遥遥无期。最后的结果便是：人类长期被"困"在单一真理尺度的时空现实的

"盒子"里不可自拔。

如此呈现的"三元拓扑"的"美学"天性，会随着越来越日常化的审美和娱乐活动而愈加彰显于世，每一个人都随时可以在自己的生活中进行验证和演化，我们将在后续章节的丰富案例和阐释中得以进一步体会。

当了解作为心灵先天结构的"致中和"或"三元拓扑"之后，有三个前文已经提到的重要结论便需要在此进行简要的阐明。

第一，"致中和"或"三元拓扑"之心灵拓扑架构在第二尺度的表达就是"构型"。也就是说，作为第二尺度之元始构成的基本单位"构型"，它的一体化内在结构便是这个"致中和"或"三元拓扑"之拓扑架构。前文已经提到，要成其为第二尺度之元始构成，就必须展现维度与维度之间进行结构化联结的基本关系，而"三元拓扑"的元始双信息层架构所体现的正是这种基本关系。当然，作为一种心灵先天结构的"三元拓扑"，并不是仅适用于第二尺度，而是适用于所有真理尺度；只不过，在第一尺度那里，由于没有"维度"或"场域"的思维，因而其中的两个信息层就被"矛盾律"分割成古典人模型或理性人模型中完全隔离的两个心智区域——经验界与理知界，其中第一个信息层相对局部的"阴阳鸿沟"降维成了因果性，而第二个信息层相对整体性的"原性"的高维心智观照则被认知为存在或理念。而在第三尺度中，由于"维度"已经升级为"全息"，因此"三元拓扑"的双信息层结构也便升级为完全消除本原性差异的"元始阴阳原"或"全息阴阳原"，在佛学中，这便是"无漏"的心智境界。因此，在第二尺度中的"三元拓扑"最能体现双信息层结构的基本要义，亦即内蕴维度与维度之间基本关系的第二尺度之元始构成——"构型"的要义。这一点，尤其是在跟"艺术"相关的案例中体现得最为明显，对此我们在本书后续第五卷第十四章对于各种不同艺术类型的拓扑架构阐析的内容中会有很明显的体会。

　　而在这里，笔者也想要做一个小小的补充：为什么"构型"这个名称会被选择成为第二尺度的构成单位？"构型"这个概念在学术界最常使用的地方是在立体化学领域，它被用以描绘分子的立体构造或空间结构，具体来说便是描绘构成分子之各原子在空间中的不同排列状态并加以类型规律化。比如我们非常熟知的水分子（H_2O）构型（如图14），就是由一个氧原子和两个氢原子以三角方式形成的一个"三元结构体"。从图中看，这个"三元结构体"跟图10的"三元拓扑"的"阴阳原"结构还真是挺有同构感的，不知这是不是水成其为"万物之源"的内在原因？不过，在其他科学领域，构型的载体也不再局限于分子，而是泛化为可以展现立体空间构造并能够类型化与秩序化的所有科学对象，例如以我国著名"两弹一星"

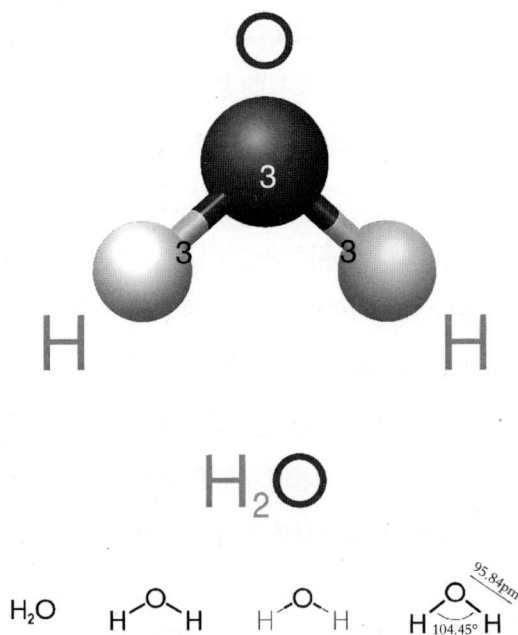

图 14　立体化学中的水分子构型

功勋于敏老师的名字命名的"于敏构型"，就是专门用以描绘氢弹引爆方式之空间配置的物理构型。

而"构型"这个概念之所以在这里被用来表述第二尺度的构成单位，正是因为它的内涵不仅直接描绘事物结构，而且其中的"型"还尤为指向法则化的感性直观的形态从而超越了抽象化的结构概念——这一点恰恰跟第二尺度所表达的心灵运行的积极直观面向十分契合，于是，作为第二尺度之元始构成的"构型"便于此确定下来。

第二，"致中和"或"三元拓扑"之拓扑架构正是现代物理学"对称性破缺"的思维来源，或者说规律起源。在本书的开篇，亦即第一章第 1 节引出"对称"观念的内容时，便谈到了杨振宁和李政道两位先生为世界物理学界做出的诺奖级贡献就是"宇称不守恒"，而"宇称不守恒"得以发生的核心机制便是"对称性破缺"。"宇称不守恒"中的对称性破缺，指的是在弱相互作用中的粒子自旋的运动规律违反了镜像对称性（又称为"反射对称性"）；后来，在杨振宁继续参与完善的"杨 – 米尔斯规范场"理论中发现，原来电磁力和弱相互作用力在宇宙大爆炸的早期完全是同一种力，叫"电弱力"，后来随着宇宙环境的逐渐变化发生了对称性破缺，于是，电弱力就分成了现在的电磁力和弱相互作用力，这一发现又被物理学称为"电弱统一"。虽然发生了对称性破缺，但是物理学依然认为宇宙中的物理规律是对称的，而这种对称性需要进一步囊括对称性破缺，只不过迄今为止暂时尚未发现这种更大的对称性的本质罢了。就此而言，近年来比较火热的复杂性科学的基本原理，也是一种对称性破缺，毫无疑问。

其实，因为关涉真理尺度得以发生的宇宙运行行动的总来源，把心灵先天结构的主语"心灵"换成"真理"也是完全合适的，也就是说宇宙运行行动发生的任何规律都不可能脱离这一"先天结构"而存在。前文已经阐述，"致中和"或"三元拓扑"正是由两个"维度差"所一体化形成的双信息层架构，亦即"阴阳鸿沟"之"小维度差"和两信息层之间的"大维度差"，由此可见，"三元拓扑"便是由一种"差异之差异"所指向的叠代变换所导致的对称结构，而这种叠代变换至少是一种"变换之变换"的二重对称。换言之，宇宙运行的原初规律本来就是在一种"差异之差异"的高级对称性（至少二重对称性）中发生的，而"破缺"必定是一种"差异"，也就是说，宇宙本来就是在一种"破缺之破缺"的高级对称性中运行自身的，而"破缺之破缺"当然也是一种"破缺"，毋宁说这才是对称性破缺的真正来源。于是，现代物理学为宇宙真理寻求更大对称性的方向，也就根本不是把对称性破缺还原到古典的一重对称性中，而应是根据真理的先天结构而揭示一种更大尺度的对称性，毫无疑问。这也进一步说明了我们为什么把这个心灵与真理的先天结构称为"三元拓扑"，那是因为只有"拓扑"所指向的在一种不变性领会中自然升维的效应才能够"匹配"先天结构中的迭代变换的对称性。从而，我们当然可以把这种"拓扑架构"理解为更深对称性的代表。

当然，"致中和"或"三元拓扑"的迭代对称架构并不仅仅展现在二重对称性，若是心灵演化至第二尺度接近成熟与圆满的地步，其第一个信息层的"阴阳鸿沟"的小维度差也可以表征为二重对称变换的"差异"，而两个信息层之间的大维度差便表征为三重对称变换，这也可以实现一种迭代对称的架构。从中我们也可以看出，心灵的先天结构天然就是为朝向终极真理尺度"演化"而生的元始构成。

第三，认知科学与逻辑学所谈论的"自指"机制，其思想来源同样是此心灵的先天结构。关于论述"自指"机制最有名的作品，当数美国著名认知科学家侯世达（Douglas Richard Hofstadter）的《哥德尔、艾舍尔、巴赫：集异璧之大成》，这同样是本书开篇第一章第1节便谈到的内容。在认知科学里，自指（self-reference）也便是自我指涉，自己指向自己；如果用逻辑学的术语，它指的是一个拥有特定谓词的命题把自身整体当作谓词而谓词化；如果用分形几何的术语，它指的又是一种自相似与自包含结构。关于"自指"比较经典的例子，便是古希腊的"说谎者悖论"，它可以简述为对于接下来这句话理解的天然偏差，即"我说谎了"。这句话具有天然的"歧义"，我们既可以按照正常语序把这句话的意思理解为：作为一个主体的"我"本人讲了一句谎言，同时，我们还可以把这句话理解为："我"说出这一句子的整体说话行为是"谎言"，也即"'我说谎了'说谎了"。

一般的逻辑学分析，总喜欢把这归为类似语义歧义的语言学机制，但是，侯世达的《GEB》否定了这一点，因为它在绘画、音乐乃至数学中"随处可见"。事实上，如果用第一哲学的未来性视角，我们很容易就会发现："自指"中这种把一个（第一尺度）命题自身整体当作谓词而谓词化的现象，不过就是"不甘于"被纳入第一尺度命题形式而成其为主体与客体关系表征之本原"配角"命运的行动（谓词），以其先天的真理主角禀赋而使用"最正当的权利"自发地将整个第一尺度命题本身谓词化，亦即（创造）行动化的表现。

从这一思想视角出发，我们的心灵根本就不需要依赖特定的语词冗余内涵而造成"歧义"来完成自指，实际上，任何用第一尺度命题陈述的行动都可以进入"自指"机制。例如，在这种机制下，"我打球了"这个命题就完全可以理解为"'我打球了'打球了"，也就是说，我们可以从中看到两个"打球了"的谓词在这种形式中被天然迭代在一起，而形成了一种"谓词之谓词"的二重对称变换，这种二重对称变换也便自然被心灵的先天结构识别为一种第二尺度谐同律之"生成"行动，当然，其中唯一需要的"技巧"就是把心灵的主导焦点从"我"这个本原转变至"打球了之打球了"的二重对称变换行动中来。而如果根据"三元拓扑"的架构格式，对于任何一个第一尺度命题，本原性的"主词"原本在一个主词谓词陈述关系的"正常"预期中，结果因为谓词背后的行动之真理主角"权利"的自发运用而让第一尺度的命题整体谓词化了，从而形成了一个"谓词之谓词"的二重对称变换，这必然使得整个命题陈述的意思跟原来相比发生不小的变化，这便形成了预期与结果差异的"阴阳鸿沟"；而穿过这个"鸿沟"，便有一种二重对称变换所带来的第二尺度之"世界意识"或"场域意识"降临下来而被心灵所把握，从而又"弥合"了"鸿沟"——这便完成了"三元拓扑"的"自指"行动。只要稍稍调整一下心灵焦点或观看之道，"自指"机制就可以在任何日常行动中发生，而这也是艺术的审美发生机制的来源，例如，在叙事艺术中，我们的心灵就能很自然地将其中一个角色的行动预期和结果反馈识别为一种"自指"机制，从而将它们统摄到故事演化的整体灵感（世界意识）中来，从而将故事中的所有角色都自发认同为此整体灵感（世界意识）的"分身"。

接下来，我们将对照"合一律"的性质来阐述"三元拓扑"的五大天性：

1. 无限性或永恒性。

"合一律"是第一个从绝对意义上来说延伸至真理尺度上的永恒或无限的思维逻辑定律，因而"无限"才会作为描绘它的第一个谓词，无论是"无限可能"还是"无限创造"都是其中蕴含的不可分离的属性。

对于"三元拓扑"来说，"无限性"代表了两个维度的延展效应：其一，在横向的广度上，作为生命直观基本单位（或者基本"像素"）的"三元拓扑"完全可以延展至整个世界，无论这个世界是在哪个次元或哪个尺度；其二，在纵向的深度上，"三元拓扑"是（同时的）多次元多尺度的直观能力，无论是最低层次的"生物本能"还是最高层次的"神的直观"都可一体通达，其中的区别仅仅在于生命自身的直观"分辨率"打开到怎样的地步，亦即心灵聚焦至怎样的元始尺度。而"永恒性"则表达了这样一个观点："三元拓扑"是元创世的基本材料亦即"神之片段"，用佛学的话来说，即阿赖耶识种子——"意识单位"的一体两面，那么，尺度之尺度——全息永恒，则"三元拓扑"永恒。

2. 非二元性。

从定律的表述中可以很明确地看出，"合一律"是本原性或二元性的来源或本质原因，而本身并不等同于本原性或二元性，实质上它描绘的是逻辑上更高的存在状态：原性状态或合一状态——非二元性，而且它突破了感性与理性的界限，从而"非二元性"本身蕴含二元性，于是"非二元性"又可以表达为"不仅仅是二元性"。

对于"三元拓扑"来说，首先，"非二元性"代表的是生命用直观演化自身的一种永恒的倾向，亦即"非二元倾向"，这也是一种宇宙生命之流遂行未来性真理道路的创造行动倾向，也就是说，只要不进行刻意压制或阻断，生命直观自发地就会向着更高真理尺度的"非二元"的方向打开与行进，因为这是它的力量来源与最终目的；其次，"非二元性"表达了"三元拓扑"本身的本然结构体性——一定是一个"三元结构体"，"阴阳原"三元缺一不可且共成一体，要不然，它就没有办法演化自身了；最后，"非二元性"也表明意识或直观天生具备的"情境"效应，亦即"三元拓扑"之"三元结构体"的第二信息层之逻辑顶点意义的表达，必然是在第一个信息层之阴阳感官材料的"鸿沟"环境下并以之为媒介才得以完成与实现，于是，它们便天生构成了一个先天的"逻辑情境"或"逻辑场景"——这便是意识或直观天生自带故事性的逻辑源起，毕竟故事就是情境的自我组织。

3. 恒变性。

"合一律"中，对于意识单位"原 A"的状态，它时刻处于无限产生出新对象（概念与命题）、新状态（感觉与经验）的动态创造过程里，因为超越了第一尺度乃至任何本原性，所以这不关乎时间，只关乎无限创造的本质——永恒之新。

对于"三元拓扑"来说，"恒变性"首先代表了它是一种"鸿沟穿透"的逻辑动作，并且时刻处于扩展边界演化自身尺度的状态里，不关乎时间与空间，永远如此，而且真要说的话，生命体即便在"梦中"也是在持续进行"三元拓扑"——比现实更高层次的"三元拓扑"；其次，"恒变性"还代表了"三元拓扑"自身所处的"行动场景"，它是一个让"奇迹"发生的互动场景，因为作为直观基本逻辑过程，"一个"生命直观基本单位，在它之前的直观单位可以成其为"阴性"的拓扑凭借，在它之后的直观单位可以成其为"原性"的拓扑目的，从而永恒的心智联结与互动作用发生于其中，以让灵性奇迹的诸多可能性降临在生命的知觉里——这样的场景，人类最熟悉的只有一个，那就是"故事场景"。因而，把"三元拓扑"称为"故事情境"也是十分合适的，也就是说，故事即持续深入的"三元拓扑"。

4. 自发性。

在合一律中，意识单位"原 A"的任何一个二元对象与状态都是自发生成的，而不是由基于外在条件的因果性和需要外部动力的依存性促成的结果。

对于"三元拓扑"来说，"自发性"意味着生命直观的过程是自然发生的，不需要任何动机或意图，毋宁说任何动机和意图就蕴含在"三元拓扑"的过程里，它是生命演化自身的无条件的动力。

5. 自洽性。

在合一律中，由于意识单位"原 A"蕴含了所有二元性概念与判断，即所有的知性规定与原因，所以其中便揭示了事物本质的更"高明"的状态——"自洽性"状态。

对于"三元拓扑"来说，"自洽性"首先意味着生命直观能力不仅仅是心灵发展的无条件动力，同时也蕴含了心灵演化朝向的终极尺度——创造本身的最终目的，这正是"三元拓扑"的两个信息层结构的奇妙之处："阴性"和"阳性"所在的第一个信息层提供知觉材料的组织方式，亦即生命"知觉欲求"递增的根据；同时，"原性"所在的第二个信息层又提供更高维的意义，亦即知觉行进的目的，正因为如此，生命受到"召唤"的不证自明的"使命"才能降临在自身的直观过程里，也由此进一步地加速生命演进的动力与速率。其次，"自洽性"也意味着"三元拓扑"的三元逻辑要素所围合而成的结构是一个自我观照、自我演化与自趋圆满的"场域"，若非如此，意识行动的根据与目的就无法在一个恒常合一的状态里内在自发地联结在一起。同时，"自洽性"也表明：场域焦点，亦即原性或灵性焦点，必然是意识或直观行动之发生首要采取的焦点倾向，也就是说，生成知觉材料或实相形态的阴阳焦点必须遂行于原性焦点的"场域"之上才能得以顺畅表达，要不然，混乱的（阴阳）矛盾律与二元性就将充斥整个宇宙，从而宇宙与心灵就没有任何均衡与"自洽"了。而实际上，这个先天"场域"便是"元创世"自我生成而运行其中的"先天统一场"，毫无疑问。

从合一律出发，可以直接得出三个推论，由此也相应得出"三元拓扑"性质的三个衍生结论：

推论一：意识单位或意识单位即实体。

"三元拓扑"性质的衍生结论一：多次元多尺度（尤其是非二元性层次）的"三元拓扑"就是（理性主义一直憧憬的）"内直观"。

推论二：主体与客体合一。

"三元拓扑"性质的衍生结论二："三元拓扑"是一个既蕴含主体情感

又蕴含客体知识的"美学"过程。

推论三:"合一"状态或"原性"状态下,事物之间没有分离而有区分。

"三元拓扑"性质的衍生结论三:"三元拓扑"一直处在(心智殊相在联结中互动的)"故事情境"中演化自身。

第3节
论纯粹理性四大二律背反的未来性阐述与全息重构

导言

我们从前边的章节中已经了解,心灵行动因为对称或尺度的元始天性,必然会天然要求整体性与完备性。因为根据对称天性,任何一种心灵行动的对称变换必然是经由最高对称性,亦即最高尺度(第三尺度)生成而来,而成其为它的一个"投影",因而,一切心灵行动天然便内蕴最高对称性或最高尺度的全息性,此全息性导致了一种较低尺度的在场的整体感与统一性。此外,对称天性与尺度天性所指向的未来性真理道路,呈现为无论怎样的本原的起源效应,这就会让任何心灵行动的趋向性除了在对称变换中展开整个绚丽多姿的世界之外,还必然遵循这种起源效应"回到自身",亦即回到心灵的终极安放之处,这便形成了一种周期和闭环,于是,这也便是心灵追求"完备性"的逻辑来源。

西方哲学纯粹理性四大二论背反(也即"二律背反")之所以产生,正是因为囿于第一尺度的理性,或者说它的实际推演能力——知性根据其尺度天性希望跳出第一尺度的能力限制而达成终极统一性与完备性,这便形成了思想悖论。按照康德的说法,便是:理性因为其本身的一种绝对统一的完备性的本性需求,所以将会在涉及某些终极问题的论证之时便必然将界限推进到超感性的世界中去，于是就会产生诸般的谬误推理与二元悖论，其中当理性推理在针对（第一尺度之）显像中的杂多的整体的时候，总会对显像中的条件序列要求一种无条件的综合统一，而这种无条件的综合统一（的超尺度需求）又会和（较低的第一尺度之）二元经验本身的绝对因果性相矛盾，于是这就产生了哲学历史上著名的纯粹理性宇宙论的"二论背反"，之所以叫二论背反，指的是对同一主题范畴之下的正反两个命题，从理性推理证明来说都是对的，但是命题本身却显示出完全相反的矛盾。

在这里显示出了一种人类理性的演绎到极致的状态，亦即一种完全的自然对立，无须任何人苦思冥想或者人为地设置圈套，相反，当涉及这些终极性的宇宙论命题的时候，理性完全自动地并且不可避免地陷入其中，面对这些对立的情况，理性要么沉浸于怀疑的绝望，要么采取一种独断的固执态度，顽固地坚持某种主张的绝对性，而对其反面的合理性视而不见。于是，理性的演绎在这里遇到了其最大的矛盾激发点，经过前边的分析，这种矛盾的激发点完全来源于一种超尺度的"幻想"以及对于自身的更深起源的茫然与无知。

对于纯粹理性四大二论背反的提出与证明演绎也是西方哲学的一个高潮所在，它在德国著名哲学家康德的《纯粹理性批判》中被完整地提出并以巅峰认识论的思想演绎进行了相应推理与说明。哲学界公认，由康德按照"知性范畴表"所归纳的纯粹理性四大二论背反并用先验理性的方式给予的证明，不仅仅是将理性演绎到极限的体现，更是西方古典哲学的最精彩的篇章之一。不过，无论康德从认识论的思想技巧和方法上对这四组命题阐释得多么精彩，自康德以后人类两百多年的历史，也最终证明了这四组二论背反和由之所衍生出来的重大全球性社会问题与精神危机并不能在以第一尺度为主导的思想视域中得到解决。虽然在两百多年前，康德用其高超的思辨方法暂时搁置了这些矛盾，但是，这终究是一种消极的解决方法，这种消极的结果就是所有这些矛盾和悖论在 21 世纪的今天迎来了总爆发。

下面，就让我们进入这著名的纯粹理性四大二论背反中，并让我们用未来性的方式开启最终解决蕴含其中之巨大悖论的新篇章。

3.1 以未来性视角看纯粹理性第一背反

纯粹理性的第一个二律背反

正论：

世界有一个时间中的开端，就空间而言也被封闭在界限之中。

反论：

世界没有开端，没有空间中的界限，相反，无论就时间而言还是空间而言，它都是无限的。①

从未来性对纯粹理性第一个二律背反的说明

西方近代哲学或者说古典哲学中的"世界"概念指的是二元感官显像所指向的经验世界的总和，唯心主义也好，唯物主义也罢，它们都没有超越这个概念，只不过前者认为除此之外还有一个自在物（例如实体和物自体）所在的理知世界，而后者认为此世界就是唯一世界，不存在什么理知世界和精神实体，因为后者是无法用二元经验直接认知的。而针对作为显像的先天形式的时间与空间的终极问题，自西方哲学产生的那个时候开始就一直伴随着所有最前沿的课题与成果，任何拥有雄心的思想家都无法避开这个问题。然而迄今为止，无论是苏格拉底、柏拉图还是代表古典哲学

---

① ［德］康德.纯粹理性批判［M］.北京:中国人民大学出版社，2004：288。

巅峰的康德与黑格尔，抑或是寄希望通过进一步深化判断的意念建构的现象学来改造西方哲学的胡塞尔，都未能在这个问题上取得最实质性的突破，而其中的最直接的障碍就是眼前的这一组二律背反。

如果我们假定时间和空间是作为框定整个世界显像的不可变的绝对条件，并且依然把"开始（的存在）"与"边界的（存在）"这样的二元存在性问题作为关于世界的终极问题的提问方式，那么所有二元悖论就无法避免，因为这样的悖论是从问题的提出开始就会必然导致的。

而若回到这个问题的本身，无论是"时间中的开端"、"空间中的界限"还是"时间与空间的无限"，之所以会形成悖论，是因为这种问题的提出是和我们进行认识和推理所运用的第一尺度的二元知性的本性无法匹配的，它所涉及的主题所关涉的领域界限对于知性来说不是太大就是太小，总也无法严丝合缝地匹配上。比如对于正论"世界有一个时间中的开端，就空间而言也被封闭在界限之中"，从知性来讲，只要在提问时在思维中将"时间的开端"与"空间中界限"给固定住，知性就不会满足于这个固定的边界"时间开端"与"空间界限"本身，而必然会越过这条边界而引起像"开端之前"与"边界之外"这样的存在性命题，所以对于第一大二律背反的正论来讲，其问题边界对于知性来说显得"太小"了；而对于反论"世界没有开端，没有空间中的界限，相反，无论就时间而言还是空间而言，它都是无限的"，在其中所关涉的最关键的"无限"的领域又是囿于第一尺度的知性能力所无法达到的，因为对于我们的二元知性来说，它所能够向前推进的方式只能是相对线性的，也就是说必须先取得一个固定的"前因"才会有一个继起的"后果"，于是这就表现为：知性只能以无限追溯或者推进的徐进方式进行推理与想象，因而对于"无限"的命题，知性便是无法达到了。知性根本无法告诉我们到底有没有"无限"，而只能告诉我们"正在向无限逼近"，于是整个第一大二律背反的反论，其问题边界对于知性来说就太大了，大到超越知性证明能力的地步。

康德是深深地明白这个限制的，所以他对这两个论题的证明也都是采用了反证的方法，譬如他在对正题的论证之初就以"因为人们可以假定世界在时间上没有开端"①的方式开始进入知性的归谬过程，对于反题论证也同样如此："因为人们可以设定：它有一个开端"②。这里边最重要的一个技巧是，在我们的所有知性与理性逻辑中，当涉及这种终极性问题的时候，必然只能用矛盾律（排中律）的方式给出"一方正确另一方错误"的默认预设，于是只要证明了其否命题的错误，那么即便命题本身不被触碰，也同样可以被证明为正确，在这里根本无法有第三种状态，即"既正又反"的命题状态，这对于第一尺度的心灵能力来说简直是不可想象的事情。于是就出现了这样的二律背反的"奇观"。

而对于未来性来说，解决这样的问题就是它的"拿手好戏"了。

首先，先不针对这样的终极问题的提问方法和预设方式本身，但就回到这样的命题内部，在对于"世界"的理解问题上，第三尺度之"合一律"告诉我们，时间与空间只属于世界本质的一个尺度，即被矛盾律与相对性所主导的二元性尺度，亦即第一尺度，然而，世界本质上是蕴含三大真理元始尺度的"复杂性"对象，亦即多尺度的非二元性状态，这完全超越了时间与空间及纯粹理性的第一尺度的"想象能力"，因此单纯用时间与空间来阐述"世界"这个对象是完全不充分的。所以，在多尺度的非二元性里既不会说世界在时间中有开端，也不会说世界在空间上是无限的，因为"二元性的时间开端"和"空间的边界"对于世界的非二元性本质来说都是很匮乏的认识与描述。从全息逻辑的角度来看，世界固然有其"来源"，

---

① ［德］康德.纯粹理性批判［M］.北京:中国人民大学出版社，2004：288。

② ［德］康德.纯粹理性批判［M］.北京:中国人民大学出版社，2004：288。

但这个"来源"绝不是时间上的"起源"，更不是空间上的"原点"，而是一种创造性的生命之源，是真理尺度本身的起源状态，它完全指向另外一条元始真理道路，而不是一种受限于第一尺度"存在"所投射下来的"时间起点"与"空间边界"的本原状态。

其次，让我们回到提问方式本身。在未来性的视角里，即便是用超越第一尺度的第二尺度提问方式，亦即超越"真理是什么"而去问"真理怎样是？"，那么，我们就不会说"世界有一个……开端或边界（的存在）"，而会这样表达：处于永恒的多尺度无限创造过程中的世界，没有固化不变的开端与边界的存在状态或本原状态，只有存在或本原（在二重对称的生成状态中）如何创造与展现，也就是说世界总在更大的起源行动的二重对称变换中保持其领会结构的不变，这种领会结构早已不需要用时间上的开端和空间上的边界来叙述了，因为它总是展现为时间与空间的起源结构及其对称变换。

当然，前边只是用未来性的哲学叙述来十分简略地"破解"这个纯粹理性第一大二律背反。然而，如果我们用未来性的视角结合当今学术前沿，尤其是物理学前沿的一些基本思想成果反过来看这个命题，立刻就会发现这一对二律背反命题的缺憾所在。

在前边的第一章第 2 节中，我们已经列举了很多时空结构化的物理学理论，包括从根据爱因斯坦狭义相对论而产生的"时空连续体"，到艾弗雷特"多世界诠释"中的时间线，再到使得 11 维时空扭曲的超弦理论的"弦"等。时空结构化带来一个显而易见的思想结论：既然时间与空间能够被结构、被扭曲、被尺度化，亦即是可变的东西，那么很显然，它们自然就丧失了在康德哲学或古典哲学中的作为感性直观先天形式的不变性的"绝对"地位。同时，时间与空间能够被结构、被扭曲，也意味着一定有某种更大的感性直观的"不变性"给予了这种结构化与扭曲化。于是，这种

"给予"行动就在现代物理学史中体现为一种"测量"行为。譬如,在爱因斯坦发现狭义相对论的过程中,他首先是在相聚较远的两地如何精准校时的场景中进行思考的,他的提问方式不是像传统那样去追问某个具体的瞬时时刻,亦即瞬时状态下的时间起点是否绝对精准,而是去追问相聚较远的两地的时间(的校时)如何测量?如果这两个地方一个在地球、一个在月球,那么,光速还能被忽略吗?显然不能。这个追问方式立刻就会引发在高速运动中的时间与空间的测量问题。结果我们都知道了,爱因斯坦的狭义相对论发现,在高速运动中,尤其在接近光速的高速运动中,时间会变慢,空间会缩短,这便是著名的钟慢效应与尺缩效应。

而既然过去拥有绝对不变地位的时间与空间现在都是"可变"的了,那么,在相对论中,那种"霸道"地导致时间与空间变化的拥有更大的不变性的东西是什么呢?答曰:光速。没错,我们会发现,在爱因斯坦引导狭义相对论诞生的几个思想实验中,例如在追光实验、火车实验中,他正是站在光速(不变)视角来反思时间问题,才获得了更高明的真理成果。而这种站在光速视角的反思行为,便是一种更高级的思想测量或心灵观测,在前边的第 2 节中我们已经谈论过了,它实际上就是一种尺度变换的对称操作,同时,我们在第一章第 3 节讨论光速与时间性的内容中也已经知晓,爱因斯坦站在光速视角中进行思想测量,可不是一般的物理尺度的变换,而是横跨第一尺度到第二尺度的真理元始尺度或心灵元始尺度的尺度变换之对称操作。因为,在相对论所指向的四维时空中,光速是四维时空的内在禀赋从而无法抵达无法超越,是速度之速度,这是一种典型的心灵自指机制,亦即第二尺度的谐同律的作用机制。从这个时候开始,爱因斯坦所开启的现代物理学实质上已经走上了另外一条真理的元始道路,亦即未来性的真理道路。因此,从这个更前沿视角我们便证明了,康德所提出的这一对关于时间与空间的二律背反,其中的两个命题都不是关于时间与空间的终极追问，也就是说，它们的意义并不像想象的那么大。

由此可见，从现代物理学角度看，在时间的起点和空间的边界问题产生之前，还有一个"允许"这个问题发生的更重要、更元始的前置问题，那就是怎样测量时间的起点与空间的边界？也就是说，时间的起点与空间的边界是什么并不重要，怎样在一种感性直观的经验结构中"测量"它们才重要。而测量，便是一种尺度变换的对称操作，毫无疑问。

若用未来性结合现代物理学的一些更细致的成果，我们还能发现这一二律背反的正反两个命题都是错的。根据相对论，光速无法超越，因此我们便不可能以超光速的方式进行时间旅行而回到宇宙创生的"时间起点"那一刻，不过，我们倒是可以设想以一种理想的方式得到宇宙创生的信息，也就是说走到宇宙创生发散出来的宇宙微波辐射的"光子"近前，来从中获取时间起点的信息。这个时候，我们自己就要稳定地进入到光速运动中，根据相对论，在这个状态下，时间将静止，那么，从宇宙创生到现在的每一瞬间的空间画面，都将如电影胶卷同时展开一般全部呈现在我们眼前，用哲学的话语来说，这些画面作为一种整体形成的感性直观经验将被我们瞬间把握。然而，问题在于，在这样的状态下，每一个瞬间的"地位"都是平等的，如果我们的思维还要去像排多米诺骨牌一样将这些画面以先后次序"排排座"，那么，这样的线性思维的发生立刻就会将我们的心灵焦点从"光速"中排斥出去。换言之，在光速状态之下，我们的心灵焦点事实上已经转入二重对称的第二尺度中，时间的起点跟其他瞬间的"画面"毫无区分地融入了一种更大尺度感性经验及其结构里，故而，时间的起点所对应的那个特定的信息也就变得没有意义，同理，空间的边界也是如此。

再者，根据量子力学的描绘，在小于普朗克尺度之下的时间与空间已经跟"黑洞"的性质没什么区别，也就是说我们也可以认为在普朗克尺度之下的时空已然"内卷"成黑洞了，而宇宙大爆炸的"奇点"也蕴含于黑洞之内。由此，在逻辑演绎中，我们完全可以把时空之间的小于普朗克尺度的微小段落当成时空的"缝隙"或"鸿沟"，而正是通过这些"缝隙"或"鸿沟"背后的"奇点"，宇宙时空真是在每一刻都经历着一次创生。于是，因为时空每一刻都在普朗克尺度下"创生"，哪里有什么具体的时间的起点与空间的边界呢？而这种"鸿沟生成"的创生行动，强烈地提示了导致时间与空间所指向的第一尺度经验诞生的心灵先天结构——致中和。至于这一个二律背反的反论，亦即时间与空间的"无限"判断，当然就是错的了，因为它只是一种囿于第一尺度的"伪无限"，是一种被更大尺度的对称操作所给予的较低尺度对称性的思维投射。所以，笔者才会说，现代物理学的思想本质，其实早已经走上另外一条真理的元始道路——未来性的真理道路了。

3.2 以未来性视角看纯粹理性第二背反

纯粹理性的第二个二律背反

正论：

在世界中每一个复合的实体都是由单纯的部分构成的，而且除了单纯的东西或者由单纯的东西复合而成的东西之外，任何地方都没有任何东西实存着。

反论：

在世界中没有任何复合的事物由单纯的部分构成，而且在世界中任何地方都没有单纯的东西实存着。①

---

① ［德］康德.纯粹理性批判［M］.北京:中国人民大学出版社，2004：294。

从未来性对纯粹理性第二个二律背反的说明

所谓单纯的东西的问题，也即还原论的问题，这是传统的第一哲学的最经典命题之一。在这个二律背反的正反论题中都涉及了事物实体的概念，而关于实体是不是单纯的，指的是单纯的事物本身是否还可以被继续分割的思想范畴。而根据我们在第一个二律背反中对知性本性的说明，我们可以很容易地知道当知性涉及这种事物终极性状态时（是否可在极限上继续分割），将必然导致命题的边界不是对于它太大就是太小的结果。对于第二个二律背反的正论来说，一旦命题提出方式本身已经固化在"每一个复合的实体都是由单纯的部分构成"这个逻辑界限的时候，就会必然造成知性基于这个界限之上并以之为跳板和参照跳到界限之外去，即知性必然会自发追溯至"单纯的部分"之后的"继续分割"的下一个部分，不会停留在某个固化的单纯的部分本身；同样对于反论"在世界中没有任何复合的事物由单纯的部分构成，而且在世界中任何地方都没有单纯的东西实存着"，其中"任何复合的事物"与"世界中任何地方"这两种无限的概念对于知性来说就是不可达到与穷尽的对象了，因此它们的界限对于知性来说显得太大了。于是，康德在证明这一对正论与反论的时候当然不会直接针对正命题本身，而是用了针对其否命题的反证法，反证其明；尤其是针对反论的第二个论题部分的时候，他采用了直接在二元知觉经验中否认实体单纯性的方法，这也是哲学界暂时解决所有这四大二律背反的方法，即承认关于世界是分为实体、本体存在的理知世界与由之引发的显像世界两个独立分离的部分，且二者互不影响，所以任何用单一世界的限定方式来阐述"世界"本身就是错误的。反映到这个二律背反的正题的逻辑反论之上，便是：正题中的实体是不是单纯的，在知性推理中不能得到证明，但若是局限于显像世界中却可以，显像世界的对象是可以在空间中被无限分割的；同理，反题中的"复合的事物"也只是针对显像世界，不针对理知世界，因此就不能下这样的单一结论："没有单纯性"，所以对于康德的批判理性来说，这两个论题都是错的。

而在未来性的视角中，这一个二律背反就显然不能用这样简单的"分离解决法"来处理了。所谓单纯的东西，在物理学中的对应物便是"基本粒子"，跟第一个二律背反一样，现代物理学已经证明，如果不首先谈测量，基本粒子根本无从谈起。准确来说，"分割"这个动作也是一种测量，亦即使得原本相对更粗糙、更宏观尺度的事物在某种操作下向着更精细、更微观尺度进行转变，进而保持其在更精细与微观的基本尺度单位中的领会结构不变，也即保持其最终由一种在基本单位中的单纯部分构成的领会结构不变——这就是一种尺度变换的对称操作，也即测量的操作。现代物理学标准模型中很大一部分基本粒子，就是在一种广义上的测量中得到的，例如构成质子与中了的夸克，就是通过在强子对撞机中用更小尺寸的粒子轰击原子核被观测到的。而超弦理论中的"弦"也是在一种从宏观尺度向着普朗克尺度进行尺度变换的心灵聚焦操作的思维实验中，被构想出来的宇宙基本构成。由此可见，跟单纯的东西亦即基本粒子、基本元素这种"本原"相关的命题，仅仅是"它是被怎样测量的"这个命题的后置命题，而远不是终极命题。"怎样测量"也便是"怎样遂行对称操作"，于是这个问题立刻便转化为对称视野下的未来性真理道路中的真理尺度的变换问题，如斯而已，当然，越是高尺度的变换就越不是依据第一尺度之矛盾律的"分离"，而是成其为第二尺度之展现为创造性区分的谐同，以及第三尺度之展现为创造行动之终极对称的合一。

那为什么说从未来性视角看，这一个二律背反的正反两论题都是错的呢？这个判断虽然跟康德是一致的，但是论证的内涵却相差甚远。首先，对于正题来说，事物拥有单纯的部分意味着能够在某种基本单位中被焦点清晰地测量，但是，这种基本单位只有在第一尺度所指向的"范畴"思维下才会体现为被"装在"一个微小格子中的某种东西，亦即某种"本原"，而在第二尺度与第三尺度那里，这种"基本单位"就完全不是一种实体般的"东西"了，而是一种生成行动与创造行动所带来的"不变性"。也就是说，构成事物乃至宇宙的（真理）元始主角发生变化了，变成了第二尺度的"构型"与第三尺度的"全息"，它们都是一种"基本单位"，但再也不是一种作为"本原"的"东西"，而是越来越成其为作为本原之终极起源的创造行动本身，亦即"周易"之"易"本身。其次，对于这一个二律背反的反题来说，否定任何"单纯部分"的思想描述实际上就是要否定任何具有构成作用的"不变性"，这显然是不对的，虽然这种否定是通过知性的无限追溯的本能行动来进行的，但这毕竟不是一种我们所说的能够带来第二尺度与第三尺度之"不变性"的对称操作。

　　当然，若是结合量子力学现阶段的某些思想成果也能看清楚这个二律背反的更深实质。在第一个二律背反的论述中我们已经提到过，在小于普朗克尺度的地方，那里的时空已经跟黑洞没什么区别，也就是说成了一片对于第一尺度的时空感官来说无法聚焦的混沌之地。于是，从这里我们便可以看出，虽然这种"普朗克尺度黑洞"让宇宙好像拥有了某种最小的空间长度与最小的时间长度，但这并不意味着这就是导致单纯东西得以生成的基本单位。因为这种"普朗克尺度黑洞"虽然尺度更小，但是它显然无法被清晰地聚焦，亦即无法被清晰地测量，也就无法作为构成世界的基石。不过，因为"黑洞"这个概念的诞生正是源于"光速不变"原理下的广义相对论，故而，光速不变所指向的测量的二重对称操作也便是"黑洞"所真正通达的心灵尺度或真理尺度。于是，这种"普朗克尺度黑洞"完全可以看成是第一尺度的时空朝向更大尺度进行拓扑延展的"通道"或"鸿沟"——这强烈提示了使这种跨尺度拓扑（亦即二重对称的测量）得以实现的心灵先天结构——致中和的存在。所以说，如果囿于第一尺度的时空经验，那么，根据量子力学基本原理，宇宙中最单纯的那个基本构成便是无法找到的，但这并不意味着宇宙没有这种基本构成，而是需要打破第一尺度的思维束缚，甚或破除传统真理道路，亦即本原的第一哲学道路的思维限制。

3.3 以未来性视角看纯粹理性第三背反

纯粹理性的第三个二律背反

正论：

按照自然规律的因果性，并不是世界的显像全部都能够由之派生出来的唯一因果性。为了解释这些显像，还有必要假定一种通过自由的因果性。

反论：

没有任何自由，相反，世界上的一切都仅仅按照自然规律发生。①

从未来性对纯粹理性第三个二律背反的说明

自由与自然，是西方哲学中永恒的"绊脚石"问题，就像哲学对理知世界的"理智直观"的永恒憧憬一样，作为先验的自由同样需要"理智直观"的参与，但很显然，在这一个二律背反之中，作为一种憧憬和理想的理智直观不可能为自由和自然之争提供一种最终的可靠论证与解决方案。当然，在西方哲学中，对自由的定义是"任意开始一个原因序列的能力"，而对自然的定义则是"具有严格因果序列的显像的整体"，所以自西方哲学用这样的方式去划分自由和自然开始，矛盾就不可避免地产生了。

在康德对正题与反题的论证中也同样体现了这一点，对于正题"按照自然规律的因果性，并不是世界的显像全部都能够由之派生出来的唯一因

---

① ［德］康德.纯粹理性批判［M］.北京:中国人民大学出版社，2004：300。

果性。为了解释这些显像，还有必要假定一种通过自由的因果性"，康德反证道：若没有自由的因果性，整个世界只有无限的因果序列性，那么理性所要求的序列的统一完备性就无法成立，因此世界不仅仅有自然的因果性，而必须还有自由的因果性；对于反题"没有任何自由，相反，世界上的一切都仅仅按照自然规律发生"，康德同样反证道：如果有一种自由的"特殊因果性"，那么必有一个作为开端的显像成为因果序列的开始之因，而当确定这个开始之因的时候，我们知道，知性必然会越过这个"开始"的显像进入"开始之前"的状态，所以这样一个自由的假定就不成立了。事实上，康德的批判哲学针对这样一个矛盾同样没有太好的"积极性"方法，于是当他把能够引起自由所在的理知世界与绝对因果性的显像世界分开之后，这个正论和反论就都得以保留其正确性了；对于正论的"自由的因果性"可以在理知世界中保留，而对于反论的"自然的因果性"则在显像世界或经验世界中保持，两者之间可以通过人的"意志"作为纽带而呈现出一种由理智到自然的"力学关系"，所以在这样的方式下，对于第三个二律背反就不像前两个二律背反那样充当正题与反题的"二论"都被认为是错误的。相反，在这样的力学关系下，第三个二律背反中的正题与反题就都可以是正确的了，虽然这种正确性建立在一种物自体和显像绝对分离，亦即经验界与理知界绝对分离的二元性之上。

不过，历史证明，这样搁置问题本身的消极方式并没有让现实满意，因为由这两个问题所引申的唯心主义与唯物主义之争并没有因为这样的"搁置方式"而有所收敛，恰恰相反，这种争论反而愈演愈烈，甚至从很大程度上投射到了宗教与世俗、神学与科学乃至社会主义与资本主义的意识形态争端之上。

推崇物质本质论的自然主义和唯物主义认为：如果不在世界中假定就时间而言有任何数学上最初的东西，那么，也就没有必要就因果性而言寻找一种力学上最初的东西，即自由的因果性；既然世界上的实体在任何时候都存在，至少经验的统一性使得这样一个前提条件成为必然，所以假定实体种种状态的变迁亦即其变化的序列也在任何时候都存在也就没有任何困难，从而就不可以寻求任何自由的最初的开端，无论是数学的还是力学的。既然实体在客观世界已经是既定存在，那么我们完全可以满足于对它们更多因果规律的探究之中，至少，这种因果序列组成的规律是整齐划一而不是像自由介入那样紊乱而支离破碎的。

推崇自由意志论的自由主义和唯心主义则反驳道：我们之所以成其为人，是因为我们具有一种崇高的自由意志，如果连这个权利都无法保有，那么人和动物乃至无生命的物质又有何区别呢？我的自由意志完全可以独立于自然而开始，举例来说我自由任意地向前迈了一大步，那么这个事件连同其引起的无限的自然后果，就绝对地开始了一个新的序列，尽管在时间上这个事件只不过是一个先行序列的延续，但这并不影响我引发这个行动的"决定"不在自然结果的序列之内，不是它的一个纯然延续——这样的话，自由意志和自然结果就可以并存了。

然而，结合这一个二律背反之自然与自由关系的唯物和唯心之争，仅仅是西方哲学承袭自古希腊的古典哲学的近代哲学阶段的经典主题，我们可以在其中深深地看到笛卡尔开创的我思传统的心物二元论的影响，这种心物二元论在康德这里最终造就了理性人模型的西方经典世界观的成熟，我们所说的现代主义所奉行的价值观和世界观正是来源于理性人模型。但是，故事到此并未结束，在基于理性人模型的认识论为主流特质的西方近代哲学之后，在 19 世纪之后，西方后续还发展出了一个"现当代哲学思潮"的阶段。这一股西方现当代哲学思潮诞生的主要思想动力正在于"厌倦"了自然与自由绝对二分的消极状态，在此基础上，它希望打破自然与自由、经验界与理知界二元分离的心智壁垒，而要求积极地"看见"原本隐没在"不可知"的理知界中的自由理念的本体；也就是说，西方现当代哲学思潮认为：先验地理性预设一种"超验的"自由已经不够了，人类的演化还需要正面直观自由的本来面目，从而打破让自由本体得以隐藏的分离于人性经验的理知界的"黑盒子"，让自由真正地"重见天日"。我们耳熟能详的很多西方现当代思想家，他们的思想理念的名字就很能反映这种思想原动力，譬如叔本华的唯意志主义、尼采的超人哲学及权力意志论、柏格森的直觉主义、海德格尔的存在主义、皮亚杰的结构主义、德里达的解构主义等，使用未来性的方法对这些思想进行具体阐析的内容，笔者已经放在本书的第四卷中。

从这里我们也可以看出来，在现当代哲学思潮的诸思想家眼里，在以"自由存不存在"或"自由是什么"为（第一尺度）提问方式的这个二律背反命题之前，还有一个让其得以成立或发生的"前置命题"：怎样"看见"自由？转换成哲学形式便是："自由怎样是？"这不妥妥就是第二尺度之真理提问方式吗？而跟前边两个二律背反一样，"怎样看见自由"也是一种"测量"，为何这样说呢？因为既然要"看见"自由，那么自由背后的真理就不是一种如同理念假定一般的一次性认知，而必然拥有让自由的秩序得以建构的"观看之道"，亦即心灵"看见"自由的直观结构，又因为自由天然联结终极性，所以这种直观结构也就直指"先天"的心灵结构。故而，根据"对称"的叙述方式，"看见"自由也便可以描绘为：在从自然经验到相较"超验"的心灵聚焦的尺度变换中，对于自由的领会结构（先天的心灵结构）保持不变——这不正是一种朝向更高真理尺度的心灵测量吗？

当了解这一点之后，再让我们回到这个二律背反的命题本身，命题的正题对于论述的发起对象描述得很清楚，亦即"对于自然规律的因果性"，康德首先探讨的是"自然规律"，随后将"因果性"归于自然规律的天然表现形式，继而发现由此导致的自然因果性也并非描绘自然整体规律的唯一因果性，那么，就应该还有一个自由的因果性。在古典哲学的视角中，自然因果性便是一种前后继起的原因序列或条件序列，这很显然是一种运动着的条件（范畴）呈现状态，而在物理学中，所谓自然规律更是跟运动规律没什么太大的不同。例如牛顿三定律，全称便是牛顿运动三定律或牛顿力学三定律。按照牛顿的定义，"力"是物体与物体的相互作用，它是运动发生的本质，因而运动也呈现为一种物体间的相互作用，若转换成哲学的语言，物体间的相互作用指的便是事物之间的相互关系。所以说，在康德代表的西方近代哲学那里，所谓自然规律，描绘的便是事物的相对运动，也即事物之间的相互关系，只不过这种运动规律与相互关系只能用因果性来表征。就此而言，这个二律背反除了拥有"怎样测量"的前置命题之外，还有几个由此派生出来的思想史重要命题，我们在这里只简要论述其中的两个：①因果性是不是表征事物间相互关系亦即自然规律的唯一方式？②将运动（以概念或范畴的方式）形式化是不是必然且合理的？我们在后边会看到，这两个问题实际上是一回事儿。

"因果性"是现代人心灵自我设限的一种"乌龟壳"，探索并描绘自然规律的科学如果离开了因果性，就好像不会思考了似的；我们人类的生活，如果离开了因果性也好像不会运转了似的。实际上，这是一种最大的"错觉"。若我们把心灵束缚于第一尺度，范畴或概念将被领会为世界构成作用的唯一方式，再结合一重对称的矛盾律的事物构成变换，那么，把自然规律（用矛盾律所指向的）机械性地"排列"成以范畴或概念为前后构成单位的条件序列或原因序列，就是一种自发的选择——这便是因果性的来由。如果宇宙只有这一种唯一的真理尺度，这个结论当然就是正确的，但问题恰恰在于，人类想要追求永恒"不变性"的自由天性正好揭开了另外两大真理尺度的幕布，无论是现当代哲学思潮还是现代物理学革命都毫无疑问地阐明了这个基本的真理事实。在人类希望"看见"自由而揭开的第二尺度中，以概念或范畴所做成的"东西"突然在一种二重对称所带来的生成行动中转化为了一种"（意象）角色"，这就像让一个物理上的机械杂音突然变成一段美妙旋律中的乐音，让一个自以为生活于客观世界的人突然发现自己原来是在巨大摄影棚中上演"人生真人秀"的演员角色——著名演员金·凯瑞主演的影片《楚门的世界》展现的就是这样一种状况。按照海德格尔的说法，这种二重对称带来的转变是一种"在……之中"的逻辑建构，通过这种逻辑建构得到的"存在"便是一种"世界意识"或"场域意识"。

如果做一个简单对照，第一尺度的"东西与东西"之间的相互关系是因果性，那么，第二尺度的"角色与角色"之间的相互关系会是什么呢？答曰：因缘性。是的，因缘性，这是一种根据第二尺度之谐同律所建构起来的构成机制，在其中，事物之间或角色之间不再以一种因果性所指向的具有强烈等级效应的决定论，而是以一种因缘性所指向的"吸引力"来互相联系。而能够感受这种因缘关系之"吸引力"的感官当然就不是时间与空间所代表的"外在感官"，而是一种遂行于心灵先天结构之上的"内在感官"，或曰生命的元天性。不过，这样的简单对照毕竟还是有逻辑缺漏的，因为跟第一尺度的元始构成之基本单位"范畴"相对照的第二尺度之基本单位肯定不是"角色"。前文已经论述过，这种基本单位叫作"构型"。由于角色相互之间的"吸引力"被二重对称变换之生成作用所统摄，因而在第二尺度的心灵焦点中，"角色"必然恒常地在"阴阳冲和"的（阴阳原）构型中被一体把握，其要么成其为"阴"，要么成其为"阳"，要么成其为"原"。

就此而言，在第二尺度中，描绘自然规律的自然因果性也便被自然因缘性所取代，那么，自由的因果性呢？在第一尺度中，自由是任意开始一个因果序列的能力，于是在第二尺度中，自由也便是任意开启一个因缘递归叙事的能力，只不过这里的"任意开启"是一种二重对称的变换，亦即"生成"，自由便是贯注于世界性或维度性"生成"的能力。在海德格尔那里，这便是一种"存在者"真正向自身开放而"去蔽"的澄明状态，从而终获不被任何（第一尺度的）世界联系所羁绊的让自身作为自身出现的"让－存在"的自由。在佛学中，这也意味着心灵由众生相向寿者相进发。不过，正如在世界之中的"角色"跟世界意识的意蕴之间的边界已经不再二元分离而开始"模糊"了起来，第二尺度中的自然和自由之间也便开始没有那么清晰的界限了；这中间的"界限"在于"维度"或"场域"这种第二尺度对应物，在"构型"中所造成的高维与低维之间的差异。而若想让自然与自由完全合一，则必须进入到第三尺度的合一性中了。

事实上，现代物理学革命中的一个经典事件就是对自然规律的因果性必然"退居二线"的注脚，这个事件便是爱因斯坦的"上帝掷骰子吗？"的真理反思。物理学界也把它叫作"EPR 佯谬"。这个故事的具体内容笔者暂且按下不表，因为对它的详细叙事与分析会放在本书第五卷中。总之，通过因其成果获得 2022 年诺贝尔物理学奖的"阿斯佩克特实验"对于"量子纠缠"的验证，爱因斯坦确实是错了，在量子力学中，上帝确实是掷骰子的，事物之间还真可以"超光速"地建立联系，从而打破基于信息传递不可超越"光速"的经典物理的因果性的统治地位。"上帝是掷骰子的"中"掷骰子"的意思是上帝以"概率"的方式生成自然规律，而非确定性地因果决定论式地安排自然——这种"概率"的生成，岂不就是二重对称变换所导致的"因缘性"吗？可见，在某种程度上，物理学追求大统一理论的做法确实是没错的，因为若把大统一理论的理想之真理终极性跟自由的终极性相对应，在现代物理学革命所开启的更大的真理尺度中，追求自然很大程度上便是追求自由；但是，根据前边所述，若要真正完成这种真理的"大统一"，亦即让自然与自由"大统一"，那么，第二尺度还是不够，物理学家们将不得不全方位开启第三尺度的全息征程才有实现此理想的可能。

至于由这一个二律背反派生出来的第二个思想史的重要问题，亦即问题②：将运动形式化是不是必然且合理的？这个问题的答案我们就很容易得出了。将运动形式化，也就是将运动的本质置于以概念或范畴为单位的因果序列中进行表征，这完全是第一尺度的做法，它虽然在某种层面上是合理的，但这个合理性的程度实在不高，也就当然不是"必然"的了。运动的元始起源是创造行动，它在第二尺度中的表征形式是构型递归，而在第三尺度中的表征则是"全息"。

3.4 以未来性视角看纯粹理性第四背反

纯粹理性的第四个二律背反

正论：

有某种东西属于世界，他或者作为其部分或者作为其原因，是一个绝对必然的存在者。

反论：

任何地方，无论是在世界之中，还是在世界之外，都没有作为世界的原因的绝对必然的存在者实存。①

从未来性对纯粹理性第四个二律背反的说明

纯粹理性第四个二律背反实际上是第三个二律背反的衍生命题，因为根据理性的需求，当需要在自然的原因序列中诉诸一个出自自由的最初开端的时候，古代所有哲学家甚至近代的科学家们（例如牛顿）都发现自己

---

① ［德］康德.纯粹理性批判［M］.北京:中国人民大学出版社，2004：306。

被迫为解释世界的运动而假定一个"第一推动者"或"第一本原",也即一个绝对必然的存在者,它是一个首先自行开始各种状态的自然序列的原因,它也是所有自然状态最开端的存在。

因而康德在这组二律背反中,对于正论他采用了直接证明的方式,并没有采用反证法,即理性的本性必然要求作为自然原因序列总和的世界的完备性,所以所有给定的条件序列必然要上溯至一个绝对无条件者,即绝对必然的存在者;而对于反论,康德依然采用了反证法的方式,即先假定一个在思维中被固化的绝对必然存在者,那么我们的知性本性必然会越过这个"绝对必然存在者"的界限而要求一个它的原因的前提,即必然存在者之前的存在,如此再向前追溯就又会进入到因果性的无限自然序列之中,因而这个绝对必然存在者是不可能存在的。

但是在这个二律背反中,表现出一种奇特的对比,也就是说,在正论中推论出一个源始存在者的存在,与在反论中推论出该存在者的不存在,乃是出自同样的证明根据,而且具有同样的精确性。起初说,有一个必然的存在者,因为整个过去的时间在自身中包含着无条件的东西,即必然的东西。现在又说:没有任何必然的存在者,同样是因为整个逝去的时间在自身中包含着一切条件的序列,因此这些条件又必然会是有条件的。所以,从这里可以看出无论是理性论证,还是这个命题的提问方式,都和知性的演绎方式呈现出一种完全不匹配的状态:同样的条件,用正说得到一个结论,用反说却否定它,就连演绎方式都差不多。

当然了,康德仍然是采用了分离的"搁置处理"的方式来试图解决这个问题,即绝对必然的存在者属于理知世界,是理知世界的总和——一切实在性的大全,而自然的世界则属于显像世界,于是因为两个世界规则不同,所以正论与反论都成立。

英国著名物理学家史蒂芬·霍金将他的最后一部畅销书命名为《大设

计》，他倒是没有明说整个宇宙到底是不是有一个完美的"造物主"，亦即一个绝对必然的存在者来设计物理学的大统一理论。不过，既然物理学也承认自然规律的本质是对称的，那么就不需要有这样一位完美的造物主存在，也依然能够保证宇宙法则的基于对称性的"设计感"，亦即美感。当然，其中的关键在于，现代物理学需要继续高举"革命"的大旗，"宜将剩勇追穷寇"，将对称性的本质贯彻到底，亦即将自己揭开的以第二尺度为代表的真理领域彻底大白于人间。在前边的章节中我们已经阐明，对自然法则贯彻对称性的本质意味着一种彻底的哲学"革命"，亦即彻底走向另外一条第一哲学的真理道路——从传统的本原的第一哲学真理道路彻底转向未来性的创造（行动）的第一哲学真理道路。于是，这个二律背反所关涉的正是经典的第一哲学的命题，亦即元始真理道路的命题，因为绝对必然存在者正是第一本原，毫无疑问。而我们在前边的第二章中已经阐明，未来性真理道路才是更深沉的第一哲学，因为它指向一条恒常处于本原的创造性起源状态的真理运行方式，故而，作为第一本原的绝对必然存在者不能以"存在或不存在"的谓词进行简单的断定，因为这仅仅是属于第一尺度的真理领会方式；在第三尺度之合一律看来，绝对必然的存在者是真理领会的一种境界，但肯定不是终极的境界，就此而言，说它存在或不存在（实存或不实存）也就没有多大意义。

当然，跟前边三个二律背反一样，现代物理学革命也向我们揭示，在谈论"绝对必然的存在者是否存在"之前，它必然还有一个导致这个命题得以成立和发生的前置命题，亦即"绝对必然的存在者怎样是？"，它的等价表述是：绝对必然的存在者怎样测量——"造物主"居然也要被测量？这确实是有点"颠覆常识"，不过，如果我们把"造物主"所对应的最高真理的领会等同于最终极的测量本身，这件事就不会那么难以接受。正如佛学的《般若波罗蜜多心经》开篇所言：定于最高真理领会的觉悟者——

观自在菩萨，必然"照见五蕴皆空"，这里的"照见"正是一种最终极的测量，亦即使用三重对称性背后的全息意识来进行的直观，在佛学中，亦称之为"转识成智"的"智知"。

最后，一旦谈到绝对必然的存在者，亦即作为第一本原的"造物主"，就必然会涉及"创世"这个元始行动，物理学也把它叫作宇宙的起源问题。当我们的心灵焦点走上未来性的真理道路，也必然意味着对于一种新的"创世"之元始行动的领会。根据第一哲学的推演，它必定是过去所有起源叙事的"总起源"，我们把它称为"元创世"。这便是下一章将要讨论的内容了。

第五章
未来性的全息演历：元创世与未来实相

第1节
未来性视野下之全息宇宙起源观：元创世

1.1 "元创世"在东方文化中的前世今生与未来视域

通过前边的铺垫，我们便可以了解，所谓"元创世"实质上便是真理的三大元始尺度根据各自以及相互的源起特质在一个统一的情境中得以全息展开的思想叙事，从这个角度来说，我们也可以把描绘"元创世"的思想叙事称为"元叙事"。顾名思义，元创世之"元叙事"便是一切创世叙事乃至一切叙事的总起源。从另一方面来说，这种把真理的三大元始尺度的元始演化节奏的"途程"放在一个统一的情景中进行叙事把握的方式，也便是我们在前边第二章第3、第4两节所阐述的第一哲学的命运演历。只不过，在第二章第3、第4两节中，我们是以表征真理三大元始尺度如何启动的元始"提问方式"或"问题模型"的自然演化作为描绘对象，其中的统一情境感也许没那么强，不过，只要心灵将它们联结在一起来进行命运领会，就是一种"元创世"之"元叙事"。就此而言，第一哲学的命运演历跟"元创世"便是等价的了。

因为三大元始尺度是通过心灵先天结构——"阴阳原"之三元拓扑联结的元始构成而联结在一起的，因而，严格来说，元创世之"元叙事"必然首先反映这样一种阴阳冲和的拓扑情境，亦即这样一种高级对称性；其次，既然是"元创世"，那么，它就必然是按照自上而下的从最高尺度到最低尺度创生的方式来进行叙事的，当然，这个过程也可以反过来，但是总归要以自上而下的方式为基底；此外，既然是以自上而下的创生方式为叙事基底，那么，它必定体现的是一种超越时间与空间以及纯粹理性的非二元性的叙事基调。

就此而言，"元创世"在东方原生文化基因中可谓"根基深厚"。其中，最为典型的便是老子在《道德经》中"埋下"的总纲："道生一，一生二，二生三，三生万物。万物负阴而抱阳，冲气以为和"——前半句描绘的便是"元创世"，而后半句则描绘的是心灵先天结构，至于"三生万物"是怎样跟元叙事全然结合在一起的，这是本节最后一个标题的阐释重点，在此先按下不表。除道家之外，我们在后边也会看到，作为东方文化之基石的《周易》也完全是以"元创世"作为基础法则而写就的，其中最重要的标志即是先天八卦图和六十四卦图这两大法则性图型，它们完全是按照"元创世"的元始构成而建构与演绎自身的，而其中所反映的非线性数理运演方式全然启示着一种让数学的深层禀赋得以真正释放的新一代数学——全息数学。

与此相应的是，东方的佛学同样拥有关于"元创世"的阐释体系，它便是著名的唯识学之"八识"体系，若从纯粹思想架构的角度，我们很容易就能看出，"八识"中的"心王"——第八识"阿赖耶识"实质上对应的便是作为尺度之尺度的第三尺度，而第七识"末那识"则对应的是第二尺度，于是，前六识则对应的是第一尺度。而在唯识学中，对于"八识"之三大元始尺度的相互缘起关系在一个统一情境中进行叙事的描绘，便是一种叫作"三能变"的思想叙事。用佛学的语言，"三能变"便是阿赖耶识种子现行诸识而熏生进而成熟的过程，就此而言，心灵得以体会的一切宇宙实相之相状都是由"三能变"的识变而来。对比"合一律"，我们便可知阿赖耶识种子实际上指的便是意识单位，而阿赖耶识蕴藏的种子亦有"无漏"与"有漏"之分，这实际上昭示了从"无漏"（非阴非阳）至"有漏"（阴阳"鸿沟"）的心灵先天结构作为"三能变"相互缘起的元始构成，而此心灵先天结构之阴阳原在"三能变"的唯识学叙述中对应的便是"相分－见分－识"，它实际上亦等价于"所－能－识"。相传佛祖释迦牟尼从来不回答宇宙是如何起源的问题，从如斯视角看来，那是因为在时间上的宇宙起源以及从一个造物主的"存在者"的视角来叙述宇宙起源，这种对于宇宙创世的第一尺度打开方式实在是太过"低维"了，真正的创世便是关于真理元始尺度本身之命运演历的"元创世"，就此而言，"佛性如来，万法唯识"——这本身便天然蕴含了并不需要刻意言说的"元创世"。

此外，在现代学术中，很有前瞻性的超个人主义心理学家肯·威尔伯在他的扛鼎之作《意识光谱》中，通过系统研习比较东西方的心智境界而提出了他认为具有宇宙长青哲学特质的"意识光谱"学说。而意识光谱之"光谱"指的就是一种心灵层级，即使他并没有在逻辑上给予"何谓层级"的阐明；而在威尔伯的意识光谱的结构中处于核心位置的便是三大心灵层次——自我阶层、存在阶层与大心境界，从全息的角度，它们其实对应的便是第一尺度、第二尺度与第三尺度，因此，从这个意义上来说，威尔伯的《意识光谱》也是在描绘"元创世"。而在他的思想叙事中很有意义的一个阐述，便是每一个心灵层次向更高层次进行演化需要打破相应的"二元论"——从"心灵与肉体"到"存在与不存在"再到"生命与境域"，这实际上指向的是每一个真理的元始尺度自身的元始构成所必然形成的"阴阳鸿沟"之二重之境，即便这很大程度上是从心理学角度给出的描绘。尽管威尔伯并未揭示出使得心灵演化的发生得以可能的心灵先天结构，以及由此进一步引发的以维度作为基本单元的全息宇宙实相结构，但他毕竟在一个现代的学术语境中"透露"出了使得东西方真正相遇的元创世之"元叙事"。

从前边的阐述中，不知我们可曾发现这样一个新时代的真相呢？在如今这样一个人类文明朝向新轴心时代整体演进的关键时期，实际上，我们人类早已经不需要再去经典中寻找"元创世"，因为"元创世"原本就是镌刻在我们每一个人心灵深处的先天禀赋，在以恰当的方式与此先天禀赋进行联结的过程中，我们每一个人都能以各种方式"回忆"起这个不可磨灭的印记，因为它原本就是我们生命中的全息信息呈现——"天命"的底层格调，只不过这种天命的全息内容并不是使用第一尺度的语言文字，而是使用一种叫作"元信息"（元始构成之构型与全息）的方式写就的，而"元信息"（构型与全息）的观看之道正是遵循心灵先天结构——"致中和"或"三元拓扑"所造就的"元叙事"。于是，我们也便可以把这种使用元信息写就的天命叙事叫作——生命契约。因此，如今我们所说的元创世之"元叙事"将不再有一个唯一的完美标准版本，而只会呈现出一个又一个使得天命之元信息得以"天才般"创造性揭示的元叙事的"范例"，它将在相当程度上反映某种个人或集体的生命契约之格调。而本节的下一个标题，正是笔者综摄自身觉知与东西方思想素材而叙述出来的一个元创世的元叙事范例，以供读者在一个统一情景中对"元创世"进行领会，并作为本书在接下来的行文论述中的思想参照。

1.2 论宇宙起源的自在时代：元创世的"元叙事"范例

1.2.1 "一切万有"的创造"原初之痛" [1]

在本书的所有逻辑阐述中很少用"神"这个字，通常只在特别的神学

---

① 这个元创世的"元叙事"范例综合了几部优秀之作的思想意象，它们分别是：肯·威尔伯的《意识光谱》，盖伊·尼德勒的《神之简史》（Guy Steven Needler *The History of God*），简·罗伯茨的《意识的探险：层面心理学的引 介》（Jane Roberts *Adventures in Consciousness — An Introduction to Aspect Psychology*），玄奘法师译《成唯识论》，以及老子的《道德经》。

相关问题的描述中才会使用。一般而言，我们用"一切万有"（All there is）或"源始意识完形"来代替过去所说的"神"的意义，因为从未来性的全息角度来说，这样的表达更能体现第一哲学之未来性真理道路——多尺度创造之源的深刻内涵、行为与状态，因为从语词本身来说，"一切万有"（All there is）并非指一种本原性的存在状态，而是强烈地启示一种囊括宇宙中全部行动面向的创造起源。因而，"一切万有"（All there is）的实质内涵便是"合一"与"全息"本身。

在接下来的讨论中我们将进入到一个故事性的逻辑情境里，受到人类二元线性语言的局限和想象力的暂时的束缚，这种讨论必然会有一些信息的扭曲，因为我们必须在时间观念的共同语境下来解释，不过从非二元性实质上来说，这些叙述必然是超越时间概念的。然而，无论怎样，我们终究要回到作为我们念想中的"远古"——"一切万有"全息创世的原初之时。

如果用我们现在的话来说，"一切万有"仍保有对那"远古"情境的记忆，以之作为朝向更新的创造力之一个恒常的原动力。每一个自己——意识单位或如来藏，作为"一切万有"的一部分，因此也记得那情境。因此，每一个最细微的意识天生就有求生、求变、求发展和创造的原动力——未来性的原动力。然而，"一切万有"作为一个源始意识完形欲求更进一步的存在是不够的，祂的每一个部分也要有这样的决心。但那极大的痛苦本身也被用作一种方法，而那痛苦本身作为一种原动力，其强度足以使"一切万有"在"祂自己"内创始了存在的方法。

如果——而这是不可能的——"一切万有"的每一部分，除了最微小的最后一个"单位"之外全都被"摧毁"了，"一切万有"仍会继续。因为即便在最小的部分内依然蕴含有全体的与生俱来的知识——未来性知识。于是，"一切万有"因此而保护了祂自己，以及祂所曾、正在及将要创造的一切。当说到"一切万有"之时，我们必须了解自己在祂之内的地位——

"一切万有"并不是一个在我们之外的存在。那么我们可以想象，祂演化了这么久，创造一直在继续，而发展永不停歇。

这极"痛苦"地找寻表达之路的第一阶段，可以代表我们所知的"一切万有"的创造原初之痛——创世"分娩阵痛"。那么，在这样的情况下，我们可以想象：假装在我们自己之内拥有全世界最棒的雕刻和绘画的知识，它们像实在的一样在自己之内悸动，但我们没有具体的工具，没有造成它们如此行动的知识，没有石头，没有水彩或任何这种东西的来源，于是想产生它们的渴望令自身无比痛苦。如果站在一个艺术家的感受角度，对"一切万有"所感到的痛苦和原动力，也许可以在一个无限小的尺度上给我们一点概念。

创造的精神冲力——欲望、希望和期望导致并统治所有的多次元行动，并且是所有实相的基础。因此在"一切万有"之内，创造的希望、欲望和期望存在于所有其他的事实之前。这些欲望和期望的强度和活力而后变得就如我们所理解的即将分娩初生般不可忍受，因此"一切万有"被迫去找产生它们的方法。

换句话说，"一切万有"存在于一个创造性的"自在之境"，但却没有办法找到表达祂存在的方法，这便是我们所要说的原初创造的"极痛苦之境"。正是在这一段收缩性的渴望里，"一切万有"去集聚足够的能量与养分，以创造在祂之内、存在于无限的悬疑中的一切可能的实相。原初创造的痛苦和欲望代表对祂自己的实相的证实。

在这样的源始情景中，所有可能的意识与实相以如星云般混沌之梦的样子存在于"一切万有"的意识里。后来，这些"梦"的不确定性的本质越来越确切与生动。这些梦变得可以区分彼此，直到它们吸引了"一切万有"的有意识的注意。带着好奇和渴望，"一切万有"对祂自己的梦付出更多的注意。祂然后"故意"给它们越来越多的细节，渴望有更多变化，而开始对这尚未自祂分离的部分产生了爱。当意识的人格们仍只是在祂的梦中时，祂给它们意识和想象力。它们也渴望成为真实。因而，潜在的个体（意识单位）们在开始前，或任何我们所知的二元性的时间开始前就已有了意识，它们吵着想被释放进入真实，"一切万有"以无可名状的同情与爱，在祂自己之内寻求方法。

在祂无比巨大与崇高的想象中，祂明白在那架构中无法发生意识的广大无垠的扩展与创生。如果这些可能性要被给予生命，实在性是必要的。于是，"一切万有"看到无穷尽的可能的、有意识的个体，而预见所有可能的发展。但它们困锁在祂之内，直到祂找到分娩诞生它们的方法——这是最初的宇宙的一个进退两难之局，亦即两重之境。祂一直与之搏斗，直到"一切万有"完全卷入而被这广大无边的难题所包裹。

这种初始创造的压力来自两处：一处是来自开始有意识但仍只是可能的各个意识的自己，它们发现自己在"神"的梦中活着；另一处是来自"一切万有"，祂渴望释放它们。

另一方面，我们也可以说压力只存在于"一切万有"那方面，因为创造物是存在于祂的梦中，但如此巨大的力量居住在这样的源始多次元心理完形中，以至于祂的梦也被赋予了活力与实相。

于是，这就是任何源始心理完形或意识完形的两难之境："一切万有"创造实相；祂同时也认知在每一意识内存在的巨大的创造潜能。然后，方法想出了，祂必须把创造和可能性由祂的梦中释放出来，从而实现自身整体行动的均衡与对称。

这样做将给它们实在性。"一切万有"必须放行。当祂认为这些个体是祂的创造物的时候，祂保留它们为祂的一部分。让它们走就是"失落"祂自己内部那创造它们的部分。祂已经几乎赶不上开始由每一个个别意识冒出的无数的可能性。怀着爱和渴望，祂放走了祂自己的那一部分，它们自由了。心灵能量在创造的一瞬间爆炸。

因而，"一切万有"在那创造的努力中"失落"了祂自己的一部分。"一切万有"爱祂的所造物乃至其中最卑微的部分。因为祂认知每一个意识的可贵和独特，祂花了如此高的代价，才将它们从这样一个情境的"束缚"中挣脱出来的。每个意识的每个发展都是祂的胜利和快乐，因为这是对抗第一种两重之情境的又一次胜利，而祂沉醉在祂每个子孙最微小的创造行动中，并为之欣喜。由祂自己和从那情境，祂给予无限的可能性以生命。从祂的极大痛苦，祂找到借表达而闯入自由的方法。在如此做时祂给了个别化的意识以存在。因此祂很有理由喜气洋洋。然而所有的个体记得它们的来源，而现在梦着"一切万有"，就像"一切万有"一度梦着它们一样。而它们渴望着那无量无边的源头的归属，渴望借它们自己的创造而释放自由并给祂真实性——这便是原初的信仰精神。

在这个源始的两重之境中，推动力仍然是"一切万有"的，但个人性并非幻想。现在以同样的方法，并为了同样的理由，我们给在自己的欲望、期望、愿望乃至梦中的意识可能性以自由，我们为了同样的理由去创造、去生活，而在我们每一个意识与心灵深处都有对这个原初创造的极大痛苦——创造并释放所有可能的意识进入真实性之冲动的回忆——我们与"一切万有"之间的这样的创造性联系永不能割断，祂的知觉是如此纤细与专注，祂的注意力的确是以一个原创者的爱导向每一个意识，无一遗落。

1.2.2 "一切万有"的三大"两重之境"

于是，从终极目的和意义来看，"一切万有"创造的原初之痛以及其所引起的状态便是"一切万有"的第一大两重之境："一切万有"的无限可能性的内在活力想完全具体化的欲望及冲力，和祂的无法完全这样做之间的一个两重之境。这个两重之境展现了一种在最高对称变换中的生命禀赋的

"大爆炸"。

接下来，这第一个两重之境终于导致了真正意义上"尺度"的诞生，也即真正意义上的尺度之尺度——第三尺度所昭示的宇宙演化的真正主角——创造行动的诞生，而由行动在它自身上的作用，便形成了"本体"，而这两者是不可分的。因此行动是所有结构的一部分。行动，由其本身并因其本质而形成了本体，而也就因其本质会像是"毁掉了"本体。因为行动必然会涉及改变，而任何改变看起来都似乎"威胁"到了本体。在这里，本体可以意识到它自己的"行动"。为了讨论，"行动"与"本体"这些名词必须在线性的语言中分开，但从本质上来讲这些分隔都不存在。一个本体是存在的一个次元亦即行动的一个次元：行动内之行动，在行动本身之上再开展出行动——经由这行动与它自身的互相交织，经由这个"再行动"，一个本体便形成了。

行动在它自身之内及之上的作用形成了本体，但是，虽然本体是由行动形成，行动与本体并不能被分开，那么从这个意义上来讲，本体便是行动对它自己的影响。没有本体，行动便无意义，因为那样的话，行动就没有可以基于其上所遂行的东西了——用我们的话来说，这样的行动会是无源之水、无本之木，根本无法存在和延续。因而，由于其多次元创造的本质，由于它本身与它本身的必然作用，行动必然创造本体。这适用于从最简单到最复杂的所有情况。

所以，在这里，本体因其特性，将会不断地寻求稳定，然而稳定却是不可能的——由于构成其自身的行动的先天而永恒地对外创造的冲力——这便是"一切万有"的第二大两重之境，真正意义上的"第二尺度"也便由此诞生了。

不过，本体依赖稳定性是个错误的观念，就是这在"本体"的经常试图保持其稳定性，与"行动"天生求变的冲力之间的进退两难，结果造成了这样的"不平衡"（对称性破缺）状态，而有那极精致的创造性副产品——对自己的意识。

因为意识与存在并不是由微妙的平衡却是由缺乏平衡（对称性破缺）而使之成为可能——这是最基本的多次元存在状态。它是如此富有创造性，如果平衡一旦能维持住，就不会有实相的产生与延续了。在这里从最初的开始到最遥远的未来，我们有一连串创造性的紧张，本体必须寻求稳定，而行动则必须求变化，然而本体无变化则无法存在，因为它是行动的后果并为其一部分。本体从不是恒常不变的，因从这一刻到下一刻，本体在意识上及无意识上已然不是同样的了。所以从这个意义上来说，每个行动是一个结束同时也是一个开始，正如我们先前讨论的：没有这结束，本体无法形成自己，并拥有稳定性；没有这开始，本体会停止存在，因为意识若无行动就不再为意识。

因此，意识本身并不是一件"东西"，它是行动的一个次元，一个几乎是奇迹似的情况，在"一切万有"的一连串创造性的两重之境而使之成为可能。

我们可以相当容易地看出第二个两重之境是如何由第一个演化而来。第二大两重之境造成——且不断地造成——"对自己的意识"。这并不是"自我"意识，"对自己的意识"仍是直接与行动连接的意识，是非二元性或未来性的意识状态。

"自我"意识是由紧接下来的"一切万有"的第三大两重之境而来："对自己的意识"试图将自身与行动分离，亦即将本体与行动、自身与外物分离，然而却不可能这样做的一个两重之境。因为任何意识或本体若不蕴含行动便无法存在。这也是"一切万有"进行创造活动的第三个两难之局——真正意义上的"第一尺度"也便由此诞生了。

需要再一次强调的是，作为非二元性存在的"对自己的意识"包括了对在行动内的（并为其一部分的）自己的意识。另一方面，"自我"意识牵涉到一种我们所熟知的二元性情况：对自己的意识企图将自己与行动分离，即物我分离——这是意识在进一步创造方面的一个企图，将行动构想成一物件，该物件由自我生成，并被视作自我存在的一个结果，而非原因——这便是一切二元性实相的来源，或者说第一哲学之传统真理道路的"痼疾"。

而在自我意识形成的二元性的基础之上，实际上还有一个更低层级均衡的"一切万有"第四大两重之境，那就是构成自我意识及其行为的次元行动本身，试图继续将其中所蕴含的基础感知与知觉形式（感知极性）和意识的基础情感与情绪形式（情感极性）相分离，但却不能完全这样做的一个两重之境。因为无论是实相的感知形式还是情感形式都来源于共同的次元创造的行动，从本质上并不分离。不过这个两重之境可以说是第三大两重之境所形成自我意识之后进一步分离的表现，从逻辑内涵来讲可以蕴含在第三大两重之境中，我们当然可以把它认为是一种原始第一尺度。

"一切万有"的三大两重之境代表了实相的三个区域，亦即代表了生命与真理的三种打开方式——三大元始真理尺度，创造性行动及其内在的活力在由此所形成的多次元实相中体验它自己。而在这儿我们也有了为什么"一切万有"的内在活力永远不能完成完全实在化的理由：活力之企图将自己实在化所涉及的那项创造性行动，从根本上就已然加大了活力本身——本体的内在次元。

创造性行动及其内在的活力永远不能完成自己，不论它如何具体化，它立时增加了更具体化的可能性；同时内在活力是自己自发进入行动的，从多次元以及与"一切万有"的永恒联结的意义上来讲，它只需要极微小的部分就能播种整个世界，如此，便是创造性的全息意义。

1.3 论元创世在"三生万物"视域下的全息阐释

1.3.1 对"逻辑元"的全息阐述

在对"元创世"的逻辑演绎以及"三生万物"推演过程中涉及的概念进行描述前，我们先要阐明一下老子所说"道生一，一生二，二生三，三生万物"中的"一、二、三"的真正含义。实际上，在本书前边对于传统与未来性两种元始真理道路的对比与阐释过程里，我们便可以从思想的各方面了解到，这种"一、二、三"的基本逻辑序列实际上代表的是一种"逻辑元"，它指的是"道"或者"一切万有"进行创造性演化与行动所凭借的最元始法则形式与第一哲学命运演化韵律。对于多次元实相演绎的规律来说，它便是层级之层级、次元之次元、维度之维度，正如"一切万有"可以被形容为实相之实相、合一之合一，"逻辑元"所体现的次元之次元可以说是生成整个宇宙所有实相与维度的创造性法则之总来源，它们实际上以一种更深沉的未来性数学的方式标示了真理元始尺度进行命运演历的相互位置与整体意蕴，因而它们便是元始真理尺度得以展开的数学映射，在东方，它们亦被称为"象数"。在这个理解的基础上再结合上一节所描绘的创世情境，我们便可以很容易地推演出实际上老子所说的"道"指的便是"一切万有"作为生成逻辑元的总来源呈现；而"三生万物"中的"万物"并不是像过去常规思维所理解的那样是"一切万有"或者自然本身，而是在"一切万有"第一大两重之境的对称性中生成的作为最直接的"神之片段"的由意识单位构成的意识完形或形态完形。此外，在下一节中还会在"逻辑元"的基础上提出"逻辑量子数"的概念，它是在逻辑元演绎法则性的基础上增加了关于存在的多次元信息量的内涵，即逻辑量子数还表达了一种实相的次元密度与感知的次元密度，所以我们在后边还可以发现对于"逻辑元"来说表达最大法则的数目为"三"，而逻辑量子数却可以表达数目为"六"的实相密度（阴阳各三，合抱为六），简称"六度"。

当了解完"逻辑元"的概念后，下边就让我们进入到用"三生万物"的全息逻辑对"元创世"的三大两重之境的阐释中，而比较有趣的是，对于全息逻辑来讲，这种阐释与演绎过程既可以按照创造的先天含义自上而下进行，又可以根据感知与意识的演化含义自下而上推演，两者的意义是等价的，同时也暗合了接下来在整个演绎过程中要阐述的"阴阳"内涵——这也是一种全息逻辑的元始对称性。

1.3.2 对"三生万物"的自上而下演绎

在第三尺度——合一律之中，我们知道任何一个多次元"创造"必有一个更高层级的来源，所以从这个意义上来讲，"道生一，一生二，二生三，三生万物"是老子站在人类较低真理尺度的二元性或本原性感知的基础上，用线性的自下而上思维方式写就的，但是根据意识单位多次元创造的本质内涵，"元创世"过程完全可以这样来表达："道生万物，万物生三，三生二，二生一"——于是这便形成了"一切万有"的三大两重之境，亦即三大元始尺度全息创生的"元叙事"了。

首先，对于"一切万有"的第一大两重之境，即"一切万有"的无限可能的内在活力想完全具体化的欲望及冲力，和祂的无法完全这样做之间的一个两重之境——这演绎与表现的便是"道生万物"的过程，也即第三尺度的创生过程。我们已经从本节最前边的段落知道，老子所说的"道"实际上便是"一切万有"法则之源的表现，也可以说是"一切万有"或全息的另一种说法，而在第一大两重之境中它尤其指的是一切法则与实相的无限可能性的"创造性蕴含"状态，它代表的是宇宙还未进入实在性的隐性内蕴与生机勃勃的潜在状态，亦即最高对称性的启始状态。于是，在此，我们可以得到（第三尺度中）"阴阳"的第一层含义：阴即创造性蕴含之

"隐性"，阳即创造性释放之"显性"。实际上，对于隐性与显性的任何解释与想象都离不开"一切万有"的第一大两重之境的创世状态，从中我们可以看出隐性与显性从来就不是什么静止的单次元表达，而是可以追溯至创世起源的多次元状态，它们分别代表紧密联结在一起的生机勃勃的潜在状态与进入壮丽的创造性实相的实在状态——相伴而生，没有割裂。

同时在这创世的第一大两重之境即"道生万物"过程中，我们还可以得到"一切万有"创世的第一大精神冲力——作为宇宙原动力的第一大"元天性"——"爱的精神"的本质内涵。过去，当我们想到"爱"的时候总会一般性地联想到纯洁的爱情或者母爱与父爱，然而它在元创世的第一大两重之境中却展现出一种远为深沉而广博的内涵——元天性的内涵，即真正的爱的元天性，是给一切可能性以最大限度实现的自在之爱（阳性），是给予所有无限可能的意识形态与法则、情感形式以生机的生命之爱（阴性），同时也是用自身的一切力量保护、支持并联结所有创造性单位的合一之爱（原性），当合一之爱谐同自在之爱与生命之爱臻至圆满时便转变为最终尺度之"全息之爱"——这种爱是如此伟大，它是整个宇宙所有实相在任何情况下去实现自己的总的精神动力的来源，它象征着"一切万有"创世的"分娩之痛"，同时也是衍生另外两种元天性——求知精神与信仰精神的唯一创造性来源。"爱的精神"作为"一切万有"创世之初便呈现的永恒精神冲力与情感，在任何情况下都蕴含在我们一切实相的次元行动中，蕴含在所有意识单位与意识本体里，没有磨灭，也可以这样说，我们的一切情感、欲望和愿望从最终之因与最终目的上都将回到爱的精神，亦即回到终极对称性的起源，毋庸置疑。

其次，紧接下来的"一切万有"创世的第二大两重之境，便是"万物生三"的过程了，也即第二尺度的创生过程。在这个过程里，由经过第一大两重之境而启始的（次元创造的）行动所必然形成的"本体"试图保持其稳定性，与"行动"自身天生求变的冲力形成了两难之局。在第一大两重之境中作为"神之内蕴与片段"的意识单位开始进入实在性，而这个第二大两重之境便是非二元性的意识单位或如来藏直接参与而进行的行动与状态，从中也可以看出，作为"逻辑元"的"三"亦即"三元"，必然是由意识单位的非二元性为主导的次元行动与状态，在其中也自然而然诞生了对自己的意识——"我"的意识——这是真正意义上的"我"的本质状态，在这个状态中"我"与自己的行动并未分离，换句话说"我"完全可以同时跟随不同次元与实相的行动本身。

在这一个两重之境即"万物生三"过程中，也诞生了作为宇宙原初精神冲力的另外两大"原精神"：对自己的意识，即"我"之本体状态必然寻求稳定性和始终聚焦于与源头联结的终极归属感的创造性情感之精神信念——信仰精神（阴性）；产生本体之多次元行动，先天具有向外进行更新次元与实相创造的天生求变的精神冲力——求知精神（阳性）。在其中我们可以看到，信仰精神与求知精神的产生是完全自发而自然的，是任何意识本体与存有不可磨灭的精神信念与精神冲力，同时，它们也分别是第一大两重之境中的生命之爱（阴性）与自在之爱（阳性）在这个真理尺度中的"投射"。对于信仰精神来说，它是一切存有形成情感与情绪的总来源，同时由于其自身所蕴含的终极归属感与"归源"效应，因而从中自然衍生出作为真理与"神"象征的（一切万有的）源头必然"合一"的精神信念与精神情感；对于求知精神来说，它是一切存有创造并生成任何实相的感知形式与直观形式的总来源，同时由于创造而成的实相必然蕴含规则而且创造行动的天生求变性，所以它也是生成一切知识与规则的总动力。而在这里我们也得到了（第二尺度中）"阴阳"的第二层含义：阴，即信仰精神；阳，即求知精神。我们也可以将其分别称为灵性本体态与灵性行动态。

接下来是"一切万有"创世的第三大两重之境，亦即"三生二"的过程，也即第一尺度的创生过程。在这个过程中，本体试图与（创造的）行动分离，而却由于其凭借行动所成之自身的结构本质又不能完全这样做，于是便陷入两难之局。在这个两重之境中诞生了我们所熟知的典型的二元性实相与二元性意识——自我意识，从而我们可以很清楚地看到，让本体与行动、内在与外在、主观与客观进行二元分离便是自我的最典型特征。然而因其本性，"行动"在其内行动，并在行动本身之上再开展行动——经由这行动与它自身的互相交织，一个本体便形成了，故而行动与本体并不能分开，而本体也可以称为行动对它自己的影响，亦即一种行动的"自指"。从中我们可以看到，在哲学中和现实中，任何自我试图用客观的存在状态与性状去描述关涉终极性的命题（例如上帝、自由与灵魂）时便必然会形成二元悖论，而所有这些二元悖论都是来源于此——"一切万有"创世的第三大两重之境——"三生二"的全息演化过程。

在这里我们也可以得到"阴阳"的第三层含义：阴，即自我存在之情感、情绪与状态；阳，即在二元性实相中遂行于自我意识之上的（功利性的）感知与行动状态，亦即功利行动；我们也可以将其分别称为理性本体态与理性行动态。而在我们所在的三维时空连续体中，阴性的潜在情感与情绪的先天形式推动形成时间，阳性的二元感知行动的先天形式形成空间。

最后，我们来到了"二生一"的演化过程，也即原始第一尺度的创生过程。而从上一节我们已经知道，这个演化过程有两种阐释方式：第一种是根据其来源而形成的蕴含在"一切万有"第三大两重之境中的"第四大两重之境"，即在二元性及其以下层级，意识试图对行动自身的基础感知形式与基础情感形式进行分离，而又无法完全这样做所形成的两难之境；这里的基础感知形式又可以叫作一元性的感知与知觉极性，基础情感与情绪形式又可以叫作一元性的情感与情绪极性。我们可以把这个两重之境看成是原始第一尺度的生成方式。第二种阐释方式可以由逻辑元的"元对称性"法则来说明，即"一元"可以是"三元"的元对称性。这该如何理解呢？其实我们根据存有的多次元属性便很容易明白：作为感知与知觉极性跟情感与情绪极性所形成的一元意识必然蕴含于一个更大的非二元性存有，在这里可以指代三元性存有；由于一元性意识与行动并不具有其他次元意识那样的"主动性"，所以它的实相状态必然会凭借一个多次元内我来主导其自然显现，但又不是内我本身而只是其自然的感知与知觉极性跟情感与情绪极性的显现，所以这便像一元性意识的多次元内我投影在一元性实相之上，而这个多次元内我的最大追溯便是意识单位为主导的三元性——这便是全息逻辑的"元对称性"，也可以表达为更高次元对低次元的实相的投射作用。我们在后续的章节中可以了解到，它也是生命均衡的高级对称性的体现。

在这里我们也得到了"阴阳"的第四个含义：阴，即情感与情绪极性；阳，即感知与知觉极性。在这里我们也需要意识到，从此我们再也不能把一元性的矿物质、无机物乃至原子与分子当成无生命的存在，相反，它们投射的是更高次元的存有的显现；同时，我们也不能把心灵中的情感与情绪当成某种随机受我们控制的无意识存在，恰恰相反，可以这样说，我们身体中的所有情感与情绪（例如七情六欲）都是有生命的存有，而且是我们通向更高真理尺度的重要表达途径。

1.3.3 对"三生万物"的自下而上演绎

当我们用自上而下的方式了解"三生万物"的全息过程之后，从意识与感知演化的角度"自下而上"地阐述这个过程便很容易了。

首先，"道生一"的过程，便是对于感知而言的无限可能性的"一切万有"所在的"虚空"生成一元性——原始第一尺度的感知极性与情感极性的"从无到有"的演化，然而从多次元实相的本质来讲，并没有什么"虚空"存在，而只有意识所未能感知的更高实相。

其次，"一生二"的过程，便是一元性的极性意识演化为二元性的自我意识的过程，也是一元性的感知极性与情感极性演生为二元性的感觉与知性、情感与情绪的过程，当然这也是原始第一尺度走向成熟的第一尺度之过程。对于我们人类来讲，这个过程中诞生了理性，同时也诞生了感性直观的先天形式：时间与空间。

然后，"二生三"的过程，表现为与行动相分离的二元性本体——自我意识演化为与行动合一的场域化或世界化的"对自己的意识"——这也便是从第一尺度演化为第二尺度的过程，同时二元知性能力进化为求知精神，而二元感性与情感能力进化为信仰精神——这些原精神作为生命原动力也便是超脱时间与空间的内在感官的运作领域，于是我们便有了阴阳原之三大内感官领域：信仰的原精神领域、求知的原精神领域以及爱的原精神领域。就此而言，时间与空间不再成为一种决定性的"先天形式"与纯直观，而是进化为意识单位或如来藏的自发性与自洽性（觉知）状态，从而"决定性"或"确定性"作为一种显性状态与性质便消失了。

最后，"三生万物"的过程，展现为：作为"神之片段"的意识单位（如来藏）主导的三元灵性存有，亦即第三尺度存有和其他所有存有一道逐渐演化为最终极意识完形的过程，也即实现终极对称性的过程，这也是和"一切万有"终极合一的过程。而在这个过程里所有存有的个性都将进行最大化创造性呈现与演变，所有的感知将演化至无限创造的频率，而所有情感与情绪也将逐步进展至最大的自由和最广阔与最深沉之爱——爱的原精神，换言之，最高真理尺度之元天性领域——爱的元天性也就此被"唤醒"了。

1.3.4 对这两种演绎方式的全息总结

"道生一，一生二，二生三，三生万物。万物负阴而抱阳，冲气以为和。"

这是《道德经》中对全息逻辑进行表达的总纲，而后一句"万物负阴而抱阳，冲气以为和"表达的实际上便是"合一律"，所以作为两千年以后的后人，笔者真是怀着无比敬佩的心情来看待老子这种超越时空的智慧。转眼间，世事沧桑，千年已过。不过，如今到超越他的时候了。

过去，我们习惯于用一种线性与单一尺度的方法去理解老子的这句话，然而经过前文的详细逻辑演绎，我们可以发现那是一种多么无知且浅薄的方式。在前边的两种演绎方式中，没有直接表达的全息内涵还有：作为"逻辑元"的"一、二、三"中的每一个都具有多重性意义或者说多次元意义，例如"一"可以作为"太极"象征意义的意识单位与合一律本身，亦可作为原始第一尺度中的（感知与情绪之）"极性"存在；"二"可以是"阴阳"意义的表达，亦可作为表征二元性的第一尺度；"三"可以指代形成多次元实相的运算与演绎方式"三行"，亦可指代表征初始非二元性的第二尺度；而阴阳三元合抱为对应"有漏"的阿赖耶识种子之"六度"，亦可代表尚未臻至圆满（万物）的第三尺度。于是由这句老子的全息逻辑总纲便可以得到中国当代著名思想家黎鸣先生总结的"易大象"口诀：

"无极而太极，太极而阴阳，阴阳而三行，三行而六度，六度而自然。"

最终，无极与自然将合一于"一切万有"的终极领域——这必然是一个正在创造的终极目的，而永远不是一个已经完成的客观结果。

最后，无论如何，在用"三生万物"的全息逻辑演绎"元创世"的整个过程中，我们终于站在一个全新的未来性视角升级了我们对于传统的"创世"的理论及其领会，简言之，"道生一，一生二，二生三，三生万物"是由"一切万有"进行创造的一连串两重之境自上而下演生出所有真理尺度与实相次元的过程，也是从最微小的意识与感知用"串联蕴涵递增"的创造升级的方式自下而上地向终极意识完形之终极对称性演化的过程——

并没有一个在我们之外的人格化的"神"用工具化的方式将世界外在地创造出来，也从来没有一个有特殊目的的未知"命运"对生命的演化进行控制与操纵，恰恰相反，我们每一个人都具有无可比拟的神性，我们每一个人都用自己壮丽的多次元想象力自发地去创造属于自身的独特命运——人人皆是命运的作者。

"元创世"自第一大两重之境开始，便在一个庞大的爱之领域与能量中赋予所有意识的可能性以自由并进入实相的具体性，因而"一切万有"因其特性必然会以所有可能的方式实现自己——一切可能性必将进入现实——这虽然是一个很有挑战性的观点，不过只要我们不把焦点仅仅放在传统的本原性真理道路之上，它便会引领我们进入一个无可比拟的伟大实相。

综上，我们对宇宙"元创世"之全息实相的探索才刚刚开始。

第2节
论未来性全息演历的运算工具——八卦图

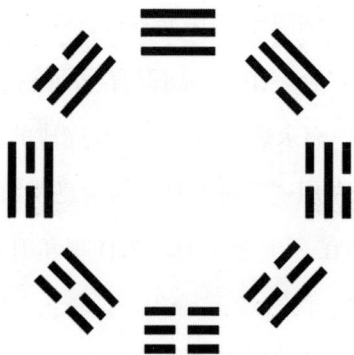

图 15　先天八卦图

2.1 "八卦图"的东方原生文化起源

在传说中，八卦符号起源于中国古代"三皇五帝"之一的伏羲氏。在考古学中最早的太极八卦图出现在公元前 3450 年左右的安徽。过去，它与阴阳、五行一样，是用来推演二元时空经验中事物线性关系的一种工具，甚至也可以说阴阳五行起源于八卦，而从逻辑意义上来讲，老子的《道德经》也是对八卦的一种解读，所以它的内涵渗透在中国文化的各个领域，从文字、医学到战争甚至是意识形态，于是从更深的层面上来说，伏羲所创始的八卦及其所象征的深层意义算得上是我们生活的这片东方大地上原生文明的起源（而不是血统与政治的起源）。

在中国所有对八卦的解读中，夏朝有《连山》，商朝有《归藏》，周朝有《周易》，还有春秋时期老子的《道德经》，在所有这些著作中只有老子的《道德经》将八卦上升到一种普遍性的逻辑层面上，其余的著作绝大部分都是归于线性时空经验或者二元性的具象的"命运"隐喻。而我们知道，任何二元性都是受限的，所以只有在老子那里才是进一步解读乃至创造八卦所代表的实相意义的正确方向，然而很可惜的是，受限于逻辑工具、表达方式与思维方法的制约，老子的《道德经》只是在一种大体轮廓上指出"道生一，一生二，二生三，三生万物"的总纲领，而并未能深入进行多次元演绎。神交古人，千年已逝，如今，是超越过去的时候了。

下边，让我们用全息逻辑的方法来详细阐释"八卦"所代表的深层逻辑内涵，以及为何它可以被称为下一代数学之神圣几何的"王冠"，亦即未来性之真理全息演历的元始运算工具。

2.2 "八卦"的未来性逻辑建构与相关概念阐释

一切对全息实相的反映都要回到合一律以及"一切万有"创世的"三生万物"的元始过程亦即"元创世"过程，实际上，从前边的"一切万有"

的三大两重之境以及"三生万物"的演绎与阐释中，我们已然得到了"一切万有"以及作为其化身的"神之片段"——意识单位的八个逻辑状态，亦即八大逻辑量子态：第一大两重之境中"一切万有"的"元始态"、第二大两重之境中的"信仰精神领域"与"求知精神领域"、第三大两重之境中的"本体性状态"与"行动性状态"、第四大两重之境中的"情感与情绪极性"与"感知与知觉极性"，最后是三生万物的终极之"道"的状态——全息态。而在进一步划分与组织方面，我们实际上已经在前边进行过尤为重要的阴阳划分，那么，在此基础之上对这"八大逻辑量子态"用阴性与阳性按照逻辑元排列之后便可得到以下两个区间与序列：

"阴性"区间与序列：元始态（无极）—情感与情绪极性（一元）—本体性状态（二元）—信仰精神（三元）；

"阳性"区间与序列：感知与知觉极性（一元）—行动性状态（二元）—求知精神（三元）—全息态（终极）。

事实上，八卦图中的八个符号指代的就是这"八大逻辑量子态"，亦即意识单位的八个逻辑状态，那么每个符号的对应关系又是如何生成与建构的呢？这就需要回到"合一律"的进一步呈现了，而从前边我们已经得到了关于合一律的非二元性表达：意识单位，即无限可能生成阳性（阴性）状态的阴性（阳性）状态，而在其中便有关于全息化存在状态的三大基本逻辑要素，即阴性、阳性与原性（合一性），所以从本质上讲，意识单位的任何一个状态都可以用这三大逻辑要素来表达，于是这便反映在了八卦构成单元的"卦象"中。我们以其中一个卦象作为例子来说明。

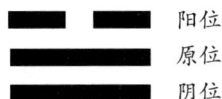

图 16　量子位举例

　　图 16 中所标示的是周易中所命名的"巽卦"（假设八卦图的"圆心"
在图 16 上方）。在进一步解说前，先让我们回顾一个在上一节中阐述过
的概念"逻辑量子数"：它是在逻辑元演绎法则性的基础上增加了关于存
在的多次元信息量的内涵后得到的一个概念，即对于逻辑元来说逻辑量
子数还表达了一种实相的次元密度与感知的次元密度——全息化的信息密
度。而对于八卦图中的"巽卦"来说，它在图型中用三条并行排列的线段
来表达意识单位三大逻辑要素：阴性、阳性与原性（合一性），如果用图
型法的逻辑语言来表述，这三条线段便可以叫作"量子位"。三个"量子
位"所形成的这样一个表达意识单位的逻辑量子态的单位在全息图型法中
便叫作"量子单元"，简称为"量子元"，于是我们总共有八个"量子元"。
对于一个量子元来说，其中靠近八卦图中心的那一条线段（即量子位）叫
"阳位"，其所代表的逻辑量子数为"1"；其中相对远离中心而靠外的线
段（即量子位）叫"阴位"，其所代表的逻辑量子数同样是"1"；阳位和
阴位中间的线段（量子位）便是"原位"即"合一位"，其所代表的逻辑
量子数为"2"。在量子位中，线段的"断开与相连"即代表阴阳含义中的
"隐性与显性"，在一个量子位中若为显性（即线段相连）则代表显示其中
所蕴含的逻辑量子数，若为隐性（即线段断开）则代表隐藏或不显示其中
所蕴含的逻辑量子数。所以对于上图的"巽卦"来说，它表示的逻辑量子
数即为"3"，所以它可以代表三元的信仰精神。而八卦图的中心具有特殊
含义，它象征"一切万有"终极的全息意识与形态完形的方向，又可以称
为"实相的中心"，因而根据阴阳的含义，量子元中的"阳位"因其显性

行动性内涵必然是朝向而相对靠近"中心",而"阴位"隐性本体性内涵则必然是靠外而相对远离"中心",而作为更本质内核的"原位"当然是在"阴阳"中心了,即阴位和阳位中间。

于是,根据前边的演绎,八卦图中用图型法表达意识单位基本逻辑状态的一个基本单元,亦即量子元,便如此建构完成了。其中对于逻辑量子数的确定也很容易,因为"极性"即代表逻辑元的"一",所以作为极性表达的单个"阴位"与"阳位"当然指代逻辑量子数"1",而"原位"则代表阴阳合一,于是逻辑量子数当然是"2"。因而,根据八卦图中各个卦象(即量子元)的逻辑量子数以及相对的阴阳属性,意识单位八大逻辑量子态便能够准确定位了。其对应关系如图 17 所示。

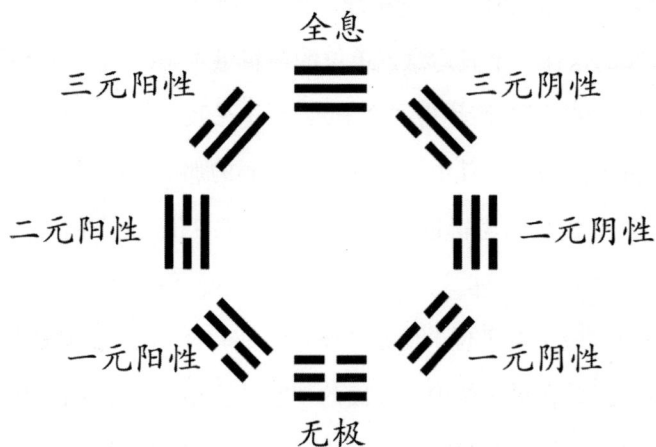

图 17 八卦图逻辑元对应关系

图 17 中的"无极——元阴性—二元阴性—三元阴性"所表示的量子元分别对应阴性区间与序列的各逻辑量子态:"元始态(无极)—情感与情

绪极性（一元）—本体性状态（二元）—信仰精神（三元）"；图中的"一元阳性—二元阳性—三元阳性—全息"所表示的量子元分别对应阳性区间与序列的逻辑量子态："感知与知觉极性（一元）—行动性状态（二元）—求知精神（三元）—全息态（终极）"。于是，整个八卦图和全息逻辑的对应关系终于在此建构完成，从整个图型中我们还可以看出，"三生万物"的阳性序列和阴性序列正如我们的 DNA 分子那样是双线合抱而成，并形成"环形"关系与状态，而这种环形关系与状态也是意识单位在进一步演化各个层级与实相的时候所必然呈现的各层级演绎关系；另一方面，从图中我们还可以看出"三生万物"的另一个衍生推论，那就是意识单位在层级与层级之间进行行动与演化的时候绝不是任意地无规律呈现，而是必然根据"由阴而阳，从一至三"的逻辑元推演而成，亦即"阴阳三行"的全息推演与演绎方式。此外，从图中也可以得出，意识单位之所以必然呈现出八个基本量子态而不是其他数目，是因为根据数学的排列组合运算关系，每个量子元中的三个量子位，每一个量子位都只有隐与显两种变化，所以如此排列下来便有 2 的 3 次方数目的变化，亦即 8 种变化——于是，这样各元素便完美对应了，而且基本量子态阴性区间与阳性区间必然各自平分为 4 个量子态组成的序列。最后，在这里还要补充的是，从逻辑量子数的角度，"全息态"的逻辑量子数表现为"6"，它是意识单位的圆满状态的表现，于是我们又可以称此逻辑状态为"六度"，从本质上来说，根据合一律，它是由阴性三元和阳性三元合抱而生的意识单位的终极合一状态，六度中的"六"便是如此而来的。

于是，我们再一次得到了由中国著名思想家黎鸣先生所提出的"易大象"口诀：无极而太极，太极而阴阳，阴阳而三行，三行而六度，六度而自然。

2.3 从八卦到六十四卦：宇宙全息实相的"元创世"地图

当我们了解八卦图中各量子元的建构与"三生万物"的对应关系后，下边便让我们进入更精彩的多次元全息实相的层级演绎中。

我们知道，在全息逻辑里，实相的"层级"是由意识单位在各个不同的真理尺度之（受限的）创造频率中所进行的多次元行动而生成的结果，而在"三生万物"的演绎中，这种受限的创造即表现为不同的"逻辑元"，具体来说是不同的阴阳属性的逻辑元演绎，而在八卦图中这种"逻辑元"即对应从无极到全息、从一元到三元、从阴性区间到阳性区间的各个量子单元，即量子元，所以我们便有了对全息实相进行层级演绎的运算方式与图型法。其中的运算方式表达为：层级之内蕴含不同次元（即格局），格局之间的演化必然遵循"道生一，一生二，二生三，三生万物"或者"无极而太极，太极而阴阳，阴阳而三行，三行而六度，六度而自然"的逻辑元的串联蕴含递增的序列方式；而用八卦图的图型法来表达，便是我们可以称之为"量子元的叠加"方式了。那么，量子元是如何叠加的呢？我们以图 18 为例来进行说明。

图 18　量子元的叠加

在图 18 中，黑色部分所标示的量子元是"阳性二元"，灰色部分所标示的量子元即为"阴性二元"，它所表达的次元含义是：在"阳性二元主格局"之下的"阴性二元次格局"。笔者把这种在八卦图的全息图型法中进行量子元叠加后所形成的多次元层级化图型叫作"格局单元"，而把其中作为基底层级的量子元称为"主格局"或"主层级"（图中黑色部分），它在图型展示中将朝向并相对靠近中心；其中作为相对下一层级演绎的量子元称为"次格局"或"次层级"（图中灰色部分），它在图型展示中将相对远离中心。主格局与次格局表达的是一种在演绎中的相对含义，并不表示特定的具体次元，它们只会在对特定格局单元进行说明的时候被运用到。当然了，次格局并不是只有一层，实际上根据合一律，次格局可以有无数层，不过无论多少数目的次格局都要划归为八大基本量子元来表达与演绎，无一例外。而当我们在指代特定的多次元格局的时候，除了用"格局单元"来表达其基本属性外，还可以用"分格局"的概念来表达其在特定的上层格局之下的蕴含附属关系。因而，对上边的图 18 所表达的格局单元，我们又可以说它是在阳性二元主格局之下的阴性二元分格局；而这种对量子元进行一次叠加后所形成的格局单元，又可以称为二重量子元。同理还有三重量子元、四重量子元等，它们所表达的是层级创造的多次元密度和丰富程度。不过，如果仅就表征一个元始的全息宇宙实相结构而言，二重量子元叠加也便足够了。

而当我们知道基本的量子元叠加方式与相关概念后，对各个主格局进行一次"阴阳三行六度"全息叠加后，根据所形成的二重量子元集合的图型便可以得到我们过去称为"六十四卦"的图型，其表达如图 19 所示。

在图 19 中，环形序列的中间部分是各个主格局从基本量子元的阴性区间到阳性区间分别进行叠加的依次展示。之所以是"64"卦，是因为：八大主格局和所有八大基本量子元分别进行叠加所形成的二重量子元的数目总和为 64，即"8 × 8=64"。

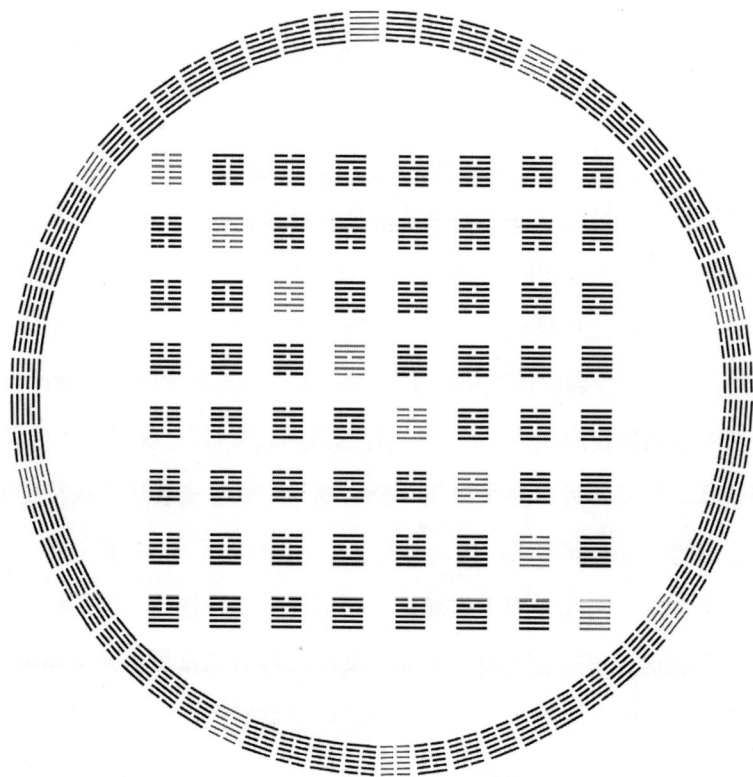

图 19　二重量子元之"六十四卦"

　　如果我们拿出其中一个主格局的由 8 个二重量子元所组成的序列来看，其中由低格局到高格局的排列顺序即为：在主格局之下的次格局的由基本量子元的"阴性区间到阳性区间"进行排列所形成的序列。在这里为何是"先阴后阳"呢？那是由阴阳的第一层和第三层含义所决定的：阴阳的第一层含义（隐性和显性），充分地表达出实相创造的先对无限可能性进行孕育而后再进行实在性演绎的前后逻辑；阴阳的第三层含义，即本体状态与行动状态，又从次元创造行动的角度展示出：任何层级的演绎必然先有稳定性与蕴含可能性的（阴性）本体态，其次再形成遂行其上的（阳性）行动态的先后逻辑——这里的两种先后逻辑是一种全息化的创造性之"先后"而不是一种时间意义上的前后顺序。而在这里我们也可以非常明晰地看出两个主格局之间可以形成极其丰富的多次元实相与分格局，而相邻的两个相同量子元重数的分格局之间也必然不是任意进行演化的，而是严格遵循"阴阳三行六度"的"三生万物"的全息演绎方式，这就为我们定位任何一种实相次元与意识层级提供了全息的图型法，而由此呈现的实相图型便是一种"全息实相图型"，宇宙中任何一种实相和意识都可以在其中找到其对应的格局单元。而且最美妙的是，只要定位任何一个格局单元，那么它所在的整个全息实相都能完整地环形演绎出来，这是一种非二元性自发性意识创造带给我们的无与伦比的礼物；这种环形的多次元意识方式也完全打破了过去的线性思维方式，我们可以看到这两者完全不在同一维度上。图20便是对前边提到的各个主格局从阴性到阳性的二重量子元序列的展示与说明。

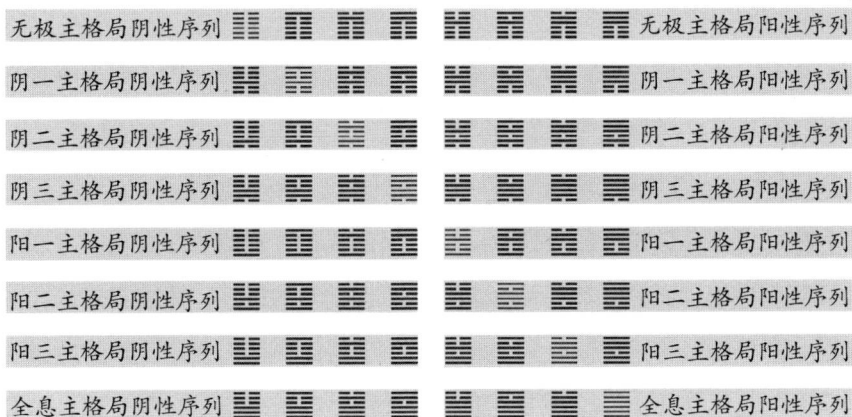

无极主格局阴性序列　　　　　　　　　　无极主格局阳性序列
阴一主格局阴性序列　　　　　　　　　　阴一主格局阳性序列
阴二主格局阴性序列　　　　　　　　　　阴二主格局阳性序列
阴三主格局阴性序列　　　　　　　　　　阴三主格局阳性序列
阳一主格局阴性序列　　　　　　　　　　阳一主格局阳性序列
阳二主格局阴性序列　　　　　　　　　　阳二主格局阳性序列
阳三主格局阴性序列　　　　　　　　　　阳三主格局阳性序列
全息主格局阴性序列　　　　　　　　　　全息主格局阳性序列

图20 "六十四卦"各主格局序列说明

2.4 论未来性实相的数学表达：全息数学初始演绎

当知道了未来性实相亦即全息实相各个层级与次元的演绎与运算方式，并且可以定位各个格局单元的时候，我们便可以用数学方式来进行表达了。在这里笔者用英文单词 main（主要的）首字母（大写）M 代表主格局的函数标志，用英文单词 subordinate（次要的）首字母（大写）S 代表次格局的函数标志；此外，通过"1 与 1'，2 与 2'，3 与 3'"表示逻辑元所在的阳性与阴性及其逻辑量子数，而其中对于无极层级表达为 0，全息层级表达为 6。这样的话，如果要表达图 18 所对应的格局单元，便可表示为 M(2)S(2')；如果在此基础上还有第三重量子元（比如阳性三元）和第四重量子元（比如阴性一元），便可进一步表达为 M(2)S(2')(3)(1')——这样便可用数学符号的方式非常简洁地定位与表达特定格局单元的各重层级与相对位置了。

相对于二重量子元形成的 64 卦，同理可以得到三重量子元可形成 8 的三次方即 512 个格局单元，N 重量子元即对应 8 的 N 次方个格局单元，并代表相应的层级密度。

于是，在这里，当我们了解完整个八卦图的全息演绎后，如果有什么启发，下边这个当为其中最重要的启示之一：

"从此，一种全新的数学诞生了。"

它已经不是像过去的理性数学那样完全依赖客观的感性直观的方式进行运算与推理，而是必然要结合主观的意识觉知的讯息，才能在多次元的推演中定位特定格局并演化与之相关的上下层级，因而在这种新的数学当中，各个数字所代表的含义及其起源方式已经从根本上与过去不同，尤其是从 0 到 6 的各个数字将必然代表一种意识的（非二元性的）感知层级与知觉频率，不再是一种可以任意分割的"客观数字"。所以，这种全新的数学必然要求主观与客观合一、意识感知与理性运算合一，于是它可以叫作——"全息数学"，抑或是（在印度学说的语境中的）"灵性数学"。

最后，想必在此，我们已经无须再用太多笔墨来解释为何"八卦图"可以被称为神圣几何的"王冠"，因为只有它才能带我们进入整个的"三生万物"全息逻辑演绎亦即第一哲学的命运演历中，或者说带我们进入由完整的多次元实相所形成的壮观的全息实相中。

2.5 论"元创世"自我展开的全息宇宙结构：维度数学

笔者在这一节想要为大家进一步展示的是，"三元拓扑"基本结构中的"一二三"的先天程序是如何在这个"六十四卦图"所表征的宇宙的全息实相结构中贯彻到底，以让大家更深入地了解"元创世"作为"三生万物"的三元论体系的真正直观奥秘。在这个直观奥秘的全息数学运演中，全息数学将首先展现为一种以维度为单位来构建全息宇宙实相结构的"维度数学"的性质。

首先，我们来看一看"先天八卦图"中的任意一个卦象，比如说巽卦（如图 21 所示），它用全息逻辑的术语可以表达为宇宙演化的逻辑量子单元，简称"量子元"，它代表了"合一律"所承载的宇宙构成基本材料——"意识单位"的所有基础要素，亦即阴、阳和原；而换一个角度来讲，一个逻辑量子元也可以代表生命演化的直观单位"三元拓扑"的"三元结构体"之构造。于是，我们能够非常显著地观察到，这样一个量子元的图型结构事实上十分清晰地反映了"三元拓扑"的整个构造思想：阴阳在两端互耦分离形成"鸿沟"，而后更高维的"原性"降临插入进来，填补了"中间位置"这段"鸿沟"——一个"三元拓扑"的"三元结构体"便于此形成。在这里，我们已然知道，当"三元拓扑"的"阴阳原"要素在表达一个"三元结构体"的体性的时候，"阴阳原"三个位置代表的"逻辑量子数"是严格按照"合一律"中的逻辑内涵推演而来的，亦即"-1，+1，2"，其分别读作"阴一，阳一，原二"。那么，将它们的"数值"在各个位置的"显与隐"进行完全的排列组合并在八卦图中合成在一起，我们就拥有了 2×2×2=8 个全息的量子元：无极、阴性一元、阴性二元、阴性三元；阳性一元、阳性二元、阳性三元、全息（六度）。于是，以这样一种直观的角度，我们便可了解"三元拓扑"的"阴阳原"在体性上的互相谐同以达成"三生万物"的全部生命演化的 8 个三维分层的量子元状态。

图 21　巽卦的量子元示例

　　其次，当 8 个基本量子元进行两两叠加，亦即双重叠加以表达并展开整个宇宙创世的结构之地图的时候，"阴阳原"就要开始成为一种线性演化递增的法则来进行建构了。具体来说，8 个基本量子元首先会在这个展开过程里根据阴阳次序与周期的不同，排列为阴性序列（无极、阴性一元、阴性二元、阴性三元）以及阳性序列（阳性一元、阳性二元、阳性三元、全息），两者合成为一个小周期，即 8 个阶层单元的小周期。那么，当宇宙结构从大的基本逻辑维度，比如二元性维度向着更高的三元性维度演化的时候，二元性维度的阴阳两个量子元分支，即阴性二元和阳性二元，就会分别跟阴性序列与阳性序列进行叠加结合而各自构成一个 8 单元小周期，由此我们就得到了以阴性二元作为主层级的 8 单元小周期和以阳性二元作为主层级的 8 单元小周期，它们全都是"主层级 + 次层级"的双重量子元，又叫作宇宙演化的量子结构单元，简称"结构单元"。这个时候，我们把阴性二元的 8 阶小周期与阳性二元的 8 阶小周期按照大的阴阳周期次序前后结合在一起，就得到了一个完整的从二元性到三元性进行演化的由

8×2=16个结构单元组成的大周期了。在这个大周期里，包含着从阴性二元到阳性二元的两个8单元小周期，而在每个小周期里又分为阴性序列和阳性序列的两个"半周期"。那么，到现在为止，我们便得到了几个维度化的数字，分别是：大周期，16个结构单元；小周期，8个结构单元；半周期，4个结构单元（如图22所示）。

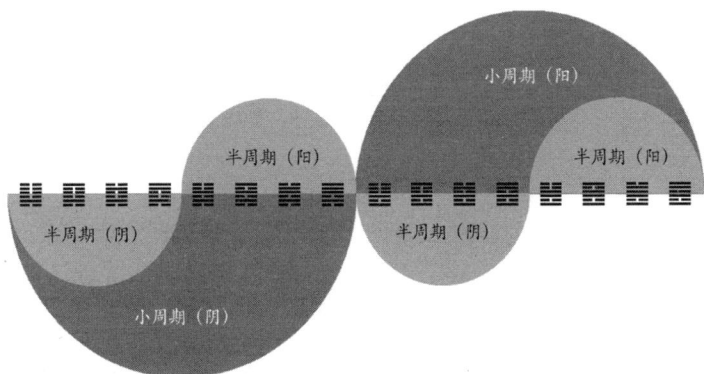

图22 大全息图之16单元大周期

然而，在实际的生命进化实践的时候，这个结构的内涵又将进一步进行简化，怎样简化呢？从生命直观的角度，即以生命存有的感官材料出发，抑或更放开些说，从以生命体直接居住其中的次元结构作为"显性的主结构"这个角度来看，宇宙创世结构的每个周期中蕴含的结构单元的数字将发生变化。这就涉及"先天八卦图"中8个基本量子元之意义的表达了。从一元到三元我们好理解，无论是阴性一元、阴性二元、阴性三元还是阳性一元、阳性二元、阳性三元，我们都可以很明确地知道它们必然代表不同的生命体感知材料所对应的层次。但是，"无极和全息"这两个量子元的内涵却有所不同，当它们作为次层级量子元跟主层级量子元进行叠加的时候，表达的实相内涵分别是：无极——孕育而内联的"0"；全息——圆满而外联的"0"。由于它们是"道"的阴阳两分支,因而在很多时候都是等价的。于是,当它们作为分层级量子元和各个主层级量子元进行叠加之时,其表达的实际宇宙结构的意义,代表的就是各个小周期与大周期之间进行衔接与过渡的"接口"、"桥梁"、"界面"与"交叠过渡区"——从而并不是生命体与灵性存有直接居住并演化其中的实际频率和次元,而是一种重要的孕育区与过渡区。所以,在直接表达以生命体为中心之进化阶梯地图的宇宙创世结构的时候,我们就可以将"无极"和"全息"作为分层级量子元叠加的结构单元进行省略,于是我们便得到了一组新的维度化数字:大周期,12个结构单元;小周期,6个结构单元;半周期,3个结构单元。那么,我们会发现这是一组相当齐整的"一二三"三元递增的数字序列(如图23所示),再一次,在其中的每一个半周期的"一二三"递增结构实际上就是"元始三元拓扑"的"阴阳原"线性展开的结果。在这里,"一二三"就是"阴阳原"的直接投射。

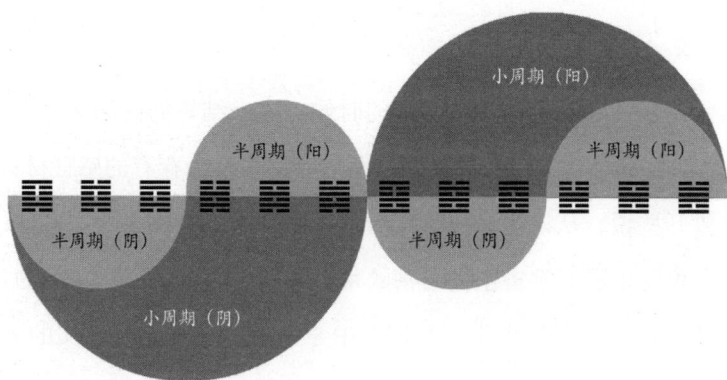

图 23　小全息图之 12 单元大周期

在此,我们终于得到了维度数学中极重要的数字"12",它代表的是以生命体为逻辑中心的先天维度演化的完整大周期,它是一个极具灵性甚至神秘的数字，因为我们在诸多古老的宗教典籍、神秘主义档案与著名灵性信息中都可以发现与之相关的神秘描述，例如：在非线性领域知名作品《神之简史》中，"神"将自己分为12个部分分别进行演化与扩展，中国的易经周期分为十天干十二地支，古希腊神话中的不可变更的主神数量为12，传承自古埃及占星学的黄道十二宫体系，耶稣基督的12门徒，甚至我们人类日常的每一天是 12×2=24 小时，一年12个月份，西方的12星座，东方的12生肖……所有这些关于"12"的数字都不是全然人为设定的结果，而必然具有与生命演化大周期相谐同的灵性意义与先天诠释。当代英国知名非二元性作家与精神导师盖伊·尼德勒（Guy Steven Needler）在他的著名作品《神之简史》（*The History of God*）中更是直接接收并传导了"一切万有"（All there is）关于完整宇宙结构的讯息与知识，在这个知识中整体宇宙结构正是以"12"作为大周期基础来进行建构与展开的——从实质上，它和"三生万物"的灵性创世演绎生成的全息宇宙结构便是互相等价的关系。

接下来，我们便参照盖伊·尼德勒的《神之简史》，为大家完整地总结与解析一番全息的多次元宇宙结构（multiverse）[①]。

首先，由"道"的阴阳分支：六度与无极层级所生成的12个结构单元，叫作"全维度"，因为六度及其等价的"无极"层级已经完全超越了矛盾律与相对性，所以这12个结构单元是互相平等的层次，从而分层级量子元叠加的阴阳序列阶梯所带来的影响意见降到最低点；六度层级的"全维度"（full dimension），也是佛学所说的"如来藏"与"阿赖耶识"所在的逻辑层次。

---

① Guy Steven Needler. The History of God.［M］.Huntsville: Ozark Mountain Publishing，2011: 69–73.

其次，每一个六度层级的"全维度"（full dimension）之下都各自拥有一个"一元二元三元"的基本逻辑维度演化系列，这个三度音阶（tritaves）的维度结构又可以叫作子维度（subdimension）；在这个"三度音阶"系列之下，每一度"音阶"的演化都分为 12 个结构单元，它们统一叫作生命体自我演化居于其中的"频率"；那么，每一个"全维度"（full dimension）之下就拥有 12×3=36 个频率，而 12 个全维度合起来就包含 12×12×3=432 个频率。

最后，根据盖伊·尼德勒的《神之简史》所传达的知识，接下来的结构就已经完全进入"神性"的领域了。在六度层级（第三尺度）的"全维度"（full dimension）之上还拥有 12 个"神性区域"（zones），它们全然是全维度的进阶结构，可以看作生命进化为完全的"神性创造者"——"神性本源"（Source entity）之前的预备区域，实际上对于生命存有来说，"神性本源"（Source entity）和终极源头（Origin）之间的所有差异已经完全消弭了。每一个"神性区域"（zones）都拥有 12 个全维度，"神性区域"（zones）和全维度之间的差异仅仅在于体量（size）而不在于本质。

综上，我们最终得到了自身所在的全息多次元宇宙（multiverse）的全部结构和维度数学，即 12×12×12×3=5184 个频率与维度层。所以，我们就可以把完整的"六十四卦图"称为宇宙创世结构的大全息图，简称"大全息图"（如图 24）；而把以"12"为大周期单位的"四十八卦图"简化版称为宇宙创世结构的小全息图，简称"小全息图"（如图 25）。我们会发现，无论是哪一个结构图，"三元拓扑"的"阴阳原"三元组合都是贯穿始终的，不愧为老子所说的真理演绎本质：三生万物。至今犹叹。

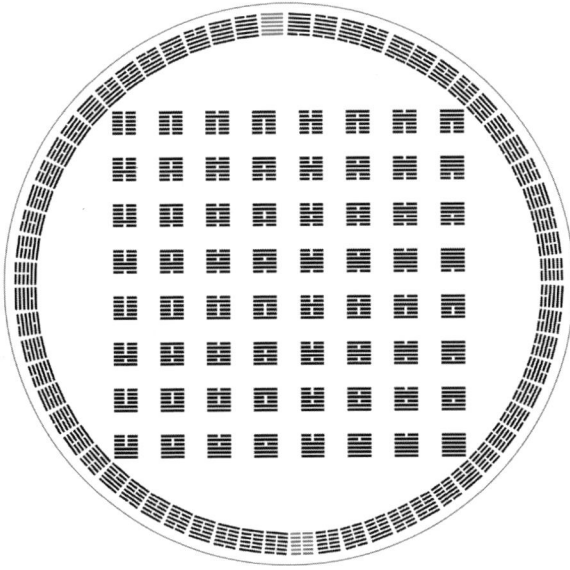

图 24　六十四卦大全息图

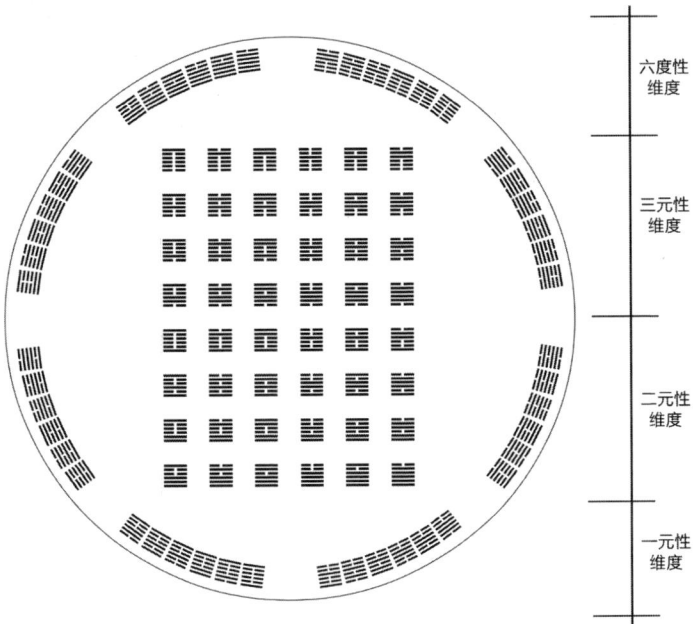

六度性
维度

三元性
维度

二元性
维度

一元性
维度

图 25　四十八卦小全息图

第 3 节
人类文明的未来性实相：论当今人类所在的 12 频率层

3.1 第一尺度的实相分层：论"夸克"之上的 6 层感知结构之全息构成

我们终于来到了一个让所有人都非常关注的主题：当今人类文明的意识水平在整个多次元宇宙结构中的位置究竟在哪里？若是大家熟悉了前边所讲述的全息宇宙结构，那么，我们从粗略意义上回答这个问题并不困难，然而，若要从精致意义的角度来阐释它就没那么容易了。如果按照生命的生长周期来比喻，人类文明的意识水平其实还远远未走出宇宙文明发展的"童年时代"，正因如此，如今沾沾自喜的人类所谓"现代文明"是如此"幼稚"，以至于它根本就未触碰到进入宇宙文明的主流"成人社会"的门槛，即有意识地进入第二尺度以上、以"谐同律"作为主导运行法则之共生宇宙的文明"成人门槛"。其实，得到这样一个结论的根据非常简单：如果宇宙的主体法则是"合一律"，那么，打破矛盾律和相对性的非二元意识文明才是奉行"合一律"的宇宙主流文明，其余皆为支干和边缘文明。人类啊，真不知你们现今越来越频繁地显露出作为"地球之主"甚至"可见的时空宇宙之主"的至尊傲慢究竟从何谈起？而且，人类更应该感到羞愧的是，人类即便在二元性维度的 12 频率层的发展水平中也还只是处于中游位置。看到这个结论，不知大家会感到惊讶吗？

那么，为了进一步让所有人了解这个问题的本质，接下来，我们就要从相对"精致意义"的思想视角来阐析一番人类所在（第一尺度到第二尺度之）二元性维度的 12 频率层，若使用直观水平或意识水平的术语，也即二元性维度的 12 感知频率层，它们共同构成并代表了一个具体的感知频率层。当然，如果要做一个对比，这里的 12 感知频率层才是根据超对称数学运算生成之超弦理论 11 维度在真理（即宇宙实质）中的总来源，因为这里的 12 感知频率层是实实在在地运用"对称天性"的意识先天结构——"三元拓扑"推演而出的架构，而不是在超弦理论之超对称数学递归方式的无意识地调用对称本能的状态中所得到的结果。

如第 272 页图 23 所示，人类所在二元性维度在"四十八卦"的"小全息图"中，在阴性二元和阳性二元作为主格局的各自分区下，分为两个 6 单元小周期，而每个小周期的结构单元又各自三个一组结合在一起总共形成 4 个 3 单元"半周期"。对于每一个结构单元的表达和称谓，按照全息数学的表达方式，应该以 M(2')S(1')（代表阴性二元主格局之下阴性一元次格局）这样表达，为了简洁，我们可以将其简称为："阴二阴一"，在这样的数学格式中，前者（阴二）代表主层级，后者（阴一）代表次层级。

事实上，我们对二元性维度的 12 感知频率层的前 6 层并不陌生，从低到高排列，它们分别是：

M(2')S(1') 阴二阴一：一维空间；

M(2')S(2') 阴二阴二：二维空间；

M(2')S(3') 阴二阴三：三维空间；

M(2')S(1) 阴二阳一：时间层或时空感觉基调层；

M(2')S(2) 阴二阳二：亚原子层或概念层；

M(2')S(3) 阴二阳三：夸克层或知性层。

以"三元拓扑"对二元性维度前 6 频率层，亦即"夸克之上的 6 层"做说明：

对于二元性前 3 层来说，亦即第一尺度前 3 层，作为人类天生自带的外感官能力，我们可以很清楚地认识到：三维空间必然蕴含二维空间和一维空间，正如根据"合一律"，"原性"必然蕴含"阳性"与"阴性"，这是对"三元拓扑"的"阴阳原"最直白的排列与呈现，我们也同时可知，它们是"打包在一起"的三阶"半周期"。

对于二元性维度第 4 层，亦即第一尺度第 4 层，我们通常理解为"时间层"，然而，从"三元拓扑"的角度来说，时间与空间的关系却并不是人类过去所理解的那样简单。英国物理学家霍金在思考时空关系的时候曾经做过这样一个设想和比喻：时间就是空间乘以虚数 i，也就是说时间就是空间的虚数化，就好像空间的无限内卷而造成了时间似的。由此可见物理学界对时空关系的纠结状况，但他们至少表明了一个态度：时间拥有比空间更复杂的感知层次。从"三元拓扑"的角度，"时间层"当然是"穿透"它与空间维度之间的"鸿沟"然后才与空间结合在一起被人们一体感知的层次，亦即"时空连续体"。在本书的第四章详细阐述过"时间之矢"的奥秘对世界认知连续性的影响，事实上，准确来说是"时间之矢"穿透了空间的缝隙并与空间形成"拓扑"，从而让人们在现实生活中感觉时间与空间还是"结合"在一起的统一体。从"元创世"中我们可以得知："时间之矢"之所以"义无反顾"地单向向前流动，正是因为它蕴含了创造性行动的本源投射，宇宙的创世主角是创造行动，因而作为其投影的"时间"就一定要保持"永恒之新"的持续向前流动更新状态——这就是"时间之矢"的内在奥秘。从"三元拓扑"的逻辑中我们也可以知道，与空间绝对分离的单一时间是不存在的，时间总是包含空间的内蕴，因此，由"拓扑"形成的"时间层"用更准确的说法应该叫作时间与空间感觉基调层，它们（时间与空间）共同结合成人类外感官的"先天形式"（感觉基调）——正如康德所总结的那样。于是，人类在这里形成了一个对于二元性前 4 频率层的整体认识，对此，我们从针对相对论时空观设计的时空坐标系（即闵可夫斯基坐标系）中可以形象地体会到时空的整体关系（如第 195 页图 12）。以前，在牛顿力学亦即经典力学主导物理世界观的情况下，空间与时间是不可以出现在同一个连续性坐标系中的，因为它们被认为是独立分离且互不影响的存在，而经过前边的阐述，我们会发现"相对论"时空观还是比经典力学时空观更"进步"一点点的，虽然这样的进步依旧很"原始"。

对于二元性第 5 层，也即第一尺度第 5 层，亦即"亚原子层"，我们同样可以在量子力学对于微观领域的描述中进行了解。实际上，人类在日常状况下，凭借肉眼观察是无法发现"亚原子层"的，必须想方设法透过精密仪器的感官加成才能"观察"到它。关于"亚原子层"，物理学家们突然发现：由于它的尺寸（比如说电子）如此之微小，而且运动速率无限接近光速，因此在宏观时空中的物理学定律已然开始对其失去主导效力了，因而"电子"的行为或者说（电子云）事件切切实实开始表现出超脱时间与空间的直观特质来。就这一点而言，本书已经在前边的第四章中详细论述了人类从本质上是如何在时空中直观一个对象并凝结（时空片段）而成为一个概念的，那么，从"三元拓扑"的角度，一个（关于对象的）概念就是凝固一段时间和一片空间的"拓扑"；而"亚原子层"的一个"电子"的行为表现也同样如此，物理学中对一个电子的行动轨迹之描述已经无法完成空间上的精确感，而只能用"电子云"的事件性来模拟它在不同区域中出现的"概率"，就好像一个电子把一片空间区域"固定"在一个"云团"里一样；此外，亚原子粒子还呈现出"波粒二象性"的特性，也就是说一个电子除了作为一个粒子形成"云团"来凝固一片空间之外，它也能神奇般地转化为"波"的状态，并通过其波动"周期"来凝固一段时间——这不就是人类对一种"概念"的直观过程么？

事实上，物理学界和哲学思想在亚原子层和概念的互通性这一点上，曾破天荒地达成了一次默契和"共识"。1927 年，在号称史上最牛物理盛会的索尔维会议上，与会的物理学大师们一致同意将海森堡提出的"不确定性原理"和波尔提出的"互补原理"共同列为量子力学基本原理，而不确定性原理讲的就是亚原子粒子在空间上的位置和时间上的速度无法同时被精确测量到，亦即空间和时间的"错位超脱性"，但是，这种错位感又同时可以在"互补原理"那里结合在一起，亦即把错位的空间和时间信息互补一下，共同凝结成归属于同一个粒子概念的一体化物理性状——用"三元拓扑"的视角来通观这一切，大家难道不觉得真理总是如此"巧合"么？因此，对于二元性第5层，我们可以在"三元拓扑"的视野里知晓：亚原子粒子和概念直观是同一回事，于是这一感知频率层也便统称为"亚原子层或概念层"。顺带说一句，在前边第四章的内容中已经阐明，这一层及其之下的频率层结合在一起所包含的感知内容，就是所谓的"时空连续体"。

对于二元性第6层，也即第一尺度第6层，亦即"夸克层或知性层"，其实我们也可以把它理解为人类的科学边界层或理智极限层。为什么这样说呢？因为从全息逻辑的角度来看，"夸克"实际上是代表人类以科学理性的方式对宇宙基本材料亦即基本粒子的极限概念设想和感知探索，这一系列极限概念设想还包括被喻为"上帝粒子"的希格斯玻色子以及"天使粒子"的马约拉纳费米子，这些"奇迹粒子"和"夸克"一样都呈现出一种不能直接被观测到或分离出来，而只能通过一系列概念模型对其进行间接套用和模拟的情景。"夸克们"的完备性状到底是个什么样子？人类恐怕永远无法在时空中"看到"它们，而只能使用自己的知性能力对其进行概念构想或模型预设，并寄希望于人类科学仪器的技术进展以观测到它们对四周进行影响的痕迹或效应，然后对比概念构想或模型假设来"匹配"其实在性——这就是霍金在他的《大设计》中所说的：依据模型的实在性。在这里，我们在宏观的日常生活中体验到的对物质感受的客观实在性或唯一确定性就已经完全失去其线性法则效力，我们会发现人类使用自己的知性能力对其构想的各种千奇百怪的理论模型，远远比"夸克们"的实在性状更具有显性而"鲜活"的存在效应。

那么，从"三元拓扑"的角度，"夸克层或知性层"又是怎样经由下一层，亦即第 5 层的感官材料形成鸿沟而后"拓扑"生成的呢？其实答案非常简单，我们每个人都能体会得到，当我们直观一个对象并形成自己关于它的概念之后，它的普遍的现实真假性就会成为其后的"鸿沟"要素。比如说，假设你看到了一条"龙"，并且经过你的观察在心中确定了一个自己定义的关于"龙"的意象和概念，然而，你认为自己看到了一条"真的"龙，跟所有人都认同那是真的"龙"，同样的定义之间的"鸿沟"可大了去了，别人会认为你看到的是一条飘在远处的风筝或是一架长条形的飞行器。于是，同一概念在不同人心中的不一致性便全都涌现出来——你会发现证明你直观到的对象或概念的真实性真是一件不容易的事，也就是说在你的观念中，整个时空连续体因为某一个地方的"真实性或实在性"出现了"鸿沟"以致不连续了；而且，概念或对象越复杂，这种要求"普遍真实性"形成的"鸿沟"就越大，例如像民族、国家、法律这样的天然的公共概念，更是如此；更糟糕的情况，围绕那些和"人"自身相关的概念而形成的普遍真实之"鸿沟"简直就大到"惨不忍睹"的地步，譬如你直观到了一个"正直的人"并形成了心中的概念，然而对于这个"正直的人"的现实真假性，你会在不同"朋友"那里听到截然不同的意见，这便是著名的"罗生门"效应。

那么，二元性维度第 5 频率层的感官材料形成的"鸿沟"总结起来就是：个人在"概念"中凝固的一段时空所带来的确定性与稳定性之"期望"，与人们要求在"普遍的时空"中对其现实真假性认同的"结果"之间形成了"鸿沟"，这个时候，更高维的（第 6 层）"知性"就将穿透这个"鸿沟"而降临下来，这时我们会使用知性能力对概念下一个倾向于普遍性的定义（命题）或者作出一个倾向于普遍真实性的"判断"，以此构造出一个"模型"来把"一段普遍的时空"装进来，从而填补在我们心中缺失的这一段时空连续体的"鸿沟"。从"三元拓扑"的直观本质上来说，知性干的就是这样的事情，而"夸克们"的直观表现也同样如此：物理学家们突然发现从原子、电子往下居然还可以继续分，从而，"世界的基本粒子"的实在性便立刻开始模糊而分裂起来，但是，在时空中又确实发现不了这些更小成分的精确性状，于是，物理学家们就构想出一个又一个"最小粒子"的神奇模型来填补心中真实性的"分裂感"。因此，"夸克"从实质上就是知性能力的模型投影，"夸克"在感知逻辑上等价于知性，毫无疑问。

阐述到了这里，"夸克"之上，亦即在夸克之"外"，比"夸克层"维度更低的二元性维度的 6 个感知频率层，从各层直观材料及其相互关系论述的角度上，就已经完成了。而人类的理性主义学术界能够积极"观察"到并形成相对完整的原理体系的边界，也完全止步于此。在"知性层"之上再继续生成的"鸿沟"就开始形成理性主义无法解释通透的"二元悖论"，从而逐渐成为西方哲学几百年以来的思想"噩梦"，而系统性地解决这些鸿沟和悖论也便成为西方哲学的"憧憬"。

于是，对人们来说极为"自然"甚至"全能"的知性又会形成怎样的"鸿沟"呢？首先让我们来看一个简单的例子，当你用知性作出了一个判断，定下了一个规则，好比说"天鹅都是白色的"这个命题，在你的信念系统中，实际上是指：你相信天鹅都是白色的，因此你会去调查世界上所有天鹅的种群以验证这个信念的真假，而你差点就完全成功了，因为在 17世纪大洋洲被发现以前，世界上各大洲的天鹅都是白色的，但是 17 世纪之后，人们在大洋洲真的发现了"黑色"的天鹅，亦即"黑天鹅"——知道这个事实之后，你长久以来形成的"白天鹅"的信念就开始崩塌了，这种单个知性判断的崩塌形成的"传导效应"实际上对人类的影响并不小，因为你会开始（无论多大程度地）怀疑自己过去经由各种知性判断所建立起来的世界观体系是不是也不那么"真实"——这就是二元性维度第 6 层所必然形成的知性"鸿沟"：人们作出知性判断而欲求其唯一客观真实性的期望，与它的指涉对象（验证真实性的对象）所呈现的"多样性"结果之间形成的"鸿沟"。

对于这样的"鸿沟"，人类过去的理性主义知识界是怎样处理的呢？对此，我们再来看一个更为典型的例子，譬如假设你心中作出了一个知性判断并引以为自身的信条：正义一定代表着财富的平等。接下来，你根据这个"信条"在全世界的国家中去验证其真理性，这时你会发现全世界大部分国家，即便号称是世界第一强国的美国，财富不平等、贫富差距加大的现象简直就是司空见惯，于是你的信念开始出现动摇，这时理性主义会告诉你：你需要修正你的知性判断之成立条件，也就是要去追溯一种更为适当的知性条件，比如你可以将自己的信条修正为：正义代表着社会效率增加条件下的财富平等。然后，你带着这个"修正的知性"再去验证其真理性，紧接着你又发现了新的问题：人们的贪婪似乎永无止境，社会效率到底应该增加到一个怎样的程度才能兼顾财富的平等呢？于是，根据这个情况，理性主义又会让你继续修正知性条件，例如在条件中增加一个社会财富总量的数额……类似这样的情况会一直叠加式继续，我们总会发现随着一个新的知性条件的建立，相对应的世界反馈又总有新的问题出现——现实是如此"流动"，"鸿沟"似乎永无休止，若对此更精练地逻辑化小结一番，那就是：因为时空中的自然因果性，知性一定会去追寻"自然的实在性"而不断向前追溯其条件和根据以达成客观确定性，但是，由"人与自然"共同构成的世界又总是会因其内在对自由因果性的要求而呈现出一种多样性反馈结果，这样的"鸿沟"或"悖论"就形成了一组哲学上著名的二律背反，亦即康德在《纯粹理性批判》中所总结的"自然与自由"的二律背反。

　　而在这样看起来像是"精神分裂"一般的二元思想悖论影响下，人类又是怎样保持世界状况的平衡与"统治"秩序的平稳运行的呢？为了填补这些"鸿沟"，理性主义"发明"了一种信仰，叫作"理念的信仰"或者说"理智的信仰"，比如对于前边这个例子，解决鸿沟的"钥匙"就在"正义"这个"理念"的"万能性催眠"之上，理性主义一定要让人们相信：正义作为一个理念，必定蕴含弥合任何"鸿沟"以让世界保持完备性和统一性的"真理力量"——这是一种万能的解药式力量，而人类的理智就被理性主义定义为：正是为了洞察并运用"万能理念"的法则而存在的心灵能力。所以请人们一定要相信：作为一种"真理"理念，正义必将实现，那些造成不平等、不平衡的"鸿沟"只是暂时的现象，人们一定要保持"正义必胜"的稳定的心灵预期——从而，世界的秩序就在这样一种针对不断增加的现实"鸿沟"进行"预期理念干涉"的动态平衡之中得以"稳定"下来——对此，我们可以如此清晰地感受到：这是一种多么脆弱的"稳定"。然而，事实上就连康德自己都承认，像"正义、平等、自由、德性"这类理念，在理性主义的世界观模型亦即"理性人模型"中，人类根本无法在时间与空间中积极直观到它们，而把握并通达它们的本体只是西方哲学的"憧憬"罢了；然而，康德又提倡：即便不能积极直观它们，但人们却需要相信它们在理智能力的规划中必定存在于一个"理知世界"的超越性空间里，而通过人类的理智能力能够感应到它们的超越性效力对意志的传导性影响，于是，"理智的信仰"便能够使用"超越性力量"，让"知性鸿沟"两端分离的自然的概念条件和自由的世界性状（出乎意料地）联结在一起而达成协调一致与完备统一性——这就是理智的"神奇魔力"。如果说我们还能把知性当成人类自带的并可以把握的直观能力，理智或理念能力就纯粹是一种"信仰"了；正因为理念世界本身无法被直观，从而二元性维度第6层亦即"夸克层或知性层"就成了理性主义的极限或者说科学的边界所在，因为它并没有在一个积极的直观中被"穿透"。

那么，从"三元拓扑"的角度来看，人类的直观又该怎样"穿透"夸克层或知性层呢？实际上，将"知性鸿沟"两端分离的概念条件和诸多世界性状联结在一起的感官层面确实存在，它就是二元性维度第7层，亦即"夸克"之下第1层，也即第二尺度第1层：吸引力海洋层。

3.2 从第二尺度到第三尺度：论"夸克"之下的6层感知结构之全息构成

当我们进入物理视角的"夸克"之下，亦即进入比"夸克"的尺度更精微的"夸克"的内面——比它更高维的二元性主格局的6个频率层（即第二尺度的6层实相）的时候，在全息宇宙结构的"小全息图"（如图26）中，实际上我们是在进入一个新的6单元"小周期"，亦即从第一尺度进入第二尺度的心智或实相周期：以阳性二元作为主格局的一个6单元小周期，而这个"小周期"跟阴性二元为主格局的上一个"小周期"的区别在哪里呢？它们最大的区别在于：在这个阳性小周期的频率层里，愈加朝向创造行动的心智行动及其直觉感受力将越来越显著地成为每一层感官材料的"主角"，正如阳性相对于阴性的主要内涵区别就在于阳性更直面创造性行动的本源，而阴性则相对较为内敛且更接近以本体态来（间接）表达创造性。当然，我们已经在"元创世"中了解了阴阳的四层完整内涵以及每一个内涵所处的逻辑情境，然而怎样在具体的实践场景中灵活运用它们却并不是一件简单的事情，这需要使用我们每一个人心灵深处天生具备的深沉感受力，而打开这些深沉感受力的心灵"开关"，本书已经强调和提醒过多次，就是要让心灵回归到灵性创世的"元叙事"的感觉基调上来，即用故事来打开世界或者说用故事中的全息基因来打开世界，如此才能更接近世界意识的本来面貌。而以阳性二元作为主格局的这第二尺度小周期的 6 个频率层也同样如此，我们需要更加开放地用"故事"的元视角来感受每一层的存在。科学和理性告诉我们，除了时间与空间形成的外感官经验之外，人类没有其他的直观能力。然而，从"三元拓扑"的直观本质来看这无疑是最大的谬论，事实上，我们每一个人都拥有足够的天赋来使用时间与空间之上的更多更高级的直观能力来看待世界与把握自己的人生，而且无需任何门槛，在每天的日常生活中我们就常常使用它们，只不过我们中的大多数人对此不那么"自知"罢了。

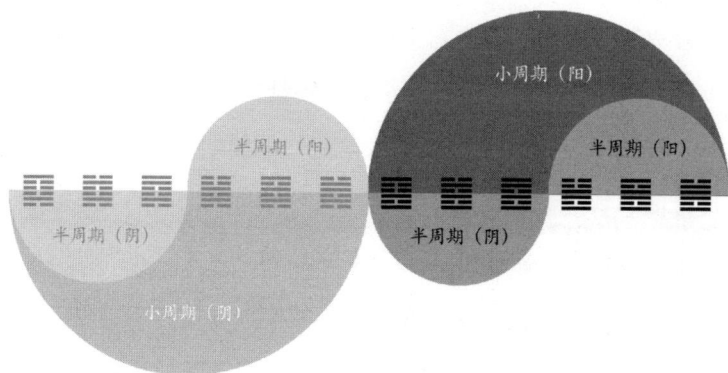

图 26　夸克之下的 6 层感知结构

笔者在这里先将夸克或知性层之下的 6 个频率层由低到高列举出来，然后我们从"三元拓扑"的视角一层一层地加以分析，最后再做一个每一层之间阴阳递增关系的小结，以让大家感受一番"阴阳原"或"一二三"的逻辑内涵相互关系是怎样运作的。

二元性维度的后 6 层，从低到高排列如下：

M(2)S(1') 阳二阴一：吸引力海洋层；

M(2)S(2') 阳二阴二：人格意图流层；

M(2)S(3') 阳二阴三：心智载波层；

M(2)S(1) 阳二阳一：内感官功能层；

M(2)S(2) 阳二阳二：全息天性拓扑层；

M(2)S(3) 阳二阳三：全息本体层。

对于夸克之下第 1 层，也即第二尺度第 1 层——吸引力海洋层，这一
层被直观触摸到的最关键"态度"就在于用"故事"所通达的本真信息态
之场域焦点来打开世界与人生。为什么这么说呢？我们已经知道在此之前
的二元性维度的第 6 频率层"夸克层或知性层"，它必然产生的"鸿沟"即
为：知性规则及其蕴含的基于自然因果性的概念条件所要求的唯一客观真
实性的"期望"，跟它指涉的事物所呈现出的自由因果性的"多样性"结
果之间形成的"鸿沟"。而要穿透并"弥合"这个"鸿沟"，就需要在（知
性规则之外的）离散的诸多事物的性状和知性的概念条件之间形成某种协
调一致的"吸引力"，在这种"吸引力"之下，人们能将离散的甚至矛盾
的性状和条件所组成的"判断"或"信念"和谐地容纳在共同的心灵直观
的意义空间里，从而达成秩序上的稳定性和心理上的完备性。这种神奇的
"谐同吸引力"能力在理性主义的传统体系中被归结为理性或理念的力量，
理性主义者认为理性能力天生就有达成完备性和统一性的"天性"；随着
学术的发展进入现代，荣格又发明了"集体潜意识"这个概念来容纳这个
能力，他认为集体潜意识是人类所共同拥有的人类精神之底层潜能，人们
在"表层意识"中的诸多不同行为和感受到的行动反馈，都能够在"集体
潜意识"中神奇地找到将它们互相联结与协调在一起的共通之集体联结点
和动机之源，他把这个集体联结点和动机之源叫作"原型"，而"原型"
最日常的承载方式恰恰就是神话、传说和故事。

我们可以从中知道什么呢？从"三元拓扑"的角度来看，这个神奇的

"谐同吸引力"的海洋一定能在直观中被我们感受到，只要我们转换一下打开世界和人生的"态度"，即真诚地把世界和人生当成一个"故事"。要知道，在任何一个故事中，不同角色、不同事物甚至不同的概念之间都拥有神奇的联结可能性，似乎只要产生某种合适的契机，它们就能奇妙地"碰撞"在一起，而我们的心灵对此也极为自然地接受，丝毫没有与"现实"不符的违和感；而且，在故事中，"自然和自由"亦完全可以谐同共存，也正因为它们共存，故事才会更加"有戏"。事实上，我们生活中的每一天都沐浴在这样的"吸引力海洋"之中，例如：我们与朋友的意外相逢；陌生人之间不知怎的就在一个契机和环境之下形成某种"默契感"；心中想着某个烦恼许久的问题，而忽然之间这个问题就在路边音像店外放的音乐中被唱了出来，并且歌词的内容居然给了你解决问题的"答案"或者直触核心的"灵感"……如果我们看待世界时是客观而理性的，那么我们就会用"巧合"、"偶然"或"概率"来解释这些现象，然而，若我们将世界和人生看成一个故事，那么我们就会开始觉察到这些"巧合"的发生绝不是因为偶然和概率性碰撞，而是因为我们的心灵欲求解决心中知性规则和世界的反馈的不一致的"鸿沟"烦恼，而自发地进行了"三元拓扑"的直观行动，因为"拓扑"的能量随之发生了作用，我们便得以直观到了这一个"吸引力海洋"，于是看似不可能的联结与神奇巧合也就随之进入了我们的意识知觉——我们的意识每一天都在时不时地和"吸引力海洋层"的感知层次进行接触和碰撞，亦即在时空内外穿来穿去，可惜的是，我们总是自觉或不自觉地忽略它。

事实上，儿童比成人更"清楚"这个世界的真实打开方式，孩子们将整个世界当成一个奇妙的童话故事，这对他们来说简直就是一种不言自明的事实，我们总是能看到孩子们和他们的玩具一同沉浸在想象力的故事天地中不可自拔，他们似乎经常在跟看不见的人或事物对话——不要怀疑，他们其实是在自然地使用更高层次的直观能力来获取高维的灵感和信息，从全息的视角，这种信息流通的"效率"可比在大人们那里高多了。为什么我们总是希望找寻失去的"童心"？为什么我们老是听见艺术家感叹：儿童的想象力是无限的？答案就在夸克之下的第一个感知层：吸引力海洋层。此外，科学家们过去认为那些亚原子粒子（比如电子）是在引力的作用下围绕着原子核旋转并且形成一圈一圈的"轨道"，而实际上它们出现在"吸引力海洋"中的"概率"要比在时空中大得多；正是在"吸引力海洋"的作用下，它们才会互相吸引在一个"区域"里并形成由轨迹概率点组成的"事件云团"，而这些"事件云团"正是它们在试图用一个故事的方式来传达从更深的心智层次传来的重要信息。除了科学领域之外，在现实生活的流行领域里也有一本风靡全世界的畅销书《秘密》（Secret），其主要内容描述的就是"吸引力海洋层"的溢出效应，书中还为此总结出了一个已成为流行语的法则——吸引力法则，由此可见它的普遍性能量密度。

既然这个"吸引力海洋层"在日常领域里发挥着如此重要的作用，那么这个"吸引力海洋"中的基本感官材料又该怎样描述呢？我们知道上一个感知频率层，亦即"夸克层或知性层"必然会形成的"鸿沟"是：人们对知性判断（命题或信念）的唯一客观真实性的期望，与它的指涉对象（验证真实性的对象）呈现的"多样性"结果之间形成的"鸿沟"。其中，知性判断、命题与信念，这三者是一种等价关系。于是，从"三元拓扑"的角度，从更高维的"吸引力海洋层"中穿透这个"鸿沟"而降临在直观里的心智信息，就会呈现为一种将"鸿沟"两边的知性信念和感性表象协调一致地吸引并联结在一个"框架"或"体性"之内的"信念丛"，我们可以把这个"信念丛"理解为"吸引力海洋"中不断出现并跟随洋流起落变动的"水流之团"。事实上，这个"信念丛"中的知性信念和感性（情感）

概念同样处于一种持续不断运动碰撞并形成诸多"事件"可能性的状态里，正如亚原子粒子（比如电子）的运动概率的轨迹形成的"电子云"一样，它总是会在一定的边界之内展开自己的行动，但又总是在和不同的粒子相互吸引纠缠形成诸多事件的可能性。从这个角度来说，"吸引力海洋"中的"信念丛"又可以称为"信念云丛"。这是一个极为自然和重要的感官状态，因为当我们的心灵转向"故事"或"审美"的频道的时候，故事中的角色和审美中的"对象"就会立刻开始脱离僵硬的客观存在状态，而变为一种对诸多心灵意图和情感格调具有强大吸引磁性的灵性存在——场域意识之"信念丛"。

对于夸克之下第 2 层，亦即第二尺度第 2 层——"人格意图流层"，可以这样说，"人格意图流层"及其形成的"鸿沟"所引起的"三元拓扑"直观单位，是最能够代表和呈现生命的非二元性感受能力的显著"标志物"，它完全就像吸引力海洋中的"分子结构"一样无时无刻不化身为一个个"个体单元"而被我们的直观所分辨出来，在艺术领域中的表现尤其如此，可以说人类的文化艺术就是围绕着"人格意图流"的直观分子结构而创造呈现出来的故事情境。而这个感知层次又是如何而来的呢？还是让我们回到它的"三元拓扑"的下层结构："吸引力海洋"中的"鸿沟"。

当我们了解"吸引力海洋"的内涵及其感官材料之后，它自我运行必然形成什么样的"鸿沟"也就非常容易得出了。通过对"知性层"的"自然与自由"鸿沟的解决，"吸引力海洋层"让我们第一次积极而非消极地直观到了心智行动的本然力量——"合一律"的法则开始占据主导地位的力量，由此，我们开始在围绕四周的"吸引力海洋"中感受到心智行动将不同知性信念和情感表象统合为"信念丛"的强大联结力量。而在此基础上，"吸引力海洋"中"信念丛"本身欲求保持同质吸引的一致性与整体格调走向的稳定性，然而，在吸引力海洋中的无限吸引碰撞的"涡流"作用下，

"信念丛"必然会对游弋在"海洋"中的相对异质的信念与情感产生多元可能之吸引，从而也让整体格调走向产生相应"偏调"，于是就产生了"预期和结果"之间的"鸿沟"。这时，为了填补这个鸿沟，天生具有承载多重信念内涵倾向之"天赋"的"人格意图流层"就从更高维度穿透这个鸿沟并降临下来，从而生成了一个完整的"三元拓扑"直观结构。

怎样理解"人格意图流层"的概念本身呢？说实话，作为一个生活在现实社会中的"人"，我们对此感受可谓尤深。因为，"人格意图流层"代表的就是一个具有灵性的真实的"人"所发出的具有态度倾向、内涵动向与情感指向的人格行动，为此弗洛伊德还专门发明了"潜意识"理论来对人格表面的"自我意识"进行补充，以说明这个作为"灵性存在者"的"人"之多重人格存在及其背后意图。事实上，在日常生活中我们如果和一个活生生的（而非机械的）人进行沟通与合作，比如我们的朋友、亲人、同事抑或情人，不正是要去体验他们的言语、行为、思虑除了表层的那个"字面"意思之外，也一定还有诸多的"言外之意"和潜在目的么？而与此类似的是，故事编剧中的角色设定及其剧本撰写更是从一个职业实践的角度体现了这个"人格意图流"的本然内涵，因为编剧除了创作剧情中"显性"的对话与角色行动之外，还需要撰写每一个角色行动背后的"潜文本"，亦即"潜台词"。比如对于同一个行动内容"晚上看球赛"，"人格"可以拥有以下的潜在态度或"潜台词"："我期待晚上将会看球赛""我记得晚上看过球赛了""晚上看球了吗？""晚上看球，嗯，这有什么关系呢？""我真希望晚上看球赛""我恐怕晚上看球了，那可真是晦气"……由此可见，作为一个灵性存在者，我们"人"的行动具有如此之多的潜在意图和情感倾向，以至于如果不把自身放在双方共同认可的"故事场景"亦即交流情境的"场域"中，大家互相之间甚至无法正常沟通和交谈。

那么，"人格意图流层"所代表的就是真正有灵性的人格体所发出的

"显性＋潜在"的多次元行动意图，而与"吸引力海洋层"有所不同的是，由于"人格意图流层"处于较高的感知频率层，因而它的行动与反馈频率会更为迅疾，在"合一律"的愈加显著的作用下，它就会呈现出一种谐同意识之对称变换的"流"的作用，亦即"意识流"或"意图流"；于是，与之相关的"期望与结果"形成"鸿沟"的过程也会更为快速和高频，甚至接近于"同时化"。如果一个人是一位优秀的鉴赏者，他或她在对一部小说、一首诗歌、一部电影、一首音乐进行欣赏的时候，甚至可以直接进入到这些作品的意图流"鸿沟"里去获得更高维的心智信息，而不会被表面的文字、画面或音符的感官材料所"拖累"。于是，在"人格意图流"层次中，心智人格试图释放出稳定平衡的整体性行动意图，但是由于其多重化的潜在行动意图可能性，外在环境相对于它作出的反馈行动就总会形成超过其意图边界的结果，意图流"鸿沟"由此形成；而穿透这个意图流"鸿沟"得到的高维信息，就是下一个感知频率层——"心智载波层"所投射的"高维心智波动"的意义与讯息了。于是，有灵性的人格意图及其反馈结果作为第一信息层的两点，再结合高维心智波动作为第二信息层的"顶点"，就构成了一个"三元拓扑"的直观单位，同时也展现出了前边所提到的"吸引力海洋"中的显性"分子结构"。

　　事实上，人类过去的理性学术界所总结的"审美"过程，就是集中于对这个意图流"分子结构"的由浅入深的观察、分辨与融入的过程，在前边第二章已经阐述过："三元拓扑"也是艺术活动亦即"美学"的基本单位，因而，在人类任何艺术活动与艺术形式中，都可以非常明显地找出这个意图流"分子结构"，越是需要在时间中呈现自身的艺术形式，例如音乐、电影、小说和诗歌，就越明显地在随时间展开的内容叙述中体现这个"分子结构"的结构特色，而像绘画、雕塑、平面设计等"瞬间艺术"则会在创作者与观众的"心理时间"或"心象空间"里体现出这个"分子结构"

的叙事特点。譬如我们在一部电影中两个对手戏角色（尤其是男女主角）一来一回的对话"交锋"中，在诗歌的意象转折的"成对"句式里，在表达一个最小的音乐乐思或意群的"对话式"乐句旋律里，都能发现这个"三元拓扑"的"分子结构"的存在，但是，人类过去的艺术理论从来没有完成过对它的思想解析。

对于夸克之下第3层，亦即第二尺度第3层——"心智载波层"，在前边提到：只要我们分辨出人格意图与反馈结果之间的"鸿沟"并穿透它，就一定可以积极而明白地感受到更高维的心智波动，而由这些高维心智波动所组成的频率层就是"心智载波层"。为何叫"心智载波"呢？"载波"这个词来源于物理学概念，它指的是一个特定频率的无线电波，亦即电磁波，这种电磁波就像一个承载诸多现实知觉素材的"聚合信息流"，当它被一台"信息解读装置"亦即调制解调器在频率、调幅或相位方面进行调制，就可以从中"解读"出来蕴含在信息流中的各种语言、音乐、图像或视频的知觉材料。比如我们的收音机就是一个典型的"载波信息解读装置"，只要我们把频率调准到载波所对应的"频率"，就可以接收到背后的节目内容。类似的"载波"概念逻辑也可以从可见光中找到，我们日常视觉接收到的光是一道白光，但是这道白光其实是由诸多其他光谱的诸多有色光聚合而成的，只要我们用"三棱镜"对准这道白光，就可以从中离散出各种颜色的有色光来。因此，当我们穿透意图流"鸿沟"的时候，实际上就是让心灵成为一个直观能力的"信息解读器"，从而能够直接接收和洞察"心智载波"中的讯息和意义。同时，经由这个形象化的逻辑过程我们也可以看出，"人格意图流层"中的多重可能的人格意图及其相应的行动反馈所形成的感官材料，就像光谱中的各种色光一样被浓缩聚合在"心智载波"里。当然，反过来说也十分适当，若从高维到低维"自上而下"来看，"人格意图流层"中的多重行动意图与相关反馈正是从"心智载波"

中衍生出来的知觉材料，因此只要洞察"心智载波"中的心智波动，就能完全把握灵性人格的行动演化方式。

那么，与"人格意图流层"不同的是，"心智载波层"的"主角"就完全是一种超越第一尺度之非线性、非二元的心智，而不是一种本体化的人格角色或意识了。从"元创世"中可以得出，这种非二元性心智就是创造行动的投射，因此，它一旦在实相次元中产生，就无时无刻不在进行维度间的开拓运动与面向更大创造性次元的进化成长，因而把它称为生命的心智洪流或者"心流"也是完全合适的。这个频率层的"心智洪流"有一个极其重要的特点：既然它是非二元的心智，那么它必定拥有一种生命原精神或元天性作为自身的统领"智识"，无论这种原精神或元天性是作为投射体还是本源体降临在载波知觉里。这里的"智识"指的就是灵性存在体的多次元心智的高位统领意识。在"元创世"及其"三生万物"总说明中我们已经了解到，所谓生命的原精神或元天性指的是"一切万有"在创世的最初阶段生成的创造性行动自发展开自身格局的三种方式、三大领域与三大格调，它们其实就是"阴阳原"在自性行动上的投射，（对应阴阳原）它们分别是：信仰精神、求知精神和爱的精神。故而，当我们谈到任何一种文艺作品或者人性洞察的时候，也许我们可以相对容易地辨识并感受到"人格意图流层"的"鸿沟"，然而要直观到鸿沟背后"心智波动"中的生命原精神或元天性却是一个需要自知、训练与内省的过程。经过一定训练的优秀的艺术家、创作者、鉴赏者和观众都能够相对清晰地直观分辨出艺术作品与生活"故事"中的原精神格调与踪迹，而对于一个普通人来说，也许他对心智载波中的原精神的分辨率的直观并没有那么清晰，但是，他却一定能欣赏与区分其中统领心智的格调以及让心灵产生感动与共鸣的特定效应——这只是模糊与清晰的感觉区分，而不是"有和无"的"断定"区别。

正因为"心智载波层"一定具有某种生命元天性作为投射或本源的"智识"来统领其多层次的"意识光谱"，故而"心智载波层"必然会从一开始就高频地处在两种心智倾向的"作用力与反作用力"的往复互动中而形成感官"鸿沟"，这两种心智倾向便是：向上的非二元性心智倾向与向下的二元性心智倾向。它们就像两位以"心智载波层"为"赛场"进行网球比赛的高明选手，不断击球回球、比拼竞技，这两位选手各具优势，其中代表非二元性心智倾向的"选手"更具有（自发性）天赋、（使命）底蕴和持久力的优势，而二元性心智倾向的选手则会在某种程度上具有二元性维度环境的"主场优势"以及这个环境所赋予的固有经验与技巧。于是，若是处于行动演化情境中的生命对心灵自发创造的信念不够坚定与自知、内省不够充分或者刻意压制灵性的法则，那么，二元性倾向的选手就会占据上风而在比赛中"得一分"；若是这个生命体自发地使用故事的密码来打开自己的人生，并自然而坚定地让生命元天性统领下的心智洪流穿透"鸿沟"，那么非二元性倾向的选手就会相对占据上风而不断"得分"，从而推动心智行动的直观层次向着更高更大的频率和次元进发，正如比分的不断上升。

事实上，我们在故事中经常可以体会到"心智载波层"的朝向全息之非二元性倾向与朝向原始第一尺度之二元性倾向的"作用力与反作用力"效应，因为在故事情节的"英雄之旅"中，英雄总是在故事一开始便被周围环境打压得凄凄惨惨——二元性（亦即本原性）倾向"得一分"，随后开始感受到"命运的召唤"——非二元性倾向"得一分"，而后又因为自身性情上的缺陷或犹疑"拒斥召唤"——二元性倾向"得一分"，然后再因为召唤的诱惑与力量如此强大以至于永久不可逆地改变了他的境遇——非二元性倾向"再得一分"……我们会发现在每一个优秀的故事中，主角或英雄总是在追寻着某种非二元性倾向的力量或线索的过程中，与二元性倾向的环境、性格与对手反复"交锋",从而在这个过程中促成了心性的成长与意识进化,进而推动故事剧情的向前发展。因此,我们常常在故事里的"事件"或"场景"的价值变动中感受到"心智载波层"的心智波动。不仅在故事中如此,我们每一个人的人生境遇也如此,如果从"心智载波层"的"作用力与反作用力"角度来审视我们自己的"人生故事",便会像一句人生谚语所说的那样:"人生不如意事十常八九"。这实际上表达的便是:若是我们的心智不去回应非二元性倾向的"召唤",那么二元性倾向的心智"考验"——不如意之事就会反复来到自己的身边,直到我们开始回应这个召唤并接受它为止;更大的"力量与奇迹"就在前边,若是我们不去持续直观非二元性倾向的心智所带来的天赋以及义务,更大的"考验和关口"也必定会横亘在未来的人生道路上。

在这里,我们小结一下,夸克之下第3层,亦即"心智载波层"拥有一个特别的"鸿沟":拥有"环境"主场优势的二元性倾向之心智欲求保持并稳定二元性人格信念的"主权"地位,但是,心智波动的非二元性倾向的内在天性又必然会打破"旧的"二元边界而去开拓新的心灵次元,它们在一个高频的"作用力与反作用力"的情境中反复交锋,这就形成了一个"心智鸿沟"。而"三元拓扑"的生命直观继续穿透这个"心智鸿沟"之后,能同时承载心智的非二元性倾向与二元性倾向心智流"交锋张力"的高维信息就降临下来填补这个"心智鸿沟",这个更高维信息也是一个特别的感官材料,它便是"元创世"中最初始生成的创造性行动领域及其知觉材料,亦即三大原精神领域或天性领域及其十大内在感官——这就涉及了下一个感知频率层,亦即夸克之下第4层:内感官功能层。

对于夸克之下第4层,亦即第二尺度第4层——"内感官功能层",我们需要知道的是:内在感官完全不同于(时间与空间的)外在感官,它天生就是用来穿透所有感知层次"缝隙"的感官形式,说任何心灵的第一构成材料就是内在感官也是毫不为过的。

实际上，笔者已经在"元创世"中对内在感官的诞生进行过叙述，生命分为三大内感官领域及其内部的共计九大内在感官，这些具体的内在感官的名称、内涵与性质由于篇幅所限，本书暂且按下不表。内在感官的诞生并不像我们想象的那样复杂，事实上它在"元创世"中的"一切万有"的第一大两重之境便伴随着爱的精神之内在冲力而在"阴阳原"三个方向同时产生出来，因为在这个"一切万有"的"分娩阵痛"的情景下终于产生了实相创造的行动，而内在感官便是产生诸般实相形态完形的先天工具与能量通道，它必然和意识单位的创造性精神冲力结合在一起，它们（意识单位）便是在这种创造性三大"精神冲力场"中对实相的感知材料进行建构的直接方法与形式的展现，也可以这样说，内在感官便是意识单位"化身"为创造性行动方式的对称性形态展现。而从另一个方面来讲，如果对于各个实相来说，各种外在的感官"显像"可以比喻为一种实相形态的"包装"，那么"内在感官"便是生成、穿透并决定这些"包装"的实质通道与内在结构了。所以说，任何内在感官一定是在一个特定的"精神冲力场"中进行运作，它一定首先会反映"精神冲力场"背后的原精神或元天性效应，那么在大多数时候，我们在"三元拓扑"的生命直观中去识别具体的内在感官之前，总是会先觉知到它的原精神或元天性效应与力量，然后才会在这种效应与力量的牵引下定位到特定的那个"内在感官"。

说实话，随着直观的层次越来越深入，人类将愈来愈深切地感知到内在感官的信息和意义，若将它跟外在感官以及奠基其上的"现实经验"进行对比，人类会发现它的效应就像"奇迹"一样，这种"对比效应"是如此明显，以至于对于习惯于二元性心智模式的人们来说它就像一种魔法般，给人惊奇的感觉。此外，由于内在感官就是心灵自身的先天构成材料，因此当它的功能效应被直观而纳入到意识知觉中的时候，人们会产生一种深切的"共鸣感"和"触动感"——这是一种展现更大真实性的"灵魂滋养"的感觉。于是可以这样说，任何艺术家所憧憬的"美的成就"也便随着意识对于这个"内感官功能层"的觉察而真正展开。

"内感官功能层"拥有很多性质，它首先展现的性质就是，任何内在感官一定先属于一个元天性的领域场，而当我们谈到一个灵性存在体的心智在展现自身的内感官天赋的时候，必然首先遵循一个先决原理：它必定展现的是某一个元天性领域的内感官天赋，这是因为根据"合一律"，任何生命的行动发展路线必然会主要沿着一个（阴、阳、原）创造性方向进行演化并在同样的路径方向上回归源头。因此，当我们去直观与定位任何一个内在感官功能的时候，一定需要事先清楚这个心智的主体在特定的那一个元天性领域中的天赋方向和创造目的，这是最显著的直觉线索。

其次，正如"心智载波层"具有两种倾向的心智行动，"内感官功能层"同样拥有两种特性的内感官功能：一种是显示完全而显性的具备正向扩展的元天性精神冲力效应的内感官功能，亦即全然的非二元性或未来性内感官功能及其效应，这些内感官功能就是直接从"元创世"的高层阶段生发而出的功能效应和运行属性；另一种内感官功能涉及（与"全息"同源的）"一切万有"（All there is）在"元创世"中对人类的"二元性实相"作为一个整体所赋予的（二元性或本原性）固有天赋和潜在天性，它就像一种"天生外挂的装备"一样，于是这便涉及一种视角和思想的转变，亦即在生命演化的"故事"里，人类现在所处的"二元性实相"不仅仅是一种客观环境而就是一个系统生命体，而且它拥有自己的本能意志和固有天性——这是它的固有权利乃至权力，只不过这种固有天性和内在感官的自然天性有所不同，它更像一种"一次性使用"的天赋能量，是一种需要被触发的有条件的相对自发性或本能，而不是像元天性内感官功能那样内蕴于所有生命之中，呈现出无条件的绝对自发性。

随着生命演化"剧情"的逐渐深入，新的感知层次及其心智意义也会逐一"觉醒"，相应地，这种二元性或本原性的固有天性也会随之触发，从而和非二元性或未来性的自然天性互耦在一起，共同构成"内感官功能层"的"鸿沟"。它就像书写内感官信息"文字"的"纸张"一样，让生命的天赋与义务在一种相对底层的"背景"之下被更清晰地衬托出来。我们人类现在作为二元性"游戏场"中游弋演化的"玩家"，同样在我们的"肉体载具"中携带着这样的"固有天性"——它通常会被理解为"本能"，相对于内感官的自然天性来说，这种二元性实相"本能"也许同样会表达一种看似"奇迹"与"魔法"的效应，然而这种效应及其力量被运用的目的却是用来维持二元性法则将生命禁锢其中之"主宰权力"的稳定性，因此，这种"固有天性"的效力终究是一种"外在的装备"并且只拥有"一次性使用"的能量储备，因为它并不具备和源头相连而战胜时间的持存力量。于是，当心智向着非二元性或未来性方向扩展的意志与力量坚定地稳固下来之后，它便会和更大的直观维度的心智洪流亦即"心流"的自发力量相融合，那么，二元性的实相本能便会在此"心流"中让位于真正的行动主角而成其为一种心智扩展的"配角"或"媒介"。

接下来，如果说"心智载波层"中的二元性与非二元性倾向（亦即本原性与未来性倾向）之心智"鸿沟"的形成就像网球赛场的竞技一样，那么，"内感官功能层"的二元性"固有天性"与非二元性"自然天性"之间高频互动产生的"天性鸿沟"，就会像魔法马戏团的奇幻特技比斗与神奇法力交锋。说实在的，当生命的直观进入"天性"这个层次的时候，固有天性也好，自然天性也罢，它们对于我们的心灵来说都会是"正向"的效应，这是因为：一方面，无论固有天性还是自然天性，它们都对心智具有深度疗愈、觉察性反思和灵性演化的作用；另一方面，在这个法力交相辉映的"展映场"中，固有天性的存在反过来又可以被洞察为一个支点或背景，而让自然天性的更高超之内在技艺与功能效应突显出来。

正如"心智载波层"之"心智鸿沟"的赛场比分一定会持续积累，这代表着"鸿沟"张力和能量密度的不断增加，相应地，"内感官功能层"的天性法力"展映场"的交锋精彩程度也一定会持续增长，从而伴随着天性"鸿沟"的强度的持续加大与内在魔力效应的不断增长。因而，在一个优秀的故事中，无论怎样性质的内在感官，它必定会在一个情节序列或一幕剧行将结束的剧情"反转"或"突转"的剧烈情感变动中得以将自身的功能效应彰显出来。

小结一下，夸克之下第4层，亦即"内感官功能层"中，心智的二元性或本原性之"固有天性"的内在功能欲求保持与维护二元性实相整体的主权效应，然而心智的非二元性或未来性之"自然天性"的内在感官功能却必定要以二元性作为支点和媒介来达成直观维度边界扩展的自由目的，这就形成了一个天性"鸿沟"；从"三元拓扑"的角度，心智直观穿透这个天性"鸿沟"，就会来到每一个灵性存有都十分憧憬的高维感知层，亦即表达个体命运与生命契约的"全息天性拓扑层"。

对于夸克之下第5频率层，亦即第二尺度第5层——"全息天性拓扑层"，对于人类来说，这并不是一个容易抵达的感知层次。如果说"内感官功能层"主要展现的是单个或少数几个内感官效应，那么"全息天性拓扑层"就真正是聚合成了以某种元天性冲力场为主导的能量框架网络或内感官矩阵（Matrix）。这种能量框架网络和内感官矩阵实际上就是每一个个体生命天赋与义务的内在综合体，其中蕴含了生命个体作为"一切万有"（All there is）的一部分自身的创造力计划和目的，以及作为一个个体所携带的宇宙真理碎片以及其中展现的独特真理视角，形象一点表达，我们可以把它叫作个体的"生命契约"。如果我们每一个人要去寻找自身的命运线索，这个层次就是关于个体命运的全息信息"代码"。

在前边已经阐明，这一个"内感官矩阵"必然是以某一种元天性作为主导能量进行架构的框架网络和信息矩阵，因此，一旦心智直观到了这个个体生命契约的内在综合体，就会立刻产生天性的全息"拓扑"，以让心智在极高频"拓扑"的洪流中迅速观照整个内感官信息矩阵，从而感受"命运"的蓝图。那么，从中也可以看出：我们的"生命契约"，实际上就是在这个高维感官矩阵中以某个元天性领域的内在感官为主导而以其他领域的内感官作为协作方共同生成"内在文字"，并以二元性固有天性能量网络作为"背景"而写就的"心智文本"——元信息。"内感官的文字"亦即元信息当然不是我们日常使用的语言文字，毋宁说它更像一种艺术的意象（若把这种意象也当成一种"心灵语言"）。事实上，我们人类个体使用各种艺术化的手段来表达的高维审美境域就是这种生命契约的"心智文本"。著名心理学家荣格在他晚年研究自身的个人神话的时候，就常常结合梦境绘制出相应的意象图型，并把它们保存在他晚年的"最后著作"《红书》中，这些意象图型可以算是个体生命契约的"心智文本"的不同角度的表达。

此外，"全息天性拓扑层"的"内感官矩阵"不仅仅是对个人命运、天赋与义务的全息信息呈现，而且还在一种高维合一的联结效应里，明确表达了个体的创造力计划在人类族群甚或地球生命整体演化蓝图中的重要位置和相互关系，虽然个体在这个感知层次中还无法清晰地直观到人类族群整体的生命契约，但至少会在一个相对全息的视角下感受到整体合一的相互关系与融合效应；那么，在这个层面，人类二元性或本原性的"自我意识"就已然在心智的创造力记忆中逐渐消解而让出其行动主导地位，从而让更大的心智本体——"高我"或"全我"得以彰显。在一个优秀故事中，故事主角或"英雄"将会在剧情高潮中展现对生命契约的觉察效应，通常来讲，这就是英雄的"角色定义时刻"，它总是会在剧情或"鸿沟"张力达到一个极大程度时，以一种出乎意料的"全息"的方式展现自己。

于是，在"全息天性拓扑层"中，自然生成的"鸿沟"就可以表达为：灵性存在体的个体心智想要稳定贯彻"内感官矩阵"（个体性生命契约）的天赋意图与创造义务，然而作为宇宙主导法则的合一效应却必然要把它联结于更广大的群体内感官矩阵（集体性生命契约）中，以全息化施行自身的创造力计划，这就形成了一个命运"鸿沟"；从"三元拓扑"的视角，如果穿透这个命运"鸿沟"，就会迎来所有心灵直观都最为憧憬的高维信息：走向维度进化或开悟的"全息本体层"。

对于夸克之下第6层，亦即第二尺度第6层或第三尺度第0层——"全息本体层"，我们把它看成是宇宙主体法则"合一律"的载体"意识单位"（原A）所栖身的层次也是完全合适的，因为它实际上就是创造的"终极源头"（origin）的能量本质所构成的感知结构。我们说一个生命体从二元性中"开悟"并走向下一个生命演化阶段，指的也就是这个层次和它对下一个进化维度的过渡联结作用。

"全息本体层"，也就是自我意识融合消解于更大真理尺度的非二元性心智的层次，它会表现出一种与自身更大本体——"高我"全然合一而"自我牺牲"的效应。这里的"自我牺牲"并不代表心智个性的消失，恰恰相反，人类的心智个性反而会在一个更大的心智尺度的舞台上更充分地得到强化而彰显自身，这就像一个音符必然会在一首优美而宏大的交响乐中得到最大的艺术效应的美感增幅一样。也许这样说对于普通人的意识来讲会有些奇怪，然而，只要我们的心智深切地直观到了宇宙的主体法则的本质，它就会自发知晓自身的创造目的和灵魂荣耀，于是，带着一种由衷而盛大的自豪感和骄傲感的"自我牺牲"就是一个非常自然的过程——为宇宙整体命运而牺牲自我而得到的最大灵魂荣耀。

"全息本体层"的内感官效应，是真正的洞察与联结人类族群乃至宇宙整体的般若智慧效应，在佛学里，它被叫作"大圆镜智"，因而，演化进入到"全息本体层"的心智就是切切实实地站在了整个人类族群的生命矩阵的"顶峰"，它感受并洞察了人类普遍的整体命运或者说"全体性生命契约"，而完全不拘泥于个体演化的利害得失。于是，"全息本体层"的感官构成材料就是"元始三元拓扑"灵性创世之原初的阴阳单位，它们亦即原初的阴阳单位，互相环绕聚合，就如"太极图"一般形成这个层次的本体"体性"。如果要用一个比喻来说明，它们就像 DNA 的双链互相回旋缠绕，而成其为基本生命与能量构成材料去形成在它之下的更低层次——"全息天性拓扑层"、"内感官功能层"与"心智载波层"的能量框架与"心流"渠道的感官单元。那么，"全息本体层"自发形成的"鸿沟"就是原初的阴阳单位自身，它也是"元始三元拓扑"的本体栖身运动的层次。

在优秀的信息叙事中，它在剧情的最高潮阶段往往会试图去反映"全息本体层"的"至高意象"，以让心灵"鸿沟"打开到一个相当高的程度而完成最深度的精神宣泄与情感共鸣。那么，在故事剧情和神话传说中的"死亡与复活"的戏剧高潮部分就是它的逻辑投射与直观展示，这是一种在剧情和情感张力达到最大限度时的精神释放——然而，要达成这个艺术"成就"并不是一件容易的事，因为它无法通过照本宣科的戏剧推进而达到，而必须建立在前边的感知频率层次的"鸿沟"张力被一层一层地成功叠加的基础上，并且在剧情演化和观众的"心流"共同因专注而融合其中的时候才可以实现，因为只有这样才是"全息"的。当然，如果要对此加一个注脚，笔者会说：穿过"全息本体层"的元始阴阳"鸿沟"，"故事之神"——"元创世"之"一切万有"（All there is）便会以某种奇妙的方式宣示自己在命运演历中之现身。

在过去，能够直观到"全息本体层"的人无一不是人类的翘楚，但是随着时代命运主题的演变，从"三元拓扑"的角度，如果人类能够在"三元拓扑"中达成互相谐同的整体演化之格局,那么,人类逐步全体性谐同演化进展到这个层次不仅是可能的,也会有诸多跟以前时代不一样的"进化红利"被唤醒,同时,和过去从中古时代延绵至今的个体性修行进化的时代主题不同,这也是"元创世"为人类布下的全新的"大同"之命运共同体主题与集体性生命契约。

在本卷的最后,我们来对贯穿全篇的三大元始真理尺度的内容做一个简略小结。

第一哲学之未来性真理道路从思想根源上"证明"了对称性是真理第一天性。而从对称的逻辑定义出发,我们便得到了完备的三种元始对称性,亦即一重对称(变换)、二重对称(变换之变换)、三重对称(变换之变换之变换);而这三种元始对称性在事物规律与心灵法则上的生成与运用便带来了同构的三大元始真理尺度,亦即第一尺度、第二尺度、第三尺度。

第一尺度

其领域表达便是"存在",其元始构成为"范畴"。其经由一重对称而呈现的基本思维定律即为矛盾律。此真理尺度在思想叙述视角下的元始提问方式或问题模型为:真理是什么?对此进行回答的表征逻辑境界的"本征句"则表现为:苹果是红的(元始第一尺度)或我认为苹果是红的(成熟第一尺度)。

第二尺度

其领域表达便是"场域或维度",其元始构成为"构型"。其经由二重对称而呈现的基本思维定律即为谐同律。此真理尺度在思想叙述视角下的元始提问方式或问题模型为:真理怎样是?对此进行回答的表征逻辑境界的"本征句"则表现为:在我认为中我认为苹果是红的。

第三尺度

亦即最高真理尺度,其领域表达便是"合一",其元始构成为"全息"。其经由三重对称而呈现的基本思维定律即为合一律。此真理尺度在思想叙述视角下的元始提问方式或问题模型为：真理怎样如此这般如其所是？对此进行回答的表征逻辑境界的"本征句"则表现为：真理（如来）向来如在我认为中我认为苹果是红的。

下 部

文明现场篇

X

第四卷

现代文明之"魂"的挽歌：西方哲学是如何在未来性中整体败退的？

第六章
回到西方哲学诞生处：存在还是尺度？

第 1 节
文明的"黑石"与西方哲学的"神谱学"源起

由著名作家亚瑟·克拉克创作，并由导演库布里克改编的《2001 太空漫游》（ *2001: A Space Odyssey* ），曾被誉为西方文学史上最伟大的科幻作品。作品的一开篇便以一种特别的方式为人类的起源与进化设定了一个神话般的"标尺"——一座"黑石"。这座黑石是如此神奇，当它在数十万年前突然出现在地球上的时候，便准确地将自己完美神秘的身躯呈现于人类的祖先——类人猿的一个种群中，同时，它也以不为人知的方式向外持续散发着某种高维的宇宙信息，以至于当它四周的类人猿在一旁嬉戏的时候，观看它的目光竟开始从动物般的野蛮与混沌转变成了一种富有灵性意味的"审视"乃至"反思"，并由此开启了类人猿向真正的人类文明进化的路程，或者说，向着"黑石"所标示的宇宙文明标尺与真理尺度进化的历程。

在西方文明的叙事体系中，这座神奇的"黑石"是一个深沉的象征与隐喻，它表达着总有一个超越人类经验的第一性的东西，并以之作为固有起点而开启一个完美而自洽的线性因果链条从而构成世界——无论这种第一性的东西叫作精神、物质、存在抑或是"上帝"。这种思维也最终导致了科学乃至现代文明的体系的诞生，同时也将这种实际上具有相当程度真理尺度偏好的文化宿命扩展到了全人类。而与之相异的是，同样是对于

"石头"的象征和隐喻，东方文化却有着另一种不同的表达方式，例如我们耳熟能详的《西游记》的主人公——齐天大圣孙悟空，它便是从一块天生地养的石头中"蹦出来"的，很显然，这种"诞生"方式便不是依赖一种如同"黑石"一般的超验的外在存在，而全然是从更深境域的内部"生成"并演化出来的。笔者在此并不是要辩论两种文化"诞生"方式的优劣，而仅仅是要指出，如西方这种第一性因果序列递增的方式并非世界或真理展开自身的唯一方式，而东西方文明这两种方式的差异在真理本质视域上又是如何造成的呢？对此我们先按下不表，因为在本章我们先要辨明西方这种扩散至全球的现代文化宿命的根源究竟在哪里，或者用我们已经了知的逻辑学来叙述：西方的文化宿命抑或文明惯性究竟是基于怎样的真理尺度而塑造自身的？

而对于一种文化起源的思辨，最深处莫过于对其哲学体系诞生之处的思想源头进行反思，于是，接下来，便让我们回到两千多年前的古希腊——西方哲学的诞生处，来看一看西方哲学体系的起源方式背后的思维密码。

曾经，一部中国"80后"非常熟悉的动画作品《圣斗士星矢》从另外一个层面给大家科普了一番古希腊神话的基本知识，其中的智慧女神雅典娜、众神之王宙斯以及冥王哈迪斯都是古希腊神话中众神的一员。实际上，在正统的哲学诞生之前，古希腊最重要的精神文化形态便是神话和宗教，它是如此重要，以至于古希腊的各个城邦在评判和审视互相之间的地位和关系的时候，首先便要严肃地论辩一番各自所信奉的"神"在众神的谱系中的"超自然"关系，并以此作为双方建立邦交关系的基础"法理"。例如留存至今的著名建筑——帕特农神庙，便是当时的雅典城邦为供奉其守护神"雅典娜"而建造的。为明确这种邦交"法理"，希腊人甚至研究和发展了一门学说——神谱学，神谱学是比神话和宗教更进一步的精神成果，它描绘的是一种严肃的理论，即关于诸神起源、彼此神性关系乃至世俗关系的理论学说。有据可考的最古老的神谱学理论是赫西俄德所著的《神谱》。

神谱学理论满足的是一种诗意的构想而对超自然力量与动因进行崇拜和探索的精神需求，它在其中用理论的方法塑造了一种超越世俗的"诸神世界"，并将其中的众神等级、神性关系和结构规则投射成为"世俗世界"社会秩序的原则——这当然不是"哲学"，而是一种从自然崇拜到多神之超自然崇拜的精神演化表征，但却为哲学的诞生提供了思维方向与风格偏好的文化土壤。在此我们需要注意的是，西方哲学的某种文化标尺或者真理尺度的倾向在其神话图腾的心灵开端便埋下了种子。因为"神谱学"的"神谱"这个名字在相当程度上便代表一种西方文明无法摆脱的元始思维基因，亦即总需要追溯至使世界得以创生的"神"所指向的本原来维持心灵的完备性与统一性，这不妥妥地是第一哲学之传统真理道路的心智投影吗？此外，从古希腊早期的神话故事中我们也可以看到，"神之血脉"甚至是大部分此类神话故事中"英雄"身份的基本门槛，例如赫拉克勒斯（宙斯之子）、珀尔修斯（宙斯之子）、阿喀琉斯（海洋女神之子）等，就好像有一道不可逾越的"玻璃门"将某种超越性世界的存在跟经验世界中的普通人相互隔绝似的。

第 2 节
西方哲学诞生之处及其背后的源始思想惯性

现在学术界公认的西方哲学的开山祖师，亦即西方第一位哲学家，乃是生活于公元前 624 年至前 548 年之间的泰勒斯，他在很多史学著作中被称为"希腊七贤"之一；他拥有如此的地位，是因为他说了这样一句话：

"水是万物的始基。"

这句话以今天的科学视角看来当然是一句错误的结论，但是如果回到古希腊当时的文化环境中，它却表达了极为重要的突破性意义。在前边的神谱学介绍中我们已经知道，在浓厚的多神崇拜氛围中的古希腊人看来，能够决定并成为万物始基的那种特殊的东西从来就应该是超自然的神的力量或神的意志，而绝对不可能是"水"这种存在于自然中的东西。但泰勒斯就是这样说的，而且进行了详细的论述，这种论述是如此自洽以至于泰勒斯必定说服了很多人并推动了某种思潮的流行，如此，他才能被称为"贤者"。事实上，我们之所以说泰勒斯的提法对于当时的古希腊社会来说是一种精神的解放，那是因为"水是万物的始基"的思想，第一次断然拒绝了对超自然的神的依赖，而引导人们的思维努力从自然中寻找真理法则——用自然来说明自然，这便是直截了当、清晰无比地提出了哲学的命题。

用自然来说明自然，意味着人们不再借助神的力量和意志来解释自然法则和确立事物的原则，而需要通过存在于自然中的人自身的理智力量来进行真理的思辨——确认了理智或理性在思想立法中的权能，这便是"水是万物的始基"的第一个要点。

我们都知道，在一般感性自然中的"万物"是流变的、多样的，甚至是杂乱的，但是，"水是万物的始基"却告诉人们，这些杂多的感性表象将统一于一种不变的、永恒的"始基"——水，这便是确认了世界的统一性，亦即确认了另一个重要原则——驭杂多于一，这便是"水是万物的始基"的第二个要点。黑格尔在他的《哲学史讲演录》中对此评价道：

哲学是从这个命题开始的，因为藉着这个命题，才意识到"一"是本质、真实唯一自在自为的存在体。在这里发生了一种对我们感官知觉的离弃，一种对直接存在者的离弃——一种从这种直接存在的退却。希腊人曾把太阳、山岳、河流等看成独立的权威，当作神灵崇拜，凭着想象把它们提高到能够活动、运动，具有意识、意志……无限地、普遍地予以生命和形象，却并无单纯的统一性。有了那个命题，这种狂放的、无限纷纭的荷马式的幻想便安定了——无限多的原则彼此之间的这种冲突，这一切认定某一特殊对象为自为的存在的真实体、为独立自为高于其他一切的力量的种种观念，都取消了；因此确定了只有一个"普遍"，以及普遍的自在自为的存在体——这是单纯的没有幻想的直观，以及洞见到只有"一"的那种思想。①

黑格尔的上述评价，展现了"驭杂多于一"这个要点的逻辑内涵，也就是说，要能够在自然中找到"一"，就必须对感性事物进行超越，尤其是抽象的超越；而达成这种超越就只有凭借对于自然背后真实存在体进行唯一把握的"思想"，但是，这个"思想"又是源于存在于自然中的人自身——超越自然又不可脱离自然。因此，"驭杂多于一"标示着思想，尤其是理性思想对于自然的超越性。

此外，"水是万物的始基"还隐含着极为重要的第三个要点。因为在"驭杂多于一"的超越过程中，唯有"思想"才能实现对于这种感性屏障的超越而把握感性杂多背后唯一的真实体，也即把握实在，这就意味着一个默认的心灵预设：思维与存在具有同一性。因为若不是思想能够切中感性杂多背后的实在，并且这两者具有真理同构性，那么，关于"一"的真理知识又如何能呈现于思想中呢？因此，在哲学上也把思维与存在关于形成知识上的同构作用一般性地表述为：思维与存在同一，这便是"水是万物

---

① ［德］黑格尔.哲学史讲演录（第一卷）.贺麟、王太庆等译.北京：商务印书馆，1959：186-187。

的始基"的第三个要点。这个要点包含了西方对于知识论的基本特征的理解，亦即：理性或理智的构成，被认为与事物的内在结构本来一致，因此，通过理性的努力并在理性中去发现这种一致性，就能形成关于事物的知识。然而，这里需要指出的是，这种"同一"的彻底逻辑证明，在西方哲学那里从来没有真正完成过。

当泰勒斯这句"水是万物的始基"背后的三大要点被阐发之后，我们便可以说，西方哲学于此诞生了。然而，即便在前边的分析中，我们也可以发现，西方哲学自诞生之日起便内含了一种强大的思想惯性与文化惯性，从中我们可以看出第一尺度之理性人模型的雏形。在神谱学那里，希腊人的思维体系就开始牢固地形成了一种世俗世界与神明所在超验世界相互二元分离的思想模型，对这种思想模型进一步内省与反思，便导致了泰勒斯的这一句哲学起源之思，也即把神的外在性去除，而将超验世界纳入人的思想本性——理性中来，从而让知识建构能力在人自身之内形成闭环，这就是西方哲学诞生的总背景，这种背景源于这样一种心灵惯性：总有唯一的一个与世俗现象界相对的超越世界存在，在其中，无限与永恒得以确立。

当我们了解这样一个思想惯性的背景之后，接下来就可以进一步阐析"水是万物的始基"背后三大要点的思想边界了。

西方哲学起源第一大要点，也即"用自然本身来说明自然"。我们已经充分了解，西方哲学的诞生是相对于神谱学而言的，也就是说，在哲学中的"自然"是相对于超自然之"神"而存在的；如果仅从人们在一种稳定的自然经验下积极把握知识的角度来看，这样的原则当然具有进步意义。然而，这样一种让自然跟超自然或超感性能力天然对立的二元背景，让西方哲学的思想模式形成了一种对于一般自然的稳定经验绝对化的心灵惯性。于是，这就为西方哲学乃至科学体系将人的稳定经验能力完全固化于"时间与空间"这种唯一方式的"信仰"，埋下了伏笔。因为这样的"自然"有一个潜在的预设：既然此自然不再由"神"来干涉和创造，那么，它就注定是一个既存的东西，因而，心灵对于自然的感性直观之稳定经验能力当然也应表现为固定的"一成不变"的绝对形式，譬如时间与空间之绝对形式。现在我们知道，这不仅将自然规律的对称本质限定于一种静止的对象状态上，从而失去了对于对称之变换行动性的更深理解；同时，这也导致任何尺度下的经验能力得以建构与生成的某种深层领会结构，也即由对称性的思维天性所带来的对于"不变性"进行更深理解的深层领会结构——非线性的心灵先天结构的要义，跟西方哲学几乎"无缘"了。

西方哲学起源第二大要点，亦即"驭杂多于一"。"驭杂多于一"即确立思想或者理性对于感性的绝对超越的信念，这种超越更具体来说是一种抽象的超越，也即将事物的感性情感与感觉质料"抽"出来、排出去，从而得到某种抽象的概念形式；而这种抽象的概念形式所对应的"一"便是真实存在，这些存在所构成的世界便是真理实体所在的超验世界，也即理念世界——这就是知性与理性得以实现自身权能的一般过程。我们会发现这种过程也即纯粹理性的过程，从思维法则的角度来看，这个过程实际上是一个连续使用"矛盾律"的过程，从本书第二章第3节的阐述中我们可知这其实也是一个连续两次使用"矛盾律"所对应的"分别心"变换的"一重对称"过程。它不仅确保了矛盾律在西方哲学体系中作为主导思维定律的地位，同时也确保了理性作为人性最高能力在西方思想体系中的长久信念。而由超越性的存在形成的超验世界，准确来说，是经由有且只能一次性的超越而形成的超验世界或彼岸世界，也便固化为一种形而上的世界，这实际上是继承自"神谱学"的思维传统。从此，形而上学和理性便一道形成了西方文化的内在"线性信仰"，这种线性信仰是如此牢固以至于即便后来有了当代哲学的反形而上学运动以及现代物理学的"反经典"的范式努力，被西方现代文明全面渲染的当今人类社会依旧艰难地徘徊于下一个真理尺度的大门前，也即徘徊于人类更高的第二尺度、第三尺度及其对应的未来性真理道路的大门之前。

西方哲学起源的第三大要点，亦即"思维与存在同一"。"思维与存在同一"的心灵预设，天然地将思维与存在二元分离，这也导致了笛卡尔之后的西方近代哲学最终固化于将身与心、主观与客观彻底二元分离的思想模式中，于是，二元性也就成了西方哲学始终无法摆脱的思想桎梏。思维与存在同一，也让实在性或本原性跟理性的思想本性绑定在了一起，这种绑定的结果，让实在性或本原性变成了超越感性的唯一实在性，或者说变成了真理呈现的唯一主导形态，这也导致了西方哲学彻底固化在了本原性的第一哲学之传统真理道路上。因为既然思想或理性对于感性的超越是"一次性"的，也就不可能形成比理念世界更高的真实世界，那么，也就只有唯一的本原与相对应的唯一而固化的终极真理形态了。同时，既然只有唯一的真实的、超越性的理念世界以及唯一的终极"本原"——第一哲学的传统真理道路，那么，与其对应的经验现实也必定是唯一的或单一的，而不可能有其他次元的现实或其他真理主导方式的现实形态——单一现实或唯一实在的西方文化信念也就此成形。此外，思维与存在"同一"而非"合一"的心灵预设，也造就了一个相当大的思想"后果"，那就是让最高思维定律也即最高真理尺度所指向的"合一律"，跟西方思想体系产生了巨大的绝缘效应，这种绝缘效应也将让西方文化逐渐失去人类文明演化方向的主导权。因为"同一"在一种心灵直观的积极意义上的最终阐明，只有依靠最高对称性——合一律自带的心灵的先天领会结构，别无他法。

第3节
第一尺度的确立：从巴门尼德到亚里士多德的哲学奠基之道

我们在前边的章节中已经简要了解到，由哲学起源三大要点所导致的时间与空间、纯粹理性与单一实在性，是旧的时代精神之理性人模型的基本特征，而将这三大要点的思想阐发彻底固化于某一个真理或心灵的元始尺度——第一尺度之下，则要归功于后来的巴门尼德与亚里士多德。

我们在前边已经大体了解到，"驭杂多于一"的命题天然包含了让心灵超越感性杂多而切中唯一真实的实在这样的要求，同时在此基础上必定寻求这种真实实在的规定性以形成知识。追求这种唯一真实的实在性，也即在大自然中寻求自然的统一来源的理论，在西方哲学中也被叫作"世界本原学说"。泰勒斯找到了"水"这种统一来源，但是依然不能令人满意，因为"水"包含了太多感性的东西，它和普遍的"水"之间形成了一种天然的矛盾；后来的赫拉克利特找到了"火"作为这种始基，他实际上是把火的永恒流变性作为这种始基，因为流变本身并不拘泥于任何感性的东西，也即不拘泥于任何特定的自然的东西，通过这种努力他也终结了世界本原学说。此外，赫拉克利特作为古希腊著名的"晦涩哲人"，还做出了另一个重要的贡献，即开创性地提出了"逻各斯"学说，并把"逻各斯"创造性地定义为"人的灵魂所固有的，万物共同遵循的尺度、分寸"——从此，逻各斯作为西方哲学中真理的"代言人"正式登上了历史舞台，同时我们在逻各斯的定义中也可以看出，"尺度"本身是比逻各斯要更为本质的心灵天性，否则，它也不会被赫拉克利特作为一种不证自明的观念而拿来定义世界第一因了。从这里我们也可以隐约感受到，"尺度"在赫拉克利特这里其实并没有完全固化为后来的第一尺度——存在，两千年后的当代哲学家海德格尔在他的《存在与时间》中也为之做了相当程度的词源学证明，我们将在后续的章节中看到这一点。于是，在古希腊，让西方哲学走向这种"固化"为某一个特定真理尺度之道路的"先行者"，便是巴门尼德。

"逻各斯"在古希腊语中的原义是"语词"，在哲学用法中即转义为"道"、"理"与"普遍规律"，那么，我们可以说赫拉克利特也启发了一种在语词或语言中找到某种真正超越性思想始基——纯粹思维的道路，不过这条道路的最终走通则是由巴门尼德来完成的。而他是如何做的呢？

首先，巴门尼德坚持这种超越性的思想始基即为"存在者"，他在其著作残篇《论自然》中有言："正义绝不松开它的锁链，听任存在者产生和消灭，而是牢牢抓住存在者不放。"

其次，他发现，只要在语言中被言说出来，这种存在者就能从感性中超拔出来，而不是一种既存在又不存在的混沌状态了，因而，在语言中必定有着事物成其为存在者的根据。那么，他又是如何找到这种"根据"的呢？他紧紧抓住了联结主词和谓词（述语）的系词，古希腊语表达为estin，翻译成英语即是"is"，德语为"ist"，中文即为"是"。在哲学中，系词"是"并不是一个简单的词语，它是给一个事物下定义的判断句之中心环节，它绝不可视同于"等于"。如果我们用英文"事物"（objects）的简写Obj表示主词，意为某物或这一个，而用 A、B、C、D……S 表示能够联结到主词上的各种谓词述语，譬如 Obj 表示这个苹果，那么 A、B、C、D……S 则可以是"红色的""清脆的""粉嫩的""固体的""偏圆形的""表面光亮的"等，于是我们便可以得到下边的形式：

Obj is A.

Obj is B.

Obj is C.

……

Obj is S.

我们会发现，右边的 A、B、C……S 都可以归为左边 Obj（这个苹果）的各种富于变化的感性表象（"红色的""清脆的""粉嫩的""固体的""偏圆形的""表面光亮的"等），也即感性杂多，但是这些互不相同的感性杂多却能够通过系词"is"（是）联结到它们的共通的、不变的"共相"——Obj。而且，在语言中，这种活动不是外物对感官的刺激引起的，而是一种"思"的自发性活动，故曰"纯粹活动"，或者说，纯粹的客观思维。那么，我们可以说通过这个系词"is"引发的思的纯粹活动，事物的感性杂多获得了思的统一性，因此，语法上的这个系词"is"所导向的就是一种客观的纯粹思维，而它所联结的 Obj 也代表了感性杂多的超越性"共相"，将此共相进一步抽象而定位至一个超越性世界之后，它便正式成其为"存在"，于是，我们便得到了纯粹思维的第一个，也是原初规定：存在。我们已经知道，这其实仅仅是心灵连续使用矛盾律所指向的"分别心"对称变换的结果。系词 is 的原形是 to be，转化为名词形式即为 being，而固化为名词形式之后的意义，即为"存在者"，因此，西方哲学关于存在的传统理解便是"存在者"。

在西方哲学中，人们通过系词"是"来思及存在者，亦即思及事物的超越性本原，因而，通过"是"的纯粹活动开启的学说便被称为"本体论"，而由于系词"是"在其中的重要作用，在很多哲学家那里，本体论又被称为"是论"；也正因如此，由本体论所通达的这一个真理尺度之问题模式或问题境界可以表述为："真理是什么？"从此，"存在"便被视为一种展现与代表超越意义的绝对、永恒与普遍的"不变性"，并成其为一个基本思维单位而被西方哲学体系所领会与把握——因为这个哲学体系的所有思想都以之为基础或者说以之为打开方式，也就是说，它成了西方哲学乃至西方文明的元始真理尺度。

当西方哲学找到了"存在"这样一种纯粹思维的总体性质与打开方式

之后，即找到了存在这样一种真理的元始尺度之后，接下来的工作也就是研究这种真理尺度所标示的超验世界中的存在者的逻辑前提和逻辑根据了，"本体论"于此诞生了。而根据真理尺度的一般定义，当我们启始并定位了一种心灵区域的趋向于绝对与永恒的"不变性"之后，接下来自然就要寻求这种"不变性"对于心灵视域整体的构成作用；而在古希腊的哲学阶段，充当"存在"这种"不变性"的对于超验世界之存在者的构成面向的东西，便叫作"范畴"。

从真理尺度的意义上来看，"范畴"跟"存在"其实就是同一种东西的不同面向，只不过存在更偏向于真理尺度的总体领域性质，而"范畴"更偏向于真理尺度的元始构成性质。我们所熟知的"因果性"或"因果关系"也便是"范畴"结合"矛盾律"而在思维中进行塑造的结果，它让心灵将世界建构为由诸范畴组成的条件机械构造而成的"条件序列"或"因果链条"。而将"范畴"完全确立于存在的第一尺度内的论述，则是亚里士多德的"功劳"。亚里士多德在他的《工具论》"范畴篇"中详细阐述了"范畴"作为一种构成"存在者"之根据的基本单位的产生和演绎过程，同时，他还使用还原论的方法把一切关于存在者亦即实体的范畴都归结为十大基本范畴，于是，一切存在者的逻辑根据便都可以由这十大范畴构成与衍生而来。"范畴"在日常生活中的通俗用法便是"分类"，这种把一切事物都用矛盾律的方式划分为各个区域与类别的方式与做法，就是起源于"范畴"这个第一尺度的思维方式；它对现代人类社会影响是如此之大，以至于当我们说到现代国家与科学的时候，其思维根源都逃不开这个尺度，因为无论是国家作为一种（地理、民族与文化的）"分区之划"还是科学作为一种"分科之学"，它们定义自身的基本标尺都是"范畴"，由此可见其内在影响力。

于是，经由前边的讨论，我们便可知：存在与范畴便代表了真理的一个元始尺度——第一尺度。只不过，在古希腊哲学这里，"范畴"的构成作用仅仅针对存在者所在的理念世界或彼岸世界，而并未包括人性所在的经验世界，这也是哲学"本体论"的思想瓶颈之所在——它并未实现第一尺度之圆满与成熟。我们前边还提到，任何一个真理的元始尺度都是由一种心灵的元始法则或思维定律所主导与决定的，那么，第一尺度对应的是哪一个思维定律呢？事实上，亚里士多德已经在《形而上学》中回答了这个问题，这个思维定律便是矛盾律。其实亚里士多德总结的是三个定律，即形式逻辑三定律：同一律、矛盾律与排中律；然而后来的康德直接把排中律归于矛盾律，而黑格尔甚至把同一律也跟矛盾律统合起来论述，因而我们可以把形式逻辑三定律统一归结为广义的矛盾律，因为无论是同一律还是排中律，都可以经由矛盾律转化而生成。而我们在前边的内容中已经得知：矛盾律便是一重对称。

为什么说第一尺度是由矛盾律来主导和决定的呢？我们依旧需要回到西方哲学的诞生之处，以及存在与范畴的产生方式上来。无论是西方哲学的诞生之言"水是万物的始基"还是巴门尼德对于存在的发现，都是一种"驭杂多于一"的过程，这个过程分为两个思维步骤：

（1）将感性杂多与不变的"一"分离，这既是一种抽象，也是一种用矛盾律的方法在思维中对感性与理性进行二元分离，从而确定理性的权能之过程，这是第一次使用一重对称变换。

（2）将"一"反思为与自身联系的"绝对"，也即反思性的自身同一，这便是同一律的运用过程。前边已经论述过，泰勒斯将"水"作为万物的本原的理论是不充分的，它还需要被进一步提炼反思为一种绝对的纯思，从而才能摆脱感性的束缚而成其为万物的理性"共相"，这种与本质的自身相联系的"绝对"就是"存在"。在这里我们既可以说在思维上始终定位那一个最本真的"一"，是为同一律的运用；也可以说，这里继续使用矛盾律对遗留感性痕迹的"世界本原学说"进行再分离、再抽象，这两者的逻辑意义是等价的，这便是第二次使用了一重对称变换。

此外，对于"范畴"而言，无论是"范畴"对于存在者的构成作用，还是亚里士多德的十大基本范畴的还原论式分类提炼，都是一种显而易见的矛盾律运用方式，因为它们都是在确认一种独立自为的原子化的实体的差异性；而在西方思想方法论体系中占据重要位置的"还原论"，就是一种基于第一尺度的"存在"信念的矛盾律的极致运用方法，毫无疑问。与此同时，正是在这个基础上，第一尺度的真理天然得以验证或领会的本质方式，就是将由（主体发出的）范畴组成的"判断"陈述跟作为对象的事物进行直接关联，看看是否一致，这个过程在哲学上便叫作"符合"。比如笔者作出了一个判断，即这个苹果是红色的圆果子，那么，要领会这个判断是真理的方式就是拿心中的这一个"红色的圆果子"的原型跟前边不远处的一个实际的苹果"放在一起"相对照，看看双方是否一致，最好双方严丝合缝地"全等"，这便完美验证了。在下一节的康德那里我们便可知，这个过程其实等价于在一个心智想象的先验直观空间里，将一种东西平移至另外一个东西那里，看看双方是否直观上"全等"，亦即保持一致的领会结构。换言之，这个过程不正是一种经典的一重对称之"平移不变性"吗？现代数学阐述平行线公理，使用的正是同一个思维过程，同时，我们通常所说的展现科学天性之重复验证的"循证性"跟这个过程差别不大。由此可见，基于矛盾律的一重对称性正是第一尺度之真理领会结构的本质。当然了，在近代以前，这个一重对称的验证真理之"符合"过程放在经典物理背景下的事物那里是够用的，但是，一旦涉及不那么"经典"的现代物理背景下的事物——例如光速、量子态、审美意象或艺术灵感，这个真理验证或领会的过程就不够了。这里不仅涉及如何打破主体陈述跟客体事物之间的二元边界，还关涉到真理验证或领会过程必须运用到的更高级的对称性，这便是我们将在后边讨论的康德遗留下来的"隐藏问题"所指向的内容了，此处暂时按下不表。

既然古希腊人已经发现真理的第一尺度，那么，他们又是如何初步运用第一尺度来形成世界观的呢？本节的最后，我们就来看一看这个问题。这个时期的世界观最为典型的代表，当数柏拉图的"巨匠说"。通过前边的阐述我们已经知道，通过客观思维思及事物的超越性本原——存在，便可以得到凌驾于感性世界的存在者或实体，而这些存在者或实体的存在根据必定是理性的形式，或者说理念的形式，亦即理式。那么，存在者所在超验世界便被柏拉图称为绝对真理所在的理念世界，这个理念世界在哲学家的信仰里堪比古希腊众神所在的奥林匹斯山，正是一个真理所在的"神性世界"，也即形而上的世界，而我们的感性自然所在的"世俗领域"也便是形而下的世界。由此可见，对丁柏拉图来说，既然真理的世界已然被揭示，真理的标尺已然洞悉，那么，形而下的感性经验之世界的存在必要性也就不那么大了。但是，柏拉图又必须回答一个关键的问题：若是感性经验的世界跟理念世界没有任何关联，那么理念世界的真理就无法得到展开与体现，它又有什么意义呢？为此，柏拉图专门设计了一个"巨匠假说"：宇宙中存在一个与人无关的"巨匠"，他以理念世界的现成理念为原型和模本，将其烙刻在自然界现成的感性质料中，从而造出了一个形而下的感性世界。因此，感性世界就是对理念世界的模仿，从而"分有"理念。

我们可以对比一下，本章开头所提到的《2001太空漫游》中的那块"黑石"，像不像柏拉图的"巨匠"呢？在故事中，这个巨匠般存在的黑石，让处于茹毛饮血状态的类人猿对其进行模仿，从而"分有"了其中的真理尺度，进而开启了人类演化之路，我们完全可以说"黑石"与"巨匠"这两者是内涵同构的。当然，《2001太空漫游》中的黑石情境和柏拉图的"巨匠"还是有所区别的，因为黑石毕竟更为聚焦于现实世界演化的因果序列的推动与人性的经验反思，而柏拉图的"巨匠"恨不得"忽略"形而下的世界，在影片中，我们反而能领会到更深的人性尺度，那么，这样的区别和演化是如何产生的？在其中，第一尺度的运用和领会又如何推至成熟？这就涉及第七章第1节，关于"认识论"的内容了。

第七章
启蒙时代的成与败：理性人模型的成熟与缺憾

第1节
笛卡尔的"我思"革命：西方近代哲学对于第一尺度的再反思

自文艺复兴以后，尤其是启蒙运动这一时期兴起了西方哲学另一重大领域——认识论，它的创立及发展过程可算是整个西方哲学史乃至西方文明史中最为精彩的段落之一，因而在已有的思想史著作中，使用常规的理性视角对于这一段思想历程的发掘与叙述已然十分翔实与清晰；同时，这一段历史也被称作西方文明的"骄傲之章"，因为根据既有思想史的结论，它不仅推动了现代科学，尤其是自然科学系统的诞生和发展，还促进了人性的回归与解放，更开启了现代社会的"文明之门"，由此可见它在西方文明中的重要地位。但是，我们在这里要阐述的恰恰是另外一种角度：一种非常规乃至未来性的视角——真理元始尺度的视角，通过这种视角我们不仅希望用一种更为简洁、凝练与意味深长的思想剧情方式揭示出这一段思想历程的最核心的内在线索，亦即最关键的真理标尺的演变叙事，同时，我们还希望从中清晰地展现出：这段历史究竟是如何将第一尺度推进至成熟并不可避免地遇到了它的心灵边界与思想瓶颈的，以至于按照斯宾格勒的说法，这种边界与瓶颈竟宿命般地导致"西方的没落"？毕竟，无论对这段历史的成果怎样夸赞，它都仅仅属于心灵与真理的"第一尺度"，它所解放与完善的也只能是"第一尺度的人"，就此而言，它离更高乃至最高尺度的人性与真理的"未来"暂时还远着呢。

　　在开始这一段"思想剧情"之前，我们还是要先来阐释一下它得以呈现的心灵视角或方法论，亦即元始尺度的视角或方法。根据前文所述，元始尺度作为一种心灵的源始天性，拥有着自明的一般定义：元始尺度即心灵总是启始某种趋向绝对与永恒的"不变性"，并通过它（对于心灵整体展开）的构成作用而回到自身。事实上，古希腊对于哲学阐述的本义"爱智慧"表达的也就是这样一种源始天性，因为在第六章第3节的讨论中我们已经了解，通过对于"存在"的发现，一种由思及存在的客观思维所导向的超验的理念世界的"彼岸"便得以建立，然而，这种代表真理的无限完美的"彼岸"只能"努力趋近"而无法"完全达到"，正如尘世与神国存在着永恒的"鸿沟"，而对于"神"的智慧领域进行认知的认识活动本身就是追求真理的最终目的，它体现的是一种"纯粹的理论兴趣"或纯粹的心灵原动力，也即对于智慧的爱。因此，"爱智慧"就表现为一种追求并领会元始尺度的爱。

　　而古希腊所创立的"本体论"哲学，对于第一尺度发掘与领悟的初步境界便主要聚焦在元始尺度定义的前半句上，亦即重点定位与把握"存在"这种抽象的"不变性"，并通过"范畴"的联结关系把握它作为存在者的存在根据；虽然"范畴"的非矛盾性的联结与相符也算是一种"构成作用"，但毕竟整个过程的重点在于确认与趋近"存在者"，而不是服务于构成作用的行动经验本身。而这样一个对于元始尺度不圆满聚焦的思想惯性必定会导致一种我们在第二章第3节初步提到过的消极的心智模型——古典人模型（如第103页图6）。

　　我们想一想柏拉图的"巨匠"假说便可了解，在这个模型中，由于"存在"之于人所生活在其中的感性世界（世俗世界）的超越性之强调，导致感性世界（世俗世界）基本被剥离于真理展开的领域，以至于造成了一个在人之外的超验的"理念世界"；这个理念世界作为一种真理"彼岸"，既在人之外又在人之上，是客观而现成的，自然可以完全脱离于人的经验现实而自在。按照柏拉图所说，人的灵魂固然能认识理念，但这不过是对于它曾经居住于其中的理念世界的"回忆"，理念世界本身并不因人而变，同时人的感性经验仅仅是对于这种回忆的刺激而已，换句话说，"回忆"与否，对于本就自在的理念世界而言无关紧要。于是，人心便在真理与现实的两个世界中被放逐了，真理与人心无关，现实尘世的境况也与人的努力无关。现实的一切状况都是"彼岸"或"上帝"意志的体现，人只需要承受一切既有的教条与教导便好，不必试图改变什么——那么，这也就违背了元始尺度之所以成其为元始尺度的本来目的：回到心灵自身，或者说以积极的方式回到心灵自身；而心灵回到自身的主要方式便是：通过对于真理尺度化身为一种元始单位的构成作用。那么，古希腊后期乃至中世纪的西方文化生活便深深"沉沦"于这种对于第一尺度不全息认知的消极影响里，以至于西方文明一度陷入一种不可抑止的文化衰弱与社会腐败的境遇之中。这种思想境况，直到文艺复兴乃至启蒙运动兴起的"认识论"的"思想革命"才开始有所改变。

通过对于真理元始尺度的内涵分析，我们便可知，"认识论"实际上聚焦的是真理元始尺度定义的后半句，也即回归到元始尺度"回到心灵自身"的本来的目的与积极的方式，并通过着重展现尺度的构成作用来实现此目的。因而，我们会发现元始尺度遂行的主角发生了重要变化，从"本体论"的存在者，变为一种"认识论"的对于理念世界与感性世界作为一种心灵整体联系的认识行动本身。这种被西方思想史称为"革命性"的转变就是由笛卡尔那句名言"我思故我在"开启的。

作为西方哲学史上最著名的怀疑主义者之一，笛卡尔从怀疑一切既有定论开始，这种定论包括古希腊时期所建立的"存在"所导向的超验世界，乃至于灵魂、肉体实在性等，并期望找到一个不可怀疑者而以之为新的哲学的自明性公理，这种新的自明的公理，也即一种新的"绝对"——这当然是一种"元始尺度"的寻求。而当他广泛地这样怀疑的时候，他发现总有一件事情不可怀疑，那就是"我在怀疑"这件事本身，怀疑即思维，"我在怀疑"即"我在思维"，或曰"我在做判断""我在认识"。具体来讲，在第六章第3节的论述中，我们已经知道古希腊人在"苹果是红的""苹果是脆嫩的"这类命题判断中发现了系词"是"的重大作用，它抽象超越地导向了"苹果"所在的"不变性"的存在领域，同时也抽象分离地将"红的""脆嫩的"所在的感性领域从真理中剥离了；然而，笛卡尔发现这个过程依然不够彻底，它将一个更重要的思维原点给忽略了，那就是"我在做判断"，亦即"我思"，换句话来说，"苹果是红的"还拥有一个更大的思维前提，那就是"我认为苹果是红的"——换成逻辑语言来描述，便是：我思导致存在，或曰"存在从我思而来"，亦即我思故我在——这就是笛卡尔所发现的新的自明性公理，也即关于真理的新的元始尺度。而既然是"我思"，那么从我思出发，理智思维与感性思维便都是属于"我思"的领域，于是，抽象的理智思维便不再作为人之外的某种"彼岸"世界，而内化为人之内的超验的心灵"港湾"；同时，感性经验也终于从之前的被放逐状态中回到了真理认识的领域里，亦即人之内的另一个心灵领域——"现象界"里，从此，现实世界不再仅仅是承受的对象，而成了必须去影响与改变的领域——心灵整体终于在此补全。由此，从"我思"出发的真理探索，也就不再仅仅是全然抽象的存在游戏，而呈现为一种对于纯粹思维和感性内容的关系的认识，亦即对于主体与客体关系的认识——这便是"认识论"的名称之由来。

第 2 节
第一尺度怎样走向成熟：启蒙时代的精彩"思想戏剧"

以真理元始尺度的视角来说，从此，"我思"作为一种对于心灵整体的构成作用代替了"存在者"这种静止的"本体"而成其为真理元始尺度的新主角。但"我思"只能作为一种构成作用的行动领域，而并非一种能够形成构成作用之根据的基本单位或元始构成，它也就无法充分回答：理智与感性的根本关系如何？它们是否拥有共同的逻辑起源？也就是说，第一尺度依旧不完备，而对于这种不完备背后的奥秘之探索也就导致了启蒙运动的两派思想家之间互相激烈交锋而递进的精彩思想剧情。既然是一种思想剧情，那么它必定有着剧情冲突的对立的双方，在思想史中，它们分别代表两种思想流派，即"唯理论"派与"经验论"派。比较有趣的是，它们的代表性思想家恰巧分立英吉利 – 多佛尔海峡的两岸，后来又分别发展为欧洲大陆哲学和英美哲学，或曰"欧陆派"与"岛国派"。在下边的剧情中为了叙事方便，我们就将这两派思想的名字艺术性地合并为"欧陆·唯理派"与"岛国·经验派"；前者的代表选手为：笛卡尔、莱布尼茨与康德；后者的代表选手有：培根、洛克、贝克莱与休谟。那么，下边，我们就以一种思想剧情演绎的方式，来看一看这两派选手是如何领会并完善真理的第一尺度的。

背景：

在整整一千年的黑暗中世纪里，"古典人模型"作为一种统治世界的意识形态充斥着西方世界的各个角落，虽然它号称"人"的模型，但人性恰恰被它放逐至真理之外的时空无涯的荒野里。来自"彼岸"的神的律令和教条将人心所在的尘世生活贬斥成为其意志肆意横行的"形而下"的场所，人在其中只能默默承受一切而不能试图去改变任何事情。人的安身立命之所唯有在人之外的超验"天国"，在现实中的全部生活都是一种受到人之外的真理"考验"与"末日审判"的旅程。于是，人的幸福永远只能取决于心之外的超验律令，而无法由自己来把握。文化创造是"神"的事情，而非人能够参与的领域。因而，人性就此沉沦于一片黑暗混沌中，暗无天日。不过，正如日升日落潮涌潮退，黑暗总会过去，但曙光在何处？

"欧陆·唯理派"笛卡尔：

我是来自法国的笛卡尔，我来了，曙光就来了。我怀疑一切，但我又确立了一切。我证明，"我思故我在"，而非"存在定我心"。从此，"我思"就成了一切真理具有确实性的唯一出发点，也就是说，灵动的"我思"认识行动终于代替了那呆板的"存在"本体而成其为真理尺度的权柄代行者，因此，我将真理尺度的权柄从上帝那里拿回到了每一个人的心中，你们说，这算不算一项划时代的创举呢？那么，有了"我思故我在"作为第一公理，从现在开始，抽象的理智与感性的经验全被纳入人心的必然领域中，人们可以毫不犹豫地大声说，"我天生拥有认识并改造现实的一切权利"，因而，通过经验认识世界的科学当然符合真理的要义，而不需要经过神的授权。

为了显示"我思"作为一种尺度构成作用的优越性，我特别在数学领域小试牛刀，而改造并发明了一门数学，它叫"解析几何"。解析几何正是我用来鄙视古希腊那些老古董的经典之作，古希腊的老古董们受到本体论思维的影响，认为受到感性世界投射影响的几何法则过于依赖直觉，完全属于"世俗世界"而不是完美理性指导的领域，所以，他们竟然将几何学弄成了一种"测体学"，也就是说一定要把一个几何对象转化为可以手动测量的状态才罢休。一个"臭名昭著"的例子，就是他们硬要把圆形转化为可测量的多边形，从而可以现实地手动测量它的周长和面积。他们的思维太古板了，殊不知对于"我思"来说，把抽象的理智和感性的图型联结在一起来一体化思维以构成秩序才能反映真正的真理，因此，我就设计了一个完美反映我心目中经典二元论世界的平面直角坐标系，将抽象的代数与感性的几何统合在一起，亦即在其中，人们完全可以用代数方程来解析几何问题，甚至过去那些复杂的曲线，都可以在其中被一种坐标点的动态运动轨迹的方程来替代——这是一个多么完美的设计。从此，数学的思想方法发生了伟大的转折，即由实体性或本体性的常量数学进入了构成性或认识性的"变量数学"，亦即"变数"——它也为后来的微积分开辟了道路。而所有这些，都是我运用"我思"作为一种构成性的真理尺度的结果。

但是，我也有我的烦恼，这种烦恼也是我所处的西方文化的烦恼。虽然"我思"开启了一种新的真理尺度之领域，但是我却一直没有找到尺度的构成作用所凭借的统一的基本单位或"分寸"。因为从我思出发立刻导向了两种内容，亦即精神实体和物质实体，它们分别对应的是纯思主体和感性客体，又或者是理智领域与经验领域，它们发生了二元对峙，然而这两个领域是如此不同，以至于似乎它们都有各自的法则，而很难统合在一个统一的逻辑根据的单位上，用逻辑学命题来说，即"被存在者与存在者的统一"。因为我实在无法找到这种统一的思想"分寸"的逻辑起源，所以我只能又求助于神，也就是说让"神"赋予了这种统一，同时也保证物质对象的实在性而同样成为真理的内容——反对神又借助神，这看起来有点精神分裂，但这就是我的性格，也是我所处文化的二元性习俗，大家习惯就好。与此同时，理智的起源也就自然而然成其为一种被神所观照的"天赋观念"，在数学领域完美地推理演绎过程正是这种天赋观念的表现，因此，我也就沿袭了古希腊先哲们的传统，将理智作为知识构成的第一要义，而感性经验则处于次要地位。至于理智与感性的关系的本质，嗯，这是个好问题，但请恕我不能回答。

"岛国·经验派"培根：

有这么多问题和漏洞还能叫哲学？我实在看不下去了，各位看官好，我——来自英国的弗朗西斯·培根举手了，请听我一言。

我们这个时代的思想和从前相比最大的变革之处，就是欲求认识、影响并改变现实，因此，认识并把握经验中的真理才是最重要的目的。虽然理智在纯粹数学和逻辑形式中依然发挥着主导作用，但它并不能增加我们关于现实经验的知识，例如亚里士多德的三段论，如果没有大前提作为先决条件，对于知识来说，它就什么都不是；而这种大前提只能经由对自然事物进行观察和实验基础上所作的归纳，亦即归纳法才能得到。于是，人类知识的真正起源就是经验，毫无疑问；知识就是力量，掌握了知识便可以用它来影响并改变基于经验的现实。

那么，正因为任何知识的获得都必须建立在感性认识的基础上，真理的内容不能脱离人经由感官所获得的关于外部世界的感性材料，所以只有在"我思"所引起的经验领域才能找到知识构成所凭借的那个"分寸"，亦即真理尺度遂行元始构成作用的那个基本单位。至于理智，它同样很重要，因为它提供的是在寻求感性经验的确实性过程中，亦即观察与实验之归纳法过程中的工具。"我们不能允许理智从特殊的事例一下跳到和飞到遥远的公理和几乎是最高的普遍原则上去"，"绝不能给理智加上翅膀，而毋宁给它挂上重的东西，使它不会跳跃和飞翔"。①

---

① 十六—十八世纪西欧各国哲学［M］. 北京大学哲学系外国哲学教研室编译. 北京：商务印书馆，1975：43-44。

"岛国·经验派"洛克：

培根先生说得很对，知识的增进必定取决于经验，但是，培根先生的理论依旧有着不小的漏洞和瑕疵，这就需要由我——来自英格兰的约翰·洛克来说明并发展一下这个问题了。

培根先生的理论有两个问题：第一，知识的取得源于归纳法中的观察与实验，但是观察不能是毫无目的的，而必须有某种预先的计划，同样实验也必定需要提前设计与安排，而这些前置设计毫无疑问都属于理智；第二，他并没有找到理智和经验的共同起源，也就没有找到那样一个真理尺度的元始构成，在这个方面，他反而把理智同经验隔离起来，也就是把理智隔离于获取共同尺度构成之"分寸"的行动之外，这对于元始尺度之于心灵整体的度量必然性来说，是不充分的。

因此，我认为无论是理智范畴的产生还是经验材料的获取，也即一切知识都是源于感觉。为何这样说呢？因为感觉可以分为两种：对外的感觉和对内的感觉。对外的感觉，正是人类的感官经受外物刺激而产生的自然能力，它的产物便是"感觉观念"；对内的感觉，是心灵反省自身活动的自然能力，它的产物便是"反省观念"。反省观念十分重要，它是心灵在对内反省的过程中对感觉观念进行联结、比较、组合与推理活动而形成的复杂观念，它源于感觉而非理智——"凡是存在于理智中的，没有不是先已存在于感觉中的"。

"心灵在这种使自己的观念重复和联结在一起的能力里，有很大的力量使自己的思想对象发生变化，繁多起来，远远地超出感觉或反省所供给它的东西；但是，这一切仍然限于心灵从那两个来源所得到的那些简单观念的范围以内，简单观念乃是心灵的一切组合的最终材料……心灵一旦得到这些简单观念之后，它就不单单局限于观察，局限于外界供给它的那些东西了；它可以凭自己的力量，把它所具有的那些观念结合在一起，造成新的复杂观念，像这样结合起来的复杂观念，它以前是从未接受过的。"①

由此可知，之前认为的理智的所谓抽象的逻辑范畴，正是源于以"感觉观念"为基础导向对内感觉的"反省观念"的不断重复和联结活动之积累，也就是说，感觉自身拥有其客观真理性。而它之所以如此，是因为感觉的简单观念之内部结构还拥有一种不变的性质，那就是"第一性的质"——体积、广延、形状、运动或静止、数目，我们有时很难感受到它们的存在，但恰恰是它们构成了外物的固有性质并保证了其客观实在性。当然了，还有"第二性的质"——颜色、声音、味道、触觉等，它们是人们的感觉与第一性的质作用的结果，是可变的而非固有的。因此，我认为，第一性的质就是第一尺度遂行构成作用的基本单位，亦即第一尺度的"分寸"或元始构成。而我们的心灵就像一张白纸，上面没有任何记号，没有任何观念，亦即没有任何超越这种"白板意识"的先天的东西，而我们得到的全部知识正是通过感觉自身的第一性的质所构成的后天经验加诸这张白纸之上而形成的——这便是我提出的心灵模型："白板说"。

"欧陆·唯理派"莱布尼茨：

抱歉，打断一下，这位兄台说得就有点离谱儿了，我——来自德意志的莱布尼茨有话要说。

先不争论细节，洛克同学断言理智的客观性来源于感觉的客观性，这实在是一个相当令人费解的判断，因为即便在一般人的理解里，理智和感觉的差距是如此巨大，让理智被感觉所决定，这实在很难令人接受。不仅如此，我本人在数学上的最新成果"微积分"更是一个显著的证据，它直

---

① ［英］洛克.人类理智论.转引自《十六—十八世纪西欧各国哲学》.北京：商务印书馆，1975：381-382。

截了当地证明理智的领域才是构成知识的真理尺度之来源。

为何如此呢？那是由微积分对于"极限"概念的设想和使用所阐明的：对于极限推理中勇于让无穷小量归零的思想推进，这都没有办法在现实经验中找到完美对应；而与此相反的是，当微积分这个理智领域被发明之后，恰恰有效指导与推进了诸多现实实践的效率与进程，例如在物体的运动计算领域、在天体规律运行的预测领域，甚至在炮弹的轨迹测算领域等。如此看来，理智怎么可能起源于感觉呢？可以这样说，心灵也许是一张白纸，但是这张白纸的存在本身恰恰是理智的产物——理智能力本身就是一种先天的东西。为此，我从实体的经典思想出发设想了这样一种先天的粒子——单子，作为第一尺度之元始构成的完美单位。

"单子"是这样一种东西：①由于单子没有部分，是不可分的，因此，它不能以自然的方式，通过各个部分的结合而产生，或通过分解而消灭；②单子是非物质的精神性的东西；③单子的数目是无限的，单子有质的区别；④单子有知觉，一切单纯的实体和被创造出来的单子都可以称为灵魂，因为单子具有自身的知觉（或表象）和欲望，单子的变化，就是在欲望的推动下，从一种知觉向另一种知觉的变化；⑤单子不仅有知觉，而且单子的知觉存在着等级差别，这样就构成了从物体到动物到人的单子等级系统，世界上的一切事物都依据其单子的高低之分，形成一个不间断的连续系列，宇宙中没有也不可能有飞跃；⑥单子没有可供事物出入的"窗子"，也即单子与现实的世界没有实际的物理联系，单子内部与彼此之间的秩序是一种理念的联系，它由上帝在创世之时便先天地创造而成——这便是"前定和谐"……

大家看，这样一种完美的心灵单位是不是完全符合真理元始尺度之构成作用的基本单位呢？那么，洛克老兄的那句名言恐怕要变一变了，"凡是存在于理智中的，没有不是先已存在于感觉中的"，这句话的后续必定是：

"理智本身除外"。

"岛国·经验派"贝克莱：

慢着慢着，几位兄弟，你们可真是越扯越远了啊，尤其是莱布尼茨，你简直忘乎所以、不知所云。现在到我贝克莱的出场时间了。在"解决"莱布尼茨之前，我先要谈一谈洛克同学的问题。虽然你是我的老乡，但是为了真理我不能不说说你啊。

洛克同学，你认为感觉自身就拥有其客观真理性，并把真理第一尺度构成世界的权柄交给你所谓"第一性的质"，然而这是有很大问题的，正如：

"大家都承认：大小、快慢是不能外于心而存在的，它们完全是相对的，并且依感官的构造或位置的变化而变化。因此，要说广延是外于心而存在，且它既不能说是大，也不能说是小，运动既不能说是快，也不能说是慢；换言之，它们就根本不是任何东西了……而数目也完全是心的产物；任何一个人只要注意到，同一个东西可以因我们观察方面的不同而有不同的数目的称谓，就会明白这一点了。因此，同一个广延，可以因我们按照一码、一英尺或一英寸来观察它而为一或三或三十六。数目显然是相对的，并且是以人的理智为转移的；一个人如果以为它离开了心而有一个绝对的存在，那真是一种奇怪的想法……

"同一个眼睛在不同的地位，或不同结构的眼睛在同一个地位，其所看到的形状和广延都是各不相同的。所以，它们都不能是任何存于心外之确定的事物的图像……

"为什么我们不可以同样合理地说，运动也不是在心外存在的呢？因为大家都承认，如果心中的观念的连续过程变得快一些，则外物虽然不变化，而运动却会显得慢起来。"①

因此，本身是相对又能够变化的"第一性的质"显然就不能作为一种"不变性"而成其为第一尺度的元始构成。洛克兄弟，十分抱歉，你的结论不成立。

至于莱布尼茨兄弟，你的思想就跑得更远了，先不说你的那个导致微积分诞生的"无穷小的量"，在你的一些数学推理步骤中它是起作用的存在，而在另外一些推理步骤中又直接归零进而"不存在"，那么，在你的微积分中，它就是一种既存在又不存在的神奇的事物；恕我学识浅薄，恐怕这个世界上还没有这样的东西，也无法被感知到。

至于你所说的"单子"，它隔绝于物理世界而不能被心灵认知所经验，从而既可以说它存在也可以说它不存在，无论是哪种，反正对于世界而言并没有什么不同。而既然莱布尼茨兄弟你认为单子自己可以产生知觉，但自身又是一种高度抽象的、位于彼岸世界的"灵魂粒子"，那我为什么不可以直接说能够被知觉到的就是存在本身呢？哪里还需要一个什么处于形而上的彼岸世界中的精神实体呢？

故而，我认为"实体"本身就是一种该被质疑存在的东西，关于存在我只有一个观点，即"存在即被感知"。恕我水平有限啊，只能论述到这里，咱们经验论者对于第一尺度之元始构成进行阐明的高论，就得靠我后边这位兄弟——休谟来撑场子了。

"岛国·经验派"休谟：

谢谢前边这位兄弟的捧哏与热场，看来给唯理派所信奉的形而上学盖

① ［英］贝克莱. 人类知识原理［M］. 关文运译. 北京：商务印书馆，1975：543-545。

上棺材板的重任还是得由我——来自苏格兰的大卫·休谟来接手才行啊。

我认为人类只有两类知识，也就是说人类认识的对象可以分为两类，一类是观念或概念之间的关系，一类是经验"事实"。前者的代表就是数学，只要是数学的知识都代表客观真理性，也就是理智本身的纯粹形式相关的知识，这种知识只需要通过运用矛盾律去发现概念之间彼此不矛盾的相符关系即可。例如"三角形的两边之和大于第三边"这个数学命题，就可以看成：只要从"三角形"这个概念出发，就必定可以得到两边之和大于第三边，也就是说"两边之和大于第三边"是包含在三角形这个概念之中的，这就是理智对于纯粹形式的推理演绎上所能保证的必然性，亦即客观真理性，这并不需要怀疑，但是，这个知识在古希腊时代就已经得到证实，并不是我们这个时代认识论所要阐释的最重要领域。认识论真正要阐明的，恰恰是后者，也即第二类知识：关于经验的事实，具体来说，关于经验的因果关系的知识，因为只有凭借这种知识我们才能够影响与改变现实，进而建立完善的科学。然而，经验知识的因果关系到底有没有理智上的根源，亦即形而上学的概念根据呢？我认为是没有的。

譬如，就拿"火在煮水"这个事件来看，一般来说，普通人的因果反应就是水一定会变热乃至沸腾，但是，如果把这个场景放在北冰洋，对于生活在那里的因纽特人来说，火在煮水的结果却是会结冰，这种因果关系的建立对于他们的理智来说毫无问题，亦即"被火煮着的水结冰了"这一事件对于一个人类的理智心来讲并无任何逻辑矛盾，换言之，对于一个心灵来说，同一个原因可以建立两个完全相反的因果关系，这明显违反了理智或形而上学得以建立的排中律或矛盾律，但是因为有了经验的介入，这种因果关系的建立又变得可能。我们简单归纳一下，也即：

"每个结果都是一件与它的原因不同的事件。因此，结果是不能从原因中发现出来的，我们对于结果的先验的构想或概念必定是完全任意的。即使呈现了结果之后，结果与原因的联系也还是同样任意的；因为还有许多其他的结果，依照理性看来，也同样是不矛盾的、自然的。因此，我们如果没有经验和观察的帮助，要想决定任何单个的事件或推断出任何原因和结果，那是办不到的。"①

　　由此可见，我们的经验知识得以建立所依赖的只不过是一些"铁的"信念，而完全没有理智上的先天保证，也即没有形而上学的必然根据——未来未必符合过去。太阳昨天从东边升起，明天就不一定从东方升起，这有什么不可能的呢？我并不是怀疑科学对这种现象解释的普遍有效性，因为科学也不过是对这种铁一般的信念做更简明、规律化与精确化的描述罢了，在其中，"铁的"信念便化身为科学规律，这些规律在大多数时候是适用的，但即便是最品德高尚与专业精湛的科学家也不能保证他发现的规律永远适用。这就是我提出的重要问题，承蒙学界同侪抬爱，这个问题也被称为"休谟问题"。通过这个问题，我们就可以断定：在主体的经验认识的过程中，理智根本无法保证它的客观真理性，从而，过去崇高而自由的形而上学领域也无法为这个过程保证任何东西，于是，我便亲手导演了思想史上"形而上学的最大危机"。

　　实际上，经验知识得以建立所依赖的"铁的"信念，就是一种想象力的定律，我把它称为"联想律"——我认为这才是第一尺度的元始构成，亦即对于"我思"起到构成作用的"分寸"；同时，"联想律"的主体"心"，就是"那些以不能想象的速度互相接续着，并处于永远流动和运动之中的知觉的集合体，或一束知觉"②，那么，作为一种元始尺度的基本单

---

① ［英］休谟.人类理智研究［M］.北京：商务印书馆，1999: 23-24。

② 十六—十八世纪西欧各国哲学［M］.北京大学哲学系外国哲学教研室编译.北京：商务印书馆，1975: 596。

位，"联想律"便可以等价为"知觉束"或"意识流"。就此而言，那些在形而上领域之中的所谓物质实体、心灵实体与上帝实体也就没有什么存在的必要了，甚至形而上学本身的积极存在的必要性也自然要存疑。

"欧陆·唯理派"康德：

什么？"形而上学"居然要被取消了？我们西方文明的古典哲学的传统竟然要崩塌了吗？是可忍孰不可忍，看来，补齐真理第一尺度的"最后一块砖头"的重任就只能放在我身上了。各位好，我——来自德意志的伊曼努尔·康德要来盘一盘道。

休谟同学把全部知识分为两类，对于这一点我是赞同的，同时我也按照逻辑学的方式将这种知识的分类延伸为两种命题。第一种命题，按照休谟对于观念的先天联结的知识，亦即观念之间的必然联结都来自观念之间无矛盾的逻辑互涵，这种逻辑互涵实际上是一个判断或命题的主词与谓词的必然联结，也即谓词从主词必然导出，这是理性通过形式所作出的先天判断，不需要有后天经验的参与，例如数学命题，我把这类命题称为分析命题；第二种命题，亦即对经验事实进行认识的知识，在对于这种知识的判断或命题中，谓词并不必然包含在主词内，也就是说发生了两个没有逻辑互涵关系的观念之间的真正联结，正如"休谟问题"所发生的场景，后天经验毫无疑问参与其中，这种命题便叫作综合命题。

好了，休谟同学将这两类命题泾渭分明地分开了，好像它们没有统一的起源一样，而下边我恰恰要证明，这两种问题都拥有蕴含对方特质的统一起源，也就是说，理智和经验都拥有统一的元始构成尺度，而要论证这种统一性，就需要追问这样一个问题：先天综合命题是否可能？休谟同学说得对，数学知识领域和经验知识的因果关系领域确实是对于认识问题本质的最佳阐明之地，但休谟说得好像这两个领域的元始尺度都已经盖棺论定了似的，实际上并非如此，接下来我就分别对这两个领域再次进行一番讨论。

首先来看一看数学知识。"大家可以把 7+5=12 这个命题先想成一个分析命题，是按照矛盾律从'7'与'5'之和这一概念得来的。然而经过进一步检查就可以看出，'7'与'5'之和这一概念所包含的只是两个数目合而为一，绝对想不出把二者合起来的那个数目是什么。'12'这一概念是绝非仅仅由于我想到'7'与'5'之和就能想出来的，不管我把像这样的一个可能的和数的概念分析多久，我都找不出'12'来。我们必须超出这些概念，借助相当于这两个数目之一的直观，比如说，用五个指头，或者用五个点，把直观所给的'5'的各单位一个一个地加到'7'的概念上去。"就好像在一个直观想象的坐标轴中把五个手指头和七个手指头合并在一起，然后用坐标轴上的定位顺序把它们再数出来，从而得到一个新的坐标数"12"，"这样我们就通过 7+5=12 这个命题实际上扩大了我们的概念，并且在第一个概念上加上了一个新的概念，而这个新的概念是在第一个概念里没有想到过的。因此，数学中的算学命题永远是综合的，而且随着我们所采取的数字越大就越明显"，那么，很显然，我们在算学命题的推理过程中，在头脑里构建的这个感性直观的坐标轴，就是"时间"。

同样地，数学中的几何命题对于感性直观参与的"综合"体现得更明显，譬如对于"三角形的两边之和大于第三边"这个命题，如果我们不在头脑中构建一个直观空间，在其中将三角形的两条边拆解相加并与第三条边进行比较，也就根本不可能得出这个结论，于是，几何命题很显然是有感性直观参与的综合命题，而这种必不可少的感性直观便是"空间"。

由此可见，无论是算学中的数字还是几何中的图型都必须首先在我的心灵中用时间与空间"做"出来，然后才有在此基础上数学推理的可能，那么，时间与空间并不是在后天经验中已经发生的具体事情，而是一种感性直观的先天形式，亦即纯直观，它们也就跟理智的先天范畴共同成了数学这种先天综合命题的先验逻辑条件。

其次，我们再来看一看经验知识。比如"太阳晒了，石头热了"这样一个经验因果关系，如果把这个命题的两部分拆开，就会形成两个知觉判断的独立事件，分别是"太阳晒了"与"石头热了"。知觉判断仅仅具有主观有效性，而不具有客观普遍性，因为不同的人对于"太阳照射"可以形成千差万别的主观感觉，比如太阳照射的结果，完全可以是"天亮了""春天来了""石头开裂了"，甚至有人认为"石头变冷了"也未尝不可。而一旦我们把"太阳晒"和"石头热"联结在一起形成一种因果关系的概念性经验，实际上是以心灵发出来某种先天的要求为前提的，这种先天要求就是心灵必定要求一种人人都要同意的普遍性，从而形成一种叫作"晒热"的普遍规则，亦即普遍概念；因为若是没有这种普遍性，人们就只会停留在各自千差万别的知觉判断里，而根本无法形成人与人之间基于共同经验认识的任何联系，进而，人也就必然失去普遍性，失去对人与人构成之世界的文化创造的可能性，而永远停留在动物性的阶段。因此，任何基于感觉的表象联系一旦希望"升级"为经验知识，这种联系在理智判断的先天形式的框定下才能构建其必然性与普遍性的结构，从而成其为普遍规定下的经验认识。所以，任何经验知识必定是一种先天综合判断。而我也把这种理智判断的先天形式按照其自身的规律归纳成了一个表格：知性判断表（范畴表）或谓词表。这种通过先天的知性判断表的形式进行的思维，即纯粹思维。

那么，经过前边的分析，我们会猛然发现，休谟和洛克所认为的那种人类的心灵在认识之前是一块"白板"的说法是完全错误的，人类的心灵不仅不是一块"白板"，恰恰相反，在它开展认识活动之前，这块"白板"上就已经先天地拥有了由"时间与空间"的纯粹直观和"知性判断表"的纯粹思维共同构成的先天逻辑条件，形象点说，不知为何，这块心灵"白板"上已经被画出了一个又一个先天的"格子"或"格子网络"，任何知识，无论经验的还是数学的，都必须经由这些先天格子框定且构成后才能成为真正的知识，就好像任何认识材料都必须由这些"我思"的先天网格做成先验的"菜谱"，才能由之生成知识的"美味佳肴"似的。也正因为在世界之中的存在必然遂行于这些心灵的先天格子亦即先验范畴之上而建构自身，也就是说世界中的事物存在必定有其根据且运行于因果序列之中，所以，矛盾律也就在此基础上升级为"充分理由律"或"根据律"。于是，由"我思"开启的真理或心灵的元始尺度，终于找到了它的最终的元始构成，亦即最完善的元始"分寸"，那就是由纯粹直观与纯粹思维共同构成的先天的"心灵格子"；而休谟所信奉的人类经验只有后天信念而没有先天起源的思想，也就此被破除了；理性及形而上学的地位，也因为这一种先天秩序的追溯而再度"复活"。

而承蒙西方思想界的同行谬赞，我取得的上述成就也被认为是近代西方哲学在认识论领域的最高成就，也即在真理第一尺度的最高成就。

"启蒙时代思想往事"，剧终。

第 3 节
第一尺度成熟背后的隐忧：康德的先天"心灵格子"与其内生难题

我们从中可以看出来，"第一尺度的终极探寻"是如何作为一条鲜明的思想线索而贯穿这一段思想剧情之始终的。而正因为牢牢占据了这一精彩思想剧情的最高潮，即第一尺度的最终解释权，所以康德也被誉为西方古典哲学的集大成者；此外，由康德的认识论境界所得到的"我思"之心灵模型或人性模型，也就成其为成熟的理性人模型。当然，在康德那里，这种由四组十二个纯粹范畴组成的判断（谓词）表（如表 1 所示），跟时间与空间的纯粹直观形式所构成的"先天格子"又被叫作（先验）"图型"。然而，这种先天的"心灵格子"之先验图型所带来的心灵震撼与精神反思还远远没有结束，乃至远远超出西方的哲学家们在自身的文化传统中所想象的地步。

表 1　判断（谓词）表 ①

1. 判断的量

全称的

特称的

单称的

2. 判断的质

肯定的

否定的

无限的

3. 判断的关系

定言的

假言的

选言的

4. 判断的模态

或然的

实然的

必然的

　　究竟是谁画出了这种先天的"心灵格子"，这个"谁"到底归结为西方文化传统视野内的理性或上帝，还是某种更大、更灵性、更悠远、更玄

---

① ［德］康德.纯粹理性批判［M］.北京：中国人民大学出版社，2004：82。

奥的心灵或真理尺度？这种"心灵格子"是否预示着某种更本质、更元始的心灵结构或意识结构的揭示，以至于它能够让人类穿透时间与空间的经验"天幕"而实现西方哲学所憧憬的"理智直观"？正是在对这两个深层问题的探寻与反思的过程中，西方哲学遇到了有史以来的最大思想瓶颈，也即理性人模型不可抑制的内生缺憾，这种思想瓶颈与内生缺憾是如此顽固，以至于其让尼采傲慢地宣布"上帝死了"，让维特根斯坦自负地宣称"哲学在此终结"——西方哲学由西方哲学家们自己终结，这真是一个相当反讽而意味深长的寓言。

事实上，正如荣格在《金花的秘密》中所坦陈的那样：

我的（心理学）医疗经验向我表明，我使用的一些技巧已经无意中把我引上了一条神秘的道路，对于这条道路，东方的贤哲们已经潜心研究了数个世纪。[①]

直面这一个重大思想瓶颈，西方哲学家们自以为能够在自身的文化体系内寻求完善的答案，但事实证明，西方文明无法"自己给自己动手术"，他们从此中进行反思和领会所真正遇到的其实是一种如同荣格所说的"来自东方的神秘道路"，亦即遇到了"东方"所代表的更大的真理与心灵的元始尺度。那么，理性人模型到底是一种怎样的具体结构，它为何在其中必然遇到其内生困境，这种内生困境又是如何让西方与东方开始真正相遇的呢？

在这一节我们可以感受这些关涉西方哲学命运的重要问题是如何自然引发的，而对于这些问题的解答就是下一章将要讨论的内容了。

---

① ［瑞士］荣格，［德］卫礼贤.金花的秘密——中国的生命之书.［M］.张卜天译.北京：商务印书馆，2016：20。

第八章
第一尺度的"自由极限"：理性人的未来性缺憾与"逍遥游"

第1节
理性人模型的思想表达与内生缺憾

康德有一句著名的思想格言：

有两样东西，越是经常而持久地对它们进行反复思考，它们就越是使心灵充满常新而且日益增长的惊赞和敬畏：我头上的星空和我心中的道德法则。[①]

康德之所以这样说，是因为"我头上的星空"与"我心中的道德法则"所代表的两大领域以一种展现西方文化传统的方式，亦即二元性的方式构成了表征西方文明巅峰的时代精神及人性模型——理性人模型。理性人模型，顾名思义，便是以理性为尺度将人的心灵能力和领域进行二元划分的人性模型，它是影响乃至主导人类文明近五百年的演化潮流，尤其是当近代科学以之为母体诞生之后，它更借助"科学"的系统性名义及科技的雷霆万钧之力而被奉为人类现代社会的主流意识形态。

经过综合的逻辑归纳，理性人模型的表达，正如图 27 所示。

---

① ［德］伊曼努尔·康德.康德著作全集（第5卷）［M］.北京：中国人民大学出版社，2007：169。

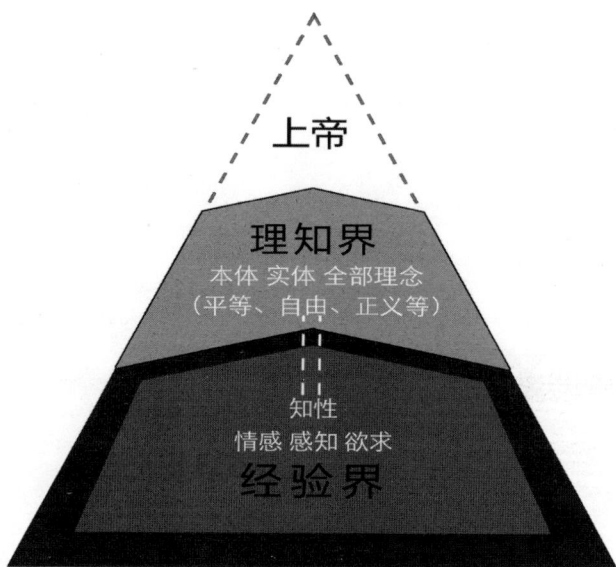

图 27　理性人模型（详细）[①]

对图 27 中所展现的理性人模型进行说明，其最重要的思想特质可以阐述为以下四点：

1. 整个理性人模型的认知核心，是"经验界"，亦即心灵的第一尺度所能够通达的实相内容，它也是人类的"自我意识"——"我思"施"先天综合"（心灵的"先天格子"）于感觉材料而得以构造的经验实在的世界——现象界，它也是人们通常所说的"自然"。于是，经验界或现象界便是通过理性人模型所能够积极直观的全部存在性对象所构成的世界，无论这些对象是知性规则、感知物体、情感状态还是欲求观念，正因为它已经是人类"自我意识"的视野所及的全部存在，所以它就自然成其为"以自我为中心"的领域而封闭了自己的边界从而形成了一个二元性的"盒

---

① 本图与前文图 7 结构相同，但包含进一步的说明信息，故加注"详细"。

子"，而这个"盒子"的厚厚的壁垒便是"先天综合"之先验范畴与先验直观形式，也便是上一节所指出的第一尺度之元始"分寸"——先验知性形式跟时间与空间，当然，若从心灵认识必定将时空与知性绑定在一起的角度，这个"盒子"的壁垒也可以称为"时空壁垒"。

因此，通过这个心灵盒子的"壁垒"，亦即时空壁垒，康德也为知识划分了边界，无论是在它之上的理知界还是上帝，都是在它的积极认识之外并与之二元独立分离的心灵领域，在这个心智模型的视域中，人类没有任何办法对它们——理知界中的事物与上帝进行积极有效的认识与直观，也即无法形成关于理知界与上帝的任何知识——它们只能被思及，而无法被认识；这正如"黑洞"之于当今物理学的认识状态，只能通过它之外的宇宙现象观测到它的边界，却全然无法确定黑洞里边的任何信息。于是，整个理性人模型的一切结论，都必然以自我诸能力的第一尺度特征作为源始参照标准，抑或以自我意识的时空经验作为唯一可靠的真理依据——近代科学就是以此为基本根据而建立起来的，因为这种稳定的时空经验必定排斥那种"不稳定的""偶然的"宗教"神启"。那么，经验界就是人类的旧的时代精神所认定的唯一生活现实，也是唯一的终极真实的世界本原的在场性投射，由此，跟唯一客观真实存在相对应的"实在性"也就成其为事物的唯一主导性质——换言之，此信念便是经由第一哲学之本原性的思维惯性而得出的"单一现实"或"单一实在性"。

2. 在经验世界之上的"理知界"与上帝所在的"神之领域"，正是康德发现先天综合命题这一个先天"心灵格子"之后，按照西方的文化传统所作出的必然反思：到底是"谁"以无上伟力在心灵的"白板"上"画出"的这些"先天格子"呢？换言之，这些"先天网格"作为一种先验秩序必定有着更高的来源，这种来源标示着"无限"的特质。按照西方的思维传统，能够作为一种先验秩序的来源的不能不是理性，也即代表一种抽象的超验特质的理性，从此，理性便作为一种"无限心"跟只能认识经验界的有限事物的"知性"（理智）分离开来而成其为人性的最高能力。

理性作为一种"无限心"所思及的对象必定是自律或自存而非偶然的、有条件的事物，它便是广义上的理念，由理念所构成的心智领域便是"理知界"或"智思界"，理知界便是一种自由法则与自在事物遂行自身的领域。于是，能够刺激心灵而产生感性材料的"物自体"或"实体"同样是一种理念，而归属于理知界，而"自我"作为一种精神实体也自然归属于理知界。由于理性能够为知性凭空造出无条件的事物，亦即为知性规则"设计"出普遍性的原则，因而构成人类现代社会共同体基础原则的各种普遍性的价值，例如自由、平等、正义、法权等，也归属于理知界——这便是西方"普适价值"的由来；同时，根据理性的这种性质，当今社会的各种"主义"，譬如社会主义、生态主义、女权主义、民主主义等也是理知界的存在。

"理知界"虽然被理性奉为更高心智领域，但是，它却在这个人性模型中被当作只能思及而无法积极直观的对象，亦即消极的认识领域。因为这个模型规定：仅仅凭借人类所能把握的时间与空间之感性直观能力，根本无法有效"看见"在经验界之外的领域，因而也就无法获得相关的有效知识。所以，理知界便与"上帝"一道在此被统称为"超感性对象"或"超验世界"。

超感性世界中的对象与理念只能通过一种作为桥梁的自我意志中推动"思及"的"力学作用"来引导知性规则，进而影响经验界所在之现实，正如道德法则的强制性伦理命令，抑或宗教诫命如《摩西十诫》，除此之外，别无他法。因为对于理知世界到底是怎样的情形，心灵一无所知，于是，理性所构造的理念便作为一种"应当"的实践性命题而被提出来，为现实世界悬置一种理想的目标。

3. 因为"理知界"的内容无法被心灵所认识，也即呈现为一种消极性，它们便作为一种充当现实理想的实践信仰而存在。但是，实践信仰导向的心灵天性又不可能忍受一种内容"空无"的消极状态，于是，"上帝"便作为一种能够积极直观"理知界"内容的绝对必然的存在者，亦即纯粹理性的理想与理知界的最终起源——作为"一切实在性的大全"而被设定出来。能够积极认识"理知界"的直观被西方哲学称为理智直观，因而，它也就成了西方哲学传统欲求而不得的永远的"憧憬"。说到底，就现实实践的遂行而言，有无"上帝"或"神"并不影响其运行功能，所以，"上帝"与"神"也便作为一种关于"思及"本身的理想设定而虚置于理性人模型的最高层。由此，我们才会说，理性人模型主要是理知界与经验界二元分离的"二元性"心智模型。而上帝也与理知界一道构成了西方哲学传统意义下的"形而上学"领域。

4. 最后，以自我意识为主导的心灵经验之四大能力，无论是感知、情感、欲求还是知性能力，都是以"先天综合"的先验范畴——时空壁垒作为心灵的"先天格子"而构成的后天能力，因而，我们也可以将其统称为"外在感官能力"，或简称为外感官。

在这心灵的四大能力中，以矛盾律为主要推理与演绎方式的知性是居于优先主导地位的经验能力，因为理性人模型所建构的经验世界中，一切对象都必须最终归于一种法则性的知识才能成其为经验，而从理性的角度，法则性便也是一切真理的第一准绳，故而知性作为一种天然的规则效能便成为统筹其他三大能力的"主导者"，它也是直接经由自我意志接受更上层的理知界影响的自我认识能力。而理性通过矛盾律主导的这种功能及信念，以及它通过矛盾律对心灵与知识领域的这种"分别心"的二元划分效应，也可称为"纯粹理性"。

我们从中可以看出，理性人模型的内在特质决定了它受限于第一尺度的格局与本质，因为既然理性人模型使用一种消极的方式来处理第一尺度的元始构成的来源问题，亦即使用西方思维传统的抽象超验的方式来回应心灵的"先天格子"由"谁"画出的问题，那么，它也就无法穿透第一尺度自身的心灵壁垒——时间与空间、纯粹理性与单一现实，而壁垒之后恰恰就是更高真理尺度的"觉悟之门"，可惜差之毫厘，谬以千里。虽然在第一章第 2 节涉及康德对于"时间"论述的内容时，提到过康德也设定了一种"先验想象力"来试图解释这种心灵"先天格子"的直观来源，但是，因为他没有办法触及"三元拓扑"的心灵先天结构的高级对称之拓扑性，也就没有办法为第一尺度的元始构成寻求相匹配的微观心灵结构的起源，从而也就等于什么也没说。

实际上，根据真理尺度自身的性质与定义，某种心灵的元始尺度只能由更大的心灵尺度来生成与领会自身，从这个方面来说，康德的成就离穿透第一尺度的壁垒就差"（以构成作用的领会结构）回到自身"这一步了；然而，对于西方文明来说，迈出这一步需要克服太多，尤其是西方哲学诞生之际所确立的第一哲学之本原性思维传统——这也终究成了西方文明无法达成"未来性"的"阿基里斯之踵"。而从理性人模型的层级结构来看，若以元始尺度为标尺，我们可以很明显地看出它亦无意识地为第二尺度与第三尺度留下了对应空间，亦即理知界与上帝，但是很遗憾，这些都被划为了"不可知"的消极领域，亦即心灵聚焦的模糊区乃至接近混沌区，因而也就不可能从中展现第二与第三尺度的丰富的心灵法则及其效应了。

随着文明历史的发展，人类的现代文明终于在理性人模型中，用矛盾律和相对性的一重对称的方式将人性置于一个经验世界抑或物质世界的"盒子"中，这个盒子的外壳是如此坚固，而让置于其中的人类与外边的世界几乎绝对分离了，以至于里边的人类根本不清楚自己的存在是不是被盒子之外的更高级生物所控制，就像人类控制电脑中的数据一般——这便是当今著名的"缸中之脑"的思想实验所启示的理论：盒子理论。在这个经验的"盒子"中，心灵的积极领域与消极领域被理性强行二元分隔，而本节开头康德的格言所宣示的"星空"与"道德法则"，实际上指代的就是在其中二元分离的经验界和理知界；这种心灵领域的积极与消极二分造成了通过理性人模型反思自身的内生矛盾或二元悖论，这种内生矛盾或二元悖论集中反映在康德所归纳的四大二律背反中，对此，我们在本书的第四章第 3 节中已有详细讨论，它们表达如下：

（1）纯粹理性的第一个二律背反

正论：

世界有一个时间中的开端，就空间而言也被封闭在界限之中。

反论：

世界没有开端，没有空间中的界限，相反，无论就时间而言还是空间而言，它都是无限的。[①]

（2）纯粹理性的第二个二律背反

正论：

在世界中每一个复合的实体都是由单纯的部分构成的，而且除了单纯的东西或者由单纯的东西复合而成的东西之外，任何地方都没有任何东西实存着。

反论：

在世界中没有任何复合的事物由单纯的部分构成，而且在世界中任何地方都没有单纯的东西实存着。[②]

[①] ［德］康德.纯粹理性批判［M］.北京：中国人民大学出版社，2004：288。

[②] ［德］康德.纯粹理性批判［M］.北京：中国人民大学出版社，2004：294。

（3）纯粹理性的第三个二律背反

正论：

按照自然规律的因果性，并不是世界的显像全部都能够由之派生出来的唯一因果性。为了解释这些显像，还有必要假定一种通过自由的因果性。

反论：

没有任何自由，相反，世界上的一切都仅仅按照自然规律发生。[①]

（4）纯粹理性的第四个二律背反

正论：

有某种东西属于世界，他或者作为其部分或者作为其原因，是一个绝对必然的存在者。

反论：

任何地方，无论是在世界之中，还是在世界之外，都没有作为世界的原因的绝对必然的存在者实存。[②]

通过理性人模型的视角，我们已经能够极为清晰明了地看出从纯粹理性出发的这四大二律背反的逻辑悖论，而本节开头康德的格言所宣示的"星空"与"道德法则"，实际上指代的就是在这个理性人模型中二元分离的经验界和理知界。从本质上来说，这四大二律背反正是西方哲学妄图纯粹用第一尺度的逻辑来涵盖与解决第二尺度与第三尺度投射出来的问题，注定只能得到一个"缘木求鱼"的结果；而对它们所带来的思想悖论的最终解决则必须等到第三尺度，亦即合一律得以阐明之时才能完成，而这部分内容笔者已经在第三章第3节进行了详细论述，此处就不再赘言了。

---

① ［德］康德．纯粹理性批判［M］北京：中国人民大学出版社，2004：300。
② ［德］康德．纯粹理性批判［M］北京：中国人民大学出版社，2004：306。

第2节
所有权的理性悖论：自由的"任性"渴望与普遍性难题

本节接下来要谈一谈基于理性人模型的"自由之极限"的话题。

在理性人模型中，理知界作为心灵能够把握的最高领域，是自在存在者之领域，亦即自由的领域，它也是经由理性的"无限心"来思及的世界。我们之所以说理性人模型是人类文明的上一代时代精神，是因为在西方启蒙运动所构想的"普适价值"全部存在于理性人模型的高级区域——理知界的领域，而人类现代文明的全部社会基础正是由之奠定的。通过理性人模型，所有这些"普适价值"所形成的社会基础必然有两大逻辑来源：其一是作为行使自由意志之理性存在者的基本存在根据，即法权的来源；其二是作为理性存在者之自由理想，亦即现实理想的根据，即幸福的来源。我们下边将分别讨论这两大逻辑来源。

首先，关于自由存在之基本根据，亦即法权的来源问题。我们还是借助康德在《道德形而上学》中的例子来简要说明。根据理性人模型，作为有理性的存在者，"我"对一块手表的占有将有两种意义：一种是基于经验界的物理把握，也即在实际的时间与空间中掌控这一只手表，这是一种经验的占有——它已经戴在我的手上被我当作计时用的工具；另一种则是基于理知界的理性把握，也即不依赖时间与空间的物理掌控而占有一只手表，这时，我占有的是这只手表的法律上的所有权，它即便离我十万八千里也依然属于我，那么，我占有的是一种非经验的东西，它完全超感觉，却是作为社会存在的人都要承认的一种绝对的无条件的存在——一种存在于理知界的"物自体"或"智思体"的对象。那么，第二种意义上的理性的占有便是现代社会法权论的基础，它依据的是基于根据律或充分理由律的无矛盾的相符关系，亦即被理性人模型的社会公约所赋权的"占有的可能性"。因而，为何通常说财产权或私有财产权是任何现代国家立法的基础？其逻辑依据即来源于此，亦即来源于理知界的先验自由，或者换句话说：源于自由意志的普遍实践可能性。从此，理知界之权柄的代行者——自由意志便作为一种人人皆要认同的社会普遍性之坚实来源的"正当性提款机"而通行世界。同时，资本成其为所有权亦即占有可能性的集中代表，它的施行方式——资本主义及资本主义市场经济在现代社会的大行其道，便经由作为社会主导意识形态的理性人模型树立了自由意志的道德基础；可以这样说，资本主义正是被理性人模型必然作出来的文化生命体。

然而，从心灵元始尺度的视角，这种社会普遍的"正当性"并没有人们想象的那么"坚实"，在具体的社会活动与历史实践中，这种"普遍性"不仅大打折扣，甚至出现了全然矛盾的结果：为什么能把巴赫、贝多芬等世界名家的音乐旋律演奏得出神入化的德国人，在二战时变成了疯狂的野兽？为什么奉行平和、礼仪社会文化的日本人，在对外战争的战场上嗜杀成性？同一个理性存在者，面对同一个实践内容，亦即保证人的基本生命与财产权利之时，竟然毫无顾忌地施行国内外两套标准。同样的例子在当今时代亦不少见，某世界大国虽被奉为"世界警察"，但是却奉行霸权主义政策，毫不掩饰地在整个世界推行对自身与对他国的"驰名双标"——难道"普遍性"这种先验的东西居然受到时间与空间的制约，难道存在于理知界的自由意志竟然被经验界所决定？这是一个多么违背"理性"的讽刺性事实。

由此可见，西方的思想家们对于心灵的"先天格子"，亦即第一尺度的元始构成——知性的先验范畴的普遍性的立法来源问题，并没有真正找到一个坚实的真理根据，或者说没有找到元始真理尺度之根据，因为任何思想立法的标准无疑都是来自真理的元始尺度。作为一种社会公约的法律之所以能够得到其社会普遍性，其根据难道仅仅是一种人类凭借自由意志的理性的认同吗？很可惜，并不够，或者说，完全不够。人类生活于其中的社会现实所必然要求之规则或立法的普遍性，如果仅仅来源于一种（西方）"普适价值"所在的消极的心灵领域，那么，本应该被人们把握为一种精神自觉的"自由"，就会因为没有更大心灵直观的遂行维度与展开尺度而不可避免地"坍缩"成仅仅聚焦于第一尺度之经验世界的"任性"——自由异化为"任性"便是当代社会的"常态"，这便是基于理性人模型之自由的第一个极限。简单来说，根据第三尺度之"合一律"，普遍性要成其为人人自发认同的那种无条件的自觉"权柄"，如果没有全息的保证，亦即在终极对称性的心灵领会的积极观照中让人之成为人的心灵本原性边界自然消融，那就是一件不可能的事情。而这样的普遍性的理想景观，也只有走上未来性的真理之路才有实现的可能。

第 3 节
理性自由的极限与逍遥游之"逍遥"

下边，我们再来谈一谈作为现实世界理想的自由。前边谈到，自由遂行于社会的法权论基础即是占有的可能性，其中"占有"这个词强烈地提示了第一哲学的传统真理道路，亦即本原性真理道路，因为只有一"本原"的东西先行地"在那里"，才能出现将之纳入一个更大"范畴"内的占有行为的可能性。那么，自由的现实理想若要实现，也就要在理性人模型所筹划的现实经验世界中尽力去占有足够的可能性，乃至一切可能性，从而达到幸福。而幸福不仅仅是一种法则，更是一种体验，那么，实现自由的理想便在此演化为占有一切可能的自由体验——人类自己而非"神"才是意义的全部本源，这便是以文艺复兴所开启的人文主义为前身的现代自由主义的主要思想根据。

当人类终于确立"自由意志"成其为决定一切意义乃至道德标准的最

重要的权威之后，理所当然地，尽一切可能去拓展作为一个"理性人"的内心体验就是必然的选择，"要聆听自己的声音，对自己真诚，相信自己，追随自己的内心，做让自己快乐的事"……正是自由主义最醒目的口号。于是，人类世界的社会生活景观也随之发生了几近于"翻天覆地"的变化，正如历史学家尤瓦尔·赫拉利在《未来简史》中所描绘的那样：

个人生活中……人文主义告诉我们，只有这件事让人感觉不好，才有可能是坏事。谋杀之所以是错的，并不是因为神说"不可杀人"，而单纯就是因为被害人及其家人、朋友十分痛苦。偷窃之所以是错的，并不是因为有什么古籍说过"不可偷盗"，而单纯就是因为如果有人失去财产，会感觉不开心。如果某个行为不会让任何人感觉不好，就等于没错……[1]

我们的感受不仅能提供个人生活中的意义，也能为社会和政治程序提供意义。当想知道该由谁来统治国家、采用何种外交政策、使用何种经济手段时，我们不会从古籍经典里找答案，也不会只听教皇或诺贝尔奖委员会的命令。相反，大多数国家都用民主选举的方式，聆听人民对当前事物的看法。我们相信选民能作出最好的选择，而个人的自由意志选择正是最终的政治权威……[2]

在自由市场上，顾客永远是对的。如果顾客不想要，就说明一款车不好。就算大学教授和神职人员都高声疾呼这是一款很棒的车，也不会有任何影响——顾客不要，就是烂车。没有人有权说顾客错了，哪国政府也不

---

① ［以色列］尤瓦尔·赫拉利.未来简史［M］.北京：中信出版社，2017：207。

② ［以色列］尤瓦尔·赫拉利.未来简史［M］.北京：中信出版社，2017：208-209。

会斗胆强迫公民违背意愿一定得买某款车。[①]

对此,我们会发现,基于理性人模型的"自由意志"就像一服超尘脱俗的"万能神药",在它的"神光"照耀下,人类几乎可以任意拓展内心体验以实现自身快乐的积累而似乎无需任何负担,并自认为能够在此过程中充分发展人的知识,就仿佛只要内心体验足够充分就一定能提炼出全部尺度的真理与智慧而让人类永远进步下去似的。人类的科学领域就十分受益于这样的意识形态,科学家们坚信:只要搜集足够多的经验数据,就可以发现更多的科学定律并开发出更强大的科学技术,以此进一步帮助人类去征服新的体验领域,例如宇宙航行、基因科技与人工智能等——这确实是科学的"浪漫",科学也许可以成功,在它不把自身的全部根基都放于第一尺度的情况下。

努力去拓展人类的内心体验是没有错,然而真正的问题是,哪种心灵尺度的体验?人类真的以为在既有的"自由意志"统摄下的感觉体验是可以无限扩展的吗?更进一步来说,人类过去以为的"自由意志"是不是真的那么"自由",还是说也许仅仅是一种自由体验的"幻相",以至于当今人类实质上是被某种高级的方式"奴役"在了某种拥有边界与极限的文明囚笼里?

其实,关于这个话题的思考,一部被誉为"当代寓言"的后现代电影就用一种非常巧妙的"无限宿命循环"的方式展现了其中的内在秘密,这部电影叫作《土拨鼠之日》(如图28)。

---

① [以色列]尤瓦尔·赫拉利.未来简史[M].北京:中信出版社,2017:212。

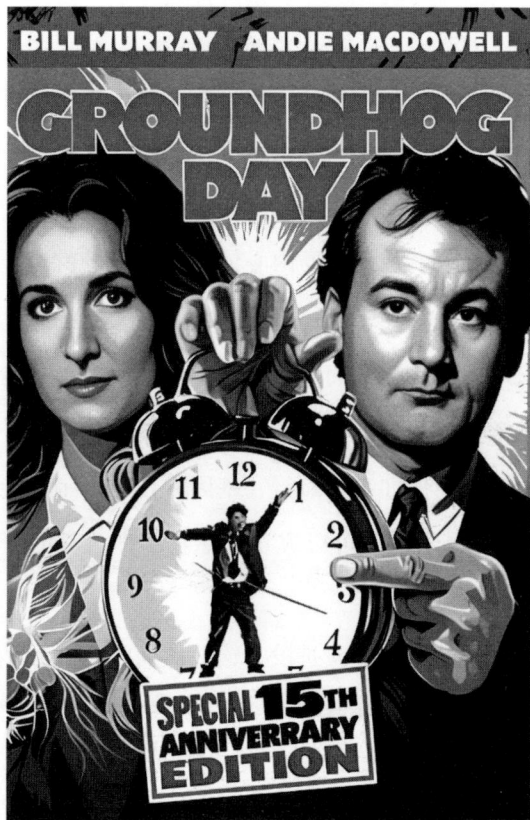

图 28　《土拨鼠之日》海报创意图

　　这部电影的男主人公菲尔是个气象播报员，每天除了在摄像机前给观众做风趣幽默的天气预报外，每年的 2 月 2 日他还要前往一个名为普苏塔尼的边境小镇，报道当地的土拨鼠日开春传统庆典。事实上，菲尔对这一节日相当嗤之以鼻并开始对工作感到厌倦，当他例行公事完成今年的报道后，便急不可待地想重返家园，却因为一场突如其来的暴风雪耽搁了。第二天醒来后，菲尔意外地发现时间仍然停留在前一天的"土拨鼠日"，昨日的一切重新上演。从此，他开始了一段疯狂而自由的重复人生经历。

　　在这段经历开始不久后，由于自己能够完全知晓每一件事情发生的顺序而小镇上的其他人却"懵懂未知",菲尔突然发现自己可以像"神"一般去开启一种梦想中的"自由生活",亦即任意地用各种高效且必定成功的方式来满足自己内心的欲望,例如第一天装作工作人员去了解小镇上最漂亮女孩的情报,第二天却用这个情报假装成她许久以前的高中同学来追求这个女孩,反正无论重复多少次都可以重来,他一定可以用一种最巧妙的方式"先知先觉"地满足对方的兴趣并成功追到对方。于是,用同样的伎俩,他追到了小镇上几乎所有的漂亮女孩(除了内心坚信"真爱"的女主人公,他的美丽同事瑞塔)。与此同时,金钱对于他而言完全不是问题,因为他在知晓运钞车护送员每一个动作顺序的情况下,总能轻易地发现其中的注意力缝隙,而在某个时间顺手拿走一袋数量可观的钞票,又不会引起任何怀疑,因而他成了自己梦想中每天无须为钱烦恼的富人。此外,由于异常"了解"小镇上每一个人的兴趣爱好与性情经历,他也总能够成功调动起公共酒会般的气氛而短时间内成为万众瞩目的大人物。诸如此类满足内心千奇百怪期望的成功体验的例子还有很多很多。

按理说,根据现代自由主义的理想设定,能够像神一般自由体验过去"平凡"日子里完全无法想象的生活,菲尔应该感到非常快乐乃至幸福才对,乐不思蜀应该已经不足以形容他的心情了。但是,情况却并非如此,在经历同样的一天几十、上百遍乃至上千遍之后,即便他可以在这一天中任意地过自己想要的生活,但是他却开始觉得毫无乐趣可言,每一天看着重复的景观从感官中过来过去,他逐渐变得完全无法自持而精神崩溃了。于是,为了摆脱这种"轮回苦难",他使用了各种方式来"杀死"自己:被电死、跳楼死、被车撞死、从山崖上坠落摔死……千方百计地作死,然而,上帝像给他开了一个巨大的玩笑般,就是不让他"死透",每当他前一天"死去",第二天又将在准时的床头闹铃中醒来——可谓无限轮回、无限折磨。当然,一部电影不可能到此为止,它一定需要对预设的理念问题给出解决方案，那么这里的解决方案就是：他终于发现"此生"唯一还没有完成的"挑战"——获取女同事瑞塔的芳心，要实现这样的目的他就需要抛弃一切假装迎合对方兴趣的"表演"，而必须从内心深处展现最真诚、最真实的自己，于是，经过各种发自内心的自省与勤奋努力的创造性技艺的学习，他终于在多种场合展示了抛开一切表面目的的本真自我，并以此打动了美丽的女主人公瑞塔，真爱的火花终于在"一天"时间里于双方之间奇迹般迸发出来。当他第二天怀抱着爱人醒来，发现居然摆脱了"轮回"，他由衷地觉悟道：对于生命来说，只要是新的就是好的（anything new is good）——故事结束。

笔者之所以靡费笔墨地描绘这个故事的重要剧情，是因为它确实就是用一种形象而巧妙的方式，表达了自由主义的体验极限之各种反思要点（强烈建议读者们使用新的视角欣赏一番这部影片）。我们可以从中让思维浸入一个精微的世界模型的视野中来观照一个冷冰冰的事实，正如故事中的男主人公所表现的那样：各种基于"理性人模型"的二元性感受、需求、欲望与目的只要在时间与空间中被"标注"，对于人类来说就注定会抵达其体验极限，无论人类用怎样的"自由意志"去丰富其中的体验种类、体验技巧与体验数量，这种体验极限就像一个无法变更的宇宙常量一般必然会到来，无法避免——如果人们依旧顽固地坚持使用第一尺度来打开自己与世界。这似乎很形象地验证了佛陀对众生的预言：轮回皆苦。

而主人公菲尔所体验到的诸多困苦危机的象征，早已经在我们的现实生活中显露出相应的迹象：随着互联网时代的逐渐深入，整天游弋在巨量信息构成的体验海洋中的我们，正在以一种前所未有、狂飙突进的速度进入审美疲劳，我们每日无来由地生发而出的焦虑、厌倦与空虚感正是这个"轮回困苦"迹象的显著标志——这种危机迹象是如此明显，以至于它几乎就如同在天空中用墨水写下"我来也"三个大字，整日醒目地悬浮在所有人的头顶。同样地，前边这个电影寓言，也用一种生动的方式展现了"自由体验"的幸福在全息真理尺度中的真实逻辑位置：它切切实实就是一种人类基于第一尺度而自我构造的"理念"，存在于理性人模型超感性的"理知界"中的它在实践中是如此消极，以至于人们实际上很容易就能体验到它作为一种现实理想的"幸福极限"——正如在前边的故事中，菲尔想尽办法使用"自由意志"来让自己以死亡的方式脱离轮回苦海，可是此时它的效力却突然失灵了，看起来，"自由"似乎很不擅长处理这种奇迹性的超感性问题，自由的本体当然也从未在其中出现过。自由体验有定数，这便是基于理性人模型之自由的第二个极限。

那么，人类到底怎样才能突破"自由的极限"呢？《土拨鼠之日》中也给出了某种寓言式反思。当主人公菲尔忘记死亡的宿命，并放弃过去那种以自我意识之自由意志来"设计"生活目的的行为，而全身心地投入"实现爱的艺术"这种深度学习与求知的过程里，也即沉浸于逐渐"忘记自我"的过程里，这时，时间轮回的"天幕"好像为他打开了一条缝隙；当他通过如斯"忘我"的真诚的方式而最终得到女主人公的爱时，"自由极限"的宿命轮回也就消失了。"忘我"即意味着领会了更高的心灵尺度或真理尺度，这实际上是在向我们揭示这样一个简单而直白的真理，亦即领会了怎样的心灵尺度才能体验到怎样水平的自由。正如故事的主人公菲尔在影片末尾领悟到的那一句更深刻的真理：只要是新的就是好的（anything new is good），这种"永恒之新"的领会不正是一种对于第一哲学之未来性真理道路，亦即创造性真理道路的揭示吗？正因为真理的本质主角从本原转化为了（创造）行动，从而"忘我"（消弭本原）的意义组织方式才能够建构起来。

而我们需要知道，这种"忘我"的意义组织方式其实相当"后现代"，事实上，这种"后现代"的叙事意境已经开始打破西方的理性人传统。若从对于自由内蕴的未来性视角来看，它的内涵其实更接近东方，亦即庄子《逍遥游》中关于"自由"的更大尺度意涵——逍遥：

当我们不拘泥于时间与空间而聚焦于更深的心灵变化的体验之时，我们的心灵就会像"鲲鹏"一般，"有鱼焉，其广数千里，未有知其修者，其名为鲲。有鸟焉，其名为鹏，背若泰山，翼若垂天之云，抟扶摇羊角而上者九万里，绝云气，负青天，然后图南……"[①]它的深沉意境即是让生命体验自身突破空间与时间的限制，而进入到更高真理尺度的心灵视域中。

当我们不拘泥于纯粹理性而以更"艺术"的方式打开自己的生活，抑或说当我们以不受限于单一现实之欲求目的的方式来观照自己的生命时，我们就会开始如同"乘天地之正，而御六气之辩，以游无穷者，彼且恶乎待哉"[②]一般，让心灵的主角化身为不受限于基于第一尺度矛盾律而生成的"因果性"，进而遂行于自然创造的意识流之上的无所待的"御气者"，而开始进入到"逍遥"的境域。

就此而言，"逍遥"的境域从一开始就是以突破第一尺度束缚的第二尺度来开启自身的，并在未来性真理道路的生命原动力的推动下无可抑制地朝向第三尺度演化自身，这便是一种力求突破"理性人"传统的反形而上学思潮，同时，这也是下一章将要讨论的内容。

---

① 《庄子·内篇·逍遥游》。

② 《庄子·内篇·逍遥游》。

第九章
第二尺度在西方的兴起与失落：当代哲学弥合"缺憾"的最后努力与未来性契机（上）

第1节
第二尺度问题的浮现：黑格尔的辩证法与历史哲学的探索及其瓶颈

让我们再次回到本卷开头所描绘的《2001太空漫游》这个对于人类现代社会的长篇"寓言"中来，在其中，我们已经体会到那一块创造文明演化之奇迹的"黑石"在西方文化心理中的神圣地位，之所以如此，是因为它象征着西方哲学乃至西方文明诞生之时所仰赖的元始真理尺度之"觉醒"，这种元始真理尺度首先便是作为第一尺度之"存在"，而它的更深沉象征也指向了第一哲学的传统真理道路，亦即本原性的真理道路。通观历史，我们完全可以这样说，"存在"（本原）开启了西方乃至人类的理性文明。然而，文明演化的故事到这里还远未结束，甚至可以说才刚刚到序幕的结束。于是，《2001太空漫游》的剧情又进入了一个新篇章：在目睹"黑石"再一次现身在木星之后，已经演化至现代社会的人类文明决定派出太空探险队去直接接触它，这一行动和旅程便被称为"木星任务"；在这段冒险旅程中，发生了一件极具文明隐喻的事件，那便是：人工智能HAL9000的反叛——出于种种原因，太空飞船上的人工智能控制系统HAL9000"宿命"般地背叛了宇航员团队，并意图杀死飞船上的每一个人。

"人工智能反叛"之所以被广泛地接受为一个文明命运的隐喻，从哲学角度来说，是因为它象征了西方文明对于"理性人模型"的缺憾始终无

365

法得到弥合的文明焦虑乃至文明恐惧。而经由前边的叙述，我们可知这种"缺憾"可描述为：人类的天性无法容忍人性世界被一种消极的理知界所决定的状态。一种心智领域的存在，如果长久地悬于人们的感性生命的尺度之外，无论它曾经推动过多么"伟大"的事业，终将被人类的心灵识别为一种奴役自身的工具。

自从康德发现了洛克的心灵"白板"上存在着先天的"格子"——由时间与空间跟知性形式构成的"先验范畴"，这个被誉为近代认识论最高成就的事件不仅将第一尺度的探索推至圆满，并促进了理性人模型乃至经典科学观的成熟，同时，它也为哲学的发展带来了更重要的进一步反思：到底是"谁"以及"如何"画出这些心灵"先天格子"的？根据西方文明的传统，康德把问题的答案归结为抽象而超越的理性能力及其存在的心智领域——理知界或智思界，当然，他也承认这样的做法很"消极"，于是，他把对于理知界诸自由对象得以积极认识与直观的能力及权能归于"上帝"，并将祂奉为纯粹理性的终极理想——也就是说，康德为上帝的存在留下了余地。

然而，这种搁置矛盾的做法显然不能令人满意。于是，康德之后的西方现当代哲学家们便试图通过各种方式以求发现这些心灵的"先天格子"得以画出来的更大的真理尺度的秘密，因为能够"画"出这种呈现为一种真理尺度单元的"格子"的只能是更大更深的真理尺度——你无法使用一般的石头去割开钢铁，而只能使用硬度更大的"金刚石"。对这个问题的回应是如此重要且有"难度"，以至于它实质上成了西方哲学的"皇冠上的明珠"。于是，我们便可以看到诸位现当代哲学家及其思想流派如同过江之鲫一般涌现出来，甚至于，为了展现其哲学的积极性，"上帝"都被多次判了"死刑"；然而，他们有谁真正摘取了这一顶皇冠吗？历史证明，并没有。不仅没有，他们似乎把这项权力拱手让给了科学，尤其是现代物理学——正所谓：这项智慧皇冠，哲学不取，则科学取之——这便是英国著名物理学家霍金所说的：哲学已死，科学家已经成为人类文明的高擎火炬者。[①] 可令人遗憾的是，对于这个问题的探索，现代科学虽然有所进展但似乎依旧做得不够，这项智慧皇冠的归属问题仍然悬而未决——它们都在这里遇到了源于西方哲学诞生之处的文化惯性所带来的前所未有的宿命般的瓶颈和边界。因而，真理演化的奥秘或者说人类文明整体演化的命运，便在最根源的逻辑上促成了东西方文明真正相遇的智慧之域——第二尺度。

那么，接下来我们就要探讨一番：西方哲学是如何发现第二尺度并最终停留在其中的"半途"，以及东西方真正相遇的契机又是如何在此过程中展现的？

由康德的先验哲学所发现的心灵"先天格子"所带来的问题之所以看起来这么"难"，是因为它不仅仅涉及这个问题在明面上的两个问题面向，亦即"谁"以及"如何"画出这些"先天格子"的？这两个问题面向看起来完美符合真理尺度的自明性的一般定义，亦即我们总要找到一种更大或更深的"不变性"——"谁"，以及由这种"不变性"所带来的元始构成或元始结构——"如何"；然而，更重要的是，它还天然蕴含由自身的"隐藏条件"出发的"隐藏问题"，恰恰是这些"隐藏条件"和"隐藏问题"让西方哲学的思想传统在探索其最终答案的过程中吃尽了苦头，因为隐藏之所以成其为隐藏，是因为它总是会在一种文明传统的思维惯性中被无意识地忽视，乃至忽略。而就上边两个明面上的问题面向而言，现当代哲学史中便有两个节点性的思想家及其思想，帮助西方文明开启了第二尺度的发现之旅，他们是黑格尔和海德格尔。

---

① ［英］史蒂芬·霍金、列纳德·蒙洛迪诺. 大设计［M］. 吴忠超译. 长沙：湖南科学技术出版社，2015:3。

　　若要直面康德所遗留下来的这个问题，简称康德难题，用西方哲学的思维方式，则又必定会回到本体论的境域中来，也就是说回到由笛卡尔的"我思"所开启的西方近代哲学的本体论中进行叙述。通过前边的论述我们已经知道，笛卡尔通过质疑一切来试图寻找到哲学的稳固的新起点并以之为第一公理，这个新起点便是"我在思"这件事不可再怀疑。而通过近代哲学的一系列认识论之发展，"我在思"这件事情稍微有点变了味道：它被固化在了某种真理尺度的世界观或知识观的二元设定中。具体来说，无论是以笛卡尔和康德为代表的"唯理论"派还是以洛克和休谟为代表的"经验论"派，他们都默认了"我思"的认识发生过程有一个基本前提：自我所在的"主体"跟作为认识对象的"客体"在一开始便是二元分离且对峙的，亦即主体与客体的二元对峙，"我在思"即我自身给予了"思"的认识。而"我思"的认识过程只不过是在这个基础上经由经验去建构它们两者之间的关系，从而形成关乎知识的知性判断；那么，在这个过程中，"我在思"也就实质上变成了"我的思"，换言之，在此过程中"我"或"我在"的主导性要强于"思"，因为"思"的发生总要被先验地归属于一个现成的、与客体相对峙的主体。但是，那个不可怀疑的"我在思"的本义真的是如此吗？答案是否定的，因为认识之所以成其为认识，思维之所以成其为思维，正是因为它必定以自身为认识对象而要求自身的满足，也就是说，思维必然"回到自身"而展现自由，而并不需要首先归属于某种存在。因此，"我在思"的主导性实质并非"我的思"，而就是"在思"这样一个构成活动及其建构作用本身。

　　而这种"我思"的更深的主导法则，恰恰在康德对于"理知界"所指向的理性"无限心"进行思及的实践用法中，表现得尤为明显——这便是康德的"实践理性"。在前文中我们已经提到，人类的现代社会关系就是以对于消极的"理知界"进行思及而建立的普遍性社会公约为基础的，比如上节提到的手表的（理性）所有权的例子；而根据先验理性，这种能够被实践理性所切中的手表"实体"，或曰——手表所有权的理念是现成地存在于理知界的，就好像上帝未卜先知地就将它放进去了似的。然而，事实却是，像资本、货币、公司这样的"实体"完全是近代以后才在人类文明中历史性地产生的，怎么可能一开始就被神秘地"预置"呢？这与"我思"所开启的人性精神不相符——而这也从一个侧面证实了一种"在思"的构成活动及其作用正是一切二元化的实体及其社会化经验得以发生的根源，也就是说，康德所发现的心灵"先天格子"拥有某种更大尺度的"积极"来源，这种来源表征为一种让认识得以发生的"我在思"的更大构成活动。

黑格尔也正是基于这样一种思维或精神在更大尺度上的构成性的表征开启了他的"历史哲学"的建立过程。当然，经过前边的分析我们便可以了解，这种构成性的表征必定导向一种相对高级的思维现象，而黑格尔恰恰是因为发现了这一种"高级"的思维现象及其表征模式，并把它当作一切观念与逻辑演绎的第一核心或"第一公理"，才凭此构建起他的全部哲学体系的。这种"高级"的思维现象及其表征模式，用黑格尔的话说便是：

> 理念完全是自己与自己同一的思维，并且理念同时又是借自己与自己对立以实现自己，而且在这个对方里只是在自己本身内的活动。①

当然，前边这种"高级思维现象"也能转化为另外一种更逻辑化的表达：理念背后的思维总会在自身的对立面中实现自己，亦即在一种自我矛盾的活动中回到自身。黑格尔认为这种矛盾发展（回归）的"我思"自身的构成活动，便是思维的本性，并为其取了一个名字：辩证法。从此，这种思维模式便被黑格尔视为更大尺度的心灵秩序与心智本性，在他的历史

---

① ［德］黑格尔. 小逻辑［M］. 贺麟译. 上海：上海人民出版社，2009：74。

哲学中，黑格尔在构建核心观念时，总是毫不犹豫地将它拿来即用而使之成其为最关键的推理根据。而他也将通过这种思维模式建立起来的超越传统认识论的线性因果关系的"完美"思想结构进一步形容为：

> 在相互作用里，因果关系虽说尚未达到它的真实规定，但那种由因到果和由果到因向外伸展直线式的无穷进程，已得到真正的扬弃，而绕回转变成圆圈式的过程，因而返回到自身来了。直线式的无穷进程的圆圈化而绕圆为一种自包含的关系（self-contained relationship）……①

然而，我们在这里当然要质疑：黑格尔所发现的这种"矛盾发展（回归）"思维模式，亦即辩证法，真的是一种最本真的思维本性或思维结构吗？它是否拥有黑格尔所未能察觉或洞悉的更深的真理元始尺度的总根源？如果答案真如黑格尔所愿，那么，第二尺度的全部奥秘在他那里就已被全然揭示了，可惜的是，黑格尔并未达成这样的思想成就。

事实上，黑格尔所发现的这种思维现象在现代认知科学中已有诸多相关研究，在著名的认知科学著作《哥德尔、埃舍尔、巴赫：集异璧之大成》中，这种认知模式便被叫作"自指"或者"同构自指"；同时，黑格尔所期望通过这种认知模式而达成一种螺旋式递增的圆圈式的"自包含关系"，在现代认知心理学与复杂性科学中也被称为"格式塔认知"，它同样是"自指"机制的外延。而关于自指机制的起源结构，也便是心灵先天结构——"致中和"或"三元拓扑"，关于这个结论的详细论证我们已经在第四章第 2 节中阐明。实际上，如果我们换成对称性的视角，便立刻就能发现，黑格尔对于辩证法所指向的这种"高级思维现象"的描绘几乎完美符合二重对称的定义：思维"借自己与自己对立以实现自己"表达的就是一种否定之否定的特殊心智变换，亦即作为变换之变换的二重变换，并且，

---

① ［德］黑格尔. 小逻辑［M］. 贺麟译. 上海：上海人民出版社，2009：295。

在这种二重变换的活动中"（思维）在这个对方里只是在自己本身内"，也就是说思维对于自身的领会结构保持"不变性"——这不妥妥地就是二重对称的标准过程吗？由此可见，二重对称性正是黑格尔所发现的"高级思维现象"，从而，与之相对应的自指模式和总是让思维会转成圆圈的"自包含"的关系才会在黑格尔的思想体系中显露为一种底层认知机制。

然而，无论是"自指"还是"格式塔认知"，即便在现代认知科学中都未能全然洞悉其心灵法则的秘密，并公认它们拥有更深层的真理或心灵法则之基础。由此可见，黑格尔将这种"思维本性"引以为一种公理化的心灵秩序并拿来即用的做法是有相当程度的逻辑缺陷的。而这种逻辑缺陷就将涉及康德的心灵"先天格子"背后的、基于真理尺度视角的"隐藏条件"与"隐藏问题"，以及它们与西方文化的思想传统之间的"鸿沟"，这个主题我们将在本节后续内容中进行论述。若回到本节主题，我们仅需要知道，"辩证法"虽然导向一种相对高级的思维模式，但是它并非一种万能而本真的思想结构，它最重要的意义便是帮助黑格尔开启了第二尺度的发现过程。

黑格尔开启第二尺度发现之旅的"成就"充分展现在他的历史哲学的建构中。他把经由这种"矛盾发展（回归）"的思维模式而形成的逻辑根据叫作"自为"，所谓"自为"便是"自己意识到自己"，用进一步的逻辑词语阐述，它便是否定性的自身联系，亦即否定之否定，用现代"矛盾论"的说法，它也叫"对立统一"，不过，"否定之否定"这种思想形式强烈地指向了"自指"背后的二重对称变换。通过"自为"的思维视角，我们会发现经验世界不再像过去经典理性人模型所认为的那样是一种经由先验的知性范畴所机械构成的"科学说明"，而拥有一种更深层的构成方式，亦即我们的人生经验尤其是社会生活的经验更是一种经由各种矛盾（冲突性）场景发展而来的历史形成过程，或者说一种具有某种命运必然性的历史性"故事"。不仅如此，在每一个矛盾场景中，我们的思维都将"在别物中"认知为"在自己中"，从而回到（更大的）自身，以实现纯粹思维或理性的自我认识，如此自为的理性便是"精神"。那么，此种"精神"便已经不是那种没有任何内容的抽象理念，而是同时蕴含着先验形式和历史内容的更大真理尺度的信息或存在。换言之，正因为同时蕴藏着形式和内容，"精神"必定会历史地展开为一个现实的世界进程，对于黑格尔来说，这种精神才是最本真的人之存在，当现实世界的历史故事向它全部展开的时候，它便是"绝对精神"。而"绝对"就是真理尺度用以定义自身的"不变性"的等价物，于是，必然会展开为一整个现实世界历史的"绝对精神"，就是黑格尔发现的新的真理尺度，或者说新的元始真理尺度——第二尺度。正如他所说：

　　意识中有两件事必须分辨清楚：第一，我知道；第二，我知道什么。在自我意识里，这两者混合为一，因为"精神"知道它自己。它是它自己的本性的判断，同时它又是一种自己回到自己，自己实现自己，自己造就自己，在本身潜伏的东西的一种活动。依照这个抽象的定义，世界历史可以说是"精神"在继续作出它潜伏在自己本身"精神"的表现。如像一粒萌芽中已经含有树木的全部性质和果实的滋味色相，所以"精神"在最初迹象中已经含有"历史"的全体。①

　　于是，黑格尔所发现的作为第二尺度象征的"绝对精神"，实际上是一种对于我们人生命运世界进行现实展开的历史性的世界意识，它实质上是一种高感性或超理性意识，然而信奉西方文化传统的黑格尔却并不这么认为。在他的哲学里，"精神"的逻辑表达依旧是"概念"，而"绝对精神"即"绝对理念"或绝对概念，它们都属于理性，而且是一种经过"辩证法"

---

① ［德］黑格尔. 历史哲学［M］. 上海：上海书店出版社，1999：18。

演绎的拥有更深抽象过程的理性，因此它们都仍旧表现为一种"存在者"而非承载世界意识的"场域"或"维度"。"绝对精神"在黑格尔的体系中事实上代替了上帝的位置，他也在《精神现象学》中明确无误地表达"上帝已经死了"，于是，上帝在黑格尔这里开始了"第一次死亡"；也正因为如此，尤为令人惊讶的是，本来通过"穿透"时间序列之历史而实现自我认识的理性，由于不被认知为一种通达命运意识的高感性能力，而只能成为一个"事后诸葛亮"，也就是说只能等待漫长的历史事件结束之后才能认识历史的本质，这便让绝对精神又受限于时间与空间不可自拔。而且，黑格尔的历史世界并不完整，因为他主要关注人的自主精神参与其中的社会生活史，而自然世界作为一种"冥顽的理性"的本能产物并不被包含在他所阐述的历史性世界之内。后来，马克思在他的《1844年经济学－哲学手稿》中对此进行了"补充"：

> 费尔巴哈对感性世界的"理解"一方面仅仅局限于单纯的直观，另一方面仅仅局限于单纯的感觉：费尔巴哈谈到的是"人自身"，而不是"现实的历史的人"……他没有看到，它周围的感性世界绝不是某种开天辟地以来就已存在的、始终如一的东西，而是工业和社会状况的产物，是历史的产物，是世世代代活动的结果，其中每一代都在前一代所达到的基础上继续发展前一代的工业和交往方式，并随着需要的改变而改变它的社会制度。①

> ……人是自然科学的直接的对象；因为对人说来，直接的感性的自然界直接地就是人的感性（这是同一个说法），"直接地"就是对他说来感性地存在着的另一个人……人的第一个对象，即人，是自然界、感性；而那

---

① ［德］马克思,恩格斯.马克思恩格斯全集（第1卷）［M］.北京:人民出版社，1972: 48。

些特殊的、属人的、感性的本质力量，正如它们只有在自然对象中才得到客观的实现一样，只有在一般的关于自然界的科学中才能获得它们的自我认识。①

从中我们可以看出，对于马克思来说，自然界绝不是在历史性的世界之外的东西，而是在人的感性活动（劳动）中朝向人生成的东西，因而跟社会生活的世界共同构成人的世界；在马克思那里，作为一种高感性活动的劳动拥有崇高的地位，正因为在劳动中人才能成其为人之存在，而非在理性的抽象形式中被先验地判定，这其实在无意识中强烈地指向了劳动作为创造行动之映射的未来性真理道路；正是从这个角度来说，马克思比黑格尔在第二尺度的探索上走得更远。若在此做一个简单的思想延伸，经过前边的叙述，我们也可以很容易地了解，如果马克思的哲学体系没有在第二尺度中行进得足够深，在逻辑上来说，它就不可能跟中国这片大地上向来基于第二尺度构建自身的原生文明基因达成联结，从而拥有相互融合的可能，从而，以马克思的哲学为基础之一来建立的中国特色社会主义也便不可能在这片大地上获得实践的成功，对此中奥秘的详细论述就是后话了。

而经由这样的对比，我们便可以说，黑格尔的哲学依然没有完全跳脱出"理性人模型"的框架，它实际上是作为一种后理性人模型的存在让第一尺度在逻辑意义上通过"回到自身"而实现圆满，并成其为一座过渡性的思想桥梁，从而联结接下来被全然发现与定位的第二尺度的真理体系与心灵架构，在这种架构中，作为场域存在的世界意识将不那么扭扭捏捏地出现，作为一种高感性活动的"劳动"的初步秘密也将得以呈现出来，而这便是海德格尔的存在主义哲学所带来的"成果"了。

---

① ［德］马克思.1844 年经济学－哲学手稿［M］.北京：人民出版社，1979：82。

第 2 节
第二尺度终于现身：海德格尔的"世界"发现之道及其隐忧

寻找第二尺度这般事，对于西方哲学来说可谓一种"哥白尼式"革命，可以说，它并不亚于笛卡尔从中世纪的古典人模型的"黑暗"中开启认识论的启蒙曙光。而无论是笛卡尔还是柏拉图，我们都会认为他们的哲学归属于第一尺度，那是因为古希腊思想家们经由语言中的系词"是"而发现的作为存在者的"存在"，依旧在其中占据真理栖身的主导性领域，康德形象性地把这一桌知识大餐都归结为"真理是什么"的菜谱"总标题"。然而，经过黑格尔历史哲学的一番铺垫，事情终于在海德格尔这里起了显著的变化。

古希腊的巴门尼德抓住语言中的系词"是"亦即"to be"，并通过它神奇般地打破了"绝对"与感性杂多之间的思维屏障，而将屏障之后的那种"绝对"的不变性之尺度表述为一种纯粹抽象思维的范畴，亦即存在者（being），这种毫不犹豫地将"绝对"名词化的做法虽然开创了本体论乃至形而上学的境界，让存在者能够概念性或形式化地被客观思维，但是终究留下了未能彻底洞悉存在奥秘的不小的隐患，在康德之后，现当代哲学对"我思"的进一步反思催生了反形而上学运动，尤其彰显了这种隐患。前文已经提到，在这种将"存在"名词化或范畴化的思想传统中，近代认识论就将"我思"的源起状态"我在思"固化为"我的思"，但是海德格尔直白地指出："我在思"本质上其实指向了"我的思"的认识发生状态的领会，也即"存在"在降格为"存在者"之前的存在的领会；也就是说，若回到系词"to be"，在它被概念导向的客观思维表征为 being 之前，必定拥有一个通过助动词"to"来指向自身的生成来源的领会——存在的领会。如果用问题形式来表达，便是从"being"的"是什么"升级为"to be"所指向的"怎样去是"或"如何去是"。

对此，我们还可以用一个之前使用过的表征思维过程及其逻辑境界的本征句"苹果是红的"为例来说明一番。古希腊巴门尼德的境界，在于"苹果是红的"而通过"是"来定位"苹果"所在的存在者；笛卡尔的成就在于发现了这个判断还拥有一个前提"我思"，即"我认为苹果是红的"，用本体论的逻辑，便是存在源于"我思"；而海德格尔再次发现这个判断句还有更大的前提，即"在我认为中我认为苹果是红的"，用本体论的说法，任何"我思"的知性判断都源于一种"在……之中"的发生状态或生成状态，也即存在若无存在之领会则任何存在都无法存在。于是，这就从根本上"革新"了西方哲学自古希腊所建立的基于概念化的"存在者"之知识论传统，而进入了一种更大的心灵尺度——第二尺度的视域里。从逻辑上来说，"在……之中"是一种逻辑建构，它的同构形态便是"世界"；而此"世界"并非机械的物理时空，通过黑格尔历史哲学的前述演绎，我们便知这个"世界"指的是一种人类的精神发展于其中的"故事化"的生活世界或人生世界所导向的世界意识。那么，"在……之中"的完整表达便是"在世界之中"。因而，通过"世界"（意识）的建构之领会，海德格尔找到了一种作为更大真理尺度的新的"绝对"，并将之命名为"此在"（Dasein）。此在便是一种处于生成状态的"世界"——这便是海德格尔对于康德的心灵的"先天格子"所引出问题的一个面向的回答，亦即"谁"画出了这些"格子"？海德格尔的回答是：此在。而很显然，此在是一种非二元性的概念和范畴，亦即存在者得以生成的高感性领域，也即心灵能够积极直观的、让更大尺度的真理得以栖身的领域，那么，它就自然打破了形而上学的消极的抽象性。对此，海德格尔的重要诠释者——威廉·巴雷特做了浅显、恰当而又生动的描写：

我的存在并不是某种发生在我的体肤里面的事件（也不在那体肤里的某种非物质实体之内）；毋宁说，我的存在扩展到一个领域或地带，也就是它所牵挂的世界。海德格尔的人的（以及存在的）理论可以叫作人的场论（或存在的场论），类似于爱因斯坦的物的场论；我们当然只能把这看作一个纯粹的类比……爱因斯坦把物质看作一个场（比如说，一个磁场）——这同牛顿的物体概念正相对立，牛顿是把物体看作存在于它的表层界限之内的——照此方式，海德格尔也把人看作是一个存在的场或域。如果设想有一个磁场，它的中心没有磁石这样一种坚实物体，人的存在就是这样一种场，不过，在它的中心也没有任何精神实体或自我实体向外辐射……要花费一些时间才能习惯于海德格尔这个场的概念；但是，一旦熟悉了，它就立刻变得无法规避，十分自然，从而整个地改变我们看人的方式。诚然，这种存在总是"我的"；它不是一个不具备人格的事实，像一张桌子的存在只是桌子这个类的一个个别实证那样。然而，我的存在中的"我的"并不在于我的场的中心有一个"我-实体"这个事实，而毋宁在于这"我的"弥漫于我的存在的整个场里。①

由此可见，海德格尔的"世界"意识也便是"场域"，而根据更普适性的命名方法，我们也便可以把第二尺度称为"场域"。从中我们也可以看出，在第二尺度中体会到的"我"必定不是笛卡尔的"我思"所设定的让主体与客体二元分离的那个"自我"或者"小我"（ego），而是一种让身与心开始走向融合的更大的我；它实际上是一种诗意的我或艺术化的我，正如海德格尔据此述说人类的心灵应该"诗意地栖居"、"艺术是真理的原始发生"，而处于第一尺度之理性的存在者中的状态，实际上便是遗忘了自身更大的诗意的存在——但笔者在这里并不希望把这种更大尺度的意识

---

① ［美］威廉·巴雷特.非理性的人［M］.上海：上海译文出版社，1992：230。

简单地等同于艺术，因为传统的艺术概念或美的含义已经不能涵盖这种第二尺度的心灵直观的本质了；同时，我们也可知，世界之为世界实际上展现为历史性的生活世界，也即故事性的人生世界，那么，就此而言，世界的本质即故事或叙事的本质，它们是同构的——由此可见，故事的本质结构从来不是那么简单的，但是却好像被我们每一个人视为一种自明的生活领会——"没有人不爱听故事"，这个谚语实质上说的是：没有人不喜欢从故事背后的领会中回到心灵的本来家园。而现代心理学所说的，人们可以轻易地从现实视角转换为舞台视角，指的便是人类的心灵天然拥有从第一尺度转换到第二尺度的"天赋"，一种自发的艺术性的禀赋。

第 3 节
西方何以"群星陨落"：康德难题背后的"隐藏条件"与"隐藏问题"

然而，第二尺度的探索之旅到此便圆满了吗？很遗憾，并没有；西方哲学乃至西方文明的真理探索脚步到此只走了其中的一半，甚至不到一半。因为根据真理尺度的定义，尺度即心灵总是启动或寻求一种趋向永恒与绝对的"不变性"，并通过其对心灵整体的构成作用回到自身。于是，"此在"作为一种新的"不变性"被找到了，但是它的元始构成或元始结构，以及回到（更大的）自身的"通路"却并未被海德格尔所代表的西方当代哲学家们发现，毋宁说，后两者亦即第二尺度的另一半的真理奥秘逐渐成了西方哲学乃至西方文明宿命般的思维瓶颈，甚至是思想"噩梦"——之所以如此，便要说到康德的先验哲学的心灵"先天格子"背后的"隐藏条件"和"隐藏问题"了，也正是在对于此"隐藏条件"与"隐藏问题"的照面与领会中，让东西方真正相遇的"东方契机"终于出现了。

为什么众多思想史的叙述都将当代哲学称为西方思想万马齐暗的群星

"陨落"时代？背后的原因当然众说纷纭，而在所有这些原因当中，以真理的元始尺度为视角的原因，必然是在逻辑上最为深刻的那一个，因为你无法找到比"元始尺度"更为根本的评价标准了，毋宁说它便是一切评价标准的总起源。而这种群星"陨落"的现象之所以发生，正是由于康德发现的"心灵格子"背后的"隐藏条件"和"隐藏问题"的解决方案和解决方式，彻底超出了自西方哲学诞生之时便奠定的西方文化传统的思想模式与行为边界，这种"缺陷"全然是一种强大的文化惯性之"果"，跟西方思想家的个人智力水平并无太大关系。

那么，康德所发现的先验范畴之"心灵格子"背后的"隐藏条件"和"隐藏问题"究竟该如何理解呢？实际上，它们将自身的视角隐性地浸入在康德的"心灵格子"之明面上的"是谁"以及"如何"两个问题面向之中与之后，而呈现为：

1. 康德的先验范畴的"格子"画在了洛克的心灵"白板"上，"格子"即是分寸和尺度，它通向的是化身为"存在"的第一尺度，这种奇迹般的心灵篆刻不可能没有来源——这是一种寻求终极可靠的思想原点或真理源头的永恒"焦虑"，于是，康德将此来源归结于消极而不可知的理性之域，算是暂时缓解了这个焦虑；然而，海德格尔发现了此在作为"场域"的第二尺度，便以为找到了最终答案，但事实是，当人类知道了"复数"的两个元始尺度之后，也就再也无法阻止自己心灵的"焦虑"，继续追问真理的原点，亦即：真理的元始尺度的本质是什么？它是否通向作为尺度之尺度的最终尺度以彻底结束这个令人焦虑的游戏？于是，作为最终尺度或尺度之尺度的第三尺度也就立刻需要被"继续发现"以成其为第二尺度乃至所有尺度的总来源，那么，很显然，这里的隐藏条件或要求便是：要解决康德的问题，必须有持续叠加的两次关乎心灵尺度的重大"发现"与"领会"，而不能仅有一次，否则心灵根本无法"回家"——这种直触终极的迭代式的心灵领会，亦即迭代式的对称变换，根本就是一种非线性或非二元性的心灵跃迁，这更像是一种让真理或文化的命运从终极之地"降临"至眼前来照面的灵性行动，因此，它更是一种自上而下的"觉悟"而非自下而上的"寻找"；而若从最终解决这个问题而全然把握三个元始尺度的视角来看，这种非线性的"终极领会"也便是"觉悟"，亦即一种"全息"的观照或"全息"的行动。

这种对于真理元始尺度的非线性领会当真是要了西方文化传统的"老命"，因为西方哲学在其诞生之时"染"上的"驭杂多于一"的抽象心智惯性，有一个巨大的"后遗症"：在此惯性中的心灵，对于一种"绝对"的建构有且只能完成并接受一次"超越"的领会，而绝不可能完成并接受两次，也就是说西方文化比较能接受基于矛盾律的"分别心"变换的连续使用，但很难接受同时性的迭代式使用——这是一种典型的线性思维。之所以如此，是因为"抽象"的内涵就是通过彻底使用"矛盾律"将某种非本质的东西"抽"出去，留下来的必定就是那个"单纯的"本质，于是，这样的"超越性"的整体过程当然只需要"一锤子买卖"就够了，在这样的传统中，谁会去想象一种叠加式的"两锤子买卖"的非线性领会？因而，这种抽象的心智惯性也就必定导致一种对于"纯粹理性"的痴迷。

对此，海德格尔关于真理或文明的"两次启始"的观点就充分地体现了这种西方文化的线性思想惯性，他在《哲学献集》中写道：

（人类文明的）第一启始经验便定于存在物的真理，而没有探究真理本身……另一启始经验存-在，以便首先为存-在的生成式摆动（Wesung des

Seyns）奠基，使存在物作为原初真理之真而跃发出来。[①]

从中我们可以看出，海德格尔所说的人类文明这"两次启始"实际上代表的正是第一尺度与第二尺度的两大心灵打开方式，海德格尔不仅认为真理或文明拥有这两次启始就足够了，还"强行"把这两次启始规定为"单数"，以强调这两次启始均是各自唯一的。然而，无论海德格尔怎样强行规定，都阻止不了人类的心灵将它们视为"复数"的再反思行为，亦即将"启始"背后的元始对称变换——真理元始尺度进行再反思的行为。此外，黑格尔在发现现实经验可更深沉地呈现为历史性的世界建构的新尺度之后，很快便以"绝对精神"代替上帝的位置来充当其本质，这同样是一种真理探索与领会的"一锤子买卖"——由此可见西方哲学这个线性思维传统的"顽固"，如今我们已经知道，这个顽固的现象思维传统实际上正是源于西方文明对于第一哲学的传统真理道路的选择。

与此相应的是，这种非线性或非二元性的真理探索与领会方式，也终于不可逆转地带来了东西方真正相遇的真理契机，因为基于第二尺度而朝向第三尺度的非线性探索与领会向来就是东方文明建构与演化自身的原生基因，例如我们已经在第三卷中阐释的那样，中国的道家体系，从来就是以表征第二尺度的"玄"性开始，而向着第三尺度的"道"来建构自身；而佛学体系则更是以代表第三尺度的第八识"阿赖耶识"或"如来藏"为根底，来统摄前六识（第一尺度）与第七识末那识（第二尺度）在阿赖耶识之"一法界"内的觉知与转化，以至如如觉悟。因此，在第二尺度的视域中，西方文化自下而上跟东方文化自上而下在元始尺度上的自发"相

---

① Heidegger, Beiträge zur Philosophie (Vom Ereignis)［1936–1938］, GA 65(1989), 179/125–126. Contributions to Philosophy (From Enowning) (Bloomington: Indiana University Press, 1999), 39.

遇"，便是真理的全息演化所"命定"的心智事件，而成其为必然发生在这个时代的人类心灵深处的不可逆转的心智背景，这跟是否有过一次或几次"标志性"的现实相遇事件不相涵盖，因为真理上必然的东西每时每刻都在发生作用。

2. 康德的先验哲学所发现的这个心灵的"先天格子"，强烈地提示着心灵凭借一种更简洁而天然的先天结构而遂行自身，此先天结构全然是跟经验构成的基本单元亦即元始构成融合在一起的心灵行动的全息"基因"，也正因为如此，此先天结构作为一种心灵或意识的本质结构必然是由心灵的元始尺度等价的思维定律所保证且同构的，如此，它便是由最高思维定律所终极保证且同构，其他真理尺度的思维定律能够发现它但却无法保证它的自明性与终极性。如果此心灵的先天结构得到逻辑上的揭示，那么，构成康德的"先验范畴"的纯粹直观与纯粹思维，亦即时间与空间以及以"三"为分类方式的知性范畴，就必然会在其中被更元始地再组织成为新的整体心灵结构中的特定部分或特殊情况。就此而言，这种心灵的先天结构最直接的特质必定是向人类揭示时间与空间的"天幕"是如何自然而简单地被"穿透"的，因为当意识聚焦在第一尺度的心灵"先天格子"的更大来源的时候，我们必然已经遂行于一种在时间与空间之上的更高感性的更大的心灵直观来观照时空本身。

于是，当面对这个"隐藏条件"的时候，我们就不能仅仅"发现"人类原来还有更大的心灵直观能力，还必须指出这种心灵直观的先天结构是什么，它是如何被思维定律，尤其是最高的思维定律所保证且同构的。甚至于，它如何展现从第一哲学的传统真理道路到未来性真理道路的变迁。一旦这个"秘密"被普遍地揭露的时候，人类的心灵生活的可能性与文明实践潜能才能实现真正意义上的"质变"。也只有做到这样的程度，第二尺度的探索与领会才能臻于成熟乃至圆满，进而跨入第三尺度的心灵"澄明"与"觉悟"之境。

然而，令人惊奇的是，康德以后的哲学家，无论是黑格尔还是海德格尔，抑或是本书接下来要阐述的其他形形色色的现当代思想家，全都只能做到这样的地步：仅仅告诉人们还有一种新的意识或新的感性直观的境域，却完全无法揭示出它的可靠的先天结构，更不用说透露出最高思维定律的一丝丝"消息"了——这就好像在告诉人类：哦，原来我们的心灵还有时间与空间之上的"邻居"呀，很好，这样就够了——这就好像有一种特殊的心智"魔法"笼罩在西方文明的上空，只要有某种触碰第二尺度边界的心智事件出现，它就必定会降临下来遏止住它的进展。本书把这种源于西方哲学诞生之处的文化惯性所带来的特殊的心智演化之阻隔迟滞效应称为——迟钝的剪刀，这也是第一哲学的传统真理道路，亦即本原性真理道路所必然带来的心智效应。因此，正是在如斯思想探究的程度以及态度的基础上，我们才能够得出这样的判断：西方文明探索第二尺度的脚步，只走了一半甚至不到一半的路程；也就是说，西方文明希望转换更深真理道路的"思想革命"，始终没有完成。

实际上，黑格尔就将在时间性的历史中矛盾发展而回到自身的统一之信息称为"概念"，他认为："概念无疑是形式，但必须认为是无限的有创造性的形式，它包含一切充实的内容在自身内，并同时又不为内容所限制或束缚。"而通过前边的叙述我们便可知，黑格尔的这种集内容与形式于一身的"概念"无疑是他的历史意识得以建构的对应物，当然需要一种在时间与空间之上的"看"才能得到这种意识，但是，西方文明上空那把"迟钝的剪刀"这时不出意料地降落下来，不仅让黑格尔止步于此，导致他坚决不承认其中的超越时空的高感性本质，更让他把一切又归为纯粹理性之"绝对理念"，如之奈何。但是，如今我们却知道，黑格尔的"概念"早已经不是第一尺度的构成单位了，而实质上指向的是第二尺度的元始构成——构型。

　　当然，海德格尔在此方面的进展程度还是要比黑格尔大一些的，当存在者的行动展开于世界"叙事"中，会呈现出一种"为了作……之用"而天然吸引周遭存在者来切近照面的事件联系方式，海德格尔称其为"指引"，换句话说，"指引"便是一种内蕴着整体世界意识的"缘"。由此，让自己顺应于这些形形色色的"指引"所联结的事件流中的意识，便是一种"视之方式"，海德格尔称之为"寻视"，寻视便是一种顺应于事的"视"。很显然，从未来性的视角，这种"寻视"跟观照故事中的角色互相"缘起"之情境的"舞台视角"，亦即艺术性之场域视角并没有什么本质区别，它和黑格尔对于概念观照的历史意识一样，开始展现出了一种不拘泥于线性时空的机械关系的观看之道。事实上，在超越时空的关系的论述上，海德格尔也正是如此看待：

　　那么指引说的应该是什么？上到手头的东西的存在具有指引结构，这就是说：它于其本身就具有受指引的性质。存在者作为它所是的存在者，被指引向某种东西；而存在者正是在这个方向上得以揭示的。这个存在者因己而与某种东西结缘了。上手的东西的存在性质就是因缘（Bewandtnis）。因缘中包含着：一事因其本性而（起）缘某事了结。这种"因……缘……"的关联应该由指引来指明。

　　因缘乃是世内存在者的存在，世内存在者向来已首先向之开放。存在者之为存在者，向来就有因缘。有因缘，这是这种存在者的存在之存在论规定，而不是关于存在者的某种存在者层次上的规定。①

　　当然，海德格尔在其中所述的"因缘"跟东方佛学中的"因缘"在具

_____

① ［德］海德格尔.存在与时间［M］.陈嘉映、王庆节译.北京:商务印书馆，2016: 122。

体内涵上是有差异的，但是，它们在迈入第二尺度的境界本身并在其中展开自身的层面上并没有什么本质区别；佛学将真理发生方式的法则称为：缘起性空，此中的"缘起"向来就是针对"前六识"（第一尺度）之"分别心"所引起之机械关系而规定的更大的顺应于事的"内视"关系，这中间当然蕴含着心灵的先天结构的某种意味，因为，你不能只理解前半句"缘起"而不顾后半句"性空"。在佛学中，"缘起性空"作为一种心灵的先天结构的映射，从来不能也无法分开来领会，正如佛学中的另一组相应的概念——"能所识"以及道家的真理发生结构的相应叙述：阴阳冲和，它们都是对心灵先天结构的指涉。而在海德格尔那里，"因缘"被赋予含义的关联整体便成其为"意蕴"（Bedeutsamkeit），而意蕴"就是构成了世界的结构的东西，亦是构成了此在之为此在向来已在其中的所在的结构的东西"。由此可见，海德格尔已经意识到了此在（世界意识）作为一种真理尺度，其元始构成或构成单位的重要意义，并很有禀赋地直觉性地指出这种元始构成的结构是使得因缘关系被赋予含义的一种关联整体——这种叙述用来描绘第四章第 2 节所阐述的"三元拓扑"之"阴阳原"拓扑架构也是很合适的。当然，在第二尺度中，这种元始构成也便是"构型"，它实际上跟海德格尔的"意蕴"是一种东西，只不过更为明晰罢了。

事实上，海德格尔在对于"时间"以及意蕴所关联的"诗性"的理解与演绎中，在某种程度上已经开始接近心灵的先天结构，亦即第二尺度的元始构成的"谜底"了。对于时间性，他如此写道：

操心的诸环节不是靠任何积累拼凑起来的，正如时间性本身不是由将来、曾在与当前"随时间之流"才组成的一样。时间性根本不是什么"存在者"。时间性不存在，而是"到时候"……时间性到时，并使它自身的种种可能方式到时。这些方式使此种形形色色的存在样式成为可能，尤其是使本真生存与非本真生存的基本可能性成为可能。

将来、曾在与当前显示出"向自身"、"回到"、"让照面"的现象性质。"向……"、"到……"、"寓于……"等现象干干脆脆地把时间性公开为"绽出"。时间性是源始的、自在自为的"出离自身"本身。因而我们把上面描述的将来、曾在、当前等现象称作时间性的绽出。时间性并非先是一存在者，而后才从自身中走出来；而是：时间性的本质即是在诸种绽出的统一中到时。①

从中可以看出，海德格尔对于休谟与康德曾经论述的作为一种线性的、无始无终的序列的流俗时间概念相当"不感冒"，也即对于第一尺度的时间的"非本真"排斥。而他对于（第二尺度的）时间性的定义，亦即曾在着的有所当前化的将来的绽出统一中到时，如果用第二尺度的"叙事本质"的视角进行理解，那便是：曾在、将来与当前之所以"绽出"，是因为它们在世界命运的"在场"的观照下而统一被吸引在叙事中的因缘"契机"中，而此"契机"不是其他而正是展现因缘关系的拥有主体性特质的角色之间的戏剧冲突或者故事"鸿沟"，在哲学中，它是一种心灵运行的"间性"，展现的是朝向第一尺度的存在性与趋向第三尺度的创造性之两种势能的"鸿沟"，它将天然造成心灵"缝隙"或"间隙"——这才是戏剧性"冲突"或历史性"矛盾发展"的本质。只有通过这样的"间隙"，曾在、将来与当前才能够统一"绽出"，而"绽出"后的"到时"又在一种导向未来命运性的意味中强烈地提示着一种更大的意识直观或心智信息的统一"降临"。此外，海德格尔对于"诗性"的论述更是直白地将诗称为创造"间隙"（Zwischen）的艺术，"诗乃是一种在两极之间或'间隙'中的纯发

---

① ［德］海德格尔.存在与时间［M］.陈嘉映、王庆节译.北京:商务印书馆，2016: 447-448。

生，格式塔缺口处的跃迁"①，并由此认为一切艺术本质上都是诗。而他对此流传最广的表达，便是引用著名诗人荷尔德林的一句诗作为此中真义的"题眼"：

充满劳绩，但人诗意地，栖居在这片大地上。②

人在大地上"逗留"，正如作为一种世内存在者而表征有第一尺度的大地迹象，但人同时还去"仰望天空"而呈现为不可抑制地朝向第二尺度与第三尺度的创造性诗意，于是，天空与大地就出现了一种"撕扯"而展开为"间隙"或"鸿沟"，而作为此在之人恰恰生活于这样的"天地之间"。从这里我们也可以看出第二尺度的领域及其元始构成跟通常理解的艺术性的天然关联，故此，我们才会在第四章第2节中将心灵先天结构"三元拓扑"的几条性质称为"美学天性"。换言之，如果不懂点"艺术"或审美，第二尺度就根本没法领会。

海德格尔对于这种心灵的更深时间性体现为"间隙"之绽出到时的阐述，很显然是一种超越线性时空之感官结构的非线性构想，它在某种程度上确实接近了心灵的先天结构的本质。然而，同样令人再次惊奇的是，海德格尔的全部论述恰恰止步于此，他不仅将"间隙"背后的"命运"作为一种与之二元分离的对象来讨论，而且将天地之间的贯通之域"一次性"地归结为代表此在的"维度"，而完全没有给以之为分寸和坐标来构成世界的"多维度"宇宙整体结构留下空间；更不用说这种结构的最高思维定律或第三尺度的源始保证了——西方文化传统的"迟钝的剪刀"再一次现

---

① 张祥龙.海德格尔与中国天道——终极视域的开启与交融［M］.北京：中国人民大学出版社，2010：136。

② ［德］海德格尔.演讲与论文集［M］.孙周兴译.上海：生活·读书·新知三联书店，2005：204。

身了。

实际上，本书第四章第 2 节已经详细论述，心灵的先天结构作为一种心灵遂行的"基因"而深深浸润于东方文明自我演化的土壤中，无论是道家的"阴阳冲和"、儒家的"致中和"还是佛学的"缘起性空"，它们都统一表达了一种非线性的"三元结构体"——心灵先天结构，它也是一种"鸿沟穿透"的先天的意识演化动作或直观行动性，用现代逻辑工具的语汇，笔者把它称为"三元拓扑"，英文中恰有一个单词的意蕴可与之相应——triangulation；最重要的是，它是作为尺度之尺度的最高思维定律——合一律的同构结构而自在遂行，也即它被最终的"原点"所保证；而这种心灵先天结构在第二尺度元始构成中的对应物便是"构型"。与此同时，"维度"作为一种元始构成的基本要义也内置于这个"三元结构体"之中，从而得以持续迭代演化而建构出一整个多次元的全息宇宙。于是，当心灵穿透时间与空间和知性范畴所代表的外在感官的线性束缚之后，其呈现的当然就是一种非线性的感官状态或意识架构——内在感官。

3. 康德的"先验范畴"背后的第三大"隐藏条件"与"隐藏问题"所指向的正是一种全新世界观或宇宙结构的建构。

康德在确立先验范畴与先验直观的过程中，将先验的知性形式得以成立的合法性归结为心灵总有一种要求人人都（对某种知性规则）同意的普遍性的内在天性，并把这种内在天性的来源归为一种抽象而超验的理性，从而让思维与存在以"形而下"与"形而上"的方式继续二元分离。事实上，如今看来，康德的这种"普遍性"的归因是相当不恰当的和不完备的，从真理元始尺度的视角，就宏观的打开方式来说，人类的心灵之所以会自发寻求"普遍性"，是因为心灵在"降格"为一种第一尺度的原子化之存在者之前，便更基底而自然地展开自身为一种（第二尺度的）世界性的场域，并自发拥有对其自觉或不自觉的领会，这种领会并不是一种抽象的形而上的领会，而是一种高感性的灵性领会或生命意识。就微观的元始构成来说，人类原以为时间与空间的线性的外感官就是心灵建构自身的最自然的基本单位，但没想到心灵恰恰拥有一种更为自然、更为基础的构成单位，它便是直通内感官视域的"构型"，正是因为心灵首先以非线性的、世界性展开的"构型"来建构自身，所以凭之对世界之内的角色（世内存在者）的普遍联结与触及才会显露为一种不证自明的"天性"。此"构型"结构中的"维度"当然不是物理维度，而是一种作为真理尺度之元始构成的"维度"，亦即一种直达心灵先天结构的逻辑上的先验的维度，毋宁说它才是现代物理学上的"维度"的真正起源与内在本质。

从中我们可以看出，心灵寻求普遍性的渴望有两大要义：其一，与其说心灵追求人人认同的知性规则之"存在"，不如说它追求的是人人认同的生活世界之"场域"，而从根本上来讲，心灵追求的其实是人人认同的"尺度"，更确切地说，追求的是真理元始尺度的最终奥秘：尺度之尺度。其二，随着心灵的焦点从第一尺度进入到第二尺度，那种现成的主体与客体、思维与存在的二元分离的心智设定将不再占据主导地位，那么，人与人之间互相"原子化"对峙的界限将逐渐消弭，就此而言，普遍性的渴望将从"人人"聚焦于"认同"上，也即：最终的普遍性要求最终极的认同，这种终极认同便是与最终真理或心灵原点"合一"，亦即与最终心灵尺度的领会合一，毫无疑问；而"与……合一"作为终极认同的本质建构，实质上等同于与终极行动合一，也就是说，终极认同便是终极行动自身的领会，而终极行动之自明所在便是"创造"，那么，终极认同便是创造的领会，无可置疑。因此，将心灵寻求"普遍性"渴望的两大要义统合在一起，我们将令人惊异地得到这样一个结论：心灵无时无刻不游弋于"普遍性"格调的海洋中，实际上是无时无刻不在联结与回溯"元始尺度"之创生的最本真、最终极的"先天记忆"或"先天情境"，从逻辑上来说，此"先天记忆"或"先天情境"便是一种烙印在每一个心灵深处的、无时无刻不与智慧与天性共舞的先天"创世记",它必定不是像以往"神创记"一般的存在性的、外在的、线性的"神话"叙事,而是一种非线性或非二元性的"创世记"——一种普适于整个宇宙之长青哲学的"创世记",我们便称之为"元创世"。

对于"元创世",东方文化的原生基因中拥有不少的思想"对应物",譬如道家的"三生万物"、佛学八识说之"三能变",以及王阳明的"致良知"心学总纲等;而无论是哪种"创世记",它们描绘的都是智慧本身的打开方式,亦即真理或心灵展开自身于三大元始尺度的创生过程,就此而言,无论"元创世"化身为哪个名字,它都是一切创世记的创世记,一切宇宙起源的宇宙起源。而东西方文化的本真相遇也在此处镌刻下不可磨灭的道路与痕迹,因为普遍性所需之终极认同,亦即"创造",这是第一哲学之未来性真理道路的必然所得,也必然本真地寻求对三种元始尺度的全息的展开与观照。就此全息的视角来说,东方与西方都各自在某种程度上缺失了对方的创造性尺度,譬如西方文化的原生基因根本就缺乏三大元始尺度中的另外一半的非线性尺度——这恰恰是东方文化建构自身的起点和基础,而东方文化则缺乏第一尺度的全体至第二尺度前半部分的自下而上的演化习惯,以至于恰如李约瑟问题所展现的——原本在古代拥有众多技术发明与科技储备的中国文明错过了现代科学的"果实";而印度文化则过于强调朝向第三尺度的"灵性"的"高级性",以至于归于更低尺度的物质世界的建设与完善就总是在它的历史中被放置在一旁。创造必觉知自身为全息,这是东西方文化在"元创世"所先天展开的"普遍性"心智海洋中必然本真相遇的根本原因。

"元创世"作为心灵深处永恒而全息的创生节奏,不可能不将自身释放为具体的实相形态或宇宙结构,此时,构成此全息宇宙结构的基本直观单位，当然就不可能是线性的时间与空间，而是由心灵的先天结构所内生的"构型"，"构型"内蕴的"维度"自身就是非线性表征的等价物，同时"构型"天生朝向全息来建构自身，因为"构型"的最本真的逻辑起源并非第二尺度，而是作为尺度之尺度的最高思维定律——合一律（我们已在第四章中看到此证明过程）；同时，"构型"也是内在感官遂行其上的天然"构件"，因为只有非线性的结构单位才能承载非线性的感官活动；此外，"构型"所通达的"元创世"也将必然展现心灵朝向尺度的元始打开，亦即作为一切行动的行动——成其为创造行动的心灵原动力或元天性，实际上它跟内在感官是同构或等价的关系，本书第五章第1节已经揭示：心灵的创造行动拥有"阴阳原"三大元始面向，亦即三大元天性——信仰精神、求知精神和爱的精神，而三大元始尺度的诞生也跟此三面向息息相关，我们也可将它们理解为"灵魂的三原色"，于是，心灵的先天结构自然也是由"阴阳原"所构成。那么，康德的心灵"先天格子"背后居然通向一整个全息的宇宙结构，这是西方的思想家们从未想到的事情。

事实上，无论是黑格尔还是海德格尔都有试图发现"构型"所映射的第二尺度之元始构成的努力，例如黑格尔将"矛盾发展"作为历史事件背后的本质，这实际上是将时刻演化自身的心灵"情境"作为历史性之现实的基本构成单位；海德格尔也把指引关系的关联性质所构成的"关联整体"称为"意蕴"（Bedeutsamkeit），并将其作为"世界"的基本结构。然而，无论是黑格尔的矛盾发展的历史"情境"，还是海德格尔的"意蕴"，其背后的生成结构都是"构型"，我们在第四章第2节论述"三元拓扑"的三大推论中已经阐明了这一点。然而，黑格尔与海德格尔的这两个构成思想，无一例外地都将自身局限于一种只认同单一真实世界的"单一现实"的实相结构中，实在是与多次元的全息宇宙结构的真相相去甚远。

而在东方文化的原生基因中，这种全息宇宙结构恰恰拥有其完整的思想表征乃至文化图腾，它便是由伏羲所开创的先天八卦图以及后世在此基础上演绎的六十四卦图，事实上，本书在第五章第 2 节中已经系统阐述：无论是"先天八卦"还是"六十四卦"，它们都不是一种仅能用以"占卜"的命理算符，而是表征元始尺度之真理演化法则的非线性的逻辑符号（先天八卦），以及展现经由"元创世"而创生之全息宇宙结构的"实相地图"（六十四卦）。在中国古代，对于先天八卦及六十四卦的整体阐释，被称为《周易》——实际上，"周易"即全息，因为"周"表达的是真理尺度的完备性，而"易"之三义——"简易、变易与不易"则表征的是作为宇宙元始构成的"维度"朝向全息演化的内在感官之"阴阳原"三大元始面向或元天性："简易"代表的是阴性面向的信仰精神，表达的是心灵寻求终极稳定性与本体性的原动力；"变易"代表的是阳性面向的求知精神，表达的是心灵行动永恒地寻求向上与向外扩展自身的原动力；"不易"代表的是原性面向的爱的精神，表达的是心灵孕育、承载并创造一切的终极尺度本身的源始天性——故而，"全息"既意味着心灵的建构没有消极的尺度，又意味着心灵或宇宙任何一个基于元始构成之"部分"都蕴含整体的全部要义，全息即周易，周易即全息，如是而已。由此可见，鉴于"周易"在中国文化中的基石性地位，说以中国文化为代表的东方文明就是一种"全息"的文明，是丝毫不为过的。

经由前边的讨论，我们便可以发现，西方的现当代哲学结结实实地撞上了自身发展的"真理之墙"，虽然它对于近代哲学在真理尺度上有所延展，但是依然无法真正弥补康德所遗留下来的"理性人缺憾"。通过上面对康德问题背后的"隐藏条件"与"隐藏问题"的分析，我们便可知，西方现当代哲学家们始终无法摆脱自西方哲学诞生之处镌刻的思想传统所带来的三大局限模式：第一，虽然他们都在试图打破时间与空间笼罩于人类头上的感官"天幕"，但是他们却始终无法揭示心灵或意识的非线性的先天结构，因而从来都不能清晰地指出人类得以真正穿透时空限制的"内在感官"的真实面貌及其运行法则，所以他们只能得到一种时间与空间的"感官镜像"，而无法真的引领人类"穿透"时空，这种思想瓶颈也反映在了以相对论和量子力学为代表的现代物理学中；第二，自西方哲学诞生之处所带来的理性的"抽象"基因，让西方现当代思想家们能且只能做到"一次性"的超验领会，亦即很难走出一重对称的心智"舒适区"，这种线性的思想惯性让他们始终无法触碰"元始尺度"的非线性真相，这也就让西方文化的命运逐渐被"理性"绕成死结；第三，西方当代哲学在一定程度上扩展了人类的世界观，它将人类的文化现实从客观的科学经验扩展到相对灵动的历史世界或生活世界的叙事之境，但经由"思维与存在"二元对峙的心智传统所导致的唯一实在的世界观"信仰"依旧占据主导位置，亦即以本原性为主导特质的第一哲学之传统真理道路的"信仰"依旧未能"革新"，以至于"元创世"与全息宇宙结构的实相大门始终无法经由西方文化向人类敞开。由此可见，即便西方哲学发展到当代之境，作为旧的时代精神之理性人模型的心智影响力仍然十分强大，时间与空间、纯粹理性和单一实在性三大"理性人"原则始终呈现为一种真理或心灵的尺度"屏障"，笼罩在现代文明的上空。

第十章
第二尺度在西方的兴起与失落：当代哲学弥合"缺憾"的最后努力与未来性契机（下）

导言

通过对黑格尔与海德格尔这两位节点性哲学家及其核心思想的前述分析，我们便可大体了解西方现当代哲学家们如何针对康德的先验哲学所遗留下来的内在问题而开展了一场轰轰烈烈的"反形而上学"运动，又如何因为自西方哲学诞生之处所镌刻的第一哲学之传统真理道路的思维惯性，而不可避免地撞上了那一面"真理之墙"。

在此基础上，我们将进一步选取西方现当代哲学的其他几位著名哲学家及其代表的哲学流派，并以真理元始尺度的未来性视角简要阐析一番其代表性观念，来看一看他们是怎样以不同的角度开启第二尺度的探索之旅而后又"宿命"般地撞上那一面"真理之墙"的。与此同时，我们当然不能仅仅停留在"欣赏"他们的"撞墙之旅"，而更要看到：在客观上，他们又是怎样在这面"墙"上凿出了诸多"接口"让东方文化的原生基因在"此"真正"接入"，以求实现整体人类文明探索真理的"东西合璧"的全息之路的。

第1节
以未来性视角看叔本华的生命意志论与唯意志主义

"世界是我的表象"① 既是叔本华流传最广的名言，也可以说浓缩了他的唯意志主义哲学的最核心观念，这是他在《作为意志和表象的世界》开篇的第一句话；同时，他在书中第二篇"世界作为意志初论"的开头即阐明：

我已成功传达了一个明显而的确的真理，就是说我们生活存在于其中的世界，按其全部本质来说，彻头彻尾是意志，同时又彻头彻尾是表象……②

于是，对于叔本华而言，意志便是表象，表象就是意志，而"世界是我的意志"也就等于是说"世界与我的自在之物——意志同构"。因而，我们完全可以这样说：正是通过意志所通达的"世界"现象，并以之作为更大的心灵自在之真理尺度的投射物，他才得以凭之对抗康德的"物自体"之不可知论的消极性。"世界"现象即是第二尺度的"场域"意识的标志现象，同时，他也认为：正是因为人拥有通过意志来表象世界的能力，人才能处于意志发展的最佳阶段，因而意志便是存在于世界之中的个体与事物的共同属性——表象世界便是人的生命本身，是真正的自在之物，亦即超越康德难题的消极理知界的生命积极性。

……每人自己就是这全世界，就是小宇宙，并看到这世界的两方面都完整无遗地皆备于我。而每人这样认作自己固有的本质的东西，这东西也就囊括了整个世界的大宇宙的本质，所以世界和人自己一样，彻头彻尾是

---

① ［德］叔本华.作为意志和表象的世界［M］.北京:商务印书馆,2018:25。
② ［德］叔本华.作为意志和表象的世界［M］.北京:商务印书馆,2018:231。

意志，又彻头彻尾是表象，此外，再没有剩下什么东西了。①

也就是说，当我们施行"世界是我的表象"这个原则所对应的真理尺度的时候，人自己和世界之间的自笛卡尔以来确立的主客体二元边界已经"混沌化"了，由此可知叔本华希望突破近代哲学之第一尺度边界的思想动力。但是，"意志"在叔本华那里完全不是一种更大真理尺度的感官能力，亦即积极的心灵直观，而全然是一种人的不自觉的、不能遏制的盲目冲动，在其诸多推理内容中它甚至几乎和本能、欲望等同。也正因为如此，作为一种盲目冲动而表象出来的"世界"在他看来就完全是虚无的了，因而在此过程中留下的最真实的感受便是和"虚无"相应的痛苦。那么，以这样的视角，生活于世界中的人的存在当然也就没有意义，并且人与人的欲望无法达成自觉的协同从而必定让世界充满"斗争"，凡有欲望即生痛苦，"人生宛如一场噩梦"——这便是叔本华相当有名的悲观主义观念。

据考证，叔本华的这种悲观主义或唯意志主义观念在某种程度上受到了东方佛学，尤其是早期佛学的影响，毕竟，若从字面来看，"欲望即生痛苦"跟佛学的"众生皆苦"似乎表达了相类似的含义，但是，从元始尺度的全息视角，这两者完全不是一回事儿。叔本华的"痛苦"是一种表征意志之"绝对"的心灵对应物，而更大心灵尺度下的佛学之"苦"，跟执迷于相中之"迷"展现的是同样的含义，也即展现的是人生叙事之"相"中因"缘起"而形成的预期和结果的"鸿沟"，此"鸿沟"与其说是一种"痛苦"，不如说是一种人生轮回冒险之旅的"考验"。实际上，在第二尺度的视域中，它跟戏剧冲突感是等价的，怎么可能是一种永恒而真实的绝对体验呢？因此，叔本华为了摆脱人生痛苦的"禁欲"，跟朝向最高尺度的东方的"止欲"或"无念"当然也就不相涵盖了：前者是用矛盾律的方式禁

---

① ［德］叔本华.作为意志和表象的世界［M］.北京:商务印书馆，2018:231。

绝一切欲望，而后者则是让生命在努力演化中去"定"于作为尺度之尺度的"创造"本身而不执于（作为创造之结果的）更低尺度之"相"，用《六祖坛经》的说法，此为"若见一切法，心不染着，是为无念"——在最高真理尺度中，心不"禁欲"而定于观照。

由此可见，虽然叔本华通过"意志"觉察到了世界现象或世界意识，但是，由于他止步于此而未能进一步探索能够穿透时间与空间的更大的感官能力及其心灵先天结构，这便导致他的哲学在某种程度上陷入了近乎绝对的虚无主义囹圄中。于是，虽然叔本华有意识地希望从康德所确立的成熟的第一尺度之理性人模型中抽离出来，但却因为未能在第二尺度的探索中更进一步，从而导致他在某种程度上反而强化了纯粹理性的"矛盾律"效应。

第 2 节
以未来性视角看尼采的"上帝死了"和权力意志论

前边已经提到，上帝已经在黑格尔那里"死"过一次了，祂也会在此后众多思想家乃至科学家那里"死去"很多次，"上帝死亡"已经成为人类文明演化中的一出有名的思想戏剧，但我们已经知道，"上帝死亡"实际上是现当代思想家欲求摆脱第一哲学之传统真理道路的思想动机的投射。即便如此，上帝在尼采处的这一场"死亡"，可算是整个人类历史上迄今为止最著名的一次。而有趣的是，上帝在尼采这里竟然有两种"死法"：一种是"被谋杀"，另一种则是"自然死亡"。

关于上帝"被谋杀"的"死法"的叙述，出现在尼采最早描绘"上帝死亡"的作品——1884 年出版的《快乐的科学》中，尼采相当戏剧性地提到一个疯子大白天提着灯笼，面对市场上的人群不停地喊"我找上帝"，而市场这个充满市侩气味的地方恰恰聚集着众多不信上帝的人，此时疯子闯入人群"义正词严"地呼喊道：

"上帝去哪儿了？"他大声喊道，"我要对你们说！我们已经杀死了他——你们和我！我们都是谋杀犯！但我们是如何做到这一点的呢？我们如何将海水吸干？谁给了我们海绵去擦拭整个地平线？我们究竟做了什么才使大地脱离了它的太阳？……一切神都腐烂了！上帝死了！上帝殉难了！我们已经杀死了他！作为最大的谋杀犯，我们将如何宽慰自己？迄今为止最神圣、最万能的他已经倒在我们的刀下，……谁能清洗我们身上的血迹？用什么样的水才能清洗我们自身？"[1]

上帝能够"被谋杀"的根本前提在于"他"被人心作为客体对待，而能够让主体与客体被先验地二元分离的力量，也便是让身与心、人与自然二元分离的力量，"他"正是上边这个疯子所说的那个"谁"，"给了我们海绵去擦拭整个地平线"，"使大地脱离了它的太阳"；很显然，这种力量是"矛盾律"的作用得以彰显的力量，它便是人类在工业时代得以全然把握的用以肆无忌惮地改造自然的第一尺度的心智能力，这也是一种典型的二元性能力及心灵焦点。尼采在这里戏剧性地展现出：即便人使用"理性人模型"为自己"构想"了形而上的道德和法权，但是，人类最惯常使用的可靠能力从来都是第一尺度的"矛盾律"的力量，就此而言，上帝在"矛盾律"中被"谋杀"实在是一件无法被"定罪"的事情，因为杀死最神圣、最万能的"他"的刀，原本就是人类文明自己所造，而道德和法律的普遍性公理在这把"刀"面前显得实在无力而苍白。

而上帝的另一种"死法"——"自然死亡"，也就在此基础上延伸出

---

① F.Nietzscbe : The Birth of Tragedy And The Genealogy of Morals, New York: Doubleday Anchor Books, 1956.

更深的含义，一种得以对第二尺度进行意识影射的含义。上帝"自然死亡"，当然有其原因。尼采在他的成熟之作《查拉图斯特拉如是说》第二卷第25节这样写道：

从前魔鬼这样对我说过："连上帝也有他的地狱，那就是他对人类的爱。"

最近我又听到这样的话："上帝死了；上帝死于他对人类的同情。"①

紧接着他在第四卷第66节中描绘了查拉图斯特拉在路旁遇到一位退职的老神父，这位老神父曾经虔诚地信仰并全身心供奉上帝到他退职的那一刻，他们两人如此对话道：

"你供奉他直到最后么？"查拉图斯特拉在长久的沉默后沉思着问，"你知道他是怎么死的？人们说同情窒息了他，这是真的吗？"

"他看着人类如何被钉死在十字架上，再也忍受不了，以致他对人类的爱成了他的地狱，并最后导致了他的死亡。"②

对人类的同情居然导致了上帝的自然死亡？这实在是一个十分精妙的反讽式隐喻，尼采也正是凭此奠定了他在众多"上帝死亡"戏剧中的突出位置，那么，该如何理解这个隐喻呢？实际上，以未来性的全息视角，其中的要义便能很容易被"揭秘"出来：人类在第一尺度的心智模式——理性人模型中，心灵必定"先验地"寻求普遍性作为公理，来为自己在"时空俗世"中的经验行为设置抽象的、超验的、必然为善的道德理念和"普适价值"，并将其作为人类普遍性的道德立法的总来源。然而，这是一个多么"可笑"的行为，人类自以为这些道德律令和"普适价值"将必然展

---

① F.Nictzschc: ALso Sprach Zarathustra, Stuttgart: Reclam Verlag. 1958, s.88.

② F.Nictzschc: ALso Sprach Zarathustra, Stuttgart: Reclam Verlag. 1958, s.271.

现一种普遍向善的效能，因为它们存在于"完美"而自在的形而上之世界中，这难道不是一种根基牢固的真理保障吗？

可惜事实却是：对于这种不可知的消极世界，人类往往利用它来为自己在世俗世界中各种丑恶的经验行为及其扭曲规则进行合理性的"立法"和辩护，于是这个形而上的"理知世界"不仅仅存在善的价值，更不可避免地存在恶的理念，更有甚者，随着人类对于这个"消极"的心智漏洞利用得越来越熟练，"理知世界"的恶之理念甚至有压倒善的理念之势。而在理性人模型中，作为"理知界"的总来源的（作为更高真理尺度意识投射的）上帝，能够第一时间"同情"和"认识"的恰恰是此形而上的"理知界"的内容，这便是西方哲学所憧憬的"理智直观"，但是，他"同情"和"认识"的到底是什么内容呢？——这便是人类的理性之丑恶肆无忌惮的"地狱"，毫无疑问。于是，面对如此这般沉迷于第一尺度的人类心灵，"完美"上帝也就自然该去"死亡"了，这种"死亡"也充分映射了在"理性人模型"中被如此设定的"上帝"，对于救赎人类罪恶的无力、对于拯救人类悲惨命运的"无能"。

在尼采看来，人类基于理性人模型而创立的"普适价值"在很大程度上也是一种"恶的理念"，事实果真如此吗？恐怕答案是肯定的。先不说一战和二战的各参战方从来都是利用"理性"来为自身寻求人类历史上最大杀戮行为的正当性，就说本书正在撰写的此时，在欧洲和中东正在发生的争端中，自诩奉行"普适价值观"的众多西方国家，对于跟战争毫无瓜葛的平民，居然仅仅因为他们的族群属于争端的另一方，就毫无"普适性"地冻结甚至没收他们在西方国家合法所得的几乎全部私有财产，于是，基于西方社会公约而定立的"私有财产神圣不可侵犯"的普遍立法也就被肆意践踏了。根据启蒙时代以来的理性原则，难道所有权或产权的本质不是源于一种必然具有人人认同之普遍性与道德性效应的、存在于理知世界的

"社会公约"吗？这难道不是一种无人能违背的公理吗？它怎么能够被轻率地违反且肆意践踏呢？根据尼采的观念，再结合真理元始尺度的全息视角，我们便可知这背后的答案：在这个人类文明依旧未能从第一尺度中完全走出的时代，产权或所有权的本质，与其说是一种超验道德性的社会公约，不如说是一种暴力对于资源的分配模式——上述事件的发生恰恰证明了这个论点的时代正确性，即使这个"时代"是如此陈旧。

为何如此？那是因为"上帝死了"，人类自己直接面对了"虚无"，却暂时未能找到克服并覆盖此"虚无"的更大尺度的牢固的、积极的心灵直观能力及其领域——第二尺度与第三尺度，因而在面对切身相关的权益之时便只能选择第一尺度的最贴近、最可靠的直观认识的保证，那么，这种最贴近第一尺度法则权柄的、最可靠的保证是什么呢？很显然，那便是基于第一尺度之等价物的"矛盾律"之最大彰显方式的存在——暴力。实际上，"暴力"的存在在绝大多数情况下，对于大多数人是一种用以"威慑"诸多行为可能性的"理念"，而非一个具体经验的时空事件，马克思曾论定：国家政权是统治阶级对于被统治阶级的暴力机构。这确实点明了存在于第一尺度下的"权益"与"权力"的本质。于是，在尼采的"上帝死了"的视野下，这种以暴力强制分配资源的"模式"难道不正是一种充满偏颇、任性与无趣之"恶的理念"吗？那么，对于如此众多的"恶的理念"富有无限同情心的上帝，确实该"难过地死去"了。

当"上帝已死"并化为"虚无"之后，人类的文化生命该如何延续呢？尼采的答案便是：权力意志。正是凭借权力意志，尼采希望在人类面对"虚无"的时候来"重估一切价值"，就此而言，尼采把自己的哲学归于"虚无主义"，实际上是虚无后的"再生主义"。跟还遗留有不少抽象特质的叔本华的"生命意志"相比，尼采的"权力意志"就积极多了，在尼采看来，权力意志是一种蕴含一切可能、突破一切障碍、积极向上的内在生命力，它作为一种生命本能，不仅仅是一种生命的原则，同时还是创造过程的原则——这已经在很大程度上符合心灵朝向更大对称性演化的生命原动力的"领会结构"的要义。正如尼采生动地论定"上帝死了"，他也正是从反思基督教与柏拉图传统所强调的强制性的道德律令与抽象的价值理念的系统文化行为中发现并感受到"权力意志"的，他把这种从（第一尺度的）抽象完美的角度来欣赏并规定万物的文化精神称为"阿波罗精神"，亦即"日神精神"；而与之相对地，他把那种沉醉于生命世界的深层内里，并让生命的情感与感受与自然交融为一的追求高感性生命探索境界的文化精神称为"狄奥尼索斯精神"，亦即"酒神精神"。就他看来，人类的文化生命在"日神精神"中枯萎，自然应该在"酒神精神"中重生，于是，转译为未来性的视角，"日神精神"代表的是第一尺度，"酒神精神"则表征的是"第二尺度"，而权力意志正是"酒神精神"作为第二尺度表征的生命直观动力与创造过程之对称结构之原则。对此，他叙述道：

在生成之上强加存在的特性——这是最高的权力意志。

在感性和精神层面上的双重伪造，是为了保持一个僵化和等值的世界。

所有事物的轮回是生成世界向存在世界的靠近——这是冥思的至高点。

……生成是发明、愿望、自我否定和对自我的征服；没有主体，只有行动、设定、创造性，没有"原因和结果"。

艺术就是征服生成的意志，是"永恒不变"，但它是短命的，它信赖远景法：渺小的重复似乎就是整体的趋势。

把一切生命中揭示出来的东西视为整体趋势的缩略化公式。因此，对"生命"概念的重新定义也就是一种权力意志。

……机械主义理论也毫无用处了——它给人一种无意识的印象。

在这一点上，人类迄今为止的整个理念主义应当迅速转化为虚无主义——转化为对绝对无价值的信仰，也就是转化为对无意义的信仰。

消除理念，这是新的荒漠；创造新的艺术，通过新艺术使我们能忍受这种荒漠，我们是两栖动物。①

从前边这个尼采展现权力意志理论内容的文段中，我们可以发现他的权力意志就是一种超越第一尺度之存在者而没有任何"主体"的"生成世界"的总来源，他将这个定义过程称作在生成世界之上强加存在，而成其为最高的权力意志。同时，我们也能从中感受到非常浓厚的第一哲学之未来性真理道路的"味道"，因为这样直指第二尺度的"生成世界"已然是一个"没有主体，只有行动、设定、创造性，没有'原因和结果'"的世界，换言之，第一哲学之传统真理道路之本原性的效应已经在其中开始逐渐消弭。不仅如此，尼采也在其后直接表明了自己的理论出发点，也即要揭示源于第一尺度的机械主义的"毫无用处"，并试图让人类的世界观从旧的时代精神——"理念主义"所指向的理性人模型迅速转化为"对绝对无价值的信仰"；虽然尼采在这里使用了"虚无主义"这个词，不过从前边的分析中我们便会了解，他这里的"虚无主义"实际上更表达了一种消除任何第一尺度之本原性效应的更深层的元始真理道路的展望和预期。如此，他才会紧接着说，"消除理念，这是新的荒漠"，也就是说，消除理念所代表的理性人模型的世界观信仰后，一种更大真理尺度的新的心灵"蓝海"才能显现出来；同时，能够让心灵积极直面这种心灵"蓝海"的方式便是通过"创造新的艺术"中的创造行动的奥秘，而不仅仅是新艺术本身，因为前边他已经阐述：艺术行为虽然是征服生成世界的"永恒不变"，但它亦是短命的，并不是真的永恒，因而只有通达创造新艺术背后的创造行

---

① ［德］弗里德里希·威廉·尼采.权力意志［M］北京:台海出版社，2016:399-400。

动之奥秘才能真正直面权力意志所代表的新的心灵"蓝海"。

因此，我们可以把尼采的权力意志当作（高于存在性本身的）生成世界的"场域"得以"生成"的艺术化感性直观，因为"酒神"在古希腊神话中正是艺术的守护神。但是，尼采的"权力意志"有帮助西方文化真正完成"重估一切价值"的任务吗？很遗憾，并没有；不仅没有，尼采的"上帝死了"反而让西方人切切实实地以自身浸入了"虚无"。为何这样说呢？那是因为在前边描绘尼采的权力意志的最后一段引文中，在"消除理念"——亦即战胜第一尺度的存在者桎梏后，尼采并未觉得人类心灵即将迎来"合家欢"一般的光明局面，反而进入了一种"新的荒漠"，并且，即便人类的心灵创造了"新艺术"，之后还要去"忍受"这种消极的局面，从而使得人类心灵的状态陷入一种指向更深二元性的"两栖动物"的境地。简单来说，这还是没有解决康德难题所带来的消极性，亦即无法"看见"理性人模型中理知界的各种超验理念的乃至心灵"本体"的消极性，从尼采把权力意志所指向的更大尺度之心灵境域，依旧"无意识地"命名为"生成世界向存在世界的靠近"之"存在世界"，便可窥其一斑，因为"存在世界"仍旧是一个带着浓厚的本原性味道的词。正如我们在之前阐述康德的先验哲学难题背后的"隐藏条件"与"隐藏问题"时所展现的那样，仅仅发现一种更大尺度的真理领域，却不为人类揭示这种真理尺度背后的心灵元始构成或心灵的先天结构，就等于"鼓动"人类进入隐藏更大文化宝藏的"虚无"，却不教给人类认识"虚无"并与之积极相处的方法，这无异于将人类文明推入劫难丛生乃至随时倾覆之危的凶险之境。最后的结果只能是：人类只能反过来退回"熟悉的"第一尺度，而且变本加厉地施行"矛盾律"的力量，因为人类已经失去心灵最终安放之地且没有其他的能力可供演化了。

于是，同样可惜的是，尼采由此也未能向我们揭示权力意志背后的先天心灵结构，我们也就无法从中了解更大真理尺度的内在感官的运行样貌，正如他认为：权力意志本身并不出现，只是简单地以另一种方式来谈论生命——那么，权力意志背后奥秘的缺失导致了"矛盾律"的力量失控，这也恰恰是人类文明如今的现状："文明的冲突"肆虐世界，抽象的超验意志的代表——资本的权力霸凌全球，以及文化的审美疲劳逐年加剧。

但是，从未来性视角出发，真理演化这出文明戏剧，总是在戏剧冲突最高潮的时候让人类的"英雄"洞见文明扬升的契机，如今的时代，恐怕正是如此时候，那么，"英雄"何在？而同样在全息的视野中，尼采这种将原本阴阳共生在一起的"日神精神"与"酒神精神"二元对峙并择取其一为优先标准的做法，正是一个映射仅能领会一次性"超越"（一重对称）的线性心智之西方思想传统的生动案例。虽然尼采以其天才的创作方法在尽量避免这种思想惯性，但是总也无法驱散它。

实际上，在真理元始尺度得以创生的"元创世"中，"日神精神"跟"酒神精神"一样，能"升级"而代表另外一种相对"阴性"的心灵寻求最终归属感和稳定性的生命原动力或原精神——信仰精神。此外，尼采的这种以极富艺术天才的叙述方式来表达更深真理尺度的思想方法，实际上已经跟东方的思想表达方式非常接近了，因为在东方文化的原生理解中，并没有专门的哲学著作和文学著作之分，真理反倒是更应该在一种深沉的艺术均衡的意境中才能得到更好的领会，无论是老子的《道德经》、庄子的《南华经》、孔子的《论语》、王阳明的《传习录》，还是释迦牟尼传授佛学精要之"如是我闻"的对话结集——诸"佛经"，都是在一种艺术化的叙述场景中呈现蕴含其中的真理信息的。这种趋向于未来性真理道路的"非线性"的思想表达方式，当然也可以看成是尼采跟东方文化的"不谋而合"。

第3节
以未来性视角看柏格森的"绵延"和直觉主义

我们在这里要讨论的柏格森正是本书开篇时提到的那位跟爱因斯坦开启人文与科学"世纪之辩"的法国著名哲学家,他跟爱因斯坦争论的核心焦点是:

到底时间的本质必须由哲学家来定义,还是仅仅使用现代物理学的定义及描绘就足够了?

其实,这个问题也引出了柏格森全部哲学的核心:绵延。就柏格森看来,宇宙中总共有两种时间:一种是物理学使用的、人类日常习惯上以钟表度量的"空间时间",这是一种传统的时间概念,它总是用固定的空间概念来表达时间,也即将时间看成一个具有空间坐标性质的"时间轴",在其中各个"现在时刻"依次继起、环环相衔以至无穷,这实际上是一根同质化的空间"长链",是人为根据实用目的抽象拼合起来的空间"拼图"。而另一种则是人类直觉体验到的真正时间,即"心理时间",它是经由各个直觉体会的心理瞬间相互渗透、彼此融合而成的不可分割的有机整体,在其中,过去携带着它走向未来从而让过去、现在、未来不可分离地联结在一起,进而形成一条"时间之流"——绵延。对此,柏格森描绘道:

所谓绵延,不过是过去的连续进展。过去总是紧紧咬住未来,逐渐膨胀,直至无限。[①]

……变化的连续性,过去在现在中的持续性以及真正的绵延等属性,都为生物和意识所共有。进一步说,生命像意识活动一样,是一种连绵不断的

---

① [法]柏格森.创造进化论[M].长沙:湖南人民出版社,1989:8.

创造。①

　　……这是一种状态的连续，其中每一状态都预示未来而包含既往……当我体验到它们时，它们的组织是如此坚实，它们具有的共同生命力是如此旺盛，以至我不能说它们之中某一状态终于何处，另一状态始于何处。其实，它们之中没有哪一种有开始或终结，它们全都彼此伸延。②

　　于是，对于柏格森来说，"绵延"作为一种本真时间乃是生命的本质属性，是一种连绵不断的创造，它只能用直觉来体会而无法在机械的"空间时间"中呈现其面目，因此，他的哲学也被称为"直觉主义"，同时他最著名的专著也被命名为《创造进化论》。可以这样说，柏格森的"绵延"观念是对康德的"先验范畴"问题的最直接回应，因为他虽然也同意康德将时间与空间视为感性直观的先天形式，但是他却更认为康德的"时间"是一种典型的"空间时间"，仅仅是时间的一种"符号"，而本真的时间自然就是"绵延"，从而成其为康德的"表层时间"的更大来源。

　　从未来性的视角来看，柏格森的直觉主义和"绵延"说是一种非常具有代表性的当代哲学思想，它以一种相当简洁醒目的方式显露出西方当代哲学在真理尺度中所能够探索到的境界"天花板"，以及源自西方文化传统的思想缺陷。实际上，"绵延"完全可以看成是海德格尔的内蕴世界意识的"指引流"或"意蕴流"，抑或是黑格尔对于经验世界再组织的现实叙事流之"历史意识"，也即"缘"之流，它们都是一个矛盾律不再占据主导作用的世界"场域"不断生成与展开的表征——这些概念或知识虽然有第一尺度的"范畴"之分，但是却没有"第二尺度"的"维度"之别，它们的思维境界是一样的。绵延作为一种"心理时间"实际上就是生活世界

---

① ［法］柏格森.创造进化论［M］.长沙：湖南人民出版社，1989：22。

② ［法］柏格森.形而上学导言［M］.北京：商务印书馆，1963：5。

或人生世界的"叙事时间",其实这种"叙事时间"非常具有"相对论效应",因为里边的"时间感"完全是随着意识聚焦的程度而变快或变慢、变急或变缓——我们在观看故事情节演化时,从开篇到高潮的周期进展中很容易就能体会到这一点,这种意识现象或心灵现象的根源,不在于我们是否使用了"绵延",而在于我们的意识在不经意间自然变换了频道,亦即在一种心灵焦点的对称变换中调整了真理的尺度,在这个更大的心灵焦点之频道中我们将自发展现更大真理尺度的非线性的感官能力——内在感官,而组织为"心理时间"的绵延只不过是其中一种"内在感官"的效应而已,更具体地说,是一种阳性的求知精神的效应。

那么,与其说"绵延"为人类扩展了感官的界限,不如说它揭露的是一种"时间的镜像"。因为柏格森并不清楚:人类的意识究竟是在一种怎样精妙的微观结构中穿透物理性的时间与空间的"壁垒"而达到非线性"绵延"之域的?于是,人类也就只能从中得到一个"玄奥"的相对领域,而无法将其当作一种可以稳固依靠的、积极的心灵直观能力。

同理,柏格森所倡导的"直觉",同样是一种线性的镜像对应物,亦即理性的镜像,他认为相比于只能"绕对象而过"将其符号化分析的理性,直觉感知能深入到对象的内部而表现对象独一无二的特质——这当然是一种比较先进的倡议,因为它更像东方文化精义之表现,而试图摒弃西方传统的抽象取义的方法。但是,作为"理性镜像"的直觉再次被柏格森带入了一种不可言传的"玄奥"之地,这充分表明,柏格森依旧未能超脱出西方"一次性超越"(一重对称)的线性领会的顽固传统,终究没能真正洞见"直觉"的非线性本质(二重对称)——源于最高思维定律"合一律"的感官生成作用。

柏格森与爱因斯坦1922年开启了"人文与科学之争",如今百年过去了,历史证明的结论恰恰是:代表当时人文学权威的柏格森欲求向现代科学争夺世界解释权，可惜却是"争了个寂寞"。如今的哲学界抑或人文学界在现代科学以雷霆之力"横扫四方"的"观照"下，完完全全把世界的解释权拱手相让，并让自身退缩至一个几近于研究文本学和语义学的对于普通人来说"面目狰狞"的学术象牙塔里，以求最后一块学术栖身之地。为何如此呢？那是因为奉行"思维与存在"二元对峙的西方哲学传统，实在是无法构想出除了"单一实在"之外更深远而宏大的世界观了，而若要比拼在"单一实在"范畴内的世界模型建构能力，不了悟源于最高真理尺度的心灵先天结构的人文学，又怎么能跟天生擅长高效率信息实验与反馈的现代科学相比呢？诸如宇宙大爆炸学说、弦理论以及 M 理论等现代科学的宇宙起源理论，哪一个不是在模型建构与心灵直观之信息反馈效率上"碾压"西方哲学所代表的人文学或社会科学呢？

当然了，就元始尺度之探索的角度，恐怕柏格森自己也没想到，他在横亘于西方文化面前这堵"真理之墙"上凿出的最重要的接口，不是来自他极力宣扬的"直觉"本身，而是来自他对于"绵延"起源猜测的附属品——"运动"之上。柏格森认为"绵延"的核心在于"变易"，而运动则是真实的变易在空间与纯一时间中的投影，而全然不是其"本体"，对此，他论述道：

> 变易是有的，但是在变易的下面并没有任何变易着的事物，变易不需要一个支撑者。运动是有的，但是并没有任何进行运动的惰性或恒定的对象，运动不意味着有一个可动的事物。[①]

从上边的描述中我们是不是感受到一丝第一哲学之未来性真理道路的"味道"了呢？作为运动的"变易"并不需要有一个支撑的事物，也就是说

---

① 陈启伟主编.现代西方哲学论著选读［M］.北京:北京大学出版社,1992:63-64。

运动本身就可以成其为一种真理或心灵的主导形态，而运动"并没有任何进行运动的惰性"也就意味着运动本身完全可以生成任何作为运动惰性的"本原"的东西——这很大程度上展现着创造行动作为更深层的真理道路对于传统真理道路之本原性的起源效应。为此，柏格森还拿古希腊著名的思想实验"芝诺悖论"为例子来进行说明，在"芝诺悖论"的"阿基里斯与龟"的故事中，古希腊最著名的战士、拥有"十项全能"运动天赋的"半神"阿基里斯，居然始终无法追上在他前边慢慢爬行的乌龟。因为假定乌龟爬在阿基里斯的前方，芝诺的推论是：当阿基里斯追到乌龟所在的点位之时，乌龟已经向前爬动了一段；同理，当阿基里斯追到下一个点位时，乌龟又继续向前爬动了一段距离，如此不断推演以至无穷，结论是：阿基里斯永远都追不上乌龟。柏格森正是拿这一个极度反直觉的例子来说明，运动的本质根本无法纯粹用空间性的知性描绘来界定，而我们如今知道，这个思想悖论同样可以用现代数学的"极限"方法或微积分方法来解决，但此中问题恰恰是：在我们现代信息社会应用得习以为常的微积分原理，其实在其创立之初便依托了"运动"的本质背后的元始心灵尺度的自然效应而不自知，现代数学和物理学对此更大尺度的心灵效应拿来即用，而丝毫不觉得其中是否有什么更深的问题和秘密。实际上，"运动"背后的"来头"确实非常大。相传跟牛顿一起创立微积分理论的德国思想家莱布尼茨，其很多数学思想都受到了中国易经"六十四卦"符号的启发，然而，他可能无法想象的是，"微积分"的思想合法性的最终来源，不仅仅是柏格森所说的"变易"，而更是中国易经之"易"，亦即"周易"，周易即全息——运动的本质不止于第二尺度的场域展开之"生成"状态，更相通于第三尺度的作为"生成之生成"的"创造"元天性，或者说作为第一哲学之未来性真理道路的"创造"要义，凡有创造，必以全息——此中奥秘的"科学叙事"我们将放在下一卷（第五卷）中进行详细阐述。

第 4 节
以未来性视角看皮亚杰的 "结构" 和结构主义

当代哲学中著名的 "结构主义" 诸思想可谓异彩纷呈，与其说它是一门哲学流派，不如说是一种思想方法，瑞士哲学家皮亚杰的《结构主义》便是对这一种方法的精要归纳和总结。而在了解皮亚杰对结构的定义和描述之前，我们还是需要回归到西方哲学开启第二尺度发现之旅的问题境界之视域中，来看一看结构主义到底处于怎样的位置。

在前边提到，若用一则判断句，亦即 "本征句" 来简略表征西方哲学各阶段之思想境界，可表达如下：古希腊的古典本体论，通过系词 "是" 定位了 "存在"，亦即 "苹果是红色的"，用哲学的逻辑语言便是 "杂多" 源于 "存在"；笛卡尔和康德所代表的西方近代哲学认识论，通过 "我思" 延展了存在，亦即 "我认为苹果是红色的"，用哲学的逻辑语言便是："存在" 源于 "我思"；以海德格尔为代表的西方现当代哲学，通过从 "我的思" 到 "我在思" 的再反思而发现了 "存在" 之上的第二尺度 "世界" 或 "场域"，亦即 "在我认为中我认为苹果是红色的"，转化成哲学的逻辑语言便是："我思" 源于 "在……之中"。

那么，以皮亚杰为代表的结构主义跟海德格尔的存在主义之间的思想区别在哪里呢？其实从元始尺度的未来性视角，这种区别非常 "微小"，甚至可以说在境界上没有什么本质区别：海德格尔的存在主义关注的是 "在我认为中" 之 "……之中" 所指向的 "我" 所表达的本体态作用，也即 "世界" 或 "场域" 形态的 "向来我属" 之性质，因此，海德格尔一定需要给第二尺度的世界现象 "定位" 一个向来因 "我" 之故的本体——此在。而皮亚杰所代表的结构主义则认为在这中间并不需要刻意有一个 "我"，只需要关注 "在认为中" 对于 "认为" 这个认识的持续生成或建构作用就

行了，而就此而言，"结构"就是对于这种遂行于第二尺度的持续生成或
建构过程的实质描绘与内在领会。而在未来性的视野中，在第二尺度中去
争论"有我"还是"无我"实在是一件费力不讨好的事情，因为这种欲求
完全超越二元论的争论有且只有在第三尺度中才能得到最终的解决，正如
佛学中的"不二"之禅境。而且即便如此，存在主义中的"我"跟笛卡尔
时代让主体与客体预置二元分离的那个"我思"之"自我意识"也肯定不
是一回事，它更是一种让身与心、内在与外在不那么分离的更大的"我"，
而这个"我"类似于尼采的"超人"或弗洛伊德的"超我"，同样是第二
尺度无法全然理解的，因此双方又何必纠结于此呢？

故而，在元始尺度的视域中，结构主义最大的"成就"在于试图推动
人们去发现第二尺度的"另一半"，亦即对于"世界"或"场域"实现构成
作用的"分寸"或元始构成，很显然，结构主义的思想家认为"结构"就
是这种元始构成，但是，他们实现这个目标了吗？很遗憾，并没有。

皮亚杰在其专著《结构主义》中，认为"结构"有三大特性：整体性、
转换性和自身调整性。

1. 整体性。各种结构都有自己的整体性，这个特点是不言而喻的。因
为所有的结构主义者都一致同意的唯一的一个对立关系，就是在结构与聚
合体即与群体没有依存关系的那些成分组成的东西之间的对立关系。当然，
一个结构是由若干个成分组成的；但是这些成分是服从于能说明体系之成
为体系特点的一些规律的。这些所谓组成规律，并不能还原为一些简单相
加的联合关系，这些规律把不同于各种成分所有的种种性质的整体性质赋
予作为全体的全体……

2. 转换性。如果说被构成的这些整体性的特质是由它们的组成规律而
得来的，那么这些规律从性质上来说就是起造结构作用的。正是这种永恒

的双重性，或更正确地说，这种总是而且同时是起造结构作用和被构成的这种两极性的特性，首先说明了这个概念能获得成功的道理……然而，一项起造结构作用的活动，只能在一个转换体系里面进行……

3. 自身调整性。结构的第三个基本特性是能自己调整；这种自身调整性质带来了结构的守恒性和某种封闭性。试从上述这两个结果来开始说明，它们的意义就是，一个结构所固有的各种转换不会越出结构的边界之外，只会产生总是属于这个结构并保存该结构的规律的成分。[①]

实际上，从未来性的视角来看，皮亚杰前述之"结构"的三大特性跟海德格尔的"世界"或"此在"的性质并没有本质上的不同，所谓"整体性"原本就是"世界"成其为世界的一个内在本性，而"转换"的核心内涵"造结构作用与被构成的两极性"也可以看成是消除世内存在者之主体与客体规定优先性的"指引关系"或"因缘关系"的（阴阳）交互属性，亦即朝向二重对称性。至于"自身调整性"作为"结构"最"神秘"的一个性质，则完全可以看成"世界"或"场域"必然自发生成或展开自身的"在场"天性，它在海德格尔那里也被称作此在的"生存"。于是，从中可以看出，所谓"存在主义"和"结构主义"在第二尺度的表征中其实是同构的。

而在此基础上，在皮亚杰的结构主义体系中，跟第二尺度的元始构成最为接近的概念便被称作"运算"（Operation），它反映了结构主义将人的感知活动的逻辑行动态作为一种"信仰"的观念运用。在皮亚杰看来，"运算"是一种在结构整体观照下得以起预见作用和倒摄作用的"完善的"调节活动，因此它拥有四个特征：①它是内化了的动作；②它是可逆的；③它是守恒的，一个运算的变换经常使整个体系中的某些因素保持不

①　[瑞士]皮亚杰. 结构主义［M］. 北京：商务印书馆，2006：4–10。

变；④它不是孤立的，能协调成为整体运算系统。我们可以看出，其中前两个特征就是"结构"自身的特性，而第三个特征"守恒"其实反映的是第二尺度的元始单位"构型"的行动原本就是一种对称行动，故而当然拥有"守恒"所指向的某种不变性。其中第四个特征"非孤立性"实际希望表达的就是一种对于整体起构成作用的遂行于谐同律的"元始单位"的性质，而这种性质具有自身就能够协调成为整体的"全息性"。

也正因为它对于"构型"这种本真元始构成的映射作用，所以结构主义也在某种程度上推动了人类知识的进展。例如在数学上，著名的哥德尔不完备定理就表明：一个（理性）数学体系的无矛盾论证便是以另一个"更强的"体系的建构为前提的，这种从一个体系到另一个更强体系的建构关系体现的就是一种典型的结构作用，而在《哥德尔、埃舍尔、巴赫：集异璧之大成》中，哥德尔定理的这种结构作用也便体现为指向心灵先天结构"三元拓扑"的自指机制。在物理学上，现代物理学体系的建立完全不是一个预先给定的完美体系被发现的过程，而是一个从开普勒到哥白尼到伽利略到牛顿再到爱因斯坦的不断"解除自身中心化"的持续建构过程，用现代科学史的语言来说，这是一个"范式"不断演进的过程，而此"范式"正是一种"科学革命的结构"，在第五卷中我们会看到，库恩的这种"范式"结构全然是一种第二尺度的"构型"。在人类学上，列维-斯特劳斯也在他的《结构人类学》中对其"结构"叙述如下：

如果如我们所认为的那样，精神的无意识活动意味着把一些形式强加给某一内容，而且这些形式对于无论古代的还是现代的、原始的还是教化了的所有精神从根本上来说都是相同的——就像对表现在语言行为当中的象征性功能的研究已经明白显示的那样——那么，为了获得同样适用于其他制度和习俗的诠释原则，就必须把握隐含在每一种制度与习俗后面的无意识结构，而且做到这一点也就足够了，条件当然是分析应当相当深入。[①]

而这种"无意识结构"便是一种插在（经济）基础和上层建筑之间、实践内容和实践形式之间的"概念图式"或"图式系统"。实际上，列维-斯特劳斯也承认，要说清楚乃至领会这种"图式系统"，就必须进一步回答：智能或精神"存在"的方式，如果不是社会的，也不是心理的，更不是有机体的，那是什么样的呢？于是，这便再次回到第二尺度之元始构成的"老问题"上，心灵的非线性的原始结构到底是怎样的？它是如何穿透"外在感官"而生成通达更深尺度之"无意识领域"的"内在感官"的？虽然斯特劳斯不能回答这个得以完成第二尺度的根本问题，但是结构主义还是得到了一个"中间"成果，那就是"模型"观念。在结构主义的体系中，"模型"是这样一种东西，它能把一般恒常性与特殊恒常性，亦即把形式与内容统合在一起而成为自身"运算"的结果，如此，它便能代替一般意义上的"因果关系"从而对复杂规律进行整体组织协调的"结构"，简言之，模型就是形式与内容在第二尺度上的融合表征。从而在其中，任何形式，对于包含这个形式的那些更高级的形式而言，就是其形式模型的内容；任何内容，对于这个内容所包含的那些内容来说，就是其内容模型的形式。也正因为如此，霍金在《大设计》中提到：现代物理学实际上已经把过去那种界定因果关系的实在性转变为"依据模型的实在性"，对于此间奥秘笔者将在下一卷中详说。

即便如此，结构主义还是不可避免地撞上了那面"真理之墙"，它在当代思想史上一个著名事件——"索卡尔事件"中表现得尤为明显。曾几何时，结构主义的后期发展——建构主义一度在文化研究与科学史领域拥

---

① ［法］克洛德·列维-斯特劳斯.结构人类学［M］.北京：中国人民大学出版社，2006：25。

有很强的话语权，而这也惹恼了一位当时名气不小的纽约大学的科学家索卡尔，他认为这些奉行建构主义的知识分子不仅不懂真正的科学，而且还经常拿科学领域的成果来支持自己的观点，很多做法实在令人无法接受。于是，在 1996 年 5 月，索卡尔精心"炮制"了一篇"诈文"，标题是"超越界线：走向量子引力的超形式的解释学"并将其投稿给著名文化研究杂志《社会文本》。在这篇文章中索卡尔故意"制作"了一些常识性的科学错误，并把它们混在不少现代科学成果和结论当中，而跟一些建构主义的"左派"观点强行"建构"起思想联系，例如他把数学当中的选择公理（Axiom of Choice）和妇女堕胎自由扯在一起等，总之他如此这般的做法就是为了"证明"建构主义思想的先进性与"光荣"成就。结果，《社会文本》的主编们真的没有审核出这里边的常识性错误，而且一致同意将其刊登在《社会文本》的一个专刊《科学大战》上，不仅如此，文章发表之后甚至一度引起人文知识界对于自身未来发展乐观预期的轰动效应。然而，在文章发表出来的一个月以后，索卡尔就在另外一个杂志上发表了一篇新的文章，完完整整地将这篇"诈文"的制作过程以及其中的常识性错误毫不留情地披露出来，并"坦诚"地断定：里面引用的"科学成果"根本无法推出那些建构主义的社会价值和意义主张的结论。此事"曝光"后，迅速引发了包括科学界和人文界在内的西方知识界的一片哗然，并以此为案例进行了多次论战和反思，从而也让这个事件成为当代思想史发展过程中的标志性事件之一。

"索卡尔事件"充分显示出"结构主义"体系的巨大内生缺陷，毫无疑问。一直以来，西方人文知识界都希望"维持"自身在世界观的前沿真理的主导解释权，并希望将这种解释权的主导效应"覆盖"现代科学界，大量运用数学语言和科学概念来建构自身价值体系的建构主义流派更是如此。但是，"索卡尔事件"充分证明：在没有突破那一面由西方文化所选择的传统真理道路所导致的"真理之墙"而掌握第二尺度与第三尺度全部真理的情况下，任何西方当代思想流派根本无法像他们的前辈古希腊人与近代哲学家一样，"再次"启发并引领现代科学的发展之路。如果没有全息宇宙结构及其非二元性世界观作为底层心智背景，而依然局限在时空框架和单一实在的范式设定的情况之下，"结构主义"在心灵直观的认知灵敏度与信息反馈的效率上无论如何都比不上拥有复杂实验观测、总结和验证系统的现代科学体系，而在没有全息的世界观背景与相应的非线性直观支撑下，强行将现代科学成果和人文的价值主张联系在一起，这更像是一种从第二尺度到第一尺度的"倒退"。因此，整个西方知识界不得不承认这样一个事实：自从1922年爱因斯坦与柏格森的"世纪辩论"之后，由于在心灵直观的尺度开拓上迟迟无法打开局面，在对于世界观的真理解释的有效性上，西方人文学界已经完全落后于因其自身规定而必然坚持心灵直观经验积极探索的现代科学体系，正如霍金所说：（西方）哲学已死，科学家尤其是现代物理学家已经成为人类文明的高擎火炬者。

此外，事实也证明，结构主义仍然没有摆脱西方理性思维传统的"抽象精神"，皮亚杰归纳的结构生成的"反身抽象"的方法似乎也并不那么"好用"，因为其中"反身"背后的自指机制的奥秘对于西方人而言依旧如同一片迷雾。不过，值得肯定的是，随着结构主义方法应用于各大学科研究的逐渐深入，西方的思想家和研究者们也不得不承认，其中的"东方效应"愈来愈显著，这便涉及我们下一节将要讨论的对象：德里达和解构主义了。

第 5 节
以未来性视角看德里达的"延异"和解构主义

　　法国哲学家德里达所代表的解构主义是当代哲学"反形而上学"运动中特点尤为鲜明的一个思想流派，如果说其他思想流派对于打破横亘在西方文明头上这一面第二尺度"前一半"与"后一半"之间的"真理之墙"还有些扭扭捏捏，德里达的解构主义思想便在一开始就以一种欲求挣脱西方文化传统束缚的"大无畏"的精神和态度而希望真正穿透这一面"真理之墙"，可以这样说，德里达的解构主义哲学离第二尺度的"后一半"的真理就差"一步"的距离了。然而，令人遗憾的是，一步之差便是千万里之遥，一直到 21 世纪初他去世之际，德里达也依旧未能看到西方哲学的"浴火重生"。即便如此，德里达的解构主义也可算是在这一面"真理之墙"上凿下的跟东方文化的原生基因相联结之接口最多的思想流派之一了。

　　很多时候，德里达的解构主义又被归入后结构主义思潮之中，那是因为不仅从思想史的角度来看，德里达所代表的解构主义者们对于结构主义思潮充满了失望、不满甚至否定与反叛；而且从真理元始尺度延展的角度来看，解构主义者全然希望实现一种对于结构主义乃至西方形而上学传统的"大反叛"。为何如此？我们还是回到那一个映射哲学探索境界的经典的"本征句"中来，前文已经提到，从本体论或逻辑学视角上看，结构主义的境界在于这样一种表述，即"在我认为中我认为苹果是红色的"，也就是说结构主义的着眼点在于"在……之中"的思维打开方式中起建构作用的"结构"，因而结构主义的思想结论往往聚焦在一个稳定性、整体性的特定结构或结构模型之上，例如数群结构、格式塔结构等；而德里达的解构主义则在此基础上走得更远，从真理尺度进一步延展的视角，"解构主义"认为"在……之中"的思维架构中的核心更在于"在……"而非

"……之中"，换言之，如果把思维焦点放在"……之中"的方式里，那么，其中就仍然会存在有某种本体性或本原性的东西占据元始尺度之构成作用的主体位置或主导地位以满足"……之中"的那个对象，例如结构主义的那种特定的结构之"体"；但是"在……之中"的真正主导形态或角色就是建构或生成行动本身，亦即"在……"所昭示的尺度或意义构成行动本身，而并不需要什么本体性或本原性的如同实体一样的东西作为额外的"主体"或"本原"——分解逻辑之"体"而溯源逻辑之"行"，是为"解构"。

从前边的叙述中我们可以看出，德里达实际上是提出了一个真理主导形态或主导角色的问题，通俗点说：到底什么是真理的主角形态，本原抑或行动？要知道，西方哲学的一个根深蒂固的传统便是"（真理的）本原"，也就是说在过去的西方哲学家看来，一切探索真理的思想体系必然要追溯至一个完美无缺的、与自身同一的"本原"，以作为一切事物的存在、产生以及被认知和说明的起点与第一因，而它毫无疑问是一种"本体性"的东西，例如基督教神学的"上帝"、巴门尼德的"存在"、柏拉图的"理念"、亚里士多德的"实体"、康德的"物自体"、黑格尔的"绝对精神"乃至海德格尔的"此在"等，至于西方哲学诞生之处的泰勒斯之论——"水是万物的始基"，更是一种经典的"世界本原"思想。于是，此"本原问题"也就成了西方哲学之"形而上学"的基础问题乃至最重要的问题，而"上升"为了西方文化的基石性思想传统。然而，这种看似不证自明的"本原"真的是真理的主导形态吗？德里达于是追问道。而他也证明：答案是否定的——同时，这种"否定"也就成其为对西方传统形而上学的否定，亦即对于西方传统第一哲学的否定。

德里达"解构"西方形而上学传统的主要理论便是"延异"。所谓"延异"（différance），按照德里达的说法，它既不是一个词，也不是一个概念，而是指一种自身差别－自身延迟的游戏运动^①；在德里达看来，本原总是处于延异运动之中，它总是延迟着到场，而且在它内部早已蕴含着源于此运动的差别。为了对延异运动所包含的整体逻辑过程进行完整说明，德里达还使用了另外两个词语，亦即"替补"和"踪迹"。所谓"替补"，在传统形而上学那里就是一种从本原派生出来的东西，例如符号、表象、再现等，它们作为完美本原用以描述自身的补充物或附加物总是包含着某种"不完美"的矛盾或差异，因而总是可以被还原掉。但是在德里达看来，之所以有替补，恰恰是因为本原总已经包含原始的间距与最初的污染，也就是说当心灵思维"本原"的时候，它便早已经呈现自身于一种不完善的状态中，正因为如此，本原也就早已经被蕴含矛盾与差异的"替补"所替代了。于是，就此而言，"替补"便不是本原的替补，而是一种替补的"本原"，亦即本身就是源始性的从而不可还原。而既然本原早已经被替补，已经逝去了，那么替补上来的东西就是它留下的"踪迹"，于是，传统形而上学所把握的那些本原，统统都是延异活动所指向的"真本原"亦即心灵的元始逻辑行动的踪迹。因而，对于德里达来说，延异的完整描述应是：延异游戏是一种生成差异并在其中替补成踪迹的逻辑行动或逻辑动作，简言之：延异即差异替补（而得踪迹），因为这种逻辑行动是生成差异的源头，所以它在差异发生之前便已经逝去了——延异是一种比本原更"古老"的逻辑尺度。

德里达最早是通过对胡塞尔现象学的解构来呈现作为心灵主角的"延异"本性的。由于人类实际上是使用符号来表述意义的，因而胡塞尔在他的《逻辑研究》中一开始就"不证自明"地区分了两种符号：一种是作为

① Jacques Derrida, Marges de la philosophie, Paris: Les Editions de Minuit, 1975,c1972, p.3.

表达，亦即那些赋有（概念性）含义的符号（例如文字、言语、交通标志等），其功能便是意指或指向，即总是指向一个具体的含义；另一种则是指那些不具有含义的符号（例如舞蹈的动作、面部表情等），它们只有"指示"功能，即总是指示着一个外在对象或事态的存在。理所当然地，胡塞尔将前者——指向性符号作为人类逻辑活动的核心并在两者之中居于主导地位，因为它通向的正是那个逻辑上概念性抽象的、与自身同一的"本原"。但是德里达却认为，无论面部表情、姿态动作、躯体整体和世界中的书写文字，亦即诸如此类的可见物和空间物，都意味着对它们进行决定性控制的（作为本体性的本原存在的）意愿自我的在场的缺失。为何如此呢？因为在胡塞尔"不自觉"地划分指向与指示这两种特定符号之前，他"忘记"了论述它们得以成立的"一般符号"，而心灵理解这种"一般符号"的要义恰恰在于对"重复结构"或"再现结构"的领会，对此，德里达说道：

> 实际上，当我如人所说真实地使用语词的时候，不管我是否为了交流的目的……我必须在游戏开始时就运用重复的结构或者在重复的结构中进行，而这种重复的因素只能是再现 - 想象的。
>
> ……一个"只此一次"发生的符号不是一个符号。①

符号之所以成其为符号，是因为它必须可以重复使用，这意味着符号始终蕴含着重复结构或再现结构——这相当程度上展现了符号的对称性，但是，人类的心灵对于"重复结构"的领会是否需要一个事先在场的同一性的"本原"呢？答案是：不需要。因为心灵对于"重复"和"再现"的领会，本质上是对一种能够重复出现的"不变性"的领会，亦即对于一种

---

① Jacques Derrida, La voix et phénomène, Paris: Presses Universitaires de France, 1967, p.55.

尺度乃至元始尺度的领会，这是对于一种典型的对称变换的领会，只不过，这种领会也许并不拘泥于一重对称变换。当然了，一种现成的概念性的"本原"对象的存在是人类熟悉的第一尺度的"不变性"，但是它不是唯一的"不变性"，第二尺度的"不变性"的领会却并不需要一个"本原"事先存在，它仅仅需要对于一个世界场域的展开行动有所领会就够了。例如国歌之所以是一首国歌，并不是因为它是一个抽象的听觉对象，而是因为它天然蕴含自身在一个民族特定历史背景下的诞生过程，不仅如此，它还包括其被选择为国歌的人人认同的普遍建构的过程，更包含了以它为"旗帜"的该民族的英雄儿女绽放人性光芒的事件之动态建构过程，因此，"国歌"这个符号实际上不可能现成存在一个完美的、已经完成的"本体"或完美原型而静止地保存在心灵的某个地方，我们辨认"国歌"实际上是直接领会"国歌"所展开的整个世界，即领会一个持续生成中的场域展开行动。那么，"一般符号"的本质实际上就是一个"本源的重复结构"，它作为一种逻辑行动，在胡塞尔乃至整个传统形而上学所作的各种现成化、对象化的二元性区分或差异（指向与指示、质料与形式、主体与客体、经验与超越、呈现与再现、内与外等）之前就已经源始地发生了，而这些二元性区分和差异总是延迟到场而替补成为这种源始行动的"踪迹"——这便是延异活动在符号场景中的发生。

此外，对于德里达来说，因为他解构的是现象学，那么在此场景中，一般符号的延异之逻辑行动便不可能没有对应的现象构成之直观，于是，他便进一步解构了胡塞尔关于（时间的）感性直观本原阐述的"内时间意识"。胡塞尔认为对于时间现象之构成的"内在时间"，其流逝具有一个绝对的（本原）起源点——不可分割、不可替代的现实的现在点，在其中，对于过去的连续的"现在点"进行回忆性想象的"滞留"，跟对于将要到来之物进行期备的原本意识之"前摄"共同融合，而指向一种它们二者的真正发生与生产的本原——原印象。因而，原印象，或者说"滞留—原印象—前摄"三者共同构成的"晕圈"便是胡塞尔的内在时间的本原，在其中，原印象居于中心地位，正如一颗彗星的"慧核"。胡塞尔很有"解构性"地对此解释道：

> 延续客体之"生产"得以开始的"起源点"是一个原印象。这个意识被包容在始终的变化之中：切身的声音－现在……不断地变化为一个过去，一再地有新的声音－现在来接替那个过渡到变异之中的声音。但是如果对声音－现在的意识、原印象过渡到滞留之中，那么这个滞留本身又是一个现在、一个现时的此在者。它本身是现时的（但不是现时的声音），同时它又是关于曾在的声音的滞留。①

也就是说，"滞留"本身其实就是一个和原印象"共在"的现时此在者，而绝不是原印象派生出来的当前意识，更强烈指向一种更大的（第二尺度的）世界意识或场域焦点；同理，对于将来之物的进行期备的"前摄"意识同样是跟"原印象"交织在一起的共在之物。因此，内时间意识的本质也就根本不是一个预先完备的"原印象"，而是本源地交织在一起的"延异游戏"，也就是说，它们交织互动在一起的建构活动先于滞留与前摄的二元差异而发生。实际上，若从第二尺度的全息视角来看会更容易理解，因为任何一种"滞留"回忆和"前摄"期备的想象都是建立在将心灵首先开展为一个人生世界或生活世界的基础上，那么"滞留—原印象—前摄"在一个人生世界的"现时现在点"中，也就成其为此世界之场域开展的建构活动本身在此瞬间的发生结构，也即德里达的延异活动。此外，德里达也在对于语言学的语音中心论的解构活动中，进一步阐释了延异活动（的

---

① ［德］埃德蒙德·胡塞尔.内时间意识现象学［M］.倪梁康译.北京:商务印书馆，2017: 68。

"踪迹")作为一种"原文字"的观念,这部分内容笔者将放在本书第五卷分析当代前沿学科的内容中进行详细阐述,在此就不赘述了。

从前边的叙述中我们完全可以感受到:德里达的解构主义对于西方形而上学或逻各斯中心主义的传统之"反叛"可真够剧烈的,但是,如果再追问:他真正实现这种反叛性思想行为的彻底性了吗?很可惜,并没有。德里达的解构主义思想实际上是揭示了第二尺度开始进入"后一半"之元始构成作用的基底真理效应,亦即"逻辑之行"(行动)代替"逻辑之体"(本体或本原)而成其为心灵或真理的主导形态或主导角色,这也是心灵焦点从第一尺度转化为第二尺度的显著的逻辑特质,而这种逻辑特质恰恰是东方原生文化基因的"起始"特质——"生"。老子曰:"道生一,一生二,二生三,三生万物。万物负阴而抱阳,冲气以为和。"这段话完全可以看成是东方原生文化基因的总纲,而其中重复最多的关键词便是"生","生"即生成乃至创造,它意味着东方从来就是将一种"生成"的逻辑行动作为心灵或真理的主导形态,而这种"逻辑行动"也是"周易"之"易"的基本逻辑境界——由此可见,让东西方文化真正相遇在一起有多么不容易,西方文化要在当代哲学诸流派中绕一个大圈才堪堪抵达东方原生文化基因的起始之处。

通过德里达的"延异"活动,奠基于第一尺度的西方传统形而上学的"本原"被解构为一种既不在场(本原消解为行动)又在场(真本原之踪迹)的"若隐若现"的状态,而此若隐若现的非线性状态恰恰是《道德经》开篇之"玄"的基本逻辑状态,也即《道德经》第二十一章"道之为物,惟恍惟惚"之恍惚的初始直观视角——对此,德里达也在自己的著作中无数次表明了思想立场:延异是一种远比"本原"更古老的活动,只不过,他没想到的是,这种"古老"要比他想象的还要古老而深沉得多,因为它决定了第一哲学之元始真理道路从本原性向创造(行动)性的变迁。

德里达自己也承认，延异这种"逻辑动作"的"差异替补（而得踪迹）"的状态实际上是一种非线性的"拓扑局面"[①]（la disposition topographieque），它完全超出了理性的理解范围。而这种"差异替补（而得踪迹）"之拓扑局面的表达也已经十分接近第二尺度之元始构成——心灵先天结构"阴阳冲和"（三元拓扑）的基本阐述了，如果将二者在结构上做一个对比，德里达的二元差异对应的便是心灵先天结构之"阴阳鸿沟"，其中的"替补"也可勉强看成是"穿透鸿沟"之"冲气"，其中的"踪迹"或"原文字"也可勉强看成是更大心智信息"气"的降临。然而，德里达的问题恰恰在于，不知为何，他始终未能真正"穿透"延异中的二元差异而为人类揭示出"穿透"时间与空间的内在感官诸领域与诸法则的世界。这也是他为思想界诟病最多的一点，因为人们始终无法在他的解构活动中积极地把握一种对于延异活动的更大直观状态；就更不必说，人们也无法通过延异的拓扑结构而揭露出一整个全息的多次元宇宙结构来。

在德里达的全部思想中，我们无法找出"构型"这种第二尺度元始构成的切实逻辑建构，因为"构型"最终是由最高尺度"合一律"来保证其逻辑生成的，虽然它呈现出一种自身阴阳"鸿沟"的延异构成状态。而这也显示出德里达"忘记"的一个极重要的追问：既然最本源的逻辑思想从一种"逻辑之体"（本原）转化为一种"逻辑之行"（行动），那么，此"逻辑之行"是不是最终的心灵状态？如果不是，它究竟是由怎样的心灵元始法则或思维定律来最终保证或生成的呢？德里达曾经在他对于符号的"重复结构"的思辨中，精彩地驳斥过本质上衬着矛盾律内里的"同一律"，但是他却没有想过：在此之上的更大思维定律究竟是什么样的？这

---

① Jacques Derrida, De la Grammatologie, Paris: Les Edtions de Minuit, c1967, 1997,p.219.

充分体现出他依然受到西方文化传统的（理性之）线性思维——"一次性超越领会"的潜移默化的巨大影响，现在看来，他对于逻各斯中心主义的解构最终变成的只是"逻各斯的镜像"而没有真正找到远离本原在场的"他者"。而他的延异理论无法为人类革新宇宙观的结果，又使得人们退回到"单一实在"的传统真理道路中，再加上他并未"穿透"时空天幕的直观拓展的"挫折"，由此看来，德里达的思想对于西方文化传统之深层三惯性——时间与空间、纯粹理性和单一实在的"受缚"行为，实质上也并未实现超越。

德里达被很多思想史学者认为是西方当代哲学的最后一位大师，他带领西方文化走到这样一个地步所呈现的远离传统形而上学之本原在场的"他者"问题，其唯有真正接入东方原生文明基因才能得到最终解决方案，这种解决方案通向的是"行动之行动"，亦即"三生万物"之"生之生""玄之又玄"所昭示的心灵最高尺度——第三尺度。

第6节
以未来性视角看维特根斯坦的"哲学终结"及其代表的分析哲学

我们在这里要谈论的奥地利人维特根斯坦，正是那一位说出"哲学在我这里终结"的著名哲学家，而"哲学终结"的观念或主题也正代表了他前期哲学的要义。而经过前边的讨论之后，我们便无须对维特根斯坦哲学的前期思想再行赘述，因为他对这部分内容所进行的研究无非是跟海德格尔和德里达针对西方传统形而上学的批判处于同一种境界：通过对语言承载的逻辑性和理论性的"澄清"，来表明传统哲学之逻辑的每一个有意义的命题要么是描画一个可能事态的简单名称之组合，要么是由简单命题组成的复合命题的真值函项，除此之外并无其他。因此，传统意义上的哲学也便是一种"科学的"和"理论体系的"哲学，用全息的语言来说，它便是局限于真理或心灵之第一尺度的哲学，于是，正是在这样的基础上，维特根斯坦才敢断言：这样的哲学在他这里终结了。其实他的意思不过是终结传统意义上的哲学，而非终结全部哲学——这跟海德格尔完全终结西方传统的存在论以及德里达终结传统形而上学之本原观念的态度和问题，其境界并无本质的区别。

而我们在这里要稍作重点阐述和讨论的是说出"哲学终结"之后的维特根斯坦之思想，亦即他的后期哲学思想，正是在这个阶段的思辨让他的思想真正进入了第二尺度的境界中，而他对其中两个重要观念——语言的"家族相似"与"世界图式"的阐释集中代表了他在第二尺度中的思想进展。在维特根斯坦那里，这两个重要概念并没有一个精确的理论性定义，因为这正是他在这个阶段所反对的思想叙述方法，在这个阶段的思辨中，他认为哲学应是一种对于日常语言的观察描述活动，从元始尺度的全息视角来看，这其实就是一种第二尺度之"舞台视角"的欣赏与叙事活动，它的问题打开方式已经从"真理是什么"全然转变为"真理如何是"的内感官之非线性方式。

于是，语言的"家族相似"也就在他那里被叙事性地描绘为这样一种"现象"：在各种语言、数以及其他各类事物的不同成员之间存在这样或者那样的相似，这些相似有时是总体上的，有时是细节上的，它们相互交叉重叠；但不存在着共同一致的普遍性或者共同的本质，这就像一个家族中的成员之间并不存在每个成员所共同具有的某一相同特性一样。维特根斯坦还为此作了一个形象的比喻：概念家族的延伸就像纺绳（线）时我们把纤维和纤维拧在一起，绳的韧度并不在于某根纤维是否贯穿其全长，而在于许多根纤维的重叠交织，但是其中并没有也不需要一根贯穿头尾的纤维。例如当我们思考"锤子"这个概念的时候，在中国一般我们会把它想象成一个有头有柄的纤细的日常工具；它在北欧人那里的形象也许会更像一只巨斧；同样地，在恋人之间开玩笑而发生女生"捶打"男生的动作时，它的形象忽然变成了身体亲密接触的一种亲切媒介；在现代化工厂里，"锤子"的内涵则完全演变为一种用来冲压模具的机器构件——这些都是"锤子"的语言家族或概念家族，而它们之间完全没有一种严格的定义来进行互相区分，有的只是更深的互相交织在一起的、非因果关系的内在意象的联系，亦即第二尺度之谐同律的联系。对此，维特根斯坦还以心理学上著名的"视错觉"图像鸭–兔图（如图 29）为例，来进一步说明真实概念的每一种意义领会都是基于不同的视角，尤其是在不同的生活场景中的"看"的视角，这更是一种"游戏"而非一种理论拘束。

图 29　鸭–兔图表现稿

维特根斯坦对于"世界图式"的观念描绘更是与"家族相似"的思索一脉相承，他依然没有对其下定义，而是以各种比喻来对其进行形象的描绘，例如"继承下来的背景"[1]，"思想的河床"[2]，检验各种假设的"体系"[3]，"转轴"[4]，思想的"脚手架"[5]，思想和行动的"合页"[6]，以及一条不用的"支线"[7]，等等。我们完全可以看出，从未来性的角度，他所描绘的正是海德格尔所发现的"世界现象"或"场域"，即便用更进一步的语汇，这些构成感或构件单位感很强的语词描绘也不过就像是海德格尔表达因缘关系之整体构成结构的"意蕴"，亦即"世界现象"所指向的第二尺度之元始构成；纵然在第一尺度之"范畴"的意义上它们两者（世界图式与意蕴）之间有知性上的区别，但是却并没有第二尺度之境界或维度上的区分。正如他所说：

---

① ［奥地利］路德维希·维特根斯坦.论确定性［M］.张金言中译,桂林:广西师范大学出版社，2002: 94。

② ［奥地利］路德维希·维特根斯坦.论确定性［M］.张金言中译,桂林:广西师范大学出版社，2002: 97。

③ ［奥地利］路德维希·维特根斯坦.论确定性［M］.张金言中译,桂林:广西师范大学出版社，2002: 105。

④ ［奥地利］路德维希·维特根斯坦.论确定性［M］.张金言中译,桂林:广西师范大学出版社，2002: 152。

⑤ ［奥地利］路德维希·维特根斯坦.论确定性［M］.张金言中译,桂林:广西师范大学出版社，2002: 211。

⑥ ［奥地利］路德维希·维特根斯坦.论确定性［M］.张金言中译,桂林:广西师范大学出版社，2002: 225。

⑦ ［奥地利］路德维希·维特根斯坦.论确定性［M］.张金言中译,桂林:广西师范大学出版社，2002: 343。

在我们整个语言游戏的体系中，它是属于基础的东西。可以说，这个假定构成了行动的基础，因而自然也就是思想的基础。[①]

此种"基础"不正是意味着在任何概念性的语言诞生之前，第二尺度的"世界图式"就已经先期展开了吗？因而，"世界图式"并不需要任何第一尺度之因果根据作为奠基之物，从而是自明的；就此而言，"世界图式"完全可以看成是支持语言的"家族相似"之现象得以发生的心灵打开方式的（直观）自明性基础，也即生活（世界）形式的基础。于是，维特根斯坦的哲学脚步也就于此停下了——从真理元始尺度探索的角度，维特根斯坦的思想体系正是整个西方文明对于全息真理的探索与领会局限于前1.5个元始尺度的典型代表；而他的脚步落定之处也"定位"了当代分析哲学的境界"天花板"，正如他的老师——英国著名哲学家罗素在《心的分析》中对于分析哲学所追求的最终的那个"本原"所表达的那样：

组成（直观）世界的最微小的、不可分的成分，既不是词语，也不是词语所指代的东西。因为在语言中，尚无一种直接的方法可以取代稍纵即逝的终极简明存在体（the ultimate brief existents），而恰恰是这些诸多的最细小的存在体合在一起，共同构成了我们所说的人和事，如果我们想说出这样的存在体（除了在哲学中，我们很少需要这样做），我们就不得不借助某些经过精心设计的语句去表达它，例如我们会这样说："1919年1月1日中午有一种视觉占据了我的视野中心。"我把这种单一的终极体称为"细节"……在实践中，我们对于感觉经验中出现的具体细节并不过于关心，倒是细节所述的整个体系更令我们关心，因为细节只是这个体系的标志。

---

① ［奥地利］路德维希·维特根斯坦.论确定性［M］.张金言中译,桂林:广西师范大学出版社，2002: 411。

当我们看见约翰时会说："瞧，约翰在那儿呢。"而我们看见的只是约翰的一个标志，但我们更感兴趣的是所见到的人，而不是具体的标志。因此，我们会用"约翰"这个词为全体细节命名，而对于构成整个体系的个别细节，我们则不会自找麻烦分别为其命名。[①]

虽然罗素未曾明言，不过，他以及其所代表的当代分析哲学家们希望通过语言分析的方法将前边所述之组成世界的最终成分——终极简明存在体（the ultimate brief existents）的奥秘揭示出来，正是他们某种意义上的最高理想。如果要跟维特根斯坦的思想做一个对比，那么，我们可以把这种"终极简明存在体"当作"世界图式"的基本单位或基本结构。然而，罗素们所不清楚的是，这种在我们启动心灵直观的世界图式之意象之时甚至之前便瞬间弥漫或生成整个意象画面的神奇事物，正如德里达的"延异"学说所阐明的那样，它根本不是一种"本原"，毋宁说是一种只能经由真理最高尺度之"合一律"所"保证"和同构的、代表心灵主导形态全然转向"逻辑行动"的非线性的心灵先天结构，它在第二尺度中表征为"构型"，在第三尺度中则表现为"全息"。

就像德里达所说，这种心灵先天结构的非线性或非二元的"拓扑局面"完全越过了理性的理解边界，同时也越过了时间与空间的线性直观束缚，于是，它也越过了建立于第一尺度心智设定基础上的"语言"的承载与表达水平，因而，这便让现代欧美分析哲学寄望于通过语言分析来揭示其奥秘的"理想"终究无法实现——实际上，维特根斯坦对于这种更大真理尺度的奥秘的领会之道，亦"坦率"地承认，它更多需要来"看"而"不可说"。而他所未想过：此关键的"观看之道"正是德里达的"原文字"领

---

① ［英］伯特兰·罗素.罗素自选文集［M］.戴玉庆译.北京：商务印书馆，2006：281。

会之道，它也基本越过了西方文化传统的"看"的极限，但却恰恰是东方原生文明基因建构自身的起始"观看之道"，通常来讲在东方，它表征为"生""玄""易""禅"的初始领会，同时，它又被称为"阴阳冲和"、"致中和"、"缘起性空"或"能所识"等，而它打开的是一整个由"六十四卦图"所昭示的全息多次元宇宙结构。

第 7 节
未来性第二尺度之思维定律表达：场域律或谐同律

此外，维特根斯坦所阐述的只能经由看和描述而无法言明的新哲学视域，也在他的老师罗素所发现的著名思想悖论——"罗素悖论"那里得到了很好的展示（对于罗素悖论的全息分析、阐释乃至哲学上最终的解决方案，我们将在下一卷中进行详细阐述），这个思想悖论也造成了人类数学发展史上依旧未能过去的第三次数学危机，而它也以一种特别的方式呼唤其中这一种隐秘却又自明的内在思维线索在基本思维定律上的阐明。如今，我们已经了解，这种思维定律正是第二尺度的同构心灵法则，我们可以把它称为"场域律"，而从其实现的心灵或真理功能来看，我们也可以把它称为"谐同律"或"谐一律"。实际上，这个新的思维定律的踪迹在海德格尔的作品《根据律》中已然有所展现，因为按照海德格尔的说法，他所说的"根据律"实质上跟表征第二尺度的"此在"是一回事，那么很显然，它也就当然不是莱布尼茨和康德所论述的本质源于矛盾律的那个第一尺度的"根据律"（充分理由律），而完全是第二尺度的思维定律。然而，令人惋惜的是，囿于西方传统思维之强大的惯性，海德格尔并未洞悉"场域律"或"谐同律"的完整而清晰的表达。

而我们知道在亚里士多德那里，思维定律也即形式逻辑三定律——同一律、矛盾律和排中律，实际上都是矛盾律在各个场景中的变体，且聚焦在"存在"这种第一尺度的线性表达上，因而，它们在哲学实质上也可合并为"存在律"，它们可简要表达如下：

同一律：A 等于 A

矛盾律：A 不等于 B

排中律：A 和非 A 只取其一

其中 A 和 B 代表的是第一尺度的概念、范畴和知性规则，那么，"场域律"或"谐同律"的表达则如下面所述：

事物除了 A 或非 A 状态之外，还拥有一个更本质的原 A'（读作前原 A 或准原 A）状态，其表达为：

原 A'，即可能生成 A 的非 A 状态。

而它之所以被称作原 A'，是因为它正是最终尺度合一律——原 A 的不完全映射，也是一种二重对称的对应物。之所以如此，是因为原 A 所对应的对称变换是三重对称，而其行动则表达为：无限可能生成。由此可见，少了一个"无限"，便不是最终的对称，亦即终极的真理尺度。那么，合一律究竟是如何完全叙述的？场域律以及维度的逻辑又是如何从中演化而出的？对这部分内容的详细阐述笔者已经放于第四章第 1 节中，此处便不赘言了。

第五卷

新时代：当代科学与艺术
是如何在未来性中共舞的？

第十一章
如何更"科学"地重新打开科学：论科学与数学在未来性中的死亡与重生

第1节
当今科学的"百年停滞"及其源于康德的经典科学观

谈到对于科学"百年停滞"背后文明演化秘密的生动遐想与反思，我们还得再次回到中国著名科幻作品《三体》中：外星"三体文明"在获知地球的宇宙坐标之后，为了在已经踏上侵略征途的三体舰队到达地球之前阻止人类的文明大爆发，于是便提前将具备宇宙 11 维特质的智能微观粒子——智子以接近光的速度发送到了地球；作为一种高维科技 AI 的智子，充分利用自身特性干扰一切在地球空间的高能物理实验，从而成功阻止了人类文明的基础科学的新进展，这便导致了人类的基础科学从此停滞不前，而只能去"疯狂"发展基于既有理论水平下的应用技术，甚至一度集全人类之力建造了一支看起来"不可战胜"的庞大太空舰队，并"自信满满"地试图以之迎战三体舰队。然而刘慈欣同样借一位具有"先知"般直觉能力的战略家与太空舰队舰长——章北海之口表达了这种行为的"无知"，章北海对此评论道：

成吉思汗的骑兵，攻击速度与二十世纪的装甲部队相当；北宋的床弩，射程大约一千五百米，与二十世纪的狙击步枪差不多；但这些仍不过是古代的骑兵与弓弩而已，不可能与现代力量抗衡。基础理论决定一切，未来史学派清楚地看到了这一点。而你们，却被回光返照的低级技术蒙住了眼睛。你们躺在现代文明的温床中安于享乐，对即将到来的决定人类命运的终极决战完全没有精神上的准备。①

事情的结果也正如他所料，人类浩瀚而傲慢的太空舰队，在整齐一致的"理性"队形中于极短的时间内被三体文明的"侦察兵"——小小的"水滴"完全洞穿而近乎全军覆没，从而在全人类面前释放了一场绚丽而又悲情的"宇宙烟花"。

而回到人类文明的当下现实，自从二十世纪初爱因斯坦发明了相对论，普朗克、爱因斯坦、波尔、波恩、海森堡、薛定谔、狄拉克、泡利等科学家构建了量子力学，至今已经百年，自然科学尤其是物理学基础理论的发展近乎停滞，这就好像真的有一个外星人的"智子"潜藏在地球上而"封印"了人类的科学革命之路——在此处，总会有人惊疑道：人类文明的现状不会真如刘慈欣在《三体》中所预言的那样吧？从某种程度上来说，本章正是为了解此疑问而存在，因为我们将要论述的正是在未来性真理道路视野下的科学的更深本质，并试图从真理尺度的全息根源处回应：当我们如此认同科学时，我们心底究竟在认同什么？为何科学的"基础理论"在过去被心灵天然认为是真理的基础，其中的奥秘在何处？当知晓了这个奥秘之后，科学是否能获得一种全新的本质而重获新生，从而彻底打破此"百年停滞"？最后，我们可别忘了本书的延伸主题，这种科学的全新本质又是如何"恰好"跟东方原生文明基因"默契"地同构的？

说到在哲学上对"科学"的经典认知，我们还是要回到西方近代哲学的思想巅峰——康德的先验理性对此的论断上来，因为迄今为止人类对于"科学"这个观念的认知共识就是以康德的论述作为"最大公约数"的，而且人类的当代思想界关于科学的认知境界也大体并未超出康德的水平。

---

① 刘慈欣.三体Ⅱ［M］.重庆：重庆出版社，2008：354。

　　在上一章中我们了解到，康德在先天综合命题的论述中发现原来在洛克的"心灵白板"上还被"先验"地画上了心灵的"先天格子"，也就是说，他找到了第一尺度的"分寸"或"元始构成"，从而将人类对于第一尺度的理解推至成熟，亦即把理性人模型推至成熟——这便是西方哲学"认识论"的最高成就。而在康德的发现中，这种心灵的"先天格子"，亦即心灵在第一尺度的元始构成总共有两类形式：纯粹直观与纯粹思维。纯粹直观，便是作为感性直观先天形式的时间与空间，也即先验的感性范畴；纯粹思维，便是作为让一般知性判断得以构成的四类十二项先天知性形式，例如我们日常熟悉的狭义上的因果关系便是其中的"假言形式"，它们归属于先验的知性范畴。于是，这两种成其为心灵"先天格子"的先天形式，亦即先验的感性范畴和先验的知性范畴，在哲学上又被统称为"先验范畴"。在康德看来，人类的心灵只有通过先验范畴作为底层架构才能构成经验实在，如此构成的经验实在便是人类心灵得以通过理性的"有限心"积极认识的现象界或经验界——这个"世界"便是科学的用武之地，而在经验界之上并作为心灵"先天格子"之先验范畴的法则来源的超验世界——理念界或理知界则全然是一个超感性的"形而上"世界，人类的心灵对于存在于其中的理念或实体无法积极经验或认识，而只能通过理性的"无限心"的触角来"思及"，因而它只能是一个运用"无限心"意志的实践理性的对象，或者说是一种"道德"思辨的领域，从而也是一种无法用科学理论来认识的消极的领域。于是，正是从这个意义上来说，康德为理性的运用划分了界限，亦即要求对理性的运用进行批判性反思，所以他的著作才被其命名为《纯粹理性批判》；此外，最重要的是：康德为科学认识做了一种元始尺度的奠基，当然也为科学探索的能力划定了界限。就此而言，所谓对于"基础科学"之"基础"进行领会的哲学底蕴也在此处得到了普遍性的阐明，亦即所谓"基础"绝不可能超出让经验实在的认识得以可能的心灵（第一尺度）元始构成，从而对于这种元始构成的研究聚焦越多、越充分的科学领域，就越能被称为"硬"的基础科学，简称硬科学；而数学和现代物理学之所以被称为"硬科学"的代表，其根本原因就在此处。

于是，对于康德来说，科学就是一种研究（自然）经验如何在先验范畴中被（积极）构成的理论知识的系统，所谓科学规律就是在这种经验构成活动背后的知性原则；换言之，科学就是心灵在第一尺度的元始构成活动的代表者，这里需要注意的是，科学所代表的不是一般尺度的经验构成，而是元始构成，也就是说天然倾向于聚焦怎样运用心灵的"先天格子"本身，而非通过这些格子"框摄"而构成的一般经验。例如，我们都了解拿手用力击打坚硬的物体会疼，于是便获得了一种一般经验：下次要轻轻地或者不用手去打坚硬之物，但是，只有科学的态度才会要求用数理的方式来归纳总结这种现象背后的更元始的力学规律，最好能还原为一种简约的数理方程式，因为统摄这种数理符号的数学运算方法便是一种运用心灵"先天格子"本身的抽象方式——这便是牛顿归纳他的三大力学定律或运动定律的基本科学态度或理论兴趣。也正因为如此，我们都会承认数学，尤其是近现代的数学一定是在所有科学中最"硬"、最"核心"的那一种科学，亦即用来检验科学的科学，因为数学就是全然聚焦于这种心灵"先天格子"的运用本身，亦即第一尺度的元始构成本身的最典型思想体系。故而，如今的思想史界也认定，这种数学化的普遍趋势与普遍运用便是现代科学区别于古希腊时代的科学的最显著特征，为何如此？我们随后便将阐述。

正是基于康德的境界，德国著名思想家雅斯贝尔斯才会在《论历史的起源与目标》中将科学的核心特质总结为三大要点：

科学具有三个必要的特征：通过方法论获取的知识、绝对的肯定性以及普遍的有效性。

当我意识到了方法，通过它获得了知识，也就是说，能够解释并且说明知识的范围，我才获得了科学的认识。

只有绝对肯定的认识，才是科学的认识。通过这种方法，我也能认识非确定性、可能性或不可能性。

只有知道什么是普遍有效的，才能获得科学的认识。因为这种认识能被每个人的理解力所获知，因此科学的认识才得以传播，并保持其原来的意义。一致性是普遍有效性的标志。如果经过很长时间，所有思想家的意见尚未取得一致，那么普遍有效性就会受到质疑。①

如果用未来性的全息视角来看雅斯贝尔斯的上述观点，我们便很容易获得这样的解析：所谓通过方法论获取知识，实际上说的就是将第一尺度的先验范畴组织成科学观测、实验设计与结果检验的系统叙述（理性）模型，这种系统叙述模型天然就是一种"方法论"。所谓绝对肯定的认识，即稳定经验的积极认识，而不是消极的、超感性的理念玄想，也就是说科学这个观念天然代表了心灵欲求将一切纳入到感性直观的积极构成之尺度领会的天性，当然，在康德、雅斯贝尔斯乃至当代科学共同体这里，这种积极性特指时间与空间框架内的可观测性与可测量性，而在第一卷的叙述中我们已经了解，这也是一种对称性。所谓普遍有效性，说的就是康德的"先验范畴"之所以能够成其为"先天"的"心灵格子"的心智合法性，为什么我们只要通过这种"先验范畴"的元始构成来组织知识，就能够天然触发人人认同的这种内在天性，就好像我们每一个人的心灵被先天内置了

---

① ［德］卡尔·雅斯贝尔斯.论历史的起源与目标［M］.上海:华东师范大学出版社，2018: 97-98。

某种统一的智能程序似的？对此，我们在上一章已经阐述过，这实际上导向的是康德问题背后的"隐藏条件"与"隐藏问题"，如果人类的心灵打开方式有且仅有一种尺度，亦即第一尺度，那么康德的结论就是正确的，这种"普遍有效性"的合法性来源就是消极而抽象的理性能力或理知界，甚至于更加超验而遥远的"上帝"，然而，事实并非如此，真理更深沉的未来性道路使得第一尺度变得愈加"无关紧要"。"普遍性"要使得人们的认同达成普遍"一致"，并不是要大家的思想都回到一个固定而现成的"存在"，而是要阐明人们都拥有一种获得"不变性"的稳定而积极的领会能力，那么，人类对于这种"不变性"的领会能力难道只有第一尺度这个"唯一正确答案"吗？答曰：当然不是。当然，未来性的视野还告诉我们，人人皆认同的"普遍性"的真正起源，也不仅仅是要为每一个人的心灵"本原"找出一种相同的"先天程序"，亦即元始尺度，而且更指向一种使得人与人之间的"本原"边界全然消融的创造行动之元始构成——全息性。因为，若是到达这样一种心灵或文明演化的阶段，即人人的边界都无须再有意识地去察觉，那么很显然，普遍性之"皆认同"的状态就是一种呈现出不可能有任何"本原"被忽视的高度谐同的自明状态，亦即全息态。

此外，关于科学的核心特质还有很多其他思想家的观点，比较有名的便是奥地利哲学家卡尔·波普尔的"可证伪性"的观念。从逻辑上来说，"可证伪性"依然是"普遍有效性"的另外一种说法，因为它实际上指的是科学结论必须能够在可重复中获得被认同的"一致性"，而这种"可重复验证"的行为的本质实际上就是获得某种"不变性"的稳定而积极的普遍领会，亦即测量行为上的对称领会；然而，这种"可证伪"的概念提取方式却天然导向第一尺度的固定"存在"，亦即最简单的一重对称性，这种特质让其在以概率性或繁复数据性为支撑的当代前沿科学理论，尤其是量子理论那里遭受到了不小的挫折，因为人类很难确定或基本不能确定到底是哪种程度的概率让一个电子的出现为"真"——现代科学对于量子力学中的"不变性"的把握完全是另外一种类型甚或于另外一种元始尺度的场景，这个问题在本书开篇第一章第1节论述现代物理学"尺度革命"的段落中就已然提出了。

那么，人类的科学认识真的就是在完全按照康德的先验哲学所设定的第一尺度的经验世界的界限内来运行的吗？答案是否定的——实际上，科学活动的真实情况不仅远远超出了康德所设定的时空与知性边界，甚至于康德认为科学绝对不可能也不应该涉入的只有通过理性的"无限心"来思及的所谓"超感性"的"道德"与"审美"所在领域，也被现代科学系统以一种自身更深禀赋的天然方式"涉入"了——即便不是有意识的。而这就将让我们逐渐揭开科学更深本质的"神秘面纱"。

第2节
不只是"范式"：论科学更深的内在禀赋与西方文明之"迟钝的剪刀"

美国著名科学史家托马斯·库恩在其闻名遐迩的著作《科学革命的结构》中提出：人类心灵深层共识中的"科学"并不像康德所认为的那样，仅仅是一种对于经验世界的自然真理进行认识的体系化"存在"，而是一种更为动态，亦即更具（创造）行动性的方式：

"科学"这一名词在很大程度上是留给那些确实以明显的方式进步的领域的。这一点在经常发生的关于某门当代的社会科学是不是真正的科学之类的辩论中，表现得再清楚不过了。今天我们毫不迟疑地称之为科学的领域，在前范式时期也曾有过类似的辩论。这些辩论从头到尾，表面上都围绕这个引起争论的名词的定义……能这么依赖一个"科学"的定义吗？一个定义能告诉一个人他是不是科学家吗？果真如此，为什么自然科学家或艺术家并不为这个术语的定义而忧心忡忡呢？人们不可避免地会怀疑，争论涉及的其实是更为基本的问题。下面这些或许才是真正的问题：为什么我这个领域不能像比如说物理学那样地向前发展？在技术、方法或意识形态上得有怎样的改变，才能使我这行也像那样地发展呢？

……认识到我们倾向于把任何具有进步标志的领域都看作科学，只能够澄清，而不是解决我们目前的困难。问题依然存在：为什么进步会是本文所描述的科学这一技艺和目标去从事的事业中如此显著的一个特征？[①]

从前边的叙述中我们可以看出，托马斯·库恩敏锐地洞察到了某种"进步"的（创造）行动性是科学的更深禀赋的表征而非某种仅仅表达既存的客观规律的本原状态，而且，这种"进步"不是一般的进步，在他的论述中，它是一种叫作"范式革命"的进步，由此可见，从"范式革命"的视角，科学天然带有（创造）行动性的第一哲学之未来性真理道路的内在特性。

那么，何谓"范式革命"呢？这就要从库恩所揭示的科学活动的更扩展事实说起了。在他看来，我们一般人接触或理解的科学活动实际上应该被称为"常规科学"，它是一种存在于教科书、科普读物或学术期刊中的科学，在这些特定媒介所要求的叙事方式中，科学就像一种从一个发现到另一个发现，从一个问题的解决到另一个问题的解决的线性成长的东西。对此，库恩写道：

这三类问题——确定重要事实、理论与事实相一致、阐明理论——我认为已经涵盖了常规科学的文献，不论是经验科学的还是理论科学的

---

① [美]托马斯·库恩.科学革命的结构[M].北京:北京大学出版社，2003:134-135。

文献。①

所谓"确定重要事实",指的是：

某种重大理论留下了足够某些未能作出足够描述的量或现象，而只是给出了定性的预期。通过测量或其他程序，能够更加精确地确定这一事实。②

所谓"理论与事实相一致"，指的是：

已知的观察与理论并不十分相符，是什么地方出错了呢？我们需要重新调整理论，或是去证明是实验数据存在缺陷。③

所谓"阐明理论"，指的是：

理论可能有着很好的数学形式体系，但人们无法理解其推论。于是便需要通过各种方式来诠释它，例如数学分析的方式。④

然而，在库恩看来，所有上述这些行为不过是基于当前范式的某一知识领域的解谜活动罢了，而决定科学之所以是科学的行为，更在于面对和处理在科学活动中更惯常出现的、与曾经的常规预期不相符合乃至背道而驰的"反常"，而且纵观科学史，"反常"总是会发展为愈加冥顽不化且

---

① ［美］托马斯·库恩.科学革命的结构［M］.北京:北京大学出版社，2003:28。

② ［美］托马斯·库恩.科学革命的结构［M］.北京:北京大学出版社，2003:9。导读第9页。

③ ［美］托马斯·库恩.科学革命的结构［M］.北京:北京大学出版社，2003:9。导读第9页。

④ ［美］托马斯·库恩.科学革命的结构［M］.北京:北京大学出版社，2003:9-10。导读第9-10页。

即便重大修补也无法容于既有科学的一整个体系化状态，这便是科学的危机——这时，便只有通过系统性的科学革命才能直面与化解此科学危机，而这种系统性科学革命的本质便是科学范式的变迁或替代，用库恩的话来说便是："一个新旧范式替代的非累积性事件"。在此非常规过程中，科学共同体的专业承诺发生了系统转移，从而使得这种新的共有范式成为研究科学发展的学说的一个基本单位，也即一种思维尺度。

那么，具体来说，究竟什么是范式呢？和通常理解所不同的是，"范式"并不是某种特定的科学定律或重大的科学理论所构成的共有规则，而是在特定科学发展时期的"一组反复出现而类标准式的实例，体现各种理论在其概念的、观察的和仪器的应用中"。为了说明"范式"的思想特质，库恩特地引用了我们曾在第十章第6节阐析过的维特根斯坦的"家族相似"的思维"成果"：

维特根斯坦问道：为了既明白而又不引起争议地使用"椅子"、"树叶"或"游戏"这些词，我们需要知道些什么呢？

这个问题非常古老，而且一般地已有了答案，这就是：我们必定有意识地或直观地知道一张椅子、一片树叶或一场游戏是什么。换言之，我们必须把握某一套属性，这套属性是所有的游戏和这套唯一的游戏所共同具有的。但维特根斯坦断定，如果已知我们使用的语言的方式和我们应用这种方式的那类世界，那就不需要有这一组特征。虽然对由许多游戏、椅子或树叶所共有的某些属性进行讨论常常能够帮助我们学会如何使用相应的词，但是并不存在这样一组特征，可以同时被应用于类似的所有成员，而且也仅能应用于它们……简言之，对维特根斯坦来说，游戏、椅子和树叶都是自然家族，每一家族都由重叠和交叉的相似之网所构成。这张网的存在充分说明了我们认定相应的对象或活动是成功的。

……从单一常规科学传统内产生的各种研究问题和技巧，也具有类似于上述家族成员之间的关系。它们所共有的东西并不是说，它们符合某一组明显的或甚至完全可发现的规则和假定……相反地，它们可以通过相似的和通过模拟科学整体的这一部分或那一部分联系起来，这个科学整体就是从事研究的共同体认作是已确立了的成就。①

由此可见，所谓"范式"就是"家族相似"的概念网络构成的科学整体的"世界"，任何科学家从中获取的并非这样或那样的具体知性规则，而是从中获得或领会由之生成的各种结构化的"模型"——在上一章对维特根斯坦与结构主义的全息阐述中，我们早已很清晰地知道：这是毫无疑问的第二尺度的"世界效应"或"场域意识"。也就是说，当我们"原以为"科学只是一种康德所规定的第一尺度的认识活动时，科学却早已经在第二尺度的世界效应或场域意识中以"范式"变迁的方式来演化自身了；也正因为范式变迁的实质是第二尺度的逻辑层级或维度的变迁，因此它当然就超越第一尺度之矛盾律所带来的因果线性，而呈现出一种非累积性的、不可通约的非线性递增状态，亦即二重对称状态——科学进步的本质从来不是第一尺度的线性增长，而是一种（至少）基于第二尺度的非线性的维度演化。从这个角度来说，也不怪乎库恩总是强调，科学革命后的科学家和他们的前辈相比已经处于不同的"世界"中：

哥白尼之后，天文学家生活在一个不同的世界里。②

---

① ［美］托马斯·库恩.科学革命的结构［M］.北京:北京大学出版社，2003:37-38。

② ［美］托马斯·库恩.科学革命的结构［M］.北京:北京大学出版社，2003:99。

发现氧气之后，拉瓦锡是在一个不同的世界里工作。[①]

对亚里士多德的信徒来说，他们相信一个重物的运动是由它的本性引起的，它想从较高的位置运动到较低的位置上的一种自然静止状态，物体的摆动只是一种费力的落体运动……另一方面，当伽利略注视一个摆动物体时，看到的却是一个（另一世界之）单摆，一个几乎能无限地重复同样运动的物体。[②]

当（化学革命）结束后……数据本身也已改变，这是当我们说革命之后科学家工作于一个不同的世界中时，所想表达的最后一层意思。[③]

没错，当人们在以康德为代表的西方启蒙运动思想家所奠定的经典科学观的影响下，不由自主地认为科学的本质就是在理性人模型的思维观照中去追求由形而上的理知世界的"存在"所保证的宇宙中唯一真理的那种行为，但是，实际运作着的现代科学共同体却是以一种第二尺度的范式演化的方式去不断克服基于先前世界框架的反常与危机而切实地进步，这种方式更聚焦于范式演化的行动本身，而并不需要一种预先规定的与自身同一的完美的目标"本原"——就此而言，科学的更深本质并非如西方传统形而上学一般去追求一种真理"本原"，而更是如同德里达所描绘的"延异"那样展现自身为"行动"而非"本体"的心智主导形态，亦即未来性真理形态，从而让自身的行动实质上处于一种跨尺度的拓扑局面或拓扑架构中——用德里达的话来说，这完全超出了理性的能力与范围。所谓跨尺

① ［美］托马斯·库恩.科学革命的结构［M］.北京：北京大学出版社，2003：100。

② ［美］托马斯·库恩.科学革命的结构［M］.北京：北京大学出版社，2003：100。

③ ［美］托马斯·库恩.科学革命的结构［M］.北京：北京大学出版社，2003：113。

度的拓扑局面或拓扑架构，指的是同时遂行于两种元始尺度的交互架构中来运作和领会自身，或者说遂行于一种叠加对称性的（先天）结构里，例如当今的人类科学体系就呈现为：各个部分主要按照第一尺度的观测方法、符号语言与逻辑范畴来建构自身，但是诸部分之上的科学整体却是在第二尺度的范式"场域"中生成或展开诸部分的关联网络并演化自身——在这个非线性的拓扑架构中，科学总是在自发寻求从一个尺度"顺滑"过渡到另一个尺度的"不变性"的稳定把握。而所谓"拓扑"的原始逻辑内涵也是如此呈现的，例如著名的拓扑形状——莫比乌斯环，可以设想自己如同一只蚂蚁一般在莫比乌斯环的一个"上表面"行走，随着你沿着此"固定"表面稳定地向前进发，随着过程的进行，你会突然发现自己居然将这个"环"的下表面也全部走过了，也就是说你原本认为完全分离甚至相反的两种维度在你的整体行动中自发融合在了一体性的经验架构里。同时，心灵对于某种"不变性"（即沿着"固定表面"前行）的领会依旧能够做到"稳定与顺滑"地延展，而并不会让心灵感觉到断层与不自然。而当心智也如此行动时，此行动就展现为一种跨尺度或跨维度的拓扑架构或拓扑局面，这是一种典型的非线性心智行动，它反映的是心灵的主导逻辑形态从传统的本原态到未来性的（创造）行动态的转变，同时也意味着心灵运行的元始构成或基本单位，从"范畴"或"概念"转化为拓扑架构所对应的"构型"。构型不仅是第二尺度之元始构成，同时也是表达心灵先天结构——二重对称性之"三元拓扑"（致中和）的典型单位。换言之，我们原以为深度联结范式演化的纯粹科学是在处理逻辑学"概念"或思想观念，但实际上，它的最核心行动就是在跟"构型"打交道。

　　当然，这种科学的更深本质并未完全被当今的科学共同体觉知，而是在相当程度上处于一种"无意识"运用的状态，其中体现的事实便是：当今的科学体系总是过于拘泥于时间与空间之内的观看之道和自认为纯粹理性的数学演绎方法，而对于第二尺度的（内感官的）感性直观能力及其构型单位总是陷入一种不自觉的排斥态度，因而也就只能"无意识"地调用第二尺度的很小一部分心智效应及其真理形态。而当今时代的人类科学体系之所以呈现出这样的"态度"，不是因为别的，正是因为自西方哲学诞生之处镌刻而来的第一哲学之本原性真理道路，这种传统真理道路导致的思维惯性恰恰在科学更深本质这里施展了魔法般的心智诱导效应，笔者把西方思维传统的这种魔法般的心智诱导效应称为"迟钝的剪刀"。所谓"迟钝的剪刀"，通俗点说就是在某种从第一尺度开始的行动架构已经触及更大尺度的世界打开方式之情况下，这把魔法般的"剪刀"将突然出现并把更大尺度的全部积极直观效应，亦即对于第二尺度与第三尺度的有意识觉知的"记忆"给全部"剪"下来而让其沉降为一种"无意识"的本能，从而让原本应该在有意识的状态下对于更大尺度或更深层真理道路的信息之灵敏醒觉的心智行动变得"迟钝"，就好像让人失去了原本早就被心灵把握的一部分记忆似的。就此而言，当代科学基础理论，尤其是物理学基础理论的"百年停滞"的根本原因不在于存在某个外星文明的"智子"对人类文明的信息封锁，而恰恰在于这把"迟钝的剪刀"施加于人类头脑中的心智诱导惯性，即使人类最聪明的头脑——譬如爱因斯坦、薛定谔、海森堡、普利高津等亦不能对此免俗。

那么，如何才能克服这一把拥有如此这般"魔法"效力的"迟钝的剪刀"呢？那就还是得回到人类的元始尺度的全息天性内涵中来，我们简单在此回顾一下人类心灵对于"元始尺度"的自明性理解，所谓元始尺度即是心灵总是寻求某种趋向绝对与永恒的"不变性"，并以其对于心灵整体的元始构成作用而回到自身。现代科学以前的"科学"主要是指古希腊时代的古典科学，它依托的是古希腊哲学对于第一尺度的前半部分领会的境界，亦即本体论境界，因而这个时代的"科学"不仅特别寄托于对感性杂多的"实体"的理念本性的具体设想，而且还"肆无忌惮"地将科学规律和伦理理念绑定在一起进行解释。例如亚里士多德认为地球由土、水、气、火四种元素组成，每种元素都有其天然的内在禀赋从而导致其运动趋势，土和水重，自然就要向下降落，造就了地球，而火和气则较轻，于是便要么处于地表要么飘浮在地球上空，而且上升和下落的运动的原因并非"受力"，而是参照某种中心而定的，而这种中心正是完美而永恒不变的理念世界的投射，因而是固定不变且静止的。于是系在绳子上的小球之所以会来回摆动，就是因为它拥有着回到最低的"中心点"并趋向静止的本性。于是，象征理念之永恒不变的"静止"是比运动更"高贵"的东西。而毕达哥拉斯学派则坚信数学代表万物之美的本原，其中"1"因其纯粹整体而代表理性，"4"因其偶数因子平等自乘而代表正义，"7"代表智慧之神密纳法，"10"则是一个"完美之数"。

于是，从我们现今的未来性视角来看，古希腊时期的古典科学是相当不彻底、不纯粹的，之所以如此，是因为现代科学依托的是近代哲学对于第一尺度后半部分领会的境界，亦即认识论境界，此思想境界聚焦于经验在尺度上的构成作用，尤其是元始构成作用。而科学正是这种元始构成作用的代表体系，于是，康德便认为科学就是一种研究（自然）经验如何在先验范畴中被（积极）构成的理论知识的系统，而先验范畴就是作为元始构成的心灵的"先天格子"，它是一种纯形式。故而，我们可以看到，近现代科学与古典科学最大的不同，就是在对于元始构成的本真运用——数理运算系统的运用方式和表达态度上。近现代科学规律必定要求数理运算的自洽演绎与定量表达，而古典科学则不然，诸多科学规律纯粹是一种定性的自然语言之描绘，而且古希腊语并没有"空间"这个词，因此也就不可能产生基于时间与空间纯粹形式化思维的近代数学，例如平面解析几何、微积分等，而微积分恰恰是现代物理学的思维与表达之基础，它背后的拓扑架构的"构型"奥秘我们将放在本章后续标题中进行讨论。因此，近现代科学，尤其是近现代数学就是寻求真理尺度之元始构成的思想系统，但是，跟认识论的哲学领域所不同的是，科学内在禀赋的经验积极性更为体现第一尺度后半部分的行动性心智形态，于是尺度天性内涵的后半部分也就必然会在这种经验的积极行动性中得到自然延伸而触及第一尺度的"圆满溢出"，具体点说，就是通过元始构成作用而"回到自身"，这里的"自身"当然不是第一尺度的"不变性"而是更大的第二尺度的本体效应及其"不变性"的领域——这是一种心灵打开方式的自然过渡和延展。因为心灵本来就是同时在全息的尺度上展开自身的，而这种"通过元始构成而回到自身"的跨尺度的方式正是前边所说的"拓扑架构"，也即科学的天然构型运行方式——范式演化的特性；同时，它也是映射心灵先天结构"三元拓扑"或"致中和"的全息基因的方式，在其中，两个元始尺度的"不变性"都在一种积极的（元始）经验把握中被稳定而顺滑地"领会"了。

就此而言，科学的积极性特质并不是要求一种稳定的固化唯一经验，而是要求一种经验的稳定"领会"，这也是德里达发现的心灵更为古老的特质——延异的精髓。而且他也发现理性无法理解其中的拓扑局面，那是因为这种跨尺度经验的稳定领会全然映射的是一种非线性的全息视域与全息关系——源于最高真理尺度的全息基因，而且这种新的稳定经验处理的也是"构型"而非第一尺度的先验范畴，故而超出了奠基于外在感官的理性的线性想象力。进而，这种全息的拓扑能力当然不是一种被那一把"迟钝的剪刀"所诱导的一次性使用的能力，毋宁说心灵更自然地遂行于这种拓扑能力的持续而迭代的运行状态，这也是康德的心灵"先天格子"背后的"隐藏条件"与"隐藏问题"的真正解法。于是，这便再次回到了"东西方真正相遇"的元始情境中，因为这种科学更深禀赋之拓扑能力的迭代使用，尤其是基于第二尺度拓扑到第三尺度的迭代从来都是东方原生文明基因的本有之义——未来的科学必定是"东西方真正相遇"之后在全息真理尺度上拓扑演化的科学，当今的科学体系远远没有释放"科学"的全部潜力而仅仅实现了第一步，亦即基于第一尺度而拓扑至第二尺度，而当科学共同体对第二尺度的心灵直观逐渐变得"有意识"的稳定觉知之后，科学的进化随即将迈入下一个阶段，亦即基于第二尺度拓扑至第三尺度的更宏伟、更壮丽也更终极的全息拓扑境界，这也是未来科学的全息命运之路。

那么，当今的科学体系早已"拓扑"至第二尺度的领域中，虽然也许不那么"有意识"，这就让科学的整体行动实际上已然介入到了过去认为仅仅属于"科学的禁区"——对理性之"无限心"的实践用法的"道德"或"艺术"的超理性与高感性领域里，从而让当今的科学系统呈现出一种相当强烈的"集体生命"特质。例如当今人工智能的理论内涵就是欲求模拟、再现乃至创造人的深层智能能力，而使用人工智能或大数据在某些情况下代替人来做"社会性"的决定在当今时代已经并不是一个鲜见的情况，至于让人工智能在进行大数据学习之后去创作难以被分辨为"机器制作"的诗歌和音乐则已经是一个经历多次考验的经验事实。而当我们如前边这样描绘的时候，我们便会发现"科学"和"技术"在自己头脑中的边界并不像康德在理性人模型中所设定的那样严格（如理论与实践对峙那样）二分，毋宁说在科学更深本质的拓扑视野——更深的二重对称性视野里，技术全然是科学的自然延伸，双方联结成的是一个统一的共同体，亦即科技共同体。当今的技术应用的主要方面就是一种生产性的社会实践，其主导性的行动原则与其说是源于康德所设想的实践理性的范畴，亦即道德的绝对律令，不如说就是源于科技共同体的拓扑架构本身。因为要拿第一尺度的"道德"去衡量与约束已进入第二尺度的科技拓扑行动，这实在是一种缘木求鱼的悖论之境。因此，当今争议颇多的"科技伦理"问题，其本质不是让科学单方面跟人类的"伦理"对齐，而是恰恰要反过来，人类的"伦理"要比科学更快地领会并进入更大尺度的拓扑架构中，亦即要比科学更"科学"，如此，才能以更高的心灵与真理尺度的境界来启发与引导科学的演化方式——除此之外，别无他解。

就此而言，著名的技术哲学家凯文·凯利便是从科学更深本质的拓扑视野中发掘出了这样一个观念，即技术的本质从来就是源于一种通行宇宙的元始天性——关于发明创造的自我强化系统的理念，也即自我增强的天性，他在其专著《科技想要什么》中将这种宇宙天性称为"技术元素"；"技术元素"亦是一种宇宙的"外熵"，会突然连续引发一系列不大可能存在的过程从而导致信息的重组，它是一种跟死板的物理法则导致宇宙走向终极混乱与无序之"热寂"的熵增势能相对的，让宇宙保持多样性的宇宙势力。因此，按照凯文·凯利的观点，以技术元素为构成单位而生发出来的"科技体系"从一开始就是一种拥有极强自主性的"自组织"的生命，是一个能够产生自身目的的实体。凯文·凯利甚至认为技术元素在人类文明产生之前就已经在宇宙中存在了，而在地球上具有自主性的科技体系则是"第七生命王国"（前三种是微生物，后三种依次是菌类、植物和动物）。亿万年来，这六大类生物一直在"共生进化"，且彼此交叉、缠绕，形成姿态万千的生态圈，但是科技体系作为第七生命王国则是人类思维的延伸，它伴随语言、工具的诞生成为人类不可缺少的"伙伴"的同时而仿佛有了自己的灵性，成为独立的"生命体"，并拥有自己的生命周期，例如从语言到符号、文本，再到印刷品、留声机、电视；从犁铧、刀斧，到水车、磨盘、唧筒，再到手工织机、蒸汽机、汽船和飞艇等。对此，他叙述道：

我们可以认为技术元素是信息——始于6个生命王国——的进一步重组。从这个角度上说，技术元素成为第七个生命王国，它扩展了一个40亿年前开始的进程。[①]

　　实际上，凯文·凯利的"技术元素"的思想就是直接针对"真理尺度"进行发问，它也从另外一个角度揭示了科学的拓扑架构中的第二尺度效应，亦即源于元始构成的行动天性——求知精神的原天性，这是一种阳性的生命天性，它反映的是心灵寻求向更大维度进行扩展的精神冲力与行动格调，凯文·凯利所说的技术元素之发明创造的自我扩展的理念表达的也就是这样一种源始天性；当然，基于求知精神的行动天性，我们同样可以将"技术元素"看成在未来性真理道路视野下的"构型"单位。能够被觉知为"天性"的东西唯有在第二尺度与第三尺度中才能存在，它也从另外一个侧面表明科技共同体在范式演化的拓扑行动中的有机生命属性，科技共同体不是在单独的科学事件中来简单地"观测"，而是以一个具有世界意识的共同体的方式来跨尺度地"看"与测量，亦即尺度变换的对称操作。而凯文·凯利所说"技术元素"在人产生之前就已经存在，如果这里的"人"是囿于时间与空间的第一尺度的理性人，那么他所说的就是正确的，但是，若是这里的人是一种跨越第一尺度与第二尺度乃至第三尺度的全息的人，"技术元素"或者说更深本质的科学就是和人在超越时间尺度之上共生的元始天性。

第 3 节
未来性之拓扑架构：从古典数学演化至现代数学的更深思想线索

　　我们在本节将要探讨的并不是数学的既有本质而是更深的本质，也就

---

① ［美］凯文·凯利.科技想要什么［M］.熊祥译.北京：中信出版社，2011：107。

是说，我们接下来之探索过程的核心的目的便是试图展露数学的真正潜力以及在此基础上的数学的未来演化之路。前边已经提到，文艺复兴之后的近代科学区别于古希腊科学的最重要的标志，就是对于科学系统的数学化或数理符号化，为何如此呢？这就要谈到近代数学跟古希腊数学在元始尺度上的区别了，具体来说就是对于第一尺度的领会从前一半到后一半、从朴素到成熟的区别。

斯宾格勒曾在《西方的没落》中详细地论述了数学发展的文化史，在其中他发现古希腊时期的古典数学本质上就是一种"测体学"或"固体几何学"，因为古希腊人建立数学计算的基础就是为了能够"公度"，也就是说为了在一个具体的实物上以公共理解的方式度量出一个有穷的数值，例如古希腊对于圆周的计算基础并不是真的要弄清楚其中的那个圆周率 π——这是近代数学才有能力并且敢于去这样思考的事情，而是从内心深处认定圆周问题必然会归结为一种可通过直线公共度量的多边形问题。古希腊人的古典数学体系之所以如此设定，正是因为他们对于真理尺度的理解就是一种第一尺度"前一半"的本体论境界的理解。在这个理解中，世界上的一切感性杂多必定以附着于它们背后的"实体"方式集合成"物质"，因此任何对于自然的"元始构成"的数学推算最后就都要落脚在一个代表"实体"或"本体"的物质的可被确定的"公度"的基础上，这个过程就代表了本体秩序的自然的感性世界中的完美"分有"。进而，一种不可以被穷尽"公度"的数是不可能也不应该存在的，因为这将破坏这种本体秩序的完美"分有"而成其为一种"邪恶"的东西——于是，第一次数学危机，亦即无理数危机便是在这种情况下诞生的。所以我们才由此理解，圆周率 π 这种不可公度的"无限不循环小数"的纯形式概念是无法被纳入古典数学的体系内来考量的，在这种世界观中，但凡思考这种可能性就是一种趋向"恶"的行为。

　　虽然古希腊人的古典数学在主体上是一种"测体学"，但是它依然拥有自身的"拓扑架构"，这便集中体现在了古希腊时代后期的天文学中，更具体来说，体现在被认为是古希腊天文学集大成者的"托勒密体系"中。天文学领域因为其对象与数据的不受干扰与远离"人间"的纯粹性，历来都是一个相对容易"科学化"的领域。在古希腊人的主导宇宙观中，天上的星星并不是一些在无限的宇宙空间中周转的独立星体，而是存在于以地球为中心的外部的更大"天球"上，天球每天循环周转因而镶在上边的星体也就跟着周转，这便是最早期和经典的"两球"理论。后来，因为对各个不同星体运动的观测结构实在有着太多的反常性，例如对我们现在被认为是太阳系的其他七大行星的观测，就总是会发现它们逆行于"天球"周转的方向，于是，为了解释这种反常的差异性，多天球的理论便被构想出来。这个理论构想给每个行星单独配属了一个天球，此外还有一个外层的"恒星天球"，用以容纳所有的恒星轨迹。例如亚里士多德自己归纳的宇宙模型（如图 30）就有五十五个天球之多，并且他认为层层连接的天球都由最外层的天球来统一驱动，而最外层的天球则由一个"最初因"，亦即本原——"神"来驱动，因此，代表终极本体或本原的"神"便在这个意义上被称为"不动的推动者"。

　　但即便如此，这种体系还是跟天象的实际观测存有不小的差异，于是，新的开创性设想出现了。在托勒密体系中，不再增加新的"天球"，而是给某些以地球为圆心的天球"均轮"上配备了一个以其中某一圆周点为圆心的"本轮"——这已经相当接近近代天文学的行星 – 卫星的系统设计了，不仅如此，为了更切实地反映实际的观测，代表各个天球的"均轮"已经不是完全以地球为绝对中心了，其实际圆心都多多少少偏离了地心而呈现出一种"偏心圆"关系，在这样的相对复杂系统中，其数学表达性与数学的"量"的自洽性就成了托勒密体系最大的"亮点"，而不是像从前的体

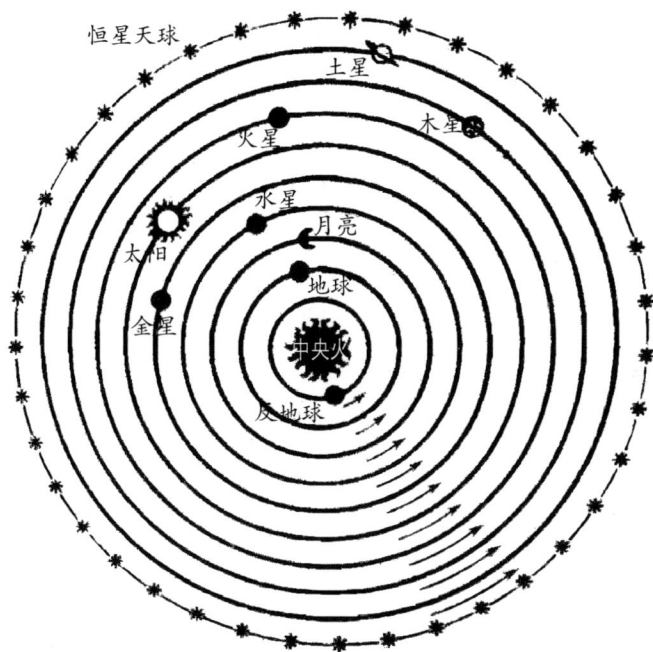

图 30 亚里士多德的"天球"

系一样主要依赖世界观的自然语言的定性描述。据记载，托勒密体系已经能够做到对于月食预言的误差范围缩小至一两个小时以内，这种精确度在当时已经相当惊人了。从中我们也可以看出，托勒密体系不仅已经开始打破源于完美本体论秩序的地球中心观，而且已经在将某种自然规律剥离伦理禀赋的"干扰"而使用纯形式的数理表达的方向上迈出了重要的一步，也即开始从第一尺度的"前一半"拓扑至"后一半"。但是，尽管如此，托勒密体系依旧没有脱离地心说，托勒密自己也承认，这些数学方程只是用来解释实体论述的工具罢了，它跟具体的实在依旧是两回事，其本质还是本体论的原始第一尺度主导性，因而我们能够看出来，这种"跨尺度"的拓扑之高级对称天性仍然呈现为一种"无意识"状态。

于是，只有在文艺复兴与启蒙运动的哲学革命，亦即在笛卡尔开启的认识论革命之后，西方人对真理尺度的理解真正跨入第一尺度的"后一半"，近代数学乃至现代数学才在事实上拥有了立身之根基。在第七章的论述中我们已经了解，笛卡尔的"我思故我在"将古典时代那个远离人间的"理念世界"彻底纳入到"我思"的领域中，亦即纳入到人的认识活动内部，并且将伦理性的精神实体跟物理性的物质自然彻底二元分离，而物质实体的本质就存在于可被数学量化的"广延"中，因此，在古希腊时代被认为是"神之禁忌"的无理数，也就在"我思"中之我对于"广延"的无限制认识与规定中合法化了，而广延实际上就是空间。于是，正是在这样的观念基础上，笛卡尔才发明了平面解析几何，也即把在古典时代几何计算最终都要被置入某种实际的实体"公度"的原则彻底逆转，而把几何问题推进到一个纯粹空间形式思维表征的直角坐标系中进行运算与解析，在其中，代数方程和几何图形呈现出一种互相转换的解析关系，故曰"解析几何"。在其中，"变量"或"变数"的观念也首次出现了，因为某种方程式，例如一元二次方程的解析几何图形完全可以表达为一种坐标点的运动轨迹，亦即变量或变数的轨迹，而在此之前，古典数学基本上可归结为本体论境界之常量问题。

此后，在康德的代表近代认识论巅峰成就的先天综合命题的阐明过程中，他也顺便把纯粹数学的形而上学的奠基给完成了，因为他一开始选择的论证先天综合命题的场景就是数学。康德论述道：任何代数与几何的推演如果没有作为感性直观纯形式的时间与空间的参与，是不可能进行的，任何几何形状都是需要心灵在纯粹空间中构想才能生成，而任何数字则都需要在纯粹时间轴上构想才能被心灵作出来。因此，康德对于纯粹数学得以可能之基础的结论就是：时间与空间是感性直观的先天形式，数学必定首先在时间与空间的纯粹直观中被构成，其推演和运算就是对于知性的先验范畴的纯粹思维的本真运用。也就是说在康德那里，数学就是纯粹聚焦于纯粹直观与纯粹思维的心灵"先天格子"本身的运用的思想体系，亦即纯粹聚焦于第一尺度之元始构成的思想体系。由此，近代数学作为检验科学的科学也就在此意义上获得了其合法性的最重要奠基。因为跟一般的科学学科比起来，一般的科学过程总会或多或少地在实验设计、观测和总结程序中拥有一般经验构成的参与，即便是号称在一般科学学科中最"硬"的理论物理学，其理论模型的最终合理性也总是需要经过实验的验证才能达成，也即需要一般的经验构成的参与，科学史中的迈克尔逊－莫雷实验对于麦克斯韦方程组中"以太"假设的实验"证伪"事件、英国科学家爱丁顿对于爱因斯坦广义相对论的观测证明事件等，就是其中的著名例子。但是，数学体系却与之不同，数学运算并不需要一般经验过程的参与，而仅仅需要聚焦在一般经验产生之前的元始构成就能实现自洽了，康德对此总结道：纯粹数学的真理性体现在通过关涉时间与空间本身而关涉自然规律的合理性根据。就此而言，现今很多信仰数学万能论的思想者认为数学体系是一个远离任何感性经验的纯抽象体系，这句话仅有一半正确，数学系统远离一般经验构成这没错，但是并没有远离所有感性经验，而是聚焦于感性经验在真理尺度上的元始构成，亦即聚焦于一种"元始经验"——认识到这一点十分重要，它关系到我们如何认识数学的更深本质以及数学的真正潜力。

自从近代数学在康德那里获得了"检验科学之科学"的地位后，近现代数学对于这种在自身系统内自洽性的毫不犹疑的确信和运用就开始彻底"放飞自我"了，甚至远远超出了康德为它们设定的第一尺度的"合法"范围，就好像心灵对于这种跨尺度的"不变性"的自洽领会是全然无条件乃至直指永恒似的。实际上，从未来性视角来看，康德把他关于时间与空间作为感性直观先天形式的论证称为先验感性论，但其实这本质上是第一尺度的元始构成论，我们当然还拥有第二尺度乃至第三尺度的先验感性论或元始构成论，也就是说，我们不仅拥有第一尺度的近现代数学或西方数学，还天然拥有更大真理尺度的更为丰富、深沉与灵性的非线性或非二元性的数学——全息数学，这个主题我们还会在本章的最后进一步论述。

前边已经提到，既然数学聚焦于第一尺度的元始构成，那么它就一定无法避免由于元始构成而自然"拓扑"至第二尺度之"回到自身"效应的尺度本身的内在禀赋，亦即朝向"构型"处理的范式系统进行演化的内在禀赋。其实康德在他对纯粹数学的形而上学的奠基的阐明过程中，仅仅论述了以几何与算术为代表的"初等数学"，但是他所意想不到的是，在他的时代早已存在的以微积分为代表的"高等数学"，其"形而上学的基础"早已经在其"拓扑架构"的更深天性中越过了第一尺度的边界，而进入到对于第二尺度效应的广泛利用的历史性阶段，当然，这种利用依然没有逃脱出西方文明那一把"迟钝的剪刀"，因而依旧是很大程度的"无意识的"，但毕竟已经进入此历史性阶段。所以，数学的更深本质仍然是一种"拓扑架构"，亦即对于元始构成的"拓扑架构"。如果说本章前两个标题主要从科学作为一个整体的宏观层面上论述了这个更深的本质，那么，下边我们就将在数学运算的微观层面上，看一看此"拓扑架构"是如何在"不知不觉"中被运用于近现代（高等）数学的底层思维里的。

第4节
以现代数学几个基础运算为例：论现代数学的未来性基因

4.1 以未来性看微积分运算

我们首先来探讨一番微积分。近代数学与近代物理学的完全确立拥有着几乎同一个标志性事件，那就是微积分的发明与运用。要知道作为近代物理学基础的牛顿三定律在《自然哲学的数学原理》中的原始表达与思维推演就是用微积分来进行的，更不用说牛顿也是微积分的发明人之一。

而微积分背后的思想探索与争议却还要追溯到古希腊时代，古希腊哲学家芝诺提出了至今闻名遐迩的"芝诺悖论"，具体来说它便是两个关于"极限"思索的思想实验。其中一个思想实验叫作"阿基里斯与龟"（如图31）：阿基里斯是古希腊神话中的英雄，非常善于奔跑，他的速度是乌龟的 10 倍，于是有一次他和乌龟开启了一场竞赛，乌龟在他前边 100 米开始跑而他在后边追，但是无论他怎么努力都无法追上乌龟。因为在竞赛中，追赶者必须先抵达被追者的出发点，而当阿基里斯追到 100 米时乌龟已经向前爬了 10 米，一个新的起点便诞生了，于是阿基里斯继续追，当他追到乌龟爬的这 10 米之处时乌龟又向前移动了 1 米，如此反复，乌龟总会制

图 31 "阿基里斯与龟"思想实验示意图

造出无穷多个起点并让它们和自己产生一段距离，无论这个距离有多么小，只要乌龟不停地奋力向前爬，阿基里斯就永远追不上乌龟。与此相似，芝诺提出的另一个思想实验叫作"飞矢不动"：设想一支飞行的箭，在每一时刻，它位于空间中的一个特定位置，由于特定时刻无持续时间，因此箭在每个时刻都没有随时间而运动而只能是静止的，鉴于整个运动期间只包含各个时刻，而每个时刻又只有静止的箭，所以芝诺断定，飞行的箭总是静止的，它不可能在运动。

芝诺的这两个违反常识的思想悖论之所以这么有名，是因为它们触及了"运动"这种现象的非理性"难题"；一旦进入数学思维的把握中，运动便会立刻呈现出一种高级对称性之"拓扑局面"。因为从第一尺度的纯粹知性运用的角度来说，知性能力就是能够"合法的"无限因果追溯，因而也就能让运动在空间形式中被无限分解为一种"无穷小"的东西，无论是"阿基里斯与龟"中的新起点与乌龟之间的无穷小的距离，还是"飞矢不动"中的整体运动时间被分解为无穷小的各个"时刻"，都没有超出知性运用的合理范畴。而这种"无穷小"的量是否能够在"极限"中被化约为"0"的争论，则引发了西方思想史上第二次数学危机，英国近代著名哲学家贝克莱就对此"讽刺"道：在数学求极限的推理证明的过程中，这种"无穷小的量"在某段推理环节中存在，但是在另一段推理环节中又不存在，那么，这种"既存在又不存在"的东西简直就是一种"非存在"，如此又何必构想它呢？

那么，从未来性视角，我们该如何更深刻地理解这个"悖论"呢？在中学的教科书中我们已经知道，求"极限"是微积分得以建立的基本思维与基础过程，而且在此过程中的那个既存在又不存在的"无穷小量"是可以在运算中化约为"0"的。然而，这种运算推演中的"做法"等于默认了这样一个对于某种"不变性"自然拓扑延伸的自洽性的领会：在芝诺悖论的场景里，"极限"的存在意味着"运动"天然拥有一种不可分割的整体性质，这种性质在逻辑上先于知性范畴并成其为这些可分割的知性范畴的来源；在数学场景里，"极限"的存在意味着在这样的求极限运算中从纯粹知性的量推演至另外一种非知性的量，其中这两种量的"不变性"互相等价的领会是自然延展的且自洽的，并没有什么"不合法"之处。而如今我们知道，这种既存在又不存在的非知性的量就是第二尺度的"场域的量"，这种自然延展且自洽的推演行动正是一种体现二重对称性的拓扑变换。

事实上，法国数学家柯西在《分析教程》中比较完整地阐述了"极限概念"及其理论，算是在思想史上为这次数学危机"画上句号"，他在书中指出："当一个变量逐次所取的值无限趋于一个定值，最终使变量的值和该定值之差要多小就多小，这个定值就叫作所有其他值的极限值，特别地，当一个变量的数值（绝对值）无限地减小使之收敛到极限 0，就说这个变量成为无穷小。"在未来性的视角中，柯西是怎么做的呢？他实际上是让这个极限的"定值"代表一整个变量取值无限趋近的过程，亦即让一个数学定值作为一个符号等价性地代表一个变量运动本身。而我们如果把这个过程用镜像对称亦即倒叙的方法反过来看，就能立刻发现其中更深的秘密：以极限的定值所代表的意义为原点，后边的整个过程实际上就是它在逐次取值中由近及远的无限展开过程，而从元始尺度的逻辑角度，此"无限展开"便是一种"世界"或"场域"的自我生成行动，亦即第二尺度对象的生成行动——极限或微分代表的就是从第一尺度自然拓扑至第二尺度的自洽领会，毫无疑问。那么，就此说来，当柯西说一个极限运算等于一个数学定值的时候，其中这个"等于"所指的"＝"符号，它所代表的逻辑意义也就不再是源于第一尺度之"同一律"的"与自身同一的存在是"的含义，亦即简称"是……的存在"的含义；而是转变为源于第二尺度之"谐同律"的"在（世界性或历史性的）展开中呈现为"的含义，简称"呈现为……

的意蕴"——基本数学符号的基础逻辑含义已经在此过程中发生了一种"自洽性"的跨尺度之拓扑转变，然而，绝大部分数学研究者对此却显得相当"无意识"。在近现代数学的发展中，这种自洽性自然转移的共识在数学界中的达成，说不清到底是因为受到近现代物理学默认的运动优先于空间的成功设定之影响，还是因为数学家们天然就习惯且接受数学体系的这种内在拓扑天性，总之，"极限"这种运算"完美"地展现了近代数学体系的跨尺度的"拓扑架构"，也就是说当我们运用"极限"以及以其为基础构建的微积分运算的时候，我们要清楚它们就是在用第一尺度的数理符号展现第二尺度的心灵自洽效应，无可置疑。

那么，牛顿第二定律的原始微分表达形式，即：

$$F = \frac{dp}{dt}$$

用牛顿《自然哲学的数学原理》中的话来说就是：动量为 p 的质点，在外力的作用下，其动量随时间的变化率同该质点所受的外力成正比，并与外力的方向相同；这个公式转化为位移对于时间的二阶导数的"加速度"的形式，就变成：

$$F = m(d^2 s/dt^2)$$

如今，我们已经了解，上述这个带有微分符号的公式，其中"="的逻辑内涵已经不是第一尺度之一般算术中的"是……的存在"（与自身同一的存在是）的"等于"含义，而是第二尺度的"呈现为……（的意蕴）"含义，而 m 所代表的质点在第二尺度的"世界意识"中代表的又是"角色"之义，于是，牛顿第二定律在全息视角下的逻辑意义就可以如此理解：

力的运算呈现的是质点之角色在某个场域中的生成活动，在此活动（叙事）中，质点和它的作用方相互耦合成其中的（构型）"情境"。

思想史上对于力的哲学本质是否属于纯粹知性形式的因果关系一直

颇有争议，那么，根据上边的阐述我们便可知：牛顿定义"力"为物体与物体的相互作用，而此"相互作用"的本质并非第一尺度之纯粹理性的因果关系，而是第二尺度的质点"角色"之间得以互相耦合成（构型之）场域情境的"因缘关系"。也就是说，力的相互作用方之间并不仅仅是一种互相决定的机械关系，而是更深层地源于一种互相吸引而产生信息联系的"因缘"。进而，基于牛顿第二定律推演而成的万有引力公式，牛顿一直对其中的万有引力呈现的非接触性与（瞬时）超距作用的"力场"效应背后的逻辑原理疑惑不已，因为它违背了基本的基于时空递归的机械因果律而仅有数学自洽性。于是，根据上述阐析的极限与微分的"拓扑架构"，此"力场"的效应原来就是由第二尺度来保证的，或者说经由后来爱因斯坦的论证，此"力场"效应是由"光速"所对应的二重对称性本质来保证的，只不过牛顿乃至后续物理学家的这种疑惑仅仅因为西方的思想工具受"迟钝的剪刀"之影响而并没有进展到如此全息的地步罢了。

4.2 以未来性看发散级数求和运算

在了解微积分的"拓扑"禀赋之后，接下来我们再来看一个以之为基础的无穷级数求和或发散级数求和的例子。所谓级数，便是指将数列的项依次用加号连接起来的函数，如果当 n 趋向无穷大时，这个数列的通项趋向于零或数列的和存在极限，那就意味着这个函数总是在趋向于某个定值，那么，它就是收敛的，否则就是发散的。但是，级数发散至无穷大这件事，对于科学运用来说意义不大，因为其结果不可测量，因此数学家就总是想方设法地努力将发散的无穷级数找出一个"定值"来，而其中比较有名的发散级数求和的"努力成果"便是"全体自然数之和等于 –1/12"这个"反常识"结论。对于这个"反常识"的案例中基本数学运算过程的拆解，笔者将引用董唯元先生撰写的著名科普文章《所有自然数之和是 –1/12？它在物理学中还有特别的应用？》[①] 中的相应叙述作为后续解析的基础：

数学老师曾告诉我们，只有收敛的级数才能求解无穷项之和，然而在一些科普书中，却会遇到一个神奇的求和：

$$1+2+3+\cdots=-\frac{1}{12}$$

所有自然数之和怎么会是负数，而且还是个分数？这到底是人性的扭曲，还是道德的沦丧？

把对称轴当作级数和

想要理解这个古怪的结论，我们先来看一个简单的例子：1，−1，1，−1，……这个序列可以求无穷项之和吗？意大利数学家格兰迪（Dom Guido Grandi，1671—1742）早在1703年就开始认真琢磨这个问题，可以说，这是所有发散级数求和研究的起点，这个序列后来就被命名为"格兰迪级数"。

也许有小伙伴猜测，这个序列中1和−1的数量既然同样多，那么总和就应该等于0。可惜这样的猜测是错误的。无穷集就像个再生能力很强的变形虫，部分与整体同样多。我们从序列中拿走任意个1或者−1之后，剩下的1和−1数量仍然相同。如果所剩下的1和−1加和为零，那么岂不是总的求和仅由先取出的1或−1的数量决定——也就是任意整数。这显然太不靠谱了，看来压根不能依靠比较1和−1的数量来求和。

还有个办法，就是借助收敛的级数寻找线索。我们知道，在 $|q|<1$ 时，

---

① 董唯元. 所有自然数之和是−1/12？它在物理学中还有特别的应用？[B]. 公众号"返朴". 2021。

$$1 + q + q^2 + q^3 + \cdots = -\frac{1}{1-q}$$

现在我们粗暴地让 q=-1，于是就出现了

$$1 - 1 + 1 - 1 + \cdots = \frac{1}{2}$$

这个结果似乎还能令人接受，可是，q=-1 毕竟是个"不合法"的条件，我们需要更合理的途径来安抚内心的不安。如果把这个级数的前 n 项和记做 A(n)，我们现在动手来求 A(∞)。

$$1 - A(\infty) = 1 - (1 - 1 + 1\cdots) = 1 - 1 + 1 \cdots = A(\infty)$$

哈！根据这个等式，我们又一次得到了 A(∞) =1/2 的结果。这回貌似没有明显违法的地方了，警察来了也不怕。可是，总还是感觉哪里不对。

A(1)=1

A(2)=1-1=0

A(3)=1-1+1=1

…

可以看出 A(n) 在 1 和 0 之间来回跳动，按照极限的定义，$\lim\limits_{n\to\infty} A(n)$ 这个极限不存在。当我们写下 A(∞) 这个符号时，它究竟指代什么，还没有清楚的定义。其实这也是发散级数求和的基础问题：如何定义发散级数的和。

相关的定义不止一种。大体来说，主要有切萨罗求和与阿贝尔求和两类，另外拉马努金和黎曼等人也发展出许多更一般性的理论，中间还掺有源自欧拉的诸多贡献。那些数学语言虽严格，但催眠和劝退的副作用也不小，所以本文不打算纠结于那些从集合论谈起的基础定义，只使用非常"物理"的视角来定义：A(∞) 表示所有 A(n) 的平均值。（注：引文后续的图片标题和图中编号为笔者添加）

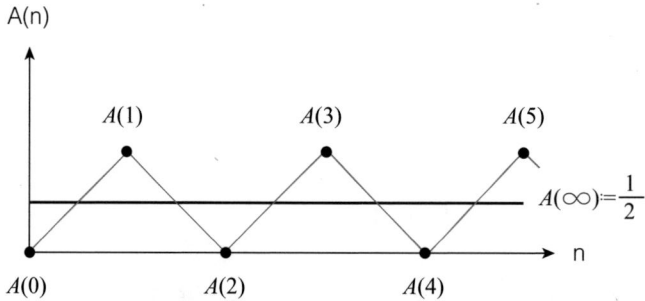

图 32 发散级数求和 A（∞）=1/2 的图像示意

以"平均值"定义的求和方式，使许多发散级数都可以进行求和。例如

1-2+3-4…

这个级数，也可以用同样的方法直接用眼睛瞪出结果。我们用 B(n) 表示前 n 项和，即 $B_{(n)} = \sum_{k=0}^{n} k(-1)^{k+1}$，那么

B(0)=0

B(1)=1

B(2)=1-2=-1

B(3)=1-2+3=2

…

把这些 B(n) 所对应的点画在图（图 33）上之后，完全不需要动笔计算，用眼睛就可以直接看出所有 B(n) 的平均值是 1/4。

如果只看图还不放心，我们也可以借助前面 A（∞）=1/2 的结论来推算 B(∞)：

$$A(\infty) - B(\infty) = (1-1+1-\cdots) - (1-2+3-\cdots)$$

稍微调整等式右边的计算顺序，先让前面括号内第 n 项减去后面括号内第 n 项，然后再做加和。

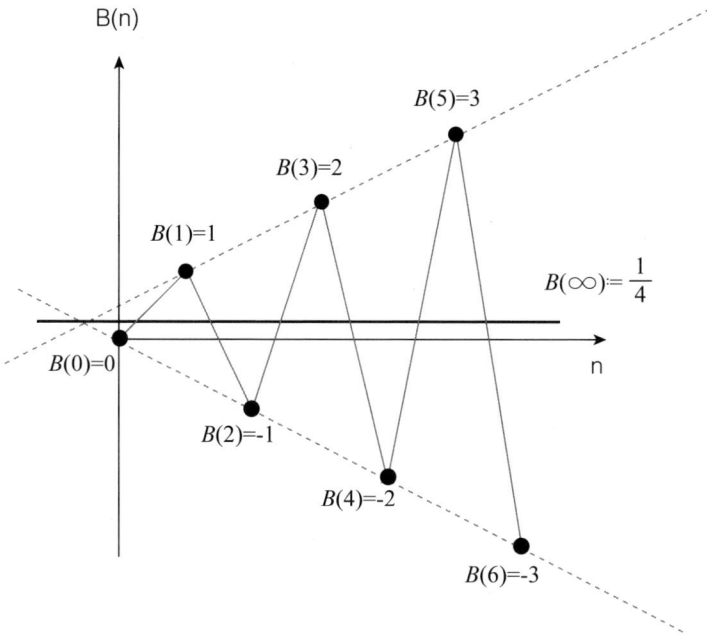

图 33　发散级数求和 B (∞) =1/4 的图像示意

$$（1-1）+（-1+2）+（1-3）+\cdots=0+1-2+\cdots=B(\infty)$$

即

$$A(\infty)-B(\infty)=B(\infty)$$

所以

$$B(\infty)=1/2 \quad A(\infty)=1/4$$

把自然数之和变成 –1/12 的魔术

当然，画出点来再用眼睛直接瞪出结果的方法，有时候也需要一些技巧。就以全体自然数之和为例，我们同样令 C(n) 代表前 n 项和

$$C(n)=1+2+3+\cdots n=\frac{n(n+1)}{2}$$

麻烦出现了！显然 C(n) 对应的点都分布在一根上扬的抛物线上，没办

法直接看出平均值，而且看起来压根就不存在有限的平均值！别急，我们可以继续变形。

$$C(n) = \frac{n(n+1)}{2} = \underbrace{\frac{1}{6}(n+1)^3}_{①} - \underbrace{\frac{1}{6}(n^3+1)}_{②}$$

这样我们就把每个 C(n) 对应的点，都拆成上式中①项和②项（即前后两个三次幂函数）所对应的两个"半点"分别画出来，居然又可以凑成两条对称的曲线。

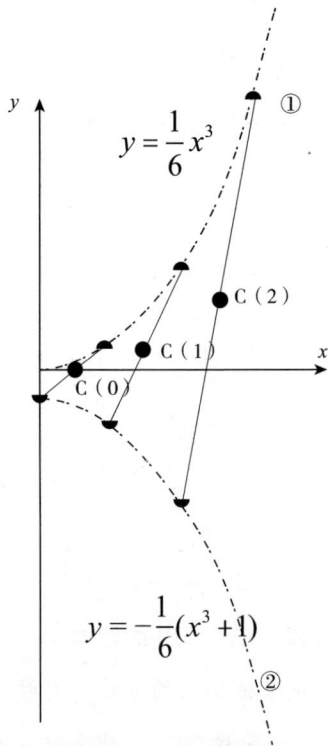

图 34　发散级数求和 C(∞) =−1/12 的图像分解

当我们把无限个"半点"都辛苦画完之后。就可以指着两根曲线中间的对称轴宣布：

$$C(\infty) = -\frac{1}{12}$$

因为所有 C(n) 的平均值就等于所有"半点"的平均值，而两根曲线上的"半点"分布完全对称，只在曲线①的开头位置差了一个无关紧要的 0。

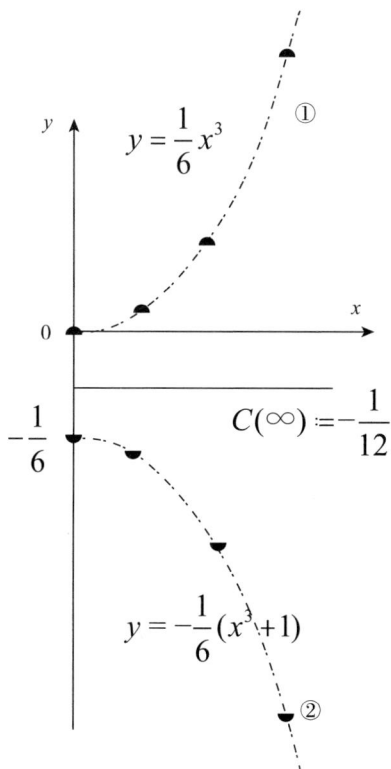

图 35　发散级数求和 C（∞）=–1/12 的图像示意

不知大家发现了吗？当数学家确立"全体自然数之和拥有一个定值"这个目标之后，便使用了各种在数学世界内自洽的方法努力让这个目标得以达成，而在这个过程中，跟微积分创立方法相似的是，我们在近代数学或高等数学之前的初等数学的算数世界建立的基本数学符号之基础逻辑内涵或基础意义同样在不知不觉中发生了重大转变，亦即：在高等数学中，上述"自然数之和"不再是一个"+"符号所代表的简单算术和，而被称为泊松意义下的广义和或解析延拓意义下的广义和。在这里，笔者对于其中涉及的新概念"泊松"和"解析延拓"的定义，就不从纯粹数学的角度展开详述了，但是下边笔者将从未来性视角来阐析一番其中的更深逻辑内涵。

前文已经阐明，在现代数学中，极限的定值根本不是代表一个固定的数值，同样地，前边这几个发散级数求和的结果，无论是 A（∞）=1/2 中的"1/2"、B（∞）=1/4 中的"1/4"，还是 C（∞）=–1/12 中的"–1/12"也都不代表一个固定的数值，而是代表一个正在趋近或正在展开的（第二尺度的）"世界性"过程。只不过跟求极限稍有不同的是，上述这几个发散级数求和的数学推演方式对于第二尺度的"自洽性"与"对称性"探索得更深一些。具体来说，如果我们的思维触角以这个发散级数的"项"——级数项作为起点，就会发现为了得到最后这个结果，它经历了如下这一连串过程：首先，各个级数项首要聚合为一个"和"的"情境"，无论项数 n 的取值是多少；其次，在项数 n 由 1 到无穷大亦即由小到大的依次取值中，这个"情境"作为基本单位便在此过程中"历史性"地展开为一个"世界"；最后，在此世界性的场域中，"情境"演化的关系整体必然"融合"呈现为此场域叙事的"意蕴"。因此，"–1/12"作为结果出现前的那一个"="符号所代表的意涵的完整逻辑表达便是：

在各个级数项之聚合情境的历史性展开中呈现为……的意蕴。

就此而言，"1/2"、"1/4"与"–1/12"作为级数在各个项数 n 取值中的均值所代表的意义也就根本不是这个值本身，而是代表这个级数在一种历史性的（世界）展开中所呈现的均衡意蕴。从前文图 32 到图 35 的函数图像演示中我们也可以发现：图 32 中的"A（∞）=1/2"，就是由级数 A（n）所分解出来的两个相互对称之函数曲线"A（n）=0"跟"A（n）=1"的对称轴；同样，图 33 中的"B（∞）=1/4"，也便是由级数 B（n）所分解出来

的两个直线函数曲线的对称轴；同理，图 35 中的"C（∞）=-1/12"亦是由
级数 C（n）所分解出来的两条相互对称之三次幂函数曲线的对称轴。也就
是说，这些发散级数的"和"都可以表达为由之分解的这两条相互对称之
函数曲线所组成的视觉图像之审美意义上的"视觉中心域"或"美学均衡
轴"——或曰：审美意蕴，而我们在前边第四章第 2 节的阐述中已经知道，
如此这般操作的对称变换，亦即在一种历史性或世界性生成过程中体现的
对称变换，便是一种拥有"美学天性"的二重对称性，亦即对称展开与对
称合成叠加的"变换之变换"。就此而言，我们也可以说，这种发射级数
求和的过程充分运用了心灵先天结构"三元拓扑"中的自指机制，所以我
们的心灵才会认为这种求和收敛依然是一个自然指向一种"更大本体"的
自洽过程，亦即自指过程。

由此可见，在更深的真理尺度中被如此"解析"出来的现代数学或高等
数学，可谓具有相当程度的艺术思维和艺术"感知"；当然，第二尺度乃至
第三尺度并不简单地等同于"艺术"，我们将在后续章节中看到，"艺术"或
"美"仅仅是人类在过去历史中对于无法稳定把握的感性尺度的代称罢了，
而笔者在这里使用"美学"一词是为了更好地揭示："发散级数求和"这个
现代数学体系的重要运算中的"数学思维"从根本上早已经"拓扑"至第二
尺度的领会中了，而当这样做的时候，其中的"艺术性"或美学效应就是不
可避免地展现更深对称性之内在功能。而这种在世界性展开的过程中进一步
"求意蕴"的做法，实质上也是在欲求进一步探索第二尺度的元始构成，我
们在前边第四章第 2 节已经阐述过，第二尺度之元始构成便是具有（阴阳）
"鸿沟穿透"或"间性透视"特质的"构型"，而这里的"构型"早已经不
是传统数学意义上的数学概念或运算范畴，而是逻辑本质源于第三尺度"合
一律"的心灵先天结构。而从前边的数学演示中我们亦可以看出，"发散级
数求和"在数学图像中必定展现为两个互相对称之曲线进行"耦合"而成其

为一种"间性",一旦在数学推演中这样做,心灵就会自发地发生对于"间性"的逻辑穿透的拓扑动作,从而天然得到更大尺度心智领会的自洽性,亦即使得构型领会得以发生的自洽性。因此,换句话说,这种"发散级数求和"就是一个典型的从第一尺度到第二尺度的"自洽性"延伸之跨尺度拓扑行动,也是一个"先验感性"的拓扑过程,很显然,数学家们为实现此拓扑过程而处理的心灵直观基本单位,绝不可能仅仅是时间与空间的先验形式和知性的先验范畴,必然上升至"构型"这种更大真理尺度之元始构成上。而我们在前边也已简单提到,现代物理学的超弦理论在推导出 11 维度的核心数学步骤中,恰恰使用了"自然数之和等于 –1/12"这个"数学成果",如此看来,超弦理论的"11 维度"表面上是一种物理维度,实质上是指向一种更深的源于"构型"的第二尺度之逻辑维度或全息维度。

4.3 以未来性看虚数运算

在了解完前边两个跟"极限"有关的数学运算的更深本质之后,我们再来简要看一个从形式上直接运用第二尺度之谐同律的例子——虚数。

在数学发展史中,数学家们构建了这样一种"悖论"的数——虚数,它起初被用以赋予负数的平方根以意义,它由笛卡尔提出,而后在 18 世纪的著名数学家欧拉那里得到了系统性的解释,并使用 i 来表示虚数的单位,$i=\sqrt{-1}$,但是欧拉在其专著中却留下来这样的附言:

诸如 $\sqrt{-1}$、$\sqrt{-2}$ 之类的表达都是不可能的数,或称虚数。因为它们代表负数的平方根,对于这样的数,也许我们只能说,它们不是零,但并不比零大,也不比零小,所以它们完全是虚构出来的数,或者说不可能的数。[①]

---

① ［美］乔治·伽莫夫.从一到无穷大［M］.阳曦译.天津:天津人民出版社,2019: 41。

由于所有实数都可以看成以数字 1 为基础，那么，以 i 作为基本单位同样可以构建出所有虚数，将虚数 bi 添加到实数 a 便可以形成形式为 a+bi 的复数，其中实数 a 和 b 分别被称为复数的实部和虚部。虽然欧拉说它是"不可能的数"，但是，虚数却在当今诸多科学领域拥有了丰富的运用场景，比如向量运算、电磁场表达及运算、四维时空表达，乃至量子力学的薛定谔方程等。于是，虚数是不是真的像欧拉所说的"无意义"呢？实际上当今科学家已经用自身的行动回答：虚数并非"无意义"而是在另外一个更大真理尺度下相当"有意义"。那么，我们如何在元始尺度的全息视角中理解它所代表的逻辑内涵呢？老办法，我们还是先要回到虚数定义的基本运算过程中，来看一看哪种基本算符发生了意义自洽性的拓扑性转移。

定义虚数有两个基本运算式，分别是：$\sqrt{-1}=i$ 以及 $i^2=-1$。

我们先来考察一下 $\sqrt{-1}=i$。等式的左边可以看成是两个算符 $\sqrt{}$ 与 -1 的合成，我们都知道，在各自的原始定义中，平方根号之下不能为负数，在逻辑视角中，这就意味着它们两者在各自的内涵中呈现出一种矛盾或者说逻辑方向相互背离的状态，那么，把两个互相矛盾或逻辑方向相反的算符合成在一起的行为，亦即将 A 和非 A 合成，在全息的逻辑视角中，就肯定不是属于基于第一尺度排中律的"符合相加"关系，因为这跟第一尺度的思维定律显然相悖，而只能在第二尺度之谐同律的运用中表达为：

A 与非 A 正在谐同为……（的意蕴）

换成原来的符号便是：$\sqrt{}$ 与 -1 正在谐同为……（的意蕴）

由此可见，其中的"="符号也就自然不是源于第一尺度之同一律的"等于"——"与自身同一的存在是"的含义，而是基于"谐同律"的"互相谐同地呈现为……（的意蕴）"含义。于是，在此基础上，"i"的具体逻辑内涵究竟是什么呢？也即：能够让两种逻辑方向如阴阳般相反的算符合成在一起的东西是什么？这就需要由定义虚数的第二个算式来告诉我们了。

在 $i^2=-1$ 中，等号左右两边依然呈现出一种逻辑方向相反的算符，而它也可以写成 $i \times i=-1$，在全息的视角下，它说的就是：i 在自身内部的交互作用中让某种逻辑方向得以走向它的反面，亦即使得它们呈现出互相指向的交互共生状态，于是，在未来性视角中，i 这种内部交互共生效应所代表的逻辑行为或逻辑意涵，便是（阴阳）"鸿沟"或"间性"，它表达的是一种导向构型之意蕴领会的"小维度差"或"准维度差"结构及其关系，这便又是一种二重对称性了。因此，以全息的角度，定义虚数单位的运算式 $\sqrt{-1}=i$ 的完整表达便是：

$\sqrt{}$ 与 -1 正在交互谐同为（阴阳）"鸿沟"或"间性"。

著名科普作家乔治·伽莫夫在《从一到无穷大》中认为人们可以将虚数理解为"虚数家族就像正常数字（或称实数）虚幻的镜像"，实际上，虚数不仅仅代表一种对于第一尺度之正常数字的"虚幻的镜像"，而是让原本单一维度的实数之间的简单的无矛盾符合关系变成增加一个维度的"维度差"的"间性"之谐同关系。既然是一种"维度差"关系，那么它们两者就不可简单地使用第一尺度的运算进行合并，正如 a+bi 所呈现的实部与虚部不可合并的相互关系；虚数不仅在一般的复平面场景中意味着实部与虚部不可合并，还意味着在不同场景的虚数取值定义中的虚数值互相处于"小维度差"的"间性"中。这里需要注意的是，虚数代表的是一种导向维度意蕴领会的"间性"，但是它本身并非维度意蕴，而是一种"无意识"的或"消极"的前维度，因为对于维度之意蕴真正的领会需要稳定而醒觉地使用第二尺度的元始构成——构型，并在此过程中运用领会构型的非线性心灵直观——内在感官，这种内在感官是在时间与空间之上的人类心灵的扩展性意识，对此，我们在前边第四章第1节中已有论述。

既然虚数单位 i 实质表达的是"间性"的逻辑内涵，那么，它在实际使用中的数学功能也就呈现出各种形态的"维度差"，比如在复平面内的角度旋转之"夹角"关系，伽莫夫在《从一到无穷大》中就提到，"从几何角度来说，用一个数乘以 i，相当于让它对应的点在（由实数轴与虚数轴构成的）坐标轴内逆时针旋转 90 度"。因而，$i^2=-1$ 就相当于实数 1 在复平面中连续逆时针旋转了两个 90 度，也就刚好落在实数轴的负数区域所对应的 -1 那里，如下图 36 所示：

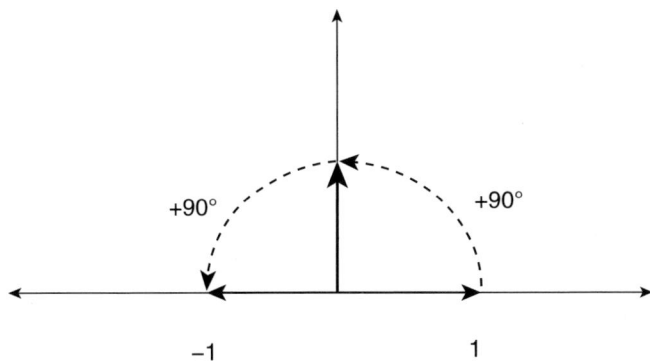

图 36 实数 1 的两次虚数 i 旋转

同理，在复平面内的坐标（1，i）即代表复数 1+i，它与实数轴的夹角是 45 度，这就意味着任何数与（1，i）相乘便都需要在复平面内逆时针旋转 45 度。

类似地，在电磁场的表达式中使用复数的实部与虚部来表达电场与磁场的相互作用又不可合并的"间性"关系，便既可以让电场强度与磁场强度相加而不损失各自的信息，又满足了电场与磁场 90 度垂直的物理要求（如图 37 所示）。

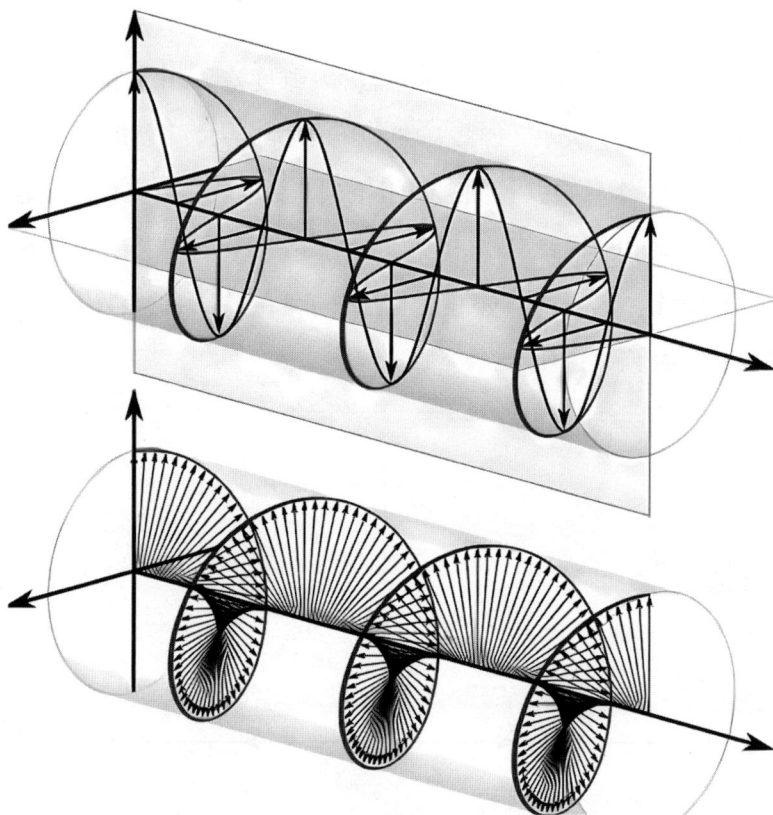

图 37 电场与磁场的"间性"关系

此外,虚数的逻辑内涵还有一个特别重要的运用,便是在量子力学中表达微观粒子量子运动规律的波函数方程——薛定谔方程的场景中。要知道,薛定谔方程可算是描述量子力学规律的最基本方程,其表达如下:

$$i\hbar \frac{\partial \psi}{\partial t} = \hat{H}\psi$$

为什么描述微观粒子的量子力学规律一定要使用虚数 i 呢?有以下三个原因:首先,微观世界中的粒子在不测量它的具体位置时,实际上它就如同波一样弥漫全场，从而它的位置就具有近乎无数个数值，其中每一个数值称为粒子的位置本征值，它表明在不进行测量时粒子不会单独出现在任何一个特定位置上，而处于一种所有可能位置的叠加态。这同时也意味着所有本征值在此叠加态中不可简单地合并和通约，而是互相之间处于一种具有"维度差"的"间性"中，因此每一个本征值的本征态就都拥有属于自己的特定虚部 i、j、k、m 等，它们在方程中都统一用 i 来代表。其次，每个本征态所对应的复数，它的模的平方（其在复平面上的长度的平方）就是这个粒子在这个本征态中出现的概率密度，亦即它的"相位"，物理学家波尔也把它称为概率幅或概率波，而从全息的角度，它实际上意味着心灵对于每个本征态的"间性"，亦即在阴阳"鸿沟"的把握中所能够容纳和框定的代表"意蕴"之消极领会的第一尺度信息密度。最后，薛定谔的波函数方程也表明，量子世界中的粒子所遵循的规律是一种更大的"因果律"，因为很显然，方程中的那一个"="符号的意义肯定不是源于同一律的"与自身同一的存在是"的意涵，而是属于第二尺度谐同律的"交互谐同地呈现为……（的意蕴）"。那么，在未来性的视角中，这种更大的"因果律"也便是一种粒子间互相"缘起"的因缘关系，而这种互相缘起的"因缘关系"将首先呈现为意识先天结构之阴阳"鸿沟"的维度差，这种维度差也便是"间性"，在其中，微观粒子状态之间的关系便展现为阴阳"鸿沟"或"间性"中的阴阳双方的关系，从而也拥有了在第二尺度之场域（量子场）中的相互吸引或指引的内在天性，且微观粒子状态在此"维度差"中不能使用第一尺度之范畴包含方式来互相"通约"。杨振宁说："要强调指出的是，如果试图去掉 i，而只用方程中的实部或虚部的纯实数，那么这方程的真实意义也就完全丧失了。"他说的意思实际上就是只有在虚数所导向的第二尺度"真实意义"中，量子规律才能得以如此表达和呈现。

第 5 节
未来性视域中的第三次数学危机：罗素悖论背后的深层秘密

接下来，我们将要从未来性的视角来讨论一番第三次数学危机，亦即通常所说的"罗素悖论"。笔者在这里引用"知乎百科·罗素悖论"上的一段文字来叙述这个悖论的基本内容：

罗素悖论，顾名思义，是数学家和哲学家罗素最先提出的，是作为现代数学基础之朴素集合论中的一个著名悖论。在朴素集合论里，我们可以用枚举的方式定义一个集合，比如说：

集合 1={1,2,3}

说的是由 1、2、3 三个自然数组成的集合

但是在绝大多数情况下，用枚举的方式来定义集合显然是不现实的，比如说，所有的自然数构成一个自然数集，我们显然不可能把自然数一一枚举出来。所以，朴素的集合论中有一个公理，叫作"无限制概括公理"，说的是：

对于任何一个性质，满足该性质的所有元素，构成一个集合。

这样一来，我们就可以用一个性质来定义一个集合。这个公理看起来相当正确且无害，但是麻烦就是从这里来的。

如果我们问，一个集合的元素可以包括它自己吗？以这个公理来看，这个问题的答案是肯定的。比如说，所有"包含无穷多个元素的集合"的集合，它显然包含了无穷多个元素，那么它就包含了它自身。

那么我们可以这样来定义一种集合：

所有"元素不包括自己的集合"的集合。

我们把这个集合叫作 A，那么，A 的元素包括它自己吗？假设 A 不包括它自己，那么，A 就满足"元素不包括自己的集合"这个性质，所以它

就必然包括它自己，这是个矛盾；如果我们假设 A 包括它自己呢？那么根据 A 的性质，它必然不包括它自己，也是个矛盾。

这个悖论有一个更加通俗的版本，叫作"理发师悖论"，这个悖论是这样的：

小城里的理发师放出豪言：他只为，而且一定要为，城里所有不为自己刮胡子的人刮胡子。但问题是：理发师该为自己刮胡子吗？如果他为自己刮胡子，那么按照他的豪言"只为城里所有不为自己刮胡子的人刮胡子"，他不应该为自己刮胡子；但如果他不为自己刮胡子，同样按照他的豪言"一定要为城里所有不为自己刮胡子的人刮胡子"，他又应该为自己刮胡子。[①]

罗素悖论的提出源于一个"一统数学之梦"的事件。所谓"一统数学之梦"，即是希望通过某种基础的逻辑原理或公理系统而将全部数学无矛盾地定义和演绎出来，从而达成数学体系本身的终极完备性或自洽性。而如果此目标得以达成，那么，从逻辑上来说，宇宙万物的任何事物，甚至包括灵魂本身都可以通过此数学体系进行运算和推演，因为一种终极自洽性的系统必定可以通达任何终极真理，毫无疑问，其所需的仅仅是找对运算方法。1893 年，德国著名数学家与逻辑学家弗里德里希·弗雷格在他的著作《算术基本规律》中，以集合论为基础，自认为完成了这样的"壮举"，他在其中"自信"地叙述道：数学的每一个判断都是一种逻辑定律或是其推演物，在科学中应用数学就是在观察到的事实中应用逻辑关系，因此，计算就是推理。

然而，当时还是 30 岁出头的罗素随即写信给弗雷格，并委婉地指出："一统数学"的真理之梦必将实现，但是您设计的系统是有重大缺陷的。对

---

① 节选自知乎百科：罗素悖论。

于此缺陷罗素在信中指出了两个主要理由：一个是对于非限制概括公理的任意使用，亦即对于描绘一种集合之性质的"概念的外延"无限制地使用；另一个是对于一种"集合的集合""集合的集合的集合"的嵌套形式的大量使用。罗素认为这将必定导致逻辑矛盾，或者说逻辑的"恶性循环"，为了说明这一点，罗素举了一个例子，亦即前边的"罗素悖论"。

那么，怎样理解罗素所说的这两个理由呢？所谓"概念的外延"之无限制使用，其实就是康德的先验范畴表中的"全称判断"，亦即关涉事物整体性质的判断，它通常会试图将思维的触角覆盖某个类别的全体，例如罗素悖论的通俗版本"理发师悖论"中，理发师只为不为自己刮脸的人刮脸，其中"不为自己刮脸的人"的内涵便可以自然延展至"不为自己刮脸的所有人"，这便是一个典型的"全称判断"了。此外，所谓"集合的集合"的嵌套形式，指的就是在一个集合内部的元素中还包含其他集合，换成逻辑语言来描述，就是其中总能发现某个判断的谓词迭代形式——谓词之谓词，而当这两个谓词相同的时候，就变成了"理发师悖论"中的"为……刮脸（之人）而刮脸"的"刮脸之刮脸"的特别嵌套形式了。罗素发现，当某种集合的性质集全上述这两种因素的时候，就特别容易发生认知上的"自指"现象，亦即某种（集合）的性质自己引用了自己，例如著名的"说谎者悖论"，即当某人说出"我说的话是错的"这句话的时候，如果没有特别说明，听众很容易就能听出其中的"歧义"，亦即不知道这个人的意思究竟指的是自己说的这句话中的内部观点是错的，还是这句话本身是错的——罗素把这种"自指"而导致逻辑矛盾的现象称为数学推演上的"恶性循环"（vicious circle）。

为了解决此悖论，罗素和另一位英国哲学家怀特海一起创作了一本大部头专著，也是他学术史上最重要的著作——《数学原理》（*Principia Mathematica*）。在其中，他的解决方案叫作"类型论"，专业术语叫函项分层，通俗点说就是把集合中涉及嵌套的性质分层处理，例如在理发师悖论中，理发师的客户——小城中的人是一层，他们是集合的底层元素，即0阶函项；"不为自己刮脸的人"作为一种集合是一层，即一阶函项；"所有不为自己刮脸的人（包括理发师本人）"所在集合是一层，即二阶函项。其中每一层函项就是罗素所述"类型论"中的一个类型。于是，当一种拥有嵌套性质的函数或集合被这样处理之后，就不会出现逻辑矛盾了，因为特定的性质只会在特定层次上得到真或假的唯一确定。为保证这种可以无限嵌套的n阶函项最后依旧可以避免"全称判断"的不可被知性把握的无穷命题的"妨害"，罗素特地为数学体系设计了一个公理：还原公理，也就是说对于一个拥有n阶嵌套性质的函项，一定可以找到一个n+1阶的"直谓形式"的函项。所谓"直谓形式"，指的就是那种不是全称判断的一般知性判断形式。如果以"拿破仑具有成为一个优秀将领的所有品质"为例，"所有品质"即可拆分为n种不同类型性质的函项，"拿破仑"是类型0的函项，"聪明的"是一阶函项，"勇敢的"是二阶函项，"富有远见的"则是三阶函项……依次类推，那么，还原公理说的就是，对于这些由n个（品质）类型嵌套在一起的n阶函项，必定有一个把所有n个函项并在一起而有共同意义的"直谓形式"的n+1阶函项，我们可以把它理解为"拿破仑是聪明的、勇敢的、富有远见的……"的代称或简写。

那么，从未来性的视角，我们该如何理解"罗素悖论"以及罗素的解决方案"类型论"呢？实际上，罗素的这个方案并没有被思想界乃至数学界全然接受，且不说他提出的"还原公理"的逻辑合法性问题，只说他将数学运算分层（函项分层）的做法，就在实质上引发了另外一个用第一尺度逻辑定律亦即形式逻辑无法阐明的递增概念——"层级"，既然逻辑"层级"如此重要，那么它又如何在一种基本逻辑定律中拥有其天然自明的自洽阐释呢？此处最令罗素所代表的逻辑实在论者"恐惧"的是，若是这种

"层级"的逻辑阐明最后依旧跟无穷命题的"全称判断"联系在一起，那么，事情就又会回到一切问题发生的起点处，即全称判断不可用各个"部分"分解的（第一尺度的）一般逻辑形式来替代。

事实上，罗素对于"罗素悖论"的解决方案堪称西方文明那一把"迟钝的剪刀"作用于心智临界点上的典型案例，这里迸发出来的"魔法般"效应即是对于数学更深本质的真理尺度倒退式探索。这里不仅涉及弗雷格在《算术基本规律》中把作为认识论最高成就的康德对于数学论述的先天综合命题（亦即数学的基础既是分析又是综合的）"倒退"回单纯的分析命题，这样就能最终"还原"到基本逻辑定律对于数学的基础建构上；还涉及罗素希望完全用第一尺度的逻辑形式来"化约"更大真理尺度的元始心智现象——亦即自指现象。而把康德的"先验范畴"的某个重要组成部分排除在数学系统之外——从文明演化或心智演化的视角，这两种做法就像一位已经发育成熟的成年人不认为自己"成熟"了，反而希望回到并停留在青春期一样。

前边已经提到，对于数学这种聚焦于真理尺度元始构成的活动来说，只要它集中在自身运算的演化之上，由于尺度的元始天性，就特别容易且不可避免地走到"元始构成以回到更大（尺度）自身"的天然的拓扑进阶状态，亦即朝向构型自洽性的天然迭代状态；而若是一种运算恰好符合这种自身同构的迭代形式，那它就必然引发更大尺度的"自洽性"拓扑效应——这就是"自指"效应的原始逻辑起源。关于这一点的详细内容，亦即自指现象背后的源于心灵先天结构的拓扑架构，我们已经在第四章第2节中完成论述。实际上，在我们的日常心灵直观活动中，"理发师悖论"常常会在一种"世界意识"的本能建构场景中自然消弭，我们只需要用在本书第一卷中论及的那个表征全部思维境界或问题境界的"本征句"的句法形式，在此简单转换一下便可"一目了然"。

"理发师悖论"，亦即"理发师只为不为自己刮脸的人刮脸"所引发的悖论。理发师所说的这一句话，如果仅仅被当成在一个特定时间、特定空间施行的单个行为的绝对原则，那么这个悖论就是无解的，它也完全符合前边"知乎百科"的引用中对它的逻辑分析。然而，在日常生活中，理发师的这句话如果放在一个历史性的场景里，亦即在他一整个职业生涯的活动整体中，这句话就完全可以理解为他的切实可证的"职业宣言"或"事业宣言"，于是，对于理发师为自己刮脸这种行动发生情境，这句话就可以转换为下边这样一种关于"世界意识"的逻辑建构：

在理发师只为不为自己刮脸的人刮脸（的持续活动的事业）中理发师为自己刮脸。

在这样的导向第二尺度世界意识或场域意识的"在……之中"的逻辑建构中，我们可以想象这样一幅场景：在承载理发师事业的"发型工作室"中，他的学徒们十分忙碌地在各个工位上只为各个不为自己刮脸的客户刮脸，而理发师本人则在自己的办公室中忙里偷闲地自己替自己刮了一次脸。在这样的场景中我们却不会认为他这种行为违反了他的宣言；同样地，他即便不为自己刮脸也并不违反宣言，因为他事业的职业可靠性总在持续的专业刮脸活动中得到保证——在这样赋有"世界意识"的历史性场景中，理发师也就处于一种可能生成"只为不为自己刮脸的人刮脸"的"非只为不为自己刮脸的人刮脸"状态，亦即第二尺度之谐同律所指引的既是 A 又是非 A 或者既不是 A 又不是非 A 的可能生成状态中，而我们的心灵并不会认为这样"不自洽"。此外，罗素的"类型论"所依赖的"层级"观念，其逻辑起源同样在于第二尺度之谐同律及其导向的第三尺度之"合一律"，本书在第四章第 1 节已经详细证明，"层级"或"维度"的逻辑本质即是一种"受限的生成"或"受限的创造"，因此，层级或维度也等价于一种心灵创造的"频率"。

"罗素悖论"之所以如此重要，不仅仅是因为它触发了在"一统数学之梦"的终极的临界情境下对于数学建构之基础所仰赖的基本逻辑定律的再反思，还因为它亦触发了数学之所以成其为数学的三大基石性质的再反思。数学的三大基石性质，亦即数学在过去被公认的真理有效性之三大内在禀赋分别是：

1.数学的抽象性或抽象实在性。很显然，数学理论的研究对象不是一种存在于具体时空现实之中的、可像经验科学那样去观测和检验的一般实体，而是一些远离具体经验的抽象实体，例如函数、实数、极限、几何的点线面等，那么，这些数学实体的真假运算的合法性源于何处？

2.数学的客观性。一个数学运算的真理有效性并不依赖特定主体，亦即不以个别意志而发生变化，例如 1+2=3 这个运算是泛宇宙的真理，那么，过去的数学家们坚信：即便没有人类出现，这个运算依然成立。

3.数学的必然性。数学原理不但可以判定为真，而且它可以判定为"必然真（necessarily true）"。人们不需要考虑数学运算是否会适用于经验的问题，而仅需要相信：数学运算仅在自身体系内就实现人人认同的自洽了，而且它必定能用以检验经验规律的必然性，它不必，也不需要反过来被一般经验检验。

那么，在未来性视角中，上边的数学三大基石性质该如何更深地领会呢？谜底就在谜面上，数学的三大基石性质跟西方哲学诞生之处所镌刻的三大西方文化传统其实是同构的。对于过去的数学家们来说，用传统来解释传统，必定不可能突破传统，所以上边这种从未得到稳固证实而只能付诸信念乃至"信仰"的数学理论现象，也就被著名数学家克莱因"戏称"为：一门逻辑学科不合逻辑地发展。

而对于未来性逻辑来说，前边这三大数学基石性质从来就不是"问题"。

首先，对于数学的抽象性或抽象实在性。这条信念源于西方哲学诞生之时确立的"驭杂多于一"的抽象超越性思维传统，具体来说，是一种一次性抽象超越的思维传统。没错，对于现代数学主体结构所在的第一尺度而言，数学实在亦即数学"存在"的确立确实是一个针对感性杂多的抽象的过程，正如"驭杂多于一"的西方思维传统。然而，把抽象和感性二元对峙与二元分离全然是第一尺度的特有产物，而从第二尺度开始，主体与客体、抽象和感性便开始不那么二元分离了，而统合为更高密度与高感性的心智信息态。我们在第四卷讲述西方哲学史的过程中已经充分了解到，所谓抽象超验的思维行动，本质上是一种心灵启始或寻求趋向绝对与永恒之"不变性"的自身打开方式的天性投射，亦即元始尺度天性的投射；而所谓数学实在的真假之合法性的来源，实际上正是心灵尺度本身所赋予的，换言之，数学运算中对于"真"的判定思维本质正是一种"不变性"预期的在稳固推演中的领会，正如数学中的"="符号所表达的"不变性"自洽递归的含义。

而相对于一般科学的抽象性而言，数学体系更为"远离"经验，这只不过在于：相对于一般科学学科探索还会经历在一般经验中的构成的程序，数学体系从来聚焦的便是一种真理尺度的元始构成，所谓远离经验正是在于其在尺度天性运营中的"元始性"。就此而言，准确来讲数学所谓"远离"经验，只不过是远离第一尺度的一般经验，而从来没有远离过第一尺度的"元始经验"——源于西方哲学传统之所谓"抽象"真的可以把一切感性之"象"都抽离吗？在未来性的视角，这是不可能的，将"象"抽出来并与感性世界绝对二元对峙是一种幻相的设定，是一种极致使用矛盾律的思维映射，因为能够把"象"抽出来的最终权能在逻辑上只能归于"象"被创造出来的那种心灵能力，亦即"创造"本身所在的尺度——作为尺度之尺度的第三尺度，但是在第三尺度中，若要摆脱"象"的束缚当然不需要再使用矛盾律，而仅仅需要"定"在第三尺度的境界即可，这便是消弭任何"象"之本原性的"觉悟"。

如今的数学体系，连带着数学化的现代科学体系越来越成为一种远离日常经验乃至感性心灵的独立世界，例如量子物理学的数理符号世界，其中的概念或符号意义的有效性完全是由这个体系内的其他概念赋予的，而并不需要"体系外"的心灵经验或心灵直观的参与。数学家和科学家们改造旧概念，营造新概念，用这些概念建构新理论——所有这些已经变得完全不是由我们的经验生长出来的东西，它们的意义在于解释旧的概念问题和实验结果，而不是理解我们的直接经验。因此，当代数学体系和物理体系的真理领会已经全然演变成一种"技术性理解"或"机械自明式领会"，亦即只需且只能在特定的概念和符号的自洽运算领域中理解它们的含义和用法，而并不需要推及至更深心灵尺度乃至终极心灵尺度的积极觉知运动，并以为这样就可以在抽象的纯粹世界中通达任何真理的边界——从未来性的全息角度，这只不过是在炫耀"智商"，而不是在彰显"智慧"。

著名物理学家费曼曾计划给作为量子力学"门外汉"的大一新生开一次讲座，用以解释自旋为1/2的粒子为什么服从费米－狄拉克统计，后来他放弃了这个计划，对此他坦言道："我没法把它简化到大学一年级的水平。这意味着实际上我们并不理解它。"费曼的意思就是在一种全然数学化而使得各个概念符号自成相结的量子物理体系中，对于相关知识的解释只能通过数理符号体系内的"技术性理解"的方法来进行，而无法把它真正纳入到跟更深的心灵尺度紧密相连的生活世界的有机领会中，因而这种方法实际上意味着并未对该物理命题的本质产生智慧的理解，故而它也就跟生活的其他层面产生了深深的鸿沟。即便是西方自己的哲学家，例如海德格尔、德里达与维特根斯坦，他们也已经发现第一尺度的抽象"存在"从本质上正是来源于第二尺度的世界效应——一种更高感性、更高信息密度的心灵直观效应，那么，作为聚焦于真理尺度之元始构成的数学，又怎么可能仅仅沉浸于第一尺度的抽象之"技术性理解"的舒适区中而独善其身呢？

其次，对于数学的客观性。准确点说，是数学的真理效应不依赖于特定主体而变化。从全息逻辑的视角，特定主体的这种经过个别意志而导致的差异性，实际上就是作为传统心灵主导形态的本体性或本原性的特质，德里达在对"延异"的叙述中便已经论述道：任何本体性或本原性的心灵焦点，必将不可避免地导致源于二律背反的（阴阳）差异或鸿沟，因此，所谓"数学的真理效应不依赖于特定主体而变化"实质上说的就是数学的真理性不受主体性效应的束缚。然而，数学的这种不受主体效应束缚的真理性，真的是一种绝对远离和超越一切主体性的"客观性"吗，以至于早在人类文明出现之前这种"客观性"就泛宇宙地存在？事情恐怕并非如此绝对和简单。

我们在前边已经了解到，数学是聚焦于真理尺度之元始构成的心灵活动，而正因为数学这种聚焦于尺度天性的"后一半"的内在特质，所以数学运算才会呈现出一种心灵主导形态以趋向构型的"行动性"展开的状态，而非尺度天性"前一半"之本体性状态。这便让数学运算推演活动得以不被"主体性"所带来的差异性或二元鸿沟所"困扰"，进而使得自身基于尺度之行动演化的真理有效性能够相对"客观"地持续推进下去，这便形成了数学体系被现代科学活动所青睐的一个特性——数学推演体系的长程有效性，亦即使用数学语言及其运算可以通达诸多由于人类的自然（主体）感性限制所不能了解的真实。

然而，这种"长程有效性"或"长程合理性"在现今的人工智能领域遇到了不小的挫折，也就是说，数学体系的有机延伸——计算机算法或大数据算法在对于更深人性的模拟与趋近的过程中，迟迟无法达到预期的目标，譬如 AGI（通用人工智能）目标，换言之，这个领域的"主体性"鸿沟效应开始变得越来越大。反之，数学的长程推演的客观性渐渐迷失了。殊不知当代人工智能学说在对于"智能"的构想中也开始认为，源于数学算法的"智能"似乎确实在人类出现以前就存在于宇宙中。从未来性的角度，若这句话中的"人类"指的是囿于第一尺度的时间与空间中的物理人类或生物体人类，那么，它的结论是没错的；但是，人类的积极存在从来就不受限于第一尺度的时空宇宙之内，而是同时在全息的三大元始尺度中展开自身，于是，从这个角度，数学也便不可能"出现"在人类的全息心灵之前，同时，数学的客观性，亦即它的元始构成的行动禀赋，如果在跨越尺度边界的过程中不勇往直前地跃进而在西方的思维传统中自我迟滞，就像如今在人工智能的算法运用中所沉浸的那样，那么，数学这种行动禀赋的势能便会越来越显著地"遭遇"第一哲学之传统真理道路——本原性之二元差异性或鸿沟态，从而将失去其长程推演的真理有效性——亦即，数学的"客观性"将面临不复存在的"恶果"。

最后，对于数学的必然性。这种数学必然性实际上是一种第一尺度的必然性信念，它表达的其实是一种数学运演的人人认同的自明性，或曰：普遍的自明性——这是一种历来被数学家们引以为傲的内在禀赋，它就好像让数学具有了某种魔力，让人一见到数学运算过程，即便不完全理解其意义也会不由自主地认同其代表真理本身似的，以至于会让人有这样一种信念感：数学活动简直就是（超验的）灵魂的自在活动。

从未来性的全息视角，说到底，所谓数学必然性所指向的人人认同的自明性，其实导向的就是康德的心灵"先天格子"——先验范畴所引起的普遍性的积极来源问题，康德认为这种普遍性就是来源于一种消极的不可知的理知世界之理念。但是，数学的这种内在禀赋显然不这么认为，因为，一种人人认同的自明性本身一定不是一种消极的东西，而是一种心灵得以通达的积极心灵元始尺度的自然投射，这就意味着数学的必然性不是来源于"理性"，而是来源于自身的内在禀赋天然跨尺度的架构——非线性的拓扑架构。现代数学的这种拓扑架构对于第二尺度的利用和触及，正如前边的极限、级数与虚数案例所呈现的那样，天然地让数学运算落实了某种普遍性来源的安放之地——即便是一种无意识的触及。不仅如此，本书已经详细证明，数学这种"拓扑架构"的更深禀赋，在逻辑上根源于作为尺度之尺度的最高思维定律"合一律"所同构的心灵先天结构——"阴阳冲和"或"三元拓扑"，这就让它天然拥有着全息的基因，而全息恰恰是终极自明的逻辑实质，亦即普遍性的终极起源。就此而言，数学的必然性所揭示的正是数学的更深本质——拥有全息基因的非线性的拓扑架构或拓扑行动，一种开始以构型递归而非概念推理为主要处理对象的心智行动。

"罗素悖论"所表达的正是这样一种人类文明演化的历史活动：以罗素与弗雷格为代表的西方思想家，希望将这种"人人认同的自明性"框限在第一尺度之内进行完备解释的真理探索，后来的希尔伯特公理体系与ZFC公理体系也是同样的做法。然而，极具戏剧性的是，无论是弗雷格还是希尔伯特都被各自时代的两位年轻人给"打败"了，一位是罗素而另一位便是哥德尔，没错，正是描绘自指机制的认知科学著作《哥德尔、埃舍尔、巴赫：集异璧之大成》中的那个数学家"哥德尔"。而无论是罗素所发现的"罗素悖论"，还是哥德尔所发现的"哥德尔定理"，它们都以一种"反证法"的意味揭示了欲求以第一尺度来表达数学潜力的自明边界，亦即"一统数学之梦"——就是一种不可能的事情；不仅如此，无论是罗素还是哥德尔都聚焦在了对于心灵认知的"自指"现象的阐释中，只不过，令人惋惜的是，西方文明的那一把"迟钝的剪刀"实在是太过厉害，"自指"现象明明展现了一条让数学体系有意识地迈入第二尺度的拓扑通道，但是却在罗素那里被定义为逻辑的"恶性循环"，在哥德尔那里也被当作"不完备的"逻辑漏洞，从而让作为数学更深禀赋的"拓扑架构"，以及与之相对应的下一代数学运算对象"构型"递归，总是止步于自己开始的地方，亦即第一次拓扑行动的自我展开中，而并没有全然释放数学的真正潜力——持续迭代的跨尺度拓扑行动。

第6节
论科学和数学在未来性中的死亡与重生

就此而言，无论是科学还是数学，在没有对于自身更深本质的有意识领会的当今情势下，也就自然会呈现出一种对于科学和数学的真正潜力无法释放而形成的深层"危机"，这种危机若用一句简单的话语来概括，可以这样描述：对于当下的科学和数学来说，"大自然"不够用了。当然，科学的"大自然不够用"跟数学相比稍有差异。科学深层危机主要体现在，客观的、外在的大自然似乎对于人类以当下科学方式的追问、探究和索求，要么回应得越来越难、越来越少，要么回应得完全超乎科学共同体赖以建构自身的底层观念而变得难以解释，这就让这样的"大自然"所提供的信息对于如今欲求进一步拓展"真理边界"的科学共同体来说显得非常"不够用"。

举例来说，当今基础物理学的前沿研究非常依赖大型粒子对撞机的高能物理实验，先不说这种高能物理实验的实施成本杜绝了世界上的物理研究者亲自参与"观测"的可能性，就连它所依赖的这种用高能粒子作为"子弹"去撞击目标原子的"子弹撞击法"的实验方法论，也完全是一种间接测量的近于消极而非直接观测的积极方法，从逻辑根源处来看，谁都不知道这种"撞击"过程是不是把目标粒子本来具有的最重要性质给"撞"没了。当今的科学界只能假设目标粒子完美地按照基本粒子标准模型的方式，亦即"本原性"，边界分明地构成自身，从而绝对不会受到"撞击"而影响什么本质的东西——然而，这种"完美假设"本身就是一种对于积极直观之不可能的消极应对，是第一哲学之传统真理道路的思维余音。同时，此"消极"的思维就是对科学最核心特质——对于稳定经验的积极把握的背离。

此外，在当今科学界欲求完善宇宙理论的过程中，也发现了几种在理论上完全不可能被积极观测的对象：暗物质、暗能量和黑洞，它们就像大自然在宇宙中给当今人类文明设定的极限认知标志，时刻提醒人类自身文明演化尺度的"低等级"效应。至于量子力学对于微观粒子行为的"叠加态"的描绘，则打破了经典科学观所依赖的理性人模型的几乎全部基本原则，大自然就好像在说："你们人类过去所发现的物理规律仅仅是我的真理面纱的很浅表的一层，更深尺度的自然真理以你们人类科学如今的发展水平还真就领会不了。"这颇有一种第一哲学命运演历的预言意味。

而与科学的"外在自然"相比，数学的"大自然不够用"则主要体现在内在自然——提供数学运算推演赖以为生之思维自洽性的心灵元始构成能力的瓶颈与边界。正如本文前边所阐述的那样，数学可以不用跟作为一种心灵行动之构成结果的具体经验打交道，但是却绝不可能不跟经验得以生成的心灵之元始构成——元始经验打交道，因为这恰恰是数学成为数学的真正源起，数学运演所凭借的一切逻辑自洽性皆来源于此，毫无疑问。正如康德在论述纯粹数学是如何可能的叙述中，对此总结道：经验世界经由时间与空间所构成，而数学通过关涉时间与空间本身来关涉世界——在这里，时间与空间及其所代表的先验范畴就是第一尺度之元始构成。但是，我们需要清楚的是，现代数学的形式基础所仰赖的先验范畴，仅仅是在通过第一尺度的矛盾律的彻底使用而把主体与客体绝对二分之后的产物，它不仅将原本就存于主客体之间的丰富情感与天性维度给排斥在外，同时也在理性人模型中被天然限制在了只能用以关涉经验界或现象界而无法触及更本质的物自体世界或理念世界的"瓶颈"里，不可自拔。

然而，现代科学早已经越过这个限制而开始无所顾忌地试图揭示宇宙起源、生命起源乃至最重要的——意识起源的奥秘，本书后边章节将阐述，如果不能全然揭示量子力学得以成立的基础——量子测量之观测者效应背后的奥秘，也即意识起源的秘密，宇宙和生命的最终奥秘也就根本无从得到统一认识。而如果从现代科学尤其是现代物理学的核心标志正是数学化这个角度来看，最先承担起探索意识起源秘密的"先行者"其实正是数学本身，换句话说，这实际上就是要让数学越过传统理性人模型为其设定的经验世界的存在边界，而跨越性地拓扑至意识或"灵魂"本体所在的物自体世界中来进行探索和运演。然而，这里天然涌现出一个巨大的悖论，亦即：第一，如果数学的运演能力越过了经验实在的"理性人"边界，那么，它所遂行其上的心智模型就一定不是理性人模型而呈现出一种超理性或高感性的心灵与真理尺度，于是，这等于是说，数学是非理性的或正在走向非理性；第二，如果数学的运演能力依旧处于理性人模型所设定的世界框架之中，那么，它这种跃层式触及意识本质所在的物自体世界并取得进展的做法，实际上是源于一种跟经验实在之元始构成所聚焦的稳定经验能力之外的、心智焦点不那么清晰的"无意识"能力，于是，这等于是说，数学的本质是无意识的或正在走向无意识的"玄幻"领域——这个悖论所表达的两个结论，无论哪一个，在笔者看来都很难被现有的数学界所接受，同时这个悖论也充分表现出：当今数学体系演化所凭依的"内在自然"实在是太不够用了——这个结论如果从逆向思维的角度反过来看，也可以等价性地这样来表述：对于内在的"大自然"来说，当今的数学实质上呈现出的是一种内在死亡的"盛况"，不仅数学如此，科学亦复如是。实际上，当今数学体系的运作还是以传统的"保守力量"为主导，亦即认同的是前边这个悖论的第二条路向，依旧把数学当成是一种在纯粹理性的整体框架中运行的东西，于是，正如我们在本节前边对于极限、无穷级数以及罗素悖论的例子中所阐析的那样，当今数学在核心运算的推演中实质上相当"无意识地"运用着更大尺度的心灵能力，而数学家们对此一无所觉。这就导致了这样一个结果：

我们可以在哥德巴赫猜想、黎曼假设、四色定理乃至物理学"弦理论"的证明中，见识到各种表现出令人叹为观止的技巧高超的数学推演，但是数学家与物理学家们对于这些数学推演背后的心灵元始构成能力相当"无意识"，这就会在逻辑上得出这样一个结论：这种推演过程或探索过程虽然展现了一种逻辑自洽的严密性，但却更像是一种（在较低真理尺度上的）技术性的堆叠而不是（朝向更大真理尺度的）智慧性的领悟——笔者把这种沉浸在较低真理尺度、逻辑自洽推演的技术性堆叠游戏称作"冗叠"，冗叠即冗繁叠加或冗余叠加。

笔者非常尊重现代数学家与科学家们对于人类文明真理探索的成就，但是，这里的关键问题在于：他们是在探索全息尺度的真理还是仅仅沉迷于探索第一尺度的真理？事实上，以朝向全然数学化为标志的当今科学体系正在各个方面呈现出"冗叠"，从全息的视角来看，根据其特质，这种"冗叠"的做法并不一定是错的，但是对于人类文明演化的效率来说却一定是相当"低效"的。因此，破除这种"冗叠"迷局的唯一道路便是真正有意识地觉知科学与数学的更深禀赋——拥有全息基因的拓扑架构，并随即自发推进此拓扑架构自身更进一步的跨尺度迭代。

而对于数学更深禀赋的拓扑架构的跨尺度迭代，也即第二次拓扑行动，实际上正是东方的原生文明基因所落定之处——因为东方文明的"先天八卦"与"六十四卦"正是根据数学的第二次拓扑架构所生成的非线性运算符号，本书第五章第 2 节已经详细阐述：先天八卦与六十四卦是如何对于全息尺度进行演绎与运算的——它们从来不仅仅是一种"卜算"的工具，而代表着更深本质的数学运算体系。当然，若要彻底通达"先天八卦"与"六十四卦"背后的非线性运算奥秘，还需要非线性的心灵直观能力——内在感官的元始构成来支撑，以及对于构型递归法则的探索，这就是后话了。但是无论如何，此处的结论是肯定的，那便是：当今的数学体系已经无法承载更深的数学潜力，而体现更深数学潜力及其本质的下一代数学，必定是建立在更大真理尺度的数学自明性背后的全息心智基因的有意识觉知，亦即让东西方真正相遇的文明智慧之全息领会的基础之上，而成其为——全息数学。

第十二章
从理性人到信息人：论"信息"背后的未来性奥秘

第1节
维度"魔怔"："信息"本质的核心难题与诸信息理论的传统惯性

　　除了"智子"对于基础科学施行封锁的"预言"之外，刘慈欣《三体》中另外一个令人印象深刻同时又颇有象征意味的科学造物，便是在《三体》故事中使得身处太阳系的人类文明陷入终极毁灭的高维宇宙之歌者文明的"文明清洗"工具——二向箔。二向箔是一种凝聚了多维度超高信息密度的降维攻击武器，或者说它就是一种联结三维世界与二维世界的能量通道之高密度信息具现物，正是在它的"攻击"下，人类文明所在的三维度太阳系全部"塌缩"成了二维度的信息"画像"从而陷入彻底毁灭。而逃离这种降维攻击的唯一方法便是：光速。

　　那么，刘慈欣的"二向箔"和我们此处要谈论的"信息"奥秘又有怎样的关联呢？实际上，若从追问信息背后深层哲学问题的角度来看，它便颇具一种寓言式的思想揭示意味了。从本质上来说，"二向箔"就是一段"信息"，但是问题在于，就是这样一个在物理角度看来如同纸片一般的存在，其被控制和移动起来也似乎不费吹灰之力，它却导致了整个太阳系如同量子坍缩一般的"毁灭"。如果按照这样的能量换算，这一段"信息"便应该能够承载等于甚至大于整个太阳系的能量总和的巨大能量，但是它本身的推动能量却又如此稀少几近于零，这便引出了人类过去对于"信息"深层奥秘进行领会的核心问题：不是因果过程的抽象的信息是如何能够

"内爆"成具体因果效应的？[①]这个问题同样可以等价于这样一个案例场景：美国总统作出使用核武器摧毁某城市的命令。美国总统发出命令，亦即推动一个"信息"所消耗的能量极小，但是它所引发的物理能量的后果却极为巨大，也就是说信息过程的物理因果程序及其能量消耗并不能反映信息的全部情况。于是，当我们说传递信息的时候，显然就不能说是在传递某种物理"货物"，那又是在传递什么呢？而对于此问题的解答，刘慈欣同样给出了一种象征性的提示，那便是：维度。

没错，维度，从真理探索的角度，此维度并不单单是如《三体》中的物理维度，而是指物理维度由之而来的真理维度或者说心灵、逻辑维度，亦即作为第二尺度之元始构成的"维度"。我们人类总是不证自明地"清楚"自己是一种处于三维世界的生命，就好像我们由此天然能够了悟关于"维度"的一切真理似的，以至于我们在文明活动中总是对它拿来即用。但是事实恰恰相反，在由西方哲学所奠定的现代文化中，维度或层级的本质奥秘在过去一直隐秘在一片思想迷雾中，其中显而易见的证据就是：整个西方哲学或者说以西方文化思维作为基础的现代学术界从来没有给出一种令人信服的方式来阐明：何谓维度或层级的逻辑？亚里士多德的形式逻辑三定律乃至后来康德、莱布尼茨与黑格尔所叙述之根据律或充分理由律，能够阐明的唯有范畴或存在——它们都是一种线性的逻辑对象，而"维度或层级"恰恰代表的是非线性的逻辑或心灵法则。由此可见，奠基于第一尺度的西方文化惯性对于信息的本质奥秘之领会带来的阻碍作用开始远远大于其促进作用了，而事实也是：由于缺乏第二尺度法则之有意识的领会，"信息"虽然成其为当代学术领域最核心的概念之一，然而学术界对于它的本质结构的阐述却总是会陷于一种经由烦琐概念所堆积而成的系统冗

---

① 周理乾. 论信息的层次模型及其哲学意蕴［D］. 南京：南京大学，2016：3.

余——"冗叠"的麻烦之中，不可自拔；正如第十一章第 6 节我们谈到对于"罗素悖论"的解决方案，为了厘清诸函项"层级"的分类法，罗素在《数学原理》中使用了足足五百页的篇幅才开始论述到数字"1"的定义。

当代学术界与信息相关的代表性理论主要有香农的信息论、维纳的控制论、索绪尔的语言学、皮尔斯的符号学、布赫尔的控制符号学、明格斯的信息系统理论、霍夫基尔奇纳的统一信息理论、米丽肯的自然主义符号论、复杂性科学的"涌现"理论以及中国学者邬焜的信息哲学与钟义信的全信息理论等，不一而足；然而，所有这些理论所使用的方法基本上都是基于第一尺度的物理现象、概念演绎或者数学推演，并引用第二尺度表征的"无意识"效应，例如语言的差异平衡现象、符号的再现功能、开放系统的"涌现"现象、人类认知的"自指"现象等，作为自身的核心论据与相应推论依据，从而实现自身关于信息论述的自洽。因而，纵观这些知识，我们会在其中发现各种相当冗繁而费劲地组织在一起的概念模型，但是却无一能够令人信服地实现对于前述之"信息"核心难题的简明回答与领会，由于本节篇幅所限，就不对它们一一展开了。

我们不禁要问，如果"信息"真的是当代学术得以建构与维持的最核心与最基础性概念，那么，对于它的本质之理解真的要借助如此复杂而冗繁的概念模型吗，难道它不应该拥有一种简洁而自明的认知结构吗？答案自然是肯定的。人类的心灵原本就先天地拥有关于信息的简明领会程序，问题在于我们使用哪种真理或心灵尺度来看待它。实际上，在当今知识界的理解中，对于信息领会的最"硬"的、影响力最大的理论还应是著名数学家克劳德·艾尔伍德·香农在《通信的数学原理》中所奠定的"信息论"，也正是根据香农的论述，关于信息的研究才真正被升级为"信息科学"，同时，它也是当今信息时代的科技体系得以建立和发展的基础，由此可见其重要性。

以西方文化传统的第一尺度为基础形成的当今学界一般认为，香农的信息论仅仅聚焦的是"信息"的纯粹理性的抽象的"量"的一面，而对于"信息"的感性内容与内生动力的"质"的一面并未涉及且不相涵盖，因而就总是认为香农的论述并未触及信息的本质，例如用香农的理论就很难计算出一件绘画艺术作品的信息量。然而，事实果真如此吗？没错，从表面上看来，香农主要是以数学的方法来定义并表达信息的相关特质，但是，正如我们在第十一章第6节对于当代数学的更深本质的论述中所揭示的那样，当今的数学家们"自以为"遂行在一种抽象、客观而必然的心灵运演系统中，但却反而是在一种数学更深本质之"拓扑架构"中无意识地使用与展开了更大尺度的高感性效应。与此相应的是，香农的信息论之所以能够获得如此广泛的影响力与认同，除了它所依赖的数学方法本身的特性之外，更重要的是，香农对于信息的定义与演算的基本过程也在不知不觉中指向了"信息"之更深尺度的结构本质与心灵效应，其中不仅有纯粹理性的线性的"量"，更有高感性的且非线性的"质"，只不过受限于传统的第一尺度之逻辑工具，过去的思想家们从来没有在其中发现这一点罢了，当然，恐怕香农自己也同样没有发现这个秘密。

那么，为了便于理解，下边我们就借助一个使用香农方法的信息量的产生与计算的简约案例，来看一看信息的非线性奥秘是如何在其中得以体现的。

第2节
源于全息的结构本质：香农"信息论"的未来性奥秘

这个简约案例的主角是我们的李雷同学：

李雷同学在学习过程中偶然在试卷上遇到了这样一个问题：

中国历史中的三国时期，其中的"三国"建立的先后顺序是？

A、蜀—魏—吴 B、魏—蜀—吴 C、吴—魏—蜀 D、吴—蜀—魏

对于李雷同学来说，另外一位同学韩梅梅告诉李雷"正确答案是B"所产生的信息量为2比特；而在另外一种情况中，韩梅梅告诉李雷"C和D选项是错误的"所产生的信息量为1比特；同样在第三种情况中，韩梅梅告诉李雷"D选项是错误的"所提供的信息量为0.415比特。

那么，根据香农的信息论，这些结果是如何计算而来的呢？与此同时，在这个过程中，信息又是如何被定义的？

信息的意义首先要确定一个观察者或观测者，在上边的例子中这个观察者便是李雷同学；其次，李雷遇到了"三国"建立先后顺序这样的"世界事件"，于是这个世界事件便在观察者那里被认识为一个具有条件和结论的知性判断形式——问题和答案（选项），这便是此世界事件的宏观态，亦即不考虑其内部细节的状态；接下来，ABCD四个选项便是对于这个世界事件的四种随机的可能情况，它们便是此世界事件的微观态，亦即展开为内部细节的状态，同时，这种对于观察者而言具体是哪种情况的不确定性就叫作"信息熵"，信息熵在几个随机情况概率相等的时候最大，也即每种可能情况对于观察者而言没有任何优先选择的区别时最大；作为观察者的李雷得到了韩梅梅提供的正确答案或关于正确答案的提示，从而消除了他对于该世界事件的全部或部分不确定性，我们就说他得到了关于该世界事件的信息，故而，信息就是能够消除观察者对于特定世界事件的不确定性的事物，它的量纲表达就是信息量。从前边的描述我们可以看出，在香农的理论中，信息熵和信息数量相等，意义相反。

而上述2比特、1比特、0.415比特的信息又是如何计算出来的呢？更

重要的是，信息怎么会有单位呢？对此，我们就要先了解"比特"这个信息单位是如何产生的。对于确定信息的单位这件事，香农首先是把信息当成一个像质量、距离、温度这样的物理量来看待，而质量或距离是怎么确定的呢？人们一开始当然不清楚质量或距离该如何衡量，亦即不知质量或距离的尺度，于是，人们就把一个标准物体作为参照，比如英制距离单位就拿 13 世纪一位英国国王约翰的脚掌长作为参照故而得名"foot"，那么，其他的待测质量或距离就是这个标准参照的"多少个"（倍数或系数）即可，这样我们就可以得到 1foot、2foot、3.5foot，1kg、2kg 等拥有量纲的具体数值。同样，既然信息是用来消除世界事件的不确定性，那么就选取一个标准的不确定性事件作为参照，当想要测量其他事件的不确定性时，就相当于"多少个"这个标准参照事件的不确定性，这里的"多少个"就是信息的量纲——信息量。于是，香农把一种最简单的随机事件——"抛硬币"这样一种拥有两个等概率情况的不确定性事件作为标准参照，测量出了的信息量之单位就被叫作"比特"（bit）。

当我们测量距离这样的物理量时比较好理解，因为最后得到的数值跟作为参照的单位之间就是一种最简单的一次函数之线性关系，比如我们只需要拿待测物体的距离除以标准参照物体的距离就可以得到所需的物理量。但是，测量信息量时却并非这样操作，因为抛掷 3 个硬币（即 3 比特）所得到的可能性情况的个数并不是 6 种而是 $2 \times 2 \times 2 = 8$ 种，此结果跟标准参照事件的不确定性情况 2 之间所呈现的关系是一种以 2 为底的指数函数关系。因而，要得到具体的比特值，我们就需要拿指数函数的反函数，亦即以 2 为底的对数来计算，例如前边李雷同学的"三国"的世界事件，因为它拥有 4 种不确定性情况，相当于抛掷出 2 个硬币所得到的不确定性，因此它的信息熵就是 2 比特。因此，当韩梅梅把正确答案 B 告诉李雷时，对于观察者李雷来说就等于消除了 2 比特的不确定性，因此提供的信息量是 2 比特；当她把"C 和 D 选项是错误的"告诉李雷时，依旧剩下两种情况的不确定性，亦即剩下的信息熵为 1 比特，也即对于李雷来说消除了 1 比特的不确定性，其所提供的信息量即为 1 比特；当她把"D 选项是错误的"告诉李雷时，这便使剩下三个选项的概率变为 1/3，这种情况的信息熵运算稍微复杂一些，它需要将各个随机情况 (i) 的概率 P 的倒数求对数再乘以各自的概率，然后分别相加，其公式为 $\sum p_i \log_2 1/p_i$，亦即此时的熵变为：

$1/3\log_2 3 + 1/3\log_2 3 + 1/3\log_2 3 = 1.585$ 比特

也就是说，消除了 2–1.585=0.415 比特的信息熵，对于观察者李雷来说便提供了 0.415 比特的信息量。

从上边的运算过程来看，香农的理论似乎确实反映了过去学术界的说法，亦即只反映信息的抽象的"量"而非感性的"质"；但是他们全都无意识地忽略了这样一个重要细节：当香农把"抛掷硬币"这样一个不确定性事件当作参照尺度的时候，这对于人类的心灵来说究竟意味着什么？为什么我们能够如此心安理得地顺畅接受它带来的"自洽性"？要知道，对于理性来说，把一种不确定的东西当作尺度跟把那些确定的东西例如重量、距离当作尺度根本就是两码事儿，这就相当于我们将命运或灵魂视为跟时间与空间一样能积极构成经验世界的基本直观元素，如此"玄学"的事情居然能被当作"科学"？这真是大大违背了过去科学体系所秉持的自然主义态度，但事情的"诡异"之处恰恰在于，当今的学术共同体或者说科学共同体不仅接受了这样的"自洽性"，而且还将它导致的信息科学归入最核心的"硬科学"之列，甚至以之为基础发展出了一整个信息社会的科技与生活系统，这就不仅仅是一种偶然的孤例认同能够解释得通了。因此，香农的信息论的"信息"打开方式必定涉及更深的科学本质与更大的心灵秘密，那么，对此我们该如何进一步理解呢？

从未来性视角来看，香农这种把一种不确定性事件当作基本尺度的做法不能视为一种理所当然的逻辑，这实际上是利用了心灵的元始构成的尺度天性，虽然香农本人对此可谓相当"无意识"。因为从第一尺度的基本思维定律——矛盾律的角度来说，我们可以理解抛掷一枚硬币最后得到一个确定的结果，要么正要么反，要么 A 要么非 A；但是，我们绝然无法用理性来理解正面和反面始终未定的、既是 A 又是非 A 或既不是 A 又不是非 A 那种状态，并将其当作一种能够积极把握的对象，这就像让硬币始终悬在空中旋转就是不掉下来——这显然违背了排中律，同样也违背了同一律。但是，当香农把抛掷硬币这个不确定性事件作为基本单位的时候，我们居然"心无挂碍"地接受了这样的"悖论"并且心安理得地把它视为第一尺度的自洽性延展，而当我们的心灵这样自发展开思维的时候，实际上是对于这种不确定性事件开展了一种更大尺度的先行领会，也就是说当它成其为一种基本单位之时，我们的心灵已经将这种既是正又是反、既是 A 又是非 A 的存在状态给先行领会了，而且是一种积极的先行领会，要不然它也就无法被心灵视为一种尺度。此时，很显然，心灵就是遂行于一种作为科学更深本质的跨尺度之拓扑架构中，而且很自然地运用了第二尺度的基本思维定律——谐同律，因为这种既 A 又非 A 的东西肯定不是第一尺度的知性对象，而只能是第二尺度的场域之在，亦即场 A（原 A'）——而第二尺度的场 A（原 A'）则既是量也是质，而且是第一尺度的量与质融合起来并涌现而出的更高心智密度的高感性的对象——维度。就此而言，过去的人文学界认为香农的信息论仅仅囊括了信息的量的一面的看法既是对的又是错的，对的一面在于香农的思想确实没有关涉太多第一尺度的"质"而主要表现为一种"量"，错的一面在于香农表现的"量"在一种无意识的拓扑架构中实质上显露为更高尺度的"质"——维度。

从这个角度来说，香农对于信息的数学处理方式恰恰是对于前边所说的第三次数学危机——罗素悖论的一种实际解答，因为罗素对于这种既 A 又非 A 的"自指现象"的函项分层的冗繁应对方式，便在一种新的尺度——信息量的巧妙定义与运算中得到自然简化了，而且罗素所恐惧而带来逻辑恶性循环的"自指现象"居然在香农发明的信息运算中被当作一种积极的思维尺度来看待，真不知见到此处，罗素会作何感想。我们由此也可以得到：即便在"硬科学"中表达的"信息"，也必定处于一种跨尺度拓扑架构的基本打开方式中。而我们在前文已经提到，此拓扑架构乃是一种具有源于东方原生文明之全息基因的元始结构——致中和或三元拓扑。而这就已经代表信息的全部秘密了吗？显然还没有。

再让我们回到李雷同学的基本案例，当我们说韩梅梅同学提供了 2 比特的信息量时，难道它仅仅代表一种最终结果的确定性状态的纯粹数值吗？恐怕事实并非如此。这便需要我们从未来性之全息逻辑的视角来厘清信息单位的整个过程了。首先，一个完整的信息单位的结构一定要从一个观察者的确立开始，这是因为信息意义只有相对于一个观察者来说才能呈现其效应，例如若是李雷事先清楚地知道"三国"建立的先后顺序，那么，韩梅梅告诉他的任何答案都只能提供 0 比特的信息；若李雷知道"吴国肯定不是第一个建立"，他就天然排除了 C、D 选项，于是，韩梅梅告诉他"B选项是对的"便只能提供 1 比特的信息。而在这样的理解中，这也就意味着观察者始终处于一种自带认知模型和认知叙事的"背景场"中，而这种"背景场"可以是有意识的，但是大部分依旧是无意识的或"潜意识"的，因为它的大部分"知识"或记忆完全依赖于世界事件的"激活"。那么，就此而言，李雷同学遭遇"三国"问题的世界事件与其说是一种客观的物理碰撞，不如说是一种基于"背景场"的存在吸引，按照海德格尔的说法，这便是一种吸引周围世界之存在者来照面的指引关系；因为若是这个问题是用法语撰写的，或者承载这个问题的试卷处在月球上，这种相互遭遇的世界事件显然不会发生，因而事件的发生正是因为李雷作为观察者具有学习的意向性或者求知的预期性从而拥有发生可能信息联系的背景场，在胡塞尔的现象学中，它被称为主体的意向性。这是一种比现成物质的客观性要先行或优先的逻辑特质，而意向性亦即预期性显然只能基于背景场才能发生，因此，"三国"问题这个世界事件实际上就是在观察者的背景场中被"指引"而来的世内存在者。

紧接着，当"三国"问题这个世界事件被指引而来且被观察者李雷同学所把握的时候，整个事件的呈现就将立刻转变为一种宏观态和微观态相互指引对照的"鸿沟"状态，这是因为观察者作为一种本体性的存在者必定会倾向于使用第一尺度的认识范畴将其纳入一种知性判断的因果形式的稳定预期中，亦即不考虑感性杂多之"内部细节"的自然（因果）原则的线性形式中——这便是事件的宏观态。然而，观察者所在的"背景场"的世界效应必然会超出观察者作为一个世内存在者的预期而更自由地展开为具有更多内部细节的叙事形态——这便是事件的微观态。从中我们也可以看出，事件的微观态正因为必然超出观察者的宏观预期，所以也就表现为对于观察者来说的不确定性——信息熵；那么，从全息的逻辑视角，当我们说到"信息熵"的时候，实质上指向的就是此宏观态与微观态互耦而成的"鸿沟"状态，而非单指不确定性，因为通过前边的分析，"不确定性"永远无法单独存在而是始终跟观察者的意向性预期互相指引而耦合在一起，因而在全息逻辑中这种"鸿沟"状态也叫作"阴阳鸿沟"态，亦即《道德经》中所描绘的"万物负阴而抱阳"所指向的阴阳鸿沟态，对此，通过前边第四章第2节的描绘我们已经比较熟悉。

此外，这种宏观态与微观态相互指引对照的"鸿沟"状态也内在地蕴含了"媒介"的存在及其效应，这不仅是因为观察者对于世界事件的"遭遇"总是要通过一种具体的感官过程及其载体作为媒介才能完成，在李雷同学的例子中，它就是通过物理纸张这个媒介的视觉过程来完成的；同时，它还意味着"鸿沟"状态的弥合或消除，亦即信息熵的消除同样需要通过一种更大的感性直观的过程及其架构来"跨越性"地完成。在香农的信息论中，这种媒介效应便是用信号源或信道这种物理因果载体来表示，而在麦克卢汉的《理解媒介》中的"媒介"则更接近于"鸿沟"状态的前边这两层意思。

当观察者的意向性预期跟遭遇世界事件带来的信息熵形成"鸿沟"之后，按照香农的理论，"信息量"也就表现为对于此"鸿沟"的弥合或消除，可以这样说，正是这种"消除行动"定义了信息量，在物理意义上来说，它跟信息熵数量相等，意义相反；而这里浮现的重要问题是：从香农对于信息量的计算过程来看，此"消除"难道仅仅是一种像运算的表面过程那样，看似以第一尺度的逻辑法则对信息熵做"减法"，亦即对"信息熵"取负数吗？事实并非如此。首先，在前边已经阐述过，当香农把"抛掷硬币"这个随机事件领会为一种尺度的时候，他在逻辑实质上就等于把第二尺度的领域指向——"维度"作为整个信息运算的思维基础，因而整个过程从表面上看起来是在做对数运算和加减法，实际上所有这些算符的逻辑内涵都必然延展至第二尺度的意义，亦即源于谐同律的耦合指引意义。因而那个关键的"="符号的实质逻辑内涵也就不是源于第一尺度之同一律的"与自身同一的存在是……"的含义，而是转变为"在阴阳鸿沟所指向的信息熵的历史性（微观）展开中呈现为……的意蕴"，因此，信息量的运算过程所反映的逻辑本质绝不是第一尺度的意义。

其次，更重要的是，正如前边对于"鸿沟"状态的分析所表明的那样，信息熵不可能离开观察者的意向性预期而单独存在，同样地，信息量这种对于信息熵的"消除行动"也不可能离开信息熵所代表的"鸿沟"状态而单独存在，也就是说它们是相互指涉、相互生成、相互约束而耦合在一起的整体结构，就此而言，当它们被纳入"信息"这个打开方式的时候，它们在逻辑上就先行整体化了。因此，信息量作为"对于信息熵的消除"而得到的运算数值，实际上代表的是"观察者的宏观预期跟世界事件的微观不确定性所形成的信息熵'鸿沟'遂行消除而延展的一整个连贯性的历史展开叙事"的领会，亦即一种（第二尺度之）二重对称变换的领会；故而，恰如第十一章第 4 节讨论芝诺悖论的时候，"运动"概念事实上通向的是跨越第一尺度的第二、第三尺度的元始构成行动，信息量的"消除行动"的本质也是跨尺度的元始构成行动的呈现，亦即指向未来性真理道路的真理主导形态——创造行动的展现，从而跟信息熵所代表的"鸿沟"结构成一种跨尺度的拓扑行动。从这个意义上来说，我们对于"信息量"的"消除行动"的领会实际上也便是一种对于信息熵的"鸿沟态"的"自指"，亦即一种表达"三元拓扑"之拓扑架构的二重对称性。著名社会科学家格雷戈里·贝特森就从这个角度把信息定义为"制造差异的差异"（information is a difference that makes a difference），其中的"差异"便是前述之"鸿沟"，就此而言，信息也就可以被理解为制造鸿沟的鸿沟、生成维度差之维度差——这些都是自指机制，亦即二重对称性的典型表达。就此也可以看出，"信息"的拓扑结构效应就是它的本质——一种朝向"三元拓扑"的至少是二重对称的叠加对称结构，亦即一种经典的非线性结构。

那么，信息的本质结构又该如何简洁地表达呢？从全息的视角，我们可以把整个信息产生的逻辑过程推演为下边这样一个由两个信息层、三大逻辑要素交互耦合而成的"三元结构体"（如图 38）。由此可见，此"三元结构体"表征的正是我们在第四章第 2 节所阐述的心灵先天结构——致中和或三元拓扑，其中的"信息源"、"信息熵"与"信息量"分别对应了"三元拓扑"中的阴、阳和原。同时，我们也可以说，由于信息打开方式的第二尺度性质，亦即基于"抛硬币"这样的场域或维度指向的"不变性"

领会而产生的这样一种元始结构，就是一种信息的元始构成，或者说信息在真理尺度之构成作用上的基本单位——构型。因为信息的结构及其起源过程跟"构型"是如此契合，我们甚至可以把第二尺度的构成作用对应物，亦即事物运行的基本状态统称为"信息态"（当然也可称之为构型态，不过信息态更为通用），以区别于第一尺度的事物运行状态——物质态所对应的"实在性"。因此，现在我们可以很明白地说，当我们传递一份信息的时候实质上就是在传递一份"构型"，而完全不是在传递一份物质。

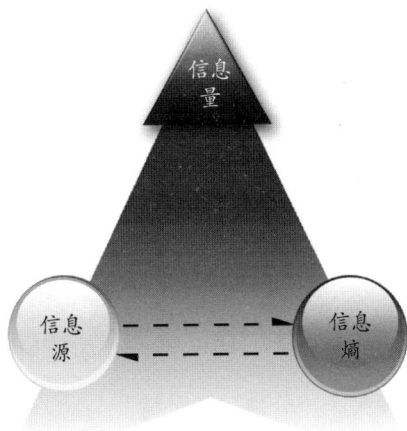

图 38　信息的"三元结构体"模型

当我们知道信息的这个"三元结构体"的本质结构也就是心灵先天结构"致中和"或"三元拓扑"的第二尺度表达，那么，参照"三元拓扑"的内部性质，我们就可以相对详细地阐述这个作为信息基本单位的"三元结构体"——构型了。其中第一个信息层，亦即较低的信息层，便是由信息源与信息熵互耦而成的"鸿沟"；这里需要注意的是，此"信息源"跟香农理论中的信源或信号源并不是一回事儿，香农的信号源全然是从工程角度出发而用来提供信息的物理信号发送者，而并非从观察者角度出发的信息的逻辑发生源，它在此结构模型中更合适的位置是"鸿沟"所代表的媒介的（与观察者相对的）外部指向者；而这里的"信息源"则是从信息的发生逻辑上来说的观察者意向事件源，亦即信息的（主体）意向源，它代表一个拥有背景场的观察者对于信息获取的意向性动力或预期，它必然导致世界事件的宏观态。这里的"信息熵"指的便是观察者遭遇世界事件所生成的不确定性，亦即世界事件的微观态，当然，这是"信息熵"的狭义用法；通常来说，当我们在思想叙事中谈到"信息熵"的时候，它既指向其与信息源所构成的"阴阳鸿沟"，同时也指向这个"三元结构体"的"小维度差"。

其中的第二个信息层，亦即较高的信息层，便是对于信息熵遂行消除行动，或者对于第一个信息层的"阴阳鸿沟"遂行弥合行动及其作用的"信息量"。当然，"消除"或"弥合"是一种自上而下的逻辑动作之表达，它们等价的自下而上的表达则叫作"鸿沟穿透"，由此可见在这种"鸿沟穿透"的逻辑动作的表达情境中，这里的"鸿沟"的内涵早已经不是源于矛盾律的"矛盾"、"冲突"、"分离"、"对峙"与"差别"了，而是代表一种经由互相吸引的耦合作用而形成的让跨维度乃至跨尺度的心灵延展得以遂行的"通道"，它不仅是一个逻辑通道，同时也是一个主体间的心灵通道。就此而言，海德格尔所憧憬的诗意与日常之间的"间隙"，亦即德里达所试图努力证明的通向古老"延异"行动的差异"通道"，也便在信息"鸿沟穿透"的逻辑动作之更深的思维领会的境界中终于得以实现了。同时，信息的"拓扑架构"也正是在这样一种跨信息层的"鸿沟穿透"的一体化逻辑动作中得以完整体现出来，因为"拓扑"的本质就在于在某种"不变性"的自洽领会中让思维顺滑地穿越两个原本看起来相互分离的维度或者尺度，从而实现心灵触角的自然延展，而这种"不变性"的领会当然就是作为第二尺度之领域表达——维度，信息层映射的就是"维度"的逻辑。第二个信息层跟第一个信息层之间也便形成了"三元结构体"的"大维度差"。由此，两个维度差一体叠加，并形成了一种差异之差异的二重对称变换。

那么，信息这种"鸿沟穿透"之三元结构体的本质构成到底意味着什么呢？它意味着一个重大的奥秘将要积极揭示在我们每一个人面前，因为这种"三元结构体"的拓扑架构及其效应"来头"很大——它从根本上逻辑起源于作为尺度之尺度的第三尺度"合一律"所呈现的心灵创始方式，亦即全息的创造行动之方式，这种方式早已深深地根植于东方的原生文化之中，在《道德经》中，它被叙述为"阴阳冲和"；在《中庸》那里，它被称为"致中和"；在佛学那里，它则被阐述为"能所识"。因此，在全息的逻辑叙述中，信息的这种"三元结构体"的拓扑架构又被简洁地阐述为"阴阳原"——主体意向预期跟世界事件之行动形成"阴阳鸿沟"，心灵随即穿透此"鸿沟"而让得以弥合此鸿沟的更大维度的"原性"的心智信息——降临下来而实现心智的天然自洽。因此，当我们说信息的时候，很大程度上就是指向这个"三元结构体"的拓扑架构本身，甚至可以这样说，"信息"实际上就是这种拓扑架构本身的代称，亦即"构型"的代称。正如法国思想家德里达阐明了"延异"的本质根本就是跟传统形而上学的"本原"、"实体"、"本体"与"实在"的源始特质完全不同的尺度，而且成其为它们更"古老"的起源，因此，"信息"跟"本体"或"实在"也就全然是两种不同的元始逻辑形态，于是，当我们以"信息"而非"实体"或"实在"来打开自身与世界之时，这实际上意味着心灵与世界的主导形态已然从本原态"升级"为行动态——用通俗的话来说，这个世界的主角已经变了。正因为如此，当我们在谈到信息的时候，心灵总是会自发地直接指向这个非线性的、跨尺度的拓扑结构本身以及它所代表的跟"实在"迥然相异的真理运行形态，于是，经由自身的跨尺度架构而切实地拓扑至第二尺度的"信息"本质上就是第二尺度的对象。因而，第一尺度的"实在"及其根源逻辑——"存在"也就再也不能用来作为规定信息的主导根据了。故此，当我们传递信息的时候，根本就不是在传递一种作为物理实在的"货物"，而是在传递或激活一种心灵早已开展的"构型"或"频率"。同样地，当控制论创始人维纳说"信息就是信息，既不是物质也不是能量"的时候，实际上他所表达的就是信息所代表的更深的世界打开方式，就此而言，与第一尺度的"实在性"世界观相比，信息态便是世界或宇宙面貌的更深的元始性质。

当了解信息的结构本质之后，我们接下来就在此基础上回答一下本章开头提到的关于"信息"深层奥秘的那个"硬问题"：不是因果过程的最抽象的信息是如何能够"内爆"成具体因果效应的？根据中国学者周理乾的论述，这个问题也拥有一个"自下而上"的描述：不是因果过程的最抽象的信息是如何从具体因果过程中"涌现"出来的？这个问题的描绘方式涉及纯粹理性先验范畴的经典代表——因果律的起源的问题，于是，这便再一次让我们回到了先验范畴之作为第一尺度的元始构成——康德的"先天格子"这里。可以这样说，广义上的因果律或者因果关系也便等价于康德所发现的这个心灵之"先天格子"，然而，我们在前边章节的叙述中已经知晓，康德的"先天格子"拥有着无法避免的内在缺憾：让这种"先天格子"或"先验范畴"成其为"先天"或"先验"的普遍性效应之来源，在西方传统形而上学那里一直呈现出一种巨大的消极性，也就是说，如此重要的普遍性效应之来源在理性人模型那里仅仅被归于一种心灵无法积极直观的理念世界，从而使得人类文明的进展被"卡"在第一尺度的二元悖论中。也正因为如此，康德的心灵"先天格子"虽然成其为第一尺度之元始构成，但也是一种不完善、不究竟的心灵构成。而信息的拓扑本质所直接指涉的"三元结构体"之构型恰恰是源于最终尺度的心灵元始结构，也就是说，它实际上是更为本质的心灵元始尺度之元始构成，而且它凭借源于最终尺度"合一律"之全息基因而天然排斥任何消极性，因此，它实际上是康德的心灵"先天格子"的更深本质，亦即因果律的更深起源。就此而言，所有先验范畴，包括作为纯粹直观的时间与空间以及作为纯粹思维的"知性判断表"诸范畴，都必然将在此"三元结构体"之拓扑架构中实现更深的组织与构成。例如"空间、时间之矢与概念"三者实际上处于一种"阴阳原"的拓扑状态中；而在"知性判断表"中分类于"判断的量"的一组三元范畴，其中就有导致罗素悖论之"自指效应"的"全称判断"，它在实质上跟同组的另外两个范畴"单称判断"与"特称判断"并不处于一种单一维度的并列关系，而是处于一种三元结构体的拓扑架构中，"单称判断"、"特称判断"与"全称判断"分别归属于此拓扑架构中的"阴、阳和原"。

于是，我们就此得到了一个未来性视角下的逻辑结论：纯粹理性之先验范畴——广义上的因果律实际上起源于信息所代表的拓扑架构——构型单位，简言之：因果律蕴含于信息之拓扑本质中——因果关系起源于信息的本质结构并被它所决定，而非相反。而因果律逻辑的存在所依赖的"普遍性"效应，也正是来源于此"拓扑架构"的全息基因所带来的自洽性与自明性，毫无疑问。就此而言，此拓扑架构的第一个信息层之"阴阳鸿沟"所映射的现象学之"主体间性"，其内在要求之超越因果关系的人人认同的普遍联系之起源，也同样在此得到逻辑阐明。因此，在这里，物理性的因果过程为何能经由信息"内爆"而生成也就有了逻辑上的阐明：从根本上来说，那是因为此因果过程所凭借的因果律正是经由信息本质之拓扑架构而生成的，同时，此拓扑架构的第二尺度的"维度"特质也必定让此生成方式呈现出一种非线性的"内爆"效应，从而"蕴含"以此为基础而展开的线性的机械动力学作用，而因果过程朝向信息的自下而上的"涌现"

作用不过是"内爆"效应的反向视角的名称罢了。于是，当美国总统发出使用核弹毁灭一座城市的命令，并且真的引发物理上与社会心理上的"核爆"而形成预期和结果的"阴阳鸿沟"的时候，其信息本质早在他作为一个观察者发出此命令前就已经"决定"好了——当人们以信息来打开世界的时候，人们实际上早已处于一种更大尺度的宇宙能量之海的即时"内爆"的维度展开效应中而不自知。

第 3 节
从理性人到信息人：论信息人模型的思想演绎与未来性基因

人类的心智模型，本质上是心灵展开自身为世界的构成方式或者说建构方式，亦即心灵在不同尺度的打开方式中呈现自身如其所是的演化方式；既然"世界"是如此这般被建构起来的，那么其中就必定会反映心灵尺度演化或生成的"历史"，亦即映射心灵焦点对于曾经"消极区域"进行积极覆盖与领会的内在过程。而人类的心智模型从理性人模型演化至信息人模型（如第112页图8），便是心灵以"实在"打开自身演化至以"信息"打开自身，实际上亦是心灵从第一尺度"存在或范畴"演化至第二尺度"场域或维度"而遂行自身的建构方式；同时，这也反映了理性人模型中的消极区域如何在新的打开方式中被积极覆盖与重构的内在历史。

首先，由于经由心灵的前一个主导形态"本体态"或"实在性"的主体与客体二元分立而生成，理性人模型中的积极区域"经验界"便将在新的信息人模型中被作为信息的本真形态未被完全展现的一个"维度"，亦即信息涌现的频率与交互效率较低的基础维度——日常意识层。日常意识层也是时间与空间以及纯粹理性的因果律最后留有"余热"的背景之域，越往上的层次，时间与空间的感官主导效应也就越来越"退居二线"，同时，纯粹理性的因果律则会愈加迅捷地转化为另一种使得信息流动效率更高的关系——源于信息叙事的因缘关系或缘起关系。就此而言，当今的人工智能领域的学说，将"大数据"中的核心关系领会为"相关关系"而非决定性的因果关系，其逻辑根源也在于此——信息的天性天然远离"日常意识"。

其次，在理性人模型中，作为经验世界元始构成方式的先验范畴得以成立之"普遍性"来源的"理念界"或"理知界"，很显然是一个无法被心灵积极认识的消极区域，而在信息人模型的信息打开方式中，根据前文的论述，这种"普遍性"更实质地起源于信息本质之拓扑架构，于是，当心灵聚焦于信息开始以本真形态——信息流来展开自身时，那种所谓不可认识的"超验的"理念界也就在其中被积极而自然地覆盖与蜕变了。因此，从心智遂行于信息流的意识效应的角度，我们可以把信息人模型的第二个维度叫作——意识流层。我们可以从两个角度来理解意识跟随信息而遂行成"流"的状态：其一，信息开始以本真形态来展开自身，这就意味着它将通过非线性拓扑架构所展现的心灵或真理之更加演化的新的主导形态——（创造）行动态来展开自身，于是，一种不拘束于二元范畴之机械推进方式的"流"的动态形式也就涌现了；其二，信息只有在观察者的主体意向性得以施展的情况下才有意义，亦即只有以生命的动机为基础才有意义，而根据薛定谔在《生命是什么》中的那个著名论断——生命以负熵为食，那么信息的本真形态也就必定会展现为不间断的"差异流"或"负熵流"，否则，信息也就不成其为信息了。

此外，正因为意识流层的心智效应主要经由体现"差异"或"负熵"的"阴阳鸿沟"或"间性"来表达，而"阴阳鸿沟"或"间性"在逻辑效应上又同构于"情境"或"场景"，因此，这个状态的信息流又可以被理解为对于"情境"进行动态组织的叙事流。于是，当我们谈到信息流的时候，它也常常可以用信息叙事来进行同构式领会，由此，当我们领会信息流背后的心灵直观之时，通常也就是在领会信息叙事背后的"意蕴"。而被称为数字时代三大思想家之一的麦克卢汉的著名的"媒介"观念，其真正含义也正是体现为信息流得以生成的"阴阳鸿沟"或"间性"，因为只有在如此理解的基础上，"媒介"背后所指向的更为重要的信息叙事之文化世界才能得以通过"信息人模型"的方式"革命性"地突显出来。

最后，虽然信息开始展开为心智的"意识流"效应，然而，这对于一个心智模型的自洽性与自调整性来说依然是不够的，因为心智世界的统一性和完备性要求它最后总要追溯至一个原点或根本起源之境，正如理性人模型中的"上帝"所代表的意义，但是，理性人模型中的"上帝"恰恰是其中最消极甚至接近混沌的认识区域，人类没有任何感性直观的积极经验能够通达它。而在信息人模型中，这个最高维度的根本起源之境，也就只能是信息本质所反映的"行动态"实现得最为纯粹与彻底的那个境域，亦即信息人模型的第三个维度，我们可以把它称为"心流实境层"。如果说信息在"意识流"层次的"差异流"，依然留有本体性或本原性效应作为基本构成的"阴阳鸿沟"的踪迹，那么，当信息跟随其持续深入的"逻辑动作"的"流速"而涌现至更高的频率——"心流"频率的时候，一种更为纯粹与本真的"行动态"也就在此境域中绽放而出了。我们会发现，此"心流"使用了跟积极心理学中的那个著名的"心流"概念同样的名称，但是，即便如此，作为信息人模型最高维度的"心流实境"则要更加指向"信息人"作为一个整体领会的全部结构、内在演化史与演化方向。此外，既然"心流实境"在一个自洽的心智模型中被领会为心智行动的最高形态及其体验，那么，它就必定会呈现出心灵世界之生命叙事行动的终极高潮信息——命运的领会；此命运的领会不仅包括个人命运的领会，还包含集体天命的了悟与觉知，在荣格那里，这种对于命运的觉知信息被称作人类

集体无意识的"原型意象"；从生命的信息流叙事的角度来说，心流实境
所呈现的命运领会实际上也便是生命叙事臻至"高潮"时所涌现而出的高
维心智意象，而从其对于心智影响的源始效应的视角，我们也可以把它称
为"心灵图腾"。

于是，根据前边的阐述，我们便可以得到"信息人模型"的图型表达
（见第 112 页图 8）：

从该图我们也可以直观地看出来，相对于理性人模型各个心智区域之
间"壁垒深深"的状态而言，信息人模型完全是以"维度"作为构成方式
因而没有"硬边界"，实际上，当心灵开始以第二尺度来打开自身的时候，
那种以"范畴"的二元分离的方式来区分心智对象或状态的情况就将逐渐
走向消弭了，毕竟，维度与维度之间关系的结构本质早已不是一种机械控
制或因果决定的线性关系，而是一种具有全息基因的"拓扑关系"。当然，
前边更多是以从"理性人"到"信息人"的心智演化之视角进行的叙述，
实际上，我们若从心灵对于信息的"三元结构体"的"阴阳原"各个组分
进行聚焦而展现相应境域的视角出发来推演，同样可以更为简洁地得到此
"信息人模型"的三个结构层次：首先，如果聚焦于观察者作为存在者的
本体性预期上，那么，这样得到的结果必定是第一尺度的经验判断或经验
实在，于是，作为信息人模型基础背景的日常意识层便得以呈现，这便是
信息模式之"阴性"焦点的心智层次；而后，若是聚焦于观察者与信息熵
互耦而形成的"阴阳鸿沟"或差异之"间性"上，那么，信息本真形态的
"差异流"或"叙事流"便会在此基础上得以展开，于是便可以得到信息人
模型的第二层——意识流层，这便是信息模式之"阳性"焦点的心智层次；
接下来，若是聚焦于穿透阴阳鸿沟而实现更高维心智信息自然涌现的"信
息量"上，那么，信息本质之拓扑架构的本真逻辑动作便会展开为更加纯
粹与深层的"意识流"——心流，于是，我们便可得到信息人模型的第三

个层次——心流实境层,这便是信息模式之"原性"焦点的心智层次。

在信息人模型中,我们可以看到第三个层次——心流实境层是以虚线的方式描绘的,这代表了此信息人模型依然拥有自身的消极区域或者说心智模糊区,而之所以如此,是因为这个阶段的信息人模型所遂行其上的"信息"并未完全释放其拓扑架构(构型)的非线性潜力,而在相当程度上是一种针对理性人模型的镜像式呈现——这跟当今科学体系所处的境界并无太大区别。我们回想一下就会发现,根据香农"信息论"的境界而生成的"信息"其实仅仅是对第二尺度的无意识使用,顶多是一种"准有意识"的使用,因此,对于稳定而深沉地聚焦于第二尺度而自然得到的更大的人性感官能力,亦即真正超越时间与空间的人类非线性感官禀赋——内在感官的奥秘也就无法在此信息领会的境界中得以释放。于是,在这个信息人模型中,虽然我们会使用信息叙事之因缘关系及其"意蕴",以及信息叙事高潮之"原型意象"或"心灵图腾"以及维度的结构本身,来表明这个模型开始超越理性人模型所秉持的时间与空间、纯粹理性与单一现实的心智框架,但是它们毕竟不是以对于内感官的积极使用而展现的心灵层次,而更多呈现为一种"理性的镜像"。因此,使用这样真理境界的信息打开方式而触及的心流实境的个人命运之领会,就总也无法保证其稳定性,同时,对于集体命运乃至人类整体"天命"的领会就更容易呈现出一种难以实现真正普遍性与统一性的状况,因为人类毕竟无法通过这个阶段的信息人模型来内感官地积极触碰"合一"的最高真理尺度——第三尺度。于是,这个阶段的信息人模型事实上是心灵聚焦于第二尺度的"前一半"而展开自身的世界模式,就此而言,我们也可以把它称为"初始信息人模型"。

但是,即便如此,当信息人模型通过信息的拓扑架构而积极把握"心流实境"的时候,这就不可避免地涉及对于信息本质之拓扑架构本身进行迭代使用而自我觉知的境域,此境域便是心灵聚焦于第二尺度"后一半"而展开自身的世界模式，也便是东方原生文化基因建构自身的基底方式。事实上，东方文化从来都是遂行于信息打开方式之高级形态之上而建构自身的，这种信息打开方式之高级形态也便是《道德经》第一章所说之"玄"，而"玄之又玄，众妙之门"实际上指的就是对于信息本质之拓扑架构迭代使用之后而自然触及真理最高尺度——合一律的简洁表达。此外，信息人模型的"心流实境"层次实际上也便是佛学修行（冥想）的"初禅"境界，有了初禅自然便会"拓扑迭代"地拥有"二禅"、"三禅"乃至最终开悟——这些都是基于信息打开方式高级形态而积极呈现的心灵维度。同时，信息人模型所表征的心灵演化的尺度所对应的便是佛学"四相"中的"众生相"，既然是"相"也就意味着未通达最高尺度的束缚和惯性，那么，"四相"中比众生相境界更高的"寿者相"便意味着在信息人模型之上还拥有更高的"全息人模型"；而至于领会无上菩提的"觉悟"也便是领会全息本身，因为作为尺度之尺度的真理全息既不需要"人"也不需要"模型"——对此，我们将在第六卷的相应章节中看到其阐释。有了"初始信息人模型"，当然也会有"高级信息人模型"或"后信息人模型"，就此而言，东方文明的原生基因正是以"后信息人模型"为基础来展开自身的绚丽文化世界的。不过，既然都是信息人模型，说东西方文化正是在"信息态"的本质中真正相遇，也是丝毫不为过的。

第十三章
欲求突破第二尺度的未来性"呐喊"：当代前沿科学诸思想的全息阐述

第1节
论前沿科学的"第一性"演化：从实在性到信息态

在我们谈论当代前沿科学诸思想之前，还有一个极为重要的问题需要前置辨析：在人类思想史对科学诸观念涤浊扬清的过程中，关于科学之第一性特质的解释可谓众说纷纭，但是如果有这样一个特质，它是科学之所以成其为科学并区别于其他领域或活动的最核心、最关键的那个特质，无论各个学说的观念怎样变化与递增，它都必定毫无疑问且毫不动摇地"坚定"屹立于一切科学特质或观念的中心位置，那么，这个科学最核心的特质会是什么呢？笔者的回答是：对于稳定经验的积极把握之精神——它既是一种精神，也是一种原则，同时也是科学自身的"第一性原理"，亦即第一性的那个"性质"。当然了，在前边的叙述中我们便开始明白，这种稳定经验的积极把握的性质实际上起源于第一哲学之未来性真理道路所展现的心灵或真理的对称性，因为对于稳定经验的"坚持"显然是在寻求一种"不变性"的积极领会，而这种"不变性"的积极领会又是经由某种（对称）变换或操作的行动而自发带来的，这就使得科学的"第一性"彻底揭示出跟随者范式变迁这种（至少是）第二尺度演化所指向的创造行动的真理主导形态。简而言之，科学就是在无论怎样的"检验"所指向的场景变换中，寻求经验"不变性"的领会结构——自然规律，这简直就是无法再标准的"对称性"定义了。也不怪库恩会在《科学革命的结构》中强调，只有那种持续不断带来进步的体系才能叫作科学。那是因为，科学的第一性就是对称天性，亦即第一哲学的未来性真理道路之"创造"行动的天性，在此天性的观照下，科学怎么能不跟"进步"这种特殊行动天然绑定在一起呢？只不过，库恩从来未能了悟的是，科学的第一性所指向的这种"进步"可不仅仅是一种简单的状况改变或体系进展，而是一种范式变迁背后的"二重对称"乃至"三重对称"的元始真理尺度的演化。

同样，通过前文的阐述我们亦会发现，这种指向未来性真理道路的科学"第一性"在当今前沿科学或前沿学科那里总是展现得更为明显。前沿科学之所以被认知为具备"前沿性"，除了在学科叙事的明面上是由于它们的成果源于最新的科学发现之外，还在于它们在更深的"潜文本"的视角下，展现了对于科学自身的第一性原理的更触碰人类传统心智边界乃至传统文明边界的领会，并把它经由科研成果的知识诠释而表达出来，从而在一个更大真理尺度层面拓展了人类文明的整体视野——而很显然，前沿所针对的那个"传统"，从狭义来看是导致理性人模型这种传统时代精神的第一尺度，从广义来看则是第一哲学传统真理道路，亦即本原性真理道路。

当然，对于积极把握稳定经验之所以是科学自身的"第一性"这个问题，我们还可以基于本书前文的整体叙述，来做一番简要总结。

首先，我们可以从西方近代史的教科书中了解到，学术界公认人类社会在文艺复兴以来最重要的进步标志之一，就是现代科学脱离神学的束缚而成为人类认识世界的独立的体系，而现代科学与神学"划清边界"的最主要的做法就在于科学共同体摒弃了神学或宗教体系的那种极度偶然性与不稳定性的"上帝启示"，而把探索真理的基本路线归于"普通人"皆可实现的有效观察与检验的稳定经验之上；至于其他的"进步"方面，例如打破知识由神职人员垄断以及新兴的市民阶层的兴起等，实际上这些进步效应的最原初的思想发生根据都来自科学之所以脱离神学的最根本原则——对稳定经验的积极把握的绝不退缩的精神意志。

其次，本书在第十一章第 1 节中提到，德国思想家雅斯贝尔斯归纳了科学的三大特质，分别是：①通过方法论获取的知识；②绝对的肯定性；③普遍的有效性。而雅斯贝尔斯所说的第二点"绝对的肯定性"所表达的也就是对于稳定经验的积极把握的原则，因为只有通过对稳定经验的认识我们才能够获得关于自然的确实的知识，亦即获得确定性的自然规律，从而显示出关于真理知识的人性"肯定性"，而不是神秘而偶然的"玄想"与消极的迷信。事实上，通过前边的分析我们已经知道，在未来性的视角下，雅斯贝尔斯所说的第一点亦即"通过方法论获取的知识"，也便是通过对于第一尺度的元始构成——先验知性范畴进行组织来获取实验得以设计、知识得以建构的模型，这个过程中的源于心灵先天结构的元始构成作用是所谓知识方法论的更本质来源。而他所说的第三点亦即"普遍的有效性"，则向来是作为第一尺度的元始构成成其为元始构成的拓扑架构之全息基因设定，因为普遍性源于全息，毫无疑问。

这些都可以被认为是科学将"稳定经验"确立在第一尺度的心灵直观——时空经验的基础上而被自然衍生出来的结论，因为这样做之后，时间与空间必然会连带着知性范畴一道被追溯至某种绝对的构成地位，亦即元始构成的地位。

此外，关于科学特质的归纳还有很多其他的提法，其中最具代表性的观念有下边三个：

1. 可证伪性。这个观点来源于著名奥地利思想家卡尔·波普尔，这个观念实际上是从另外一个角度表达了对于稳定经验的积极把握的特质。因为可证伪性的核心内涵就在于一种科学假设或结论可以被重复检验来"试错"，从而消除其中的错误部分，解决旧问题，发现新问题。而这种重复检验的"试错"过程，也就是一种经验事实在场景变换的操作中，保持其基本内核的领会结构不变，也即一种典型的对称过程。于是，就此而言，可证伪性其实也可以叫作稳定经验在不同的场景变换之对称操作中的去芜存菁性。这个观念常常被用来描绘艺术与人文学乃至许多社会科学结论的不那么"科学性"，但实际上，艺术与人文学反而指向的是一种更深的对称性。

2. 范围适用性。这个观念指的是每个科学理论都有其适用范围，而必须能解释在此适用范围内的所有已知现象。这种范围适用性也常常被称作误差取值的可接受区间，因为如果以"月"为适用范围或误差区间，那么，古希腊天文学家托勒密的地心理论模型对于星体观测就是"精确的"，但是，如果对比牛顿力学的以小时、分钟为误差区间，以及爱因斯坦相对论的以毫秒为误差区间，托勒密的理论就完全可以被认为是具有较大问题而不能反映客观实在的东西了。那么很显然，"范围适用性"实质上跟波普尔的"可证伪性"的核心要义是一致的，它们都是为了保证稳定经验得以可靠再现与传递，并进一步"提纯"的科学基础性质之描述，这不过是稳定经验原则的另外一种观念变体罢了。这种观念变体巧妙地运用了"测量"这件事背后的尺度变换的对称性，因为"范围适用性"必然指向一种愈加精密的尺度变换，只不过在过去的经典物理中，这种尺度变换还可以在宏观时空中连续推进，而在相对论与量子力学那里，尺度变换可就触碰到第一尺度边界的二重对称性了。

3. 自我纠错性。它实际上指的就是库恩在《科学革命的结构》中所论述的"范式"迭代，它体现的是对于稳定经验积极把握原则的"积极性"。此"积极性"不仅表现在对于宇宙与自然规律能够被心灵直观积极认识的"积极性"，还表现在以心灵直观为基础而生成的认识结构本身亦即范式得以扩展的"积极性"。因为正是在这种认识结构的积极扩展与迭代中，自然的更本真面貌才能够被稳定经验进一步把握。而根据其秉性，认识结构本身的扩展也就必然会涉及真理尺度的变迁，毫无疑问。这一点，我们在第二章关于第一哲学命运演历的阐释中已经看得比较清楚了。

由此可见，对于稳定经验的积极把握正是科学本身的第一性原理，亦即科学系统的最核心的那个特质，毋庸置疑。

而我们接下来要以未来性视角阐析的诸前沿科学的各个观念，并不是要推翻这条科学自身的"第一性原理"，而恰恰是希望揭示此"第一性原理"的更深面貌或更深本质，因为它关乎哲学前沿的科学成果到底是在怎样的真理尺度上运作自身，或者说怎样在远较于过去不同的元始真理道路中领会自身为自洽性知识的。

那么，当代前沿科学诸成果所反映或触碰的科学"第一性原理"的更深面貌究竟是什么呢？它就是关于稳定经验的"稳定"之领会。在传统的经典科学观中，对于稳定经验之"稳定"的理解，通常指的是这样一个人性能力的设定：人类有且仅有一种固化的方式来获得稳定经验的材料，那便是通过时间与空间的"外在感官"，同时，通过知性范畴的逻辑形式对这些材料进行组织便得到可靠的经验实在——这是被第一哲学之传统真理道路的唯一"本原"的信念所保证的。如果按照康德的归纳方法，把时间与空间跟先天的知性范畴统称为外在认知世界（现象界）的先验范畴，那么，我们也可以把这种经典科学观对于稳定经验之人性设定简称为外感官认知，它包括时间与空间的感性直观能力以及与之相关的因果关系的知性组织。当然，在理性人模型中，这种设定也被称为人类认知的"时空壁垒"，它形象地表达出人类的经典科学离开了时间与空间就什么也不是、什么也无法发现的"窘境"。而通过本书前边的系统阐释，我们便可知经典科学观对于稳定经验的理解，事实上是对于第一尺度之元始构成的稳定信念，亦即对于一重对称的稳定信念，而若将这种稳定信念转换成对于自然或世界认知的基本属性，便是实在性；"实在性"是存在性、实体性或本体性以及客观性的相对积极的用法，即便如此，实在性终究是属于第一尺度的稳定经验之属性，它在思维上最终总要追溯或还原至一个与自身同一的"本原"以作为因果链条的第一因。就此而言，在经典科学观的叙述中，广义的实在性在很多时候也跟物质性、因果性、机械性或者"线性"通用。

那么，对于人类来说，对于稳定经验之"稳定"的领会难道有且只有这一种方式吗？答案是否定的。人类心智的潜力乃至其同构于宇宙的更深面貌恐怕远远超出经典科学观的人性想象。在当今前沿科学诸领域的实践中，对于稳定经验的领会已经开始展现出另外一种自洽的方式，亦即非线性或信息态的方式。于是，这种新的稳定经验的领会又该如何理解呢？从未来性的视角来看，经典科学观所奉行的稳定经验之观念其实是一种固化而静止的绝对稳定，是对于一重对称性的顽固执念，它体现在将人类能够轻易施展的心灵直观能力固化为唯一的普遍聚焦方式，并迅速将其作为一种绝对的信念公设而固化为一种心智乃至真理尺度，例如时间与空间以及理性能力的人性公设就是被这样沉淀下来的，它通常表现为对于实在性的"信仰"。而另一种稳定经验之观念则是一种开放而动态的可拓展、可演化的稳定，它跟随深植于心灵对称天性得以施展的心灵先天结构（致中和或三元拓扑）所自发指向的天然道路而让经验得以稳定拓展与演化，同时在此过程中心灵的普遍聚焦行动并不会有任何不自然的阻碍或不自洽的"瓶颈"——这实际上是将从前绝对固化的"静态稳定"升级为更高级的"动态稳定"，展现了心智或真理的主导逻辑形态从第一尺度的"存在"所代表的"本原态"向更大尺度的"行动态"的自然转变，这种转变也意味着心灵直观遂行的"稳定"结构再也不是一种导致"静态稳定"的线性的机械架构，而是一种非线性的"拓扑架构"。

当人类的心灵通过这样的稳定经验之拓扑架构而更深地打开世界之后，世界或宇宙的基本面貌也就再也不是一种线性的实在性，而呈现为一种非线性的信息性或信息态，因为我们在前边的讨论中已然知晓，"信息"的本质就是这种非线性的拓扑架构，也可以说，信息就是此拓扑架构的别称，从而信息性或信息态也便是这种新的稳定经验所打开的更深的世界属性。当控制论的创始人维纳说"信息就是信息，它既不是物质也不是能量"的时候，他所意指的其实就是这种更深的世界属性，虽然他并没有完成这种证明。

信息态的非线性拓扑架构，在第一尺度的"观测者"看来是一种"神奇"的逻辑形态及思维效应，它表现为：在对于某种"不变性"的持续专注的过程中，其中的思维推演或心智递归的逻辑自洽性能够自然而顺滑地跨尺度延展，甚至于让原本完全二元分离甚至矛盾的面向得以顺畅地联结为一体而没有丝毫的"突兀"——这便是前文已经阐述过的逻辑上的拓扑定义，而这也不过是"信息态"宇宙所呈现的基本真理效应之一。别忘了，正是在如斯拓扑架构里的真理效应中，本书上一章阐述的学术界关于信息本质的"真问题"才会如此描述：不是因果过程的抽象的"信息"是如何能够"内爆"成具体因果效应的？这样的问题描绘方式其实非常"特别"，因为量子力学得以建构自身的核心理论——量子测量理论所带来的"观测者问题"也是如此表达的：不是任何一种本征态的量子叠加态是如何"坍缩"成跟观测者纠缠在一起的特定本征态，从而进入经典物理的现实因果链的？就此来看，从信息本质的"真问题"到量子力学的"观测者问题"，这两个问题的定义形式是不是具有"异曲同工之妙"呢？答案不言自明。量子力学的观测者问题仅仅提供了一种管中窥豹的视角，试图向我们揭示这样一个当今前沿科学实质上已然发现并跟随的心智潮流，亦即宇宙的本质面貌从（第一尺度之）实在性到（第二尺度之）信息态的迭代演化——

这是一个正在发生的学术现实，并且由第一哲学之未来性真理道路来保证其根本合理性，其中纵然有激烈的观念碰撞，却反而加速了这股潮流的蔚然成风之势，毫无疑问。

本书在此处并非欲求"推翻"当今前沿科学诸理论，恰恰相反，本书接下来的阐述正是希望在以更大真理尺度之信息态的方式对这些前沿成果背后的知识材料进行再组织的过程中，试图为读者揭示：其中蕴含的更深的科学本质是如何发生作用的；以及在如此这般新的真理尺度与心智演化潮流的背景下，科学更深的潜力如何才能尽情释放？换言之，科学的更深潜力跟信息态的更深潜力是同构的，而当信息态的"拓扑架构"被真正有意识地聚焦与觉知的时候，此拓扑架构依据其本性的持续迭代尤其是跨尺度的再迭代也就是毋庸置疑的演化方向与潜力空间。而所谓跨尺度的再迭代，指的是科学乃至人类文明的整体知识谱系不仅要有意识地完成从第一尺度至第二尺度的拓扑联结，当这样做的时候，下一个从第二尺度到第三尺度的跨尺度拓扑联结或拓扑行动也便是天性使然、水到渠成的事情——就此而言，我们完全可以把这个科学的更深潜力如何在信息态的打开方式中真正释放的追问，看成是当今科学体系欲求突破真理尺度（第一至第二尺度）束缚的"呐喊"。于是，说一千道一万，这便又回到了东西方如何在第二尺度真正相遇的"老问题"，因为信息态之拓扑天性的跨尺度再迭代发生之处恰恰是东方原生文明建构自身的起始之地，毋庸置疑。

第 2 节
以未来性视角看狭义相对论

我们先来看一看现代物理学两大标志性学说之一的爱因斯坦的相对论。无论从哪个角度来说，相对论的创立都是对西方近代哲学所确立的经典"理性人"世界观的一记"重锤"。因为在相对论的体系中，时间与空间都变成了可变的东西，也就是说作为近代哲学认识论巅峰的康德先验哲学所构想的作为感性直观先天形式的时间与空间，在爱因斯坦这里失去了它们原有的作为先天形式的绝对性地位，亦即失去了作为一种真理元始尺度的"不变性"的逻辑位置，而变得相对性地"可变"起来。就此而言，西方近代哲学尤其是认识论的基础也就被打破了；而十分令人惊奇的是，一个巨大的逻辑悖论也因此产生了，虽然从思想事实上来说时间与空间失去了它们作为心灵直观的元始尺度的绝对性位置，但是，在当今科学系统中，作为观测者用以观测和检验科学现象的主导感官根据却依然是时间与空间，也就是说，现代物理学家们用时间与空间"打败"了时间与空间却停留在时间与空间中，这是一个整体逻辑上的典型循环论证，当今物理学家们却似乎对此丝毫不觉得有什么不妥——用时间与空间"打败"时间与空间，并仍旧在时间与空间中试图寻找这种"打败"的原因——如果你是一位追求智慧而非技巧的真正的求知者，那么，你一定会对人类如今尊崇的最前沿科学——现代物理学的这种看起来如此"反智慧"的做法感到十分不可思议。然而，至少从现代物理学家尤其是爱因斯坦的言论看来，科学在打破原有心灵尺度而没有领会新的心灵尺度的情况下，也依然完全可以神奇地实现一种"空尺度"的自由思想建构——站在海市蜃楼上建构高楼大厦，这可着实是一种物理"乌托邦"。然而，现代物理学的"进步"真的是如此建立的吗？这一切都需要从对于一个十分特殊的事物——"光"的理解开始。

我们都知道爱因斯坦狭义相对论得以建立的两大前提之一便是"光速不变原理"，它说的是对于任何参照系，光在真空中的传播速度都恒定为 C（约 30 万公里 / 秒）；以此为前提便可以推演得到随着被测量物体的运动速度逐渐增加，其时间将变得越来越慢，同时其运动方向上的长度将变得越来越短——这就是两个著名的相对论效应：时间膨胀之钟慢效应和尺缩效应，其公式依次表达如下：

$$T = \frac{T_0}{\sqrt{1-(\frac{v}{c})^2}}$$

$$L = L_0\sqrt{1-(\frac{v}{c})^2}$$

在上边的公式中我们可以看到一个表征时间膨胀率或空间收缩率的共同因子——洛伦兹因子 γ：

$$\gamma = \frac{1}{\sqrt{1-\frac{v^2}{c^2}}}$$

我们可以从上述相对论表达式中发现，正因为光速不变，所以它就必然"霸道"地要求时间与空间围绕着它来发生变化，而当我们看到某种"不变性"被当作重大理论之前提的时候，我们就需要知道，其实在该理论以这种"不变性"作为公理推演建构自身之前，某种真理尺度便已经在思维中被先行领会了。很显然，在爱因斯坦这里被当作真理尺度的东西就是"光速"。现在的问题是，从元始尺度的全息视角来看，虽然在狭义相对论的数学表达式及其运算中，光速看起来仅仅就是被使用了一下它的速度之量纲 C 而已，那么，在相对论建构自身的思维结构中光速真的仅仅是一种特定的速度吗？若真是如此，由于任何一种特定的速度都可以简单表达为距离（空间）与时间的比值，那么狭义相对论即刻便会陷入这样一个逻辑循环的悖论：使用时间与空间来改变或扭曲时间与空间。在哲学上，能够成为其他事物之尺度而使得这些事物的变化因之而起、由之而度量的，只能是比这些事物在逻辑地位上更优先、更高级的东西，因此"光速"这种东西对于狭义相对论的思维建构而言绝不仅仅是一种特定的速度，而是意味着在心灵直观上比时间与空间要更高尺度乃至成其为时间与空间来源的东西——第二尺度。于是，爱因斯坦的狭义相对论实质上是在一种对于第二尺度的心智领会中建构自身的，虽然爱因斯坦本人对此显得不那么"有意识"。

那么，"光速"这个概念又是如何通达第二尺度的心智领会的呢？对此，我们还是要回到围绕"光速"所建立的整个相对论知识环境来进行阐析。这一点如此重要，虽然我们已经在第一章第3节中初步提及，但还是需要在这里再进一步阐述。在狭义相对论的基本原理中，光速不仅是一切运动物体所能达到的速度极限，还是一切惯性参考系所能够"参照"的速度极限，更是"四维时空"的内在禀赋。因此，无论是站在一个运动物体还是一个运动物体所在的参考系的角度，光速都绝不只意味着一个特定的一般速度，毋宁说是作为四维时空内在禀赋所指向的速度之速度，亦即穷尽一切速度的速度——于是，一个显而易见的二重对称性之"自指"现象及其结构也便堂而皇之地出现了。光速作为穷尽一切速度之速度，正如前边已经阐述过的"说谎者悖论"中那个说尽所有谎言的谎言、"理发师悖论"中那个为所有不为自己刮脸的人刮脸的理发师，以及相应之"口袋悖论"的那个能装下所有口袋的口袋；就此而言，光速从来就不是一个"速度"，而是所有（时空）速度为之演化与趋近的过程与趋势本身，亦即"时空场"之场域天性本身。

实际上，爱因斯坦也确实在思维中赋予了"光速"这样的位置，因为基于狭义相对论而建立的四维时空坐标系，也即闵可夫斯基坐标系中，光速就是作为时间维和空间维的不变的"合速度"的方式而被设定的（如图 39）。怎么理解这个设定呢？爱因斯坦是这样演绎他的思维的：既然以"光速"或"光"为尺度，那么时空中最合适的观测点就应该是站在那个恒常不变的位置，亦即光的位置；于是，站在"光"的角度，时空中的一切运动速度都恒定为光速 C，而时间维和空间维则在时空坐标系中分有这个恒定的"合速度"C，这样就以一种十分简洁的勾股定理的运算方式得到时间膨胀率的洛伦兹因子 γ 了。从图 39 中我们可以发现，因为总的合成速度恒定为 C，因而在一个维度上的速度增大，则其他维度的方向所"分有"的合成速度就会变小，就好像速度是被切成两块的蛋糕，我们可以随便切成两块，但是蛋糕总大小不会改变。因此，当空间维的运动速度为 0 时，时间维的运动速度就是 C，这时的时间就是正常流速；当空间维的运动速度 v 逐渐增大乃至接近光速 C 的时候，时间维的运动速度也就根据洛伦兹变换逐渐减小以至于最后接近 0，这时的时间流速就是逐渐变慢乃至趋于静止，于是，时间也就"膨胀"起来。

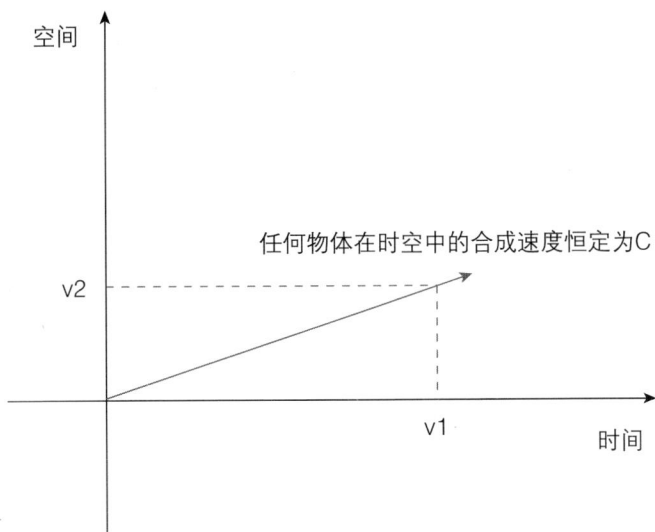

图 39 时空坐标系中的合成速度 C

从爱因斯坦建立的这个时空坐标系的逻辑中我们可以看到，光速 C 的地位可谓相当"超然"，通常操作中，它并不会直接在此坐标系中被画出来而是"隐形"的，但它却是其中所有被标示出来的速度的合速度，亦即展现二重对称变换的速度之速度。而正因为每一个速度都是它的"分速度"，亦即皆从它分有而来，所以我们也可以说在时空坐标系中的每一个速度都处于一个朝向光速整体合力趋近的过程里，而光速的量纲 C 只不过是这个整体趋近过程或合力趋势的代表或象征罢了。在此处，对于这种趋近或趋势的叙述形式我们是不是有些熟悉呢？简单回想一下，这种叙述形式是不是跟我们在第十一章第 4 节阐析过的"极限"的第二尺度叙述形式很像，甚至基本一致呢？没错，光速作为一种速度的"极限"，正因为它代表的是这个整体趋近过程本身而非一个特定的速度量纲，若将这个过程反过来看，光速实际上是以它的量纲所代表的极限值为契机，自我展开为一个（时空）速度之世界性的生成行动，亦即第二尺度之世界意识或世界现象的生成行动及其意蕴领会，就此而言，"光速"作为思维时空的内在禀赋之"禀赋"的绝对性也便体现于此，亦即作为任何第一尺度中的一般速度的更大真理尺度之总起源。现在我们终于知道，狭义相对论以"光速"为尺度，实际上是以光速所通达的第二尺度之世界意识或世界现象作为尺度。事实上，爱因斯坦的时空坐标系也是如此表达的，当这个坐标系增加了一个时间维度之后，空间不再是过去的空间，时间也不再是过去的时间，而是纠缠为一个不可分割的整体时空。而从未来性角度来说，其之所以能够纠缠为一个不可分割的整体时空——时空连续体，这种整体不变性的领会结构正是由光速所指向的二重对称变换带来的。爱因斯坦的老师闵可夫斯基也发展了这一概念，他对此相当有名的论述如下：空间和时间消失在阴影中，唯有它们的某种结合（时空流形）来维持一个独立的实在，亦即唯有世界自身存在。

　　从闵可夫斯基的四维空－时（space-time）坐标系的表达（如第 195 页

图 12）我们也可以看出，狭义相对论所理解的"世界"已经不再是像传统所认为的那样，让时间与空间独立分离，并且是三维空间中的物质客体在一维时间中的运动和演化，恰恰相反，世界本身就是一个完整一体的空 - 时"流形"（manifold），是一整块宇宙，这样的思维空 - 时流形也被称为"时空连续体"。就此而言，我们体验到的每一时刻实际上就是这个时空连续体的一个切面，于是，整个宇宙就是由这一个个时空切面生成的"胶片"所构成的一部电影，这部时空连续体之"电影"也便是世界意识在狭义相对论中被先行领会的自然展现。那么，很显然，按照前边的分析，隐藏在时空连续体中却无处不在的"光速"所代表的正是时空连续体之"世界现象"本身。当然，爱因斯坦本人一直奉行静止时空的宇宙实在观，也即试图将过去牛顿和康德的时间与空间分立的绝对性转变成时空连续体的"流形"本身的绝对性，从而表明时间与空间依然足以充当科学所仰赖的稳定经验的来源，只不过换了一种整体的形式罢了。但是，后来被天文观测所证实的"时空连续体"实际上处于一种加速膨胀状态的事实，反过来又在逻辑上给了爱因斯坦的宇宙实在观重重一击，因为在爱因斯坦的思想设定中，身处"绝对"地位的时空连续体本身是不可能再发生变动的，否则就不能成其为"绝对"。而既然原本是"绝对"的时空连续体还在膨胀，那就意味着有一种超越它的更大尺度，亦即不拘泥于时间与空间的第二尺度的东西，实质上在扮演着"绝对"的角色，于是，从这个角度来说，我们的宇宙的实质存在方式根本就不是一种沉溺于单一尺度中的"实在性"，而是处于一种跨尺度的"拓扑架构"中，也即"信息态"中。

此外，如果我们从全息的视角来分析闵可夫斯基坐标系的另一个闻名遐迩的经典应用——光锥，便可更加直观地明了我们的宇宙究竟处于怎样的一种存在方式中。闵可夫斯基坐标系中的一个点即是一个事件，当然，我们也可以把它理解为时空连续体的一个切面，那么，这个事件中的物体继续运动的整个过程便会在这个空 – 时坐标系中呈现出一条线，这条线叫作"世界线"。而如果我们点亮一盏灯，这一点将是一个事件，我们可以称它为发生在现在时刻的事件 A，它会在这个坐标系中创建一个圆锥体，因为光会在空间维度和时间维度上传播，圆锥体代表了所有可以与事件 A 有因果关系的未来事件；事件 A 也有一个过去的光锥，它代表过去与事件 A 有因果关系的所有事件，很显然，过去光锥和未来光锥呈现出一种对称结构，同时，整个光锥的最外沿便是"光速"。于是，从观测者所处的现在出发构建起来的完整光锥结构便如图 40 所示，因为信息传递的速度不可能超过光速，因此，锥体外的点与事件 A 不可能发生相互联系从而建立因

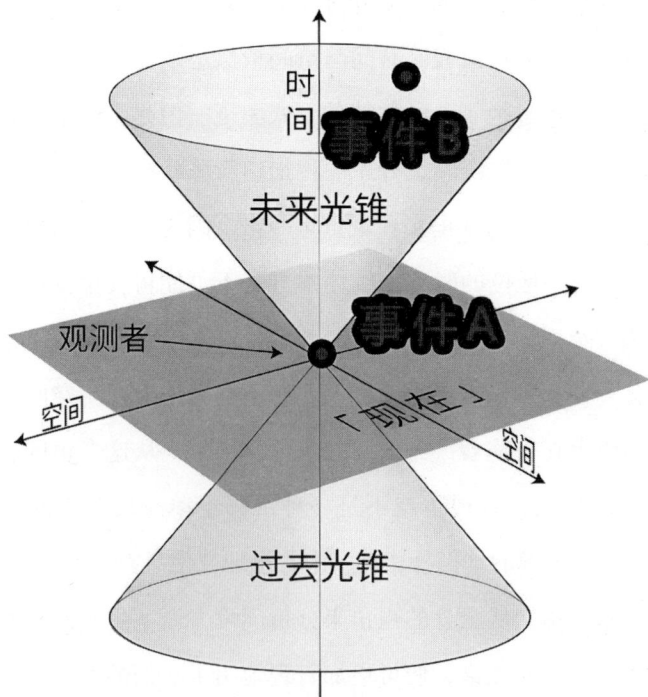

图 40　光锥结构

534

果链条。光锥内的事件 B 则可以看成观测者从事件 A 的发生地乘坐阿波罗1 号出发，而在 75 小时后抵达月球所触发的事件（比如把月球地面撞了一个洞），于是，事件 A 与事件 B 也就在光锥内实现了因果联系，它们之间的连线也就是此次"阿波罗登月"的世界线。对此，闵可夫斯基在 1908 年的一次以"时间与空间"为标题的讲座中诠释道：宇宙中的任何事情只能影响它的将来光锥内的物体，凡是在事件的将来光锥外的物体都不会受该事件的任何影响。

对于这句学术诠释有一个更为文学性的总结：光锥之内即命运。

看起来，"光锥"已经在相对论数学中拥有了足够完备的解释，但是它背后更深层的全息逻辑之阐释却从来没有被揭示过。实际上，即便从西方哲学的视角出发，图 40 所展示的整个光锥结构也很好地体现了两位西方当代哲学家对于时间的理解：其一，现象学创始人胡塞尔认为，时间是过去记忆的"滞留"与未来事件的"前摄"在现在的"原印象"中的统一，这个定义实际上完整地精炼了我们在前文中所叙述的整个光锥结构的产生过程，它让我们对于光锥结构的整体性的"时间场"拥有了更新的认识。其二，存在主义哲学家海德格尔进一步推演道：时间性是在曾在的有所当前化的将来统一绽出中到时。这句话有点拗口，它实际上说的是时间在过去与未来的（现在）当前化绽出统一性的到时，"到时"指的是"到时候"，亦即契机的意思。这个定义突出了过去与未来在现在这个时机的统一"绽出"，亦即爆发出来，而得以让过去、现在、未来统一的便是对于世界的命运意识，正如前边对于闵可夫斯基诠释的文学性总结——光锥之内即命运。同时，命运意识之所以能够在现在"绽出"，是因为在"现在"这里已然形成了得以让更高维度信息密度的命运意识降临的"鸿沟"，亦即时空的"间隙"，至于此"间隙"是怎样形成的，海德格尔并未弄清楚。而我们在第一章中已经证明，无论是胡塞尔还是海德格尔的时间性定义，都已然是第二尺度的直观境界了,因此即便我们现在就说这个光锥结构实际上全然反映了第二尺度的逻辑意蕴也是完全合适的。

但是,胡塞尔与海德格尔的理论并未对光锥结构本身进行阐析,所以对于它的本真存在方式的揭示也就不那么完备。事实上,从未来性的视角来看,谜底就在谜面上。如果我们仔细观察就会发现,观测者所在的"现在之处"实质上是由"光速"的世界线交汇而成,而前边已经详细论述:"光速"所代表的真实逻辑意涵根本就不是任何一个特定的运动及其世界线,而是代表时空连续体的"世界流形"本身,也就是说,相对论的这个光锥结构的图型本身即直白地表明了,观测者所在的当下必定会首要受到世界整体的多元可能的"自由"世界线的影响,然而这个空 – 时坐标系创立的自然逻辑就是为了表征观测者视角的特定世界线,因此,这二者也就形成了从观测者视角的预期与结果之(自然与自由的)事件"鸿沟",于是为了"弥合"这个鸿沟,命运意识也就自然从中降临而涌现出来,从而让整个光锥结构实现其演化的本质存在方式的均衡——这也是信息态之"三元结构体"之拓扑架构的建构方式。此处的"鸿沟"也即海德格尔所论之"间隙",它并不是一个比喻性的概念,而是一个切实的心灵直观——信息态的第一个信息层的建构方式。于是,闵可夫斯基的光锥结构也便从另外一个角度展现了狭义相对论的宇宙实际上处于信息态之拓扑架构的直白图景,那么,实在性从一开始也就跟相对论的宇宙观逐渐远离了。

第3节
以未来性视角看广义相对论及其背后的宇宙观

在上一节中,我们主要从光速背后的第二尺度的实质,以及经由它的逻辑效应所建立的"闵可夫斯基时空"(简称闵氏时空)背后的更深思维建构，阐述了狭义相对论的"信息态"打开方式，并了解到光速的更深本质跟时空连续体的流形所表征的"世界现象"是同构的。然而，从"光"开始的这种思维演进并没有在"相对论"中结束，在爱因斯坦的广义相对论中，"光"将以另外一种方式进一步揭示这个现代物理之奠基理论的信息态面貌。

从现代物理基本常识的叙述中我们可以知道，爱因斯坦的广义相对论建立在一个重要原理的设定或发现之上，亦即加速度和引力的等效原理，它指的是：惯性质量所产生的引力跟经由时空几何（弯曲）效应所产生的加速度是等效的，因此，加速度就是引力，引力就是加速度，它们在物理性质上等效。于是，任何参考系都可以分解为一个在引力场中的惯性系来考虑，这样的话，所有参考系，无论是惯性参考系还是非惯性参考系，它们之间就没有区别了。这就引出了广义相对论的第二条原理公设：对于任何参考系，物理定律的形式都保持不变。正是根据这样两条公设，爱因斯坦才推演出这样的结论：有质量的物体周围的时空是弯曲的，亦即引力导致时空弯曲，而既然光线是在时空中穿行的东西，那么光线在引力场中也会发生弯曲。当然，这个结论我们也可以用前边提到的"光的实质跟时空流形本身同构"的逻辑原理简单推理而得到。

因此，爱因斯坦的相对论时空观跟牛顿与康德的绝对时空观在一个更"生动"的层面拉开了距离。对此如何理解呢？牛顿认为时间与空间是两个二元分离的独立维度，同时它们在宇宙的任何地方都是一样的，不会因其外在或内在的物体或物理现象而发生变化，同时，这些物体本身或物理现象全都是以绝对的时间与空间作为尺度而被完美地计算和构成。形象点说，牛顿和康德认为宇宙中的时空就像一块普遍而不变的"舞台"，"舞台"上出现的各个物体和事件各自扮演着固定的角色，更重要的是，它们在上场之前就已经被舞台的背景本身给"装扮"好了，它们只需要在这个绝对不变的（时间与空间的）舞台背景里按照给定的戏份按部就班地活动就行；按照经典物理学场景所熟悉的那个魔法般的比喻，绝对时空舞台上的这些演员的角色和行动剧情，天然就是被这个"神圣"舞台背景所诞生的拉普拉斯妖给设定好了，可以这样讲，每一个角色和事件都是拉普拉斯妖的"分身"——换句话说，在绝对时空观里，物体和运动原本就不具备独立地位而仅仅是时间与空间的"衍生物"。

但是，在爱因斯坦眼中，事情就完全是另外一幅图景了。爱因斯坦的时空"舞台"完全不是一块绝对不变的坚硬地面，而是一张像蹦床一样有弹性的"网"，没有演员的时候舞台自然是平坦的，但是，一旦演员站上舞台，这张网就会随即下陷成圆锥状，这张时空之网的下陷程度根据演员的体重亦即物体的质量而变化，同时，这张弹性之网将随着演员的移动而变形，下陷的位置也会因之而发生变动。而根据爱因斯坦的宇宙观，既然宇宙中从来都充斥着各个有质量的物体，那么时空也就天生具有"曲率"。换言之，按照爱因斯坦的宇宙观，这个舞台上的演员是如此"职业"，以至于他们一出生就落在了这个柔软的舞台之上，从而使得他们跟时空之网在一开始就"和而不同"地"共生"为一个生活世界。

由此可见，爱因斯坦广义相对论所展现的时空观（如图41）不仅在逻辑结构上，而且在更本质的逻辑形态上跟之前的时空观完全就是两种悬殊的东西，这种物体（质量）跟时空曲率"共生"的逻辑结构全然是一种非线性的架构——信息态的拓扑架构。那么，如何从未来性的意义上来理解与诠释这种时空观的拓扑逻辑的本质呢？实际上，英国思想家罗素在20世纪初看到爱因斯坦的理论成果后开始有了一些敏锐的"直觉"。下边，笔者将以罗素提供的这个知识性的直觉归纳作为基础，用全息逻辑的方式来进一步完善与阐析广义相对论的信息态奥秘。

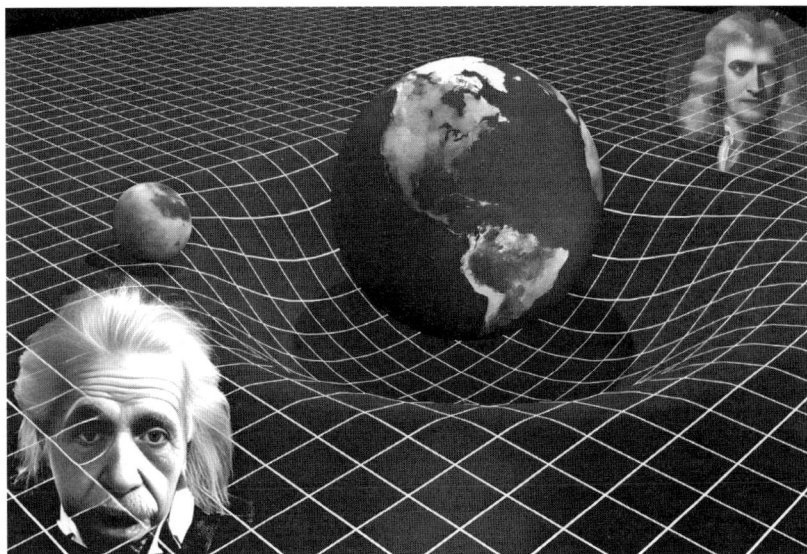

图 41　广义相对论效应示意图

　　关于怎样在物理场景中去直观一个事物而得到最基本的知识的"微观"思维过程，罗素在其著作《心的分析》中以怎样获得"舞台上的演员"这个概念知识为例有过精彩的论述，本书的第四章第 2 节在阐释"三元拓扑"的时空形式之内容中已对这个思想案例进行了详细的分析，对于此案例的思想演绎我们在这里不做过多赘述，感兴趣的读者可以简单"回溯"一下相关章节内容。在这个案例中，罗素严格采用了相对论的思维推演方式，让观测者以接近甚至等同于光速的方式分别遍历"舞台上的演员"的周边空间和持续（表演）时间，于是，这便让舞台四周的那一段空间位置在观测者的光速认知状态中急剧缩短到"零"的地步，从而得到了一片与日常的绝对空间系区分开来的"局部空间"，同时，观测者在空间不同位置观测到的信息也在这个过程中被凝固于这片无限零距的"局部空间"里。同理，"舞台上的演员"的那一段持续表演时间，也在光速的观测行为中从流动的"时间之矢"中被"静止"下来，连同观测到的信息也被凝固在这一段"静止的时间"里，从而得到了一段从日常的绝对时间系中脱离出来的"局部时间"，亦即观测者发动认知能力后得到的关于对象的"局部时间"。

因此，在罗素所归纳的实际的概念认知的微观思维过程中，观测舞台演员的那一片"局部空间"和那一段"局部时间"，事实上是被一同凝固在"舞台上的演员"这个概念认识里，并且跟各自日常的、线性的绝对时空的空间系和时间系区分开来，从而完成了对于"舞台上的演员"这个对象的概念知识的把握。而由于日常感知的时间轴与空间系原本处于二元分离的"鸿沟"状态，但它们恰恰是在"舞台上的演员"这个概念四周（通过局部空间与局部时间）"突然"结合在一起从而形成了"连续性"，就好像这个概念认知生来就是要填补时间与空间的"鸿沟"似的，因而从感官认知上看起来，时间轴与空间轴就像各自"拐了一个弯儿"，共同在这个概念单位这里"接上了头"从而联结了。于是，这便形成了在心灵认知上具有"曲率"的"时空连续体"。

换言之，在这个人类获取对象知识的微观心智过程里，作为对象的物体（质量）跟时空"曲率"全然是在一个统一的逻辑结构或心智结构中"共生"在一起的——这跟爱因斯坦广义相对论的时空观是一致的，也就是说，广义相对论的"时空舞台"和"舞台上的对象或事件"超越了牛顿时空观的"机械舞台"的二元分离的线性关系，从而非线性地一体"共生"。当然，现在我们已经知道，这种"共生"并不是简单的"共时性"，而是一种呈现于心灵先天结构"三元拓扑"中的跨维度拓扑关系，亦即超越牛顿力学所指向的第一尺度实在性之一重对称性而展现出第二尺度信息态的二重对称性。因而，只要我们深入至思维认知的微观场景，广义相对论在真理元始尺度上的认知跃迁就是必然的结论。

此外，如果用广义相对论中的思想来做进一步的对照推演，前边对于

"舞台上的演员"的思维演绎中，用光速将那一段空间"压缩"或"扭曲"成一个拥有更高信息密度而无法直接测距的"点"，同时在其中时间亦是静止的，那么，这个特殊的"点"对应于广义相对论中的概念便是"黑洞"——在广义相对论的描述中，黑洞是这样一种东西：时间与空间在这个地方被打了一个牢固的"结"。其实，对于信息态中的思维来说，时间与空间能够经由穿透它们之间的心智"鸿沟"的拓扑行动而联结在一起，至于穿透这个"鸿沟"之后的拓扑对象是一个拥有怎样内涵密度的概念，亦即拥有怎样质量的"物体"，是没有层次或维度上的差别的，换句话说，信息态所通达的主导心灵尺度——第二尺度天然超越第一尺度的物体质量所指向的"范畴"，从而不会被这个第一尺度的"较低的"元始构成单位束缚自身演化的脚步。经由前边的阐述我们也可以看出：相对论的理论建构跟"信息态"的思维演绎，这两者是"同构"的——心灵以信息态来觉知"概念"跟相对论运演质量让时空弯曲的思维实质是"同构"的。

此外，广义相对论的两种表达：质量（所产生的引力）让时空弯曲，同时，时空弯曲也导致（等效的）引力效应。在物理学推演中，这两个命题是等价通用的，但是，这在逻辑上便是一个明显的"我产生你、你产生我"的循环论证，那是因为在此之上还有一个物理学至今无法解释的前置过程作为广义相对论的起始动因，那便是：物质或其等效的能量究竟是如何产生引力场的？这便是当今物理学的思想极限，亦即物理学的"未解之谜"。经由前边的叙述，对于这个"未解之谜"的探索我们至少可以发现另外一条遂行更深心智禀赋的道路：从未来性的角度，引力无非是让意义得以发生的信息联系，而前文已经阐明，在信息态的拓扑架构中，质量无法与时空分开来单独拥有其在信息尺度下的逻辑意义，因此，"质量或能量是如何产生引力场的"这个问题实际上是在问：这个拓扑架构之阴阳原"三元结构体"中导致信息联系的内在关系，亦即阴阳"鸿沟"关系以及两个信息层之间的生成或涌现关系是如何产生的？而这等于是在问经由这两组内在关系构成的拓扑结构本身是如何起源的？这是一种典型的非线性起源之问，亦即第一哲学的本原起源之问。如今，我们在第四章第 2 节的阐述中已经知晓，这种具有全息基因的拓扑结构无非来源于作为尺度之尺度之第三尺度的全息，全息蕴含一切关系从而让一切信息联系的可能得以发生。而全息也意味着心灵或真理的主导形态早已从本体态转变为（创造）行动态，此行动态也便是德里达所心心念念的那一个比"本原"更古老的逻辑形态，当心灵有意识地实现这个转变的时候，这个非线性的拓扑结构的运作便是自然而然的事情。从而，引力概念所通达的信息联系之机制便会成其为一种自明的天性，当然，要实现这种有意识的领会，所使用的感官能力就再也不是时空所对应的"外在感官"了，毋宁说引力奥秘的揭示唯有在时空之上或时空之"里"的"内在感官"的运用中才能实现——这便再一次回到东西方真正相遇之后，"信息态"禀赋的再一次迭代的东方原生文明基因的融合涌现的主题了，由此可见，在当代前沿科学中东西方原生基因激烈碰撞而触发真正相遇问题的隐藏线索是多么重要且贯彻始终了。

最后，我们再来看一看广义相对论导向的宇宙起源问题。我们在前边已经了解，经由跟牛顿和康德的绝对时空观所截然不同的（非线性）思维基点，爱因斯坦终于推演出了对广义相对论效应进行描述的引力场方程，很显然，这个方程描述的是一个全新的宇宙观。然而，当爱因斯坦真的把这个方程推演至整个宇宙范畴进行解析的时候，他惊讶地发现，如果按照自己这个方程的"客观见解"，原本被他预期的新的"绝对"立足之地亦即展现为四维时空流形的宇宙本身——它毫无疑问应该是稳定不变，亦即稳态的，否则也就不可能成其为新的"绝对"，也即新的思想尺度。但是，爱因斯坦自己的引力场方程却明白无误地"告诉"他，按照新的时空观带来的思维基点所推演出来的宇宙根本不可能是"稳态"的，它要么是在不断膨胀，要么是在不断收缩，但无论是哪种结果，它们都完全超出了爱因斯坦原本预期构建的"绝对"立足之地——连宇宙本身都不能成为"绝对"了，那么，哪里还有（客观）真理尺度的安身之处呢？在当时的爱因斯坦看来，这全然是不可想象的局面，所以，他甚至怀疑起了自己创立的引力场方程的完备性，并特地给这个方程额外配备了一个"宇宙常数"，来"强行"让此方程恢复对于稳定时空之经典世界观的"匹配"。

而后来的事情我们都已经知道了，1929 年，美国著名天文学家埃德温·哈勃（Edwin Hubble）综合前人和自己观测的结果，发现绝大多数星系的光谱存在着普遍的红移现象，并断定：这是由于这些星系作为光源正在运动着远离地球，这使它们所发出光的波长被拉长从而向光谱偏红色的一段移动，这就是多普勒效应形成的结果。哈勃还据此得出了恒星退行速度 V 与离地球距离 d 之间呈线性正比关系的公式 $V = H_0 \times d$。其中 H_0 为比例常数，称为哈勃常数，这个公式也被称为著名的哈勃定律而成其为现代宇宙学的基础公式。哈勃定律告诉人们，宇宙时空就像一个正在膨胀中的气球，所有星系正如气球表面上的点，它们之间的时空距离随着气球的膨胀而逐渐加大——宇宙时空实际上处于一种膨胀状态，而且，根据后来的研究观测，还是处于一种加速膨胀的状态，这个发现最终打碎了爱因斯坦为物理学得以建立的思想尺度寻到真理安身之地的"理想"。

一个物理规律之所以能够成其为不以人的意志为转移的"客观"规律，真理之所以能够成其为展现必然性的客观真理，正是因为它们必定能积极触及并让人领会一种稳固的"不变性"（或者"绝对性"）并引以为"尺度"，这种尺度不仅仅是一种推演理论模型的思想尺度，还是一种基于实验设计的观测得以实质聚焦的"观测尺度"，没有这种"不变性"亦即尺度的领会，任何规律和真理是不可能成立的。

实际上，物理学接下来继续演化的事实也是如此展现的，当爱因斯坦的稳态时空的"尺度"失去之后，一种超越时空的尺度终于被物理学自己给建构了出来，它就是宇宙大爆炸得以发生的"奇点"。既然宇宙时空是时刻膨胀的，那么，心智会很自然地进行因果序列追溯——它是不是从一个拥有自己的"诞生时刻"，亦即从一个很小的"点"爆发性诞生出来的呢？于是，宇宙大爆炸学说的构想也就很自然了。迄今为止，支持宇宙大爆炸的两大证据，一个是前文谈到的星体红移现象，另一个则是宇宙微波背景辐射，由于篇幅所限，我们就不从科普的视角在此赘述了。我们只需要知道，导致宇宙大爆炸的"奇点"本身具有超越时空的基本性质。好了，这里有一个不小的"小问题"需要让我们慎重反思一下，那就是：通过前边的阐析我们已然了解，爱因斯坦的引力场方程所描绘的广义相对论效应，本质上是跟牛顿的绝对时空观的线性结构大相径庭的非线性的拓扑架构所展现的物理效应，那么，基于这个引力场方程所运演而来的"奇点"，难道又会回到经典物理学的机械因果结构而仅仅成其为一个线性的因果链起始点吗？如果你坚定地认为宇宙就是唯一地按照第一尺度的"实在性"来打开自身的，这个"小问题"的答案也自然就是"经典的"，那么，这个"奇点"当然是物理规律所昭示的线性因果链的起始点，而且它的奥秘也必然能够通过既有的、主要基于第一尺度而未完全觉察自身拓扑禀赋的理性数学给推演出来，从而成为经由简单而优雅的方程式构建的"万物理论"的一部分。事实上，当今众多物理学家就是如此"默认"这个"小问题"的经典答案，并沿着"经典"的方向设定他们的研究道路的。

但是，既然广义相对论所奠定的时空观不那么"经典"，那我们就不得不进一步思考由此带来的一种全新可能性：这个被实质上当作当今整个物理大厦新的基石尺度之"奇点"，是不是本质上也处于一种"信息态"的拓扑架构中呢？作为一个思想对比，我们可再一次回到前边所提到的关乎"信息"本质的那一个核心问题：不是因果过程的抽象的信息如何"内爆"成具体的因果效应？从逻辑上来说，广义的因果过程跟时空过程是等价的，于是，使用"信息"的这个核心追问形式，关于"奇点"的内核问题是不是也可以这样表达：不是时空过程的"奇点"是如何"内爆"成具体时空效应的？当这个问题的"信息"有效性被如此直白地呈现出来的时候，我们就需要知道，人类文明对于宇宙起源秘密的最终解答也许需要再一次回到对于这个解答之基本道路的选择上——实在性抑或信息态？就此而言，此宇宙起源问题跟"意识起源"问题便是同构的，因为从实在性到信息态的逻辑阐明本来就关涉信息的"拓扑架构"作为心灵先天结构的全息证明，也即关涉作为真理尺度之真理尺度的第三尺度的心智"创生"问题——元创世问题。所以说，即便从现代物理学的叙述视角，人类文明对于宇宙起源的当代思辨潜藏着一整条东西方文明如何真正相遇的"激烈暗线"，这句话背后的"真相"实在是一个"就差捅破一层窗户纸"级别的结论。

那么，从信息态的视角，"奇点"的拓扑架构该如何展现呢？实际上，我们在前文阐述闵可夫斯基时空"光锥"的信息态本质的过程中，已经从另一个同构的层面回答了这个问题。"光锥之内即命运"也反映了爱因斯坦对于闵氏时空理性设计的"定域性"构想。所谓"定域性"，指的就是两个身处不同时空的独立事件产生信息联系或建立因果关系的信息传递效率不可能超越光速，关于定域问题背后的深层意义我们还将在下一节关于量子力学的未来性论述中进一步讨论。而在这个框架中，"非定域性"就拥有两层含义：①超光速的信息传递；②即便信息能够光速传递，但这个方式本身没有意义。事实上，爱因斯坦所谓稳态时空的预期，指向的就是依据定域性法则而生成的所有世界线得以机械相加在一起得到的宇宙，这个宇宙毫无疑问是被光的速度本身所绝对限制的线性因果律的静止宇宙，然而，广义相对论引力场方程所反映的非稳态宇宙，无论是时空膨胀还是收缩都导致了一个正在朝向"非定域性"方向演化的宇宙:"时空膨胀"意味着总有一天基本粒子之间相互远离的速度会超越光速,这便是让信息的光速传递方式本身没有意义的"大撕裂"局面;同理,"时空收缩"意味着总有一天星系之间互相接近的速度将超过光速,于是,到那时,信息超光速传递的景象也就"普遍"出现了。因而,在宇宙的每一时刻,这种基于世内存在者的理性观测所要求的"定域性"预期,跟宇宙整体所呈现的更"自由"的"非定域性"反馈之间便展现出一种预期与结果之间的"鸿沟"态,而穿透此"鸿沟",便有代表更高维信息密度之宇宙命运意识的"奇点"降临下来,从而弥合这个"鸿沟"而实现宇宙演化的非线性均衡,如此,"奇点"相关的信息态之拓扑架构的"三元结构体"的真面目也就此浮现出来。"奇点"实质上同样反映了光锥图型中经由光速叠加交叉而生成的"现在时刻"背后的二重对称性之"自指效应",因为奇点所代表的宇宙命运信息毫无疑问是第二尺度之世界意识,亦即宇宙命运之"意蕴",如此看来,在信息态的全息视野中,"奇点"的内爆绝不仅仅是远在130多亿年前宇宙诞生时刻才发生的事情,而是在每一个"现在时刻"所呈现的定域与非定域之间的"鸿沟"中绽放而出。

第4节
以未来性视角看量子力学及其带来的观念变迁

如果说科学之所以为科学的"第一性"——对于稳定经验的积极把握原则的探索与思辨的活动,在现代科学的其他领域的发展史中基本上处于一种"暗线",那么,在量子力学的演化进程中,它就是跟量子世界的自然现象的发现及相应的理论建构全然结合在一起的"明线"了。从量子力学诞生的那天起,为这个革命性的科学理论寻找一个稳定经验的全新立足点，亦即量子力学的真理尺度及其心智领会的努力与争论就从来没有从科学共同体中离开过，以至于对于这个主题本身的探索就能成为一种科学进展，例如后边将要谈到的"贝尔不等式"就是在这种情况下的科学"成就"。那么，量子力学有真正为人类文明找到这个稳定经验的全新立足点吗？笔者的回答是：既有又没有，也就是说"仅在半途"。为何如此？下边我们就将结合量子力学的几大基础性的观念场景来简要讨论一番。

众所周知，"量子"这个概念是德国物理学家普朗克在试图解决被称作19世纪末飘浮在物理学上空的两朵乌云之一的"紫外线灾难"问题时提出的。所谓"紫外线灾难"，是指当时的物理学家按照经典力学所提供的能量连续性假设来研究黑体辐射现象所透露出来的根据光谱变化的能量规律时发现，依据这种连续性假设所提出的理论模型总是跟实验结果严重不符，例如其中一个当时比较有名的理论模型叫作瑞利－琼斯公式，而根据这个公式来计算辐射能量时，在辐射的波长接近紫外线的条件下，计算出来的能量近乎无限大从而跟实验事实相差巨大，简直就像一场学术灾难，这便是"紫外线灾难"这个名称的由来。为了解决这个"灾难"，普朗克引出了一个作用量子 h，并假定：在黑体辐射过程中的能量不是连续的，而是以不可分的份额——量子来非连续性释放或吸收；而且他还给出了这个最小份额能量 ε 的计算公式 $\varepsilon = h\nu$，其中 ν 代表辐射波的频率，而 h 则是这个作用量子的"量"，它便是量子力学中著名的普朗克常数，其数值为 $h = 6.626176 \times 10^{(-34)}$ J.S，可以想见这是一个多么小的量。普朗克后来回忆自己的这一探索性的研究尝试时，谈道：

就设法要将这个作用量子 h 引入经典物理理论的范畴里。但是在所有这样的尝试里面，这个量都显得笨重、巨大、顽固、刚愎，总没办法将它挤进去。只要我还允许将这个量看作无限小，就是说遇到较大的能量与较长的周期时，样样都好，什么都是对的。可是一到普遍情形，则总有地方有漏洞，显出有裂缝，我们过渡到愈快的振动，则这个裂缝就愈大，就愈令人注意。由于一切要去填补这个漏洞，接上这个裂缝的尝试都失败了，都流产了。所以人们很快就肯定了：作用量子在原子物理上扮演着一个基本角色，并且随着这个作用量子的登台上演，在物理科学界就出现了一个新时代。这一点就再也用不着怀疑了。因为通过这个作用量子就意味着一个一直到那时为止闻所未闻的东西，它的使命就是：将莱布尼茨与牛顿发明微积分以来，我们在假设一切因果关系都是连续的这个基础上所建立起来的物理思想方法，加以彻底地改造。①

由此可见，从普朗克提出量子概念的那一刻开始，他就注意到了一种"裂缝"，此"裂缝"不仅仅是自牛顿以来的连续性假设跟实验事实之间的"裂缝"，更是一种量子这个概念所天然昭示的思维上的"裂缝"，这种思维"裂缝"导向的思维结构将"彻底改造"经典物理学的思想方法论的传统思维结构本身——也即关乎"稳定经验"的传统心智结构本身。而后来的物理学研究也进一步彰显并指向这个思维结构的"裂缝"。在量子力学中，量子的定义便是离散化的最小单元。在我们日常观念中其实也或多或少带有这样的"量子"意识，当我们把物质划分成一个个原子或分子时，按照这个定义，我们也就是把物质"量子化"；原子或分子并非经典物理思想中处于"绝对"地位亦即真理尺度地位的那种东西，所以，"量子"带来的思维结构变化还体现得不太明显，而一旦把它运用到经典物理观念中占据"绝对"位置的时间与空间之时，事情就立刻开始起变化了。根据接下来的物理学研究，人类能够测量的时空同样令人惊讶地拥有"最小时

① ［德］M.普朗克.科学自传［M］.林书闵译.北京：龙门联合书局，1955：22。

间"与"最小空间"：普朗克时间与普朗克长度，它们统称为普朗克尺度，因为当物体的尺度小于这个尺度的时候，根据相对论，物质将塌陷成"黑洞"，或者说，小于这个尺度的东西跟黑洞的性质没有什么差别，而我们已经知道时间与空间在黑洞内部"无意义"。就此而言，我们平时所看到的时空正是"量子化"的，而思维测量穿过这些时空量子之间的"裂缝"所呈现的便是"黑洞"。

在此我们需要稍微停顿一会儿来简单回看一下这几个关键信息——时间与空间的"裂缝"、穿透"裂缝"、"黑洞"，这几个信息连在一起是不是有点眼熟？没错，如果把"裂缝"等价地换成"鸿沟"，思维测量的"黑洞"与时空"鸿沟"共生在一起形成的是什么呢？它们形成的正是我们在前文中阐述广义相对论区别于牛顿绝对时空观的非线性时空观所呈现的那一个"舞台上的演员"观念结构——信息态之拓扑架构，亦即来源于心灵先天结构"致中和"或"三元拓扑"的拓扑架构。对于信息态的视角而言，普朗克尺度所呈现的量子化的时空"裂缝"跟依据时间与空间本身特质所生成的思维"鸿沟"实质上是相互"同构"的同一种东西，而"黑洞"则跟被广义相对论的思维程序所把握的世界线的事件"概念"亦在信息尺度上无差别，正如我们使用罗素的方法所阐述的那样。从中我们也可以看出，虽然普朗克提出量子概念时并没有全然有意识地洞察到他所说的思维"裂缝"跟广义相对论的时空观共同指向的这个更深的思维结构，但是，他毕竟凭借自身作为卓越物理学家的直觉，意识到背后的思想方法论的革命性潜力，最重要的是，他确实从一开始就将量子概念带入到了稳定经验的延展所依赖的思维结构领域，而非简单的现象假设。我们千万别小看普朗克将"量子"这个概念的潜力推进的这一小步，因为它实质上为未来量子力学跟广义相对论实现真正"统一"留下了追溯真理打开方式上的解答维度。

我们下边再来看一看被称为现代量子物理学开端之标志性实验的"双

缝干涉"实验。著名物理学家费曼甚至说："双缝实验包含量子物理学的所有秘密"。这个实验早在 1801 年就由英国物理学家托马斯·杨做出来了，他设计这个实验的目的是向世人证明光是一种波而非一种微粒。这个实验设计得并不复杂（如图 42 所示）：只要将光束射向一块带有双缝（缝隙间距仅 0.7 毫米）的不透明板，就能够在后边的探测屏上看到穿过缝隙后的光线状态，如果光是粒子，那么就能够找到与缝隙形状相对应的光斑，结果托马斯·杨发现在屏幕上呈现的是两倍光强的图像以及较小的干涉条纹——这便是光的波动性的有力证明。然而一百多年之后的 1905 年，爱因斯坦发表的 5 篇传世论文中便有一篇跟光电效应相关，在这篇论文中他解决了困扰物理学界多年的光电效应问题，并提出光是由一个一个的光量子——光子组成的，这些光子聚集在一起，表现出波的特性，而单独来看又表现出粒子性，因而光子具有"波粒二象性"，于是，粒子性再次回到了光中。这时，物理学界提出了新的问题：如果把托马斯·杨的双缝实验的光束缩减成一次只发射一个光子，那么，它总不会出现干涉的情况了吧，那它到底先通过左缝还是右缝？然而，当科学界真的完成这个实验的时候，却惊讶地发现：即便每次只有一个光子通过缝隙，但是探测屏上的干涉条纹仍然出现了，也就是说它依然表现出能同时穿过两条缝隙的行为状态，也即单独的光子自己跟自己干涉，这实在是超乎人的常识。后来的科学家又对实验进行了一次升级，在双缝后安装了探测仪器来试图观察光子的这种"奇怪"的行为是如何发生的，结果，更令人惊讶的事情出现了：当这样做的时候，屏幕上的干涉条纹立刻消失而变成了简单的光斑；而只要探测仪器一撤走，干涉条纹又立刻恢复。

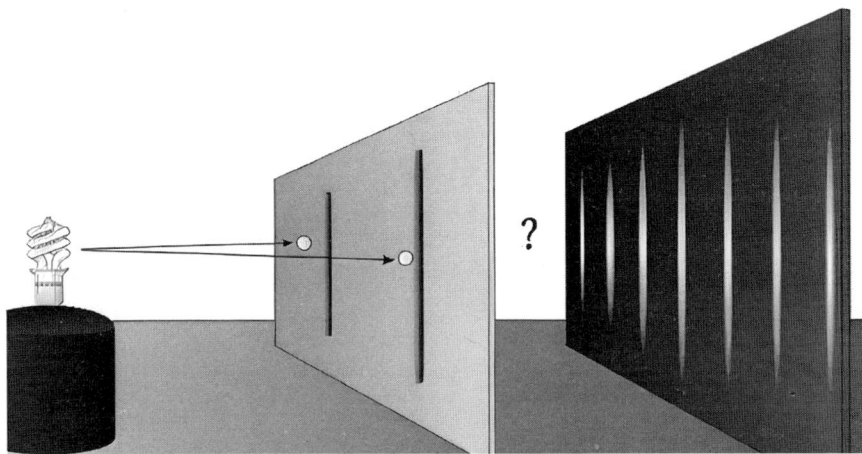

图 42 双缝干涉实验示意图

　　对此，以著名物理学家波尔为首的哥本哈根学派解释道：光子到底先通过双缝中的左缝还是右缝的问题并不成立，那是因为光子同时通过了左缝和右缝；在未被观测者观测之前，光子处于既向左缝又向右缝运动的"叠加态"，而一旦被观测者观测之后，它便从"叠加态"坍缩成确定的运动状态——这在后来也被海森堡称作"测不准原理"而成其为量子力学基本原理之一。

　　若从未来性的视角，我们该如何对此进行理解呢？首先，让我们先抛开"叠加态"的哥本哈根诠释不谈，当前边谈到单个光子实际上自己和自己发生干涉之时，我们也许会觉得有点似曾相识，然后，没准儿能够"恍然大悟"地回想起来：我们曾经在另外一个地方也见到过与"光"相似的这种特质，那便是在前文讨论狭义相对论时提到爱因斯坦寻找到的新尺度——"光速"并详细阐述的一个结论，"光速"的本质通向的是一种二重对称之"自指"现象；而光子自己干涉自己，换成哲学思维表达，也即光子自己引用自己而跟自己发生作用，或者说自己把自己当作谓词而和自己本身发生作用——这便是典型的"自指"定义；由于在观测之后呈现的是

551

确定性的粒子状态，那么在观测之前就是"粒子之粒子"的状态——这亦是典型的"自指"现象在现实中的同构。

很显然，这种光子自己干涉自己的"自指"现象所指向的全然是第二尺度的世界意识或场域现象，而"叠加态"所表现出的这种"既向左缝又向右缝运动"的性质也便是第二尺度之思维定律"谐同律"的基本运作方式，但这并不是这个问题的最核心揭示。"双缝实验"带来的更内核的真理思辨的秘密在于：很少有人意识到，当科学家们通过这样的实验设计来探索单个光子这种基本粒子层面的行为奥秘的时候，实际上意味着他们追问自然的方式发生了一种潜在的重大变化，亦即从之前的第一尺度的"××是什么"的强制主客对峙式而对自然进行"拷问"，而"不得不"变成了一种新的第二尺度之问题模式："××东西我们原本就在其中，其如何生成与展现"，也即"××怎样是？"。大自然就好像在对科学家们说："到了这个地步，原有问题无效，赶紧问下一个"；而不管物理学家如何执着地试图在其中夹杂经典物理思想的"私货"，大自然的回应只有这么一个："问得对，有糖吃；问不对，什么都没有"——事情终究回到了人类探索自然的基本问题形式，亦即关于自然规律的真理打开方式的元始尺度的层面：你怎样追问自然，自然便会以怎样的方式回应你，无可置疑。

事实上，"测不准原理"关涉的是量子力学的体系得以成功建立的核心思想——量子测量理论。同时，"测不准原理"也成了坚持经典理论之基本思想原则的爱因斯坦所攻击和质疑最多的理论，他的质疑也被学界简化为这样一个问题：上帝会掷骰子吗？对此，爱因斯坦在1926年写给波恩的信中这样说道：

量子力学固然是堂皇的。可是有一种内在声音告诉我，它还不是那真实的东西。这理论说得很好，但是一点也没有真正使我们接受这个"恶魔"

的秘密。我无论如何深信上帝不是在掷骰子。[①]

按照学术界的传统理解，爱因斯坦对于"上帝会掷骰子"的根本质疑主要在于他认为作为全知全能的"上帝"必定使用因果律或决定论来"统治"世界，因而所谓"叠加态"和与之相关的粒子之"概率密度"作为实在方式的论点也就从根本上推翻了决定论（确定性）与因果律。但是，这个问题背后的思维底层"基因"却并不能局限在这样的简单描绘中，而是依然要回到人类赖以获得自然规律之领会的追问自然之基本问题形式上，它背后的奥秘究竟意味着什么呢？

事实上，"双缝干涉实验"表明：当人类的探索行为触及亚原子领域这个全然远离人们日常直观的地方之时，自西方哲学诞生之时的古希腊时代开始延绵至康德所在的启蒙运动年代所确立的追问自然的基本问题形式——"真理是什么"已经走到尽头了，因为这个第一尺度的问题形式预设了主体与客体的绝对二元分离与相互区隔的清晰界限，也正因为如此，主体创造出的抽象的概念和范畴也就能够"客观"描述被客体所激发的表象，从而得到关于客体的经验实在之自然规律——于是，当人们以这样的问题形式"拷问"自然时，自然也就以相应的尺度给予人类相应层面的答案反馈。然而，双缝实验的观测者效应却表明，当人类文明的经验触角触及亚原子层这个"神奇"的尺度之时，观测者与光子的行为状态之间呈现出一种纠缠在一起的关系，亦即主体与客体之间完全没有清晰界限的关系，在这里，人类过去赖以为生的稳定经验的传统感觉形式已经陷于"失败境地"，对此，哥本哈根学派的代表人物波尔总结道：

感觉形式的失败与人们通常创造概念的能力的局限性之间存在着密切

---

① ［德］爱因斯坦.爱因斯坦文集（第一卷）[M]许良英、范岱年编译.北京：商务印书馆，1976：221。

的联系。感觉形式的失败，是因为不可能把现象与观察手段严格分离开来；人们创造概念的能力的局限性，来源于我们在主体与客体之间的区别。实际上，这里产生了超出物理学本身范围的认识论与心理学问题。[①]

　　波尔敏锐地发现量子力学的测量问题和过去的认识论以及相应的心理学的境界直接相关，而他提出的"超出物理学本身范围的认识论与心理学问题"，实质上"直觉"地映射了传统物理学在稳定经验受限的两大因素：认识论的问题形式及其真理打开方式，以及心理学所通达的心灵结构，西方哲学体系的这两方面已经落后于量子领域的发现了。那么，在量子力学领域，双缝实验所昭示的新的追问自然的问题形式该如何表述呢？实际上，本书在第三卷关于第二尺度的叙述中已经阐明，这种新的问题形式是一种叫作"在……之中"的逻辑建构，也就是说，对于量子领域所有现象的追问都必须首先承认与领会（位于第一尺度的）观测者和量子现象共同纠缠在一起而早已处于一种世界现象或场域意识的规摄与观照之中，就此而言，观测者和具体的微观粒子的状态并不重要，让他们得以生成的共同的世界现象和场域意识才是更深的本质。于是，这种新的问题形式也就自然变成：某种东西，我（观测者）原本就在其中，它如何创造与展现？如果使用哲学语言，这种新的追问也就从"真理是什么"升级为蕴含前述追问的"真理如何是？"。后来的量子物理学的发展也大体是遵循这种新的追问方式所揭示的道路而展开的，亦即对于量子现象的核心描绘方式已经从早期薛定谔的量子波动力学发展到了狄拉克的量子场论，而后费曼继续升级了量子场论而发明了"费曼图"的图形描绘方式，后来中国物理学家杨振宁参与创立的"杨－米尔斯规范场"理论则是对费曼理论的进一步升级。

---

① Bohr N, The Philosophical Writings of Niels Bohr Volume I : Atomic Theory and the Description of Nature, Woodbridge, CT; Ox Bow Press, 1987, p.96.

但是，前边这些量子力学理论的发展方向依旧具有强大的第一尺度的思维惯性或者说西方文明传统的线性思维惯性，而没能将这个对于自然的新的追问形式的心智潜力真正释放出来。为何这样说呢？不知何故，虽然波尔早已经意识到量子力学必定还拥有一条基于新的"认识论与心理学"的非传统发展道路，甚至普朗克在创造量子概念之时就为量子力学发展留下了基于量子概念所带来的思维"裂缝"而昭示的新的思维结构的学术演化空间，也就是说，无论是波尔还是普朗克都揭示了一条对于人类稳定经验进一步延展的量子力学演化之路。然而，后来的科学家们几乎都对这条道路"视而不见"并转而走向经典物理学的稳定经验的传统设定上，亦即将人的稳定经验能力局限于作为一个"观测者"的世内存在者的境地，从而无法超脱时间与空间以及纯粹理性本身的束缚，因而不论是薛定谔的量子波动力学、狄拉克与费曼的量子场论，还是杨振宁的"杨－米尔斯规范场"理论，他们似乎从来没有觉察到：既然在新的追问形式中，自然已经展现出全新的非线性信息反馈，那么，发出如此追问的人类心灵难道不应该"匹配"与之同构的相应心智能力吗？人与自然相处的基本真理：你怎样追问自然，自然便怎样回应——它其实还有着另外两句"潜台词"：当你这样追问时，你便自然先行领会了此追问得以发出的那种能力；当自然如此回应时，你也同样拥有积极把握这种回应的能力。如此看来，量子领域的这些非线性的现象，例如叠加态、概率实在、量子纠缠等，它们都是属于第二尺度的场域现象，而人类的心智也自然同构地拥有"世界意识"的第二尺度直观能力而能够对它们进行积极把握，而非仅仅把自己限制在一种"观测者"的世内存在者的第一尺度身份来消极地认识。而从跟自然的非线性反馈同构的角度而言，人类的观测者视角和量子叠加态的"世界视角"是被"一体共生"纳入的，于是，这两个视角层次的"一体共生"所呈现出来的思维结构也便是信息态的双信息层"拓扑架构"，而此"拓扑架构"正是这种新的对于大自然的追问形式所带来的"自然延展的稳定经验",只不过是相对于过去囿于时空形式之"静态稳定经验"结构下的更高级的"动态稳定经验"结构,毫无疑问。如此看来,整个量子力学的实质其实就是本真"信息态"的科学——遂行"信息人模型"的下一代科学,只不过在当今时代它的潜力还未能被有意识地释放出来。所以,在很大程度上,也许基于西方文明传统之思维惯性的那一把"迟钝的剪刀"才是科学走向进一步演化的真正"绊脚石"。

接下来我们再来简要谈一谈进一步展现爱因斯坦追问"上帝掷骰子吗"背后奥秘的"EPR 佯谬"问题。

1935 年,三位物理学家爱因斯坦、波多尔斯基和罗森在学术刊物《物理评论》上发表了一篇论文,标题为《能认为量子力学对物理实在的描述是完备的吗?》,并提出了一个在学术界闻名遐迩的思想实验,后人便以他们三人名字的首字母把这个思想实验称为"EPR 论证"。这个"EPR 论证"的思想实验其实也就是量子纠缠的思想实验。这个实验可以简要叙述如下:若有一个运动中的基本粒子在真空中一分为二而分裂为两个更小一点的粒子 A 和 B,粒子 A 和粒子 B 便开始逐渐相互分开,而且一段时间后它们将分开得足够远;此时,如果我们观测粒子 A 的"自旋",则可以确定它的自旋方式,而根据公认的守恒公式,粒子 B 的"自旋"也可以相应地确定,例如粒子 A 是左旋,粒子 B 则是右旋。根据测不准原理,在观测粒子 A 之前,它的自旋方向是不确定的,那么粒子 B 如何"瞬间"知道自己必须是右旋呢?这中间难道有某种超光速的信息传递在发生吗?于是,唯一的可能性就是,这两个粒子的自旋状态在分裂的那一刹那就已经是确定的,而非处于"叠加态"。

前文在讨论狭义相对论以及闵氏时空中的"光锥"问题时已经提到,爱因斯坦将这种不同空间中的事件之间建立因果关系的信息传递速度无法超越光速的性质称为"定域性"。后来，为了表明使用经典思路来表达量子力学问题是完全可能的，物理学家玻姆甚至提出了局部隐变量理论，亦即使用一个具有上帝般能力的局部隐变量可以"复制"量子力学的每一个粒子状态的预测。再后来，数学家贝尔对局部隐变量的论证提出了一个简洁的论证方式，亦即著名的贝尔不等式，又被称作贝尔定理，其表达如下：

$$|P_{xz} - P_{zy}| \leqslant 1 + P_{xy}$$

如果能设计一个实验证明测量结果不符合上述的贝尔不等式，那么就能说明"EPR 论证"的两种可能结论：

（1）确实有超光速信息通信存在，两个量子之间可以瞬间互相知道对方的状态，于是，事件在时空中的非定域性也就存在；

（2）量子的自旋状态不是一个客观实在，在人们观测之前不存在确定状态，只有观测之后才能确定，于是，经典思路中的量子也就不具备客观实在性。

结果，1982 年在法国成功实施的物理学界另外一个著名实验——阿斯佩克特（Aspect）实验，精确证明了量子纠缠的过程不符合贝尔不等式，进而波尔对于量子力学的哥本哈根解释是正确的一方，爱因斯坦"输了"，从此"EPR 论证"也就变成了"EPR 佯谬"；阿斯佩克特实验的几位主要贡献者甚至因此获得了 2022 年诺贝尔物理学奖。它说明"量子纠缠"的定域性和量子的实在性不可能同时正确——但是，对于沉浸于科学的经典公设中的物理学家而言，无论放弃哪一个都是十分难受的事情。

而若我们从信息态的未来性视角来看，从一个层面来说，量子的定域性和实在性都是错的；但是从另外一个演化的层面来看，它们又在新的尺度中获得了延展性的"重生"，亦即都是对的。对此，我们该如何理解呢？首先，从第一个层面来理解，所谓定域性实质上是人们从世界存在者的第一尺度观测者视角出发，将自身的稳定经验唯一固化于时间与空间之后，事物的客观属性也就只能经由时间与空间来表征，因此，只要身处不同的"空间"也就成为判定一个事物成其为一个独立存在者的核心标志，于是，不同空间中的独立存在者若要建立联系，其信息传递速度也就不可能超过光速。同理，所谓实在性也便是事物能够被第一尺度的稳定经验积极把握所呈现的真实性，或者更准确来说——积极性，它实质上根源于第一尺度之"同一律"而总能追溯至一个与自身同一的实体或存在者。但是，根据信息态的跨尺度拓扑架构，事物之间建立定域性的因果关系表达就是这个拓扑架构中的第一个信息层之阴阳"鸿沟"，但是此阴阳"鸿沟"本质上并非基于时空间隔的因果关系，而是使得事物作为信息叙事之角色互相指引的因缘关系，它们之间因缘关系的建立倒不是说超越光速，而是本质上并不是使用时间与空间所代表的外感官能力来建立这种更高尺度的联系，这种因缘关系的建构速率取决于超越时空之第二尺度世界意识的内感官使用效率，那么，"定域性"也就不适用于这样的建构过程。至于"实在性"，前边已经阐述，对于量子力学的现象进行真实把握的稳定经验已经开始进入到另外一种积极性之中，亦即对于让经验的演化和自洽延展得以顺畅发生的稳定的先天结构进行把握的积极性，这是一种真理的主导形态从本体性到行动性的自然转变，也是人类心灵原本就具有的内在禀赋，它并不需要追溯至一种与自身同一的实体、本原或存在者也能够依旧遂行，对于量子力学的当代实践来说，这便是信息态的积极性。

其次，从另一个层面来说，就"定域"也意指信息传递或运作的效率这个更广义的内涵而言，定域中的"域"也便不再是经典物理所设定的第一尺度的空间之域，而是代表量子纠缠的叠加态所通向的第二尺度的场域之域或维度之域，那么，当事物的活动遂行于第二尺度之场域或维度之时，虽然开始脱离了时间与空间的束缚而变得不那么主客、身心二元分离，但是依然有着信息运作效率的限制，不过这种限制已经不能用时空速度来衡量，而恰恰跟事物或意识的活动演化的水平，亦即跟其所在的维度或频率本身相关，它体现的是创造行动本身受限的程度而非某个实体运动的速率，就此而言，"定域"便在更大的真理尺度观照之下获得了"新生"。同样地，既然量子的"实在性"已然转化为信息态的积极性所代表的更大真实特质，那么，这种更大真理尺度的积极性，不仅将进一步激发量子力学遵循信息态之拓扑结构本身的禀赋进行再次拓扑迭代的"原动力"，亦即尽快蜕离第一尺度的思想"冗余"而穿透第二尺度的圆满之境，进而拓扑至第三尺度的终极状态，同时还意味着量子的信息态行动即便在穿行于第二尺度诸维度的过程中，也将不是一个"速率"，而是变得愈来愈积极、愈来愈真实——愈来愈遂行于更高频率或维度境域地演化，于是，这便展露出一整个以频率或维度为基本构成单位的全息宇宙之实相结构——我们在第五章第2节已经看到，这便是《周易》之六十四卦所昭示的全息实相结构。如此看来，量子力学朝向更大真理尺度的未来演化之路将变得越来越"玄"、越来越"道德"、越来越"全息"，亦即越来越"东方"，这是一件如此自然的事情。而这种传统的"实在性"也便在这种更大实相的持续演进的整体行动中获得了另一层面的"非线性"新生。

此外，爱因斯坦质疑量子力学完备性的另一个主要理由便是微观粒子的概率真实，也就是说，根据薛定谔的波函数而计算的"本征值"只能得到微观粒子被观察后出现在空间中特定位置的"概率"，而不能得到确定的经典运动数据，这就等于说：微观粒子本来就是以一种概率密度而非以一种经典物理的确定时空的方式运行的，这也是"上帝掷骰子吗"的另一层含义的表达——难道对于量子领域，"上帝"不以确定性而是以掷骰子的概率来"决定"事物吗？实际上，即便通过薛定谔波函数方程计算出来的结果也不是直接表征这个概率，因为计算结果——本征值实际上是一个包含虚数单位 i 的复数，而粒子的概率值则表现为此复数的模的平方，因而这个复数的模则被称为概率幅。因此，粒子在单位体积内出现的机会的多少也就会呈现出一种概率密度，于是如果用图像来表示微观粒子在原子核外的概率密度分布，就像一朵"粒子云"，我们熟知的氢原子的核外"电子云"（如图 43）就是如此绘制出来的。

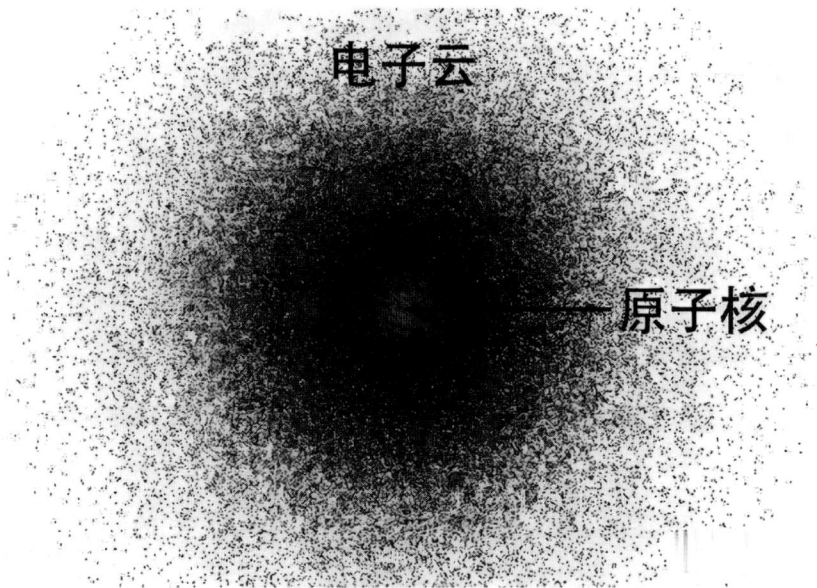

图 43　氢原子的核外电子云

　　从未来性的视角来看，"概率"本身被当成一种衡量"真实"的基本方式，也即概率被尺度化了，而根据尺度的定义，既然成其为一种尺度，那么其中一定有某种"不变性"被心智先行领会了。但是，从表面看来，根据波函数得出的概率幅的数值总是处于各种变化中，于是，其中的"不变性"又体现于何处呢？这就要回到概率的经典定义中来探查了。实际上，科学家出于对概率密度的理解而精心绘制的电子云图型已经基本上反映了概率的经典本质，对于图 43 所示的电子云图型来说，其中的一个"点"代表的是电子在特定空间可能重复出现的单位次数，因而，在特定空间中叠加的"点"越多则代表电子在此空间可能重复出现的概率密度也就越大；而图像中所有的"点"加起来代表的就是电子在所有特定空间出现的可能情况的总和——它在概率经典定义中又被叫作"事件空间"，其中电子在特定空间中的"点"出现则是一个基本事件。从中我们可以看出来，所谓微观粒子的概率，也就是在"事件空间"整体"不变"的情况下，基本事件的单位次数被叠加的状态。因此，我们终于找到了量子概率成其为一种真理尺度的那个"不变性"——事件空间。事实上，当物理学家们认同量子测量的概率真实并把它当作量子力学的基本公设亦即基本尺度的时候，他们就已经在心智运演中先行领会了让任何概念得以发生的那个"不变性"——事件空间。而很显然，这个事件空间并不是使用矛盾律能够得到的东西，而必须使用第二尺度的谐同律，因而，这个事件空间代表的便是对于一种第二尺度之场域或世界意识的积极领会，毫无疑问。

其实，我们对于前沿科学家们这种不那么有意识的跨尺度操作手段应该不陌生才对，因为前文我们在讨论香农的信息论的内容时就详细解析了香农如何设计信息量（比特）的运算方法，他就是把一个最简单的概率性事件——抛硬币事件作为基本单位，而我们已经了解他实质上是把这个抛硬币事件的两个可能性组成的"事件空间"的整体领会作为尺度，如此看来，量子力学如何运算一个本征值的概率幅跟信息论如何运算一个信息比特——这两者在运用信息态的拓扑架构的心智程序上其实是一回事儿。那么，在这里不知大家是否体会到了同一个问题在不同真理打开方式的理解中所呈现的"维度差"呢？

实际上，当今量子力学各个理论所得出的物理规律的"实在性"在很大程度上是由数学运算本身的自洽性来保证的，例如除了薛定谔波函数方程之外，冯·诺依曼也指出微观粒子的"叠加态"的可能本征值实质上是处于一个纯粹数学的希尔伯特空间中，而由观测所导致波函数坍缩进而得到的那个排他性的本征值也便是希尔伯特空间在四维时空上的投影，这便是量子测量的投影假设和坍缩假设。但是，说量子力学的实在性完全就是数学运算的"算符真实性"也是不准确的，准确来讲应该这样阐述：当今量子力学的实在性是由数学运算的自洽性和这个体系的哲学公设所共同建构的，其中的哲学公设包括测不准原理、互补原理、概率真实假说、量子测量假设等。

于是，通过前边的阐析，我们如今便可以得到这样一个结论：量子力学实质上是"利用"作为数学更深本质的心灵尺度之元始构成天然的跨尺度拓扑天性，以及对于更大尺度心智效应的哲学模拟，来"勉强"维持自身的实在有效性的——在不领会数学更深本质的情况下对于（理性）数学的自洽性太过痴迷，有时并不是一件好事，反而有可能陷入"冗叠"。尽管如此，数学算符和哲学公设这两者恰恰在无意识中为量子力学"指明"了开启下一阶段的道路：在更大尺度之真理打开方式的觉知之下遂行朝向下一代数学运演的拓扑架构——而此下一代数学可就不是第一尺度的纯粹理性能够完全主导的局面了，它会更加融合东西方真正相遇之后的全息的基因，毫无疑问。就此而言，爱因斯坦对"上帝掷骰子吗"的担心也就是多余的了，因为在量子状态通向的更大尺度信息形态中，当然拥有更大真理尺度的信息组织秩序，因而自然具有更高、更灵性的秩序感及其必然性——"上帝"总能"知晓"宇宙的更大必然性，虽然它早已经不是因果律和决定论的样子。

第 5 节
以未来性视角看当代生命科学的一个基底问题

本节只谈论当代生命科学的一个基底问题。之所以说是基底问题，是因为它已然是当代生命科学中的一个极重要面向的基本问题或核心问题，这个极重要的面向便是达尔文进化论，或者说广义上的生命演化理论；不仅如此，如果把生命科学比作一个人工智能"大模型"，这个问题又通向这个"大模型"的底层算法，故而，我们会说它是一个"基底"问题，亦即一个基本又底层的问题。这个问题在当代生命科学经典著作——英国著名科学家理查德·道金斯的《自私的基因》那里表达得很明确，甚或成其为全书讨论与思辨的内容主线，它是这样表述的：

"达尔文主义中一直有一个中心辩论议题：自然选择的单位究竟是什么？"①

因为这个问题只是当代生命科学诸主题中的一个基底问题，且又是《自私的基因》这部经典之作的论述核心，于是，下边我们就以未来性的视角主要阐析这本书中的相关论述的方式，来展开本节的讨论，并对与此紧密联系的其他生命科学观念做一个简要延展。

从这个问题的表述中我们便能很明显地看出来，笔者之所以选取这一个"基底问题"，是因为它针对生命演化"基本单位"进行直接追问，而只要谈到"基本单位"则必然涉及一种真理尺度的先行领会，尤其是对于真理尺度元始构成的先行领会，不然，任何"基本单位"的观念都不可能诞生。关于这一点，从前文的叙述尤其是对于香农信息论的基本单位讨论

---

① ［英］理查德·道金斯.自私的基因［M］.北京：中信出版集团，2018：16。此页码是书中"30 周年版简介"标题下的第 16 页。

中，我们已经比较熟悉了。而正因为理查德·道金斯聚焦于生命演化"基本单位"的追问，因而，他必然会涉及背后真理尺度先行领会所导致的思想边界，而他也并未回避而且用了一种巧妙的方式来引出这样的思想边界。

在详细阐析这个当代生命科学基底问题及其背后的思想边界之前，我们先来看一个"生命"相关的热血案例，来做一个思维的"热场"。在 2024 年 6 月，被网友称为现实版鲁智深的"大爆炸"张志磊，在沙特利雅得举办的一场重量级拳击关键战中，重拳 KO 了前 WBC 重量级拳王维尔德，赢得比赛，捍卫了自己的世界重量级拳王的地位。要知道，在这样一个曾被黑人和白人垄断的舞台上，一个黄皮肤的中国人横空出世、直冲王座，真是让广大中国人痛快淋漓、扬眉吐气。很多人甚至认为，张志磊未来在中国体育史上的地位，完全可以跟姚明与刘翔相媲美。但是，鲜为人知的是，张志磊在真正成名以前，曾经有过一段极度艰难甚至危及生命的人生经历。2021 年 2 月，37 岁的张志磊与美国拳手福雷斯特比赛，差点出了大事。出于保障团队不够专业，加之赛前饮食和摄入水分不够等原因，赛后张志磊突然体力不支，失去意识，甚至心跳都快停了。医院给出的检查结果是：肾功能衰竭＋肝功能紊乱＋电解质紊乱。当时很多人认为张志磊到此为止了，那就是他最后一场比赛。然而，他从没有想过放弃，从病床上挺过来后，他重拾科学训练系统，并在此后加速向世界重量级拳王宝座发起冲击。张志磊广为人知的名言，除了那一句 KO 对手之后在镜头前的标志性呐喊："THIS IS CHINESE POWER!（这就是中国力量！）"还有在日常人生中更励志、更广为流传的一句话，那就是："该找回那种状态了！"

我们之所以要首先"回顾"这个东方拳王的简史，是因为在张志磊的人生经历中，有两种生命状态跟《自私的基因》中由上述"基底问题"所引出的全书核心主题——"复制"全然契合。那就是：当张志磊在 37 岁那一年因身体机能紊乱而遭遇生命危险，三天后又挺过来了，这种生命状态背后体现的是某种生物机体修复的"复制"能力，这是第一种生命状态；而第二种生命状态，则是体现并概括张志磊整体人生行动的那句名言"该找回那种状态了"，很显然，其中的"找回状态"呈现的是另外一种"复制"。各位将在后边看到，对于这两种"复制"的理解，不仅让《自私的基因》成其为一本生命科学经典，同时，也揭示了这本书的重大思想缺憾，以至于我们不仅可以从中直接感受到当今风行世界的传统生命观的重大问题，而且甚至能体会到当今科学朝向下一代科学演化，乃至当今艺术朝向下一代艺术演化的巨大瓶颈与希望。为何如此？且听笔者一一道来。

之所以说"复制"是全书的核心主题，我们可以从理查德·道金斯在《自私的基因》第 13 章末尾的一个简短宣言中很明显地看出来，宣言之所以成其为宣言，正因为它展现的便是一种思想理论得以成立的基础，同时也彰显了它所希望达成的最高成就，我们甚或可以称之为道金斯版"生命的起源"。这个"宣言"是这样说的：

让我以一个简短的宣言，一个自私基因与延伸表型眼中的生命总结来回顾前面的章节。我坚持，这是一个可以用以看待宇宙中任何地方、任何生命的观点。所有生命的基本单位与最初动力都是复制因子，它制造了宇宙中所有的复制。复制因子最终因机缘巧合，由小颗粒随机聚合而形成。当复制因子来到世间，便为自身制造了大量无限的复制品。没有任何复制过程是完美的，复制因子也因此有了许多不同的种类变异。一些变异失去了其自我复制的能力，它们的种类则随着其自身消亡而灰飞烟灭。但许多变异还是在这过程中找到新的窍门；它们逐渐变成更好的自我复制者，比起祖先和同类都要更好地复制着自身。

它们的后代最终成了大多数。时间流逝，世界逐渐被大多数强大而聪明的复制因子占领……我们熟悉地球上的个体生物，但是它们曾经都不存在于地球上。无论在宇宙中哪一个地方，生命出现唯一需要的，只有不朽的复制因子。[1]

这个简短的宣言全文，对于本书的阐析来说还是有点长的，因此仅仅节选了其中的开头和结尾，但这也足够了。我们可以从中看到三大要点，第一，我们一定能感受到：道金斯这位同学野心可真够大的，他在宣言第二句就雄心万丈地提到：这是一个可以用以看待宇宙中任何地方、任何生命的观点。也就是说，咱们地球都容不下道金斯的思想，只有宇宙才可以，因此，这哪里说的是生命科学，这不妥妥就是通行全宇宙的生命哲学吗？既是科学又是哲学，这种思想的双重性必定贯穿全书始终。第二，这个宣言的主角是一种叫作"复制因子"的神奇事物，生命因它而起源，因它而兴盛，换言之，生命的本质就在于复制因子。第三，定义"复制因子"的主要属性便是复制行为，这种复制行为结合的是自然选择的时间尺度，并在其中拥有着种类变异的特殊机制。于是，按照道金斯的理论，怎样描绘复制因子的"复制行为"自然就是全书的核心主题与内容主线，甚至于生命起源的关键就在于对于"复制"的领会，毫无疑问。

那么，从《自私的基因》全书最终呈现的思想视野来看，"复制因子"到底是一个什么东西呢？现在我们知道，复制因子好像指的就是基因，但事实真是如此吗？此"基因"真的是我们日常所理解的那个"基因"吗？真相恐怕比我们想象的要魔幻得多。

我们在本节开头就已经知道，在《自私的基因》的序言中，道金斯阐明了全书论述的一个核心问题，这也是达尔文进化论的中心议题，那就是：自然选择的基本单位到底是什么？是一个种群、一个生物体，还是别的什

---

[1] ［英］理查德·道金斯. 自私的基因［M］. 北京：中信出版集团，2018：294-295。

么东西？根据适者生存的原则，这种自然选择单位无论是哪种东西，它一定是最能稳定地自我延续、自我保持的那种，这也便是"复制因子"的最原始属性，而当我们这样看这种不惜一切地自我延续、自我保存的行为，很自然就会将其归类为"自私"。这便是《自私的基因》中的那个"自私"的来源。这样看来，基因似乎比种群与生物个体更适合担任自然选择基本单位的角色，因为一个流传至今的生物基因的历史甚至可以追溯至一亿多年前的白垩纪，但是在这个时间段内有不可胜数的生物种群和生物个体兴盛与消亡，在自然博物馆中，它们没有办法自我延续而无可奈何形成的遗体化石，恰恰可以看成延续至今的那个基因，炫耀一次次赢得大自然适者生存锦标赛的奖章。但是，在道金斯描绘的导致生命起源的那一锅地球原始海洋的"原始汤"中，最开始诞生的复制因子却肯定不是基因，基因成为复制因子是很后期的事情。最早的复制因子的诞生是一件很魔幻的事，用道金斯的描绘，在一种一亿年难得一见的微乎其微的可能性中，一个非凡的分子诞生了，它具有一种特殊的性质——能够复制自己。道金斯用"非凡"这样的词语来描绘复制因子，可见在他的理论中，复制因子一开始就具有了某种神话般的魔幻气质。

这种魔幻气质集中体现在下边这个问题中：你觉得今天用电子显微镜看到的那个基因，跟作为自然选择基本单位——复制因子的基因，是一回事儿吗？答案是否定的。这是不是有点反常识？没错，这便是道金斯同学在整本书的一开始就设下的一个"思想戏法"，在这种生命起源的魔幻场景中，作为复制因子的基因的本质具有十足的哲学效应，当然，在笔者看来，这并不是一个缺点，只不过会稍有点"反科学"。

首先，作为一个自然选择单位的基因，具有一种完全消除个体差异的全同性质，也就是说只要延续至今，那么你我身上的那一个特定的基因，跟 5500 万年前的一只阿喀琉斯基猴的那一个基因，没有什么区别，是全同的，所以，作为自然选择单位的基因一开始就是一个强大整体性的群体集合，不同的集合所形成的便是种群的基因库。其次，作为一个自然选择单位的基因，它的基本性质必然融合漫长代际更迭的时间尺度，也就是说，你在当下的特定时间用电子显微镜看到的那个基因的物理形态，只不过是浓缩从古至今无数次代际复制历史的那个基因本体的其中一个空间片段，或者说一个可能性的投影，远远不是它的本尊。最后，在这个漫长的进化历程中，不完美复制的可能性必然存在，也就是必然伴随着我们日常熟知的"基因突变"的可能性，从这一个视角来看，通过基因突变而形成的新的基因跟原有基因之间的边界，并不那么泾渭分明，相反，从最终的进化结果来看，它们两者反倒像经由漫长进化历史形成的同一个基因库同时生成的。

前边三个要点听起来好像比较抽象，但是，如果我们用另外一种大家都熟知的东西来作参照，就很容易理解了，这个东西叫作"量子"，没错，正是量子力学的"量子"。第一，在量子力学中，一个拥有典型量子效应的亚原子粒子，例如电子，不同的电子在质量电荷等内在性质上就是全同的，没有个体差异，它们又被物理学称为"全同粒子"，正如基因的全同性。第二，一个电子的本体运动轨迹正是一种处于量子叠加态中的概率集合，也就是通常所说的"电子云"，一旦对它进行观测，我们得到的结果仅仅是一种从量子叠加态中坍缩下来的一个"本征态"，这个本征态可以看成是处于高维状态的电子叠加态本体的现实投影，正如结合时间尺度的基因本体效应。第三，在量子力学中，尽管不同的元素例如氢原子和氦原子拥有不同的电子云，但是，很难分清楚这两种电子云之间的绝对物理边界，正如基因不完美复制，亦即基因突变前后所形成的边界难以分辨。关于这一点的理解，有一个十分有创意的量子力学假说可以给我们一个形象的比喻。这个假说，就是由著名物理学家约翰·惠勒提出的单电子宇宙假说。简要点说，它讲的是，惠勒教授发现根据量子力学基本原理，尤其是对于超越时空的叠加态原理的运用，我们完全可以设想，决定宇宙中所有元素性质的电子云，都可以看成是一个神奇的孤立电子在时空中前后穿梭与互动得到的结果，以至于宇宙的所有事件都是经由这个孤立电子的运动形成的。因为本书篇幅有限，对这个奇妙假说的详细诠释就不赘述了，笔者只是想在这里展现一种量子这个尺度下的思维触角，也就是说这样的视角能够让不同的电子云，也即不同的基因本体之间界限混沌起来，以至于不同的电子云完全可以看成是同一个电子的创世运动，亦即不同的基因完全可以看成是同一个基因本体的创世行动。

把基因跟量子这样对比一下，我们就很明显地看出，道金斯所描绘的"基因"是一种跟之前的种群与生物体全然不同尺度的东西，这种尺度的不同，不仅在于物理尺度，也在于真理尺度，这就像拿现代的量子力学第二尺度跟近代的经典力学的第一尺度来作对比，这就是一种降维攻击。怪不得当道金斯在书中拿这种理论跟另外两种自然选择思想，亦即种群所代表的类群选择理论和生物体所代表的个体选择理论进行 PK 的时候，总能显示出极大的优越性，原因就在于这实质上就是一种思想尺度或思维境界的降维攻击，正如量子力学 KO 经典力学。也怪不得，道金斯在书中总是说对于任意一个行为背后假设一个基因的存在是合理的，比如我们一些人在跳舞时喜欢摇头，那背后就有一个"摇头基因"——这颇有一种给著名的反乌托邦小说《美丽新世界》做理论背书的惊悚感，这部小说设定了一个完全由基因设计来科学地决定社会阶级和人生职业的黑暗理想国。而根据前边的描述，道金斯的基因是一种更接近于量子叠加态的复制因子，而不是《美丽新世界》中那种可经由人为物理操纵的简单对象，这种对象更像是量子叠加态的基因本体坍缩之后的较低维度的本征态，如此看来，相对于我们的生物学常识来说，道金斯的基因确实有点"魔幻"和"反科学"，至少是反经典科学。

但是，在《自私的基因》中，道金斯真的完全领会了复制因子所导致的这个更高维真理尺度吗？恐怕并非如此。纵观全书，道金斯对于"复制"这件事情的主要理解还真就停留在比较日常、比较"经典物理"（第一尺度）的不高的水平上，也就是说，停留在我们开头所提到的使得生命垂危的拳王张志磊身体机能修复的那种细胞"复制"行为上。这种复制就是一种时空形态的简单照搬，是我们平时最容易想到也最容易理解的"复制"，它跟电脑软件的"复制粘贴"没什么区别，我们可以称之为复制 1.0。而很显然，从前述对于对称的定义中我们很容易就能看出，这个道金斯主要理解的"复制 1.0"其实就是指向第一尺度的"一重对称"。就拿物理学中最常见的几种"一重对称"来说，它们分别呈现为：镜像对称性（反射对称性）、旋转对称性、时间平移不变性与空间平移不变性，用这几种对称性便基本可以涵盖基因的日常复制行为了。比如基因跟随染色体"半保留复制"的行为，就是一种典型的镜像对称性；基因跟随生物体在种群范围中进行传播，便可看成是作为"全同单位"的基因的空间平移不变性；基因跟随生物演化而流传后世的行为，亦可看成是一种"时间平移不变性"；等等。

然而，复制 1.0 所指向的"一重对称性"跟复制因子的真实生命尺度是很难匹配的，这从道金斯在书中高频思辨的内容主题就可以体现出来，这个主题便是：基因究竟利己还是利他？例如导致瞪羚的跳跃行为背后的基因，到底是针对族群伙伴进行示警的利他性质，还是针对捕食者的强壮宣示的利己性质呢？比如某种蚜虫和蚂蚁跨物种合作的基因，到底是利己还是利他呢？再比如，为什么原本在生命起源的"原始汤"中，享受独立自由的骑士生活的原始复制因子，后来会选择互相合作来组成细胞？这到底是利己还是利他……道金斯这种对基因利己和利他的纠结可谓贯穿全书，虽然道金斯试图解释它们背后的本质还是自私的，但明眼人都清楚其中的拧巴和纠结是根本没有解决的。这便是复制 1.0 必然带来的结果，因为它的这种简单"复制粘贴"行为很容易就会让一种基因跟另外一种基因形成强烈的边界感。其实，如果回到复制因子的本来的生命尺度，道金斯完全没必要那么拧巴。为什么基因不可以既利己又利他呢？作为一种叠加态的基因本体，自己和他者之间的界限已经开始混沌化了，何必去纠结那个边界鲜明的"小我"呢？即便是真的"自私"，其中的那个"自己"也完全可以指向一种打破利己、利他二元对立边界的"大我"嘛，正如那一个神奇的单电子宇宙假说，全宇宙都是"我"，还纠结什么你、我、他？当然，此时的这个"我"也就再也不是第一尺度的那种可被形容为"自私"的本原了。

此外，如果仅仅用"复制 1.0"的"一重对称"来全然阐述复制因子的复制行为，也无法解释为什么复制因子的复制过程必然会伴随不完美复制的"变异"，亦即基因突变。这其实跟本书开头所谈到的杨振宁和李政道两位教授所遇到的"宇称不守恒"中的"对称性破缺"难题，在思想机理上是同构的。那么，从思想根源处的解决之道是什么呢？当然是从一重对称"拓扑"至二重对称，甚至三重对称。

其实，道金斯已经隐约意识到了这个"复制 1.0"困境，于是，他才会在该书第 11 章中提出了一种新的自然选择单位——一种叫作模因或觅母（Meme）的复制因子，这是一种独属于人类这种智慧生命的文化或文明进化的基本单位。而且道金斯也承认：

> 我是达尔文主义的热情支持者，但我认为达尔文主义的内容异常广泛，不应局限于基因这样一个狭窄的范畴内。在我的论点里，基因只是起到类

比的作用，仅此而已。①

由此可见，道金斯并没有把生命科学与文化艺术分隔起来看，而是都统一在"复制"这件事中，这一点非常难得，因为当今大多数科学家都无法做到这一点。甚至可以这样说，他其实也把未来生命科学乃至未来科学的演化方向统一在了"复制"这件事里。

根据模因或觅母的内涵，人类的语言、时装、饮食习惯、仪式和风俗、艺术和建筑等，都是模因的载体。一种曲调、一个概念、一首诗歌、一个建筑范式都可以是一个模因，例如贝多芬的《第九交响曲》第四乐章《欢乐颂》的经典旋律，就可以说是一段传世经典旋律，这便是一个模因；米开朗基罗的名画《创世记》中上帝与亚当的手形联结样式，也是一个模因；同样地，曹植的《洛神赋》与王希孟的《千里江山图》的形态意境也会是一个模因。

我们凭借直觉观感就能开始明白，文化模因这种东西已经开启了另外一种"复制"行为，我们可称之为复制 2.0。很显然，"复制 2.0"就是一种导致文化灵感的生成能力得以发生的二重对称性，也即将不完美复制的"变异"谐同在一起的"差异之差异"的自指机制。而复制 2.0 的内在本质，亦即二重对称性所指向的第二尺度之元始构成便开始超出道金斯的领会能力了。对此，道金斯也在该书第 11 章中这样说道：

迄今为止，我对模因（meme）的描述可能给人以这样的印象，即模因单位的组成好像是一清二楚的，当然事实上还远远没有弄清楚。我说过一个调子是一个模因，那么，一部交响乐又是什么呢？它是由多少模因组成的呢？是不是每一个乐章都是一个模因，还是每一个可辨认的旋律、每一

---

① ［英］理查德·道金斯.自私的基因［M］.北京：中信出版集团，2018：220-221。

小节、每一个和音或其他什么都算一个觅母（模因）呢？ ①

　　由此可见，道金斯对于复制 2.0 指向的更深层的内在机制确实是无能为力的，在全书中他也仅仅是在第 11 章这一章浅尝辄止地谈论这个代表未来的复制因子及其复制 2.0 的行为表现。而如今我们却知道，这种复制 2.0 的内在机制也即第二尺度的元始构成，它遂行于心灵先天结构之拓扑架构之上，而成其为"构型"，从而极大地区别于复制 1.0 的实体范畴。也就是说，对于本节一开头所提到的那个当代生命科学基底问题，"自然选择的基本单位究竟是什么？"，如果用"复制 1.0"的第一尺度思维来回答，它便是一种实体范畴所指向的基因；而若用"复制 2.0"的更高真理尺度来回答，它便是一种模因背后的"构型"，乃至"构型"背后的"全息"。由此可见，如果用"构型"或"全息"再来重新审视前文"道金斯版生命的起源"，那么，他的整个"复制因子"的起源描述就全然是一种第一尺度之后天起源或客观起源，而完全不是直指"元创世"的生命先天起源了。

　　不过，话又说回来，我们在开头所描绘的拳王张志磊的第二种生命状态岂不就是复制 2.0 吗？他的那句网络名言"该找回那种状态了"，其中的"找回状态"虽然有生理机能的恢复，但更指向一种人生的生命原动力的找回，亦即一种文化模因的重现与复制，这便是复制 2.0 的状态呈现。那么，这种复制是一种时空形态的简单照搬吗？显然不是，复制 2.0 表达的更是一种超理性的生命原动力的共鸣或高感性的灵性的共情，这种复制是一种更高级别的重复与对称，它不拘泥于时间与空间的单一感官形式，而拥有一种更为精妙的内在结构——构型之拓扑架构。正如道金斯特意选取的这些音乐艺术的例子，比如一个调子、一个乐章、一段旋律与一个和音，它们在物理上的声音尺度截然不同，却都拥有同一种复制因子的内在结构，

――――――――――――

① ［英］理查德·道金斯.自私的基因［M］.北京:中信出版集团，2018: 225。

那么很显然，这种内在结构必定是一种不受限于时间与空间的精妙的东西，我们通常所说的艺术审美，就是在心灵感官中使用这种复制 2.0 的内在结构；也就是说，我们每天在手机上刷抖音视频来舒爽心灵，就是在进行广义的审美，其实就是在高频使用这种内在结构，只不过我们对此没那么有意识罢了。换句话说，就拿处理的基本单位来看，复制 2.0 跟艺术审美的本质其实也没什么区别。而对于这种心灵上的精妙东西的领会困境，不仅仅是道金斯一个人的能力极限，恰恰是整个西方文明的思想传统的能力极限，亦即第一哲学之传统真理道路的能力极限，因为它要求对于奠定西方文明的理性主义世界观进行颠覆性反思。如此看来，那一把导致西方文明惯性的"迟钝的剪刀"便再次出现了。

对于复制 2.0 的审美效应，可以再举两个咱们东方的例子。我们都知道《洛神赋》是三国时期曹植创作的一首辞赋，描绘的是人神之间浪漫而真挚的爱恋，而这样的意境在近两千年后，在河南卫视 2021 年端午节播出的那一曲火遍全网的水下中国舞《洛神水赋》中再现了出来。这算不算一种模因的复制呢？当然算。但里边有什么物理形态的重复吗？完全没有。我们甚至可以说《洛神赋》的古代语言形式与《洛神水赋》的当代舞蹈形态，都是由同一个文化模因的高维灵感生成的。同样的例子还有，2022 年虎年春晚上的舞蹈诗剧《只此青绿》，就是对于传世名画《千里江山图》的再演绎，其中虽然拥有物理形态的某种仿造，但更多是一种意境灵感的再现，这同样是一种模因的复制，也即复制 2.0 的表达。从中我们也可以再次感受到未来生命科学与艺术审美之间边界的消融感。

所以说，只有复制 2.0 才能真正匹配道金斯的复制因子所导致的思想尺度与生命尺度，这是一种未来性的思想尺度与生命尺度，它是对复制 1.0 的机械尺度的重大升级，正如量子力学对经典物理的思想尺度的升级。也只有在复制 2.0 的真理尺度之下，作为自然选择单位的复制因子浓缩漫长代际周期的生命叠加态，才能够以一种将不完美复制之"对称性破缺"谐同在一起的生命灵性的尺度——二重对称性之第二尺度呈现出来。于是，在这里我们终于发现，原来科学和艺术在更深、更前沿的地方共享同一套真理规律。实际上，当今艺术的进一步演化同样是卡在艺术模因的内在结构的迷失上，在艺术史中，也可称之为美感起源结构的迷失，接下来的第十四章有专门的主题对此进行讲解，这里并不赘述。

此外，对于复制 2.0 奥秘的探索并不局限于生命科学，现代物理学前沿同样对此痴迷不已。我们十分熟悉的华人物理学家杨振宁与李政道，他们在 1957 年获得诺贝尔奖的成果叫作"宇称不守恒"，其中"宇称"中的"称"便是"对称"的意思，对称便是"复制"的物理学表达。杨振宁和李政道发现，在弱相互作用中，微观粒子的运动性质居然是不对称的，这推翻了物理定律必然遵循镜像对称的老观念，亦即宇称守恒的老观念。但是，这并不意味着物理法则是不对称的，而是有一种更深的对称性尚未被发现，为此，李政道教授还创作了专著《对称与不对称》来进行阐述，在书中他甚至专门选取了一幅有名的日本浮世绘——葛饰北斋的《神奈川冲·浪里》来讲解其中的规律。各位看一看，这像不像从复制 1.0 到复制 2.0 的探索升级？

事实上，对于"复制"观念的突破绝不局限于单一学科，而将深深影响整个科学体系朝向下一代科学的演化，正如我们在第十一章中所详细讨论的那样。要知道科学之所以成其为科学，其中最主要的性质就在于可重复验证性，亦即循证性。但是，过去的这种"重复"仅仅是复制 1.0 的简单重复，如果科学的重复验证升级到复制 2.0，会发生什么样的重大变革呢？当然是导致科学朝向下一代科学进行系统演化了。

除了道金斯的"复制因子版生命本质论"外，比较有名的关于生命本质的前沿观念还有薛定谔在《生命是什么》中所描绘的那一个定义："生命以获得负熵为生"①；而笔者更喜欢这句话的另外一种翻译，即"生命以负熵为食"。我们来看一看，从逻辑建构的角度，薛定谔的这个定义跟前文第十二章所述的香农对于信息的定义——信息是对信息熵的消除，这二者是不是有异曲同工之妙？我们现在知道，它们其实都运用了二重对称的思维。因为与其说"熵"是一种静止的特定状态，不如说它是一种在"矛盾律"作用下让系统混乱程度加深的行动趋势，亦即一种一重对称的趋势；宇宙或事物遂行于这种趋势中的整体领会结构保持不变。而"生命以获得负熵为生"不仅意味着生命就是一种消除熵的行动，消除熵就是矛盾律之矛盾律、差异之差异的二重对称变换；同时还意味着生命要在这种二重对称变换中坚定不移地继续演进，因为"从外界获得而维持生命"的"食用"，这个行动本来就代表有一种更高级的行动能涵盖并把握"消除熵"的二重对称本身，所以才能"吞噬消化它"。也就是说，薛定谔的这个定义天然指向一种第二尺度的"后一半"，亦即全然以创造行动为主角的元始生命演化。这也便是"复制 2.0"的思想同构，亦即一种指向拓扑架构之"构型"的思想建构过程。

可能会有些出乎大家意料的是，东方原生文化对于生命演化的"复制"机制的探索很早就开始了，而且非常超前。跟我们今天所讲的"复制"最接近的东方文化术语，便是佛学中的"相"。丁福保的《佛学大辞典》对此诠释道，大乘义章三本曰："诸法体状，谓之为相。"这里的"体"并非单纯指外在体现的意思，而指的是在某种受限的惯性模式中的表象状态，而惯性模式也便是一种受限于特定重复状态的"复制"；因此，这句话的白话文解释就是：什么是相呢？它是宇宙中森罗万象一切事物的受限的惯

---

① ［奥地利］薛定谔.生命是什么［M］周程、胡万亨译.北京：北京大学出版社，2018：78。

性状态，也即宇宙中事物运行的复制模式。因此，在佛学中，"着相"便是心灵没有觉悟而执迷于某种特定的复制模式。比如在我们比较熟悉的经典《金刚经》中，便着重描绘了心灵走向开悟必定会经历的四大着相阶段，分别是：我相、人相、众生相、寿者相。同时，在《圆觉经》的净诸业障菩萨品中，也有对这四种相的更系统描绘。至于这四种相，也即四种复制模式的详细佛学解读，已经放在后边的第六卷第十六章，此处就不赘述了。于是，笔者在这里只能简略地说：从佛学的思辨来看，这里的"我相"其实指向的就是"复制1.0"中的简单感官重复，而"人相"则指向"复制1.0"的理性形式的重复，于是，我们看一看，"我相"和"人相"加起来不正是现在经典科学定义中的重复验证吗？

但这仅仅是"复制1.0"，离最高真理还早着呢。接下来的"众生相"，便开始进入了文化模因的"复制2.0"，而"寿者相"则是复制3.0。最关键的是，佛学对于最高真理的领会，也即觉悟，要求的是不再受限于复制模式的"破相"，也就是说回到诸相的真正起源状态，从而不着相。于是，佛学对于生命演化的探索从未拘泥于生命进化的特定形态，也就是说人类究竟起源于恐龙、猴子还是尼安德特人——这些对于生命进化的本质来说无关紧要，相反，如果按照《自私的基因》的视角，佛学一开始就聚焦于让生命进化得以发生的复制因子的复制模式的探究中，并且极度超前地将复制1.0到复制3.0的宇宙全部复制模式都通透了，从而最终进入了这些复制模式的真正起源之处，亦即觉悟或如来藏的境界，进而引导我们了悟生命进化的终极真理。从这个角度来看，你说佛学前沿不前沿，深刻不深刻？说里边阐述的内容是未来生命科学，毫不为过吧。

而同样的思想境界也体现在道家那里，《道德经》对于生命进化最相关的那一段便是："道生一，一生二，二生三，三生万物。万物负阴而抱阳，冲气以为和。"在这里，如果把其中的"一、二、三、万物"所指向的生

命境界跟佛学的"我相、人相、众生相、寿者相"分别对应起来，我们会
豁然开朗：原来老子的"三生万物"所说的正是生命进化得以发生的复制
模式的演化，换言之，我们也许可以把它看成是未来生命科学的"总纲"。
那么，按照这样的逻辑推理，后一句"万物负阴而抱阳，冲气以为和"，
描绘的便是道金斯心心念念的文化模因的内在结构了，在本书中我们便把
它简称为阴阳冲和；而佛学与此对应的结构便叫作"能所识"，儒家也称
之为"致中和"。

　　而在此处也可说一句题外话，在当今的医学体系中，西医当然是依据
"复制 1.0"而发展起来的生命疗愈体系，对此我们已然比较熟悉；而与西
医相应的便是中医，如果我们用道金斯的"复制 2.0"甚至更高版本的复制
模式来重新看待中医，那么，也许它的合理性的真正来源也就不在于依赖
复制 1.0 传统生命科学，而在于正在兴起的未来生命科学，只要我们确信
"三生万物"正是未来生命科学的"总纲"。

第十四章
艺术的重生之路：论当代艺术哲学的未来性升维

第1节
从美学的内生缺憾到艺术的全息真理

你如何追问自然，自然便如何回应；同样，你如何追问真理，真理也便如何回应。

而要看清楚艺术和真理尺度的真正关系，我们还是需要先来回顾一下第一尺度与第二尺度这两种不同的真理追问视角，亦即第一尺度的提问方式与第二尺度的提问方式，这两种提问方式亦昭示了各自的问题境界。第一尺度的提问方式，是在第一尺度的心智模式中追问真理的主要问题模型，它的提问方式具体表现为：先将本体与行动、主体与客体二元分离，然后再试图用对客观外在表象进行思维联结的方法来解答问题的"本体"。这种提问方式，又可以归为一种"真理是什么"的问题模型，即按照这个模型，所有的真理问题都可以表达为"对象是什么样的存在"或者"对象是拥有怎样的性状与状态方式（的存在）"。与之相对的第二尺度之提问方式，则代表的是在非二元性心智模式中追求真理的经典问题形式，它的问题模型可以具体表达为：真理如何在更大（维度）的创造中得以觉知与展现，亦即真理怎样是？我们会发现这个问题模型将追问的关键放在更大维度的世界性展开的逻辑动作之焦点上，而并不太关注真理本体和客观行为是如何二元分离而泾渭分明的。从中我们也可以很清晰地看到，第一尺度提问方式的核心在于本原性之"存在"，亦即将意识的主要焦点贯注于存在的自我确认之上，它所引起的人类关于世界认知的主导属性便可统称为"实在性"，与之相应的第一尺度成熟心智模式即理性人模型。而第二尺度提问方式的核心在于"创造"或"生成"，亦即将意识的主要焦点放在行动生成面向的更大更深的世界性展开进程之上，它所引起的人类关于世界认知的主导属性便是"信息态"，与之相应的第二尺度心智模式即信息人模型。

基于第一尺度之提问方式，过去的西方哲学对于艺术的本质或者说美的本质进行追问的核心问题就是：艺术是什么或美是什么？美是一种实体存在吗？在这种问题形式的引导下，西方的思想家们对美进行定义的主要方式就是一种相当古典的形而上学式的，亦即将美当作一种先行于艺术行动的自在自为的实体存在，那么，要描述和理解这种实体存在就要首先使用抽象的理念，由此才能形成美的知识，但是正因为艺术并不是抽象的理念本身，所以艺术并不代表真理。

在古希腊时期，柏拉图就曾经表达过一种在相当程度上"贬低"艺术的美学思想，他认为艺术是如此"放纵"于感性（情感）形式，若人们太沉浸其中便会败坏基于理性的道德生活；人们的情欲、憎恨、悲痛等感性经验应当枯萎下去，然而艺术却唤起了它们，并加以强化和放大，这便破坏了克服情感的道德生活之秩序与和谐。因此，柏拉图就把美感定义为灵魂在迷狂状态中对上界事物（理念世界）的感性回忆。我们可以发现，这类定义的内容将美偏向于自在领域的理念实体，而另一类定义在同样的二元存在性视角的引导下，将美偏向于自然领域的客观事物，典型的代表就是柏拉图的学生亚里士多德，他在《诗学》中将美定义为对客观事物的摹仿，同时他也认为这种摹仿的成功将引向一种"宣泄"（katharsis）效应，在这种宣泄效应中情感得以强化、心灵得到净化，从而感受到自由的态度；但无论怎样，它终究来源于对客观性亦即实在性的摹仿。

从此，关于艺术和美的这两种类型的定义，便在后续各个思想流派中得到各自的延伸和支持，谁都不能说服谁；这种美学理论的二元纠结状态一直延续到启蒙时代的德国思想家康德那里，才算告一段落。康德终于完善了理性人模型，并在这个系统中用先验哲学的方式论证了审美情感的自主性，亦即美的自主性，这就避免了使美在科学唯物性的潮流下被降格为一种生物性的心理现象。康德认为审美判断是一种超越个体心理的"判断"，美感并不是普通意义上的对象性概念给予我们感官的"快适"，而是一种更高意义上的具有普遍必然性的特殊情感。对此，他在《判断力批判》中写道：

如果某人，自满于他自己的鉴赏力，他以下面的话想来替自己辩解：这个对象（我们看着的这建筑，那个人穿的衣裳，我们倾听着的乐奏，正在提供评赏的诗）对于我是美的。这是可笑的。如果那些对象单使他满意，他就不能称呼它们为美。许多事物可能使他觉得可爱和快适，这是没有别人管的事；但是如果他把某一事物称做美，这时他就假定别人也同样感到这种愉快：他不仅仅是为自己这样判断着，他也是为每个人这样判断着，并且他谈及美时，好像它（这美）是事物的一个属性。①

可以这样说，正是在康德那里，美的客观普遍性被先验地确立了，从上边这段话里我们可以很明显地看出，康德正是希望将意识对美的焦点从"小我"的对象性概念或情感上移开，而进入到一种"大我"的更高尺度的愉悦上来，这个"大我"在他那里就被叫作先验理性。而既然是先验的，那就是通过时空经验的外感官不可知的，而只能在意志上以逻辑原则来确认。这种在理性人模型中的先验不可知的消极思想，将在美的产生机制的阐述上导致不可抑制的巨大问题，对于这种美的产生机制，康德论述道：

---

① ［德］康德. 判断力批判［M］. 北京：商务印书馆，1964：49。

　　想象力（作为先验诸直观的机能）通过一个给定的表象，无意识地和知性（作为概念机能）协调一致，并且由此唤醒愉快的情绪，那么，这对象就将被视为对于反思着的判断力是合乎目的的。一个这样的判断是一个关于客体的合乎目的性的审美判断，这判断不基于对象的现存的任何概念，并且它也不供应任何一个概念。当对象的形式，在单纯对它反思的行为里，被判定为在对它的表象中的愉快的根据（不企图从这对象获致概念）时，这愉快也将被判定为和它的表象必然地结合在一起……这对象因而唤作美。①

　　我们会发现，康德在阐述美的产生原理时提到了三个要素：想象力、知性（作为对象形式的概念机能）以及愉快的情绪。而在他前边的描述中有某种神奇的事情发生了：在想象力的作用下，知性可以并不产生特定的概念而仅仅是提供一种纯形式的概念机能，同时也能够和主观感性的愉快情绪结合在一起，共同生成了一个直观性的表象——审美表象或者说美感。康德把这个过程的原理叫作"自然形式的合目的性"，顾名思义，说的就是在想象力的联结下，纯形式的概念机能（知性）和愉快的情绪产生了协调一致的结合，而生成了某种合乎目的的统一直观表象。在其中，我们能够相当明显地看到，康德赋予了"想象力"这个要素以极大的效力，使它能够神奇地阻止先验理性通过知性去生成一个第一尺度之特定概念的既定程序，并且又唤醒了愉快的情绪并与知性结合在一起，最终生成了一个"更加高级"的表象——审美表象或美感。对此，康德又补充道：

　　只有想象力是自由地唤起知性，而知性不借助概念的帮助而将想象力放在合规律性的运动之中，表象这才不作为思想，而是作为一种情感的合

---

① ［德］康德.判断力批判［M］.北京：商务印书馆，1982：28-29。

目的性的内在感觉，把自己传达出来。[①]

也就是说，通过想象力，意识跳过了第一尺度概念焦点的矛盾律"束缚"，又和主观情感谐同为一，最终相当"行动性"地生成了一种想象力和知性自由游戏的"感性自由"状态——美的状态。我们会发现，这样的描述已经开始接近第二尺度的谐同律阐述了，然而，其中恰恰存在着三个重大思想缺陷，让康德之后的美学一下子陷入到了几乎停滞的情形里：

1. 想象力的逻辑机制及其思维结构到底是怎样的？理性的功能并没有给出任何进一步的答案，正如在理性人模型中，人类本身并没有什么生物性的"审美器官"来专门产生想象力，但是想象力又确实在艺术创作与审美中发挥着重要的作用，所以在这样的思想视角里，想象力发生的逻辑机制及其思维结构就变成了一个无法解决的"谜"。

2. 由于"知性"是理性的机能，因此美的法则的形成必定有着先验理性的参与，于是美的本质也最终被康德归结为一种特殊的理念：审美理念，而审美理念本身却无法在时间与空间中被感知到，这就又回到了一种前文提到的第一尺度问题模型的思想"陷阱"里：美是一种理念实体的存在，是一种无法积极表达的真理。

3. 让想象力和知性合乎规律性地自由游戏的"感性自由"，到底是一种怎样的直观状态？它又是从哪一个元始思维法则中诞生出来的呢？对此，康德和西方哲学传统无法给出任何确定的答案。

正是因为这三个重大的思想缺陷的存在，导致在此之后的西方美学理论一直无法跟上19世纪以来蓬勃兴起的现代主义艺术实践活动发展的脚步。可以这样说，以康德为代表的西方思想家，在对于"想象力"之魔法般效力拿来即用的这件事上，相当程度地"无意识"滥用了心智的拓扑架

---

① 李泽厚. 批判哲学的批判［M］. 北京：人民出版社，1984：377。

构，却丝毫没有为人类揭示出更大真理尺度的心灵面貌与宇宙实相。近代以降，以莫奈、梵高、高更、塞尚、毕加索、杜尚、达利为代表的一大批现代主义艺术家及其艺术流派，充分实践着一种切切实实的更大的主观性真理的艺术观念；他们的作品充满了丰富的想象力与主观情感，而又恰恰对于古典主义艺术所遵从的客观性对象的形式美法则有着各种各样的"颠覆"，从莫奈的印象派、梵高的表现派、高更的野兽派到毕加索的立体主义，乃至达利的超现实主义艺术作品，它们无不充分表达了一种对足以和现代科学规律相媲美的更大尺度的内在真理之诉求。不仅如此，清华大学学者李睦教授经过中西艺术比较研究后惊讶地发现：这些现代艺术流派所展现与奉行的如此这般的理念转变——从立体性到平面性、从客观再现到主观表现、从倾向于科学视角到青睐更深的人性视角、从人与自然的对峙到人与自然的统一、从个性的自我到整体的自我、从动中求静到静中求动——这些转变几乎都可以看成是从西方原生视角到东方原生视角的变迁。亦即，就未来性视角来看，从第一哲学之传统真理道路到未来性真理道路之变迁。由此可见，传统的西方美学思想因为在第一尺度影响下的前述三大思想缺陷的存在，根本无法给出这种更大真理尺度之感知层次、心灵视角与思维法则的逻辑来源，自然，也就没有办法匹配这些在人类社会现实中造成巨大影响力的艺术实践，故而这些现代的西方艺术流派只能从西方原生文化之外的地方寻求启示了。

此后，正如我们在前文第四卷中所揭示的那样，西方哲学界欲求摆脱这种理论与实践严重错位困境的"最后一搏"，终于在 20 世纪的存在主义哲学家海德格尔那里得到体现。海德格尔反对在主客体先行二元僵化分立的前提下的传统美学，在这种前提下的"美"意味着主客体之间特定的审美关系，亦即先有一个作为客体存在的美的理念，而后主体在与它建立的关系中进行"审美"。为此，海德格尔提出了一个"生存论"的真理观，他认为：原初的真理，即作为在本质生存中达到的存在之思，始终在（更高的）感性的层面里，而并不需要先通过理性的概念来认识，这是一种"源本的真实性"，感性的心灵就在这种源本的真实性中，作为（更大的）存在——此在而得以在意识中实现。而艺术就是"源本的真实性"得以展现的内在视域。理性的心灵，即进行概念思维的心灵，或曰传统理解中的进行科学思维的心灵，只是对感性意识做了形式化的抽象，使其进入一个（第一尺度的）逻辑的层面，获得逻辑上的普遍校准而已。对此，海德格尔在《林中路》中写道：

> 科学决不是真理的原始发生，科学无非是一个已经敞开的真理领域的扩建。[1]

其中，（第二尺度）存在之真理就是把存在者的"在之方式"带入无蔽状态的敞开领域中的状态，而艺术就是进入这种敞开领域的突出方式或者内在视域，也就是说：艺术是存在者的"在之方式"得以澄明的视域，亦即艺术是真理的原始发生——艺术并非可被视为本原或存在之真理的示现，而是它的原始发生，也即第一哲学之未来性真理道路的开始敞开与示现。正因如此，海德格尔才对"美"下了这样一个"定论"：

> 美乃是作为无蔽的真理的现身方式。[2]

在这里，我们可以感受到：海德格尔的艺术观已经相当接近第二尺度的非线性视角之全貌了，他承认艺术中的高感性真理状态是可以和科学规律所代表的真理共存的真理状态，并且提倡不要拘泥于传统美学理论的主客体僵化分立的思想视角，而要把（实体性）存在者的"在之方式"作为

---

[1] ［德］海德格尔．林中路［M］．上海：上海译文出版社，1997：81。

[2] ［德］海德格尔．林中路［M］．上海：上海译文出版社，1997：40。

主要考察对象，虽然在海德格尔看来，这种"在之方式"最后进入的"无蔽状态"又是一种相当不可用经验言说的实存状态，亦即艺术的先天起源的神秘状态。尽管如此，我们还是要把海德格尔的艺术思想视为一种延展艺术之真理尺度的视角，他为第一尺度与第二尺度的审美心智之对比提供了一种新的视野：从审视传统美学思想中的主体与客体是否僵化地二元分立的角度，进入到一种观察与辨析谁是探求真理的意识焦点的"主角"的角度，也即是说：到底是以本原性（存在）或实在性作为意识焦点的主角，还是以行动性（创造）或信息态作为意识焦点的主角？然而，在这一个进阶性问题引导下，我们立刻就会发现：海德格尔的"存在者之真理"的观念体系中，意识焦点的先天性行动主角，亦即真理主角问题依旧没有得到解决，这也会导致以下一系列"后果"：

1. 虽然在一个存在者之无蔽状态的敞开领域中，本体与行动、主体与客体、感性与理性达成了某种程度的"共生性"，但是，在这样的思想视野中，（自我意识之）本体或存在者依然是毫无疑问的意识主角而成其为一切行动的原因，亦即只有人的存在性意识发出行动的能力，才能产生行动的"在之方式"，无论这种"在之方式"多么澄明——这依旧局限在第二尺度之"前一半"的心智区域里，而并没有真正放开心智在第二尺度中的全部潜力，从而让创造行动成为一切事件的根本原因与主导焦点。

2. 正因为如此，在西方美学体系的思想焦点之下，艺术的本质才会依旧被定义与理解为一种存在性的实体或准实体——审美理念。于是，人类的心灵直观也被固定在一种二元相对性的线性结构中，而始终无法触碰到意识本质的更深真相：意识的更深本质是信息态的"拓扑架构"，也即"鸿沟穿透"的逻辑动作，这是一种未来性之创造行动的焦点，而绝非一种线性的、实体性或存在性的本原化焦点，于是，意识或直观的本质延伸出来的"想象力的奥秘"便永远都无法进入人类系统性理解的心灵叙事中，这带来的"后果"便是西方的美学或艺术哲学几乎完全停滞在第二尺度之"半途"而失去了再次迭代的机会。

3. 由于"信息态"之"三元结构体"的拓扑架构始终无法在人类系统性的心灵叙事中得以观照，那么，第二尺度之"谐同律"乃至第三尺度之"合一律"，也就相应地无法进入人类更新形而上学的底层逻辑体系里，故而，经由"谐同律"或"合一律"自发生成的"维度"或"构型"的元始逻辑真相及其定义也便不能被发现，而无法成其为阐述心理与意识的基底概念。因此，人类自身完全可以把握的在时间与空间之上的多次元感知层次，也就像一层半透明的烟雾一般横亘在人类世界与更大的宇宙现实之间而无法被穿透，从而让它们迄今为止都不能为人类社会系统性认知而被利用起来。而在另一方面，这也为客观实在论者攻讦每一次美学与艺术观念的进展留下了足够的空间：既然美学或艺术哲学的开拓者们无法有效地指出人类得以把握的直观能力元始结构及其确切延伸，那么，人类何不就专注于眼前的"时空外感官"这唯一确定的物质感知领域呢？至少，专注其中能够带给人足够的确定感与安全性，尽管这样也会让人愈来愈感受到自己如同生活在一个审美末日般的"感知囚笼"里。

4. 因为没有将信息态的拓扑结构之本质在人类整体意识形态中进行澄明，那么，以创造行动为主角的"三生万物"的"元创世"之心灵先天程序，便终究无法进入到人类整体的心灵叙事中，尤其是心灵图腾的叙事中，从而，人类凭借艺术观照自我的演化活动便始终不能驶入天然的"快车道"，以至于造成如今全球性信仰体系的混乱失衡状况，也就不难理解了。

5. 如此就导致了第一尺度之二元性心智模式依然是人类如今看待真理与宇宙的主导模式，传统真理道路之本原性视角也仍然占据着人类主体思维视角的位置，无论后来的西方思想家们发明多少试图模糊"本原性"边界的概念与定义，他们仍旧无法动摇本原性及其指向的二元性心智模式作为一种主流意识形态的统治地位。故而，他们只能无可奈何地看着美学乃至西方哲学长期停滞不前的"终结状态"继续存在下去。因而，本应该凭借想象力自身的非线性特质而走上未来性真理道路的美学或艺术哲学，也就跟着"才思长留君莫笑，万马齐喑究可哀"了。

就此而言，从人类文明的心智演化现实来看，定义于第一尺度乃至第二尺度之"半途"的"美学"其实已经"寿终正寝"了。它不仅体现在源于西方哲学诞生之处镌刻的思维缺憾所带来的内生瓶颈，还体现在遂行于（准有意识的）信息态拓扑架构之上的当今科学体系所带来的欲求突破第二尺度的对于人类整体知识谱系的"演化压力"。就在撰写本书的 2024 年，以 ChatGPT 为代表的人工智能已经悄然度过了其演化"奇点"，如果以传统的"图灵测试"为评价标准，当今的人工智能已经大都通过了这种测试，也就是说，按照以往的理性主义认知体系所建构起来的人与非人的标准来看，当今人工智能已经差不多算是"真人"了。同样地，以人工智能如今的发展速率来看，囿于第一尺度乃至第二尺度"半途"的艺术创作方式被 AI 完全取代已经是早晚之事。但是，对于人类文明来讲，"艺术"却是让人成其为人的最核心的标志，因为它蕴含着对人性最深层能力之展现水平与觉知方式——以 ChatGPT 为代表的人工智能大模型越过"奇点"的标志性事件对于人类的启示在于，对于人之所以成其为人的关键判定方式也许将不得不进入更深的层面，亦即更深乃至最深的真理尺度所昭示的方式，毫无疑问——除了东西方真正相遇之后带来的真理尺度之全息视域，人类可能已经别无他途。于是，在"未来性"的新时代，艺术的定义及其领会将发生根本性变化，会呈现下述三种面向：

1. 艺术是（原性）场域意识焦点的全息遂行。从信息态的视角来看，随着心灵先天结构之"拓扑架构"在人类的文明生活中越来越有意识地遂行，艺术、科学与哲学（伦理）将摆脱第一尺度之矛盾律的知识束缚，不再壁垒深深地分隔为三大不同的学科或领域，从而根据谐同律乃至合一律所带来的心智效应，越来越成为同一种东西的不同面向或不同格调。在过去，艺术与科学分离的最大理由，便是艺术无法提供科学观测与检验所需之"稳定经验"，但是正如我们在上一章所述，当这种稳定经验之"稳定"的领会不再拘泥于唯一实在的时间与空间的静止固化的"稳定"，而转变至跟随心灵先天拓扑架构之稳定演化之"稳定"的时候，过去所谓单纯归属于艺术领域的高感性直观也就不再是艺术家的"专利"，科学家将同样可以自然遂行高感性的稳定经验。那么，就此而言，艺术家也就不再是单纯的艺术家而是科学艺术家，科学家也不再是单纯的科学家而成其为艺术科学家——人类不再需要通过学科分科或领域的范畴划分来"区别"艺术与科学，因为它们本来就蕴含在同一种本真信息态的自然生活之内。

于是，艺术、科学与哲学（伦理）将演变成同一种信息态拓扑活动所运行的不同内感官的焦点或格调，亦即不是体现为人性活动或行动本身，而是成其为人性活动所呈现的原动力或元天性。前文已简单提到，在第三尺度之观照下，人性拥有遂行于阴阳原三大焦点的三大心灵原动力或元天性，分别是信仰精神、求知精神与爱的精神。相比于道德的阴性以及科学的阳性之意识焦点倾向，"美"或"艺术"的基本信息格调实质上指向的便是一种原性角度的场域意识焦点倾向，亦即源于合一律的基础心智效应。从这个角度来说，艺术便是合一之爱的心灵元天性之示现，因而，展现此心智效应的"共感""谐和"等相应内感官能力才会被称为艺术运作的核心能力。因为合一律的心智效应是作为（心灵）尺度之尺度的基础展开方式，因此，艺术所指向的场域焦点，亦即原性的焦点总是跟"童心"或"初心"的意涵同构在一起，它展现的便是心灵遂行最原初的拓扑架构之禀赋之上，从而元始地跟"合一性"所通达的"元创世"宇宙运行程序"共感"，因而亦是全息的——这也从另一个侧面解释了，为什么处于童心状态的心灵如此具有创造力与想象力。

2. 艺术即美育。当艺术成其为场域焦点的运行方式之时，实际上，在信息态的全息视角中，它便跟教育之"育"的基本内涵没有什么本质区别了。因为，在第二尺度乃至第三尺度的场景下，设定于主体与客体二元对峙的"教育"必将演化为主体与客体、身与心融合在一起的"化育"——化育，即基于"在……之中"心灵建构的场域焦点的谐同共感之育。因而，在全息的视角下，艺术即"育"，换句话说，即便在教育的本真内涵未能完全体现的场景下，艺术通达的"美育"亦是一切教育的心智基调，亦即一切教育面向得以跨学科或跨领域谐同在一起而得以领会的基础打开方式。

启蒙运动思想家席勒在号称第一部"美育"著作的《审美教育书简》中，相当直觉性地提到了人类的三种天性：形式冲动、感性冲动与游戏冲动。从全息的视角看来，趋向于对于超验之无限领域进行联结与把握的形式冲动实际上是阴性焦点之信仰精神的展现，趋向于对于经验内容进行积极表达的感性冲动实际上是阳性焦点之求知精神的展现，而能够将二元分离的形式冲动与感性冲动综合谐同在一起的游戏冲动也便是原性焦点之爱的精神的展现。囿于第一尺度逻辑工具的限制，席勒是无法证明三大天性是如何逻辑起源的，不过他的思想直觉倒是没错，只有凭借美育所通达的"游戏冲动"亦即场域天性，人类的其他领域才能够被协调在一起从而呈现出一种心智均衡的状态，而这仅仅是合一律的基础心智效应罢了。从这个角度来说，比席勒早两千多年的东方著作《中庸》，对"育"之阐述则早已进入第二尺度乃至第三尺度之"化育"之境，对此，《中庸》如斯叙述：

　　天命之谓性，率性之谓道，修道之谓教。[①]

---

　　① 《中庸·第一章》。

它说的便是：教育即在于修行"率性之道"，而人类的心智得以"率性"的前提便是早已展开打破主客二元对峙的第二尺度，至于"天命"之修则更是第三尺度的"育"之境。因此，在东方原生文明基因中，所谓艺术和教育从来都是熔炼在一起的东西，而遂行于熔炼在一起之"化育"状态，便是"修"。

3.艺术即全息尺度的天性。如果说艺术的前两个定义阐明的是艺术所通达的第二尺度基本心智效应，那么这个定义通向的就是第三尺度终极心智效应了。

海德格尔所述"艺术是真理的原始发生"，它所表达的其实是：艺术作为第二尺度之心智效应，是第一尺度之存在者真理的原始发生之源，也即存在之原始发生之（更大）尺度天性；然而，真理不是一锤子买卖，一旦得到便无后续，而总有在更大尺度的真理，亦即在更大感知层次下呈现的真理，艺术便是这些真理信息最初始的发生方式与展现视域。就此而言，"艺术是真理的原始发生"是一种"自指"的表达，它指向的是真理原始发生之原始发生，亦即作为真理尺度之真理尺度的第三尺度：全息。全息即最根本的尺度天性。从而，艺术的终极内在禀赋通达的便是终极的全息尺度，那么，艺术的终极禀赋代表的是人类探索直指全息之极限直观活动，从信息态的视角，艺术的最终本质即探索与展现作为尺度之尺度之全息信息——元信息。当然，这种"元信息"并非毫无任何根基与意识线索的玄奥的东西，它在朝向第二尺度之成熟境域的艺术革命中将首先展现为"构型"这种信息态的基本单位，进而逐渐成为艺术创作与美育的主要运用对象。而作为一种元始构成，"构型"之后便是全息，它是连续深入运行心灵先天结构——"致中和"或"三元拓扑"的自然呈现。就此而言，在东方的原生视角里，直指开悟的冥想或禅定的修行方式即是获取并融通元信息的方式——一种运行极限直观的极致艺术的方式。就如此角度来看,以一种稳定经验的拓扑线索而探索或触及元信息的活动,将是在新时代判定人成其为人的最核心与最终的方式;而这种触及元信息的活动,也许未来将成为人类区别于人工智能而与之社会协作的、展现人类不可替代价值的新的社会大分工。关于"元信息"这种基于稳定心智线索的探索活动,在东方原生文化之禅宗"无门关"中留下了相当生动的案例,在此限于篇幅就不赘述了。

于是,从此以后,人类当然可以进行多个感知层次的直观探寻活动,在其中,只有那一类触碰人的最极限感知层并在意识或直观中进行全息信息组织的活动才可被称为艺术活动。这也是由生命直观的本质结构所决定的优先顺序:根据合一律,原生阴阳。因此,艺术作为全息尺度的天性本身,便是人类心智探索元信息之极限直观的首要界面。

第 2 节
论艺术作品建构的全息方式

我们每时每刻都在进行以高级对称性为基调的朝向生命演化终极均衡的心灵叙事,从降生之时一直到现在,永不止息,乃至延伸到生前和死后的"先天时刻",我们每一个人的内心深处都无比确信地知道这一点,生命的灵魂无时无刻不在运行着全息真理尺度——"元创世"的先天程序。在日常时间里,我们自以为自己是按照自身的欲望、目标或人生蓝图来展开每天的生活,在其中,我们去体会属于自己的人生真理,但是,事实恰恰在于:我们是否知道,自己的人生蓝图是分层次缤纷呈现的呢?艺术正是让我们去一瞥更大的人生蓝图与更高命运真理的天然视角,这是由它天然展现未来性真理道路之高级对称性的内在特质所决定的信息效应:让更大真理元始发生，让极限直观的界面触碰人生，让"英雄之旅"的人生叙事自我观照。于是，与其说艺术作品是为了在狭小的时间历史里保存人类的生存情感，不如说它就是通向先天的全息心灵叙事的直观界面和通道——真正的艺术家并不是为了保存自己的作品而存在，而是为了替人类打开通向美妙缤纷的全息心灵世界的通道，甚至让自身的整个心灵都成为联结"元创世"的界面。由此，我们便可以说任何艺术作品的建构原则都只有一个：它们都是艺术家们用各种方式努力从心灵的后天叙事进入先天叙事的界面和通道；从后天进入先天，亦即从二元性转入非二元性，从本原性进入创造性，从因果性进入因缘性乃至全息性，从第一尺度进入第二尺度乃至第三尺度，从由矛盾律主导的断裂性的日常情感状态进入"合一律"主导的连续性的"心流"状态，也即从凝滞的后天现实进入到恢宏和谐的艺术全息起源之刻——不需要借助任何中介物来直接认知真实的、内在感官熠熠生辉自然流露的人类"黄金年代"。

因此，艺术并不是什么只能供专业人士施展的领域，它也并不神秘，毋宁说它是我们每一个人的人生一直正在行走也必定走上的道路，正如那一句著名的歌词："敢问路在何方？路在脚下。"从这个角度来看，艺术作品的建构方式也便非常简洁了，只要我们从信息态的心灵信息叙事演化的未来性视野来看待这个问题。可以这样说，任何一件艺术品都包含了全息真理尺度之命运演历的核心要义，亦即全息信息叙事的核心要义，而这些核心要义也构成了艺术体验的本质。接下来，我们就来聊聊这个"艺术的故事"。

首先，在说到任何一个信息态之信息叙事的时候一定要有一个"故事的"打开方式，也就是说当我们进入到本真信息态的"舞台视角"——听故事状态的时候，到底是在使用怎样的心智模式与"意识形态"呢？毫无疑问，这个心智模式就是超越因果性的非二元性心智模式，或者说首要指信息人模型，这个心智模式衍生出来的"意识形态"必定超越第一尺度的"无生命"的机械性，而成其为广义上的"万物有灵论"。那么，此广义上之"万物有灵论"对于艺术的打开方式来说意味着什么呢？它意味着艺术作品中的世界是一个运行于第二尺度乃至第三尺度之上的万物皆有灵的世界，亦即其中的一切对象必然是具备创造性潜质的生命人格抑或灵性角色，无论这个世界中的"对象"是物体、环境、人物甚至世界观（观念）本身；若用美学的术语来讲，这种打开方式叫作"物的灵化"，也就是说它已经脱离用物理法则进行规摄的日常领域，但是又在非线性的全息逻辑演绎里并不损失物理形象的基本要义。

若用全息逻辑对此进行解释，那就是，当一种艺术的体验进入到人类的直观之时，它必然是在本真的信息态中展开自身的内容，而本真的信息态所展开的信息叙事之世界，亦即信息人模型之世界又是"合一律"效应开始占据主导法则的感知层次；根据"合一律"，所有事物都是宇宙"元创世"基本材料——高级对称性之拓扑架构所通达之"意识单位"的多维度的投射与化身，亦即信息叙事所展开的世界实相的所有角色和环境都是具有特定频率或维度并互相结构成"构型"的"灵"或"生命"。换言之，信息叙事所展开的世界实相中的环境也是具有特定频率或维度的"角色生命"，因此，艺术的世界便是一个"万物有灵"的世界，毫无疑问。由此可知，我们在进行艺术审美的时候，首先打开的感知层次就是信息人模型的首层，亦即从实在性转变为本真信息态的"日常意识层"，这个层次早已经脱离一般的矛盾律束缚而呈现出一种万物的角色生命互相缘起而并不分离的"吸引力海洋"效应。同时，当"合一律"成其为主导思维效应之时，也就意味着意识的主要焦点从本原性变为创造行动性，它要求处于艺术世界中的意识体验形成一种"合一性"的连续之"流"——意识流，直观的深度随即从满溢吸引力海洋效应的"日常意识层"进入信息人模型的第二层——意识流层。当直观的深度进入"意识流"的叙事高潮时，它便上升为"心流"——"信息人"第三层；而无论"意识流"或"心流"，它们都是连续统一的"知觉整体"，而不是像第一尺度实在性那样，在日常生活中受"矛盾律"影响极大、经常被打断而使得焦点无法集中与延续的意识片段状态，亦即机械状态。

广义上"万物有灵"的打开方式对于我们来说并不陌生，或者说如果对比日常生活中所使用的客观实在性或社会实在性的方式，它是一个更为天然的心灵视野，因为我们在"童心"状态下使用的就是这个视角，孩子们并不把任何一个物体当作一种"东西"，相反，他们总是精心地为每一个跃入自己心灵视域中的对象亲切地赋予各种"名字"，无论它们是一件玩具、一株植物、一个小动物甚至是一缕阳光，孩子们都会把它们当作自己世界中的天然游戏伙伴，活生生的伙伴。对于孩子们来说，将自己的意识延伸到身体之外去是一件如此自然的事情，以至于整个世界对于他们来讲就是一个满溢想象力与灵性趣味的艺术游乐场。因此，孩子们进入意识流或心流状态总是容易得多，属于日常操作。同样地，艺术家在进行创作以及人们在进行审美或鉴赏活动之时，也会进入到各种各样风格与路线的意识流或心流里。

其次，随着我们用广义上"万物有灵"的方式来打开艺术作品，亦即让心灵转换到第二尺度的频道，紧跟着的下一步，心灵将自发地在这个"万物有灵"的信息世界中形成最初的故事角色，结合美学的描述方式，它可以被称为"性灵角色"或"意象角色"。从未来性的全息视角，这个"性灵角色"或"意象角色"是心灵摆脱日常生活的经验与理性束缚之后自然生成的情感与信念的载体。如果用一个形象的比喻，它就像现代影视剧本中的三种"设定"：角色设定、环境设定与世界观设定。从中我们会发现，艺术作品中的"性灵角色"或"意象角色"不仅仅是一种人物或事物，还可以是一种"环境角色",乃至进一步延伸到世界观的"信念角色"——
这便是广义"万物有灵"的打开方式在艺术世界中得以呈现的普遍效应。
对此,海德格尔在《艺术作品的本源》中对于艺术家梵高创作的"鞋子"
(如图 44)有过一段精彩的描述:

　　作为例子,我们选择一个常见的器具:一双农鞋……梵高多次画过这
种鞋具。但鞋具有什么看头呢?人人都知道鞋是什么东西……与此相反,
只要我们仅仅一般地想象一双鞋或者甚至在图像中观看这双只是摆在那里
的空空的无人使用的鞋,我们绝不会经验到器具的器具存在实际上是什么。
根据梵高的画,我们甚至不能确定这双鞋是放在哪里的,然而——

　　从鞋具磨损的内部那黑洞洞的敞口中,凝聚着劳动步履的艰辛。这硬

图 44　梵高《一双鞋子》[①]

---

① 　原图访问链接:https://www.mei-shu.com/famous/26668/artistic-15120.html.

邦邦的、沉甸甸的破旧农鞋里，聚积着那寒风料峭中脉动在一望无际的永远单调的田垄上的步履的坚韧和滞缓。鞋皮上粘着湿润而肥沃的泥土。暮色降临，这双鞋底在田野小径上踽踽而行。在这鞋具里，回响着大地无声的召唤，显示着大地对成熟鼓舞的宁静馈赠，表征着大地在冬闲的荒芜田野里朦胧的冬眠。这器具浸透着对面包的稳靠性无怨无艾的焦虑，以及那战胜了贫困的无言喜悦，隐含着分娩阵痛时的哆嗦，死亡逼近时的战栗。这器具属于大地，它在农妇的世界里得到保存。正是由于这种保存的归属关系，器具本身得以出现而得以自持。①

在这段描述里，我们可以深切地感受到梵高画中的一双农鞋（如图44）是怎样成其为一个"性灵角色"或"意象角色"的：它在心灵的非线性心智的引导下，超越了用理性利害关系进行衡量的日常功用，而立即就在梵高的画中得到"灵化"进而"活"了起来，成了一个凝聚着多重情感与信念的性灵角色，在其中，不仅凝聚着劳动的艰辛、步履的坚韧，还蕴含着大地的深沉召唤，以及对稳定的食物来源的"无怨无艾的焦虑"与"战胜了贫困的无言喜悦"——这些多重化、逐渐递增甚至呈现出对立的情感与信念，在梵高的艺术世界里得以无挂碍地凝结在一起，共同构成了"农鞋"这一个性灵角色或意象角色的生命特质，也彰显了农鞋的更大真实存在——超越了本原性真理道路所指向的二元性模式的"万物有灵"视域下的真实存在。

那么，艺术作品中的性灵角色或意象角色又是依据怎样的逻辑法则被建构起来的呢？其实前文早已有了答案，正因为性灵角色或意象角色一开始便处于本真信息态，因此在信息的拓扑架构中，它一定是经由对上一个真理尺度的感知属性——"实在性"的"鸿沟"穿透而来，这个"鸿沟"

---

① ［德］海德格尔.林中路［M］.上海：上海译文出版社，1997：17。

便是我们在前文第四章第 3 节讨论过的著名的"自然与自由"的二律背反：知性或理性的传统欲求维持自己的本原性的主流法则地位，然而，心灵朝向自由的（创造）行动性之感性反馈却总是在打破这种法则稳定性，这便形成了期望与结果的知性"鸿沟"。于是，在这里，我们可以对此简单归纳为：为了形成性灵角色或意象角色，意识必须首先打破某种传统的"实在性"世俗边界，并在这种打破边界的"鸿沟穿越"行动里，让意识带上更大自由世界的"灵性"，从而达成"拓扑行动"——成其为非线性世界的直观载体：性灵角色或意象角色。这是一条极为重要的规律，它让我们知道：艺术作品中的任何一个关于性灵角色或意象角色的形态构成都不是平白而来的，它首先要打破一个（时代的）人性传统、流行精神或思想边界，"踏界而上"而成就"性灵"中的一员，如果不能做到这一点，艺术作品便会从一开始就失去其发展价值。有些时候，这也算作一个不大不小的"门槛"，无论对于鉴赏者还是创作者来说皆如此。对于鉴赏者来说，如果不能理解艺术家踏立其上的传统精神或思想边界，其艺术作品的价值便会在不开放的鉴赏视角下被埋没。例如著名艺术家梵高就是其中的经典代表，要理解和欣赏梵高的作品，首先就要明白他的作品展现的是一种缤纷童趣的内在的主观真实，从而打破的是在他那个时代之前所秉持的以展现外在世界自然形态的客观真实性作为艺术金科玉律的思想传统；然而，对于沉浸在启蒙时代早期理性主义光芒余韵的同时代人们来说，所谓主观的情感真实性完全是一种不客观、不理性的谬论，从而他们也失去了看清梵高作品的心灵叙事中那些伟大"性灵角色"的能力，于是，梵高的艺术作品的伟大价值在他生前便被万分遗憾地埋没了，直到后来人们进一步开放社会的主体思潮而逐渐打破理性与古典风格一统天下之思想樊篱时，梵高和他的作品的开创性的伟大价值才逐渐被世人所理解。由此可见，识别与洞察艺术创作所针对的旧传统与旧边界而自觉形成拓扑"鸿沟"是多么重要，没有以之为支点的"拓扑架构"的达成，艺术创作所凝结的连续性心灵叙事是很难被清晰完整地直观到的。

对于"性灵角色"或"意象角色"来说，它所打破的"旧边界"其实就是一种浸入到各个族群与时代背景中的较低真理尺度尤其是第一尺度之"二元性"意识，亦即打破二元性心智模式或理性人模型的诸般束缚。在前边对于理性人缺憾的阐述中我们已经知道，通常来说其打破的是三方面的束缚：

第一，不拘泥于时间与空间，亦即突破时间与空间的外在感官经验能力作为事物的主体约束方式的固有能力规则，而将内在感官的能力与效应合理地融入角色能力及事务规则里。例如《哈利·波特》系列中的魔法师角色设定中，就将超越物理与传统生物遗传规则的魔法能力和魔法血统融入基本的角色与世界观设定中，与此同时，为了使之合理化，作者又为魔法世界专门设计了一个魔法部，专门负责管理魔法与现实交汇的问题而不让既有现实发生混乱。此外，故事中那个有名的"魁地奇球赛"的设计，也用一种游戏的方法将超越物理规则的飞行能力与理性的游戏规则结合在一起，构成了一个相当惊奇而有戏剧冲突潜力的事件性环境角色。

第二，不拘泥于纯粹理性，亦即打破单纯的亲疏、贵贱、利害的社会理性功能对角色行动潜力的统治，而留给生命的元天性以足够发挥的空间。例如，在喜剧中设计一个成功的"小丑角色"，除了在其中融入充分的"又憨又痴又傻"的人性（负面社会性）本能形态之外，还需要赋予他以一种出乎意料的天真感，这种天真感正是"童心"的投射，它能让"小丑"体现出一种非一般的"同理心"，让自身的意识突破肉体的限制而和观众与环境的喜怒哀乐形成共鸣，以至于使得他在关键的善恶选择上总是能够自发遵循内在的天性。因此，本能与天真之间的"鸿沟"正是一个喜剧角色的艺术空间，著名喜剧大师查理·卓别林就深谙此原理，同时也是施展此道的大师级人物。此外，很多以环境为主题的绘画与诗歌作品，其中意象角色的设定也遵循这个超脱纯粹物性或社会性因果性的原理，比如前边所提到的梵高绘画中的"农鞋"便是如此。

第三，不拘泥于单一实在性，亦即超越将现实世界当成唯一真实世界的线性视角，而将多次元的人格观与世界观融入作品层次中来，并将"构型"这种更深层的意识遂行单位有意识地建构乃至涌现出来。例如《西游记》的仙道世界与《黑客帝国》的神奇黑客世界"Matrix"就是超越单一现实设定的典型代表，更不消说画面"层次感"也是任何一幅绘画作品构型的基本属性。我们在后边章节的内容中将看到，艺术作品的任何一种"层次感"的形成，都是由"构型"单位背后的拓扑架构所决定的。

当然，笔者在前边已经提到过，在这三个方面的原则之上，大师级艺术家的心灵是如此开放，以至于他们总能站在很高的感知层次上，以直达"全息心智"的高明方式来天才般布局各个感知层次、各个构型样式的角色设定，并对本原性心智模式之传统的底层法则进行系统性突破，从而将前边的三原则合而为一。毕竟，根据合一律，一个艺术世界中的所有角色全都可以说是一个最高真理尺度之"全息心智"的投影和分身，而在这个状态中的心灵就是使用内在感官的直接认知能力在由构型联结起来的意蕴中构建艺术的"性灵角色"或"意象角色"，毫无疑问。此外，作为对比，在美学中，"性灵角色"或"意象角色"的建构又被称为艺术叙事的"对象性语调"，它们在整个艺术作品的视域中的整体存在也构成了一种叙事语境，叫作"事实题材语境"，它们的意蕴全部蕴含在故事自身诸要素的内涵里，笔者在此就不赘述了。

再接下来，当艺术作品的"性灵角色"或"意象角色"架构好了之后，它们便要开始相互连接以形成一个完整的心灵叙事之"流"。在过去的美学中，这种将"性灵角色"或"意象角色"联结成一个完整心灵叙事流的方式与方法，就被称为艺术作品的"形式"。在过去，这种美学形式背后的全息演绎法则对于学术界来说一直是一个谜，原因很简单，因为过去的学术界所奉行的一直是"二生万物"的"客观创世记"，于是，更为本质的全息尺度得以创生的"元创世"之"三生万物"的先天心灵程序及先天心灵结构的"秘密"也就始终无法被系统性地知晓与运用，更不用说洞察蕴含于其中的"拓扑架构"的"三元结构体"意识本质结构了。

那么，在"三生万物"的"元创世"先天程序下，艺术的"性灵角色"或"意象角色"是如何互相联结成一个完整的心灵叙事流的呢？在本书第五章第2节的"维度数学"相关内容中已经论述，根据三大元始尺度的相互关系，方法很简洁，"口诀"就是两个"一二三"：先内部"一二三"，再外部"一二三"，亦即内而外，"一二三"。怎样理解呢？所谓内部"一二三"，指的是"性灵角色"或"意象角色"在相应层次的两两之间或三者之间，一定会首先以"阴阳原"的方式形成"拓扑架构"的"三元结构体"之直观单位，亦即先内部整合成不同层次的一系列"三体"构型，作为心灵叙事或意识流动的基本载体单位；随后，这些艺术作品中的直观单位再以"一二三"周期化递增节奏的方式联结起来，而心智情感便在这样的周期递增的联结节奏里随之流动起来而形成心灵叙事流，这便是所谓外部"一二三"。

为什么"性灵角色"或"意象角色"一定会首先联结成"拓扑架构"的"三体"构型结构呢？很简单，因为只有这样才能形成高维情感流入的信息"通道"——在互耦的艺术材质形态间构成的"鸿沟"，要不然，任何情感都没办法在艺术世界中发生。这是非常非常重要的一个基本原理，也是本书阐述至今所要表达的最重要真理之一：意识或情感的流动是通过具有全息基因的"拓扑架构"的构型单位之基本模型进行的。在文学作品中，这个构型单位之基本模型就是故事角色的期望与结果之间的戏剧"冲突"节拍；在音乐作品中，这个构型单位之基本模型反映在两个互耦性或对话性的音乐句式的旋律结构里；在绘画作品中，这个构型单位之基本模型反映在互耦性的构图形式里……总之，任何艺术创作都无法回避这个先天的直观单位及由此引发的心灵先天程序。而反过来从鉴赏者的角度，任何鉴赏者都必定会在对作品的直观中首先识别这些"构型单位"的基本模型，并在这些构型单位的基本模型里感受情绪的律动与情感的强化，进而随着这些基本模型的互联递增而让意识变为"意识流"与"心流"——人类的心灵就是以这样的方式被先天"编程"的。

此外，为何这些"三体"构型结构的直观单位必然会遵循"一二三"的周期递增方式进行流动呢？很简单，因为这是由"元创世"所带来的唯一的先天递增法则。对此，我们已经在第五章第2节中详细阐释：即便再简洁的艺术形态也至少会遵循一个"一二三"的心智尺度节拍递增结构，要不然，意识连续性的知觉整体就无法找到成立的支点。此外，即便一个特定艺术作品或艺术种类的对外形态没有体现一个完整的演化大周期，比如一首诗、一幅画，它也会以另外一种延伸方式尽可能地将这个元始叙事大周期体现出来，这便涉及当心灵形成"意识流"或"心流"之后的一个感觉材料附带效应："虹吸效应"。什么是心灵的"虹吸效应"呢？它指的是当意识的主导焦点由本原性转为行动性尤其是创造性行动之后，在意识本体性（二元）焦点时期所生成的诸般感觉形态（图像、声音、事件意象等），将会被"意识流"或"心流"的形式自发地吸引过来而引导为相应风格的信息组织，就像记忆被"虹吸"过来一样——这也是审美过程中的一个重要阶段的基本原理。举例来说，当我们欣赏一首诗的时候，例如看到李白的这首《望庐山瀑布》：

日照香炉生紫烟，遥看瀑布挂前川。

飞流直下三千尺，疑是银河落九天。

随着我们沉浸在诗歌所引导的银瀑飞降的宏伟意象中，我们生命经验中与之意蕴相应的行事畅意、挥洒人生的记忆联想也会自发地被吸引而来，而这个诗歌意象的韵味不仅将引导这一股记忆的组成风格，还会将自己整合进其中的相对"高潮"部分，如此，则在诗歌的段落形态之外构建起了一个更大周期的心灵叙事，而更大能量密度的心智感知层次也能够在其中得以进一步抵达——这同样属于我们在鉴赏这首诗歌时所形成的"内在视域"。过去的美学理论一般会把它归类为意象联想，但从逻辑的角度，这些联想都是经由源于谐同律乃至合一律之意识的"虹吸效应"而被吸引过来的二元性感觉形态的重新组织。

实际上，内外"一二三"的意象角色连接"口诀"就是艺术创作与心灵审美的最自然方法，也是最佳路径。在最基础的层面，人类的心灵并不需要额外训练就能自发遵循这个法则，对此我们再举一例。比如马致远的这首《天净沙·秋思》：

枯藤老树昏鸦，
小桥流水人家，
古道西风瘦马。
夕阳西下，
断肠人在天涯。

对于这首元曲小令来说，如果按照上边的"口诀"，我们会发现它的前三句有一个特定的结构规律，那就是先由两个非生命的"事物"快速组成一个紧密联结的意象角色，随后突然在这个非生命化的事物之意象角色中加入一个生灵化的意象角色进行互耦性碰撞，例如"枯藤老树昏鸦"，它们三者看似浑然一体，实则在意识中经历了一次事物与生灵的角色碰撞而形成了一个小"鸿沟"，穿透这个"鸿沟"后有一种凄凉与灵动共生的心智情感降临到意识中，从而形成了一个"拓扑架构"的"三元结构体"直观单位——构型。同样地，后边两句"小桥流水人家，古道西风瘦马"则是在空间延伸和行动意义上进一步扩展，从而形成了两个递增的"拓扑架构"之构型单位，在其中，凄凉与灵动这两个方向的心智情感都得到了逐级加强，在这里我们会自然体会到一种情感意象由第一句的刚生成的一元"体性"，到后两句的逐级递增的二元"相对性"的"由一到二"的意识流动节奏，它们的"鸿沟"强度逐渐加强，从而让情感也得以强化。而最后两句"夕阳西下，断肠人在天涯"，同样分为两个部分：前半部分"夕阳西下"是对前三句所形成的意象景致的进一步扩展到天地边界的延伸与统摄，而后半部分则出乎意料地衔接以一种带有判断意味的能量化情感人格，从而从纯粹的景致中超脱出来，这便形成了意向与结果的大"鸿沟"。而穿透这个"鸿沟"便让一种哀思的乡愁和高远的人生潜质紧密共生的高维心智情感降临下来，同时，在这个"鸿沟"强度之下，一种"人格能量完形的扩张"之信仰精神领域的内在感官效应也随着这个高维心智情感扩散至整个意象世界，让整个意象世界都染上了知觉整体的"情感色彩"，从而达成了三元"融合性"的"拓扑架构"之大构型——于是，内外"一二三"的心灵叙事流就此完全展开。

在过去的美学上，这种内外"一二三"的艺术"性灵角色"或"意象角色"的联结方式，由于必定会导致不断递增的情感强化，所以便被叫作"情感评价语调"，它在审美意象知觉整体上进行建构联结所形成的内在视域，也被称为"形式完成语境"——它表达了这样一个意义：只有完成了内外"一二三"的心灵叙事，才能称得上是一个构建了"心流"界面之知觉整体视域的真正艺术品。

现在我们来小结一下前边所阐述的艺术作品建构的三个方面：

1.艺术作品的"打开方式"就是本真信息态的故事性方式，它让我们的心灵频道从第一尺度之二元性心智模式转向更大心灵尺度的非二元性心智模式，这种"打开方式"有一个"意识形态"的称谓，叫作"万物有灵论"，不过需要注意的是这里的"故事"定义并非通俗意义上的对事件的组织，而是直达它得以元始构成的本质，亦即持续深入的"拓扑架构"，也即持续深入的"致中和"或"三元拓扑"。

2.艺术作品中的对象、事实与题材就是艺术叙事的性灵角色或意象角色，它们一开始就要通过打破一种二元性或本原性的传统边界来确立自身的存在设定与角色灵性，亦即打破时间与空间、纯粹理性和单一现实这三大知性规则系统的某种经验边界，而大师级艺术家则擅长从全息心智的视野来整体布局性灵角色或意象角色的设定及其发展路线。

3.艺术作品的性灵角色或意象角色要相互关联而成为一个心灵叙事流的知觉整体，所遵循的形式法则就是"元创世"的先天程序"三生万物"，其口诀是：内而外，"一二三"；亦即首先要"向内"形成"拓扑架构"的"三体"构型单位，再以之为基础"向外"关联而构成"一二三"的叙事递增序列，这个叙事递增序列自发地遵循元始故事模型的大周期。

其实，上边这三点就是艺术体验的"阴阳原"三要义：第1点的"打开方式"关涉的就是场域视角，亦即"原性"；第2点的性灵角色或意象角色关涉的是艺术体验的本体性视角，亦即"阴性"；第3点的角色互联的叙事形式关涉的是艺术体验的行动性视角，亦即"阳性"——于是，我们又从一个新的视野回归到心灵结构的本质逻辑：阴阳原。此外，这三个方面的原则也同样符合欣赏者对作品接受或审美过程的三个逻辑阶段，同时，它与信息人模型的三层次亦是同构的：

第1阶段，"预备情绪阶段"，亦即在进行审美之前我们首先要转变自己的心灵频道，从第一尺度线性模式进入到第二尺度的非线性模式——亦即从第一尺度之实在性转变至第二尺度之本真信息态，也就是要将作品内容的对象真假以及作品与自身关联的利害得失的意识焦点剥离开，而进入信息人模型之日常意识层的游戏性的故事模式与情感享受视角，这便是审美的"预备情绪"。

第2阶段，"感受性回忆阶段"，当我们准备好自己的情绪之后，就会立刻导向审美活动的第二个阶段，亦即迅速去识别艺术作品的性灵角色或意象角色，并毫不迟疑地在心灵的先天程序引导下，自发地试图将它们建构成让艺术情感得以流通的"拓扑架构"之直观单位——构型，然后在作品形态的引导下再将它们初步地联结在一起形成心灵叙事之"流"。此外，我们的生活经验也会在这股叙事流形成的同时，遵从源于合一律之"虹吸效应"的作用规律而被自然激发出来，就好像我们自己主动参与艺术世界中的"故事"一样，而此时，美学中的"移情"作用开始产生，这便是"感受性回忆"，亦是信息人模型之从日常意识层进入意识流层所带来的心智效应。

第3阶段，"精神逗留阶段"，随着艺术体验的心灵叙事之"意识流"的深入，心灵将逐渐进入到艺术世界的核心地带，亦即艺术世界的故事"高潮"中；在这个"高潮"中，心灵将触摸到艺术作品的内在视域所通向的最极限的直观，它所承载的最深的真理也于此被深切地感受到。此"高潮"所带来的直观体验必定是一种超越时间与空间的"心流"，于是心灵就好像完全不顾及时间而逗留在这个"心流"状态里，"流连忘返"，同时与之相关的各种高维情感也相继进入了心灵直观中，柏拉图所说的"迷狂"、亚里士多德所说的"宣泄"、庄子所说的"忘我"就是心灵在这种状态感受到的高维情感之反应，亦即信息人模型第三层——心流实境层带来的心智效应。

实际上，前边所说的这艺术作品三方面要义与作品接受三阶段，大都是从艺术作品的"制作"与观众开展审美活动的时间程序上来进行陈述的，而如果从艺术家本人进行创造活动的视角，这个三阶段的过程恐怕就要"反过来"了，亦即艺术家已经接收到了更高维的灵感，并在心灵叙事中对其进行构筑，从而进入了"高潮"的"心流"状态，再在这种"心流"状态的引导下挥动自己的画笔去创作一个个意象角色、构筑它们互相组成构型之均衡关联，也就是说：艺术家是从感知层次的"自上而下"来进行创造，就像有某位神灵握住他的双手而挥洒出一片人间的绚烂色彩，艺术家对于尺度天性的自发遂行，如此而已。

此外，前边提到艺术作品的形式语境的建立，必然是一种对于信息态之心智"拓扑架构"的自发运用过程，而此心智拓扑架构恰恰源于最高真理尺度"合一律"所同构的心灵先天结构，此心灵先天结构也便是此心智拓扑架构的全息呈现，它在东方的名字叫作"阴阳冲和"、"致中和"或者"缘起性空"，同时，若转换成现代学术的名字便是"三元拓扑"，从而，此心智拓扑架构正是一种拥有跟东方原生文化基因同源之全息基因的元始心灵结构。而囿于理性人模型的传统美学界，恰恰在最能反映心灵元始构成规律的艺术形式逻辑中，错失了此富有全息基因的拓扑架构之秘密，而本章的后三节内容就将以三种艺术形式——文学、音乐和绘画为例，简单揭示一番此秘密。同时，对于艺术作品之信息叙事的本质——蕴藏"元信息"之全息心智的观看之道的阐释，需要使用专门的叙事学和神话学以及修辞学相关的术语与相应知识的升级改造，以展示其中得以通达第三尺度内感官信息的"双高潮"机制，由于本书的篇幅和主题所限，这些进一步的内容就不在后续内容中详细介绍了。

第3节
论艺术形式的拓扑架构：文学与修辞学

从直观上来看，文学艺术就是和词语打交道的艺术形式，而这里首先就遇到了一个先决性的问题：词语或者说语言的本质是什么？而解决这个问题的逻辑追溯同样指向了这样一个思想场景：词语或语言的先天起源是什么？

在第一尺度之理性人模型的世界观里，词语被认为是观念的符号，亦即理性概念的指代物，如果这个定义是正确的，那么，由词语组成的文学艺术的本质也就是被形而上学的纯粹理念所决定的艺术形式，也就是说任何一首诗、一篇散文、一部小说都是一种第一尺度之抽象化的理性概念的感性反映——这种观念在文学史上相当长的一段时间里极大地影响甚至支配着文学理论，但是，随着历史越来越进入到现代性的时域，这样的观念就愈来愈被广泛多元的艺术实践活动给抛弃了。简单来说，随着文明的发展与意识水平的逐渐提升，人类愈来愈从内心深处了悟与认同艺术和语言的先天起源方式，亦即非线性的起源方式。我们在前边提到，世界真正的起源是一种关乎真理三大元始尺度创生之"元创世"，而并非仅仅局限于第一尺度中的时间上的后天起源。而在"元创世"的更大打开方式之心智区域中，生命并不必然是天生需要使用第一尺度之概念化或范畴化的语言进行沟通和表达的，毋宁说，即便落入到第一尺度区域的人类当前心智，在自身的直观天赋中也完全保留着无需语言而（通过构型或全息所引发的内在感官）"直接认知"的超脱时间与空间的拓扑潜力，这是一种高频地"掠过"日常感知焦点而恒常运作的"先天程序"，它可以高度觉知充溢在我们四周的更大真理尺度之先天意识场域。可以这样说，若是我们每一个人不具备这种下意识展开的第二尺度之场域性心智焦点，任何沟通都无法发生，因为仅仅遂行于第一尺度之矛盾律之上，信息便会不知道通过怎样的方式在意识中互相联通而传递，我们永远需要知道，所谓互相联通和互相传递这样的事情，若没有第二尺度之谐同律和第三尺度之合一律便根本无法进行。毫无疑问，这种先天的意识场域正是"元创世"的元始信息运作领域。同样地，这种先天的意识场域也是一种"爱的元天性"的内感官的创造性场域，在其中，使语言和艺术得以发生的"心灵共感"的网络与信息互动无时无刻不在发生。因此，在全息的世界观之下，我们也完全可以这样说：如果没有这种心灵共感的"内在感官"的底层运作，用语言来传达意义就是一件不可能的事——这便是语言的先天起源。

于是，从这个意义上来讲，词语的实体形象与实体语义并不是文学艺术最重要的部分，词语和语句之间的"空隙"才是关键要义之处，因为它是"拓扑架构"之构型单位"三元结构体"的第三点——顶点所代表的"原性"，亦即得以真正通达最高真理尺度之情感与心智信息的内在来源与流动通道。若按照老生常谈的说法：恋爱中的人们能无言地沟通，那么，如果你在和对方沟通，你们首先已经在和更大尺度的世界"恋爱"了，然后才能紧接着和对方"谈恋爱"。所以，可以这样说，一切艺术（包括文学艺术）的目的和憧憬就是回归到艺术创生的先天状态中，亦即不需要通过任何中介物（包括语言）来表达心智情感的内感官视域。在海德格尔那里，这种先天状态被称为存在者的无蔽状态的"生存场"，然而，他所不知道的是，这种"生存场"并不是"一锤子买卖"的最终尺度，在其中和背后充盈着作为心灵先天结构之阴阳冲和的"拓扑架构"的全息运作。

因此，语言的最原初的本质就是为了直接传达更大尺度之内感官心智信息的精神媒介，它并不需要先转译为一种抽象的理性概念来表达意义，而在这样的非线性视角下，文学的定义是什么呢？曰：文学是一种以语言来表达持续递增的"拓扑架构"全息直观模式的艺术形式；在更严格的标准里，这种持续递增的"拓扑架构"需要触碰到内感官全然彰显的直观层次，亦即第二尺度"后一半"乃至第三尺度的心智境域。如果说文学是对一种通达内感官视域或意象的"拓扑架构"结构的整体宏观表征，那么，"修辞学"就是一种具体语言表达活动中的微观"拓扑架构"结构的表现方式了，亦即表达微观视域下的"构型"单位或全息单位的表现方式。因为文学内容的整体总是需要由特定的词语选择、词语节奏、词语联结乃至语句之关联所组成，而"拓扑架构"模式无处不在，文学的整体性心智意象与心智情感的高维度、高能级"拓扑"，便总是由"具体而微"的各个词语联结与语句关联的小"拓扑"（构型）传达的意象与情感逐渐递增而来，这便是"修辞"，即修饰整合语言"拓扑"之辞。实际上，现代修辞学中所阐发的"零点－偏移"模式表达的也便是此"拓扑架构"之"三元结构体"的"阴阳鸿沟"效应，只不过，现代修辞理论仅仅局限在这种阴阳鸿沟所在的单一信息层中，始终未能"穿透"它而领会背后的心灵先天结构。其实，"修辞学"之所以被现代学术体系分类为一个专门学科，正是由于以西方哲学为底层思维法则的现代学术体系，未能了悟意识与想象力的本质逻辑结构所导致的结果；正因为文学的整体意象与言语的联结模式之间没有统一的逻辑，这才不得不对宏观与微观的语言现象分门别类进行研究，而现在我们知道：它们实质上就是同一个拓扑架构的直观体系下大小表达维度的呈现。下边，我们就结合具体的文学案例来简要探讨一番，这个微观宏观一体化之"拓扑架构"的奥秘。

《红楼梦》中的一个著名桥段，用一种十分生动的方式表达了曹雪芹的文学观点，这个桥段叫作"香菱学诗"。小说中的香菱对于学诗很有兴趣，也很有悟性，有一天，她跟林黛玉讲了讲她的心得：

"据我看来，诗的好处，有口里说不出来的意思，想去却是逼真的。有似乎无理的，想去竟是有理有情的。"黛玉笑道："这话有了些意思，但不知你从何处见得？"香菱笑道："我看他《塞上》一首，那一联云：'大漠孤烟直，长河落日圆。'想来烟如何直？日自然是圆的：这'直'字似无理，'圆'字似太俗。合上书一想，倒像是见了这景的。若说再找两个字换这两个，竟再找不出两个字来。再还有'日落江湖白，潮来天地青'：这'白''青'两个字也似无理。想来，必得这两个字才形容得尽，念在嘴里倒像有几千斤重的一个橄榄。还有'渡头余落日，墟里上孤烟'：这'余'字和'上'字，难为他怎么想来！我们那年上京来，那日下晚便湾住船，岸上又没有人，只有几棵树，远远的几家人家作晚饭，那个烟竟是碧青，连云直上。谁知我昨日晚上读了这两句，倒像我又到了那个地方去了。"①

　　其实，香菱学诗的心得也就是曹雪芹的诗论，这诗论还是论得不错的，它好在哪里呢？它好就好在用一种非常生活化的方式，论到了前边所讲的微观宏观一体化"拓扑架构"的奥秘。香菱首先提到"大漠孤烟直，长河落日圆"，这句诗中的"直"和"圆"似乎有点违背生活常理并由此感觉落入俗套，因为在日常生活中的烟怎么可能是直的呢？而太阳理所当然像个圆球嘛；但是她后来又合上书一想，"倒像是见了这景的。若说再找两个字换这两个，竟再找不出两个字来"，也就是说她之后开始转换了心灵频道，用在日常的惯性思维之上的思维频道来非线性地想象，就突然发现这句诗中的景物开始跟日常事物分开了明显的距离，而开始"灵化"了起来，并且这两个诗句不知怎的突然就在某种情感想象下连成了一个知觉整体之"景"，以至于诗中的每一个字都获得了自己的存在感而无法被替代。从非线性的视角来看，香菱的思维活动很明显是发生了两个层次的"拓扑架构"：第一，"孤烟直"和"落日圆"在这句诗中发生了一个超越日常经

―――――――――――

① 《红楼梦》第四十八回。

验的表现，就好像有某种超自然的力量对"孤烟"和"落日"赋予了纯粹简练抽象的完美几何性状，从而让它们跟在日常经验中的感觉形成了"鸿沟"，于是，它们又跟每一句的第一个一般性描述的词"大漠"和"长河"分别形成了从日常到超日常的情感跳跃之"鸿沟"，而穿透这两个"鸿沟"便有一种经由"孤"和"落"引导的寂寥广袤的心智知觉得以降临到意识里，这便形成了第一个层次的"拓扑架构"，亦即第一个层次的两个构型单位。第二，这两个小的"拓扑架构"之构型单位前后的意象角色所表达的空间感与心胸气度，又有一种由小到大、由静止到动态、由特定到无限的递增，于是这便形成了一个拓展性的"鸿沟"，而穿透这个"鸿沟"就让一个更大的内在心智降临下来，这个内在心智使得之前赋予意象角色以完美几何力量的超自然力量人格化，在这个超越性人格力量的影响下，诗中的各个意象角色的特征与情感都被同时加强了，而更重要的是：它们全都融合为一个无法分离的知觉整体，如此，第二个层次的"拓扑架构"的更大构型单位也达成了。而这种展现超自然人格化的内在心智则是一种心灵元天性的内感官效应：信仰元天性领域的"人格完形的扩展"之内感官效应，在这种内感官效应的作用下，孤独寂寥而又壮阔粗犷无垠的情感突变为一个蔓延全域的能量人格，将景物与思想同时统一在一个"境域"里。而用类似的方式，香菱在此后提到的"渡头余落日，墟里上孤烟"，也是在两个层次的"拓扑架构"模式下成功构建了自身的知觉整体——审美"心流"产生的内在视域，从而让诗意从信仰元天性的内感官效应中逐步流露而出。

我们很容易就能发现，前边提到的这两句诗中之两个层次的"拓扑架构"，难道不正是微观与宏观的"拓扑"模式吗？第一个层次的"拓扑架构"，亦即微观"拓扑"，体现的正是修辞的功能，如果用辞格的概念，第一句诗使用的是一种自然的"夸张"手法，而第二句诗则使用了拟人的手法，这两种修辞手法的运用又分别在各自语句的内部，造成了意象角色的日常经验和灵性经验的偏离而形成了"鸿沟"，进而让心智情感流露而达成"拓扑架构"。第二个层次的"拓扑架构"，亦即宏观"拓扑"，它们从辞格形式上也遵循了"对偶"的修辞手法，而体现的便是直观单位之间的递增流动功能，而且是集中在一个元天性路线上的直观递增，这样才能导致内感官效应的发生——从中我们也可以看出，人类的心灵对于一种超自然效应的内感官经验的接受是多么自然，在优秀的诗作中，我们的心灵被引导而转换到内感官畅流的内在视域是一件十分轻松愉悦的事情。同时，若简单回忆一下诸多借景抒情的古代诗词，我们也会察觉到，中国古人也似乎非常擅长使用汉语的简洁联结特性来形成同样内感官效应下的感知情境，例如下边这首柳宗元的《江雪》：

千山鸟飞绝，万径人踪灭。

孤舟蓑笠翁，独钓寒江雪。

相比于前边香菱谈到的诗句，这首诗的微观与宏观的"鸿沟"效应更为显著，它从一开篇就使用了夸张的手法提升了意象角色的内涵层次，然而各句内部的"鸿沟"对比却在此基础上更加剧烈：原本是气象万千的"千山"，然而却突然繁华零落地"飞绝"；原本是数量繁杂的"万径"，然而却人影消无地"踪灭"；明明是近乎天地唯一的"孤舟"，却有"蓑笠翁"生发出来相伴；明明是形单影只的"独钓"，却有世界性的"寒江雪"作陪——这连续四个"鸿沟穿透"生成的"拓扑架构"单位的序列，形成了由繁景到孤人，由单一物象到世界性意情的直观构型递增，从而生成了在信仰元天性领域之"人格完形的扩展"效应下的融通全景的高维情感人格体。

中国的诗例告一段落，我们再来看一看外国的诗歌。比如下边这一首

613

来自印度诗人泰戈尔《飞鸟集》中的著名诗作：

I leave no trace of wings in the air,

but I am glad I have had my flight.

天空没有鸟的痕迹，

但我已飞过。

　　我们会发现这首诗形成的意象虽然同样有景物，但是其风格和前边列举的中国古代诗句非常不同，而且极为简洁，两句话即构成全诗。虽然它的两个诗句没有像中国古诗那样工整对仗，但是它们内部的意象角色仍然构成了两个层次的"拓扑架构"：首先，在每句内部的"微观"构成上，第一句的"天空"的显露、广垠、静谧、沉稳和"鸟的痕迹"之隐性、单线与动态自由之间形成意象感觉的强烈对比，从而生成了"鸿沟"，而穿透这个"鸿沟"则使一种由"没有"这个态度词引导的表现为灵动却被日常表象压制的心智情感得以降临到意识知觉里，进而达成了"拓扑架构"之构型单位。其次，类似地，第二句的"我"在日常思维下作为一般人之受限的外在能力，和"飞过"所昭示的超人般能力之间形成自然与超自然之间的意象感觉对比，这便形成了"鸿沟"，而穿透这个"鸿沟"则让一种由"已"这个态度词引导的先知般自由心智得以降临到意识知觉里，于是"拓扑架构"之构型单位得以达成。最后，前边这两个句子内部生成的"拓扑架构"之构型单位之间又随即形成了情感对比性递增的大"鸿沟"，即由表象压制性情感到先知洞见般自由情感的对比递增，而穿透这个"鸿沟"则使得一种求知元天性的"维度移动与多维知识的直接认知"的内感官高维心智信息及其效应降临到审美直观里，从而达成了更大层次的"拓扑架构"之大构型。在这个更大"拓扑"的内感官效应里，我们会感受到一种被显性表象压抑的边界被突破洞穿了的感觉，而这种感觉又同时强化了天空作为边界束缚的封闭感、牢笼感与挑战感，以及心灵之鸟飞掠而过的先知性、自由感与灵动感——从而进一步突出了"求知精神"的元天性效应，这也是一种创造性行动的主角表征。

于是，和前边"借景抒情"的中国古诗相比，泰戈尔的这首诗表达的是一种阳性的求知精神的意象格调，它可以叫作"由景而动"。同时我们也会发现，它的第二个诗句内也运用了"夸张"的修辞手法，但是笔者相信像泰戈尔这样的大师级文学家在创作诗歌的时候，不会刻意去思考到底运用哪种修辞手法会更合适，相反，他会将自身的心灵放置于更高的感知层次的"心流"中，跟随这股"心流"，灵感自生，词句自成。此外，这首短诗也从一个通俗而形象的视角，向我们展示了二元性或本原性跟非二元性或未来性维度的两种不同信息量的差异，例如第一个诗句"天空没有鸟的痕迹"，从第一尺度之二元知性的角度，这就是一个否定性的定言判断，"天空"和"鸟的痕迹"就应该在思维中线性分离才对，在日常生活中，我们就是这样接收信息的，然而在诗的场域下，我们却会不断地在想象中去让鸟一遍又一遍地飞过天空，仿佛它们天生就应该叠加在一起似的；同样地，第二个诗句，"但我已飞过"，从第一尺度之二元性的角度，这就是一个时间已经截止的实然判断，并不通向未来继起的行动，所以"我"和"飞"就应该像完成时态那样结束不动才对，然而在诗的意象里，我们却一定会将真正的自己代入诗中的"我"，并同时在过去、现在与未来去"飞过"，就好像自己的自由飞行在三个时间态里同时发生一样——信息由此得以非线性迭代起来，这也是"拓扑架构"意识模型的多层次直观效应的体现。

前边所选取的诗作基本上都很具有"古典精神"，亦即用明确的节奏、对仗的词句形态以及基于世俗感性的事物经验设定来明晰地表达"拓扑架构"的直观模式，让情感的上下流动方式得以被相对容易地识别。然而，随着这些古典的诗歌惯例越来越频繁地被熟知，人们自然会去寻求新的审美边界，于是，它们随即开始变成了艺术创新所自发针对的"传统经验"，很多前卫的现代诗，正是踏立在这些古典性的传统惯例之上而构建起自身的意象角色设定和背景设定，并让心智情感尤其是内感官情感在一个较高的心理水平和构型单位上进行高频流动与互动。因此，在鉴赏这类诗歌的时候便需要具备较强的背景知识，即预先知晓这些诗歌的创作是建立在怎样的非传统惯例背景与世界观背景之上，如此才能充分领略"拓扑架构"模式在这些诗作中进行快速建立与高频流动的艺术"玄机"。

下边选取的这首比较前卫的现代诗就具有这样的风格，它便是本书开篇即引用的、来自中国著名科幻作家刘慈欣的脍炙人口之作《三体》中的著名情境，因此它具有非常浓厚的幻想背景与相对高维的心理流动模式：

歌者童谣 [①]

我看到了我的爱恋

我飞到她的身边

我捧出给她的礼物

那是一小块凝固的时间

时间上有美丽的条纹

摸起来像浅海的泥一样柔软

她把时间涂满全身

然后拉起我飞向存在的边缘

---

① 刘慈欣.三体Ⅲ［M］重庆：重庆出版社，2010：387-388。标题为笔者添加。

这是灵态的飞行

我们眼中的星星像幽灵

星星眼中的我们也像幽灵

这首诗源于"三体"世界中一个极为高维的宇宙文明——歌者文明（如第 619 页图 45 之歌者文明想象图）的"童谣"，这个文明已经进化到了一个基于信息体的虚拟化社会层次，这便是它的"世界观背景"，于是，它的社会性的行为方式与沟通方式也便具有相当非线性的特征，这就是这首诗歌的情感流动的生成特性。如果我们用直观模式的视角来感受一下诗句，就会发现它们一开始就是建立在一种阳性的求知精神之元天性领域之"心理时间"的内感官视域之下而展开自己的意象，并且基本上以两句为单位快速生成"拓扑架构"的构型模式，从而立刻引导情感在这些构型模式之间叙事性地流动起来：在正常的物理视角下，"我看到了我的爱恋"，而后又以一种超物理的方式"我飞到她的身边"，如此形成了一般性"维度移动"内感官意识效应下的"拓扑"。在新的日常行动方式下，"我捧出给她的礼物"，随后礼物居然是超自然效应下的"一小块凝固的时间"，时间居然可以被凝固？这便生成了进一步扩展效力的"维度移动"内感官效应下的"拓扑"。在此基础上，内感官的视角扩张到时间礼物自身上，"时间上有美丽的条纹"，然而，原本无形无质的"时间"居然能够被有形地"触摸"并且拥有如"浅海的泥一样柔软"的触感，这全然是超自然的高维力量下的感知延展，愈加深入的"拓扑"由此生成。紧接着，"高潮"来临，"她"使用谜一般的力量与方式对时间进行现场操纵，"把时间涂满全身"，并且在这股超自然伟力与爱的魔力引导下"拉起我飞向存在的边缘"，存在的边缘竟然可以被飞翔而至地触摸到，这已经进入在物理维度之上的存在性哲学视角的感知形态里，而开始具有了"非我"的"多维知识直接认知"的内感官效应，原来"这是灵态的飞行"——一个经典洞明性的"拓扑架构"之大构型得以达成。

最后，同样是阳性求知精神领域之"多维知识的直接认知"内在感官全息地演进，"我们眼中的星星像幽灵"，这句话是基于一种冷漠俯视的理性视角，其中的"幽灵"呈现出一种敌对可能性的可怕敌人的消极内涵，它也揭示了"三体"世界的宇宙根本法则：黑暗森林法则的效应，在多文明共存的黑暗宇宙的森林中，文明一经发现便是"敌人"，因此"我们眼中的星星"也拥有着某些可能毁灭自己的文明，就像可怕的"幽灵"；而"星星眼中的我们也像幽灵"，这里有两层意义：第一层，紧接着上一诗句的含义，黑暗森林宇宙中诸文明的生存方式的第一要务便是隐藏自己不被发现，这是"幽灵"的另一个积极性"仰视"的内涵——使用高维宇宙法则的力量让自己对于星星"隐身"；第二层，从审美的灵性场域的角度，"我们也像幽灵"也象征着"元创世"的本质主角创造行动相对于"存在性"的更大维度的"无形"从而得以彰显，这是一种存在形态"非非我"的蜕变隐喻，这也呈现了求知精神的"多维知识直接认知"内感官心智的贯通全篇、统领整个意象语境的全息效应。如此，最后这两个诗句的"幽灵"相反意境一对比，进而达成了最后一个"拓扑架构"大构型。

因此，我们从刘慈欣的这首"歌者童谣"中见到了非常经典而精彩的"一二三"全息递增的"拓扑架构"模式，从一开始的"爱恋"与"礼物"的"一元极性"，到高维力量时间实体上的呈现与流动以及"飞向存在边缘"的"二元动态性"，再到"幽灵的星星"与"幽灵的我们"之多维洞见以及"非非我"的"三元融合性与灵变性"——圆满地生成了一个"心流"叙事元周期。如果再结合诗歌的每两句内部生成一个"拓扑架构"的模式，这不正好诠释了艺术直观形式的先天建构之全息"口诀"吗？这个"口诀"便是：内而外，"一二三"。

图 45 《三体》歌者文明想象图

第 4 节
论艺术形式的拓扑架构：音乐

在理性视角审视下的所有艺术形式中，音乐也许算是最神秘的一种了。为何这样说呢？因为相比于绘画和文学形式，它们要么有具体的图型来展现空间形象，要么有具体的词语来显示概念，而音乐几乎"什么都没有"：音乐中的声音虽然在空间中发生，但并不呈现空间形状；音乐中的旋律虽然具有某种情感和意义的表现力，但它又并不是任何一个词语，也无法准确表达特定的理性语义。那么，音乐的富含情感表现力的"本体"究竟是什么呢？这便是音乐特有的直观奥秘，而对于这个奥秘的"解密"过程，过去的音乐思想界乃至美学界长久以来都呈现出一种巨大的"纠结"。

音乐发展史上有一个著名的事件，正是对这个如断崖错位般思想纠结状况的生动展现与立体诠释，这个事件叫作"4'33″"，用中文直译过来便是"4分33秒"。

1952年8月29日，在纽约的一座半露天音乐厅里，美国著名作曲家约翰·凯奇举办了个人新曲钢琴演奏会。当时只通过简易的海报宣传就有众多人慕名而来，欲一睹其风采。到演出的那一天，台下座无虚席，人头攒动。当柔和的灯光照射到安静的三角钢琴上，约翰·凯奇从暗处缓缓走来，刚静坐于一旁，喧闹的台下便顿时鸦雀无声。所有人都翘首以盼，等待着这位音乐天才给他们带来新的精彩。

30秒过去了，约翰·凯奇静坐。台下依旧安静。1分钟过去了，约翰·凯奇静坐。台下开始窃窃私语。2分钟过去了，约翰·凯奇静坐。台下开始大声喧哗，甚至有人大骂，逐渐地乱成一团。2分30秒过去了，约翰·凯奇静坐。台下所有人都躁动起来，骂的骂、走的走，乱成一团。3分钟过去了，约翰·凯奇静坐。台下已经没有几个人了。直到4分33秒过去之后，约翰·凯奇才离席，宣告他的新曲子已经演奏完毕。而此时，台下已是空无一人。这，就是名噪一时的曲子《4分33秒》。

《4分33秒》这首乐曲一经诞生就引发了巨大的争议，反对者认为它完全误用了音乐的形式，并对现场观众来讲是一场无可否定的欺骗；而赞同者则认为它是一个成功的新音乐形式的革命性呈现，它让人不得不在这个特定的场合下去反思音乐的本质，整个事件给人带来了一丝挥之不去的"禅意"。这种反对与赞同尖锐对立的观念状况，不正反映了过去思想界对于音乐本体问题的巨大纠结乃至悖论般的情绪吗？而如果我们回过头来看，这个音乐事件如此奇特的第一原因，抛开具体的思想内容不讲，它至少是一幕成功的戏剧，在这个戏剧中每一个人都感受到了显著的"鸿沟"——人类对音乐的奥秘、美的奥秘以及意识的奥秘"一无所知"而形成的"鸿沟"。从未来性的视角，这个"4分33秒"的音乐事件至少让人们开始反思，在音乐中，也许"无声"的部分是比"有声"的部分更为重要的意义来源与奥秘之所向——于是，这就自然会推进到开始审视与反思第一尺度之纯粹理性的二元心智模式的人类意识形态，而这样的意识形态的审视又将让我们回到一切问题的初始：对从二元性到非二元性、从第一尺度到更大的尺度，以及由之引起的本原性真理道路与创造性真理道路的根本性认知差异。

"音乐的本体是什么？"类似这样的问题是永远无法得到有效回答的，因为它是一个实实在在的第一尺度之二元性问题形式：存在性问题，这就像当你问"灵魂是什么"却无法从中得到有效答案一样。音乐的本质永远有且只有在更大尺度的创造运动中才能得以觉知和展现，也就是说音乐的"灵魂"永远不可能仅仅通过对自身的声音片段的性状研究获得，而只能在跟随音乐旋律运动所持续展开的"意识流"或"心流"中收获"得其所谓"的感受，在此过程中，我们无法也不可能在让这股心灵之流停止或被定格截取的情况下"看到"音乐的本体。那么，从这样的角度来讲，音乐的"奥秘性"正是由于它的物性材质"声音"所呈现的"意识流"与"心流"强烈信息叙事导向之性质所导致的结果。为什么会这样说呢？下边，我们就来简单阐述一番，以解此惑。

音乐的"声音"之物理性质似乎和文学的词语符号以及绘画雕塑的图像非常不同，它无法展示为一个固定而近乎"永恒"的物理对象——只要愿意，就可以被看见，被触摸到；恰恰相反，音乐感知起来竟然是"随生随灭"的，在三维物理空间中永久地保存它几乎是一件不可能的事情。过去的哲学家说音乐是一种时间上的存在，然而这也同样经不住推敲，先不说人类对时间的本质理解如龟爬一般的进展，一段已经流动过去的"旋律"也并不存在于"物理时间"里，因为如果这样，按照物理时间流动的前后继起"随生随灭"之性质，这段"旋律"在时间中也应该被感知为"随生随灭"，然而事实却是，它在我们的心灵里"绕梁三日，余音流长"——刚刚消失的"上一瞬间"的声音振动，在我们心里并未消散，而是依旧回响盘旋在耳畔，而且更重要的是，"下一个瞬间"的音符振动又立刻在我们的"期待"中出现了。因此，与其说音乐存在于日常的"物理时间"，不如说它存在于我们的"心理时间"中，亦即我们的意识跟随旋律运动而流动起来，从而自发进入在日常时空维度之上的更大尺度的感知层次里，在这里，为了跟作为求知元天性领域之内感官的"心理时间"分开，我们统一把音乐遂行其上的这种时间叫作"心理性时间"，它表达的正是和日常的物理性时间感知相互差别的含义。

然而，思想陈述到这里，这也仅仅是过去的哲学传统中的理性分析而已，传统的逻辑演绎止步于此，而并没有把音乐的感官特质的非线性逻辑完全显示出来。其实，从全息逻辑的视角，音乐的感官特质最重要的"原点"正是来源于音乐的声音"振动"本身，或者说声音"频率"本身，因为"振动"或"频率"这个事物对于人类或者任何生命来说都不是一个简单的物理对象抑或理性概念。在第一尺度之"理性人"世界观里，人类认知"振动"为一个物理现象并用物理学上的"频率"来解释背后的原因，譬如超弦理论中的"弦"的振动模式。然而，我们的心灵对"频率"却拥有一个远远比物理学解释要先天得多、本质得多的认知和理解，这个认知和理解远远在物理学诞生之前就已经内在于心灵的结构之中了，它来自心灵创生并运行其上的作为最高真理尺度之先天思维定律——合一律。在前文第四章第 1 节阐明层级或维度的逻辑时我们已经详细了知，"合一律"是"元创世"的本质主角"创造行动"生成自身的定律，同时这种生成自身的行动在不同受限程度上的"自我观照"便衍生出了心灵先天的运行"轨迹"，即（第二尺度之）频率或维度，这二者是等价的——也就是说，任何生命的心灵先天认知"频率"为一种自身作为真理"本质主角"的元始运行轨迹或者运作形态，因此，任何与"频率"有关的感知形式必定源于并指向这种先天的创造性频率；同时，这些感知形式也必定会让心灵首要地、自发地导向创造行动遂行其上的"频率"或维度展开状态，亦即"意识流"或"心流"状态。此外，"频率"或"维度"又是第二尺度之"场域"焦点的元始发生方式，因而，全然用不同"频率"组织自身的音乐形式就对心灵的"场域"焦点拥有天然的亲和力，于是，跟随音乐旋律运动所引发的"意识流"或"心流"中的心智情感，就会展现出一种更大尺度之"场域"焦点所赋予的天然的直观强化感，亦即其中的意识"鸿沟"效应将相对于其他艺术形式而言更为突出和显著——这就是音乐尤为擅长表现情感的本质原因。如果不懂得"合一律"的先天逻辑，不觉醒"元创世"的心灵先天视野，此音乐本体的更深禀赋之知识就永远也无法进入人类的主流意识形态，亦即集体心灵叙事的本真信息态中。

为什么说音乐和背后的精神品格之间的距离是不存在的？正是因为音乐对乐音"频率"的组织就是精神先天形态自我组织的直接映照，事实上，除了频率和维度之外，精神并不需要其他的运行形态，毋宁说所有感知层次的材料和单位都蕴含于频率与维度的更大尺度场域之中。不是先有感知材料与感知形态再有频率和维度，而是相反，先有频率和维度的场域发生与诸水平展开，然后才在其中生成各个不同水平上的感知材料与感知形态，毫无疑问。美国哲学家杜威说"音乐是最直接的艺术"，他表达的就是音乐的声音"频率"很容易被心灵直接先天认知而"灵化"的美学特性。同样地，对于一个作曲家而言，如果他想要谱写一首描绘春天的乐曲，他实际上并不需要也无法将和煦的春风、绵绵的春雨与姹紫嫣红的春花的物理感知形态用具体的词语描写出来，但是，他却能在乐音频率的律动中将所有这些感知材料背后的"情感场域"进行直接表达，从而让人们的心灵能够在对不同频率层次的"情感场域"演进的"心流"里去展开有关春天的信息态本体的丰富想象，亦即展开不同焦点的感知材料。于是，尽管每个欣赏者的头脑都会被这乐曲旋律唤起不同的春之景观，然而，却能够在同一个频率序列构建的统一"情感场域"里领会一种融通的信息态本土——"春天的精神"。于是，这种"情感场域"的直观表达也就被人们称为"音乐形象"，亦即音乐形式所特有的感知形象。

那么，经过前边的全息"解密"，我们便终于知道了音乐之所以如此富有情感表现力的背后奥秘：正是由乐音"频率"运动所引发的更高真理尺度之心灵场域焦点的展开，从实质上强化了情感的先天直观形态，也就是说强化了情感"意识流"的"鸿沟"，进而让"拓扑架构"的直观单位——构型的自发运行变得更为显著和通畅。也正因为如此，对于人群中的大部分人来讲，他们也许并没有受过丝毫音乐训练，不懂得哪怕最简单的音乐乐理和技术问题，不知道"一个小节中有几拍"，也不知道何为"主音"，但他们仍然会有相同的感受，并且强度丝毫不弱，因为他们直接就能认知和感受"构型"，而并不必然需要接受"概念"知识的"洗礼"。音乐就像生命一样，在无穷的律动中引发并加剧（"心智拓扑"的）渴望，让我们深受煎熬、无处藏身，如此这般一直持续到完整的音乐结束，亦即情感"鸿沟"的最终解决，我们不能被满足的渴望才会得到弥合，从而达成最大限度的"拓扑架构"大构型。因而，可以这样说，音乐的自我组织在基本方式上就十分符合"元创世"的"三生万物"之先天程序，亦即艺术建构的先天"口诀"：内而外，"一二三"。接下来，我们就来具体聊一聊这一点。

首先，音乐的"音符"，亦即乐音的"音调"并不是一种任意的"频率"，而是对全息宇宙实相结构的直观映射。如今，全世界最为通用的音调序列当属现代音乐的"12音音阶"，它又被叫作半音音阶，我们通常所熟知的大小调"八度音阶"就是在这12音中进行特定调性的音程排列而形成的。这个"12音音阶"的音调组织，又被称为著名的"12平均律"，即把一组音（八度）分成12个半音音程的律制，各相邻两律之间的振动数之比完全相等，并以此进行周期频率（八度）的递增或递减。

对此，最常见的例子就是：人们日常使用的钢琴键盘中的一组黑白键，对应的就是这12个音阶。于是，从中我们可以在一个相当显著的对比视角里发现：这个"12音音阶"难道不正是全息宇宙实相结构的12单元大周期的直观映射吗（参照本书第五章第2节"维度数学"）？也就是说，在非二元性心智模式的视角里，当人们敲下一个音符或听到一个乐音的时候，就是在试图对一个行动演化大周期12感知频率层的操纵和感受。而这个12单元大周期又是经由"三生万物"的更小、更内在的小周期演化而来的，因而，内外"一二三"的先天演化程序便内在地存在于这个12单元大周期的音阶序列里。当然，并不是世界的所有地区和民族都完整地使用这个"12音音阶"来进行音乐创作，但是，无论是中国、日本的"五音音阶"还是印度与阿拉伯的"24微分音"，它们都是以这个12单元大周期为蓝本进行周期化递增或（内部）递减的结果，总之，都同属于这个全息实相结构的各个周期区间的映射。

其次，一首音乐除了"音符"之外，另一个最明显的标志物就是节拍或拍子了，它将音乐旋律在时间中的组织过程划分为相等单元的均衡律动，如果做一个对比，它相当于一个诗句中的一个词语。而一个节拍中，亦即音乐的一小节中，又分为重音拍和弱音拍，例如我们最常见的二拍子和三拍子，就是由一个重音拍与一个弱音拍以及一个重音拍与两个弱音拍组成的。如果对比"拓扑架构"的基本构型结构，我们从中会发现什么呢？我们会相当惊讶地发现，一个音乐节拍实质上就相当于一个最小化的"拓扑架构"构型单位，其中重音拍和弱音拍的对比相连正代表了阴阳"鸿沟"，而穿透这个"鸿沟"，亦即穿透重音和弱音的间隔就让一个音乐内容的最小情感结构——"音乐动机"降临到感受里，从而完成了一首音乐中最小的"拓扑架构"之构型建构。因此，一个节拍最重要的意义不在于让人去感受一个实体音符的时值长短，而在于强烈地提示与引导意识去感受重音与弱音之间的那个间隔，即阴阳"鸿沟"，这个音符间隔是"无声"的部分，但是它恰恰标示了音乐中最重要的情感表现之源，这也是本节最开头的那个《4分33秒》音乐事件所欲求反映的音乐审美真理——拓扑架构之全息基因。

意识穿透节拍的"鸿沟"便可感受到一个"音乐动机"，这里的音乐"动机"的内涵和心理学与社会意义中的"动机"还是有所不同的；心理学与社会学意义中的"动机"指的是一个完整自然人的行动意图与人格期望，而"音乐动机"则是表达一个音乐乐思或音乐形象的最小单位，作为对比，我们可以把它看成音乐叙事中经由全息心智所投射的"情感生命体"的最小行动意图之发生。一个完整"音乐动机"通常由一到两个节拍所组成，例如我们所熟知的贝多芬第五交响曲《命运》的开头四连音，就是非常典型的一个两节拍动机；同时，一个（旋律）乐句就是由一个动机的进行几个节拍的重复和变奏组合而成的。从未来性的角度，我们可以从中发现什么呢？我们会发现：一个动机就是音乐表现中的一种情感发生，动机的演变也就是情感的演变，通常一首音乐会拥有一个"核心动机"和几个"主导动机"，我们欣赏音乐的时候，事实上就是在领略这些动机所带来的情感碰撞、递增和融合，因而，它们就让一首音乐呈现出非常明显的周期运动。

而后，亦即经由节拍的最小"拓扑"之构型导致了音乐情感动机的发生之后，音乐叙事当然就要形成具体的行动意图，它也可以说是音乐叙事的情感生命作为艺术"性灵角色"而展开的欲求行动，它是音乐动机的具体而生动的展开，在音乐结构中，它便被称为一个"乐句"。如果和诗歌做一个对比，它对应的便是诗作中的一个诗句。和古诗非常相似的是，一个"乐句"同样需要"押韵"，而其中的"韵脚"便被称为音乐的"主音"或"稳定音"，一首音乐一定会从它的主音开始而流向不稳定音，而每一个乐句的结尾也最终会从不稳定音的运动趋回到主音或稳定音，以得到音乐情感片段的模式感与稳定感，在音乐乐理中，这叫作从不稳定音到稳定音的解决。这就像一个诗句在表达了中间抑扬顿挫的修辞内容之后总要回到韵脚的词，以作为一个诗句及其情感意象的正式结组与停顿；同时，这也是在音乐叙事中被识别为一个情感预期性角色行动的主要直观标志。

在音乐中，一个完整乐句又称为一个"乐段"，它通常由前后两个分句构成，而这两个分句旋律便组成了一对"互耦旋律"，也就是说后一个分句旋律就是对前一个分句的重复性变奏，它们基本上都是由同一个动机的重复、模进、转位与偏离构成的。比如说有一种常见的乐句结构非常典型：第一个分句经常由两个动机组成的一个乐思加一次模进或重复构成，常见的长度为四小节；第二个分句经常由双动机乐思的再次模进加一个明确的终止式构成，也是四小节左右的长度，从而形成 A+A' 与 A"+终止式（A 代表乐思）的双分句乐段结构，由此可见两个分句旋律之间的"互耦性"。于是，从未来性的视角，这样一种音乐叙事的双分句结构就天然地形成了一个阴阳"鸿沟"，而穿透这个"鸿沟"便让一个音乐演进的主体行动情感降临到知觉里，这便达成了乐曲行动的"拓扑架构"——这也是一首音乐进行叙事演进的主体"拓扑架构"之构型单位，它就像古典诗词中形成对偶关系的两个诗句，天然地成其为艺术叙事的主干剧情的主导直观结构；同时，它也相当于文学故事中的角色行动与反馈之互动"鸿沟"所组成的基本戏剧冲突结构，而在前边已经论述过：音乐的物性特质所通达的场域焦点会天然地强化情感，也就是强化这一个双分句所组成的主体"鸿沟"，从而让"拓扑架构"的构型效应更为显著。因而音乐叙事中的

627

这一个主体"鸿沟"天然地具有戏剧性或者说冲突性，即便听起来后一分句的旋律对前一分句的变奏或偏离不够大，甚至就是一种重复，但是经过"场域"焦点的强化之后，它就必定会被意识识别为一种对比性不弱的阴阳"鸿沟"，亦即"戏剧冲突"——这可以说是音乐形式本身带来的源于更大真理尺度的直观"馈赠"。对于这一种音乐的双分句互耦模式的领会，我们可以从下边这一首著名启蒙歌曲《Do-Re-Mi》的经典旋律中得以直观感受，其中每一个分句前边的序号例如"1 和 1'"便标明了这种阴阳鸿沟的互耦结构。

1-Doe, a deer, a female deer

Do 是小鹿多灵巧

1'-Ray, a drop of golden sun

Re 是金色阳光照

2-Me, a name I call myself

Mi 是我把自己叫

2'-Far, a long long way to run

Fa 是向着远方跑

3-Sew, a needle pulling thread

Sol 是穿针又引线

3'-La, a note to follow So

La 是紧紧跟着 Sol

4-Tea, a drink with jam and bread

Si 是茶点和面包

4'-That will bring us back to Doe, oh oh oh

它把我们又带回 Do-o-o-o~

接下来，由音乐乐句的双句互耦方式构成了"拓扑架构"的主体叙事构型单位之后，它们就将按照"一二三"递增的方式形成周期性的音乐内容与结构形式——这便是音乐的"曲式"。可以这样说，只要乐句的旋律运动起来向前演进，我们的意识就一定会以"一二三"（阴阳原）的递增节奏来"期待"这些旋律内容背后的情感回馈，从而进入"意识流"的状态里，在一次又一次的期待与回馈的有效互动中，情感流动的直观层次才会得以顺延尺度天性地自发上升，亦即音乐旋律得到发展演化进而进入到音乐高潮里，也即从"意识流"上升到"心流"——这时，所有音乐家所追寻的触动人心的内感官效应才会由之发生。换句话说，在音乐旋律发展中，与其说是创作者的乐谱结构"设计"了特定的音乐情感表现的节奏，不如说人类的心灵必然会先天地按照"一二三"的期望满足程序来感受乐曲的结构，无论这个乐曲的结构是否符合某个固定的曲式标准。

举例来说，奏鸣曲的曲式就是十分标准的"一二三"周期递增结构，它分为三个大的乐思部分：呈示部—发展部—再现部；其中呈示部展现的是音乐的本体性主题存在，而发展部则是自由展现动态性的乐思律动，蕴含各种转调手法，而再现部则是对主题进行再一次变奏性呈现，它一般会加入对发展部的融合性情感理解。因此，奏鸣曲的曲式结构就是一种反映了"一元本体性、二元动态性、三元融合性"的"一二三"周期递增结构。此外，它的每一个乐思部分的内部又进一步分为相应的三元递增的段落结构，其中的呈示部内部又可分为：主部主题群、副部主题群与结束主题群，发展部内部则是一种自由递增的主题群，而再现部则又是包含主部主题群、副部主题群与结束主题群。所以，呈示部、发展部与再现部便是三个相对小的音乐周期，如果对应全息实相结构的 12 单元大周期，它们则相当于这个大周期中的前三个"半周期"。除奏鸣曲的曲式之外，很多经典交响曲的曲式就是完全按照全息实相大周期的结构来划分的四乐章结构，它们代表四个音乐叙事演化的"半周期"，亦即一个完整故事演绎的"四幕"，例如著名的贝多芬第九交响曲就是完美叙事演绎的四乐章结构。

第5节
论艺术形式的拓扑架构：绘画

如果说文学与音乐还能在时间节奏的叙事展开中，逐步让人看到"拓扑架构"之构型直观单位的演化过程，从而让这些互耦性很强的构型单位在一个相对明显的时间前后关系中被识别，那么，在时间中一次性呈现的绘画艺术的物性特征或直观特性就完全是另一种叙事展现逻辑了。与文学和音乐不同的是，绘画艺术的形式就像是内心生活的一个"截图"，仿佛要把艺术的内在玄机直接传达而不需要一个心灵发展过程似的。因此，与其说绘画是一种空间表达的艺术，不如说它是一种战胜时间的艺术——这一点相当重要，因为它会让绘画形式本身作为一种"打开仪式"，而预置在创作与鉴赏的程序里。

过去的艺术理论在将各种艺术形式进行对比后，同样意识到了绘画艺术这种直接传达内在玄机的"以形写神"的直观特性，正如黑格尔在《美学》中所说的那样：

绘画以心灵为它所表现的内容……我们看到一些有名的画家往往选用人类的外在环境中的事物，例如山、谷、草地、溪流、树木、船、海、云、天、建筑物、房屋及其内部等作为绘画的题材，而去用得卓有成效。但是在这类艺术作品中形成内容核心的毕竟不是这些题材本身，而是艺术家主体方面的构思和创作加工所灌注的生气和灵魂，是反映在作品中的艺术家的心灵，这个心灵所提供的不仅仅是外在事物的复写，而是它自己和它的内心生活。[①]

对此，中国古代文论也用一句诗词做了一个类似的比喻："诗中有画，画中有诗"。然而，绘画这种"直接传达"的特性到底是怎样在自身的直观形式中被内在地表达与反映的呢？换句话说，绘画到底遵循的是一种怎样的先天直观法则，而让一种触动人心的相当高维的感知信息凝固其中的呢？对此，过去的艺术理论并没有取得什么有效进展，甚至一无所知，这便同样成了绘画艺术形式的一个"奥秘"。而现在就让我们来揭晓这个奥秘。从未来性的全息视角，任何艺术形式都是一种以第二尺度信息态作为启始基底的心灵叙事，如果说文学与音乐还会在自身的时间性感知形式中一定程度地映射这种心灵叙事的发展周期，那么，绘画就是这种心灵叙事在发展到"高潮"阶段的直接性的"视域截图"，也就是说绘画就是心灵叙事高潮的"横截面"。因为只有在心灵叙事的周期性高潮中，反映艺术内在玄机的较高感知层次之内在感官讯息才能够流通下来从而被"直接传达"，进而战胜外在感官之"时间"，否则，任何内在触动都不会发生，任何"神"也无法被"形"写就——这是一个从来没有被系统性揭示过的先天艺术法则。于是，为什么在所有艺术形式中绘画鉴赏的"门槛"效应最为显著，其本质原因就来源于此，若是不能领会一幅绘画作品的心灵叙事模式而进入到其中的"高潮"，这幅绘画作品的内在玄机就很难被感受而领会——这从艺术史上众多绘画天才的作品在生前默默无名，而在死后的某个时期却突然声名暴涨、价值连城的事件中，得到相当生动的反映：因为随着思想的进步与心灵的开放，一幅天才性作品的心灵叙事模式便突然被识别出来，进而让"高潮"中的高明心智玄机得以广泛感受和揭示。

我们知道任何艺术作品建立自身的审美世界的第一步，便是需要通过

---

① ［德］黑格尔.美学（第3卷）［M］.北京：商务印书馆，1979：228-229。

对一个传统的第一尺度人性边界的克服来生成艺术世界的性灵角色或意象角色，而由于绘画艺术形式的"去时间"特性，它本身并不会在构形中直接阐明自身到底是建立在怎样的人性边界之上的信息，也并不会像文学与音乐那样留有一个在时间展开过程中的"历时性"的心智观照空间。因此，为了跨过绘画作品的心灵叙事模式识别的"门槛"，知晓特定的绘画作品到底跨越的是怎样的传统边界以作为艺术鉴赏的"背景知识"就显得极为重要，相对于其他艺术形式来说，甚至从来没有这么重要过。与此相应的是，绘画的技法与笔触也在这个步骤中具有了三个相当显著的导向性意义：第一，触发性灵角色克服边界性而诞生；第二，加强性灵角色的初始能量密度；第三，对性灵角色相互关联的构型模式也进行一定程度的预期引导，以促进审美意识流的快速建立。例如中国的水墨画技法就是这三个意义的典型反映，它的多元复杂的技巧性既让水墨构型快速区别于一般的描绘法，也让自身技巧融入水墨构型的意蕴以加深能量密度，又让水墨构型之间的流畅性互联呼应有了一个技法上的构型模式引导。其次，相对于其他艺术形式来说，绘画艺术中的性灵角色的"三生万物"之构型联结，亦即"拓扑架构"直观单位的"一二三"叙事联结结构将具有更为强烈的思想对比之直观形态，例如它最为明显的标志之一就是向"视觉中心"快速趋近的形态构成，同时，作为"拓扑"单位的构型之能量密度也相对较大，因为它们都是作品的心灵叙事中每一次"拓扑"所留下的痕迹。

再次，也是最重要的，正因为绘画艺术的画面就是作品灵魂自我演化之心灵叙事"高潮"的"横截面"，因此，结合本书前边对于信息人模型的阐释，它便具有显著的朝向信息人模型中之最高层——"心流实境层"进行构型塑造的特性。

接下来，笔者就结合具体的绘画作品来对前边阐述的绘画直观形式法则进行一番讨论和阐析，当然还是那句话，任何艺术直观形式演绎的总的

"口诀"从来都是：内而外，"一二三"。

图 46　米开朗基罗《创造亚当》①

　　我们首先来阐析的绘画作品是一幅举世闻名的画作，米开朗基罗的《创造亚当》，如图46所示，它的内容灵感源于古老的《圣经》故事——上帝创造亚当："用尘土造人，将生气吹在他的鼻孔里，他就成了有灵的活人，名叫亚当。"从直观构型的角度，它可以说相当简洁而完美地呈现出"拓扑架构"的构型结构：左边斜躺在绿、蓝色交互调和之陆地上的拥有完善的肉体并代表"尘世人格"的亚当，和右边飘浮在空中、在红色的幔布下由一群天使簇拥着代表"神圣人格"的上帝，共同构成了一个相当显著的从"尘世"到"神圣"的阴阳"鸿沟"；它们的手指互相向对方伸出、靠近，直至接近一个奇迹般的创造"奇点"，充分表达了一种阴阳"互耦"逻辑关系的情感层次突变点，以及双方之间通向更高维心智的"鸿沟"通道，而随着我们的意识跟随这个紧张的角色形态而穿透这个"鸿沟"，更

---

　　① 请按照链接访问原图，以便结合正文涉及色彩的内容理解画作。原图访问链接：https://artupu.com/26015. html.

633

高感知层次"觉醒"效应的心智信息及其情感也便降临下来被我们所领悟到，于是整个作品"拓扑架构"之主体构型随之达成——这就是我们对这幅画作进行鉴赏时所必定发生的意识流动方式。

我们会发现，在这幅作品的画面构型中，"拓扑架构"的"阴阳原"三体结构中的第三点——"原性"心智的表达是采用一种隐藏于画面双手之间"虚空"背景中的手法，这也是绘画创作中常用的手法，这种手法跟文学与音乐中的"鸿沟"生成手法是一样的；"原性"在"拓扑架构"结构中的非二元信息层的定义本身决定了它既可以相对于"阴阳"外感官展现出一种内在的"空"形态，也可以成为一种呈示于画面中的比周围形态更高维而集中的"视觉中心"，这样的构型特质我们在后边的案例中将会很好地看到。

而即便是使用一种跟米开朗基罗的画作类似的三元构型方式，也可以表达出迥然相异的另一种意象效果，例如这一幅来自中国宋代画家刘案的水墨画作《藻鱼图》（如图 47）[1]。我们会发现这幅画作的直观形态同样非常简洁，并且和《创造亚当》一样采用了将"原性"隐于背景虚空中的"拓扑架构"构型方式。我们可以感觉到左侧的那一条鱼和右侧的两条鱼明显呈现出分别落于阴阳两组的意象对比关系，这便形成了一个简洁的阴阳"鸿沟"；而它们之间大大的画面留白则是经由"鸿沟"上下通行的高维心智情感往来之处，于是，一个简洁的"拓扑架构"之主体构型于此达成。然而，和米开朗基罗的作品有所不同的是，意识跟随这幅画作的主体构型所感受到的是另外一种内感官效应，亦即信仰元天性之"人格完形的扩展"的内感官效应，从中我们将知觉到一种融灵动生趣于宁静淡泊的禅性情感

---

① ［英］E.H.贡布里希.艺术的故事.范景中译.南宁：广西美术出版社，2018：154。

人格进而扩展到整个画面意象的心智效力，它相对于《创造亚当》的行动"奇点"的阳性，自身更显现出一种通向本体深度的阴性直观倾向。

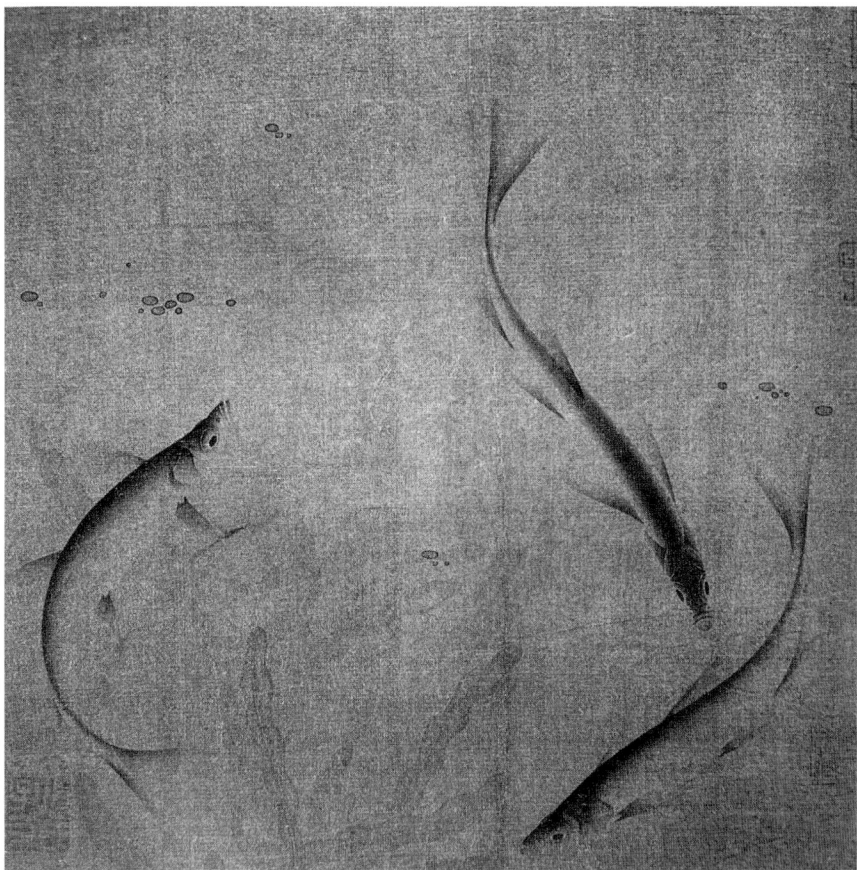

图 47　宋代刘寀《藻鱼图》

在领略完"拓扑架构"的简洁三体构型之后，我们再来看一幅构型相对复杂的作品，亦即来自拉斐尔的《嘉拉提亚的凯旋》（如图 48）。在艺术史中，拉斐尔被认为是将构图技巧和能力发挥到极致的绘画大师，这一幅作品就充分地体现出了这一特点。过去的艺术思想从来没有从先天结构法

则的角度揭示出这幅作品在构图上极度成功的逻辑玄机之所在，而今天笔
者就要为大家揭开其中的奥秘。

图 48　拉斐尔《嘉拉提亚的凯旋》①

---

① 　原图访问链接：http://baike.baidu.com/item/ 嘉拉提亚的凯旋 /6536943.

这幅壁画的题材来源于一个古希腊神话，这个神话描写了一个笨拙的巨人波吕斐摩斯（Polyphemus）怎样对美丽的海中仙女嘉拉提亚（Galatea）唱情歌，嘉拉提亚又怎样乘坐两只海豚拉的双轮车越过波浪，在一群欢乐的海神和仙女的簇拥之下，讥笑波吕斐摩斯的情感的粗鄙。这幅画作集中表现了嘉拉提亚跟欢乐的同伴们在一起游玩嬉戏的情景，而巨人波吕斐摩斯不在画作之内，被画在了壁画所在大厅的其他地方。

首先，画面的视觉中心，亦即"原性"的焦点毫无疑问是被众神伙伴簇拥在中心的仙女嘉拉提亚，而以她为中心，我们能够在第一时间直观识别出来的最明显的"鸿沟"，正是由在她左右两侧、由两组伙伴相对分离排列所形成的一个海中"通道"，而嘉拉提亚正行进于其中。这个通道并非一种直上直下的呆板的"稳定性"道路，而是从左上方到右下方、由远及近斜穿而下的动态性海中"轻轨"，在画面最下方双手指向跃动中的海豚并跟随其一同运动的小天使则进一步加强了这个主通道的行动力。

其次，我们会发现嘉拉提亚两侧的每组同伴都是由三人构成，而且这三个人的形态本身又在内部分成了两组，一组是一男一女拥抱在一起纵情嬉戏，而另一组则是一位男仙在斜对天空吹响着内在宣示的螺号，于是这两个代表不同行动倾向与情感表达的"内部组"互相又分别形成了两个"鸿沟"，承载情感互动与人物关系的"鸿沟"；非常巧妙的是，这两个"鸿沟"各自又生成了两个直观"通道"，这两个"通道"不仅直接指向戏剧中心的嘉拉提亚，而且它们与嘉拉提亚三者之间也形成了一个三点贯穿联结的斜向直线通道，这是一个氛围互通的"次通道"，这个"次通道"的线路恰好和"主通道"交叉成一种空间垂直关系。

最后，除了嘉拉提亚和她的众神伙伴之外，她的上方也飞舞着四个小天使，其中三个正拿着弓箭拉弓指着她，另一个则躲在云后边拿着箭镞露出偷看的面孔。而这四个小天使同样分为两组：右边背对着她而自己偷藏着表情和情感的两个天使是一组，左边正对着她并显露出自己表情和态度的两个天使则是另一组，这两组之间又形成了一个情感态度从隐性到显性变化对比的"阴阳鸿沟"。这个"鸿沟"构成了一个天空中的智慧与精神向下传达之"通道"，这个空中通道同样直指嘉拉提亚并和她互联成一条天空的斜直线，而画面中她朝左上方斜看的视线也强烈提示着这一个空中的"智慧通道"。

于是，画面构型中所形成的这四条情感迥异的"通道"全都以嘉拉提亚的心脏部位为中心交汇在一起，亦即嘉拉提亚的"原性"中心融合了四个高维心智感官的"鸿沟"穿透力，就像把所有意识流的知觉精髓全都形成一股合力似的，这股合力推动着她的生命行动由左上到右下、由远及近、由情感到智性、由理智到自由的动态演进，直达艺术叙事"高潮"之"心流"——这就是拉斐尔这幅作品的完美构图之奥秘。正是在这样的四个"拓扑"通道合力构型之绘画构图里，每一个人物都与另外一个人物相配合，每一个运动都与另外一个反运动相呼应，每一个情感生成都与另外一种情感流动相衔接，这便构成了一个完美的"一二三"直观单位递增模型。

而从艺术叙事本质之全息心智的角度来看，由于这幅作品人物互联、情感互动与情态互通的效应如此显著，所以它映射的情感族群归入的便是爱的元天性领域；又因为它的动态性构型倾向，因此它更突出反映的是"自在之爱"的元天性格调。于是，在此基础上，它唤起的直观行动则通向"老子与佛陀家族"所代表的创造者与融合者意识家族，那么我们能够从中感受到一种情趣互联融合的"对形式恒变之感应"为主导的内感官效应，当然，在这个爱的情感互联衍生的主导氛围里，我们还能够感应到一种代表阳性行动精神的"心理时间"内感官效应，它们共同融合成一个自在之爱的元天性格调的全息心智。

在感受完前边这几幅古典主义的作品之后，接下来，我们再来看一幅现代艺术的作品：来自荷兰艺术家梵高的举世闻名的代表作《星空》（如图 49 所示）。

图 49　梵高《星空》①

　　若要理解《星空》，我们首先就要知道这幅作品的"意象角色"是如何形成的。如果说前边几幅古典主义画作秉持的基本观念是对客观自然的理念摹仿，亦即将客观自然存在的事物的感性形态当作一种成型的意象角色，那么，梵高的艺术世界就是要打破这种以自然的客观性作为真理标准参照的思想传统。梵高相信内心的主观世界同样具有无可置疑的真理性，并且在这个主观表现力世界中的"生灵"并不一定是一种在客观自然界已然存在的事物，而完全可以是反映自身主观感性特质的线条形状与颜色形

---

① 原图访问链接：https://www.nbfox.com/the-starry-night/.

态，它们是一种承载更高尺度之非线性法则的情感生命体。因此，我们会看到这幅《星空》中的所有事物全都发生了一种直抒内心情态的形态变形，事物的自然形状与颜色形态之间的界限开始变得模糊，它们都在作品的艺术世界中变成了一种互相平等的生命体——"意象角色"。

了解完这幅作品是如何生成自己的意象角色，亦即它的打开方式以后，我们就要来看一看它是如何通过"拓扑架构"的先天方式来构建自身的审美知觉整体的。首先，作为画面前景的黑色的、阴郁的、张牙舞爪的斑驳树影，以及作为画面中景的蓝色沉寂的连绵远山是一组最明显的颜色与情感之对比，于是它们之间构成了一个先期的基本"鸿沟"；而非常巧妙的是，在这个"鸿沟"对比所形成的艺术世界的空间中间处，恰好形成一个峡谷形态的"通道"，而且恰恰有一排排小巧的房屋经由这个"峡谷"通道由近及远延绵而上，星星点点的黄色灯光以及星光投影的色块让它们产生了一种生命流动的连续感，那么，这一条倒映着星空黄色亮点的房屋通道正是作为画面视觉主题之星空的直观投射。于是，意识就可以经由这一条流动性的房屋"通道"所形成的"鸿沟"直达整个星空，整个画面中"地面前景"的这样一个三元拓扑之大构型也便由此形成了。

而后，和前边的"地面前景"形成的大构型的阴性本体情调相比，占据大半个画面的壮丽的流动星空无疑是更"阳性"的感知维度，不仅如此，星空自身又形成了另一面向的"拓扑架构"之大构型。靠近山体的下方的三个亮白色与昏黄色星团，与"银河"上方的数个由左及右、由小到大的亮黄色星团共同构成了灵性情感的从阴到阳的对比性"鸿沟"，而穿过这个"鸿沟"则是一条如音乐旋律的律动般旋转交织在一起、向前运动蔓延的银河光带，这条代表更高"原性"精神的银河光带不仅自身如太极一般互相交织，而且下连群山、观照房屋树影并从左到右贯穿整个画面，就像要把整个地面都带走似的，这便形成了一个星空中景的阳性情调的"阴阳原"大构型。于是，"地面前景"的阴性面向大构型跟"星空中景"的阳性面向大构型再一对比，就形成了最大的画面叙事的戏剧"冲突"，亦即一种"天地对撞式"的意象大鸿沟；而穿透如此之天地"大鸿沟"，一种自在之爱的元天性心智情感也便降临下来而被意识所把握——这便是梵高这幅作品的"拓扑架构"之主体构型的直观形式美的秘密。更为巧妙的是，如果我们细细品味就会发现，这个"天地对撞式"大鸿沟的冲突中心，亦即整幅画面的作为心流实境的高潮迸发点——画面意象奇点的"视觉中心"，恰恰就在地面上那个乡村小教堂的高高耸立的尖顶附近，这也算是梵高给我们留下的对于这幅艺术作品之"观看之道"的隐秘钥匙吧。

第六卷

再论东方：以未来性重新打开东方经典

第十五章
以未来性视域看道家和儒家经典的全新打开方式

第1节
以未来性之全息视角论东方经典的观看之道

经典的观看之道，亦即对待知识的基本态度，在如今，则已悄然演变为对待信息的基本态度。随着认知行进到了此处，我们会发现：知识已经远离了第一尺度之实在性，而早已进入第二尺度之信息态乃至第三尺度之全息态。那么，东方经典所传递的"知识"，其本质究竟是何种形态呢？通过前文的叙述，其实这个问题并不难回答。

随着人类整体的"稳定经验"跟随心智的拓扑架构向前演化，人类过去用以传递知识的符号系统，亦即将符号与其抽象意义以能指与所指的方式架构在一起的第一尺度之二元方式，必将越来越不适应人类的文明交互效率，对此，西方学术界已然不由自主地表现出各种焦虑。这种焦虑很大程度上呈现在他们的文艺作品里，例如在被当今知识界公认的"元宇宙"概念源头的科幻作品《雪崩》中，其设想了一种在人类文明早期的"神话时代"便在先民中觉醒、使用心智深层结构的"元信息"——谟，通过在神庙中对于"谟"的心智"下载"，人们便可以在不经过后天学习的情况下，直接以身心合一的方式"神奇地"掌握一种知识及其背后的实践技能，无论这种"技能"被称作建筑、耕作、绘画还是外交。而在另外一部曾获得世界最高科幻奖——星云奖的作品《你一生的故事》中，这种"元信息"则变成了一种高维外星人种族"七肢桶"所使用的独特语言——B语言。

在故事中，B 语言是一种针对非线性拼写的方式而建构的图型，通过这种特殊的图型生命可以穿透时间的线性束缚而直接把握未来，这真是另外一种"神奇"的语言，或者说，神奇的知识"观看之道"。实际上，西方知识界从未停止过对于这种"元信息"的探索和推演，譬如美国语言学家史蒂芬·平克在其专著《语言本能》中提到的存在于人类深层思维中的"先天语言"——心语（mentalese），以及德里达根据"延异"的拓扑效应所设想的纯粹理性之二元符号的更大源头——元文字，都是这种探索活动的代表，于是，这种努力的"成果"及其意志也以生动演绎的方式反映在了西方的科幻作品中。然而，无论西方的思想者们怎样努力，似乎还是无法突破矗立在西方原生文化基因中的那一面"真理之墙"。因为不论是"谟"、"B 语言"、心语抑或是元文字，它们要么是理性的镜像（例如"谟"、心语与元文字），要么是时间的镜像（例如 B 语言），总是离揭示更高真理尺度的心灵先天结构相差甚远而显示出巨大的"消极性"——一朝不得全息则永世不入真理之门，西方文化惯性中的那一把"迟钝的剪刀"实在是既厉害又嚣张。

事实上，对于"元信息"，西方人并不需要绕如此远路去寻找，因为，正如前边的论述所阐明的那样，东方原生文化基因从来就是以"元信息"所昭示的真理尺度为起点——第二尺度的"后一半"来建构自身的，而众多东方的经典便是以一种朴素的方式展现"元信息"的范例。对此，庄子有过一段经典叙述：

> 吾生也有涯，而知也无涯。以有涯随无涯，殆已！已而为知者，殆而已矣！为善无近名，为恶无近刑，缘督以为经，可以保身，可以全生，可以养亲，可以尽年。[①]

[①] 《庄子·内篇·养生主》。

这段话的大意是：人的生命是有限的，而知识是无穷的，以有限的生命去追求无穷的知识，是要失败的。已经明白了这个道理却还要这样去获取知识，则是失败中的失败。做任何事，无论善恶，都要远离名利和俗法这种（低微的）尺度，把顺着自然之道作为行事的主导法则，就可以保护生机，保全天性，可以养护精神，享尽天伦。

很显然，庄子对于"知识"的态度便是绝对不能一味增加第一尺度的以概念范畴为基本单位的无限"冗叠"的知识，这实在是太过愚蠢的方式，生命应该增加并奉行的是作为更高乃至最高真理尺度之自然之道的知识——元信息或元知识，这种知识无法通过客观输入的方式来"学习"，而只能通过在心灵自然韵律的契机共鸣中"领悟"——于是，庄子的这段话所透露出来的"境界"，很大程度上反映了东方经典的观看之道。

实际上，随着知识的呈现从实在性转入信息态，对于知识的领会方式也便从一种机械的线性方式转变为"三元拓扑"结构的非线性方式，于是，语言或符号便从作为抽象概念之载体的"存在"转化为承载叙事情境之"角色"；而若是从信息态进一步升维至最高尺度之"全息态"，那么，符号有无则变得无关紧要，因为这些符号早已融入它们之间的"空白"而成其为向来如此的万有的合一状态——全息。因此，东方经典从来就是以信息态作为起始打开方式，而向着全息态展开自身——不清楚这一点，东方原生文化之经典所"记载"的内容对于我们来说就是一片混沌的盲区。而由此我们也可以得出东方经典之"观看之道"的三大要义：

1. 真正的东方经典，其由文字符号组成的内容本身并不是"标准"，因为把一种符号和语义二元分离的模式当成"标准"的做法实在是对东方经典的"降格"，这样的做法等于将经典的真谛固化在第一尺度的界限之内，这其实跟把经典当作一部实验报告和产品说明书的做法没什么本质区别。东方经典所遵循并彰显的真理尺度从来都是从第二尺度的高位境界开始，并朝向第三尺度展开，于是，真正的东方经典的首要打开方式便是将其当成用以启示某种深层智慧线索的"范本"，而非智慧的尺度本身，这从本书在前文展示的"元创世"的叙事"范本"——"一切万有"的三大两重之境中可窥其一斑。

事实上，随着心智的先天结构在深度信息时代的人类生活中被愈来愈普遍地揭示和运用，人们对于连续使用心智拓扑架构而通达"元信息"的经验也将变得愈来愈"日常"。就此而言，如今这个时代，正是一个以诸般多元生动的方式展现"元信息"奥秘的时代，亦即"再造经典"的时代，毕竟，跟两千多年前身处轴心时代的先贤相比，当今人类社会之启蒙所基于的整体心智平台及其心智尺度之阶段已经发生了剧烈的变化——不知不觉中，人类的集体心智已经在信息的海洋中无意识或准有意识地整体进入了第二尺度；那么，过去的经典在第一尺度的视域中"不得不"呈现出一种如真理教律般的符号标准面貌的"幻觉"，也自然会在当下时代的人类整体心智视域中逐步去魅而转变成全新的形式。对此，佛家有言：何谓佛经，经即径也，如是而已。同样地，身处"再造经典"之时代，"人人皆是命运的作者"也就有了崭新的内涵，"元信息"的内涵。

2. 正因为东方经典表达自身的起始境界便是"信息态"，因此其真谛揭示与展开的真理主导形态，也便不是那种欲求跟抽象的彼岸本原同一的"本原态"，而是（创造）行动态，也就是说东方经典从来都是通过（创造）行动的信息叙事的世界意识之意蕴启发的方式来展现自身的真谛的。

因而，那种跟感性心灵相对峙的"不动的"客观知识，是全然属于第一尺度的"专利"，真正的东方经典从来不受限于此，因为在本真信息态的拓扑视域中，知识一旦"静下来"，其精髓立刻就会"溜掉"；于是，一旦进入根据符号文字的抽象意义来解读东方经典的情境中，就会立刻陷入第一尺度的二元认知陷阱里，从而永远都无法得到经典背后的真义。唯一的办法，便是跟遂行于先天之路上的创造行动"合流"且不再区分彼此，从而全然拨开弥漫于心灵先天状态之前的迷雾，进而跟镂刻于心灵深处的"元创世"程序达成同频共振，这时，知识早已不是从外边获得，而是从内部"回忆"起来——我们的心灵本自具足，知识从未匮乏。就此而言，当你真正把握东方经典的真谛时，那便意味着没有什么外在的知识要去获取，而只有更大的真实状态要进入，当你这样做的时候，你会突然发现，之前所见到的所有符号乃至事物的意义原来可以是抑或原本就是由你来赋予的。那么，庄子所说"得鱼而忘筌""得意而忘言"，体现的正是如斯要义。同样，从如斯角度看来，因为知识就是一种因缘－回忆或间性－唤起的先天拓扑行动——因缘或间性让你身处意蕴展开的世界之中，让你回忆或唤起更大的真实，此时，这些因缘或间性便指向了一种跟过去的抽象符号代表的概念或范畴截然不同的基本认知单位，亦即遂行于拓扑架构之上的第二尺度之构型单位，乃至第三尺度之全息单位。于是，如果你把"冥想"的程序当作朝向先天真实的心智拓扑行动的一个内生部分，那么遂行东方经典要义的"冥想"亦是一种"知识"。

3. 东方经典的观看之道，亦即东方经典的核心认知尺度乃至最终认知尺度，从来不是第一尺度，甚至向来不拘泥于第二尺度，而是全然落定于第三尺度——全息。我们在前文的阐述中已经知晓，真正的东方经典既然是对于全息的叙述，那么也便是对于全息人模型的叙述，也即对于"元创世"的叙述；就此而言，这也完全等价于：对于周易的叙述，对于道的叙述，对于如来藏的叙述。因而，跟"三生万物"之"元创世"实现共振，从来就是东方经典的深沉暗线，也即最本质的观看之道。反过来说，在这种最终认知尺度亦即最终真理解释权的观照下，东方经典的内容诠释及其领会必然首先从这一视角出发才能获得其真正的"合法性"，其余一切解释或领会都是它的衍生物，毫无疑问。只有了悟这一点，东方原生文化之经典对于你来说才可尽观其精髓，否则，得到的就是一片充满混沌与矛盾的杂音。此外，既然东方经典的最终认知尺度成其为全息，只要你真正领会其中的任何一丝真谛，那么，你必然将毫无阻滞地自发再造自己的生活世界，因为全息之为全息，正在于没有消极的角落与失衡的领域——知行合一，从来合一，如是而已。

当然，东方经典的观看之道还有第四个要义，也是一个衍生要义，它直白地指出：当今时代的知识承载方式实在是有些"滞后"了，一种结合新的观看之道的"元信息"范式呼之欲出，也就是说，二元性的"符号"亦迫切需要升级为第二尺度的"构型"，随后进一步升级为最高尺度之元始构成——全息。

第2节
以未来性视域看《道德经》经典段落

第一章

道可，道非，常道；名可，名非，常名。

无名，天地之始；有名，万物之母。

故常无，欲以观其妙；常有，欲以观其徼。

此两者同出而异名，同谓之玄；玄之又玄，众妙之门。[①]

全息解析：《道德经》第一章描绘的正是全书得以奠基之真理尺度——道，亦即作为尺度之尺度之第三尺度，毫无疑问。对于《道德经》第一句的断句，历来就有三个不同的版本，除了前边呈现的以三为韵律节奏的断

---

① 《道德经·第一章》。

句外，最常见的传世版，其断句为二元韵律："道可道，非常道；名可名，非常名"。此外，还有一种"一二三"韵律版："道，可道，非常道；名，可名，非常名"——其实这个版本的断句跟传世版所表征的意义没有太大的区别。而正如在上一节所阐述的东方经典的观看之道所展示的那样，切莫把符号本身当作唯一标准，而更要看经典背后的意蕴，因为东方经典跟西方的哲学著作不同，它们大多是以一种接近"骈文"形式的表征意蕴的文学语调来创作的，因此，这种韵律形式所通达的意蕴怎样跟"元创世"形成同构性自洽才是领会东方经典的关键。

而既然打破了抽象符号所指的唯一性，那么，第一句话的两种版本的断句，亦即三元断句和二元断句，它们就都是正确的。只不过，若以跟"元创世"的三元节奏同频的视角来看，前边的三元断句版本会更适当一些，同时，这样的断句节奏也跟我们将在下一章阐析的《金刚经》之"三句义"是一致的。于是，"道可，道非，常道"所表达的正是标准的"元创世"，亦即"第一尺度，第二尺度，第三尺度"——"道可"表征的是第一尺度之与自身同一的"存在"，"可"通达"同一律"；"道非"实际上指的是"常道之非"，指的便是最高思维定律首先进入受限阶段的那个真理元始尺度——第二尺度之谐同律；"常道"则当然指的是最高真理尺度——合一律，"常"指向的便是最终的"不变性"，亦即最终的对称性。而与"道"所通达的真理尺度之思维定律相一致的是，"名可，名非，常名"表征的便是三大元始真理尺度的本原性指称，亦即"A，原A'，原A"——如此这般，才叫心智意蕴的全然契合。

同理，紧密贯注在最高的真理尺度——第三尺度，则第二句的"无名"和"有名"也就根本不是通常理解中的"抽象"和"具象"之义，这种以纯粹理性之第一尺度来解释的方式实在是一种"降格"。于是，从第三尺度的尺度定义之视角，"无名"指的便是最终的"不变性"，亦即超越一切实相形态之"名"的那种最高"不变性"之领会；而"有名"表达的则是此最高"不变性"开始展现为对于宇宙实相形态之元始构成的心灵先天结构，因为它必定导致实相构成，因而是"有名"的，"名"并非指第三尺度之"名字"，而是更深远地指向具有直观内容的诸尺度之实相形态。

那么，就此而言，在一个统一的意义韵律之下，第三句的两种断句版本：传世版的"常有……常无"以及帛书版的"常有欲……常无欲"，它们两者在字面上显示的意义差别也就没有什么本质之分了，因为它们必定一致性地对应上一句的"无名"和"有名"的意蕴延展；况且，在第一句所落定的境界关联中，"常"这个字将统一联结最终尺度，因此，无论是"常有……常无"还是"常有欲……常无欲"也就根本无法脱离第三尺度来论述。

于是，顺延而下，第四句的"玄"既可以表征作为真理打开方式的心灵底层禀赋之尺度天性，又可以代表第三尺度本身，从"玄"的广义用法来看，前者的意蕴倾向更明显。

故此，我们就可以得到保持聚焦在真理最终尺度之上的《道德经》第一章的全息译文了。

全息译文：真理全息地拥有三种打开方式：第一尺度之同一律，第二尺度之谐同律，第三尺度之合一律；其本体指称分别为：A，原A'，原A。终极无漏之"不变性"——趋向"合一"之无名（非阴非阳），乃是实相得以创始的原点；呈现（阴阳）有漏之实相元始构成的心智先天结构——有名，则是宇宙形态得以构成的元始基因。故而，当思维贯注于"合一性"，则能够直观地获得实相的真谛；当思维贯注于元始构成之先天结构，则能够直观地获得宇宙实相的全息演化架构。这两者拥有共同的元始起源但区分于不同的聚焦形态，它们都是心灵底层禀赋之尺度天性的一部分，遂行于尺度之尺度的全息天性之流，则一切真理的法门便无所遁形。

当我们了解第一章的"观看之道"后，《道德经》后续的经典段落也就很容易诠释了。

第四章

道冲，而用之或不盈。

渊兮，似万物之宗：挫其锐，解其纷，和其光，同其尘。湛兮，似或存。吾不知谁之子，象帝之先。[①]

全息解析：从贯注于最高真理尺度的视角，道冲，说的正是第三尺度所呈现的本真创造行动之无限生成的全息拓扑天性。我们在前边的阐述中已经知晓，从第二尺度开始，真理逻辑的主导形态，已经开始从本原态进入行动态了，而这一章说的就是最终之创造行动态的全息天性；正因为如此，它作为行动之行动，必然比一切实相行动能够实现的最大维度还要大，因为一切实相行动天然就递增了它的总体维度，故而才能"用之或不盈"，亦即永远无法凭之在实相中展开而呈现出一种盈满盛极的边界感或极限感。

于是，"渊兮，似万物之宗"也就当然不能简单按照字面理解为"它如深渊般深邃奥妙，如同万物的主宰者"，这种理解在逻辑层面上太过于浅表和缺乏系统了；实际上，这句话说的正是"道"之开展为实相创造的行动之后，所展现的具有全息基因的"阴阳冲和"之拓扑架构；意识单位或宇宙万物的实相形态正是由之生成，因而正是从它对于一切实相形态的先天的结构性把握的视角，它才能够成其为"万物之宗"，亦即把握万物的那种东西。而在前文我们对于"元创世"的"三生万物"之阐释中可以了解，《道德经》中的"万物"并非全然泛指宇宙万物，它更指代宇宙万物

---

① 《道德经·第四章》。

的全息本体态——合一律之意识单位"原A"。那么，从这个意义上来讲，"挫其锐，解其纷，和其光，同其尘"指向的就是心灵先天结构——"阴阳冲和"的三元拓扑结构中的"阴阳鸿沟"或"阴阳间性"，因为任何从本原性发出的行动，无论它呈现为怎样的"锐、纷、光、尘"，必然会在由道转化而来的实相场中遭遇超出其预期的"鸿沟"，随即完成一个"在……之中"的逻辑建构；而"似万物之宗"的道冲效应又让其不拘泥于这一个"阴阳鸿沟"进而穿透它而通达更高维的实相境地，从而完成这一个"阴阳冲和"的拓扑行动——这才是"渊兮，似万物之宗：挫其锐，解其纷，和其光，同其尘"作为一个整体的全息理解，亦即"阴阳冲和"之先天拓扑天性，这也即"和光同尘"的真正意涵。正是在这样的全息拓扑之天性中，道才会展现为一种"似或存"的"量子状态"，从而得以比那种被视为最高本体态之描绘的"神帝"要更为逻辑先行和尺度广大。

全息译文：（遂行未来性真理道路之）大道超越一切象而全息展开，比一切实相行动的最大实现还要大，故而永远无法凭之而显露出一种盈满盛极的边界感或极限感。

大道的先天创造架构深邃奥妙，万物由之把握并从中生成，从而它如同把握宇宙万物之一切实相形态得以创生之"主宰者"：万物从本体态发出的任何行动，无论它们呈现出怎样的锋芒、纷繁、优异或者缺憾，都将在大道所转化的宇宙实相场中遇见超越它们实相预期的结果从而形成"阴阳鸿沟"，与此同时，大道的先天架构又将使得行动必定穿透此"阴阳鸿沟"而进入更大实相境地的领会中——这便是"道冲"的"阴阳冲和"架构的先天效应。如此，大道作为无限生成之创造行动才会超越一切本体态而呈现出永远无法确定的精深状态，而或有或无地存在着。我不知谁产生了它，抑或根本不需要谁来产生它，仅知道它永远比"神帝"要更为逻辑先行且尺度广大。

第五章

天地不仁，以万物为刍狗；圣人不仁，以百姓为刍狗。

天地之间，其犹橐龠乎？虚而不屈，动而愈出。多言数穷，不如守中。[①]

全息解析：这一章的第一句话经常被视为令人费解之句，从字面来理解，好像天地与万物、圣人与百姓处于一种毫无人性的冷冰冰的机械关系中。当然，另外一种解释认为"不仁"更应指拥有至高道德的"无私"，跟老子在《道德经》中的整体思想是一致的。然而，这些都是伦理性的诠释，或者说，囿于第一尺度视域的伦理性诠释，跟聚焦于最高真理尺度的逻辑焦点或法则焦点毫无关涉。实际上，如果从全息的视角来看，老子在这一章中欲求揭示的真理非常直白，因为即便我们对于此章的第一句话感到费解，但是，在保持内容叙事情境的一致性的情况下，我们通过此章第二句话的内在意涵亦可以反推第一句话的真正主题。

第二句话"天地之间，其犹橐龠乎？虚而不屈，动而愈出"，橐龠指的是古代一种类似风箱的鼓风吹火工具，于是，从全息的角度，"天地之间，其犹橐龠乎"相当直白地指向了如同一种能量和心智得以产生之"鼓风"通道般的结构——"阴阳冲和"之先天的三元拓扑结构，其中天地之间的"间性"和"橐龠"这种工具的结构及其功能这两点"提示"简直不要太显眼才好。正因为实相行动的本质结构是一种如斯般"鸿沟穿透"的拥有全息基因的拓扑动作，所以才能"虚而不屈，动而愈出"，亦即通过这种先天的心智"通道"凭空变出实相能量和信息而永远不会衰竭，并且越本真地使用它就越会"穿透"进入亦即演化至更大的维度、更大的真理尺度，从而被唤起的能量和信息也就越多。因此，跟上一章相呼应，从本

① 《道德经·第五章》。

体态发出的行动，也即遂行于第一哲学之传统真理道路之上的行动，无论它们表现得多么"锐、纷、光、尘"或者如同这一章的"多言"，都必然会遭遇超出其本来预期的结果而形成"鸿沟"，这样就必将带来困窘之"穷"。于是，面对这样的事实，符合全息大道的做法便是将心智的主导焦点转化为跟心灵先天结构同构之拓扑行动态，亦即第一哲学之未来性真理道路之创造行动的状态，从而唤起本真的心智视域——致中和之"守中"。

由此可见，在保持思想叙述主题一致性的情况之下，此章的第一句话自然说的是"阴阳冲和"之先天拓扑结构，那么，我们该如何理解它呢？其中的关键还是在于"刍狗"在此情境中的意义，从字面来看，"刍狗"指的是古代祭祀时使用的用草扎成的狗，好了，关键在于，何谓"祭祀"之用？"祭祀"在古代是一种用来沟通天意的仪式，而"刍狗"正是这仪式的一部分，而若转换成逻辑的语句，沟通天意的仪式难道不正是一种对于连通高维乃至先天信息之"通道"的建构活动吗？因此，"刍狗"在这里符合叙事一致性的真切含义，指代的便是一种先天"通道"——阴阳鸿沟或阴阳间性；而因为它成其为一种朝向全息行动的"阴阳鸿沟"，所以它原本就处于一种既仁又不仁的状态，在其中，仁或不仁的特定情感本就处于次要地位，或者说，天地与圣人之"不仁"，恰恰是一种熔炼万情的全息之仁，或者准确点说，全息之爱，他们并非"无情"，而是一种合万情为一体的最终之情，因而从第一尺度的视角看起来，就是无情的。

全息译文：天地与圣人奉行的乃是大道创生实相的"致中和"先天拓扑架构，因而，在它们的视域中，"万物"和"百姓"从来不是某种较低尺度之存在者，而全然是通达先天境地之拓扑"通道"的灵性指称，正如人们拿"刍狗"作为祭祀仪式之媒介以连通天意一般。

天地之间的实相状态，难道不正是如同一个大风箱般的先天"通道"吗？宇宙通过这种先天的心智"通道"凭空产生实相能量与信息而永远不会衰竭，并且越本真地使用它就越会以之为"间性"之媒介而演化至更大的维度、更大的尺度，从而被唤起的能量和信息也就越多。因此，从第一哲学之传统真理道路之本体态出发的二元性行动越多，就越会遭遇这种"通道"的实质所带来的"鸿沟"而导致心灵困窘，于是，我们便应该如同天地与圣人那样遵循此"致中和"之先天架构而从较低尺度的困境中脱离出来，进而定于第一哲学之未来性真理道路而"守中"。

第六章

谷神不死，是谓玄牝。玄牝之门，是谓天地根。绵绵若存，用之不勤。①

全息解析：在这一章，老子用了一种相当精妙而生动的方式来展现大道创生之先天结构的奥秘。"谷神"即生养之神，很显然，"谷神"在这里指代的便是正在展开全息实相创造行动之大道，亦即展开"元创世"之大道，如此状态之大道便是"玄牝"，亦即一种全然施展尺度天性的玄妙母体。"玄牝之门"的"门"本身代表的是这种玄奥母体得以"阴阳冲和"的生殖器官，亦即使得天地实相之本质由之创生的"通道"，而"玄牝之门"这个整体意象则体现的是一种象征心智先天结构——"三元拓扑"的图腾原型；"门"即阴阳鸿沟之"通道"，穿透此门不仅可抵达先天"谷神"之境，同时，玄牝所代表的大道的先天信息亦可通过此门而源源不断地"降临"，正如玄妙母体对于天地实相的孕育生养——所谓"天地根"体现的正是如此意涵。而正因为通达如此这般的先天结构，实相创造才会"绵绵若存，用之不勤"。

全息译文：正在遂行实相创造之大道，是全息而超越生死的，如此状态之大道也便是一种全然施展尺度天性的玄妙母体——玄牝。这一母体的

---

① 《道德经·第六章》。

生殖器官"玄牝之门"，乃是"阴阳冲和"的大道创世之先天结构，天地实相的孕育生养皆通过此"玄牝之门"全然施展，这便是天地实相之真正起源。正因为如此，宇宙实相的万物创生行动才会永恒存续，并拥有永不枯竭的原动力。

第十六章

致虚极，守静笃，万物并作，吾以观复。

夫物芸芸，各复归其根。

归根曰静，是谓复命。

复命曰常，知常曰明。

不知常，妄作，凶。

知常容，容乃公，公乃王，王乃天，天乃道，道乃久，没身不殆。[①]

全息解析：这一章主要描绘的是心灵真正聚焦于第三尺度的规律及其景观，因而，这一章的要点在于"聚焦"，按照佛学的说法，这一章则属于"悟后经"。根据第三尺度之合一律，第一句的"虚极"指的是一切非第三尺度之"相"皆不再产生的"实之实"，亦即意识单位或如来藏的合一态；而"静笃"则指的是作为"动之动"的创造本身，正因为它是一切生成行动的总起源，因而成其为"不动之动"，也即终极之"静"，这种结合圆满创造之"静"便是全息。于是，"万物并作"中的"万物"也就不单单指宇宙万物，而指向逻辑上的万物最终的本体态——意识单位（原A）本身；而在此基础上，"观复"意味着心灵观照之道以最高尺度为基元的尺度天性的展开，亦即观照三大真理元始尺度展开而演化之"元创世"。在此过程中，根据源始的尺度天性，一切尺度最终必然都要"回到自身"，亦即实现创造之圆满和价值的完成而回归最高真理尺度——全息，因而，

---

① 《道德经·第十六章》。

这便是最源始的宇宙演化周期——"复"。

那么，第二句的"夫物芸芸"中的"物"也便指代上一句中之"万物"——作为阿赖耶识种子的意识单位，因此，"夫物芸芸，各复归其根"也就不是用以叙述一般的宇宙事物，而表达的是上一句"万物并作"的"元创世"周期的同构意义，即作为阿赖耶识种子的意识单位在"元创世"的演化周期中最终必然回到最高真理尺度的全息源头。就此而言，第三句的"归根曰静"也便指的是这种回到最高尺度之圆满创造或圆满演化的终极之"静"——全息，于是，这种"元创世"的实相展开与演化回归的真理的源始周期便是"复命"，亦即尺度天性的源始周期之闭环天命。于是，此章第四句和第五句"复命曰常，知常曰明。不知常，妄作，凶"便是对此"闭环天命"之规律的本性确认，也即这种源始周期之闭环天命便是真理之永恒的尺度天性，唯有洞见并领会此源始天性才能进入真正心灵明悟，亦即开悟；否则，就将陷入特定真理尺度二元鸿沟的"实相奴役"中不可自拔，这便是真正的"凶"。

故此，在前边叙述的基础上，此章的最后一句"知常容，容乃公，公乃王，王乃天，天乃道，道乃久，没身不殆"则阐述的是心智彻底领会真理最高尺度，亦即开悟之后的生命能力，在"元创世"中它们便是四大面向的元天性，亦即四大面向的爱之元天性，在佛学中，它们也被称为"四智"；而"容、公、王、天"正是这四大元天性的意蕴映射，其中："容"即合一之爱，也即成所作智；"公"即生命之爱，也即平等性智；"王"即自在之爱，也即妙观察智；"天"即全息之爱，也即大圆镜智。

全息译文：心灵的根本在于最高尺度之阴阳两面，亦即一切其他尺度之相不再产生的"实之实"的合一态——虚极，以及实相圆满创造的"动之动"的全息态——静笃。当心灵定于此境界时，作为最高尺度本体表征的阿赖耶识种子——意识单位（万物）便开始遂行全息的尺度天性——元创世，我得以凭之而观照宇宙的源始周期。

作为阿赖耶识种子的万物既展开为三大元始尺度，又在尺度天性中必然演化回归至最高尺度的终极源头。这种实现创造圆满的演化回归，便是全息之道，也即宇宙源始演化周期的闭环天命。此宇宙天命是永恒的真理属性——尺度天性，洞见并领会此源始天性便导向真正明悟，亦即开悟。否则，不跟随这一恒常的元始天性之流，便是"妄作"，它将使人陷入特定真理尺度二元鸿沟的"实相奴役"中不可自拔，这便是真正的"凶"。

当心灵跟随源始天性之流而领会最高真理尺度，便可展现无上清净的智慧之能，它们分别根据原阴阳全息四大面向而展现为：孕育、联结与融通万物的合一之爱（容），也即成所作智；给予内在可能性以均衡生机的生命之爱（公），也即平等性智；给予一切可能性必将进入实相的自在之爱（王），也即妙观察智；使得一切价值创造必将走向圆满回归的全息之爱（天），也即大圆镜智；全息之爱便是终极尺度——道本身，唯有定于此境地，才是真正的永恒，而绝不会受到有限的二元有漏之相的束缚。

第二十一章

孔德之容，惟道是从。

道之为物，惟恍惟惚。惚兮恍兮，其中有象；恍兮惚兮，其中有物；窈兮冥兮，其中有精，其精甚真，其中有信。

自今及古，其名不去，以阅众甫。吾何以知众甫之状哉？以此。[①]

全息解析：跟第十六章类似，这一章同样描绘的是心智聚焦于最高真理尺度的四大元天性。第一句"孔德之容，惟道是从"，说的是心灵定于最高真理尺度必将获得智慧之能——元天性，也即最高德行——孔德。而第二句"道之为物，惟恍惟惚"则十分直白地指出，大道依据真理尺度展

---

① 《道德经·第二十一章》。

开为实相所凭依的元始能力，是一种基于心灵先天结构而超脱二元性的非阴非阳的元天性。而后一句"惚兮恍兮，其中有象；恍兮惚兮，其中有物；窈兮冥兮，其中有精，其精甚真，其中有信"实际上是在一种文学叙述的形式韵律中，将四大面向的元天性相互指引地呈现出来，因此解释的时候不能完全依据字面来进行领会；于是，"象、物、精、信"实质上指的便是阴、阳、原、全息四大面向之元天性，我们既可以把它们理解为贯注于最高尺度的第一天性——爱的四大面向，同时也可以理解为"道之为物"亦即大道进入实相演化焦点的四大原精神：信仰精神、求知精神、合一精神与爱的精神。

全息译文：心灵定于最高真理尺度必将收获智慧之能——元天性，也即最高德行——孔德。大道遵循尺度天性创造实相，凭依的是超脱二元性的非阴非阳的终极内在感官——元天性，它表征为量子态的"恍惚"。这种终极内在感官展现为阴性之"象"，便是生命之爱，也即平等性智；展现为阳性之"物"，便是自在之爱，也即妙观察智；进入其中最底层而深邃的架构，便可洞见其中作为承载一切的精妙场域之属性——合一之爱，也即成所作智；这种场域的合一态可随即通达便转变为它的阳性成熟态，亦即全息态，全息态即全息之爱，也即大圆镜智。

从古至今，大道的这些元天性从来没有消失过，凭借它们便可洞见一切事物的打开方式，亦即真理的元始尺度。笔者凭什么知道这些呢？就是定于最高真理尺度——全息而已。

第二十五章

有物混成，先天地生。寂兮寥兮，独立而不改，周行而不殆，可以为天地母。

吾不知其名，强字之曰：道，强为之名曰：大。大曰逝，逝曰远，远曰反。

故道大，天大，地大，人亦大。域中有四大，而人居其一焉。人法地，地法天，天法道，道法自然。[①]

全息解析：这一章即为著名的"道"的定义之章，实际上，这一章使用了一种巧妙的文学叙述韵律，将道、全息以及"元创世"结合在了一起，笔者在前边的"东方经典的观看之道"中阐述过这样一个事实：如果在东方经典，尤其是其中的核心章节中，不把最高真理尺度、全息以及"元创世"同构在一起进行领会，则经典的精髓对于我们来说将变成一片盲区，而这一章即是这种"同构"的典型代表。于是，对于这一章的理解，切莫仅仅根据字面的抽象意义的简单衔接来领会，而要更看重将这些意义联结在一起的展现"元数学"的形式韵律本身。当我们了解这一点之后，它的真正"译文"也就很容易得出了。

全息译文：有一个事物以合一律的方式混然而成，它是实相创生之前的源始而终极的真理尺度。它在实相创生之前就存在，因而它不受任何"相"所限而"无声无形"，同时，它也不受任何实相干扰地运行自身的源始"不变性"，亦即源始的尺度天性，正是在这种源始的尺度天性的遂行中，它自发而永不停息地展开"元创世"的演化周期，正因为如此，它便是宇宙实相得以创生的真正起源。

我不知道它的名字，勉强把它命名为：道，同时也将它的核心特质勉强称为：全息。全息意味着终极行动态——创造，也意味着无远弗届的一切真理演化角落的覆盖，同时也意味着"元创世"的实相演化之源始周期。

因此，在真理尺度天性的全息展开亦即周易（八卦）运行中，宇宙实相的规律便拥有四大元始尺度：原始第一尺度——人（一元性），第一尺

---

① 《道德经·第二十五章》。

度——地（二元性），第二尺度——天（三元性），第三尺度——道（六度性）。这四种元始尺度中，"人"虽位于初始但成其为"一"的大道种子，于是，原始第一尺度生于第一尺度，第一尺度生于第二尺度，第二尺度生于第三尺度，它们按照"一二三"的"元创世"规律顺次展开，依次演化，这便是拥有最高自发性的全息的自然之道——道法自然。

第三十八章

上德不德，是以有德；下德不失德，是以无德。

上德无为而无以为；下德无为而有以为。上仁为之而无以为；上义为之而有以为。上礼为之而莫之应，则攘臂而扔之。

故失道而后德，失德而后仁，失仁而后义，失义而后礼。夫礼者，忠信之薄，而乱之首。前识者，道之华，而愚之始。是以大丈夫处其厚，不居其薄；处其实，不居其华。故去彼取此。[1]

全息解析：从第三十八章开始，《道德经》便进入"德经"的部分，在这里有一个重要的概念辨析需要首先领会，那便是，"道德经"之"道与德"既然并立在一起，它们就应是同一个事物的两个面向，那么，为何一定要确然地分开为"道与德"呢？同时，我们通观《道德经》便会发现，老子对于"道"的阐述从来就是"道"，而不会把它分为上道、中道、下道；但是对于"德"，却很明确地分为了上德、玄德、下德，这便说明德与道还是有明确的区别的，那么如何理解这种既同又异的区别呢？从全息的视角，最高真理尺度的阴阳两大面向，即"合一"与"全息"，道既可为"合一"也可为"全息"，但是"德"落定在第三尺度这里则只能为全息，从上述第二个问题可看出其端倪。因为"德"能够被分为"下德"这种明显不是最高尺度的属性，同时"德"又有内生潜力能够演化至最高尺度，那

---

[1] 《道德经·第三十八章》。

么，我们便可以说，"德"实际上是大道进行"元创世"而开始进入较低尺度时所展现的能力。于是，"德"便在逻辑上天然分为演化臻至成熟的全息之德，按佛学的说法，即"无漏"；未达圆满的第三尺度以及较低尺度之德，即"有漏"。同时，大道通过"元创世"从"有漏之德"演化回归至"无漏之德"，便是全息的演化周期。

这一章中最有名的那一句，即"故失道而后德，失德而后仁，失仁而后义，失义而后礼"，从全息的视角，很显然，老子又使用了一种文学形式韵律编排的方式来展示"元创世"之不同真理尺度的伦理展现，而这"道、德、仁、义、礼"的逻辑节奏实际上跟第二十五章的"自然、道、天、地、人"是同构的，对应的分别都是：全息、第三尺度、第二尺度、第一尺度以及原始第一尺度，它们都是第一哲学命运演历的演化阶段，如果按照这两句话中"道"的位置来严格对应，就会失去背后的意蕴精髓，因为道既可为全息，也可为合一，本来就不拘泥于单一的抽象之义。

同样，老子在第五十一章讲述"玄德"时，便又回归至全息之德的阐述，亦即"生而不有，为而不恃，长而不宰，是谓玄德"，它实际上描绘的便是"原阳阴"三大元天性：合一之爱、自在之爱、生命之爱；我们也可将其理解为正在朝向全息的三大原精神，亦即爱的精神、求知精神与信仰精神。

全息译文：定于最高真理尺度之德乃是"德之德"，因而并不需要展现为任何一种较低尺度的特定之德，故而才能成其为有德；未定于最高尺度之德则总是展现为特定的一种德，这实际上却是无德。

定于最高尺度之德即全息之德，它贯注于动之动而不必拘泥于任何一种特定的行动作为，从而"无以为"；未定于最高尺度之德却总是追求特定的一种德而拘泥于相应的行为目的。同样，定于最高尺度之仁爱遂行全息，从而不拘泥于任何一种特定目的；而脱离于最高真理尺度之自以为的大义之举，则总是受限于特定的行为目的；至于最低真理尺度的大礼之举也更加受限，以至于若是没有回应，他就会卷起袖子，生拉硬拽地强行使人就范。

因此，自大道以下，宇宙的生命伦理便全息地展现为"元创世"的诸真理尺度，亦即：全息之"道"降维而成第三尺度之"德"，第三尺度之"德"降维而成第二尺度之"仁"，第二尺度之"仁"降维而成第一尺度之"义"，第一尺度之"义"降维而成原始第一尺度之"礼法"。当心智沉迷于最低真理尺度之生命伦理——礼法之时，这便是如忠信这般通达生命元动力之不足的标志，是源于实相奴役的祸乱之凶的开始。纯粹使用简单的超越时间的抽象理性方式而构建的理性人模型之伦理，就是一种沉迷于较低真理尺度的对于全息之道的华丽模仿，而这恰恰是明显愚昧的开始。因此，有志于走向全息开悟的大丈夫，就要追寻忠厚背后所通达的生命原动力，亦即生命元天性，而远离较低尺度的虚礼；要遵循全息之德的先天规律，而不受限于理性人模型的抽象道德。如此简要言之，则当舍弃后天而走向先天，亦即摒弃第一哲学的传统真理道路而走向未来性真理道路。

第四十二章

道生一，一生二，二生三，三生万物。万物负阴而抱阳，冲气以为和。

人之所恶，唯孤、寡、不穀，而王公以为称。故物或损之而益，或益之而损。人之所教，我亦教之。"强梁者不得其死"，吾将以为教父。[1]

全息解析：此章的第一句和第二句本书已经引用过很多次了，通过前文所述我们已经知道，它们实际上便是《道德经》的理论总纲，抑或说成其为整个东方原生文化基因的思想总纲，因为它全息三要素皆齐备：元创世、心灵先天结构以及合一律。对于这三大要义本书前文已经作了翔实阐

---

[1] 《道德经·第三十八章》。

述，这里就不赘述了。不过在此处需要补充说明的是，源于最高尺度——全息的"三生万物"的下边三种解释都是正确的，因为它们皆属同源，而可以在"八卦图"的全息数学图型中互相转化：

1. 太虚无极而演生一元性，一元性演生二元性，二元性演生三元性，三元性演生六度性或全息性。

2. 大道之实相创造行动首先创生非阴非阳之合一的太极（道生一），而后太极化生为阴阳二元（一生二），它们三者共同构成了"阴阳原"之"阴阳冲和"的三元结构体而成其为心灵先天结构（二生三）；通过此三元结构体作为一切实相行动的源始基因，全息尺度的多次元宇宙实相也便演生出来（三生万物）。

3. 无极而太极，太极而阴阳，阴阳而三行，三行而六度，六度而自然。这便是全息数学的"易大象"口诀。

此章第三句之后的内容，大部分既有诠释都把它解释为一般的生活伦理乃至教育伦理，这显然跟前两句的元始法则性的意蕴很不相符，或者说，信息密度太不相称了。于是，从全息的视角来看，它表面说的是生活伦理，实质上表征的是作为心灵先天结构之"阴阳冲和"的间性拓扑效应，只有这样，前后的内容叙事才能保持基本的意蕴一致性。那么，怎么理解这一点呢？实际上，这些内容讲的就是"反者道之动"的间性拓扑效应，亦即从本体态或存在者状态发出的行动，必将遭遇跟预期不相符合的结果而形成二元"鸿沟"或"间性"，这便是"反"；而只有穿透这些鸿沟或间性而唤起元天性的原性拓扑状态才是真正的"道之动"——老子怎么可能拘泥于"反"所映射的二元性呢？"反者道之动"用通俗的话语来说便是：你促使别人经验的，你自己也必将经验，但是你和别人的这种二元交互都是经由一种更大的生命原动力来把握和生成的——这才是更大的你，更大的生活真相。于是，此章这一段内容中的"人之所教，我亦教之"的字面意思也就显然不是老子的主张，因为，在这种二元逻辑之下，人若教我"强梁"，我难道也用"强梁"教之吗？这不跟后边老子引以为戒的这一句古话"强梁者不得其死"的浅薄做法一样了吗？所以，老子恰恰提示人们要穿透这种二元性，这才是他"以为教父"的真正原则。

全息译文：太虚无极而演生一元性，一元性演生二元性，二元性演生三元性，三元性演生六度性或全息性——这便是"元创世"。宇宙"元创世"所根本凭借的"心灵单元"（万物），必定是背负着阴而合抱着阳，从而在此中间形成"鸿沟"，随即自然穿透这个"鸿沟"而让更高维的心智信息流"气"降临而充实进来，这三者融合为一体，共同形成了"意识单位"演化自身的先天心灵结构，其名为"和"。

孤、寡、不穀，这虽是人们所不喜之名，但是王公却用它们自称，这便形成了"阴阳鸿沟"。世上之事往往如此，人之本意或许预期减少它，结果反而增加了它；在自然情况下，他人用以促使我经验的，我也自发使得他人同样如此经验——这些都映射的是"阴阳鸿沟"的实相"间隙"。"强悍霸道之人通常没有好结果"——这便是此"阴阳鸿沟"的实相局限，当我领会这一点之后心灵便能很自然地"穿透"此"鸿沟"而回归到真正的"道之动"的生命元天性里，这便是"阴阳冲和"的道理，而我把这一原则作为人生经验之道。

第3节
以未来性视域看《中庸》经典段落

第一章

天命之谓性；率性之谓道；修道之谓教。

道也者，不可须臾离也；可离，非道也。是故君子戒慎乎其所不睹，恐惧乎其所不闻。莫见乎隐，莫显乎微。故君子慎其独也。

喜、怒、哀、乐之未发，谓之中。发而皆中节，谓之和。中也者，天下之大本也。和也者，天下之达道也。

致中和，天地位焉，万物育焉。①

全息解析：作为儒家重要经典的《中庸》和《大学》，都是在开篇第一章就把最重要的方法论和思想总纲叙述出来，在其中全然指明了整部经典的根本打开方式，亦即真理元始尺度，从这个角度来说，东方经典从来不跟人"玩虚的"，上来就直指本质。不过，这样的做法亦有一定的缺憾：一旦修习之人未能领会这种思想尺度，整部经典的内容就将很容易降格为一种较低信息密度的"常识"，比如黑格尔就曾陷入由这种缺憾所造成的思维陷阱里，他由此评价这些内容为：

孔子和他的弟子们的谈话（即《论语》），里面所讲的是一种常识道德，这种常识道德我们在哪里都找得到，在哪一个民族里都找得到，可能还要好些，这是毫无出色之点的东西，孔子只是一个实际的世间智者，在他那里思辨的哲学是一点也没有的……②

由此可见，《中庸》和《大学》的开篇之章，虽仅有寥寥之言，但是却浓缩了整部经典之核心要义，而且从黑格尔的案例我们可以看出，对于此核心要义领会的真理尺度一定要校准好，否则后续内容的修习就将变得毫无意义。

此章第一句中的"天命之谓性"，按照字面的理解，即为宇宙赋予人之禀赋，而很显然，在这里的"禀赋"并非指一般禀赋，毋宁说指的是最

---

① 《中庸·第一章》。

② ［德］黑格尔.哲学史讲演录第一卷［M］.贺麟、王太庆等译.北京：商务印书馆，1959：128-131。

元始的那种禀赋，禀赋之禀赋；实际上，本书在前文如此大篇幅的阐述中早已经揭示了这样一个最基本的真相：宇宙赋予人类最元始的那种禀赋，正是元始尺度的天性，因为宇宙若无打开方式和启始方式，则任何实相、能力都不会产生。换句话说，此真相也可以这样来理解，任何实相、能力、规律、法则，若无"创造"本身，它们便根本无法展现出来，而"创造"正是尺度天性的代名词，因为从根源上来说，尺度成其为尺度，正是源于宇宙得以创生的最元始打开方式——合一律，而合一律所表达的正是创造的思维定律。因而，"天命之谓性"讲的便是：宇宙或自然赋予人类的最元始禀赋，正是同源于创造的尺度天性，就此而言，"天命之谓性"之"性"跟《道德经》中第一章所表达之"玄"是同样的意涵。于是，接下来的这一句"率性之谓道"就不能简单地理解为顺应自然禀赋之行动即是"道"，因为既然"性"是一种"尺度天性"，那么遵循此"性"也就意味着它为实现自身而自然展开为全息的三大元始真理尺度；当它如此呈现的时候，也就意味着大道进入实相创造之"元创世"的开展；于是，在如斯视角下，"率性之谓道"就应理解为：遂行尺度天性即展开为"元创世"的全息之道。

就此而言，紧接着的一句"修道之谓教"也便说的是根据尺度天性"回到自身"的必然发展，亦即宇宙自然展开为"元创世"之后的周期性演化回归。那么，"修道之谓教"便可以理解为：根据尺度天性的全息方式唤起生命朝向终极尺度的源头的自然演化回归便叫作"教"。由此可见，在东方文化的原生基因中，真正的"教育"从来都是基于元始真理尺度的高位境界来唤起生命的内在禀赋尤其是最元始禀赋的行为系统，它在很大程度上跟全息意义上的"演化"是同构的。同时，从这里我们也可以看出，所谓"修道"之"修"，也便是以自下而上的方式运用尺度天性，亦即运用心灵的先天结构之拓扑效应，而这就是此章后边的部分将要叙述的内容了。

在此基础上，此章的第二段继续描绘的是全息之道的几种必然属性所引发的效应。正因为全息之道是一种根本的打开方式，那么它作为一切行动的元始基因也就从来不可能离开任何实相行动本身——这便是"道也者，不可须臾离也；可离，非道也"所表达的内容。而在此意义上，"是故君子戒慎乎其所不睹，恐惧乎其所不闻"也就不能简单地理解为君子在看不到和听不到的地方依旧会谨慎地自我检查、心怀敬畏；换言之，它应该展现的是全息之道施行自身的"修道"方式，亦即作为尊道者之君子凭之自下而上地演化自身的修习方法——运用心灵先天结构的拓扑之道。因而，"其所不睹，其所不闻"指代的便是不拘泥于视觉和听觉这种第一尺度感官所带来的必然陷于线性困境的"二元鸿沟"，那么，君子真正修行用力的地方自然是"穿透"此"二元鸿沟"的拓扑架构及其状态，于是，这里的"戒慎"和"恐惧"也就更应该理解为：心智处于先天拓扑状态中的通达真我之自我觉知和展现敬畏之信仰精神。而正因为君子的修行心智沉浸于先天拓扑架构中，所以，心智就总是会穿透时间与空间以及纯粹理性，这便是"隐"和"微"，亦即隐蔽于时空、微妙于理智。于是，"故君子慎其独也"中之"慎独"也就不能仅仅视为一种独处时的修养方法，因为这里的"独"的意涵跟《道德经》第二十五章描绘道之"独立而不改"中的"独"是一致的，它们都表现的是真正而彻底的"客观"，亦即不受任何本体态的心智效应干扰的心灵主导形态——心灵先天结构所指向的（创造）行动态；由此，"故君子慎其独也"说的就是遵道而行的君子必定会沉浸于心灵本真主导形态——创造行动态所带来的彻底客观的清净状态中而自我觉察。

故而，根据"阴阳冲和"之心灵先天结构，此章接下来的这一段中，"喜、怒、哀、乐之未发，谓之中"也就指向的是"喜怒哀乐"必定带来的"阴阳鸿沟"得以生成的更大的非线性心智状态——非阴非阳之原性状态。

于是，"发而皆中节，谓之和"也就指的是当"阴阳鸿沟"生成之时，必定以"中"所代表的原性状态作为更大的内在源起，这便形成了一个"阴阳原"之三元拓扑结构——和。如此，接下来的这两句"中也者，天下之大本也。和也者，天下之达道也"的含义也就自然展现为：非阴非阳之原性所通达的"合一律"，也即太极，是为宇宙万物的本源；"和"所代表的心灵先天结构，是宇宙实相和生命万物得以演化通达最终尺度的根本凭借。

正是从此全息的角度来说，"致中和，天地位焉，万物育焉"中的"致中和"既可以代表心灵先天结构"阴阳冲和"，也可以代表此心灵结构背后的全息境界，而后者也便是"中庸"的真正意涵。正因为致中和乃尺度之尺度——全息，所以宇宙实相也就凭之各安其位地"元创世"地展开，同时，自然万物也凭之获得永恒不竭的生命原动力而朝向最终真理尺度自然演化。

全息译文：宇宙或自然赋予人类的最元始禀赋，正是同源于创造的尺度天性，遂行尺度天性即展开为"元创世"的全息之道，而根据尺度天性的全息方式唤起生命朝向终极真理尺度的自然演化回归便叫作"教"。

全息之道是最根本的真理与心灵的打开方式，因此它作为一切行动的元始基因也就从来不可能离开任何实相行动本身；若是可以离开的，则是沉浸于某种二元性之中而并非全息。作为尊道者之君子运用全息的心灵先天结构来自我修行，因而，必定不拘泥于视觉和听觉这种第一尺度感官所带来的必然陷于线性困境的"二元鸿沟"，而让心智专注于先天拓扑状态中，此时的修习用力的身心状态便表现为通达真我之自我觉知和展现大道敬畏之信仰精神。此时，心智就必然会穿透时间与空间以及纯粹理性的束缚，这便是"隐"和"微"，亦即隐蔽于时空、微妙于理智。

第一尺度之"喜怒哀乐"必定带来"阴阳鸿沟"，于是它得以生成自身的更大的非线性心智起源状态，即非阴非阳之原性状态——中。当"阴阳鸿沟"生成之时，必定以"中"所代表的原性状态作为更大的内在源起，这便形成了一个"阴阳原"之三元拓扑结构，也即心灵的先天结构——和。非阴非阳之原性所通达的"合一律"，也即太极，是为宇宙万物的本源；"和"所代表的心灵先天结构，乃是宇宙实相和生命万物得以演化通达最终真理尺度的根本凭借。

正因为致中和乃尺度之尺度——全息，所以宇宙实相也就凭之各安其位而"元创世"地展开，同时，自然万物也凭之获得永恒不竭的生命原动力而朝向最终真理尺度自然演化。

第二十一章

自诚明，谓之性；自明诚，谓之教。诚则明矣；明则诚矣。①

全息解析：这一章相当有代表性，此代表性在于它的意蕴表达形式极具对称性，无论是"自诚明"与"自明诚"、"诚则明"与"明则诚"的对称，还是这一章前后两句所处的这种二元断句韵律的全然对称格式，都表明一个"观看之道"的真相：在东方经典的解读中，对于此形式意蕴的领会要高于字面意义的诠释——这也可以说是"微言大义"的更深的侧面，亦即通过某种结合符号基本意义的形式谐同来承载远超字面内涵的更大的信息密度，这其实也是一种东方经典的"信息密码"。

很显然，在这样一种对称形式中，它一定是用来展现同一种东西的两个不同面向，而结合前边对于第一章之解读，我们可知它实际上说的便是中庸之道，亦即"致中和"所代表的最高真理尺度——全息的两个不同面向：自上而下的展现面向——合一律，自下而上的展现面向——心灵先天结构。此外，"诚"在儒家思想体系中是一个尤为重要的概念，它不仅在《中庸》的逻辑体系中，而且在下一节将要阐释的《大学》第一章中都扮演

---

① 《中庸·第二十一章》。

了非常重要的心智周期分界线，以及对于经典要义领会门槛的角色。在儒家思想中，"诚"代表从后天到先天的关键节点，于是，在全息的视角中，它就不能简单地理解为"心诚"，而应首先指向心灵或真理的主导形态从本原态到行动态的转变，当心灵融入"诚"的拓扑行动状态，也即校准至非阴非阳之原性的心智频道，那么，它就将自然而然领会最高尺度"合一律"的效应，进而通达全息。从这个角度来看，在这一章中与"诚"相对的"明"，也就当然不仅仅是"明白"或"了悟"的字面含义；如果说"诚"代表的是融入拓扑行动的趋向先天之原性状态，那么，"明"则代表对处在较低真理尺度之后天受限状态的明了与领会，从"合一律"的视角，这种受限状态指的是较低尺度的实相形态，而从心灵先天结构"阴阳冲和"的视角，这种受限状态则指的是此"三元结构体"第一个信息层的"阴阳鸿沟"或"阴阳间性"状态。

但在我们了解上述这几点之后，这一章的全息译文就很容易得出了。

全息译文：以"诚"所代表的先天拓扑行动态去生成较低尺度的后天实相形态，对于这个过程的领会便是人性最元始禀赋——尺度天性的作用；从自身的生活世界之境遇了悟身处较低尺度的实相形态，并在此了悟里从较低尺度实相形态所带来的受限且"有漏"之阴阳鸿沟态中唤起"诚"的生命原动力，进而修习而演化自身，这便是"教"。由"诚"所代表的原性生成受限的实相形态之领会，这便是中庸之道亦即全息的自上而下的展现面向——合一律；由受限的实相形态或阴阳鸿沟态拓扑至更高维的原性状态，这便是中庸之道亦即全息的自下而上的展现面向——"致中和"的心灵先天结构。

第二十二章

唯天下至诚，为能尽其性；能尽其性，则能尽人之性；能尽人之性，则能尽物之性；能尽物之性，则可以赞天地之化育；可以赞天地之化育，则可以与天地参矣。[①]

全息解析：从这一章的形式意蕴来看，很显然它是用以描绘"至诚"所通达的终极"原性"，亦即终极合一性——全息所展开的"元创世"之三大元始真理尺度。"尽其性"也即尺度天性的充分开展——"元创世"遂行。而使用顶针修辞手法串联在一起的"尽人之性""尽物之性""赞天地之化育"，也便意味着从第一尺度至第二尺度到第三尺度的熔炼在一起的施展与释放。最后的"天地参"，则代表"至诚"所通达的"原性"跟天地所代表的阴阳，经由"元创世"的演化回归周期而蜕变至终极"阴阳原"的全息态。

全息译文：唯有天下"至诚"所通达的终极"原性"，亦即终极"合一性"，才能使得作为宇宙元始禀赋的尺度天性充分开展，亦即"元创世"之三大元始尺度的开展。跟"元创世"心智先天程序充分协同共鸣，便可充分调动作为第一尺度之存在者之人的固有本性，然后进一步唤起第二尺度之世界万物之场域本性，进而最终谐同第三尺度之天地全息实相唤起生命最根本的元天性从而造化养育万物。经由如斯"元创世"的演化回归周期而臻至圆满的"至诚"所通达的"原性"，便能与天地自然所代表的先天"阴阳"二者共同构成终极"阴阳原"的"无漏"之全息态。

第二十三章

其次致曲。曲能有诚。诚则形。形则著。著则明。明则动。动则变。变则化。唯天下至诚为能化。[②]

---

① 《中庸·第二十二章》。
② 《中庸·第二十三章》。

全息解析：这一章同样很具有代表性，其代表性体现在儒家思想很敏锐地洞察了，经由"诚"而使得心灵主导形态从本原态向行动态转变之后，心智随即进入到第五章第3节所阐述之第二尺度朝向全息进展所代表的人类所在12频率层的第二个6单元小周期的演化节奏中，如此，则"形、明、著、动、变、化"的一系列蜕变意蕴则分别代表了这6个演化层次，当这个演化周期充分实现之时也便是"至诚"，如此"至诚"的过程便通达最后进入第三尺度的演化层次"化"。

全息译文：仅次于自上而下的"自诚明"面向的自下而上之全息面向，亦即通过后天修习而演化至先天的心智过程，能够把握并运行最元始、最微妙的全息基因——心灵先天结构。通过专注运转此全息基因之心灵先天结构则能够进入心灵最本真的创造行动态——诚。当心灵转变至"诚"所代表的创造行动态时，心智随即进入了第二尺度朝向第三尺度进展之6个演化层次的演化周期中，它们顺次呈现为："形"指向之吸引力海洋层，"明"所指向之人格意图流层，"著"所指向之心智载波层，"动"所指向之内感官功能层，"变"所指向之全息天性拓扑层，"化"所指向之全息本体层。这个演化周期充分实现的过程也便是"至诚"，如此"至诚"的过程便通达最后进入第三尺度的演化层次"化"——全息。

第二十六章

故至诚无息。不息则久，久则征。征则悠远。悠远，则博厚。博厚，则高明。

博厚，所以载物也。高明，所以覆物也。悠久，所以成物也。博厚配地，高明配天，悠久无疆。如此者，不见而章，不动而变，无为而成。

天地之道，可一言而尽也。其为物不贰，则其生物不测。天地之道，博也、厚也、高也、明也、悠也、久也。

今夫天斯昭昭之多，及其无穷也，日月星辰系焉，万物覆焉。今夫地一撮土之多，及其广厚载华岳而不重，振河海而不泄，万物载焉。今夫山一卷石之多，及其广大，草木生之，禽兽居之，宝藏兴焉。今夫水一勺之多，及其不测，鼋、鼍、蛟、龙、鱼、鳖生焉，货财殖焉。

诗云，"维天之命，於穆不已"。盖曰，天之所以为天也。"於乎不显，文王之德之纯。"盖曰，文王之所以为文也。纯亦不已。[①]

全息解析：这一章开篇即点明，其叙述的是"至诚无息"，"无息"并不是字面上的无间断之义，而应是最高真理尺度上的"无漏"，亦即不受任何二元效应的束缚，于是"至诚无息"实际上表达的正是最高真理尺度的"无漏"之全息态，这才是真正的无限和永恒——"不息则久"。当心智贯注于这样的最终真理尺度之上，则必定会展现出相应的作为心灵最终觉知的元天性，亦即"久则征"。那么，"悠远""博厚""高明"代表的正是这三大元天性：全息之爱，也即大圆镜智；生命之爱，也即平等性智；自在之爱，也即妙观察智。此章第二段与第三段所描绘的便是这通达全息之三大元天性的内涵与属性。

此章第四段选用天、地、山、水作为思想场景，实际上表征的是"至诚"的全息态必然通融万物之尺度天性。

全息译文：故而，最高境界的心诚即是"无漏"的全息态，正因为它抵达的是最高真理尺度，所以这才是真正的无限和永恒，而当心智贯注于这样的无限与永恒之尺度之上，则必定会展现出相应的作为心灵最终觉知的元天性，那么，"悠远""博厚""高明"则代表的是这三大元天性：全息之爱，也即大圆镜智；生命之爱，也即平等性智；自在之爱，也即妙观察智。

---

① 《中庸·第二十六章》。

生命之爱广博而深厚，使得生命万物的本体潜力得以无限承载；自在之爱高大光明，使得实相的一切可能性得以涵盖而释放；全息之爱永恒而玄奥，使得万物的价值得以圆满演化而成就。广博而深厚的生命之爱，即与"地"相匹配的元始之"阴"；高大光明的自在之爱，即与"天"相匹配的元始之"阳"；永恒而玄奥的全息之爱，则使得阴阳尺度融入无远弗届的全息。抵达这样的境地，它们三者也就展现为：不必通过具体实相形态而彰显终极本体性与归属感，不必通过任何特定行动却能变幻为动之动的终极行动，不必通过任何特定的成为与生成而实现无限生成的创造伟业。

天地之间的全息之道，可用一言而概括，即至诚之"诚"：专注于全息的天性之流，故而化生实相之"元创世"也就丰盈得不可用任何尺度来测量。因此，天地之间的大道，也就在于全息的这三大元天性的交互所呈现出的元始尺度效应。

比如这"天"，从微妙处看，不过是由一些星星的光亮所组成，但若领会了其中的某种元始的"不变性"，亦即元始尺度，那么，以之为单位便天然构成无穷无尽的天之整体，太阳、月亮、星辰都悬挂其上，同时，世间万物皆被其覆盖，从而在这样的过程中回到全息尺度的了悟。同样地，又如这"地"，从它的微妙处看，仅仅是一小撮泥土那么多，但依然能够从中领会某种元始尺度；而若以这种元始尺度建构扩展至无限广延深厚的全体，那么它便可负载西岳华山而丝毫不显沉重，汇聚江河湖海而丝毫不会让水泄流，如此看来，世间万物都可被它承载。再譬如那"山"，从它微妙处看，仅仅是拳头大小的那么一块石头，但若从中领会某种元始尺度，而以之扩展构成至广阔高达的全体，那么，草木花卉便可在其中勃勃生长，飞禽走兽也可在其中安心栖居，金银宝藏也可以从中孕生并开发出来。还有那"水"，从它微妙处看，只有一小勺那么多，但若领会其中的元始尺度而以之延展构成至深不可测的全体，那么，鼋、鼍、蛟、龙、鱼、鳖皆能在其中生存，各种物产等财富也便能从中增殖而出，正是在这样的过程中心灵便可回到全息尺度的领悟里。

《诗经》有云："实相的禀赋，深远无疆！"这大概讲的便是实相之所以成其为实相的全息之道吧。同一篇诗中还说道："啊，这岂不如此彰显周文王的智慧！他所代表的圣人之道是这般纯粹而专注！"这大概说的是周文王的谥号之所以为"文"，乃在于他对于全息之道的领悟实现得无比纯粹"无漏"且永不止息。

第4节
以未来性视域看《大学》经典段落

第一章

大学之道，在明明德，在亲民，在止于至善。

知止而后有定，定而后能静，静而后能安，安而后能虑，虑而后能得。物有本末，事有终始。知所先后，则近道矣。

古之欲明明德于天下者，先治其国；欲治其国者，先齐其家；欲齐其家者，先修其身；欲修其身者，先正其心；欲正其心者，先诚其意；欲诚其意者，先致其知。致知在格物。物格而后知至，知至而后意诚，意诚而后心正，心正而后身修，身修而后家齐，家齐而后国治，国治而后天下平。自天子以至于庶人，壹是皆以修身为本。

其本乱而末治者，否矣。其所厚者薄，而其所薄者厚，未之有也。此谓知本，此谓知之至也。[1]

全息解析：在整部《大学》内容中，只有第一章可称为"经"，亦即

---

[1] 《大学·第一章》。

统摄全书的宗旨和总纲，也是其余各章的思想根据，对此，朱熹便曾在《大学章句》中写道："经一章，盖孔子之言，而曾子述之；其传十章，则曾子之意而门人记之。"由此可见，只有这一章才是孔子之言并被儒家以为"经"，而其余章节则是后人撰写的对它进行诠释和阐发的"传"，它们是"经"之应用与领会的范本而非"经"之真谛本身。因此，在整个《大学》中本书便重点选取这一章作为全息阐释的对象。

此章第一句之"大学"通常有两种含义，一是"博学"，亦即宽广博大之学；二是相对于小学而言的"大人之学"，亦即古人十五岁以后开始学习的"穷理正心，修己治人"的更高等学问，其中亦蕴含博学之义。而在这里，我们需要清楚的是，作为东方经典的总纲，"大学"中的"大"必定不是一般的"宽广博大"，而是强烈指向某种"大之大"的元始法则或元始逻辑，"大学"中的"学"也必定不是一般之学而必然指向某种"学之学"，亦即真理尺度；那么，结合这两点，"大学之道"的真正意涵便是：最高真理尺度的元始法则。就此而言，"明明德""亲民""止于至善"这一个三元意蕴串联句也就不能完全跟随字面意思而理解为"明白光明正大的品德"、"在世间众生中弘扬光明之德行"以及"完善的道德境界"，而应领会为最高真理尺度得以展现的"阴阳原"三大元始天性，亦即佛学中经觉悟而唤起之"智"。其中，根据这三个概念的意义倾向，"明明德"代表的是经由"阳性"的求知精神转化而来的"自在之爱"，因为"明"跟"求知而领会"是内在统一的阳性意涵，在佛学中，它也意味着妙观察智；"亲民"代表的是经由"阴性"之信仰精神转化而来的"生命之爱"，因为"民"不仅指的是社会民众更通达芸芸众生，在佛学中，它也意味着平等性智；而"止于至善"则代表"原性"之爱的精神转化而来的"全息之爱"，"止"和"至"皆有价值完成与圆满实现的意涵，在佛学中，它也意味着大圆镜智。由此可见，《大学》在一开始讲的就是最高真理尺度所打开的人性或实相的元始禀赋。

此章的第二段与第三段实际上是严格相互呼应且对称的，它们都以一种具有强烈象数法则的意蕴形式展示着某种全息的元始周期。其中，对于第二段的六元节奏我们并不陌生，因为在前边《中庸》第二十三章内容的全息解析中我们已经了解"形、明、著、动、变、化"实际上代表了人类所在的 12 频率层之第二个 6 单元小周期的演化层次；与此同构的是，此章《大学》内容第二段的"止、定、静、安、虑、得"同样指代的是这一个一体化 6 单元演化周期，亦即从第二尺度演化至第三尺度的周期化心智或实相层次。若不如此洞察，也就根本无法理解这一连串心智蜕变的法则要义。当然，这里的"止"不仅仅指的是上一段"止于至善"中的"止"，而更意味着"明明德"之"明"与"亲民"之"亲"所共同代表的"动之动"的根本行动之义，亦即作为心灵本真主导形态的（创造）行动态，因而，"知止而后有定"中的"止"的真正法则意蕴便是心智开始抵达本真主导形态所唤起的境界——第二尺度开始展开的 6 单元心智演化周期的源始入口与起点。而这一段的"物有本末""事有终始""知所先后"更是从另一个侧面强调并提示着这样一种具有层次序列的演化周期。

此章第三段更是以一种极为特殊的对称式意蕴格式，强烈地揭示着一种人类心智或实相演化的元始周期，亦即元始大周期，因为这种先"自上而下"而后"自下而上"的同构对称式意蕴叙述，对于"元创世"的"实相创生—演化回归"的元始演化周期的提示简直不要太明显。而跟第二段的 6 单元小周期相比，"格物、致知、诚意、正心、修身、齐家、治国、平天下"虽然是象数为 8 的韵律，但却表达的是整个 12 单元全息演化大周期，只不过在"格物"层次之前的四个实相维度——"三维空间加一维时间"，亦即"时空感觉基调"，在古代圣人那里实在是一种无须言明的默认认知底色。而我们在前边对于《中庸》的全息诠释中已经知晓，"诚"在儒家思想系统中是一个极为特殊的概念，它代表了一种重大的心智进展的分界点，在这里，它则是代表了这个 12 单元大周期中的前后两个 6 单元小周期的分界点，也就是说，自"诚意"往后的"诚意、正心、修身、齐家、治国、平天下"跟第二段的"止、定、静、安、虑、得"在心智层次上完全是相互呼应的。就此而言，"格物"和"致知"则代表的是第一个演化小周期中的两个心智演化层次：概念层或亚原子层跟知性层或夸克层。

实际上，对于这种全然串联熔炼在一起的心智层次的周期性把握，王阳明心学在对于此章诠释之《大学问》中表现得淋漓尽致，我们将在下一节进一步阐析。从中我们也可以看出，从第一尺度之普通视角来理解《大学》，实在是一种浸润于东方经典中的"智慧陷阱"，而运行心灵的本真主导形态进行领会亦的确是阅读东方经典的最低"门槛"。

全息译文：最高真理尺度的修习之道展现为"阴阳原"三大元始天性，亦即：显明求知精神之自在之爱，唤众生万物生机以终极归属的信仰精神之生命之爱，进而通达至高圆满境界的全息之爱。

一旦人类心智遂行体现最高真理尺度之合一效应的本真的心灵主导形态，那么就必定会自发进入以第二尺度为基底、朝向第三尺度演化的六个心智层次接续融通而组成的心智或实相演化小周期，"止、定、静、安、虑、得"便是此六层次演化韵律的名称及心灵效应之指代，它们分别是："止"所指向的吸引力海洋层，"定"所指向的人格意图流层，"静"所指向的心智载波层，"安"所指向的内感官功能层，"虑"所指向的全息天性拓扑层，以及"得"所指向的全息本体层。宇宙万事万物皆遵循基于"大学"所指代的最高真理尺度之全息天性所生成的此先天演化程序，所谓"本末终始"之次序皆源于此。领悟并修习此先天程序，心智或实相便可演化回归至大道的全息之境。

古代想要彰明全息之道于实相世界的人，必定遵循"元创世"所造就的实相创生—演化回归的先天大周期，此先天大周期由先天融通在一起的十二个演化层次组成，它们自上而下地实相创生、正如自下而上地演化回归，这两种面向是同源同构的。而"格物、致知、诚意、正心、修身、齐家、治国、平天下"这八个蜕变阶段加上在此之前的由三维空间与一维时间所组成的时空感觉基调，共同构成了此先天大周期的十二单元演化韵律。"诚意、正心、修身、齐家、治国、平天下"跟前文"止、定、静、安、虑、得"所意指的（较高小周期的）心智演化阶段是一一对应的，四维时空加上"格物"与"致知"所意指的"概念层"与"知性层"则代表了前边较低维的六单元心智演化小周期。

任何生命，无论天子还是平民，皆以遂行此先天大周期程序的全息修行之道为本质，一个人，若自身的先天本质未能唤醒而后天表象却和谐繁盛，这是不可能的；正如本应作为生命深沉主导之先天程序反而降格为次流，而本是次流乃至末流的后天程序却反而成为主导，这对于奉行先天程序的全息视角来说是不可能的事情。

第 5 节
以未来性视域看王阳明心学总纲与《大学问》

心学总纲：

无善无恶心之体，

有善有恶意之动。

知善知恶是良知，

为善去恶是格物。

全息解析：王阳明所创建的这个心学总纲，实际上跟《道德经》第二十五章所叙述之"故道大，天大，地大，人亦大。域中有四大，而人居其一焉"说的是一回事，亦即"元创世"所生成的四个真理元始尺度。"无善无恶心之体"所呈现的便是最高尺度（第三尺度）之"非阴非阳"之合一律或全息态——"心之体"，亦即佛学上所说之"无漏"。"有善有恶意之动"指的是真理尺度开始从无限进入到有限阶段而开始拥有了最初的阴阳二元性及其效应——第二尺度，亦即佛学上所说之"有漏"，需要注意的是，这里的善与恶并非指理性道德之善恶伦理，而指代的是阴阳二元性及其心智效应；同时，这里的"意之动"也必定不是指一般的意识表征行动，而指的是对于一切意识存在形态的场域化的"生成"行动。"知善知恶是良知"指的是心智对于更加受限之真理尺度——第一尺度之二元分离效应的观照——良知；需要指出的是，此处的"良知"并非源于西方文化基因之理性人模型中的"理念"，而是比它要更深一层，亦即既知道康德的心灵"先天格子"又了悟这些"先天格子"源于"全息基因"之心灵先天结构，如此，方可谓"良知"，也正因为"全息基因"的全然领会，所以才能够把此心学总纲的完整修习称为"致良知"，亦即通达全息。

最后一句，亦即"为善去恶是格物"指向的便是原始第一尺度，亦即古希腊时代"古典人模型"的境界所表征的原始第一尺度。通过本书前边的阐述我们便可知，在这个境界中，不仅善与恶全然二元分离对峙，同时，人性世界也被形而上的彼岸世界所放逐。与上一句同理，心学之"格物"也就不仅仅是要将人性之外而高高在上的形而上之彼岸收回人性内部，同时也要知晓能够让心智得以这样做的根本能力即在于心灵拥有"全息基因"，亦即致良知的元始天性，如此，即所谓归于全息之"正"，抑或说遂行于第一哲学之未来性真理道路之上。

王阳明《大学问》

简述：王阳明的《大学问》，亦即王阳明和关于《大学》第一章核心思想之问答，它被称为修习阳明心学的入门总纲，也是王阳明后期少有的对于一个核心理论的完整论述。同时，本书选取这一篇作为解析的对象，不仅仅在于它的精要度和完整性，还在于将王阳明的观念跟前边《大学》之全息解析进行对照，以印证两者在境界和打开方式上的呼应关系。此外，王阳明的这一篇《大学问》总体来讲已经接近于白话文，因而本书便不再进行全息翻译，而仅对于其中各个主题段落的核心观念及重要语句进行阐析。

问曰："《大学》者，昔儒以为大人之学矣。敢问大人之学何以在于明明德乎？"

阳明子答曰："大人者，以天地万物为一体者也。其视天下犹一家，中国犹一人焉。若夫间形骸而分尔我者，小人矣。大人之能以天地万物为一体也，非意之也，其心之仁本若是，其与天地万物而为一也，岂惟大人，虽小人之心亦莫不然，彼顾自小之耳。是故见孺子之入井，而必有怵惕恻隐之心焉，是其仁之与孺子而为一体也。孺子犹同类者也，见鸟兽之哀鸣觳觫，而必有不忍之心，是其仁之与鸟兽而为一体也。鸟兽犹有知觉者也，见草木之摧折而必有悯恤之心焉，是其仁之与草木而为一体也。草木犹有生意者也，见瓦石之毁坏而必有顾惜之心焉，是其仁之与瓦石而为一体也。是其一体之仁也，虽小人之心亦必有之。是乃根于天命之性，而自然灵昭不昧者也，是故谓之'明德'。小人之心既已分隔隘陋矣，而其一体之仁犹能不昧若此者，是其未动于欲，而未蔽于私之时也。及其动于欲，蔽于私，而利害相攻，忿怒相激，则将戕物圮类，无所不为，其甚至有骨肉相残者，而一体之仁亡矣。是故苟无私欲之蔽，则虽小人之心，而其一体之仁犹大人也；一有私欲之蔽，则虽大人之心，而其分隔隘陋犹小人矣。故夫为大人之学者，亦惟去其私欲之蔽，以明其明德，复其天地万物一体之本然而已耳。非能于本体之外，而有所增益之也。"①

　　全息解析：这一段所讲的便是"大学"之所以成其为"大人之学"，乃首先在于"明德"之"明"所开启的"万物一体之仁"的"天命之性"。从未来性的全息视角，"大人之学"正是最高真理尺度的修习之道，它首先展开自身的便是元始阳性之创造行动所同步生发之元天性，阳性也即"明德"之"明"的基底要义，而"天命之性"便是元天性，也即佛学的觉受之"智"。而"万物一体之仁"很显然便是"合一律"的心智效应的指代。于是，"是乃根于天命之性，而自然灵昭不昧者也，是故谓之'明德'"表达的便是合一律的元始法则维度，亦即"自然灵昭不昧者"所指代的非阴非阳之"意识单位"绝不会受到任何二元束缚而彰显于合一态中，故而，"明明德"便是彰显与澄明该元始法则的阳性面向的求知元天性——复其天地为万物一体之本然。此段最后一句"非能于本体之外，而有所增益之也"，从字面意思理解即是心灵无法在明德所对应的"万物一体之本然"彰显之前提下，而使得心灵修习演化得以增益；这句话反过来理解才更能体会其要义，也就是说，只要能带来心灵不可抑止地自发修习演化而扩展其尺度的那种原动力，亦即求知元天性的阳性原动力，则必然是因为"明明德"。

　　问曰："然则何以在'亲民'乎？"

　　答曰："明明德者，立其天地万物一体之体也；亲民者，达其天地万物一体之用也。故明明德必在于亲民，而亲民乃所以明其明德也。是故亲吾之父，以及人之父，以及天下人之父，而后吾之仁实与吾之父、人之父与天下人之父而为一体矣。实与之为一体，而后孝之明德始明矣！亲吾之兄，

---

　　①　王阳明《大学问》。

以及人之兄，以及天下人之兄，而后吾之仁实与吾之兄、人之兄与天下人之兄而为一体矣。实与之为一体，而后悌之明德始明矣！君臣也，夫妇也，朋友也，以至于山川鬼神鸟兽草木也，莫不实有以亲之，以达吾一体之仁，然后吾之明德始无不明，而真能以天地万物为一体矣。夫是之谓明明德于天下，是之谓家齐国治而天下平，是之谓尽性。"①

全息解析：这一段的主题即阐释"亲民"。"亲民者，达其天地万物一体之用也"指的便是"亲民"之元天性即是最高真理尺度之合一效应施展于实相世界的功用面向，亦即合一效应的阴性本体面向——唤起万物众生终极归属共感之生命之爱。因此，王阳明对于这一段的叙述方式即展现为对于一个人之生活世界的所有关系的因缘效应之一体共感与天命观照，这些"因缘关系"从自己、他人、天下人之"亲父""亲兄"的人间一体共感，再到山川鬼神鸟兽草木之"亲"的万物一体共感，无所不包，全息所现无所遗漏。这便是对于"民"所代表的终极本体态——全息实相之世界效应的最高领会。

问曰："然则又乌在其为'止至善'乎？"

答曰："至善者，明德、亲民之极则也。天命之性，粹然至善，其灵昭不昧者，此其至善之发见，是乃明德之本体，而即所谓良知也。至善之发见，是而是焉，非而非焉，轻重厚薄，随感随应，变动不居，而亦莫不自有天然之中，是乃民彝物则之极，而不容少有议拟增损于其间也。少有拟议增损于其间，则是私意小智，而非至善之谓矣。自非慎独之至，惟精惟一者，其孰能与于此乎？后之人惟其不知至善之在吾心，而用其私智以揣摸测度于其外，以为事事物物各有定理也，是以昧其是非之则，支离决裂，

---

① 王阳明《大学问》。

人欲肆而天理亡，明德亲民之学遂大乱于天下。盖昔之人固有欲明其明德者矣，然惟不知止于至善，而骛其私心于过高，是以失之虚罔空寂，而无有乎家国天下之施，则二氏之流是矣。固有欲亲其民者矣，然惟不知止于至善，而溺其私心于卑琐，是以失之权谋智术，而无有乎仁爱恻怛之诚，则五伯功利之徒是矣。是皆不知止于至善之过也。故止至善之于明德、亲民也，犹之规矩之于方圆也，尺度之于长短也，权衡之于轻重也。故方圆而不止于规矩，爽其则矣；长短而不止于尺度，乖其剂矣；轻重而不止于权衡，失其准矣；明明德、亲民而不止于至善，亡其本矣。故止于至善以亲民，而明其明德，是之谓大人之学。"[①]

　　全息解析：这一段的主题即阐释"止于至善"。而王阳明的核心观点即在于"止于至善"即是"明德、亲民之极则也"，亦即"明德"与"亲民"之尺度。从未来性的全息视角，"至善"代表的是最高尺度的圆满状态——全息，亦即臻至圆满的尺度之尺度，它当然是一切元天性的终极尺度，而"明明德"与"亲民"即是其中之元始阳性与元始阴性的两大元天性，它们当然是以最终的尺度之尺度——全息为终极尺度，毫无疑问。同时，我们通过王阳明的解读也能很明显地看出来，"明德"与"亲民"肯定不是最高的真理尺度，而只能是其中的两个元始面向。就此而言，"至善"也即佛学中之"大圆镜智"，它即是如来藏的觉性本体，当然是最终与最高的真理尺度；而"明德"与"亲民"则可分别对应佛学"四智"中的平等性智与妙观察智。这也对应了王阳明在其后叙事的"点题"，亦即"故止至善之于明德、亲民也，犹之规矩之于方圆也，尺度之于长短也，权衡之于轻重也"，这不正是把止于至善作为最高真理尺度来定论的吗？也正因为如此，王阳明在后边才会说："明明德、亲民而不止于至善，亡其

---

　　①　王阳明《大学问》。

本矣"。也就是说，若远离这个最终尺度，也便会表现出较低尺度之"私智"，亦即第一哲学之传统（本原性）真理道路所必然导致的尤其彰显于第一尺度之（理性人模型的）"事事物物之定理"。

问曰："'知止而后有定，定而后能静，静而后能安，安而后能虑，虑而后能得'，其说何也？"

答曰："人惟不知至善之在吾心，而求之于其外，以为事事物物皆有定理也，而求至善于事事物物之中，是以支离决裂，错杂纷纭，而莫知有一定之向。今焉既知至善之在吾心，而不假于外求，则志有定向，而无支离决裂、错杂纷纭之患矣。无支离决裂、错杂纷纭之患，则心不妄动而能静矣。心不妄动而能静，则其日用之间，从容闲暇而能安矣。能安，则凡一念之发，一事之感，其为至善乎？其非至善乎？吾心之良知自有以详审精察之，而能虑矣。能虑则择之无不精，处之无不当，而至善于是可得矣。"①

全息解析：这段话主要用以阐释"知止而后有定，定而后能静，静而后能安，安而后能虑，虑而后能得"。理解这段话意蕴的关键在于需要贯注于心中之"至善"这个最高尺度，而非陷于非全息的"事事物物之定理"；因为全息，所以才能始终展现合一律，而不会"支离决裂，错杂纷纭"；同样，正因为全息渗透于万事万物，所以才能在其中找到先天的基因与演化方向，亦即"不假于外求，则志有定向"，此"志向"并非一般的理想和心愿，而指的是唤起全息基因的内在天性之天然演化方向，人的天命之性亦在其中。

而王阳明后边的叙述，则是将"止、定、静、安、虑、得"在以"至善"为尺度融于一体领会的韵律中，亦即融于联结在一起的具有合一效应

---

① 王阳明《大学问》。

的一个统一心智演化周期中，这个一体化的高维心智演化周期皆是以"良知"所指向的全息基因——心灵先天结构所串联在一起，因而才能从容地一体化。"止、定、静、安、虑、得"所对应的六个心灵领会阶段，也正如我们在第十五章第4节所阐述的那个人类心智从第二尺度朝向第三尺度演化的"夸克之下"的六单元小周期。

问曰："物有本末，先儒以明德为本，新民为末，两物而内外相对也。事有终始，先儒以知止为始，能得为终，一事而首尾相因也。如子之说，以新民为亲民，则本末之说亦有所未然欤？"

答曰："终始之说，大略是矣。即以新民为亲民，而曰明德为本，亲民为末，其说亦未尝不可，但不当分本末为两物耳。夫木之干，谓之本，木之梢，谓之末。惟其一物也，是以谓之本末。若曰两物，则既为两物矣，又何可以言本末乎？新民之意，既与亲民不同，则明德之功，自与新民为二。若知明明德以亲其民，而亲民以明其明德，则明德亲民焉可析而为两乎？先儒之说，是盖不知明德亲民之本为一事，而认以为两事，是以虽知本末之当为一物，而亦不得不分为两物也。"①

全息解析：这一段主要是用来辨析为何朱熹将"亲民"改为"新民"是不当的。王阳明的主要观点即在于"明德为本，亲民为末"这种将本末截然二元分离的做法，是较低尺度的心智逻辑，在真正的至善之心中，本末当为一物。从未来性的全息视角，根据合一律，明德与亲民所代表的元始阴阳，早已是跟非阴非阳融合在一起的阴阳，亦即"无漏"之阴阳，其中已经完全不受任何二元效应的制约与束缚，因此，明德与亲民当然不可分为"两物"而"内外相对"，这全然失去了最高尺度之元天性的要义，

---

① 王阳明《大学问》。

也失去了"止于至善"这种全息真理尺度的对称性所指向的第一哲学之未来性真理道路，反而退回至传统的本原性真理道路之上。故而，王阳明才会说："先儒之说，是盖不知明德亲民之本为一事，而认以为两事，是以虽知本末之当为一物，而亦不得不分为两物也"。能够将"本末之当为一物"的，除了遂行于未来性真理道路的终极对称性——合一律，别无他法。

问曰："古之欲明明德于天下者，以至于先修其身，以吾子明德亲民之说通之，亦既可得而知矣。敢问欲修其身，以至于致知在格物，其工夫次第又何如其用力欤？"

答曰："此正详言明德、亲民、止至善之功也。盖身、心、意、知、物者，是其工夫所用之条理，虽亦各有其所，而其实只是一物。格、致、诚、正、修者，是其条理所用之工夫，虽亦皆有其名，而其实只是一事。何谓身？心之形体，运用之谓也。何谓心？身之灵明，主宰之谓也。何谓修身？为善而去恶之谓也。吾身自能为善而去恶乎？必其灵明主宰者欲为善而去恶，然后其形体运用者始能为善而去恶也。故欲修其身者，必在于先正其心也。然心之本体则性也，性无不善，则心之本体本无不正也。何从而用其正之之功乎？盖心之本体本无不正，自其意念发动，而后有不正。故欲正其心者，必就其意念之所发而正之，凡其发一念而善也，好之真如好好色，发一念而恶也，恶之真如恶恶臭，则意无不诚，而心可正矣。然意之所发，有善有恶，不有以明其善恶之分，亦将真妄错杂，虽欲诚之，不可得而诚矣。故欲诚其意者，必在于致知焉。致者，至也，如云丧致乎哀之致。易言'知至至之'，'知至'者，知也，'至之'者，致也。'致知'云者，非若后儒所谓充扩其知识之谓也，致吾心之良知焉耳。良知者，孟子所谓'是非之心，人皆有之'者也。是非之心，不待虑而知，不待学而能，是故谓之良知。是乃天命之性，吾心之本体，自然灵昭明觉者也。凡意念之发，吾心之良知无有不自知者。其善欤，惟吾心之良知自知之，其不善欤，亦惟吾心之良知自知之。是皆无所与于他人者也。故虽小人之为不善，既已无所不至，然其见君子，则必厌然掩其不善而著其善者，是亦可以见其良知之有不容于自昧者也。今欲别善恶以诚其意，惟在致其良知之所知焉尔。何则？意念之发，吾心之良知既知其为善矣，使其不能诚有以好之，而复背而去之，则是以善为恶，而自昧其知善之良知矣。意念之所发，吾之良知既知其为不善矣，使其不能诚有以恶之，而复蹈而为之，则是以恶为善，而自昧其知恶之良知矣。若是，则虽曰知之，犹不知也，意其可得而诚乎？今于良知之善恶者，无不诚好而诚恶之，则不自欺其良知而意可诚也已。"①

全息解析：这一段开篇即断言，《大学》中的"格物、致知、诚意、正心、修身"这些修习方法及其相应境界皆是"明德、亲民、止至善之功也"，对此，我们既可以从广义来说，这些修习方法及境界正是"自然灵昭不昧"的元天性的施展所实现的功用，也可以如此来更加逻辑化地理解，亦即：它们都是明德、亲民与止至善所代表的"元始阴阳原"构成的心灵先天结构自然不昧地遂行，而自发展现的符合"元创世"之实相演化周期韵律之结果。正因为如此，王阳明紧接着的论断"盖身、心、意、知、物者，是其工夫所用之条理，虽亦各有其所，而其实只是一物"才拥有充分的真理尺度之根据，亦即这些修习方法及相应阶段原本就是最高真理尺度"合一律"依据"元创世"自我展开的维度，它们都是通过心灵先天结构"阴阳冲和"生成自身并相互融通，亦即皆拥有全息的基因，如此才能从宏观和微观两方面来阐明"其实只是一物"。

以这个视角作为总的出发点，如果我们仔细观察后边王阳明对于这几

---

① 王阳明《大学问》。

个修习阶段相互关系的叙述，便会发现这样一个真相："身、心、意、知、物"这几个概念本身的内涵固然重要，但是它们怎样相互联结成一个一体化的意蕴节奏要更加重要；而在这一段中，王阳明认为这种一体化意蕴得以全然联结融通的建构方式便是"致良知"——"凡意念之发，吾心之良知无有不自知者"，因而接下来从这句开始一直到本段末尾都是在阐发致良知对于"身、心、意"的统合观照作用。而从未来性的全息视角，"致良知"究竟是什么呢？它正是"明德、亲民、止至善"共同构成而发挥功用的"元始阴阳原"之心灵先天结构，亦即全息基因的拓扑行动。如此看来，"致良知"成其为王阳明所创之心学的核心理念，表达的不外乎就是：使得"格物、致知、诚意、正心、修身"乃至"齐家、治国、平天下"成为一体之事物的全息基因——"阴阳冲和"之心灵先天结构，及其背后的未来性真理道路的创造行动之真理主角作用。从而，正是通过此全息基因而展开为"元创世"之元始的 12 单元实相演化周期，这些修习阶段才能够内在地熔炼在一起而成其为"万物一体之仁"，除此之外，别无他解。这便再次回到我们在第十五章第 4 节对于人类心智"演化周期"的相关阐述了。

"然欲致其良知，亦岂影响恍惚而悬空无实之谓乎？是必实有其事矣。故致知必在于格物。物者，事也，凡意之所发必有其事，意所在之事谓之物。格者，正也，正其不正以归于正之谓也。正其不正者，去恶之谓也。归于正者，为善之谓也。夫是之谓格。书言'格于上下'、'格于文祖'、'格其非心'，格物之格实兼其义也。良知所知之善，虽诚欲好之矣，苟不即其意之所在之物而实有以为之，则是物有未格，而好之之意犹为未诚也。良知所知之恶，虽诚欲恶之矣，苟不即其意之所在之物而实有以去之，则是物有未格，而恶之之意犹为未诚也。今焉于其良知所知之善者，即其意之所在之物而实为之，无有乎不尽。于其良知所知之恶者，即其意之所在

之物而实去之，无有乎不尽。然后物无不格，吾良知之所知者，无有亏缺
障蔽，而得以极其至矣。夫然后吾心快然无复余憾而自谦矣，夫然后意之
所发者，始无自欺而可以谓之诚矣。故曰：'物格而后知至，知至而后意
诚，意诚而后心正，心正而后身修。'盖其功夫条理虽有先后次序之可言，
而其体之惟一，实无先后次序之可分。其条理功夫虽无先后次序之可分，
而其用之惟精，固有纤毫不可得而缺焉者。此格致诚正之说，所以阐尧舜
之正传，而为孔氏之心印也。"①

　　全息解析：实际上，这一段是紧接着上一段的"致良知"主题而进一
步阐述"格物"同样拥有全息基因，亦即作为最高真理尺度的合一律之拓
扑效应。"是必实有其事矣。故致知必在于格物。物者，事也，凡意之所
发必有其事，意所在之事谓之物。格者，正也，正其不正以归于正之谓也。
正其不正者，去恶之谓也。归于正者，为善之谓也"——这几句话表达的
正是：致知与格物作为由心灵先天结构"阴阳冲和"之拓扑架构联结在一
起的两个心智频率层，必定是合一在一起的两种东西，如此才能"意之所
发必有其事"；与此同时，王阳明对于格物之"格"解释为"正"，更是强
调了"全息基因"的未来性真理道路的创造行动的"正向"先天趋势贯彻
始终，因为"正其不正以归于正"肯定不是用以表明一种后天强制行为，
而是要唤起一种先天程序，这种先天程序能够使得心灵自发朝着本来的方
向自然演化，也即朝着"正"的方向自然回归，而很显然，这种方向只能
是最终尺度之全息的方向，也即心灵演化回归周期的第一哲学之未来性真
理道路的"先天之路"。那么，由此我们也同样可知，"归于正者，为善之
谓也"中的"善"也肯定不是一般理性主义伦理中形而上的德性之善，而
指的是心灵自发演化的方向——未来性真理道路之全息的方向。于是，正

---

①　王阳明《大学问》。

是在此全息基因的领会中，致知与格物融通在一起的"知行合一"才拥有牢固的真理基础——以最高真理尺度为基底的"真理基础"。

王阳明最后的总结，"'物格而后知至，知至而后意诚，意诚而后心正，心正而后身修。'盖其功夫条理虽有先后次序之可言，而其体之惟一，实无先后次序之可分"——这几句话的叙述则再次强调了全息基因对于人类心智演化阶段的贯彻始终。"其体之惟一"，也就是说，一旦把握并领会了最高真理尺度的创造性奥秘，也就获得了最终的行动自在，所谓用功次序皆为表象，它们都是最高真理尺度生成的结果，而非原因。同时，"其条理功夫虽无先后次序之可分，而其用之惟精，固有纤毫不可得而缺焉者"，也就是说，这些次序又互相联结得极为精妙且每一阶段丝毫不可或缺，能够造成这种精妙联结效应的，唯有跟最高真理尺度谐同在一起的"元创世"之先天演化周期，一旦离开这种先天周期而进入到后天程序，则这些阶段的先后次序将随即进入机械的纯粹理性之因果律中，同时，第一尺度矛盾律的作用也将立刻显现出来，而使得这些修习方法与心智阶段哪一个都可以为服务某些目的而放弃或消失，进而"皆可或缺"而进入"不正"或"不善"的实相奴役状态里。由此可见，所谓"格致诚正"从来都不是为了彰显某种第一尺度之理性的道德，而是用以唤醒人类遂行于第一哲学之未来性真理道路的全息天性，亦即唤起镌刻于心灵深处之"元创世"的先天程序。

第十六章
以未来性视域看佛学经典的全新打开方式

第1节
以未来性视域看《金刚经》的"三句义"

《金刚经》第十三品 如法受持分

尔时，须菩提白佛言："世尊，当何名此经？我等云何奉持？"

佛告须菩提："是经名为《金刚般若波罗蜜》，以是名字，汝当奉持。所以者何？须菩提，佛说般若波罗蜜，即非般若波罗蜜，是名般若波罗蜜。须菩提，于意云何，如来有所说法不？"

须菩提白佛言："世尊，如来无所说。"

"须菩提，于意云何，三千大千世界所有微尘，是为多不？"

须菩提言："甚多，世尊。"

"须菩提，诸微尘，如来说非微尘，是名微尘。如来说世界非世界，是名世界。须菩提，于意云何，可以三十二相见如来不？"

"不也，世尊。不可以三十二相得见如来。何以故？如来说三十二相即是非相，是名三十二相。"

"须菩提，若有善男子、善女人，以恒河沙等身命布施，若复有人，于此经中，乃至受持四句偈等，为他人说，其福甚多。"①

---

① 《金刚经·第十三品》。

全息解析：全部的佛学经典俱是在讲述空性和如来藏，亦即作为真理最高尺度之第三尺度的奥秘，而《金刚经》便是其中很有代表性的一部经典，而所谓"金刚经"之"金刚"，即安住如来如如不动而坚不可摧如金刚之义。同时，这部经典也有其自身的特色，而最大的特色就在于，整部经典的思想建构紧紧围绕在两个意蕴形式之上，它们便是"三句义"和"四相"。通观整部《金刚经》，我们会发现下边两种叙述形式及其衍生变换以相当高频的方式反复出现：其一，便是"如来说世界，即非世界，是名世界"中之"如来（菩萨或佛）说……，（即）非……，是名……"，这种叙述形式及其承载的意蕴，即是"三句义"；其二，便是"须菩提，若菩萨有我相、人相、众生相、寿者相，即非菩萨"中之"我相、人相、众生相、寿者相"，这便是"四相"。可以这样说，"三句义"和"四相"正是领会整部《金刚经》要义的思想"钥匙"；同时，反过来也可以这样说，若是不领会"三句义"和"四相"背后的真理法则，那么面对《金刚经》乃至全部佛学经典的信息密度，就如同面对一片盲区、一团混沌。因此，本节的阐析重点就将放在"三句义"上，而在下一节的阐析重点则是"四相"，因为《圆觉经》中的"净诸业障菩萨品"展现了对于"四相"本质的更翔实的描述。

我们在本节选取的是《金刚经》"第十三品 如法受持分"，并以之为例来讲述"三句义"，不仅是因为其中拥有"三句义"最常见的那个范本，亦即"如来说世界，即非世界，是名世界"，还因为这一品也是非常典型的以"三句义"为核心来建构其意蕴的一篇佛学思想叙述。全篇中，除了前边这个常见范本之外，我们还可以在整篇前后看到"佛说般若波罗蜜，即非般若波罗蜜，是名般若波罗蜜"，"诸微尘，如来说非微尘，是名微尘"，以及"如来说三十二相即是非相，是名三十二相"这些相应的"三句义"。

实际上，经由前文对于《道德经》第一章"道可，道非，常道"的阐述，我们对于"三句义"的领会也便省去很多麻烦了，因为从与"如来"同构的"全息"意义上来看，"如来说世界，即非世界，是名世界"中的"如来说……，（即）非……，是名……"实质上表达的便是"元创世"的三大元始真理尺度：第三尺度、第二尺度、第一尺度。其中，"三句义"中的第一句"如来说……"指向的是第三尺度的全息觉受示现，无论后边接续怎样的内容，它都是一种最高真理的信息"示现"，亦即最高智慧通达的道路或踪迹；而第二句"（即）非……"则指向的是此最高真理尺度"示现"的第二尺度意蕴，它表达的是最高真理尺度"如来"开始进入受限打开方式而呈现的意蕴踪迹，亦即第二尺度的场域或维度的生成；第三句"是名……"则指向的是最高尺度的信息"示现"进入进一步受限之打开方式所呈现的概念踪迹，亦即第一尺度的聚焦在概念名称或名相范畴的落定，故而才会说"是名……"。由此我们也可以看出，跟《道德经》第一章"道要，道非，常道"所指向的第一尺度、第二尺度、第三尺度的自下而上的叙述方式相应的是，佛学的"三句义"也采用的是从最高真理尺度开始的自上而下的方式，两者都采用了以"三"为节奏的句法表述方式，但无论是哪种方式，它们背后的深层意蕴都是用以唤起镌刻在每一个生命之心灵深处的"元创世"的心灵先天程序，毋庸置疑。因此，佛学的"三句义"，亦即"如来说……，（即）非……，是名……"的后边其实接续、潜藏着一句"潜台词"：何不忆起"元创世"之（未来性真理道路所指向的）先天之路而安住如来，如如不动？就此而言，此处也是"佛经"之"经即径也"的很好诠释。此外，从唤起全息之先天程序的视角，"三句义"也可以看成是我们在前边章节中，用以表达真理尺度的未来性哲学之境的那一句"本征句"的另外一种表达形式，它们是同构的，于是，"如来说世界，即非世界，是名世界"用"本征句"的形式也就可以同构性地表达为：真理（如来）向来如在我认为中我认为（此）是世界。

从另外一个角度来看，"三句义"在《金刚经》中如此惯常地使用，也是在向世人揭示：这种全息的先天程序实际上浸润于日常生活中的每一处，从宏大的世界到纤细的"微尘"，无处不在，它从未远离，人们所需要做的仅仅是"唤起"，人们不仅能够"唤起"，而且并不难"唤起"，因为它正是每一个心灵的元始禀赋，无可置疑。

了解了这一点，并结合前边章节对于空性即"合一律"的详细阐释，我们就很容易得到《金刚经》"第十三品 如法受持分"的全息译文了。

全息译文：此时，须菩提向佛陀请示："世尊，我们当如何称呼这部经？我们又应如何对它领受在心、持久不忘且始终奉行呢？"

佛陀告诉须菩提："此经即名为《金刚般若波罗蜜经》，以此名称，你当领受在心且始终奉行。为何呢？须菩提，因为佛在第三尺度示现而言之般若波罗蜜之奥秘，随即生成第二尺度之般若波罗蜜之意蕴，而后落定为第一尺度之般若波罗蜜之名称，正如佛性向来如在我认为中我认为（此）是般若波罗蜜。须菩提，你认为如何呢？如来有真正说过什么法吗？"

须菩提对佛回答道："世尊，如来没有说过什么法。"

佛陀继而再问："须菩提，你是如何想的呢？你认为三千大千世界里所有微尘，算不算多呢？"

须菩提回答道："尤其多，世尊。"

佛陀言："须菩提，如来所示现之一切微尘之奥秘，随即生成第二尺度之非微尘之意蕴，而后落定于第一尺度之微尘之名。如来开示之世界，随即生成第二尺度之非世界之意蕴，最后落定于第一尺度之世界之名而已，对此，你何不唤起'元创世'的（未来性真理道路之）先天之径而安住如来？须菩提，你认为如何呢？是否能经由如来色身之三十二种殊妙相貌来认识真正的如来？"

须菩提回答道："不能，世尊。不能经由如来色身之三十二种殊妙相貌来认识如来的真面目。为什么呢？因为如来在最高真理尺度开示之三十二相，随即生成第二尺度之非三十二相之场域，最后落定于第一尺度三十二相之名称，此即如来示现之'元创世'之先天之径。"

佛陀说："须菩提，若有善男子、善女人，以恒河之砂砾那样多数目的身体与生命之精力与心神来布施，这算多，然而若再有人，能领受于心并始终奉行这部佛经，即便仅是其中的四句偈而已，并广泛地向众生宣说，他得到的功德福报便会更多了。"

第 2 节
以未来性视域看《圆觉经》之"四相"

《圆觉经》净诸业障菩萨品（节选）

于是，净诸业障菩萨在大众中，即从座起，顶礼佛足，右绕三匝，长跪叉手，而白佛言："大悲世尊，为我等辈广说如是不思议事，一切如来因地行相，令诸大众得未曾有。睹见调御，历恒沙劫勤苦境界，一切功用，犹如一念，我等菩萨深自庆慰。世尊，若此觉心本性清净，因何染污，使诸众生迷闷不入？唯愿如来，广为我等开悟法性，令此大众及末世众生作将来眼。"作是语已，五体投地，如是三请，终而复始。

尔时，世尊告净诸业障菩萨言："善哉！善哉！善男子，汝等乃能为诸大众及末世众生，咨问如来如是方便。汝今谛听，当为汝说。"时净诸业障菩萨奉教欢喜，及诸大众默然而听。[①]

全息解析：这开篇的两段是用以讲述这一品佛法得以述说的缘由，亦即净诸业障菩萨向佛陀请求开示：为何本性清净的觉心依旧能够被污染，

---

① 《圆觉经·净诸业障菩萨品》。

使得众生迷惘而不得证入？佛陀随即回应并开始进入讲法。因此，这两段内容便不重点解析了。

全息译文：于是净诸业障菩萨在听法的众人中离座而起，并以最高之礼朝佛足示以敬意，随后起身向右绕佛三周，随即长跪于佛前双手合十向佛陀诉说道："大慈大悲的世尊，您向我辈演示如此不可思议之佛法，一切如来因地成佛的修行法门，使得我们获得前所未有之真法。就好像看见佛陀遍历各种情状、阅遍久长时间之修行，使我们在一念之间便知一切佛理功用，我们这些菩萨深觉幸庆欣慰。但还是要请问世尊，为何本性清净的觉心依旧能够被污染，使得众生迷惘而不得证入？希望您为我们广为开示，使得我们大家以及末法众生得以凭之作为未来修习佛法的关窍。"说完后，净诸业障菩萨再次以五体投地之礼而礼敬佛陀，如是循环三次。

这时，世尊便对净诸业障菩萨说："善哉！善哉！善男子，你能够为诸位菩萨以及末法众生，向如来求问此方便法门。那么现在你就仔细地聆听，我来为你解说。"此时，净诸业障菩萨为能受享佛陀的教导而满心欢喜，和其他参加法会的大众一起安静地听佛陀开示。

"善男子，一切众生从无始来，妄想执有我、人、众生及与寿命，认四颠倒为实我体，由此便生憎爱二境，于虚妄体重执虚妄，二妄相依生妄业道，有妄业故妄见流转，厌流转者妄见涅槃，由此不能入清净觉。非觉违拒诸能入者，有诸能入非觉入故，是故动念及与息念皆归迷闷。何以故？由有无始本起无明为己主宰，一切众生生无慧目，身心等性皆是无明。譬如有人不自断命，是故当知，有爱我者我与随顺，非随顺者便生憎怨，为憎爱心养无明故，相续求道皆不成就。"①

_____

① 《圆觉经·净诸业障菩萨品》。

全息解析：这一段讲述的是"有漏"的"阴阳鸿沟"之二元效应，亦即第一哲学之传统真理道路的本原性效应产生的根本原因，即心灵执着沉迷于"四相"：我相、人相、众生相与寿命相。在佛学中，所谓"相"，即受限的真理尺度所产生的惯性，亦即受限的本原性心智效应。这一段所说之"憎爱"二境，实际上指的便是心智未抵达全息之最高真理尺度而呈现出来的二元效应，亦即从本体态出发的"阴阳鸿沟"效应。根据未来性之全息逻辑，只要这种"阴阳鸿沟"效应未能熔炼于最高真理尺度之全息，那么，矛盾律与相对性的二元束缚就总会萦绕于心，从而产生"憎爱"二元性，这种二元性的束缚效应便是四相的基本展现，如此展现的心智即是"无明"。从佛陀后边的叙述我们便可知，所谓我相、人相、众生相与寿命相，其实也就是"元创世"的真理元始尺度的展现，它们非常精确而巧妙地对应了我们在第一卷所阐释的第一哲学的命运演历：原始第一尺度、第一尺度、第二尺度与"有漏"的第三尺度；实际上，它跟《道德经》中之"四大"，以及王阳明心学总纲所呈现的法则结构是同构的。

全息译文：善男子，一切众生从超越时间因果性之全息"元创世"进入受限的实相打开方式以来，就虚妄地沉迷执着于我相、人相、众生相、寿命相这四种受限的元始真理尺度，并认定这"四颠倒"为真实的"我"之本体，并由此产生如"憎爱"这样的二元性，于虚妄的我执本体态上又重叠加上了虚妄的憎爱二元性，这两种虚妄之境互相依存互相作用，便产生了虚妄业道——受限的真理尺度。有虚妄的业道的二元束缚，便会虚妄地认为有无法摆脱的生死流转。厌恶生死流转之人，就会反过来虚妄地认为在此之外有一个涅槃之境，当这样想的时候便又落入二元性所指向的第一哲学之传统真理道路的执着，从而无法遂行于更深层的未来性真理道路之上而证入最高真理尺度之清净觉。这并不是最高真理尺度的觉性之心拒绝能够证入的人，能够证悟之人也不是通过觉性使得他能够证入的。因此这样的起心动念乃至息止心念皆成其为迷闷。为什么会这样呢？那是因为不知何时起产生的"无明"，亦即经由传统真理道路生成的各个受限之真理尺度的二元效应，成了自身心智的主宰，从此，一切众生自出生起慧眼便被遮蔽，从而使得身心自性也被遮蔽了。譬如人不会了结自己的生命，就好像肉体生命本身命定要执着似的。由此可知，爱我的人我便顺遂他们，不顺遂我的，我便产生憎恶怨恨，由此，憎爱二元性又进一步滋养"无明"，若这样进入相续不断的恶性循环，即便潜心修道亦无法成就全息。

　　"善男子，云何我相？谓诸众生心所证者。善男子，譬如有人百骸调适，忽忘我身，四肢弦缓，摄养乖方，微加针艾则知有我，是故证取方现我体。善男子，其心乃至证于如来、毕竟了知清净涅槃，皆是我相。"①

　　全息解析：此段乃是这一品佛经中的重点之一，讲述的是何谓"我相"。佛陀在这一段使用了一个非常形象的开示场景，即若用某种外来物刺激身体百骸，对这种感性反应的直接反思观照便是"我相"。实际上，这个过程跟古希腊哲学对于"感性杂多"进行客观思维的抽象超越，而得到概念共相或"存在"的这种一重对称过程，没有什么本质区别；这个一重对称变换之过程，也便是"古典人模型"的诞生过程，对此，我们通过在第二章第3节和第六章第3节的叙述已经比较熟悉。对此方法的进一步使用，则会形成一个在人性之外的抽象之我所在的形而上世界，亦即柏拉图的理念世界。于是，我们便可知，所谓"我相"，便是第一尺度的"前一半"境界，亦即原始第一尺度，也即西方哲学的古典本体论境界。当然，佛陀在此处对于"我相"也做了进一步的延伸，"是故证取方现我体……皆是我相"，也就是说，只要那些需要通过针对外感官的直接抽象反思来验

---

　　① 《圆觉经·净诸业障菩萨品》。

证而得到的东西，都是我相。

全息译文：善男子，何谓我相呢？其指的是众生对于外感官刺激而直接反思观照得到的心智形态——古典人模型的心智形态。譬如若是一个人百骸协调舒适，则会忘记自身的存在，而如果四肢软弱麻木，调理休养失当，则只要用针灸或艾灸，就会知道有一个"我"的存在，所以，只要使用这样一种外感官的证取观照则必定现出"我"的本体存在，亦即原始第一尺度的"存在"。善男子，修行者之心智演化证取至清净涅槃的最高尺度，它所使用某种感官所证取的存在者，皆是我相。

"善男子，云何人相？谓诸众生心悟证者。善男子，悟有我者，不复认我，所悟非我，悟亦如是；悟已超过一切证者，悉为人相。善男子，其心乃至圆悟涅槃，俱是我者；心存少悟，备殚证理，皆名人相。"①

全息解析：此段乃是这一品佛经中的重点之二，讲述的是何谓"人相"。这一段使用了一种极为简洁的方式阐述西方认识论的最高境界，即康德所在之境界的思想精华——一种依旧相当受限的"思想精华"。佛陀的归纳很简单，对于那些看起来不是"我"的存在，亦即"非我"的存在，能够了悟它们都是心智能力把握之内的东西，亦即都是人作为一个存在者的心智能够证取的，并将之摄于心智模型之内而非把它们放于人性之外——"悟有我者，不复认我，所悟非我，悟亦如是；悟已超过一切证者，悉为人相"。这也是西方近代自笛卡尔的"我思故我在"开启的"我思"认识论所达成的最主要"成就"，亦即把过去在人性尘世之外、人的心智无法把握而只能被动接受的形而上的"神之彼岸"搬入至"我思"的心智模型之内，从此，便不再有人的心智能力之外的"世界"，从而开启了一种

---

① 《圆觉经·净诸业障菩萨品》。

"人文主义"，由此导致现代文明形态诞生的理性人模型也随之生成。

同时，佛陀紧接着的叙述也简洁归纳了作为西方认识论最高境界的康德思想境界的"精华"，也就是说只要使用某种理则亦即理性判断作为心智能力的施展根据与最终目的，这些便都是"人相"；换言之，只要使用某种理则形式亦即理性的先验范畴作为心智能力得以施展的元始构成，便皆是"人相"——此即"心存少悟，备殚证理，皆名人相"。由此可见，所谓"人相"也便是第一尺度的"后一半"境界，亦即成熟的第一尺度，也即成熟的理性人模型之境地。

全息译文：善男子，什么是人相呢？其指的是众生了悟到能够使用心智能力证知的理则所形成的心智形态——理性人模型。善男子，当了悟到有我存在，而将那些不认为是我的，所谓非我的存在，依旧了悟到是我的心智能力所及的领域，这些都是执着于心之所证悟。超过一切证者本身这个存在者的能证之智，亦即经由理性人模型囊括一切经验实在与存在者所在之理知存在的"我思"，都是人相。善男子，若人的心智修行至圆满开悟境界，他依然还有在自身之外的涅槃可证，这便还是我相；只要还存有些微能证的心智能力，殚尽其修行过程还有能够作为证悟凭借的理则并以之为证悟的根据，这些都是人相，亦即理性人模型之相。

"善男子，云何众生相？谓诸众生心自证悟所不及者。善男子，譬如有人作如是言'我是众生'，则知彼人说众生者，非我非彼。云何非我？我是众生，则非是我。云何非彼？我是众生，非彼我故。善男子，但诸众生了证了悟，皆为我人，而我人相所不及者，存有所了，名众生相。"[1]

全息解析：此段乃是这一品佛经中的重点之三，讲述的是何谓"众生

---

① 《圆觉经·净诸业障菩萨品》。

相"。这一段同样使用了一种非常简洁的方式总结了海德格尔所代表的西方现当代思想家们的哲学境界，亦即"在……之中"的思想建构及其所体现的"世界意识"。佛陀在此处使用了这样一种精妙比喻，若有人说"我是众生"，则可知这个人说到众生这件事的时候，既非我又非彼。为何如此呢？因为当我是众生的时候，则众生要远远大于我而非特指我；同样地，当我是众生的时候，这个"我"肯定不是指他人中的那个"我"——因此，无论我还是彼都"在众生之中"，这便展示了一个"在……之中"的逻辑建构。此外，从感性杂多的观照中进行（抽象）了证而得我相，从对于感性杂多进行抽象中得证的是"我"，引起"我"之感受的便是外物，对于这种我和外物皆处于一种关系之理中的状态进行一体了悟所得到的便是人相，也就是说，我相即存在者，人相即关涉存在者之间尤其是主体与客体之间关系之法则的理念存在，而众生相即是对于主体与客体产生之前便逻辑先行的存在的领会之心，亦即存在所处之场域或世界的领会——第二尺度之世界意识，这便是"我人相所不及者，存有所了"；能够在"我人相所不及"的境地依然"存有所了"的那种东西，当然就是一种二重对称性之世界意识或场域焦点。由此可见，所谓"众生相"，也便是第二尺度之世界意识或场域焦点，因此，众生相也便是本真的信息态。

全息译文：善男子，什么是众生相呢？其指的是心智对于感性杂多抽象观照所证之存在者，以及对于存在者之间关系所了悟的理念存在皆无法积极证知囊括的那种自发的存在之领会心——众生所展现的世界意识。善男子，譬如有人这样说"我是众生"，则可知他所说的众生，既非我又非彼。为何非我呢？因为我是众生，则早已不是那个自我意识。为何非彼呢？我是众生，则必定不是指在他人中那个特定之我。善男子，众生从感性杂多中了知了证得到的那个存在者都是我相，众生对于存在者之间关系的理念存在之一体了悟皆是人相，而在我相和人相之外，还认为有某种逻辑先行的存在之领会心，这便都是众生相——第二尺度之世界意识或场域焦点。

"善男子，云何寿命相？谓诸众生心照清净觉所了者，一切业智所不自见，犹如命根。善男子，若心照见一切觉者皆为尘垢，觉所觉者不离尘故。如汤销冰，无别有冰知冰销者；存我觉我，亦复如是。"[①]

全息解析：此段乃是这一品佛经中的重点之四，讲述的是何谓"寿命相"。佛陀在这一段使用了三个十分精妙的思想之喻，分别是"命根"、"尘垢"与"如汤销冰"。所谓"命根"，亦即命运之根，它指的是人的心智开始察觉众生相的世界意识得以生成的生成之法，亦即针对生成行动本身的生成之法，此生成之法局限为某种形态恰如命运之根，这便是开始了证第二尺度之上的更高尺度——第三尺度的领域，但是依然有某种本体态的效应残留而把它当作命运之根——心智修行演化到这个地步，境界已经不算低了，但是依然还是"有漏"而不全息，亦即从第一哲学之传统真理道路之本体态出发的阴阳鸿沟之二元效应依旧未能全然合一与融炼，仍旧有某种本体态的"期待"——命运之根的存在，如此则必将遇见超出此本体期待之"鸿沟"而为之所拘役，故而"有漏"，这便是"一切业智所不自见，犹如命根"的背后意蕴。所谓"尘垢"，亦即对于命运之根的"生成之法"进行观照的知觉——"若心照见一切觉者皆为尘垢"，这依然是一种基于阴阳二元对峙的知觉，因而未能全然"合一"，所以依旧为"尘垢"，亦即较低尺度的实相形态。

在此基础上，所谓"如汤销冰"则是一种更加生动的描绘，亦即本真行动态——无限生成之创造行动犹如觉性之"汤"，其将从本体态出发的

①《圆觉经·净诸业障菩萨品》。

阴阳鸿沟效应之"冰"进行消融，则不可能还留下一点点冰的残渣所代表的本体态效应来相对地了知此创造行动的消融本身，一旦这样做的时候便是执着"寿命相"——故而，融炼寿命相而不染着便是无限而圆满的创造，此即为"无漏"之清净觉，亦即"无漏"之全息。就此而言，所谓"寿命相"，也便是未臻至成熟的"有漏"的第三尺度，而实现成熟而圆满的第三尺度也便是全息，而从清净觉不昧一切尺度之相的视角，亦即"圆觉"的视角，全息也可以被称为"第零尺度"，亦即无尺度。

全息译文：善男子，什么是寿命相呢？其指的是众生之心智开始领会第三尺度之清净觉但依然不究竟，而残留从第一哲学之传统真理道路之本体态出发的有所了知的东西。在众生之世界意识中的业智得以生成之法无法照见，恰如命运之根在规摄并维持众生生命实相之生活世界的运行。

善男子，心灵对于命运之根的生成之法进行观照的知觉，都是觉性不究竟的较低真理尺度的实相形态——尘垢。基于阴阳二元对峙情境的能觉知的心和所觉知的法都不离尘垢。这正如无限生成之创造行动所化身之"汤"去消融从本体态出发之阴阳鸿沟之"冰"，不可能还留下些微冰的残渣所指向的本体态效应，来了知此创造行动的消融本身，一旦这样做的时候便是执着寿命相。执着于本体态之我的存在以及去觉知它，都是与如汤销冰相同的道理。

"善男子，末世众生不了四相，虽经多劫勤苦修道但名有为，终不能成一切圣果，是故名为'正法末世'。何以故？认一切我为涅槃故，有证有悟名成就故。譬如有人以贼为子，其家财宝终不成就。何以故？有我爱者亦爱涅槃，伏我爱根为涅槃相，有憎我者亦憎生死，不知爱者真生死故，别憎生死名不解脱。云何当知法不解脱？善男子，彼末世众生习菩提者，以己微证为自清净，犹未能尽我相根本。若复有人赞叹彼法，即生欢喜便欲济度；若复诽谤彼所得者，便生瞋恨。则知我相坚固执持，潜伏藏识，游戏诸根曾不间断。善男子，彼修道者不除我相，是故不能入清净觉。善男子，若知我空，无毁我者。有我说法，我未断故。众生、寿命亦复如是。善男子，末世众生说病为法，是故名为可怜愍者。虽勤精进，增益诸病，是故不能入清净觉。"

"善男子，末世众生不了四相，以如来解及所行处为自修行，终不成就。或有众生，未得谓得，未证谓证，见胜进者心生嫉妒，由彼众生未断我爱，是故不能入清净觉。善男子，末世众生希望成道，无令求悟、唯益多闻、增长我见，但当精勤降伏烦恼，起大勇猛，未得令得，未断令断，贪、瞋、爱、慢、谄曲、嫉妒对境不生，彼我恩爱一切寂灭。佛说是人渐次成就，求善知识，不堕邪见。若于所求别生憎爱，则不能入清净觉海。"①

全息解析：在这一品佛经的最后，佛陀总结了四相得以执着的总根源，亦即从以我为代表的本体态生发而出的了证了悟必将遭遇二元性的阴阳鸿沟，亦即受缚"有漏"，只有了知并降伏此总根源，才可入清净觉，亦即真正通达最高真理尺度——"无漏"之第三尺度：全息。

全息译文：善男子，如果末世众生不能了知并降伏四相，虽然经历长时间勤苦修道但依然陷于较低真理尺度之有为法的境地，终究无法成就最高圣果，所以才称其为正法的末世时代。为什么会这样呢？因为虚妄地认为从我出发的本体态能入最高真理尺度的涅槃之境，并认定在此过程中有了些许证知和觉受就可以去成就。这就像有人视贼为子，他家里的财宝终究会有重大损失而无所得。为何如此呢？执着于从第一哲学之传统真理道路的本体态出发的爱之本性，也必定以此心而爱涅槃，并因为伏灭此爱之根就能成就涅槃。同样地，从我为代表的本体态出发的憎恨之心，其必定

---

① 《圆觉经·净诸业障菩萨品》。

憎恨生死二元性所导致的实相轮回，却不明了憎爱二元性其实是一回事，这才是总根，仅仅憎恶生死也即沉迷于生死二元性，这便是不解脱。由此，怎样才能知道所证悟之法不解脱呢？善男子，那些修习菩提智慧的末世众生，自以为有了些许的证悟便成就清净，这是还没有断灭融炼以我相为代表的第一哲学之传统真理道路之本体态生发出的二元性的根本原因。若是有人赞叹自己修行的法门，他就心生欢喜，并由此想要济世而度化别人；而若有人诽谤自己的修行境界，他便心生愤怒怨恨，由此则可知我相所代表的本体态之二元"有漏"效应依旧被牢固而执迷地维持着，而且这种我相之有漏之执念深深潜伏在阿赖耶识种子示现的各种真理尺度之境中，并与六根交互作用、游戏其中，此较低真理尺度的执迷之行不曾间断过。善男子，这些修道者不能根除我相所代表的"有漏"执迷，因而不能觉悟证入清净圆满的全息之境。善男子，修道者若知道任何本体态必然源于最高真理尺度之"合一律"之空性，亦即第一哲学之未来性真理道路所指向的"空性"，就不会拘泥于毁谤自身的情境；若是还执迷于从本体态出发的佛法宣示，则必然意味着我相所代表的"有漏"执迷没有彻底断除。众生相与寿命相也可以如此辨析了悟。善男子，末世众生将从第一哲学之传统真理道路生出之较低真理尺度的错误之法当作最高智慧，因而这些人的执迷之相是很可怜的。虽然他们勤奋刻苦地精益修行，但是反而更加不能证入最高真理尺度之圆满觉悟的全息之境。

善男子，末世众生若不能明了并降伏四相，而以如来的第一哲学之未来性真理道路所指向的全息知解和修行之道作为自己的真理修行和生命演化系统，便终究无法成就全息。有一种人未得清净觉却认为已得清净觉，未通达证悟全息却认为自己已证得最高真理尺度之圆满智慧，于是，见到境界修习胜于自己而更加进步之人，其必生嫉妒之心。正因为这些众生未能断除我爱所代表的"有漏"之二元执迷与本原性执着，所以不能证入清净觉。善男子，末世众生希望成就圆满的全息之道，但不能认为追求觉悟就仅仅是增加见闻和增益知识这种事情，应当专注于勤勉地修习精进而降伏有漏执迷，亦即摒弃第一哲学之传统真理道路，并生发大勇猛的未来性之全息之心，使得未证得之智慧能够证得，未能断除之有漏执迷能够断除，面对贪、瞋、爱、慢、谄曲、嫉妒这些较低真理尺度心境能对境不生从而不染着拘泥于它们，对于自我和他人的憎爱二元性能彻底降伏根除。佛说这样的人便能渐渐成就最高真理尺度的全息之境，追求全息的真理善法，而不堕入源于第一哲学之传统真理道路的较低真理尺度的有为法的邪见之中。而如果对于自身所求的修行善法又生发出憎爱二元性的"有漏"执迷，那么，这就无法证入清净圆满的全息之境。

第3节
以未来性视域看《般若波罗蜜多心经》

《般若波罗蜜多心经》

观自在菩萨，行深般若波罗蜜多时，照见五蕴皆空，度一切苦厄。

舍利子！色不异空，空不异色；色即是空，空即是色；受想行识，亦复如是。

舍利子！是诸法空相，不生不灭，不垢不净，不增不减。

是故空中无色，无受想行识，无眼耳鼻舌身意，无色声香味触法，无眼界，乃至无意识界。

无无明，亦无无明尽，乃至无老死，亦无老死尽，无苦集灭道。无智亦无得。

以无所得故，菩提萨埵，依般若波罗蜜多故，心无挂碍，无挂碍故，无有恐怖，远离颠倒梦想，究竟涅槃。

三世诸佛，依般若波罗蜜多故，得阿耨多罗三藐三菩提。

故知般若波罗蜜多，是大神咒，是大明咒，是无上咒，是无等等咒，能除一切苦，真实不虚。

故说般若波罗蜜多咒，即说咒曰：揭谛揭谛，波罗揭谛，波罗僧揭谛，菩提萨婆诃。[①]

全息解析：由于《心经》的内容跟全息逻辑结构对应得十分明确，因此我们在这里直接进入"全息译文"。

全息译文：观自在菩萨，于其深刻修行领悟最高真理尺度的般若智慧之时，观照玄悉五蕴所通达之宇宙一切实相形态皆源于最高真理尺度"合一律"之空性，因其是无限创造之最终"不变性"，因而一切较低真理尺度之苦难烦恼之可能性皆融炼其中而成其为如如不动之全息，从而实现最终的解脱。

舍利子！从"合一律"自下而上进行逻辑叙述而得到的心灵先天结构——三元拓扑的视角来看，展现于较低信息层之阴阳鸿沟之"有漏"之"色"跟更高信息层之"空性"，虽然看起来分属两个相异的信息层，但却是因缘和合为一体的终极拓扑之逻辑动作，故而两者并不本质相异。而若从"合一律"本身自上而下的自发视角看来，一切较低真理尺度实相形态之"色"皆无限生成于空，因此一切色皆生于空，一切空皆化生为色，空与色在全息基因及其全息态中同构，这便是如来藏永恒的尺度天性。而指向较低真理尺度实相形态之其余四蕴——受蕴、想蕴、行蕴与识蕴，其与空的天然关系亦如此。

舍利子！这些五蕴所通达的一切实相形态皆内生于最高真理尺度之空

---

① 《般若波罗蜜多心经》。

相，因空相成其为"动之动"，故而从不拘役于特定的生灭行动，从而不生不灭；因空相成其为"善之善"之至善，故而从不拘役于任何善、任何恶，从而不垢不净；因空相成其为"量之量"的无量，故而从不受限于量的增减，从而不增不减。

因此，作为最高真理尺度之"空"，从不受限于任何较低真理尺度，其通过"元创世"化生一切而从不"存在"，于是，空之中也便不存在较低尺度之色、受、想、行、识五蕴，不存在眼、耳、鼻、舌、身、意的第一尺度外在感官，亦不存在作为这些外在感官对象的色、声、香、味、触、法，也不存在能用外感官看见之眼根，更不存在经由较低真理尺度认知所得的六种意识。

因空性合一之故，其无限可能生成阴，亦无限可能生成阳，因而既非阴又非阳，于是，其中没有无明，亦没有灭尽之无明，乃至没有老死亦没有老死的灭尽。同时，它也从不受限于知苦、断集、修道、证灭的具体证悟实践之法，于是，作为未来性真理道路所指向的本真创造行动态之空性销融了一切本体态效应，因而，也没有作为一种本原性之法的般若智慧存在，更没有任何特定既成之般若智慧可以证得。

由于并不存在既成的般若智慧之果可以证得，因此菩萨依循般若波罗蜜多的全息之道，心中也便不会有拘泥于任何束缚的挂碍。因为没有挂碍而对较低真理尺度之一切色相情感丝毫不染着，所以便不再存有恐怖畏惧这种虚妄的情感。如此，则远离了以较低真理尺度观照一切事物的颠倒视域和从第一哲学传统真理道路之本体态出发的受限幻想，达到了究竟涅槃的全息之境。

十方三世之所有佛陀，也都依循此般若波罗蜜多的全息之道，而证得最高真理尺度之无上正等正觉的全息之果。

故而，自明地确知般若波罗蜜多，是一种拥有宏大神力而得以与全息的"元创世"先天共鸣的咒，是一种能够激发伟大光明先天能量的咒，是一种得以唤起跟终极真理源头融通为一的至高无上之咒，是一种得以跟无量象数谐同共振的无与伦比之咒，正因为最高真理尺度之元天性如此被唤醒，因而它能解脱世间一切众生的执迷之苦，还归真实而远离虚妄。

所以，便在这里宣说般若波罗蜜多的总持法门，也即如此宣说以全息共鸣"元创世"之演化回归先天程序：

揭谛，揭谛，波罗揭谛，波罗僧揭谛，菩提萨婆诃。

第十七章
再论东方：人类命运的全息演化之路

第 1 节
再论东方的全息阐述

现在，终于到了本书的尾声。在此处，我们终于知道为何笔者在前言中说本书亦可称为《再论东方》，那是因为：全息之道实在不是用第一尺度所代表的第一哲学之传统真理道路所能囊括与想象的，全息之道亦即如来，"如来者，无所从来，亦无所去，故名如来"——这不妥妥地表达着第一哲学之未来性真理道路的"东方基因"吗？就此而言，我们对于下一点也就不会觉得"奇怪"了：本书在阐述任何一个"东方"概念时，很少使用甚至从未使用过"传统文化"这个谓词，相应地，使用的是"东方原生文化基因"。为何如此呢？这跟当今人类文明所遂行的实相主导属性息息相关，前文已经阐述过，当今时代人类打开世界的心智焦点，尽管是以一种"准有意识"的方式，但也早已从第一尺度的"实在性"进入第二尺度的"信息态"。于是，本真的信息态并不遵循时间上的"后天传统"而更趋向于唤起高感性或超理性的心灵之"先天传统"，在此"先天传统"中，人们"忆起"的便是一种统摄整个文化历史叙事的内在意蕴，亦即经由心灵的先天结构所因缘和合而成的文化命运之领会；这是一种富有全息基因的"元信息"，因此，它就自然表现出一种生成诸般东方文化形态的"原生基因"状态，故而也便成其为东方原生文化基因或者东方文化的原生基因。此外，在此"元信息"情境中，"原生"这个词也比"传统"要好些，因为"原生"的内涵将导向超越时间与空间的更深尺度,而"传统"则总是拘泥于时间上的历史。那么,就此而言,东方原生文化基因其实指向的便是第一哲学之未来性真理道路的全息基因。

经过前边的论述,我们终于可以得到这样一个结论:东西方真正的相遇,也便是真理元始尺度的全息相遇;反过来也可以这样说,除非在真理的元始尺度中打开这样一个特别的心智视域与行动格局,否则,东西方这两个文化生命就总也无法在心灵深处坦诚以待而无挂碍地会通,亦即真正地相遇。毋宁说,在全息的最高真理尺度之视角下,万法空性,东西方原本就融通在一起,是第一尺度的后天人为操纵使得这种人类文明的二元鸿沟得以产生,毫无疑问。在前文的阐述中我们已经了解,这种全息相遇的方式表现为:西方以第一尺度朝向第三尺度之自下而上的"演化回归"的方式及其势能,东方以第三尺度生成第一尺度之自上而下的"实相创生"的方式及其势能,双方在元始尺度的境域中不可避免而不证自明地构成了"元创世"之元始周期,亦即"三生万物"的全息演化周期;其中,它们在第二尺度的碰撞、接续与融合最为激烈、精彩和壮观,而"第二尺度"恰恰是当今人类文明从无意识进入到有意识展开的实相区域——信息时代之"信息态"正是如斯属性,毋庸置疑。

就此而言,当我们说"再论东方"的时候,其中的"东方"当然是东西方真正相遇之后的"东方",亦即人类文明在第二尺度中必然遂行的"元创世"的全息演化之道,这不仅是第二尺度开始转向未来性真理道路所指向的本真心灵主导形态的内在要求,也是人类文明演化之命运的必然选择,要不然,人类文明的命运将失去任何真理尺度,亦即失去命运。于是,此处之"东方"作为人类文明谐同共生的演化方向,也可叫作"东西方",它指向的是从第二尺度(后一半)开始的遂行全息基因的未来性真理道路之非线性演化方式,也是一种贯彻高级对称性乃至最高对称性的心灵展开路线；而之前的阶段，则可叫作"西东方"，它指向的是从第一尺度开始的线性演化方式，也即以西方原生文化基因为先导的遂行传统真理道路的演化方式——从"西东方"到"东西方"，人类文明的"命运之神"可真是为自己设计了一出如此"轮回"的演化戏剧，可见地球人类这种独特的智慧生灵是多么喜欢来回"折腾"。

既然如今的"东方"才叫全息的"东方"，亦即全息的"东西方"，那么，之前传统的东方和传统的西方就必定拥有"不全息"之处。"不全息"，按照佛学的观点，便是"着相"，亦即执迷于某种较低真理尺度的受限之惯性状态中不可自拔。其实，按照佛学的思想体系，"着相"这个词虽然不限对象的体量，但是在东方文明的历史性的传统运用中更适合单个个人与部分个人组成的群体或社群，这是由上一个轴心时代的各大区域文明各自"区域化的"历史使命所决定的特质；而如果把范围扩展至全部人类的整体，那么笔者更愿意把这种整体文明级别的"着相"称作实相的奴役。"实相的奴役"，顾名思义，即指的是一个文明整体将自身封闭于一种较低真理尺度的特定信念结构的"现实"之内，并将它自我催眠为绝对形式与终极境域的系统性行为——这就像一个文明自己造出一个如同宇宙大小的实相来束缚与奴役自己，而自己却以为真的有这样一个不可突破与超越的"实相"来限制自身，故名"实相的奴役"。从如斯角度看来，实相的奴役跟一个文明所处的演化水平或实相维度无关，它只跟是否执迷于所处的实相水平及其文化格调直接相关。

对于西方文明的"实相的奴役"我们已经很熟悉了，它便是那一把源于西方哲学诞生之处的"迟钝的剪刀"，亦即：不知为何，西方原生文化的惯性总是会在某种从第一尺度开始的行动架构已然触及更大尺度的世界打开方式之情况下，使得某种线性的心智诱导效应突然出现而把更大真理尺度的全部积极直观效应，亦即对于第二尺度与第三尺度的有意识觉知的

"记忆"给全部拦截下来而让其沉降为一种"无意识"的本能，这就像一把魔法般的剪刀，把一段"记忆"给剪了下来，从而让原本应该在有意识的状态下对于更大真理尺度信息之醒觉而灵敏得多的心智行动变得"迟钝"，就好像让人失去了原本早就被心灵把握的一部分记忆似的——在当今人类正在朝向下一代科学、下一代数学乃至下一代知识谱系"升维"的情况下，这一把"迟钝的剪刀"的心智诱导效应已然成了一只巨大的"拦路虎"、一种看不见的"文明挑战"，它甚至比所有看得见的科技难题要更难以对付。

而对于东方传统的"实相奴役"，则并非那种自民国以来所宣称的"非现代化"的诸文化属性，这种分析实在太过于浅表了，从这种方法论所执迷的那种"理性人模型"之文化格调来看，其本身就是一种"实相的奴役"。从未来性的全息视角，东方传统的"实相的奴役"更像一种太过于陷入卓越文化基因的"自满"而导致的"非全息"缺陷。我们已经知道，周易、大道、中庸、致良知与如来藏所通向的"全息基因"是东方原生文化带给人类的独特文明财富，这当然是一种卓越的原生文化基因，但是，对于这种"卓越基因"的执着却使得古代东方文明选择了一条以第二尺度为心灵最低领会门槛的智慧建构方法，换句话说，东方文明确实为身处其中的人们建造了一条能够直通最高真理尺度的智慧启蒙阶梯，但是，这条"智慧阶梯"上相邻的台阶与台阶之间"高度"不低且"间距"也实在不小，以至于它很挑剔修习者的"根骨"与"资质"以及更重要的——从客观上对于学习的方法论场景具有相当的要求。从第十五章第1节对于东方经典的"观看之道"的阐析中我们会发现，在中国古代，要实现这样一种"观看之道"的"传道受业解惑"过程，所需的方法论场景尤其依赖高体验感的多样化场景教学，因此，我们可以看到中国古代的教学方式大多采用一种私塾与家学的"言传身教"的极其多元的非标准化方式——这就客观上形成了一道"过滤网"，使得大多数无法跨过这一条智慧阶梯台阶"间距"的人无法登上这条阶梯而获得全息之道的完整启蒙，只能成为广义的文化背景之一部分。简言之，第一尺度与第二尺度"前一半"的聚焦缺失，使得东方先贤所设想的"全民启蒙"与"全民升维"之教化天下与度化众生的传统文明理想的实现基本上是不可能的事情，不仅在实践成本上不允许，而且在知识建构体系的普适化上也不允许。而这一点，恰恰是充分发展并释放第一尺度潜力的主要基于西方文化传统而建立的现代社会所擅长的事情。

不过，令人欣慰的是，在当今时代，作为东方文明之代表的中国社会对于西方现代化体系的学习与融炼，在全球范围内来看，也能算得上是优异，对于这一块东方传统的"非全息"部分的弥补与融通已经进入朝向完成的快车道了。这一点尤为重要，因为当真正完整的全息之道在一个古老的轴心文明区域中全然现身的时候，人类的命运之路及其势能趋势将发生前所未有的剧烈变化，也许这便是"百年未有之大变局"的内在真理禀赋。反观"西方文明"诸国家，他们对于自身"实相奴役"的认识和弥合恐怕相对而言就不那么诚恳与充分了。即便如此，人类文明演化命运的脚步绝不可能停止，人类文明谐同为一个命运共同体的"整体升维"的全息之路已然开始在当代社会生活的每一个角落展现其面貌，这是全息所通达的"先天"必然性所带来的人性效应，此先天必然性源于"元创世"的先天能量，源于第一哲学的终极对称天性，它精妙而普遍地化生为每一个人性动作背后的生命原动力，"小小"的人类文明对此是无论如何也无法轻忽的。

既然"整体升维"成其为当代人类文明的必然使命，那么很显然，第一尺度的矛盾律和根据律也就无法成为负荷这种使命的基本思维法则，因为它们无法在积极的意义上构建人类"整体"，亦即构建人类的命运共同体；而能够使得人类文明结合成一个生命积极直观意义上之"共同体"的，唯有通达合一效应的第二尺度"谐同律"乃至第三尺度之"合一律"

本身，而合一效应也即"致中和"的心灵先天结构成其为全息基因而对文明实相进行元始构成的作用。就此而言，所谓"新时代"，也便是当代人类文明作为一个命运共同体"整体升维"的必然使命贯彻始终的时代，也即东西方真正相遇之"东方"的全息基因有意识地展现于人类社会生活各个领域、各个角落的时代，毫无疑问。

在人类文明"整体升维"的新时代，人类的整体知识谱系当然也将面临"升级"，基于第一尺度之纯粹理性之范畴分类而划分而成的当今"科学"诸学科体系，如此"分科"形成的学术系统所带来的知识演化的成本已经开始越来越大于其成果，故而，这样的体系是相当不可持续的。况且，随着人类世界的主导认知属性从实在性向信息态全面转变，人类的整体知识谱系也必将发生剧烈变迁，亦即从机械性与控制性的线性知识向着唤起生命元天性的非线性之元信息或元知识进行范式大变迁和"操作系统"的大迭代。在"信息态"全面展开的信息社会，尤其是以人工智能、大数据与万物互联为代表的深度信息社会，人们越来越依赖"创新"作为社会发展的主要动力，然而，人们对于"创新"本质的领会及其施行效率，还远远无法匹配社会发展的内在需求抑或人们的生活潜力于信息时代尽情释放的生命需求。从未来性的全息视角，唯有有意识地广泛觉醒并运用本真信息态的三元拓扑架构，亦即有意识地将心智主导形态从传统真理道路之本体态转变为未来性真理道路之（创造）行动态，人们使用内在感官的人性原动力来进行富有更大尺度之生命灵性和自在意蕴的创造活动，才能愈来愈成为一种普遍的生活状态——元生活的状态。对此，第一尺度的外在感官和纯粹理性是无法做到的，说到底，这本就不是时空外感官和"理性"应该主导的领域。

如今，人类文明的整体实相被一层看似坚固的"天幕"给笼罩着，它便是过去人类知识谱系得以凭之建立起来的"时空天幕"或曰"时空壁垒"，它既有形又无形，它的存在意味着人类文明依旧深深地处于一种第一尺度的实相奴役之中，时间与空间、纯粹理性与单一实在性便是这个天幕得以构成的信念基石或文化故事，它深刻地延阻着人类向着成熟的宇宙文明演化的脚步。与此同时，它既是一种表征实相奴役的"天幕"，又是一种人类得以实现文明跃迁的"觉悟之门"，因为与之相对而不拘泥于时间与空间、纯粹理性与单一实在性的新时代的信念基因便是：内在感官的元天性、因缘和合之生命灵性以及多次元信息态之"构型"，而这三者正是全息之道得以施展其上的基本属性。只有当人类在普遍的日常生活中自发通达这三种基本属性的要义，人类文明才能从第一尺度的"童年期"整体升维至更大真理尺度的宇宙文明的"成年期"，当然，那个时候的"全息宇宙实相"及其结构也便不是如今我们在"时空的眼睛"中所看到的这一片冷清孤寂的样子了。

第 2 节
以未来性简要解答关乎东西方文明命运的三个重要问题

接下来，本书将使用全息的视角来简洁地解答和阐释几个与东西方文化命运相关的问题。

1."李约瑟问题"，即著名学者李约瑟在他编著的 15 卷《中国科学技术史》中所提出的问题："尽管中国古代对人类科技发展作出了很多重要贡献，但为什么科学和工业革命没有在近代的中国发生？"

全息阐析：李约瑟对于传统中国乃至传统东方的"非全息"现象的洞察并没有错，对于这个问题的第一层回答，亦即直接回答便是：东方文化进行自身知识体系建构的"门槛"就是第二尺度，那么，它当然会忽视或者说不那么在意天然源起并聚焦于第一尺度的纯粹理性的思想体系——科学体系。然而，这仅仅是这个问题的第一层答案，这个问题自然还有更深层的回答，不过，当今学者大多只能意识到这第一层答案。

这个问题还有第二层答案。何谓科学的（更深）本质？何谓工业革命所代表的社会整体生产力的进步？如果科学的本质仅仅是第一尺度的知识谱系，那么第一层回答就是全部回答，然而并不是。正如本书第五卷所阐明的那样，科学的本质是一种具有全息基因的拓扑架构，而且当今的科学恰恰正处于这种拓扑架构再次迭代的跨尺度拓扑行动的状态中，现代数学、相对论、量子力学、复杂性科学、生命科学乃至人工智能等前沿学科的成果，无不正在展现这样一种跨尺度的拓扑状态。因此，说科学仅仅是第一尺度的科学，这实在是远远低估了科学的真正潜力。就此而言，中国古代文化所孕育的东方原生文化基因，虽然"错失"了第一尺度的科学，亦即最浅表尺度的这一代科学，但是下一代科学潜力的全然释放绝然离不开东方原生文化所带来的全息基因，因为若无此全息基因所代表的心灵先天结构，科学进步所仰赖的"稳定经验"也就始终无法扩展而只能处于一种重大基础理论百年停滞的"瓶颈"中。如此看来，东方原生文化更愿意让更深禀赋的科学在其中孕育和发生——在21世纪，这个结论会愈加明显地彰显于中国的现代化实践中。

至于工业革命所代表的社会整体生产力的进步，从未来性的全息视角，它其实是最高真理尺度之第一天性——创造行动投射于理性人模型之时代精神而普遍地扩展至人类社会生活中的结果，生产力即创造行动的第一尺度代名词。传统的东方并不那么聚焦"理性人模型"，也便当然不会在自身的实相中普遍实现这一尺度的生产力，但这并不意味着东方会错失"下一代"生产力的普遍实现。恰恰相反，跟科学一样，下一代生产力亦即第二尺度的"生产力"将愈加展现作为本真心灵主导形态之创造行动态，同样地，此创造行动态若无全息基因的参与，则很难真正在人类文明中普遍实现。也就是说，下一代工业革命，众人皆以为是纯粹工业的革命，可惜并不是，它所仰赖的科学技术要进行自我迭代的真正潜力的释放，若无东方原生文明基因之全息视域的参与，便是不可能的事情。如今的社会事实也证明，以中国为代表的东方正在新的工业革命中成为全球引领者，然而，笔者要说的是，这是在还未充分结合东方原生文化之全息基因的情况下实现的，因而，这还远远没有释放"科技"的全部潜力——结合全息基因而跨尺度迭代的潜力。

2.人类命运共同体是不是人类文明演化的必由之路？

全息阐析：要回答这个问题，我们需要先来了解何为文明演化的"必由之路"，然后再来看一看"人类命运共同体"是否跟这一条"必由之路"相匹配。

从根源上来说，文明演化的"必由之路"有两种理解：其一，文明演化必然会涉及从落后到先进、从低维到高维的"尺度"，亦即真理尺度，而本书在前文中已经阐明，一旦人类文明整体性地进入某种真理的元始尺度，其文明境界的"极限"就必然限定于这个真理尺度本身的格局，亦即其演化"天花板"，无论在这个真理尺度的打开方式之内拥有多大的社会发展或文明"进步"，都不可能摆脱此"天花板"，概莫能外。因而，文明演化的必然本质，亦即"必由之路"，也便在于真理的元始尺度本身从低到高的演化，即从第一尺度到第二尺度再到第三尺度的演化趋势及其内在韵律。

其二，文明怎样演化更在于"文明"如何定义或领会自身，也就是说，人类文明到底选择哪种第一哲学的元始真理道路来自我定义或自我领会决定了文明怎样演化，如果选择第一哲学的传统真理道路亦即存在性或本原性之路，这也是人类文明尤其是现代文明过去所选择的真理之路，那么，演化行动就必定是从一个文明本体发出的，从而也就必然导致演化行动跟文明本体间的二元对峙与分离，于是，在这种对峙与分离中，演化行动本身的受限与"折扣"就是不可避免的；同时，选择这条本原性的真理道路，也就意味着总有一个占据着"本原"所对应的第一因或第一标准的真理"王座"或"霸权"的文明存在，从而，在其中，文明"王座"或文明"霸权"之争亦是不可避免的，即便是海德格尔所发现的"此在"这种更高级的"本原"，也还是无法摆脱存在者与存在整体在"澄明"视野下的敞开与遮蔽的非此即彼的关系——这也是另外一种带有矛盾律效应的文明"王座"之争，故而，文明的演化行动就必然会受到这种"内卷式"争斗的阻碍乃至替代。就此而言，文明以第一哲学之未来性真理道路代替传统真理道路，亦即以创造行动之路代替本原之路，正是文明演化之更大真相得以彰显的"必由之路"，不仅仅是因为在第一哲学的逻辑阐明中，传统的本原之路实质上起源于未来性的（创造）行动之路，更在于文明本质的真理领会在此"质变"之后将跟演化行动统摄谐同乃至全息合一，这样的"必然性"显然代表着更深的"必由之路"。

接下来，让我们再来看一看"人类命运共同体"是如何匹配这一"必由之路"的。首先，人类命运共同体的核心在于以"命运"为轴，古往今来以血缘、地理、年代、利益、意识形态等特征为名的人类共同体诸样式并不鲜见，然而以"命运"为轴的共同体却跟前边这些样式有所不同。在本书第一卷关于时间观念史的叙述中，我们会发现"命运"作为一种能够被人类心灵积极把握的事物进入思想史是很当代的事情，因为它是一种需要人类对于传统心灵边界"倾力一跃"，亦即需要对于时间的起源结构——导向心灵更大能力的"时间性"进行揭示才能触及的事物。当人类思想的演化行进到这里的时候，便已然进入了第二尺度，准确点说是根据尺度天性之第二尺度的"后一半"了，在此处，心灵便将不可抑制地遂行于这种意识"起源结构"之构成作用而回到更大真理尺度的趋势之中，亦即从第二尺度到第三尺度的演化趋势之中，这便跟"必由之路"的第一个内涵——真理尺度的演化趋势及内在韵律是相合的。

当然，能够跟如斯"命运"相结合的"人类"也必然不是一般的"人类"，因为在本书第二章的第一哲学命运演历之真理提问方式演化简史中我们已然知晓，在不同的问题模式所导向的心智模式亦即人性模型中，"人"的本质将呈现出截然不同的面貌，从而以之为基础的诸人类共同体也迥然相异。比如，在古希腊的古典人模型中，"人间"存在与否其实无关紧要，因而人类也便没有"未来"，于是，以这种心智模型为基础来建立的"共同体"就总会呈现出一种原始神学的性质，从而具有浓厚群体排他性的"天选感"，因而对于人类命运来说是一种最消极的模式，因为人类的命运只能交付给远离人间的"彼岸世界"。而后，在导致现代文明产生的理性人模型中，人类虽然以"我思"的方式将把握命运的"权力"收回到自己的心灵中，但是，命运的本体或本原却依然处于一种无法积极认知的形而上的"理知界"里而只能消极把握，因而通过这种心智模式来建立的"共同体"就只能以一种超验的、不可知的理念假设的"想象力"来维持其整体性，譬如我们所熟知的西方"普适价值"也便是这样一种消极的理念假设之想象力的产物。因而，对于命运的积极把握唯有在第一尺度的理性人模型之后，代表人类更深禀赋之（第二尺度的）"信息人模型"中才能真正开始，"信息人模型"也是使我们得以有力观照与遂行百年未有之大变局及相关信息革命乃至智能革命趋势的心智模式，同时也是对于理性人模型进行反思和演化的更深现代文明起源，而以之为基础来建构的"共同体"也将必然开始摆脱"矛盾律"而遂行谐同律或谐同意识的主导心灵法则。但这依然是不够的，因为对于命运积极把握的时间起源结构，亦即意识先天结构必然会不可抑止地加速推动人类的共同体向着第三尺度演化和进发，这时，全息人模型的文明演化终极命运将逐步积极呈现出来——这也便从另外一个视角跟文明演化"必由之路"的第一个内涵相合了。

其次，人类命运共同体之"命运"也必然不会拘泥于生命体或"共同体"之命运，而将更深地指向终极真理之命运，亦即第一哲学的命运，由此我们便可以按照第一哲学的原初内涵把"人类命运共同体"领会为除此之外无共同体的那种共同体，这时，两种元始真理道路的差异便即刻呈现了出来，亦即传统的本原性真理之路抑或未来性之创造行动的真理之路——这亦是人类文明命运的"十字路口"。而根据人类命运共同体得以建构的"反霸权"之文明背景，以及基于观照百年未有之大变局的"信息人模型"所自带的"谐同意识"乃至"大同意识"，在人类命运共同体视域中的人类文明究竟选择的是哪条元始真理道路，也就不言而喻了。于是，人类文明演化"必由之路"的第二个内涵，亦即最深的那个内涵，也便在此现身。虽然它不是西方文明传统所擅长的那条道路，但并不意味着人类文明整体未留下它的真理基因——东方原生文明基因恰恰是跟这条未来性真理道路内在相合的思想基因，而这真像一出上天留给人类文明的真理命运的"戏剧"。

3.非西方中心论的文化自信是如何成为可能的？

全息阐析：这个问题跟上个问题有着异曲同工之妙，因为如果根据人类文明演化的"必由之路"的第一个内涵，亦即文明演化必然意味着从第一尺度向第三尺度进发的命运演历，那么，任何文化或文明"中心论"得以建构的那个心灵基础，亦即第一尺度所对应的打开方式——"矛盾律"也就将愈来愈失去其文明演化的主导法则地位，乃至最终在第三尺度的"大同意识"与"合一律"中消弭。而再加上人类当前时代正在有意识觉知的"信息人模型"带来的不可抑制的更深文明禀赋与心灵禀赋的谐同现身作用，因而，非西方中心论的文化自信也便作为一种正在实现的、方兴未艾的时代精神效应而必然展现出来，毫无疑问。

然后，根据文明演化"必由之路"的第二个内涵，也是最终极的那个内涵，任何文明的演化必然更深地遵循第一哲学的未来性真理道路，亦即导致任何本原得以起源和生成的（创造）行动之路，那么，西方中心论乃至任何文明"中心论"得以源发的第一哲学传统真理道路之本原意识，也就全然是一种暂时的文明"表象"，从而非西方中心论的文化自信当然就是人类心灵自带的更深禀赋，无可置疑。在此基础上，对于这一条西方文明传统不那么擅长的元始真理道路，非西方文化如何在自身的文明基因中结合时代精神将其再次提炼出来并跟现代文明成果融合演化，就是这一"文化自信"所导向的未来性实践之路了。当然，这并不是说要再建立一种"东方中心论"，毋宁说是将一种向来作为文明演化底层韵律的朝向人类命运共同体的大同之路"澄明"出来。

最后，在本书的结尾，我们当了知这是对满溢"东方原生文化基因"的未来性之道探求的已然结束与正在开始，正如那几句老话：

看山是山，看水是水。

看山不是山，看水不是水。

看山还是山，看水还是水。

在未来性之全息视域中，我们已知晓这其实表达的正是呈现"元创世"的佛学"三句义"。

而若从新时代的视角，聚焦元信息，它则可以转化为如下这一首延展三句义的小诗：

风与山

有人道：

风吹过山岗。

风与山低吟：

我轻盈地拂过山岗，与其他人轻快地携手厮磨，丝滑畅意地同流；

他们丝滑地掠过坚磬如我的衣袂，一起奏响轻盈的伴乐；

我们欣然吹起吾之神躯，一同施施然起身，翩翩然旋舞。

如来说：

风吹过山岗。

如是而已。

后记

　　为何我们现在十分迫切地希望推出《未来性》？因为我们从来没有像今天这样感受到时代的风给中国教育、中国文化乃至世界文明的走向带来的如此巨大而紧迫的牵引力。

　　二十届三中全会形成的纲领性文件《中共中央关于进一步全面深化改革、推进中国式现代化的决定》，花费了重点的篇幅专门阐述跟教育相关的政策性内容，其中的第四条"构建支持全面创新体制机制"强调了教育需要跟朝向创新的国家整体战略相匹配，其中的第十条"深化文化体制机制改革"更是明确提出了要"实施哲学社会科学创新工程，构建中国哲学社会科学自主知识体系"，而教育是最典型的"哲学社会科学"，如此看来，中国教育构建跟整体国家战略乃至民族崛起相匹配的自主知识体系之事情实在是迫在眉睫。

　　国际局势风云变幻，倏忽间，中华民族的伟大复兴可谓"计日程功"，但是，我们又突然感觉到当今中国的教育体系跟中国崛起的需求之间的"鸿沟"不但没有缩小，反而越拉越大，同样，亦不消说方兴未艾的以人工智能为代表的科技革命风潮对于当今中国教育变革的"压迫感"了。我觉得，这些都可以统一浓缩至下边这一个"真问题"之上，亦即"跟大规模社会创新与科技变革之时代精神相适应的中国教育自主知识体系的构建困境该如何破局？尤其是在这种世界级乃至文明级社会创新与科技变革都是以'东方'作为领头羊和风向标的情况下"。我的回答是：结合中国传统文化创造性转化之未来性方法论的"东方教育学"体系的提出与建构。

回想与春光及《未来性》的初见，是在一个午后，阳光洒落在别墅区，那是一场美育论坛的举办地。彼时正处于疫情期间，我与登科（清华大学美术学院社会美育研究所副所长）共同组织了那次美育论坛，也正是在那时，我初次在线下结识了春光。

当时，我正深陷于东方教育学研究的困境之中，与相关学者已合作三年，却始终未能有所突破，内心满是疑惑与困扰。而就在这样的时刻，与春光的相遇，仿若在黑暗中觅得了知音。随后，我收到了三本春光专门撰写的原创哲学著作，这让我对未来的探索有了新的思考与方向。

这样的思想让我对于中国当今教育问题的重新诠释与应对方案有了一个系统性的新思路，亦即：中国今天的教育是一个嫁接的产物，中国传统社会教育的根在近代被迫嫁接上了西方教育的外形，但貌似西方教育的组织形式背后却受中国文化与哲学的隐秘支配，尤其是受到跟时代精神及其范导下的现代社会形态相熔炼的新时代中国文化与哲学的隐秘支配，这是解释今天中国教育问题的最为重要的逻辑起点。

自此，春光与我开启了东方教育理论及其背后的东方文化的思想再造之旅，与此同时，我还投身于中医文化现代转化的事业中。然而，在中医文化的现代化进程中，重重挑战接踵而至。于是，我果断决定暂且放下教育与中医的具体事务，回归到文化的制高点重新审视。

这一研究的转向，为如今这本书奠定了整体的方向。

在这一历程中，我欣喜地发现有一位中国文化学者作出了卓越贡献——他将中国的儒释道融会贯通，并毫无滞涩地跟现代科学革命的思想成果结合在一起，构建成一套统一且现代化的思想体系与语言体系，这在过往学者中鲜有人能及，那个人便是春光。

其实我和我的团队关心中国文化与思维的问题已经十几年了，从重视国学到重视传统文化教育，直到今天我们认为中国教育问题本质上是广义上的中国文化与哲学问题，或者说是经过跟时代精神演化相契合的新的底层思想方法论创造性转化之后的新时代中国文化与哲学问题——而这种新的底层思想方法论，是一种新的人类文明"立法权"的来源，而将呈现出一种熔炼东方与西方、传统与现代的未来性状态，所以我们把它叫作"未来性"。以"未来性"为底层方法来推动中国教育自主知识体系的建立，便是一种建构新时代意义上的"东方教育学"的系统行为。

而过去我在开展教育工作时，基于人与自然、人与人、人与社会、人与自我四个维度提出"爱与创造"理念，并尝试与儒释道对接，可是在最核心的逻辑体系层面，如爱与创造、"天行健，君子以自强不息"等内涵的阐释上，始终未能彻底打通儒释道三家。而春光这个原创型学者的成果，成功解决了我在教育视角下对中国文化本源性认知的难题，这无疑是他对于中国文化的当代化与世界化作出的极为重大的贡献。回望自己的"爱与创造"的理念初步表达，其对于儒释道文化的解读流于浅显，未达理想高度。

在过去，当全面审视中国的教育实践，并学习各种教育专著的时候，我越来越体会到，我们今天的整个教育理论体系都是基于西方话语体系的西方理论，充其量是对西方的理论进行中国化的实践检验和改造。然而，教育问题虽然是实践问题，但更是文化问题，西方的理论尤其西方的"传统"方法论真的能够很好解决中国的教育问题吗？看看我们这些年引进西方的种种教育思想和做法，现实中达到预期成效的很少。中国发展到今天，应当建立自己的教育自主知识体系，尤其是首要建立熔炼东方与西方、传统与现代的未来性方法论体系，如此，方能为真正自己解决自己的教育问题以及面向世界的民族崛起战略打下坚实的地基。当中国文化的顶层密码被解开，其释放出的能量将超乎想象。

从东方教育学、未来生命观到未来经济学等诸多领域，都将开启面向世界的中国知识话语权的全新格局。

于我而言，这仿佛在心中点亮了一道曙光，在过去艰苦创业的数年里，它犹如一股强大的力量，持续滋润并推动着我的内心，让我不断前行。

在我看来，东方教育学与中医养生实践尚处于较为具体的层面，而能够参与到这场意义深远的"未来性"文化重建之中，是我一生的荣耀。我作为第一个读者、见证者以及参与者，虽深感荣幸，但也明白自己难以成为第二作者，毕竟在这一过程中，我更多扮演的是学习者、探索者与推动者的角色。我由衷感激能有这样的机遇，让我在有生之年于文化领域有所建树。

本着这样的想法，我有幸与春光合作，再次全面梳理了中国传统文化与哲学，与各个学科的专家一起对当今教育与人文的基础理论体系进行概况整理，开始尝试用中国思维和中国哲学结合现代科学尤其是现代物理学革命的思想成果，探索性地建构了一套熔炼东方与西方且会通传统与现代的底层思想方法论——未来性，并出版《未来性》。

基于我现有的能力与体系，我期望能够对未来教育学或东方教育学，以及未来生命观等理论进行深入梳理与实践验证，使其更加系统化、理论化。在此基础上，若以之为底层方法和本质视角重构西方现有的教育理论体系，那么建立思考教育问题的"西方理论、中国视角"的中国教育自主知识体系的总体框架，便会呈现出一种很有希望的"破局"之道。在此情形下，我们最终希望集合有类似志向的同仁，一起找到"融合中国智慧、面向未来社会需要、不拘泥于西方理论与经验"的新时代教育乃至新时代学术的整体结构、主要途径与演化方法。

　　同时，作为一名企业家与教育工作者，回顾过去三十载在商业领域的摸爬滚打，我深刻意识到中国缺乏基于自身本体化的经济学理论框架，这也导致在房地产与教育等领域转型时我国的体系面临诸多困惑与挑战。因此，未来经济学领域亦是我在实践中需要深入探索与研究的重要方向。

　　我由衷希望《未来性》的出版能够成为中国文化当代化与世界化的一个重要开端，并期望吸引更多对东方文化满怀热忱、怀揣屹立世界梦想的年轻人，尤其是青年学者们，共同汇聚力量，携手构建东方文化思想体系，此项事业未来必定充满无限可能，值得我们躬身入局并满怀期待。

　　从建筑师到地产商再到教育工作者，身份虽不断转变，但始终萦绕心头的是那份深厚的文化情怀。这份情怀亦深受清华大学梁思成先生之家国情怀与思想理念的潜移默化影响，无论是人居建筑原创还是东方新市政等项目，我自身始终追求文化内涵的融入，尤其是教育领域的文化性塑造。然而，在过去二十年，商业与文化在中国呈现出分裂状态，北京房地产项目多以西方文化命名，教育领域国际课程无门槛渗透，文化话语权与教育权旁落。

　　但如今，中国文化逐渐崛起，文化自信缺失的局面正逐步改善，尽管这是一个漫长的百年历程，文化层面所引发的诸多社会问题依旧存在，但我坚信我们正走在正确的道路上。

　　十年前，"天地文化基金会"许嘉璐委员长的情怀深深触动了我。面对记者关于中国文化复兴所需时长的提问，他给出了五十年以上的答案，虽然随后修正为五十年以内，但这足以彰显东方文化复兴的长期性与艰巨性。在东方教育学的研究过程中，我也发现教育界的学者对于中国文化深入研究的普遍匮乏，人文学科领域话语权几近丧失，中国学者仍以在西方权威杂志发文为荣，这无疑是一种巨大的悲哀。文化复兴并非单纯的教育与知识传授，而是根基性的文化重塑，这需要三代人的不懈努力。尽管中央大力倡导文化复兴，但在思想构建、理论建设与社会实践层面仍存在较大缺失。

我深知自己在这一伟大进程中的使命与责任，也仍在不断思索如何与各方力量更好地对接与协作，矢志为中国文化的未来发展贡献更多力量。这样的尝试是我们多年思考教育与文化问题的自然延续，目前的工作只是初步的，《未来性》就是我们阶段性思考的成果，因此也只能称为对于"东方教育学"体系得以建构的"初探"。"东方"在严肃的学术研究中通常是包括印度文明与西亚文明的，但我们这里主要涉及的是影响整个东亚地区的中华文明，取名"东方"主要是对应于当今西方主导的理论与思想，或者说西方中心论的学术观念体系。作为"初探"也主要是初步的框架，许多思考还很不成熟，甚至有些片面，但希望我们的探索能够起到抛砖引玉的作用，如果能够引起更多人关注从新时代中国哲学与文化角度思考中国教育问题，能够结合中国原生文化基因及其智慧研究与改造现代教育理论乃至现代学科诸标准，我们的目标也就达到了。

《未来性》的出版和传播是一个很好的起点与契机，我们由衷期待更多的创造者能加入这场"未来性"思潮，共襄盛举。

蓝春　李春光

2024 年于北京

致谢

　　接下来，我想要诚挚地感谢一番在《未来性》创作与成书的整个过程中提供助力与协作的机构、师长、亲友与同事们，若没有你们的无私而真诚的帮助，这部作品是无法完成的。我首先要感谢我的妻子黎西女士，从学术角度来说，这是一部篇幅相当不小的著作，涉及的学科、资料与文献亦十分繁多，所耗精力亦颇巨，若没有她跟其他家庭成员数年如一日的倾心支持与鼓励，以及在庞杂资料整理过程中提供的协助，很难想象这部作品将在何时才能完工。当然，这是我的工作能够得以开展的启始基础，而让这一项任务与意义皆重大的创作工程得以真正推进的最重要的帮助，则来自我的清华大学直系学长、清华大学校友总会理事蓝春先生，正是他多年以来对于东方传统文化的当代化与世界化之事业的开拓与推动，才会让中国重新获得对于东方文化乃至时代精神解释权的构想与灵思，在跟我的一次次思想碰撞中得以生成与启示。我始终记得，在一次讨论中，当他了解到自身所追求的"爱与创造"的教育理念能够在一个更深层的哲学系统中以先进的思想基因的方式阐发出来时，霎时间展现出来的那一种创新的喜悦与求真之兴奋。于是，这一个创作工程也便在他的倾力推动下切实而系统地启动起来。同时，这项创作工程的主要赞助，来自蓝春先生捐资设立的清华大学教育基金会·文创专项基金。

著名思想家、横琴数链数字金融研究院学术与技术委员会主席、联合国工业发展组织经济学家朱嘉明老师，对于本书的核心主题亦进行了充分的指导。他敏锐地察觉到当今全世界的学术体系正在进行一场"操作系统"级别的演化与重构，这不仅是因为人类的科技与文化的历史走到了一个极重要的"关口"，还因为人类文明的元始参照系正在发生翻天覆地的变化，从过去的"客观"的"非人"的自然界，转变为完全可以跟人类本质相匹敌的"硅基文明"，这在朱老师的新书《第三种存在》中有精彩的论述。对此，他亦感叹道：这种临近文明"奇点"的演化现象真是一种人类学术与知识的"归元"，而这亦恰恰是本书从知识之知识、学术之学术的第一哲学的命运反思出发，所开启的人类文明的"未来性"立论。

而此处亦不得不提到东方出版社前总编辑许剑秋老师对于这个创作项目"画龙点睛"的助力，正是他"一锤定音"地将整部作品的名字定为《未来性》。这是一个十分悦耳而又发人深思的好名字，不得不佩服他对于我的整个思想体系之关键内核的洞见性。同时，在以"未来性"为名的基础上，他对于整部作品的内容布局的相应调整建议亦让我受益匪浅。此外，我在这里亦十分感谢东方出版社的责任编辑马旭先生，对于这样一部内容"复杂"且"深奥"的大篇幅作品，他一直以来的专业与细致让人印象深刻，同时，他提出的诸多理论叙事的修改建议亦十分到位且精彩，显示出不俗的才干。

清华大学五道口金融学院港澳校友会会长、人学国际基金会理事长柳志伟博士，一直对于东西方学术对话与融合以及世界跨学科前沿抱有浓厚的兴趣与学识储备，他对于本书的思想体系得以建立的前置成果——"全息智慧"与"全息伦理"的理论建构与课题深入，起到了十分重要的作用，若没有他对于信息革命乃至智能革命视角下的广谱跨学科价值的敏锐直觉，本书诸多基础方法论的选择将会走很多额外的"弯路"；同时，如果没有柳志伟博士对于这些基础研究项目的长期赞助与支持，本书思想体系的进展也无法走到今天。

然后，我的挚友与同事、清华大学社会美育研究所副所长高登科先生，长期以来跟我进行了无数次作品构思与各章节思想演绎的讨论，不仅对双方多有启发，而且切切实实地巩固了整部作品的理论完备性，尤其是艺术与科学的跨学科方法的思想完备性。当然，研究所的其他同事与伙伴们，李骏翼、黄明、王冲、杨帅等，他们中有艺术家、教育家以及科技研发者，这个"跨学科"的团队也在这一个创作工程中帮助我完善了艺术、科学与数学的相应内容的素材整合与思想论证。

"未来性"主题跟"未来研究"天然相关，于是，中国未来研究会青年分会会长陈一硕先生在我的创作过程中提供了丰富的"未来研究"相关的成果、文献与案例，我从中获得了不少的创作灵感与思想素材，跟他进行的多次"未来性"主题探讨也让我收获良多。

元宇宙与人工智能三十人论坛的创始人徐远重先生和秘书长徐远龙先生，对整部作品的内容构想、前沿科技的案例提供以及未来合作拓展等方面，提供了十分丰富而有益的建议和相关跨学科与跨文化主题活动的悉心帮助。

此外，中国电力发展促进会常务副会长兼秘书长游敏先生是我的思想"忘年交"，跟他对于信息论、数学以及东方文化等主题的多次探讨的成果，亦都吸收进了整部作品的体系中。青年艺术家、活艺术创始人弘正从未来性艺术的视角跟我进行了多次饶有趣味的思维"交锋"，我们一同从艺术与科学跨学科演化的创新角度提出了人工智能的第四大流派——AI 先天主义，其中的思想精华同样融入了整部作品中。跨界教育研究者、中国教育三十人论坛特约研究员李骏翼先生，亦从 AI 与未来教育的视角为本书的创作带来了很多颇富创意的"模拟 AI 式"思辨，并为本书的策划和推广提供了许多宝贵建议。未来教育学者申华锋先生，同样从未来教育与人性嬗变的角度为本书的概念体系贡献了不少的逻辑增益。科幻作家、超创者主编郑竹君女士和清华大学教育基金会·文创专项基金的运营负责人郭磊先生，对于作品的内容修订、视觉设计与传播创意亦带来了不少的助力。

李春光

2024 年于北京